本书系国家社会科学基金重大项目
"德国古典哲学与德意志文化深度研究"
（批准号12&ZD126）成果之一

邓晓芒作品 · 句读系列

第七卷 黑格尔
《精神现象学》句读

邓晓芒 著

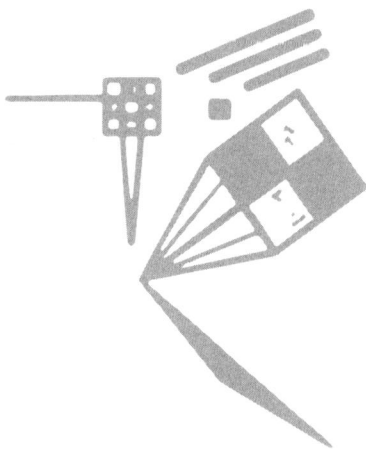

人民出版社

目　录

上次我们讲到的最后一个话题是语言的异化,特别是讲到高贵意识和阿谀的语言之间的关系。这里很容易引起一种误解,就是阿谀的语言标志着高贵意识的一种堕落。当然最终是这样的,阿谀的语言在分裂的意识那里被淘空了,成为一种可笑的虚饰,一种遮羞布;但并非一开始就是如此。应该说,高贵意识一开始就是阿谀的语言,这种语言本身是高贵的。一位皇帝刚刚登基,正需要一帮人为之大唱赞歌,歌颂君主的英明,否则的话这个皇帝是当不下去的。中国古代的《诗经》,里面就有相当一部分是属于给君王或统治者唱赞歌的,如《雅》《颂》都有这种功能。汉高祖立国之初,废除秦代各种繁琐的仪规,一切从简,结果是大殿之上,"群臣饮酒争功,醉或妄呼,拔剑击柱",不成体统,高祖深感忧虑。叔孙通为前朝博士,深知礼法,建议高祖重建朝廷礼仪,并组织弟子百余人在野外演习朝仪,演成后,置诸朝堂,由御史大夫执法,举不如法者赶出大堂。从此行礼如仪,无人再敢喧哗。高祖叹曰:"吾乃今日知为皇帝之贵也!"上个世纪 50 年代初,人们高呼领袖"万岁",也的确是真心的,有种崇高感。但今天为什么不喊万岁了?因为时代已经不同了,现在是卑贱意识和分裂意识盛行,再喊那样的口号,就显得滑稽了。这是对上次讲的一点补充。

今天我们开始讲"自我异化了的精神世界"的第二个标题:"信仰与纯粹明见"。

b. 信仰与纯粹明见

前一个标题是"a. 教化及其现实王国",主要从社会现实生活、包括语言方式来阐明精神异化的世界。这个标题则更深入一步,涉及人们的内心生活中所发生的精神异化,这是"1. 自身异化了的精神的世界"之下的第二个标题,这一小节也只有这两个标题,一个向外,一个向内,再往下就进入到"2. 启蒙"了。

[I. 信仰的思想]

这是编者加上去的小标题。前面已经讲到,分裂的意识当它反思自身的时候,立足于一个纯粹的我本身,纯粹的我本身应该算是一个新的起点。在分裂的意识那里呢,当然它还不自觉,于是它立足于纯粹的我本身,对一切感到不满。像拉摩的侄儿,他就是立足于纯粹的我本身,但他自己认为他只是表现了他的天才,他的才华横溢,他的机智和幽默,在这个层面上发挥了他的纯粹自我的作用,但还没有自觉到这是一种纯粹思想。实际上,纯粹的自我在他那里已经自在地具备了,这就是一个新的基点,从这个基点里面就升华出来信仰。我曾经有一篇文章讲到"中国人为什么没有信仰",就是认为中国人的个体意识没有独立。所谓个体意识独立,就是个人有了一个纯粹自我意识的基点以后,就会从这个基点异化出真正的信仰。所以,信仰本身其实是一种思想,是建立在自我意识之上的思想。当然,还有另一方面,就是产生出纯粹的明见,这是个体意识独立的双重结果。明见也是从自我意识这个纯粹的基点上产生出来的,像笛卡尔的我思,或康德的自我意识的统觉。而首先呢,它采取的是一种表象的方式,那就是体现为信仰。真正的信仰产生出来是和笛卡尔差不多同时,在康德的认识论产生出来以前,就是以马丁·路德"因信称义"的宗教改革为标志,这已经是以纯粹的我本身为基础直接产生出来的信仰了,以前的基督教信仰都还不太纯粹。而纯粹的信仰是一种思想,这种信仰的思想是怎样的,是这里所要讨论的。

[71] 　　将自身加以异化的精神在教化世界中有自己的定在;但是由于这个整体本身已被自我异化,在教化世界之彼岸就树立起了**纯粹意识**或**思维**的非现实世界。①

　　"将自身加以异化的精神在教化世界中有自己的定在",这个定在就

---

① 以下凡引黑格尔的原文,以及拉松本所加的带方括号的标题,第一次出现时均加下划线以示区分。另,所注边码大括号 {{ }} 中为德文考订版页码;方括号 [ ] 中为贺麟、王玖兴中译本 1979 年版上册的页码,转入下册时则代表下册页码。

是前面讲到的纯粹的我本身。在教化的世界里面通过分裂的意识，分裂的意识也就是将自身加以异化的精神了，它有了自己的定在。"但是由于这个整体本身已被自我异化"，这个整体就是整个教化世界，已经被自我异化了。前面已经多次讲过，这个纯粹自我是一种单纯自为的存在，一种纯粹的否定性，它有它的虚浮性，这个虚浮性要意识到自己的虚浮性，要把整个现实世界包括权力和财富全部加以虚化，从这面镜子上看出自己的形象。所以整个世界已经被自我异化了。"在教化世界之彼岸就树立起了**纯粹意识**或**思维**的非现实世界"，整个教化世界都被虚化了，这样一个定在在整个被异化了的教化世界的彼岸就树立起了一个由纯粹意识或思维所构成的非现实世界。就是在这个教化世界里面，已经没有它所要的本质性了，纯粹的自我在教化世界里面看到了自己的虚浮性，因此就把整个教化世界的本质都否定了，它是一种否定性嘛。那么这种否定性，作为一种纯粹意识，它本身就超出了整个教化世界，它跳到了教化世界的彼岸，整个教化世界都没有它容身之处。它只能在彼岸世界里建立起自己的根据地，那就是纯粹意识或思维的非现实世界。基督教就是这样的，把整个世界都否定了以后，纯粹自我就只有到一个上帝那里去寻找归宿，这个上帝其实就是它自己，它把它放到彼岸作为自己的归宿。这是一个跳出整个现实世界之外的非现实世界，我们看到《圣经》里面的"传道书"讲，一切都是虚空，虚空的虚空，什么财产啊，世俗的家庭、等级、名声、利益，都是虚的，全都虚化了。"传道书"是完全虚无主义地对待整个现实世界，最后唯一留下的安身立命之处就是在彼岸。在这个世界里面，你已经找不到你的安身立命之所了，必须到彼岸世界、纯粹意识的世界里面去。彼岸世界就是这样建立起来的。当然前提就是有一个纯粹的自我要为自己寻找归宿，它在现实世界里面找不到自己的归宿，所有现实的东西都是虚浮的，都不是自己的家乡，都不是纯粹的意识。因此它必须要树立一个彼岸的世界、一个非现实的世界来作为自己的故乡。彼岸世界由此就建立了。

① 这非现实的世界的内容是纯粹被思维的东西 (Gedachte)，它的绝对元素是思维。

"这非现实的世界的内容"，也就是彼岸世界的内容，"是纯粹被思维的东西"，它就是你凭纯粹思维想出来的。它本身就是纯粹思维，你所设想的彼岸世界，那样一个上帝是什么？上帝无形无相，上帝只是一个思维。所以"它的绝对元素是思维"，彼岸世界的最终元素就是思维。上帝就是思维，而不是任何别的东西。无论你说什么它都不是，它就是你的思维。它的绝对元素是思维，它的本质就是思维。

但是由于思维最初是这个世界的**元素**，所以意识只是**拥有**这些思想，但它还没有**思维**它们，或者说，还不知道自己就是些思想；对意识来说它们毋宁都带有**表象**的形式。

前面讲，"它的绝对元素是思维"，这个里头就埋伏了一个词：元素 Element，它的绝对元素是思维，就是彼岸世界的内容，它是由思维构成的。这实际上是把彼岸世界的对象归结为纯粹被思维的东西了，但它是作为元素被归结为纯粹思维的，"元素"打了着重号。"所以意识只是**拥有**这些思想"，"拥有"也打了着重号。"但它还没有**思维**它们，或者说，还不知道自己就是些思想"，"思维"也打了着重号。思维和思想是同一个词源，但一个是动名词，一个是名词化了的动词。它拥有这些思想，但还没有思维这些思想，这些思想只是作为一些元素摆在那里，比如说上帝，我知道上帝是思想，但上帝是什么思想呢，你思考到上帝的思想了吗？实际上，上帝的思想不是你所能思想到的。上帝的思想在教徒心目中那是不可揣测的。你知道它是思想就够了，但上帝的思想是什么内容，这个不是你能进入的。你只要把它当作一个元素接受下来、拥有它就够了，你心中有上帝就够了，所以虽然拥有这些思想，但还没有思维它。或者说，还不知道自己就是这些思想，不知道上帝的思想其实就是你自己

---

① 为了读起来醒目，原文每一整句在本书中都另起一行，带起对它的解释也另起一行。

的思想。在教徒心中这样想是亵渎神灵的，只有黑格尔敢这样想，而且黑格尔认为真正的教徒也应该这样想，以往的教徒、特别是在宗教改革之前，是想都不敢想的。宗教改革以后，上帝在我心中，我就敢想了。所以真正的宗教就是"天启宗教"，也就是宗教改革以后的宗教，黑格尔认为只有这个层次上的宗教才能够思维上帝的思想，比如黑格尔的《逻辑学》就是要展示上帝在创造世界之前是怎么想的。只要搞清楚上帝创世之前的规划是怎样的，它的思维内容是什么，然后我们再来看它所创造的这个世界，一切就顺理成章了，就有秩序了，就好理解了。这样一来，宗教就变成了哲学、变成绝对认知了。但现在还没达到那个程度，他这里还刚刚把上帝设定为彼岸世界，这个时候上帝的思想还仅仅是些元素，这些元素怎么构成的，我们还不知道。我们只是把它们接受下来了，所以"对意识来说它们毋宁都带有**表象**的形式"，"表象"打了着重号。这个就是黑格尔的规定了，后面要讲到的，就是说绝对精神包括宗教和绝对认知；在《哲学全书》里面还有一个艺术。艺术、宗教和绝对认知。但在《精神现象学》里面，宗教包含艺术宗教，也包含天启宗教，然后是绝对认知，绝对认知就是哲学。那么宗教和绝对认知之间的层次区别就在于这一点：宗教以表象的方式来表现绝对；哲学是以概念的方式表现绝对。所以这个地方讲到信仰，它带有表象的形式，也就是它停留在宗教的层面，还没有上升到概念，还没有上升到思想本身的形式。思想本身就是概念，但表象呢，还带有不纯粹的因素，只是些元素。元素、表象都带有不纯粹的此岸世界的特点，也就是带有某种经验的感性的或直观的这样一些不是纯思维的东西。所以它们都带有表象的形式，比如说象征，我们把上帝设想为一个白胡子老头，或者上帝的概念道成肉身，耶稣基督的形象就是一种表象，当然它的本质是一种思想，但它表象为一种人的形体。也有它的诞生、成长、传道，然后死亡，死后升天复活，这些都是表象的形式。你要从纯粹概念来说，这些东西都是表面的，黑格尔相应地也从概念上对这些表象进行了一些分析，实际上它们背后是有哲学

5

含义的。

因为，意识从现实性出来跨入纯粹意识，但是它本身一般说来还是处于现实性的领域和规定性之中。

"意识从现实性出来跨入纯粹意识"，就是刚才我们讲的，纯粹的意识、纯粹的我把整个现实世界都虚浮化了，那么它自己的安身立命之处呢，就被置于纯粹意识的彼岸，我们从此岸世界出来跨入到了彼岸世界，也就是从现实性跨入了纯粹意识。"但是它本身一般说来还是处于现实性的领域和规定性之中"，就是在达到天启宗教之前，一般说来都是这样的。一般讲宗教，哪怕是基督教，都有很多阶段和层次；但在没有达到最后的宗教以前，没有达到天启宗教、没有达到黑格尔的理性宗教以前，一般说来，意识本身还是处于现实性的领域和规定性之中。虽然它本质上不是现实性，本质上就是一种纯粹思想、纯粹意识，但它没有意识到这一点，没有意识到自己已经是纯粹思维，还是用种种现实的规定和表象去规定它，如分裂的意识把它理解为自己个人的个性或天才，或个人特别获得的灵感，或者基督教用表象来设想纯粹思想的形象。所以它仍然停留在现实性领域，没有完全跨出去，跨出去了一半，另一只脚留在现实性领域之中。这种宗教呢还处于宗教的初级阶段。

{287}　　分裂的意识**自在地**是纯粹意识的**自我同一性**，这只是对我们而言的，而不是对它自己而言的。

"分裂的意识"其实已经是纯粹意识的自我同一性，但只"**自在地**是纯粹意识的**自我同一性**"，这就回到它的起点了。前面讲了，分裂意识的最后得出的结果就是纯粹意识的自我同一性，纯粹的我是不变的，我所面对的这个世界千变万化，我的观点、状态、心情也在千变万化，但纯粹的我却在千变万化面前保持不变，它就是变本身，它就是这个否定本身，这个是不变的。所以它是纯粹意识的自我同一性，我＝我，我的否定是不变的，我可以否定一切现实世界，否定权力，否定财富，也否定刚才的我，否定我自己，但这个否定还是我，是纯粹的我。但这样一种自在的自我意识的同一性,"这只是对我们而言的,而不是对它自己而言的",也就是对我们旁观者、研究精神现象学的人而言,我们可以看出来分裂的意识就是纯粹意识的自我同一性。但不是对它自己而言的,就是说分裂的意识自己还没有意识到这一点,没意识到自己就是纯粹意识的自我同一性。它还要加上一些表象的东西来设想。比如说,拉摩的侄儿,他的那些胡言乱语、疯言疯语,他自认为那是他的天才,或者他内心的某种气质情绪在作怪,这情绪哪来的他不知道,他归结为自己的才华横溢,压制不住,非要这样说出来不可。他没有意识到其根源在于纯粹意识的自我同一性,或者说是纯粹意识的我的否定的自为存在。所以他也没意识到这种否定就是真相,就是真理,而以为这是他故意在和人捣乱。所以这个不是对它自己而言的,它仅仅自在地是纯粹意识的自我同一性。

因此,它只是**直接的**、尚未在自身中完成的提升,拥有与自己相对立的原则于自身,它受到这原则的制约,没有通过中介运动而成为在此之上的操控者。

因为分裂的意识还没有达到自我意识,它对自己的否定性的主体性、自为存在的主体性还没有自觉,因此"它只是**直接的**、尚未在自身中完成的提升","直接的"打了着重号。分裂意识是从现实王国中的教化的现实中提升起来的一种意识,在其中,分裂的意识已经提高了,但还不自觉,还未完成这种提升,还"拥有与自己相对立的原则于自身,它受到这原则的制约"。它自身还拥有与自身相对立的原则,像拉摩的侄儿,他说出那些疯话,他认为他是受到控制的,他自己情不自禁,虽然看起来为所欲为,但他自己认为冥冥之中有一种权力、有一种原则在操控他。所以他不得不说,一直说到精疲力竭,说到没力气了在那里休息,他都不知道这种控制的原则是哪来的。他受到这一原则的制约,"没有通过中介运动成为在此之上的操控者",成为自己的操控者。就是说,其实他的这些天才不是什么灵感爆发,而是普遍原则,是可以操控的。如果你把思想作为中介,你就能够过渡到那些原则,就像天启宗教,以及黑格尔的理性宗教,那你就可以把自己的否定性跟绝对的原则打通。但分裂的意识没有走到这一步，它自在地已经是纯粹意识的自我同一性，但它没有自觉。

所以对它来说，它的思想的本质，并不是仅仅在抽象自在的形式之下被看作的**本质**，而是在一种普通现实东西的形式下被看作**本质**，这种现实性只是被提升到了另外一种元素，并没有在该元素中失去那未经思维的现实性这一规定性。

"所以对它来说"，对这种分裂的意识来说，"它的思想的本质，并不是仅仅在抽象自在的形式下被看作的**本质**"，它的思想的本质并没有被看作本质，后一个"本质"打了着重号。当然它自己的就是本质了，但没有仅仅在自在的形式下被看作本质，因为它不自觉嘛，还没有自我反思到抽象自在的形式这一层。"而是在一种普通现实东西的形式下被看作**本质**"，这个"本质"也应该有着重号。一方面它是有了本质的自在的形式，当然它还没有自觉，为什么没有自觉呢，是因为这个自在的形式被掩盖了，被一种普通现实性的形式所掩盖了。所以虽然它实际上已经是在一种抽象自在的形式下的本质，但另一方面，它还采取一种普通现实东西的形式来看待自己。分裂意识的思想的本质被它看作是本质，但就它自己而言，它是把它当作一种普通现实东西的形式来看作本质的。比如说刚才讲的天才，天才是大自然的一种偶然性的东西，一种在普通现实东西的形式下被看作本质的东西。这被看作我的本质，我的思想的本质就是由这种天才爆发出来的，它是这样看的。当然它实际上是在抽象自在的形式下的本质了，因为天才是没什么东西可说的，天才怎么构成的，那你是说不清楚的，所以实际上它是一种抽象自在的形式，把所有具体的东西都抽掉了。但它又还没有达到仅仅依这种抽象形式来看待自己的本质，在它自己眼中仍然还认为它是在一种现实性的普通现实的形式下的，那么"这种普通现实性只是被提升到了另外一种元素，并没有在该元素中失去那未经思维的现实性这一规定性"。这种普通的现实性被提升到了另外一种元素，就是说被提升到一种思维，这种天才是一种思维的天才，思维当然是另外一种元素了；但这种思维并没有失去那未经思维的现实性这样一个规定。哪怕是思维的元素，它在这里仍然还包含有未经思维的现实性的规定，那就是他的才气。他的才华横溢表现在思维上面，但这个思维还是他的才华，还是他这个特定的人的特定的气质所决定的，才使得他才华横溢。所以他在思维中不断跳跃，不断施展才华，滔滔不绝，但没有逻辑和清晰的概念。这些都是未经思维的现实性的规定，他的思维并没有失去这一点，并没有清除掉这些规定，也就是它还不纯粹。这种纯粹思维的规定还不纯粹，还带有一些非思维的现实性的形式。这个是分裂的意识的二重性，一方面它已经自在地是抽象本质了；另一方面这一本质又被具体的东西掩盖着，上面堆积着很多未经思维的现实性的规定。

　　——这种分裂的意识，本质上应该同作为**斯多葛式的**意识之本质的那种**自在**区别开来；对斯多葛式的意识有效准的东西只是**思想的形式**本身，这思想在此拥有从现实性中取来的任何一种对它陌生的内容；但对于分裂的意识而言，有效准的东西并不是**思想的形式**；

　　"这种分裂的意识，本质上应该同作为**斯多葛式的**意识之本质的那种**自在**区别开来"，"斯多葛式的"和"自在"都打了着重号。分裂的意识是自在的本质，但这种自在首先应该同斯多葛式的意识那种自在区别开来。分裂的意识自在地已经是一种纯粹思维了，自在地已经是纯粹意识的自我同一性了，那么这样一种自在要跟另外一种自在区别开来。这是两种不同的自在：一种是分裂意识的自在，它是一种纯粹意识的自身同一性；另外一种自在呢，就是斯多葛式的意识之本质的那种自在。这两种自在有什么区别，下面就讲了。"对斯多葛式的意识有校准的东西只是**思想的形式**本身，这思想在此拥有从现实性中取来的任何一种对它陌生的内容"，对斯多葛式的意识有校准的东西只是思想的形式，即普遍的逻各斯，就是纯粹用思想的形式来衡量一切，以此作为它们的有效性标准。斯多葛主义就是崇尚逻各斯，崇尚世界的普遍法则，这个世界的法则完全是一种思想的形式、逻各斯的形式。它认为万物都是由这样的形式所决定的，当然它对这种思想的形式还没有很明确地自觉，把这种思想的形式称之为"命运"。人生在世要服从命运，命运规定好了的，你不得不去。你愿意得去，不愿意也得去，愿意的人命运领着走，不愿意的人命运拖着走，这是斯多葛精神的原则。所以这思想拥有从现实性中取来的任何一种对它陌生的内容，它逆来顺受，把现实中取来的任何一种对思想是陌生的内容都看作是自己的命运，随便遇到什么东西都要服从，都得接受，以逻各斯的名义。这就是斯多葛派的意识本质的那种自在，它就是不以人意识为转移的思想形式，就是必然性或命运，就是形式化的逻各斯。"但对于分裂的意识而言，有效准的东西并不是**思想的形式**"，分裂的意识自在地是纯粹意识的自我同一性，就是一种单纯的否定性，一种自为存在。这个可不是一种思维的形式，不是什么逻各斯，不是什么命运，应该说，那就是人的自由意志，就是你的自由的否定性，不是逆来顺受，而是对一切东西说"不"。拉摩的侄儿就是这样，否定一切，所有的东西，稍微有点固定性的东西，都被他否定了，都被他解构了。所以这样一种有校准的东西不是思想的形式，不是一种法则、命运，相反，那些东西恰好被它解构了。它的思想的自在是更高层次上的自在，这是和斯多葛意识的自在不一样的。斯多葛意识是在一切陌生的现实性面前坚守逻各斯的道德规范，而分裂意识是解构一切规范，不拘泥于任何思维形式。

——同样，也要与德行意识的那种**自在**区别开来，对于这种自在而言，本质固然处于与现实性的联系中，德行意识固然就是现实性自身的本质，——但却只是一种非现实的本质；——而对于分裂的意识而言，本质虽然处于现实性的彼岸，却毕竟算得上是现实的本质。

这是第二个区别，前面是分裂的意识的自在和斯多葛意识的自在要区别开来，第二种区别就是，"也要与德行意识的那种**自在**区别开来"，"自在"又打了着重号。这又是两种自在的区别，即分裂意识的自在和德行意识的自在也要区别开来。"对于这种自在而言,本质固然处于与现实性的联系中,德行意识固然就是现实性自身的本质,——但却只是一种非现实的本质"。德行意识前面已经讲到过了,在"德行与世界进程"中,黑格尔举了像堂·吉诃德这样的例子。堂·吉诃德与风车搏斗,在他眼里到处都是妖魔鬼怪,他用不切实际的德行与一切现实性作斗争,闹了很多笑话。那么德行意识的自在有它的道理,堂·吉诃德也有他的道理的,他的道理就是那种纯粹的德行意识,它自在地存在着。所以我们一边笑话他一边又尊敬他、佩服他。堂·吉诃德是很了不起的,他能够凭着一己之信念跟风车搏斗,这种精神是不错的。他那种信念虽然是虚假的,但却是高尚的。所以德行意识的自在是这样一种自在,对他来说本质固然处于与现实性的联系中,德行意识不是说说而已,而是要身体力行的,他心目中所想象的正义与现实性是直接相关的。凡是看到不平的事情他都要挺身而出,要打抱不平,这个现实性的本质应该是公平的,见到不公平的东西他就感到愤怒,就要去战斗,所以在他看来德行意识就是现实性自身的本质。但其实只是一种非现实的本质,在他眼里的这种公平哪里能够实现呢?所以这种公平只是停留在他头脑里的本质。"而对于分裂的意识而言,本质虽然处于现实性的彼岸,却毕竟算得上是现实的本质",对于分裂的意识而言,本质已经超越于这个现实世界之上了,已经是纯粹意识的抽象的自在了,却毕竟可以看作现实的本质。拉摩的侄儿讲的那些颠三倒四的话,看似不靠谱,其实是真理,它道出了现实世界的辩证本质。这跟堂·吉诃德完全是相反的,堂·吉诃德所说的话头头是道,都是十分近乎情理的,但做起事来却完全不靠谱。当然拉摩的侄儿还没有意识到这一点,他还在那里嬉笑怒骂,他的灵魂、他的这个意识还没有找到归宿,还在那里游荡,他把自己的嬉笑怒骂看作是自己的天才导致的,他也不知道从何而来。但从这里面已经悄悄地升华出来一种对抽象意识的信仰,一种洞见或明见,即必须把这样一种彼岸的抽象意识的本质看作是我在现实世界中安身立命的原则。这是分裂的意

11

识的尚未意识到的自在，是和德行意识的自在不同的。我们说堂·吉诃德的德行意识也可以看作是一种信仰，他虽然到处都遭到失败，但心目中的信仰是不能动摇的；而分裂的意识从自在的方面看也是一种信仰，虽然它还没有自觉到，但它已经有了信仰的根基，就是纯粹自我。所以在自在的方面，两者可以比较一下。一个是分裂的意识里面的信仰，它是一种彼岸的现实本质，它支配着现实生活的辩证法；而堂·吉诃德的那样一种德行意识是一种现实中的非现实的本质。堂·吉诃德的那样一种本质、那种理想、那种信仰不是彼岸的，它就是此岸的，它就是要在这个世界上实现它的平天下的理想，所以他的理想就是在现实之中，但又是非现实的。分裂的意识里的信仰已经不在现实中了，在现实的彼岸，但它反倒是现实的，它可以作为我们现实中的人安身立命的原则。这是一个比较。下面还有一个区别，他说：

同样，立法的理性的那种自在的正当与善，以及审核法律的意识的那个共相，都不具有现实性的规定性。

立法的理性前面已经讲了，它依赖的是那种自在的正当、正义、公正和善，立法嘛，立法的原则肯定是公平，公平在这个意义上就是善，但是是自在的。你这个立法是不是做到了公平，没有固定的标准，甚至任何立法都可以宣称自己是公平的。有的法是恶法，并不公平，但它说自己是公平，你也没有办法，每个人都有自己内心自在的公平，全凭主观想象。"以及审核法律的意识的那个共相"，审核法律的意识我们前面也已经讲过，比如说康德的绝对命令那种自身同一性、逻辑上的不矛盾性。那就是个共相，不管你什么法律，都要用这样的共相来加以衡量，加以审核，不符合绝对命令的，那就是不道德的、非法的，那就不是善。但这共相也是自在的，"都不具有现实性的规定性"，或者说都是超越现实的规定，它本身不体现为现实性的规定。前面讲，分裂的意识虽然处于现实性的彼岸，但毕竟算得上是现实的本质，是支配现实中各种矛盾的原则。而立法的理性和审核法律的意识的共相却不具有现实的规定性，都是一种抽象的原则。这种抽象的原则听起来很合理，但在现实中却完全不适用，是一种空洞的不切实际的原则，这个是跟分裂的意识不一样的。康德的绝对命令和拉摩的疯言疯语放在一起，一个是书生的空谈，一个是老于世故、看破红尘，充满着机智和机锋。只有后者才包含有现实的规定性和现实的真理。在这里，黑格尔把分裂的意识和其他三种自在都做了区分，一种是斯多葛派的自在，一种是德行的自在，一种是立法的理性和审核法律的意识的那种自在。为什么要做这种区分，下面讲了：

——所以，如果在教化世界自身以内，纯粹思维曾经作为异化的一 [72] 个方面而发生，即是说，曾作为判断中抽象善恶的标准而发生，那么它通过经历整个这一运动，现在就在现实性环节上、因而也在内容环节上得到了丰富。

为什么要做那些比较，也就是说，为什么要把那些自在的环节都拿来加以区分？前面都是些自在的环节，斯多葛意识、德行的意识以及立法的理性都是些自在的环节，它们和分裂的意识的自在本质都是不一样的。"所以，如果说在教化世界自身以内，纯粹思维曾经作为异化的一个方面而发生"，异化的一个方面就是自在的那个方面，纯粹思维作为自在的方面而发生。我们前面举了三个例子，都曾经是这样的，它们也是作为异化的自在的方面而发生的。"即是说，曾作为判断中抽象善恶的标准而发生"，斯多葛派也好，德行的意识也好，立法的理性也好，都是作为判断的善恶标准而发生的，但都是抽象的、不切实际的。那么我们现在立足于教化世界看过去的一些层次，我们就可以看出纯粹意识在目前达到了一个更高的阶段。也就是说，"它通过经历整个这一运动，现在就在现实性环节上、因而也在内容环节上得到了丰富"，通过整个这一运动，从斯多葛精神、德行意识、立法的理性，一直到现在，通过了整个运动，纯粹意识的内容就更加丰富了。我们把前面各阶段都纳入到教化世界，作为它必须经历的过程，教化世界本身则是更高的阶段，它带着自己积淀下来的各个层次的收获物前行，它把所有前面的阶段都扬弃地包含在自身之内,把它们都看作是教化世界的环节。那么通过整个这一运动,从斯多葛精神一直走过来,现在到了分裂的意识中,就在现实性环节上、因而也在内容环节上得到了极大的丰富。当然,分裂的意识还是自在的,正如前面几个环节也是从自在的方面来理解一样;但这种自在现在已经与现实性形成了自为的关联,不再是抽象的自在,而是成为了人在现实生活中的立足点。所以它已经自在地进入到了信仰,它是在信仰方面使纯粹思维在现实性环节、在内容环节方面得到了丰富。它不像在前面的环节,它们的自在都是抽象的,斯多葛精神、德行意识和立法的理性,都是抽象的自在,都与现实性相陌生;而唯独现在这样一个纯粹思维,它现在成为现实的了,它进入到了人的现实生活。当然它本身是彼岸的,但它对人的现实生活要起作用,人心中有了一个彼岸的信仰,那么人在现实生活中就大不一样了,人就经过了教化了。所以信仰是对西方人的人格的一个教化过程,它是非常现实的。虽然在现实中你看不见摸不着,你说这个人是基督徒,他不说谁知道呢,我们只觉得这个人很好,对人和气,没有脾气,一打听,他是个基督徒。就是说,它不是表现在外的,它是内心的一种现实性;它可以表现在外,但表现在外不能直接看出来。自在的信仰不是表面上的,所以在现实性的环节上,在内容的环节上,它的内心得到了丰富。它的内心是立体的,而不再是平面的了,不再是你"返身而诚"就可以到底的了。孟子讲"返身而诚,乐莫大焉",只要你问问你的良心,那你就到底了,似乎任何人都会是这样。但我们现在发现,许多中国人好像没有底线,你要他问问自己的良心,问不着,他没有良心,我们说他良心被狗吃了,实际上他根本就没有。说明我们中国人的良心没有立体化,它是一个平面的东西,没有什么内容,经不起深入。基督教的信仰是一个与现实性相互映照的环节,它立体化了,此岸和彼岸虽然是不一样的,但它们又是互相联系的。彼岸的东西它有现实性,它有现实的效准,有现实的作用。

　　但是本质的这种现实性,同时又只是**纯粹**意识的现实性,而不是**现**

实意识的现实性；而这种现实性虽然已经提升为思维的元素，但对现实意识而言还没有被看作一种思想，它毋宁是对现实意识而言处于这一意识自己特有的现实性的彼岸；因为前一种现实性是对后一种现实性的逃避。

"但是"，语气一转，就是前面讲了纯粹意识在现实性的内容环节上得到了丰富，它是现实性。"但是本质的这种现实性，同时又只是**纯粹**意识的现实性，而不是**现实**意识的现实性"，"纯粹"和"现实"都打了着重号，以示对照。这种现实性不是说你可以看得见摸得着的现实世界的现实性，它只是纯粹意识的现实性。纯粹意识它有现实性，它的现实性就体现在对现实事物的态度上。当拉摩的侄儿对现实世界嬉笑怒骂、冷嘲热讽的时候，他就体现出了这种纯粹意识的现实性，这是超越于一切现实意识之上的现实性。拉摩的侄儿虽然把以前的信仰都抛弃了，因为以前的信仰没有和现实意识划清界限，都是虚伪的；但是正因为他把虚假的信仰抛弃了，所以他自在的已经萌发了一种真正的信仰，也就是一种新教的、启示的信仰，不过拉摩的侄儿并不知道。基督徒的纯粹意识的现实性就是如此，他们对一切世俗的利害冲突表现得那么淡定。"而这种现实性虽然已经提升为思维的元素，但对现实意识而言还没有被看作一种思想"，这种纯粹意识的现实性虽然已经上升为了思维的元素，已经没有了现实的具体规定而只有纯粹思维，但对现实意识而言还没有被它看作一种思想。就是说，现实意识只把它看作一种与自己对立的态度，而不去追究它其实里面有一种思想。这种思想对现实意识而言还只是一种表象，表象还不等于思想。所以对现实意识而言，对世俗的大众而言，对普通的一般信徒而言，这样一种现实性还没有被看作是一种思想。我们信上帝，并没有理解到上帝的思想究竟是什么样的，我们只是信它，上帝命令我这样做，我就去做，但上帝为什么命令我这样做，这个我不问，也不去想，我服从命令就行了。就像亚伯拉罕，上帝命令他把独生子献祭，他就去献祭，把他的儿子捆起来献给上帝，他不知道问一下，为什么

15

上帝要他用儿子来献祭,有什么道理? 他从来不问,他只是服从,所以这样一种服从还不是一种思想。"它毋宁是对现实意识而言处于这一意识自己特有的现实性的彼岸",现实的意识把纯粹意识置于自己特有的现实性的彼岸,就是说上帝的想法你不能去追究的,它远远超出你特有的现实性,你不能去问上帝为什么。在《圣经》里面只有一个人在问上帝为什么,那就是约伯。上帝为了考验约伯,使他全身长满了疥疮,使他失去了财产牛羊,儿子也生病,家人也死了,他的妻子劝他抛弃上帝,他不肯,坐在灰堆里面,用草木灰抹在自己身上,然后问上帝:我对你这么忠诚,你为什么要这样对我? 质问上帝,我犯了什么罪,你告诉我。后来上帝原谅他,而且认为他是一个义人,那些不闻不问只知道盲从的人反而是虚伪的,法利赛人反而是虚伪的。约伯的朋友们都在劝他不要问,要逆来顺受,约伯不愿意,还是要质问,结果上帝肯定约伯是对的,其他那些人都是伪善。那么究竟怎样才是对的呢? 你一边要质问,一边要服从。信上帝不是那么容易那么轻松的,你自己说信就信了,而是一个痛苦的过程,上帝认为只有这样的信才是真的信。像林彪说的"理解的要执行,不理解的也要执行",那就是盲从,上帝是不欣赏的。真正的信仰是极其痛苦的,是种煎熬,如果盲从那就不痛苦了,而是很幸福了,那就是受虐狂了。你自己遭到了痛苦,却还觉得很幸福,那是自我欺骗。上帝就是要让你受苦,让你心里感到不平,但你又不能弃绝上帝,你还是要抱定一个信念,这才是真信仰。抱着怀疑去信,穷根究底,要上帝回答为什么对我这样,这才是真信仰。这有点像屈原的《天问》,质疑上天,并不是要搞清宇宙的真理,而只是渲泄愤懑。但屈原的宣泄也不是要确立自己的信仰,而是要向君王、向世人表白自己忠君爱国,心地纯洁,这与对彼岸的真信仰还是不同的。但即使是基督教的真信仰,也不是一种思想,而只是一种态度。上帝并没有回答约伯的问题,只是表明这是对约伯的考验,《圣经》上说,是因为撒旦和上帝打赌,要败坏约伯的信仰,上帝才让撒旦加害于约伯,让他的信仰经受考验,这完全不是道理可以说得清的。

信仰本身处于一切现实意识的道理的彼岸，"因为前一种现实性是对后
一种现实性的逃避"，也就是说，纯粹意识在信仰的形态下不过是对现实
生活的逃避，信仰的现实性是对现实意识固有的现实性的逃避。这就是
信仰形态的缺陷了，它没有正面地针对现实意识的问题，这方面有待于
上升到明见。对信仰来说，这个现实意识固有的现实性没有救了，这个
世界已经没有什么道理可讲了，所以我们不能把自己的安身立命之处建
立在这个现实性的此岸，我们要逃到彼岸去，在彼岸世界建立一个新的
现实性，一种彼岸的现实性。那个东西对此岸来说是非现实的，但对我
的灵魂来说是现实的，对我的思想来说是现实的；但这个现实性采取了
一种表象的方式，而不是思想本身的方式。

①当**宗教**——因为所谈的显然就是它——在这里作为教化世界里的
信仰而出场时，它还并不像它是**自在自为的**那样出场。

当宗教"在这里作为教化世界里的信仰而出场时，它还并不像它是
自在自为的那样出场"，也就是说，宗教现在作为信仰而出场了，在教化
世界里出场了，它已经是宗教了。我们这里谈到的显然就是它，虽然前
面一直没有提"宗教"这个词，现在已经明确点明了，"宗教"打了着重号。
既然我们谈信仰嘛，谈信仰就要谈到宗教。但宗教在这里还只是作为教
化世界里的信仰而出场，它还不是像它自在自为的那样出场。就是说这
个时候我们讲信仰，当然已经讲到宗教了，但这个宗教还不是它自在自
为的那样，也就是说还不是作为宗教的宗教，不是在后面（第七章）正式
谈宗教时所阐明的那种宗教。自在自为的宗教就是作为宗教的宗教，是
作为宗教的本质而出场的。但现在它还不是作为宗教的本质而出场，也
就是说还不是作为天启宗教出场。天启宗教就是马丁·路德宗教改革以
来的新教，在黑格尔看来它才是作为宗教的宗教，或者说是纯粹意义上、

---

① 凡是原文换行分段之处，本书中均空一行。

严格意义上的宗教。以往的宗教当然已经是宗教了，但是还不严格，不纯粹，掺杂了很多非宗教的东西，所以从严格意义上来说不是作为宗教的宗教，而是不严格意义上的宗教。但信仰在这里已经是严格意义上的信仰了，也就是说，首先有严格意义上的信仰和不严格意义上的宗教，然后到了宗教改革以后，这个宗教才是严格意义上的宗教，也就是天启宗教。但在此以前，信仰已经是严格意义上的信仰了，分裂的意识已经产生了严格意义上的信仰。所以宗教在这里作为教化世界里的信仰而出场，它虽然是作为严格意义上的信仰，但还不是作为严格意义上的宗教，不像宗教作为自在自为的那样出场。宗教还是附属于信仰之上，还没有超出信仰达到更高的层次。它还仅仅是处于教化的层次，而教化的层次比后来宗教的层次要低一个层次，它还是属于自身异化了的精神。而严格意义上的宗教，宗教改革以后的基督教，已经是在扬弃异化的宗教。当然马克思说基督教也是一种异化，费尔巴哈认为宗教改革以后的基督教仍然是一种异化，而且是最彻底的异化。但在黑格尔看来，天启宗教里面这种自身异化了的精神已经回归到自身，已经扬弃了这种异化，已经是教化世界的完成。教化世界完成以后才可能出现完全意义上的宗教。但在此之前已经有宗教了，在不严格的意义上，在教化世界里面就有宗教了，更早在伦理世界和法权状态中就有宗教了，更不用说最初的自然宗教了。

——宗教已经以其他一些规定性向我们显现过，就是说，作为**不幸的意识**，作为意识自身无实体的运动形态。

"宗教已经以其他一些规定性向我们显现过"，这个"我们"就是考察精神现象学的人，我们在《精神现象学》前面已经看到过宗教已经以其他一些规定性出现过，比如说，作为不幸的意识。前面谈到不幸的意识，斯多葛派以后就进入到不幸的意识。不幸的意识就是意识到这个世界上没有幸福，只有痛苦。现实世界只有痛苦，那么我们到哪里去寻求精神的归宿呢？不幸的意识使我们走向了宗教，涉及了犹太教、天主教和新教。整个不幸意识的历程一直延续到近代启蒙运动，科学理性的兴起，

18

这种不幸意识才被扬弃掉。整个中世纪都是不幸的意识，都是在人世的苦难中要寻求安慰。马克思说宗教是人民的鸦片，是不幸世界的痛苦呻吟。所以不幸意识整个都伴有不幸中的追求，它的形式就是宗教。但不幸意识是"作为意识自身无实体的运动形态"，不幸的意识找不到它自身的实体，不断地去上下求索，这个意识本身只是无实体的运动形态。所以在不幸的意识里面它是没有实体性的。而现在我们谈到的信仰这样一种意识形态，它是有实体的。它的实体首先就是伦理实体，经过伦理实体进入到教化世界，对伦理实体进行教化，进行打磨，进行锻炼，最后以异化的形式形成西方人的这样一种信仰型的人格。我们说整个教化世界、整个基督教包括中世纪，都是西方人格形成的一门功课，你要上过这门课、经过这种训练，才能有种牢固的信仰，才能把信仰内化为你的人格结构。而不幸的意识呢，当然也是一个打磨的过程，但它本身是没有实体的，或者说它没有考虑到实体，它是作为意识的无实体的运动来考虑的。而后来我们考虑到伦理世界，考虑到国家权力和财富，考虑到公民社会，都是已经从实体方面来考虑的了，所以我们现在提出的信仰是有实体的。当然实际上在历史上这些精神形态都是伴随着的，信仰也好，不幸的意识也好，都是同时伴随在一起的，但是在精神结构中的层次不同，每个时代的着重点也不同。我们谈不幸的意识时，我们撇开它的实体来谈意识；我们谈信仰的时候，是把实体考虑在内的，因为信仰不是一个人的事情，而是一个群体，基督教不是一个两个人，它是一个社团，它有一个伦理实体在背后，我们从这个角度来考虑它。这是前面讲的宗教，是从这样一个形态来理解的，早期基督教最看重的是不幸的意识。

　　——甚至在伦理实体中，宗教也曾作为对下界的信仰显现过，但孤独的精神的意识，真正说来并不是**信仰**，并不是建立在现实东西彼岸的纯粹意识的元素中的本质，而是这信仰有它自己的当下直接的在场；它的元素是家庭。

　　"甚至在伦理实体中"，前面我们已经讲了，在不幸的意识里面已经

19

出现宗教了, 但是那个宗教还没有联系到实体来讲; 那么在伦理实体中也涉及宗教, 那就是有自己的实体的了。在伦理实体中, "宗教也曾作为对下界的信仰显现过", 也就是作为神的法则显现过。伦理实体一开始就讲, 人的法则和神的法则, 所谓神的法则, 那就是一种信仰嘛, 对下界对地狱对阴间的一种信仰。家族在阴间有它的神的法则, 就是人死了以后由家人去埋葬它, 这是天经地义的。"但孤独的精神的意识", "孤独的"精神, abgeschieden, 也可翻译成"死去了的"精神。孤独的精神的意识, "真正说来并不是**信仰**", 严格说来并不是信仰。我们现在讲的是严格意义上的信仰, 孤独的精神意识, 真正说来并不是信仰, 因为它还不是建立在现实东西彼岸的纯粹意识的元素中的本质。我们对家神的信仰, 当然是天经地义的, 神的法则, 我们当然也可以说它是一种信仰了, 但这种信仰不是建立在纯粹意识的元素中的, 也不是建立在现实东西的彼岸的, 而是传统流传下来的, 它还是此岸的。家庭本身是此岸的, 由家族的人来埋葬死者表现出我们对阴间的一种信仰, 但它不是纯粹意识的元素中的本质, 没有提升到纯粹意识这样一种高度。"而是这信仰有它自己的当下直接的在场; 它的元素是家庭", 这个信仰有它自己当下直接的在场, 就是说由直接当下的现在这个家庭里的人员来体现这种信仰。人死了, 当然不能体现了; 但由于有家族的信仰, 所以整个家庭都抱有这种信仰, 去把他埋葬, 体现了他们对于阴间的神的一种敬畏。构成这种信仰的元素就是家庭, 但不是纯粹意识, 更不是纯粹思想, 所以家庭的信仰是非常世俗的非常现实的。而严格意义上的信仰是建立在纯粹意识的元素中的。它应该是彼岸的, 应该是在一切现实东西的彼岸。而这个家庭本身是现实的东西, 它不是彼岸的。虽然阴间我们把它设想成彼岸的, 但阴间的原则就是家庭的原则, 它没有自己独立的原则。而严格的信仰的原则是思想的原则, 本身不是现实世界的, 是现实世界的彼岸。阴间的原则还是此岸的、家庭的原则。所以家神不是真正意义上信仰的对象。当然我们说信它, 神的法则我们要信, 但这不是严格意义上的信仰对象。

什么是严格意义上的信仰对象? 那就是纯粹意识,纯粹思想,纯思,这才是真正的信仰。所以我讲中国人为什么没有纯粹的信仰,我之所以提出这样一个命题,也是建立在这个基础上。真正的严格意义上的信仰是彼岸的,是纯精神的,而我们中国人的信仰往往是考虑到现世的事物,虽然不是眼前的现实,也是历史的现实。60年代饿死了那么多人,刘少奇说这都是要"上书的",他的信仰建立在"书",也就是建立在历史上。孔子作春秋,乱臣贼子惧。作了《春秋》以后,所有人都害怕,我将来是不是要被写上去,遗臭万年,他怕的是这个。当然这就不是严格意义上的信仰了,在不严格意义上也可以称得上是信仰,但严格来说不是。真正的信仰应该是纯精神的,是纯思,至少是纯粹意识中的元素。

——但在这里,宗教一方面是从**实体**中产生出来的,而且就是这实体的纯粹意识;另一方面,这个纯粹意识对自己的现实意识来说已经异化了,**本质**对自己的**定在**来说已经异化了。

"但在这里",前面讲的一个是不幸的意识,一个是伦理的实体,里面都已经出现了信仰,出现了宗教。但是它们既不是严格意义上的宗教,也不是严格意义上的信仰。现在我们走到这里来了,已经有了严格的信仰,当然还没有严格的宗教。在这里,"宗教一方面是从**实体**中产生出来的,而且就是这实体的纯粹意识",它是从实体中产生出来的,从伦理实体中,从教化世界中产生出来的,它就是这个实体的纯粹意识,就是从这种分裂的意识中产生出来的。分裂的意识产生出一种纯粹的意识,当分裂的意识的自我反思回到它的纯粹自我,而与纯朴的实体相分离,那就是纯粹意识了。在这个纯粹意识里面就已经包含宗教了,包含严格意义上的信仰了。它就是这实体的纯粹意识,是这实体从自身中产生出来的自己的对立面;但这个对立面已经不是无实体的,而是有实体的了。这是一方面。"另一方面,这个纯粹意识对自己的现实意识来说已经异化了",它已经不是这个现实意识,不再沉没在伦理实体中,而是成了这个现实意识的批判者,是真实的伦理的异化形态。它跳出了此岸的伦理实体，已经立足于纯粹意识的彼岸，成了此岸的批判者，所以它是伦理实体的异化。它从实体中产生，但是一旦产生出来作为纯粹意识，它就已经超越到了彼岸，它不再在现实的世界之中。虽然实体是在现实世界之中，但它产生出来的纯粹意识已经异化成了一种彼岸的纯粹意识。"本质对自己的定在来说已经异化了"，"本质"和"定在"都打了着重号。这是对前一句话的解释。本质就是纯粹意识，自己的定在就是这个纯粹意识在现实世界中的存在，但是本质已经从这个存在中异化出去了，异化到了定在的彼岸。在这里，信仰已经是真信仰了，那么宗教呢？它从实体中产生出来，就是这个实体的纯粹意识，这是一方面；另一方面，它又体现为一种异化的形式，就是在现实意识的彼岸，对现实意识来说已经异化了，它不是现实意识的现实性，而是纯粹意识的现实性。本质对于自己的定在异化了，那么这个异化就有待于回归，有待于扬弃。所以，从异化这个意义上来说，它还不是真正的宗教。一方面，它已经是宗教了，它是从实体中产生出来的，而且就是这个实体的纯粹意识，跟前面的相比已经是宗教了；但另方面呢，它还是一种异化的形式，还没有回归，还没有达到天启宗教、真正的宗教，还没有到位。所以你可以说它是宗教，但里面还掺杂了些非宗教的异己的东西。

{288}　　因此，宗教虽然不再是意识的无实体的运动，可是仍然有着对立的规定性，它既一般地与作为**这个**现实性的现实性相对立，又特殊地与自我意识的现实性相对立；它因而本质上只是一种**信仰活动**。

　　"因此"，这就是得出结论了，"宗教虽然不再是意识的无实体的运动"，不再像不幸的意识那样是无实体的运动，仅仅是意识的一种运动而没有考虑到后面的实体。"可是仍然有着对立的规定性"，这个对立的规定性就是彼岸世界和现实世界的对立。"它既一般地与作为**这个**现实性的现实性相对立"，宗教其实都是这样的，宗教必须要有彼岸，与作为当今这个现实世界的现实性相对立。目前这个现实世界是必须要超越的，要超出我们眼前的现实性，要与它相对立。"又特殊地与自我意识的现

22

实性相对立",也就是说,你信仰这个宗教,但是这个宗教在你之外跟你对立,这就是一种异化。上帝是一个异己的上帝,是一个非我的上帝,是一个与自我意识的现实性相对立的上帝。"它因而本质上只是一种**信仰活动**",信仰活动,Glauben 是一个动名词。就是说这种宗教虽然已经可以说是一种宗教了,但是仍然有它的对立性。不但与这个现实性相对立,而且与我也相对立。宗教是人的本质的异化,我自己与我所信仰的上帝就是对立的,我根本就不能去理解上帝是怎么样想的。这样一种宗教就还不到位,当然作为一种信仰活动来说它已经到位了,你可以去信它,但你不一定理解它。你不理解它那就还不是真正意义上的宗教,或者说还不是作为宗教的宗教,还没有体现宗教的本质。宗教的本质实际上就是人的异化,它跟人是相通的,是由人的本质异化出来的。要意识到这一点,你才能意识到宗教是怎么一回事儿。所以在黑格尔心目中,基督教新教是人的本质的回归。我在上帝那里意识到我的本质了,这个时候才是严格意义上的宗教,但这同时也是宗教的消亡。当然黑格尔不敢说宗教的消亡,但实际上就是,宗教在这个意义上已经进入到了哲学。我已经认识到了上帝在创造这个世界之前是怎么想的,上帝创造世界的蓝图,我洞见到了上帝内心的思想,那这就是哲学了,这就是绝对认知、绝对知识了。但这个哲学同时又是最高的宗教,所以绝对认知可以说是哲学,也可以说是一种理性的宗教,这两者是不分的。这两者能分出来就在于宗教还有它不纯粹的形态,它有一个历史形态,这个历史形态掺杂有大量的其他的东西。它沿途把其他的东西一个一个扬弃,越来越变得纯粹,最后就变成了哲学,那就是真正的宗教。所以在黑格尔那里,宗教和哲学是不分的。当然,宗教在历史上体现为一个历史发展的过程。而哲学是一个纯粹思维的发展过程,这一点上是有等级上的不同的,哲学要高于宗教。但归根结底,他也承认,整个哲学就是一个理性宗教,哲学就是理性神学,理性神学也就是哲学。所以,这个地方他一方面讲到宗教,一方面又排除宗教、刻意回避讲宗教,这往往会引起一种困惑。但这个里面确实表现出一种层次的区别。就是我们现在已经涉及宗教了，但是严格意义上的宗教还没有谈到，还是宗教的一种发展过程，或者说向纯粹宗教的一种前进过程，而这个过程本身就是信仰。所以信仰已经是严格意义上的信仰，但宗教还不是严格意义上的宗教，宗教和信仰有这样一种关系。所以在这个地方谈信仰的时候不谈宗教，宗教留给后面来谈，已经涉及宗教了，但是又要把宗教撒开。这一段就是这个意思，宗教和信仰是有区别的，在严格的意义上，严格的宗教和严格的信仰是有区别的；但是在不严格意义上，这种信仰已经可以叫作宗教了。而在前面，不幸的意识和神的法则，既不是严格的宗教也不是严格的信仰。休息一下。

上面把信仰和宗教做了一点区别，严格意义上的信仰和严格意义上的宗教不是一回事儿。当然，严格意义上的宗教肯定是有严格意义上的信仰的，但严格意义上的信仰还不一定达到严格意义上的宗教，它还有一个过程，下面我们就来讲严格意义上的信仰，也就是信仰意识的形成，看它是怎样形成的。

[73] **绝对本质的这种纯粹意识是一种异化了的意识**。必须进一步考察的是，意识就是自己的他者的那种意识是如何规定自身的，并且这意识只有结合着这个他者才能得到考察。

"绝对本质的这种**纯粹意识**是一种**异化了的意识**"，这也就是信仰意识，信仰意识就是在异化了的精神的教化世界里形成起来的，是在分裂的意识里形成起来的。分裂的意识已经自在地包含一种信仰了，所以它是一种异化了的意识。"必须进一步考察的是，意识就是自己的他者的那种意识是如何规定自身的"，必须进一步考察的是这样一种意识，它就是自己的他者，也就是这样一种异化了意识，考察它是如何规定自身的。所谓异化了的意识，也就意味着意识就是自身的他者，他者就是异己者。意识就是自己的异己者，这样一种意识就是信仰。信仰就是把自己的意识看作异己者的意识，把自己看作是一个他者。上帝也是一种意识，我

意识到上帝就是我自己的他者，是我的意识的一种异化。我意识到这一
点，那就有信仰了。我意识到有一个异己的我在彼岸世界，在他者那里。
那么这样一种意识是如何规定自身的呢？这一点必须要进一步加以考
察。"并且这意识只有结合着这个他者才能得到考察"，信仰必须结合一
个异己的他者才能考察，所结合的他者也就是异己的上帝。信仰总是对
某一个异己者的信仰，如果是对一个还没有异化出去的东西，那就谈不
上信仰，顶多可以说是信念、相信乃至迷信，因为你相信它会在此岸实现
出来。严格意义上的信仰是对一个彼岸的他者的信仰，这样一种信仰所
针对的是彼岸的异己的意识，那是永远不可能在此岸成为现实东西的。
你要考察信仰不能只是从自己这一方面来考察，而必须要考察这个他者
在彼岸是怎么样得到规定的。

　　因为最初看起来好像这种纯粹意识所拥有的只是跟自己对立着的现
实性世界；但由于它是对现实性世界的逃避，因而是**对于对立的规定性**，
所以它在自己本身中就拥有现实性世界；因此，纯粹意识本质上就是在
自己本身中自我异化的，而信仰只构成它的一个方面。

　　这个意识为什么只有结合着他者才能得到考察？"因为最初看起来
好像这种纯粹意识所拥有的只是跟自己对立着的现实性世界"，这种纯
粹意识，如前面讲到拉摩的侄儿的分裂意识背后实际上有种纯粹意识。
初看起来这纯粹意识只是一种纯粹的否定性，一种纯粹的自为存在，它
面对这个世界，嬉笑怒骂，疯言疯语，它拥有的只是一个跟自己对立着的
现实性世界。一方面是纯粹意识，另方面，站在它对立面的是现实世界，
这个现实世界归它所有，是它的下饭菜，它可以任意宰割。最初看起来
好像是这样，在分裂的意识那里本来似乎是这样。所谓分裂嘛，一切都
解构了，一切都分裂了。好像纯粹意识跟现实世界都分裂了，现实世界
的一切也就分裂了。"但由于它是对现实性世界的逃避"，一方面是分裂，
但是另方面它又回到自身，回到纯粹意识，那就是对现实性世界的逃避。
现实世界既然一切都已经被虚浮化了，一切都具有虚浮性，所以是靠不

住的,我就回到我自身来寻求自己的安身立命之处,这就走向信仰了。"因而是对于**对立的规定性**",纯粹意识逃开了现实世界,它就是对于这种界限的划定,是对于此岸和彼岸的鸿沟的建立。现实性世界跟我是对立的,我不去惹它。我跟它没什么关系,这个虚浮的世界,我已经烦透了,我和它划清界限。"所以它在自己本身中就拥有现实性世界",你逃到自己的内心中去,但既然你在自己内心和现实性世界之间划定了界限,你肯定是知道现实世界并在内心拥有现实世界的,否则这个界限没法划出来。现实世界是你逃也逃不掉的,连第奥根尼也逃不掉,所以你逃避它恰好说明你在意它,恰好说明你心里有它。凡是你要逃避的东西恰好说明它已经装在你的心里面。如果它根本不在你的心里面,那有什么好逃避的呢,那就很坦然嘛。所以它在自己本身中就拥有现实性世界。"因此,纯粹意识本质上就是在自己本身中自我异化的,而信仰只构成它的一个方面",也就是从本质上来说,纯粹意识在自己本身中就自我异化了,它实际上是一个本身中装有一个现实世界的我,但同时又把这个现实世界当作自己的逃避对象。所以信仰在这种关系里只构成它的一个方面,也就是自我逃避的方面。纯粹意识的自我异化形成了两个方面,对异己东西的信仰只构成它的一个方面,而现实世界作为它的逃避对象构成它的另外一个方面。"只构成"意思是说它还有另外一个方面。另一个方面就是你跳出这个现实世界以后,你还面临着它,你逃也逃不掉,那么只好面对它。所以你把自己分成两个方面,一方面去对付现实世界,另方面逃回自己的内心,逃到信仰之中,逃到自己的纯粹意识之中。但当纯粹意识反过来针对这个现实世界时,它就达到了纯粹明见。所以信仰的另一方面就是纯粹明见、纯粹洞见。纯粹意识有两个方面,一方面是信仰,一方面是纯粹明见,它是一个返回和进取的双向运动。纯粹意识用纯粹明见去对付被虚化了的现实世界,纯粹意识用信仰去构建它的另外一个超现实的现实世界,那就是彼岸。这就是纯粹意识的两个方面。我们前面讲到,分裂的意识反思到自己的纯粹意识,回到自我,这产生了两个后果,一方面这个自我足以对付这个现实世界，来批判这个现实世界，另方面这个自我又退回到自己的内心，在自己内心里面另外建立一个现实世界，建立一个彼岸世界。所以信仰只构成它的一个方面。

同时，另一个方面也已经在我们面前崛起了。因为纯粹意识是出自教化世界的这样一种反思，即教化世界的实体以及教化世界所划分成的那些聚合体，都显示为它们自在地所是的东西，显示为一些**精神的**本质性，显示为各种绝对不安息的运动或规定，这些规定直接在自己的对方中扬弃了自己。

"同时，另一方面也已经在我们面前崛起了"，这里的另一方面就是纯粹明见，就是对现实的教化世界的明见。纯粹意识一旦出现，就有两个方面，一个是信仰，另一个是纯粹明见。"因为纯粹意识是出自教化世界的这样一种反思，即教化世界的实体以及教化世界所划分成的那些聚合体，都显示为它们自在地所是的东西"，为什么另一方面即明见也会在我们面前崛起呢？因为纯粹意识是出自教化世界的、同时也是对教化世界的反思。当我从教化世界里面看出了它的虚浮性时，我就在逃开它的同时，也把握住了它的本质；或者说，正因为我看穿了它的本质，所以我才逃开它。所以在我面前，教化世界的实体以及教化世界所划分成的那些聚合体，那些世俗的家庭啊、国家啊、财富啊、高贵意识啊、卑贱意识啊、阿谀的语言等等，都显示为它们自在所是的东西，也就是显出了它们本来所是的真相。什么样的真相？"显示为一些**精神的**本质性"，精神的打了着重号。所有这些东西看起来好像都是些外界的现实性，好像都是些物质性的东西，国家权力啊，财富啊，但是现在，在纯粹意识的眼光下，它们显示出了精神性的本质性。这个特别是在语言方面，高贵意识，卑贱意识，分裂的意识，阿谀的语言，分裂的语言，它们都是精神的本质性。这是在教化世界里揭示出来的，尤其是通过分裂意识揭示出来，它们其实都是精神的本质性。"显示为各种绝对不安息的运动或规定"，这样一些聚合体好像是固定不变的，但由于它们是精神的本质性，所以它们显示为绝对不安息的运动或规定。这些规定都是动荡的，在分裂意识里最突出地显示出来的就是这一点。分裂的意识把所有这些东西都解构了，使它们都向对立面转化了，都分裂了。"这些规定直接在自己的对方中扬弃了自己"，也就是直接向对立面转化了，直接变成了自己的对方，在对方中扬弃了自己本身，变成了自己的反面。这都是分裂的意识所揭示出来的。

所以，它们的本质，亦即单纯意识，因而就是**绝对区别**的单纯性，而绝对区别直接就是没有任何区别。

所有这样一些聚合体，"它们的本质"是什么呢？"亦即单纯意识"，你不要看它们表面上五花八门，其实在分裂的意识中它们已经打破了一切界限，互相过渡互相转化，本质上都成了单纯的意识。"因而就是**绝对区别**的单纯性"，单纯意识表现为绝对区别，一切东西跟一切东西都相区别，这种绝对区别其实就是作为区别的区别，是区别本身。不是区别这个区别那个，而是一切东西都是区别的，那么这种区别就成了一种单纯性，只要一个区别就可以区别一切了。"而绝对区别直接就是没有任何区别"，绝对区别那就没有任何区别了，当所有东西都区别开来，那所有东西跟所有东西在区别这点上就都是一样的，没有区别了。惠施的命题是"万物毕同毕异"，而这里说的是，万物毕异则毕同。你要做出绝对的区别，那它直接就向对立面转化，就取消了各种区别而成了没有任何区别。精神的本质性就在这里，就在于把一切东西的区别揭示出来，包括把一切东西的自我区别揭示出来，这样就把一切固定的区别都解构了，只剩下一个毫无区别的"区别本身"，即一种区别的活动、否定活动。正是这种活动表明，一切都是一切，一切都是精神，精神就是永远的不安息，把一切区别都打通，使一切区别成为无区别。

因此，单纯意识就是纯粹的**自为存在**，不是作为**这一个个别的东西**，而是作为一种侵蚀和渗透着**事情**的**静止本质**的不安息的运动的自身中**普遍的**自我。

"因此，单纯意识就是纯粹的**自为存在**，不是作为**这一个个别的东西**"，"自为存在"和"这一个个别的东西"都打了着重号，表示对应。前面讲了，绝对区别直接就是没有任何区别，它具有意识的单纯性，既然如此，单纯意识就是纯粹的自为存在。纯粹的自为存在就是纯粹的区别本身，纯粹的否定性，做出区别就是否定嘛，一切规定都是否定，一切区别都是否定，而纯粹的否定就是自为存在。所以这样一种单纯意识、这样一种我，就是一种纯粹自为的能动性，而且不是作为这一个个别的东西，"而是作为一种侵蚀和渗透着**事情**的**静止本质**的不安息的运动的自身中**普遍的**自我"。这种单纯意识的自我不是张三李四的个别自我，而是普遍的自我，它侵蚀和渗透着事情的静止本质，它就是这种不断地渗透进事情的静止本质并将其加以侵蚀的运动本身，它永远不会安息下来。这样一种能动性也就是一种洞见，它把一切东西的静止的本质穿透，使之动摇和向对立面转化。普遍的自我无所不入，渗透一切，所以是普遍的，但是又是在自身中，在这个绝对的区别和纯粹的否定性中。这里讲的其实就是洞见或者明见 (Einsicht)，这跟前面讲的信仰相比是另一个方面。信仰构成纯粹意识的一个方面，而另外一个方面同时也已经在我们面前崛起了，就是这里讲的明见。跟信仰同时并行的就是明见，信仰是逃避这个世界，而明见是渗透进这个世界，这个世界本身是虚浮的，而明见则看出了这种虚浮。你别看它表面上好像静止不变，固若金汤，实际上已经被这个自我渗透进去了，你会发现一切都处在不安息之中。这种不安息的运动就是普遍自我的原则，我洞见到了大千世界中万物的不安息，这就是纯粹意识的明见。

所以，在这个自我中直接知道自己本身即是真理的那种确定性，现成在手的就是作为**绝对概念**的纯粹思维，这个绝对概念处于自己的**否定性**的力量中，而这否定性力量把一切本应和意识对立的对象性本质都清除了，并使这本质成为了意识的一种存在。

"所以，在这个自我中"，在这样一种无所不包的普遍自我中，这自我把所有的东西都解构了，它是从分裂的意识来的。信仰是从分裂的意识来的，明见也是从分裂意识来的，明见就是分裂意识里面直面虚浮性的现实世界、渗透了它的不安息的运动这样一个本质性所导致的洞见。在这个自我中"直接知道自己本身即是真理的那种确定性"，也就是这个自我知道自己本身就是真理，并且直接确定地知道这一点。纯粹意识的我在分裂的意识中已经自在地把自己确立起来了，它直接地知道自己就是真理。虽然所有的现实事物都不是真理，都被解构了，都是虚浮的，但是这个自我是真理，这个解构本身是真理。那么这样一种直接的确定性，它"现成在手地就是作为**绝对概念**的纯粹思维"，现成在手的也就是直接确定地，它就是纯粹思维，就是绝对概念。绝对概念也就是相当于康德所谓自我意识的统觉或范畴了，在所有的概念之上的纯粹概念、范畴，就是纯粹的自我意识，统觉或纯粹思维的体现。"这个绝对概念处于自己的**否定性**的力量中"，这个绝对概念表现出来就是纯粹思维的否定性的力量，康德的自我意识的统觉就是一种否定性的力量，它对一切加以规定，也就是对一切加以否定。所有这些现象都是要被它规定、被它否定的，所以它处于自己的否定性的力量中。"而这否定性力量把一切本应和意识对立的对象性本质都清除了"，与纯粹意识对立的对象性本质都被清除了，就是说我的一切知识都是我的知识，我的对象都是"我的"对象，是我自己建立起来的对象，而不是非我的对象。凡是非我的东西、与我对立的客观的东西在这里面都被赶出去了，康德认为那是不可认识的自在之物，不在明见的范围之内，不是我们认识的对象。"并使这本质成为了意识的一种存在"，也就是人为自然立法，现象底下的本质是由人的意识建立起来的法则。这里暗中是在指康德，康德代表着明见的最高层次。但是明见跟信仰在康德那里是分离的，他之所以要批判这个现象界呢，是为了给信仰留下位置，一方面要悬置知识，另方面才能给信仰留下地盘。所以这里有两个方面，这两个方面本来就是分裂的，是分裂意识的一种表现，也是分裂意识的一种成果，就是分裂成两个世界，一个是认识,也就是明见,另一个是信仰,信仰是另一个世界。这两个世界实际上是同一个纯粹意识的两个方面,用康德的话来说,就是纯粹理性的两种运用:一个是纯粹理论理性,一个是纯粹实践理性。纯粹实践理性是信仰的领域;纯粹理论理性是明见的领域。

——这种纯粹意识同时也是同样**单纯的**,因为它的区别正好也不是什么区别。

"这种纯粹意识同时也同样是**单纯的**",单纯的打了着重号。纯粹意识分裂成了两个方面,但它本身同样也是单纯的,它是同一个纯粹自我。"因为它的区别正好也不是什么区别",就是说它的区别只是一种区别的活动,一种能动性,它本身是没有区别的。康德的自我意识的统觉是一种区别的活动,一种能动性,他还想把这种能动性与另外一种能动性、也就是实践的能动性区别开来。但是这两种能动性如何能够区别开来? 不论是认识的能动性还是实践的能动性,不都是同一个能动性吗? 所以到了费希特,就看出来这种区别正好不是什么区别,认识本身就是一种行动,一种能动的活动。和认识相对立的不是实践,而是信仰;但信仰本身也是一种认识,是认识自己所建立起来的一个对立环节。所以认识作为纯粹意识,它本身是单纯的,纯粹意识没有任何内容,它就是自我意识的一种能动活动的形式,所有的内容都是它自己建立起来的。这就是费希特所达到的层次。

但作为这种单纯自身中反思的形式,纯粹意识是信仰的元素,在这种信仰的元素中,精神具有**肯定的普遍性**这种规定性,即与自我意识的上述自为存在相对立的那种**自在存在**的规定性。

"但作为这种单纯自身中反思的形式,纯粹意识是信仰的元素",也就是说纯粹意识不去规定对象、洞见对象,而是向自身中反思,它就成为了信仰的元素。明见和信仰不过是纯粹意识朝两个不同方向运作的结果。但这两个不同的方向中,首先是纯粹意识直接知道自己即是真理,这就是作为绝对概念的纯粹思维,用以规定或否定对象,这是认识的元素;其次才是在自身中的反思，用以规定自身，这就是信仰的元素。在费希特的"全部知识学基础"的三条原理中就体现了这种关系，也就是首先通过"自我设定自我"而确立起认识元素；然后通过"自我设定非我"而展示自我的纯粹否定性；最后由自我和非我的统一而在反思中回到自我，这样一个自我就成了"绝对自我"，也就是一个信仰的对象了。"在这种信仰的元素中，精神具有**肯定的普遍性**这种规定性"，从非我的否定性通过反思而回到自我的肯定性，也就是经过否定之否定，这种肯定性就不再是自我最初的那种个别的肯定性，也不是它设定非我的那种否定性，而是绝对自我的普遍的肯定性了，作为信仰的元素，它就具有普遍的肯定性了。也就是"与自我意识的上述自为存在相对立的那种**自在存在**的规定性"，自在存在也就是自在之物，费希特的信仰还是对一个自在之物的信仰，这和康德并没有本质的区别，也是黑格尔所不满意的。但他认为这是信仰本身的问题，凡信仰都要设立一个与自为存在相对立的自在存在，而真正的天启宗教则努力要使这个自在存在不再与自为存在相对立，而成为自在自为的存在，这也是真正的宗教高于信仰的地方。信仰只是宗教的一个自在的环节，理性的认知则是它的另一个环节即自为的环节，这是后话。总之，纯粹意识一旦由分裂的意识建立起来，它就产生出两个方面，一方面是向外规定的明见，另一方面是向内返回的信仰。

——精神从无本质的、仅仅自我解体着的世界那里被逼回到自身之后，按其真理性来说，在未分化的统一性中，既是**绝对的运动**和对自己的显现的**否定性**，又是这运动和否定性在自身中**满足了的**本质，及它们肯定性的**静止**。

这句话进一步说明前述的两个方面：一个是明见，一个是信仰；一个是理论理性，一个是实践理性，精神现在就是这两个方面的关系。"精神从无本质的、仅仅自我解体着的世界那里被逼回到自身之后"，这是从分裂的意识那里所产生的结果，无本质的仅仅自我解体着的世界，也就是虚浮的世界，一个被虚化了的世界，精神从这样一个虚化了的世界那里被逼回到了自身,返回自身。外部世界一无是处,外部世界整个都是崩溃了的,被分裂了,四分五裂了,无规律可循,没有什么可信的,一切都是虚浮的。分裂的意识就是立足于这一点,从这一点被逼回到了自身。外部世界没有什么可信的了,没什么可抓得住的了,那就只有被逼回到自身。回到自身是什么呢?就是纯粹的我、纯粹意识。这个精神自我的纯粹意识,"按其真理性来说,在未分化的统一性中",在分裂意识最初所返回到的那个纯粹意识的未分化的统一性中,它已经潜在地包含有两个方面了。一方面,它"既是**绝对的运动**和对自己的显现的**否定性**",就是说这样一个未分化的自我,它是一个绝对的运动,它是绝对的不安息,而作为绝对的不安息,它是绝对的否定性,也就是对自己的显现的否定性。这就是明见方面。这里的"显现"也可以翻译成"现象",但这是一个动词,Erscheinen,所以我们翻译成"显现"。对自己的显现或对自己的现象的否定性,也就是对于一切向我显现出来的外部现象,纯粹意识都有一种否定性,有一种绝对运动的穿透性和洞见。但另一方面,"又是这运动和否定性在自身中**满足了的**本质,及它们肯定性的**静止**","满足了的"和"静止"都打了着重号。什么叫在自身中满足了的?也就是在绝对运动中,当纯粹意识反思到这个绝对运动本身,而不是着眼于它所否定的现象,它对自己的这种绝对运动的绝对性就有种满足,并在这种满足中达到一种肯定性的静止,这就是纯粹意识最终的安身立命之所,也就是信仰。所以一方面是不安息的否定性,即明见的能动性;另方面是肯定性的静止,即信仰的绝对性,这个是被区分得很严格的。对于康德而言,纯粹理性一动一静,一方面人为自然界立法,这是自我意识的主动性方面、认识方面,它把握到现象世界的本质规律;另一方面,作为一个信仰的对象,它是静止的理念世界、终极目的。这两方面是分开的,甚至是脱节的,虽然它们出自同一个根基,也就是纯粹意识。这一点是费希特也未能克服的。

但一般来说,这两个环节在置于**异化**这个规定性之下时,作为一个

[74] 双重意识，就彼此分离开来了。

上述分离正是异化的产物。"但一般来说，这两个环节在置于**异化**这个规定性之下时，作为一个双重意识，就彼此分离开来了"，由于这两个环节都是属于异化的规定性，都是在一个异化世界之中的规定性，那么我回到纯粹的自我、纯粹的意识所形成这两个环节，也就只能采取异化的方式，采取互为异己之物的方式。这个世界对我的信仰来说是异己的、不堪居住的；而我的信仰的对象对这个世界来说也是异己的，它作为不可知的自在之物，存在于异己的彼岸。现实世界虽然可以被自我意识加以规定，但也是规定为一个不以我的意志为转移的客观对象，这在费希特那里被称为"非我"。而费希特的绝对自我其实也被赋予了"非我"和自在之物的含义，它对现实的个别自我来说同样是一个异己的信仰对象。所以这两个环节在被置于异化这个规定性之下时，作为一个双重意识，就彼此分离开来了，一方面是现象界，另方面是信仰世界，也就是本体界，双方有不可逾越的鸿沟。

前一环节是**纯粹明见**，是统摄于**自我**意识中的精神**过程**，这种过程在自己的对面拥有肯定的东西的意识，拥有对象性或表象活动的形式，并指向着它们；但它自己所特有的对象却只是**纯粹的我**。

"前一环节是**纯粹明见**"，这个前面已经讲到了，纯粹意识有两个环节，前一环节就是那个动态的、否定性的环节，它超越于一切现实性之上，并洞悉一切现实东西的否定性本质，这个否定性的环节就是纯粹明见。它"是统摄于**自我**意识中的精神**过程**"，"自我"和"过程"都打了着重号，意思就是说这种纯粹明见的否定性是自我主体的能动过程，而不是一个静止的对象。只有信仰的对象是客观的、肯定的、静止不动的，它是自在之物；认识性的纯粹明见则是主观的，它是一个否定的过程，这过程由自我意识来统摄，从笛卡尔的我思到康德的统觉都是对现实事物的表面现象的否定，而揭示出它们后面纯粹思维的本质来，这就是纯粹明见。"这种过程在自己的对面拥有肯定的东西的意识，拥有对象性或表象东西的形式"，纯粹明见作为纯粹思维，它面对的是经验直观，这些东西都是对肯定性的东西的意识。"拥有对象性或表象活动的形式，并指向着它们"，对象性就是经验的实在性，表象活动的形式比如说时间空间，有这样一些形式。纯粹明见就是指向这些东西的，它本身是否定性，它对这些肯定性东西采取一种否定性的态度，指出它们其实都是一些表面现象。"但它自己所特有的对象却只是**纯粹的我**"，这种否定性只有一个东西没有否定，这就是纯粹自我，因为这个纯粹自我就是它用来否定一切的，我自己就是否定性本身。只有当我把纯粹的我自己当作自己的对象，这才是自我意识特有的对象，这才叫自我意识。自我意识实际上是把自己当作对象，看起来好像是把外部事物当作对象了，但实际上它特有的对象只是纯粹自我。而这样自己把自己当作唯一的真正对象，这就是纯粹的明见，这是前面第一个环节。

　　——反之，对肯定的东西或静止的自我同一性的单纯意识，则以那作为本质的内在**本质**为对象。

　　"反之"，就是说前一环节是纯粹明见，后一环节则与之相反。后一环节就是那个静止的、肯定的环节，那个在自身中满足了的本质的环节，也就是"对肯定的东西或静止的自我同一性的单纯意识"的环节。静止的自我同一性是纯粹意识的肯定的东西，对这种东西的单纯意识就是另外一个环节。我不去向外界谋求一种否定的统一，不去否定这个外部世界，对这个外部世界我已经没有兴趣了，我要反身而诚，追溯到那肯定的东西或静止的自我同一性，这样一种单纯的意识就是信仰。这种信仰"则以那作为本质的内在**本质**为对象"，后一个"本质"打了着重号。它是以内在本质作为对象，而内在本质才是作为本质的本质，这才是它唯一的对象。这个唯一对象也就是上面讲的那个纯粹的我，但这个我在这里不再是仅仅用来统摄一切外部现象，而是本身成为纯粹意识的一个特有的对象，把这个纯粹的我看作自己的终极对象，即作为本质的本质的对象。前面纯粹明见也在揭示一切现象中的本质，否定它们、解构它们，但还没有把自我的这个否定行动本身当作静止不变的对象，当作本质中的本质；只有信仰才进到了这个层次，把纯粹明见据以否定一切的这个基础、这个静止的自我同一性看作自己的对象。而这个作为本质的内在本质就有一种普遍性了，它不仅仅是自我意识的那个能动的否定过程，而是类似于费希特的那个"绝对自我"，这个绝对自我作为信仰的对象当然是从否定性的自我里面升华出来的，但是是作为本质的本质而升华出来的。上帝绝不是我个人的对象，不是我一个人的上帝，上帝是世界的创造者，包括我个人在内，都是上帝创造出来的。所以，上帝、神、彼岸的东西，是作为本质的内在本质，这样一个对象才是信仰的对象。所以，这里的两个环节，在这个地方都讲到了。

{289} 　　因此，纯粹明见最初在它自己本身中并不具有任何内容，因为它是否定性的自为存在；相反，属于信仰的则有内容，而无明见。

　　"因此，纯粹明见最初在它自己本身中并不具有任何内容"，统觉也好，先验自我意识也好，在自己本身中并不具有任何内容，它是依靠统摄了直观对象以后才有了具体的内容。而这个内容也不是它自己本身的内容。它自己本身是没有内容的，就像康德所说的，思维无内容则空，直观无概念则盲。离开经验对象，你不能对纯粹概念自身说任何话，所以它本身不具有任何内容。"因为它是否定性的自为存在"，它只有一种否定的功能，它否定别的东西。至于否定什么，尚在未定，它自己对此没有任何规定。"相反，属于信仰的则有内容，而无明见"，信仰的对象是静止的肯定的对象，它不再是不安息的否定活动，而是纯粹意识的安身立命之所，是作为绝对自我的上帝、作为本质的内在本质，这些当然可以说出一大堆来，但是没有明见。因为这些都是些最高的概念了，没有比它们更高的纯粹意识了，一切明见都要从它们那里来，但它们本身不是明见的对象，而只能是信仰的对象。在康德那里，你可以对它作出种种规定，对它加以悬设，加以描述，在道德哲学中，在法哲学中，在自然目的论中，你都可以对它加以规定；但是这些都不是明见，不是因为这种描述，你就洞见到了上帝或天意到底是一种什么东西，这是没办法认识的，这是无明见的，它们始终是自在之物。纯粹意识最初就是这样，作为纯粹明见，它有明见而无内容，作为信仰，它有内容而无明见。这最初是在康德那里的情况，明见和信仰这两方面是割裂的。当然在黑格尔看来，最后要逐步发展到双方都要贯通，到了天启宗教就双方都贯通了，到了哲学、绝对认知那更是双方统一了。黑格尔的宗教和绝对认知这两个阶段都是要把这双方贯通起来。明见也好，信仰也好，都是可以贯通的，但在最初的时候这两者还不是贯通的，而是分裂的。

　　如果说前者并未走出自我意识以外，那么后者拥有的内容虽然也同样是在纯粹自我意识的元素之中，但却是在**思维**中，而不是在**诸概念**中，是**在纯粹意识中而不是在纯粹自我意识中**。

　　"如果说前者并未走出自我意识以外"，明见都是在自我意识之下形成的，对整个世界规律的把握，对现象底下的本质的洞见，都是在自我意识的统觉的本源的统一之下所形成起来的。所以明见并未走出自我意识以外。"那么后者拥有的内容"，也就是信仰的对象，"虽然也同样是在纯粹的自我意识的元素之中"，信仰的内容或对象，如上帝、自由意志、灵魂不朽，所有这些悬设都是在纯粹自我意识的"元素"之中。在纯粹自我意识的元素之中，与在纯粹自我意识之中已经不一样了，里面已经包含有表象了，但仍然是在纯粹的自我意识的元素之中。康德当然不承认这一点，不认为这两个方面都属于自我意识，他主张自我意识是专门用来认识的，自由意志是专门用来实践的。但从费希特开始，这两方面已经是同一个自我意识的设定了。所以在黑格尔看来，它们也同样是在纯粹的自我意识的元素之中。"但却是在**思维**中，而不是在**诸概念**中"，也就是信仰肯定已经是一种思维，但它并不是一些概念。这种思维不是自我意识用诸概念、诸范畴来把握经验对象，不是这种理论理性的思维。在信仰中它不是用范畴来思维，而是用表象来思维。所以，虽然它同样是在纯粹的自我意识的元素之中，但这个元素不是在概念中的思维，而是在表象中的思维。"是**在纯粹意识中而不是在纯粹自我意识中**"，这里涉及意识和自我意识的关系，也就是对象意识和自我意识的关系。信仰是在纯粹意识中，也就是你可以把它表象成一个纯粹意识的对象，但它还不是纯粹自我意识的对象，它还没有被你归到自我意识里面来。上帝在自我意识之外，高高在上，它还不是你的自我意识的对象，而只是意识的对象。信仰的意识是一种对象意识，还不是自我意识，黑格尔《精神现象学》第一个环节是意识，第二个环节才是自我意识，他说到"意识"，通常就意味着对象意识。自我意识里面当然也有对象意识，它是把对象意识纳入到自身了，它才成了自我意识的，但这时的对象意识已经成了自我意识的一个环节，不是独立的对象意识了。信仰的内容还只是处在纯粹意识中，而不是处在纯粹自我意识中，一直要到哲学、到绝对认知，纯粹意识和纯粹自我意识才合二为一。那时纯粹意识就是纯粹自我意识，对象意识就是自我意识，上帝就是我，我就是上帝。这要在哲学的认知里、在绝对认知这个层次上才能够达到的，而在目前这个阶段还达不到。

因此，信仰的内容虽然是对**本质**的纯粹意识，亦即对**单纯内在东西**的纯粹意识，并且因而就**是**思维；——这是在信仰的本性中的主要环节，通常都被忽视了。本质在信仰中所带有的那种**直接性**，就在于信仰的对象即是**本质**，也就是**纯粹的思想**。

"因此，信仰的内容虽然"，"虽然"放在这里，这句话暂时还没接上气来，到后面一句也还没有接上气，直到第三句话才能接上气。在德语表达中，"虽然"和"但是"之间是可以加句号的，在汉语中一般不这样，汉语不耐烦等到后面一个或者更多句号再来接上这个语气词。那么，信仰的内容虽然"是对**本质**的纯粹意识，亦即对**单纯内在东西**的纯粹意识，并且因而就是思维"，信仰已经是对本质的纯粹意识了，上帝是万物的本质。但上帝在万物中又被看作是单纯内在的东西，去掉了那些表面现象的东西，这是一种纯粹意识，你凭肉眼是看不到的，必须凭内心。信仰的对象是纯精神，它容不得一点物质的东西在里头，它要是容得一点物质的东西,那就不是信仰了,那就是迷信了。真正的信仰是一种对单纯内在东西的完全纯粹的意识,而这种意识就是纯粹思维。信仰本身就是纯粹思维,信仰的对象也就是纯粹思维,只有纯粹思维才能把握那单纯内在的本质。"——这是在信仰的本性中的主要环节,通常都被忽视了",这个纯粹思维,这种对内在本质的意识,其实是信仰本性中的主要环节,但通常都被人们忽视了。人们一谈起信仰,立刻就想到这是不用脑子的一种盲从,这是启蒙运动所造成的一种印象。但在黑格尔看来,信仰其实就是思维,是纯粹思维,这是它的一个主要环节,通常都被忽视了。这里有个英译者注:"《哲学全书》第 554 节:'信仰是一种知识'。"贺、王译本引了这个注。信仰是一种知识,意味着信仰也是一种明见,这是在信仰的本性中通常都被忽视了的主要环节。黑格尔《哲学全书》第 554 节谈到信仰和知识的关系,还让人们去参看他的《小逻辑》第 63 节,那里面以雅可比为例,说明了在信仰中的直接知识,就是"上帝的人格呈现在意识面前",而这样一种人格就是思想,所以"纯粹的**直观**也不过与纯粹的思维完全是同一个东西"。^① 信仰虽然是一种表象思维,但它毕竟也是一种思维,不管它用表象还是用概念,它毕竟也在思想了。这比通常对信仰作简单化的批判,指责它完全没有头脑、没有思想的做法,要更深刻。人们看到信仰的表象,就往往忽视了它底下有一种思维,有一种对本质的纯粹意识。"本质在信仰中所带有的那种**直接性**,就在于信仰的对象即是**本质**,也就是**纯粹的思想**",本质在信仰中带有直接性,所以雅可比才可以把信仰称作"直接知识"。这种直接性就在于信仰的对象不需要任何中介,不需要"透过现象看本质",它直接就是本质。你信仰什么呢?信仰本质啊,信仰的对象就是本质,也就是纯粹的思想,这是最直接的,其他的都是间接的。基督教也这样说,上帝的道就是逻各斯,就是圣灵。

---

① ［德］黑格尔:《哲学全书·第一部分·逻辑学》,梁志学译,人民出版社 2002 年版,第 136 页。

圣灵是什么，圣灵就是纯思维，就是逻各斯。但是，圣像有什么作用？既然上帝是看不见摸不着的，是纯粹的思维，为什么要把圣像挂起来，为什么要雕刻耶稣基督受难的十字架呢？这些图像有什么意义呢？基督教历史上曾经有过几次捣毁圣像的运动，就是认为这些圣像把真正直接性的本质遮蔽了，我们要把它捣毁。然而最后教会做出判决，就是说，圣像还是可以保留的，但是你们要知道这些都是方便法门，都是权宜之计，为的是引导那些没有知识文化的大众进入基督教的大门。进了大门以后，就要由这些有学问的教士、神学家来向大众解释信仰的真正含义。上帝不是一个白胡子老头，耶稣基督也不是那个三十岁的年轻人，圣灵也不是一只鸽子，那些都是象征，都只是表象，它真正的直接本质就是纯思维，大家要提高自己的思维，才能获得真信仰。基督教神父在布道的时候，基本上就是在讲这样一些事情，从这些画像、从这些图像的表象里面，要大家体会里面的思想深意。所以基督教是一种教化过程，把那些粗俗的野蛮的大众训练成有内心精神生活的教民。所以这里讲，本质在信仰中所带有的那种直接性，就在于信仰的对象即是本质，也就是纯粹的思想。你信教不要只信那个白胡子老头，那是不对的，至少是不够的；你要有思想，要进入到思想里面，才能够真正成为教民。

但是，只要**思维**进入了**意识**，或纯粹意识进入了自我意识，这种**直接性**就获得了一种对象性**存在**的含义，这对象性存在是处于对自我的意识之彼岸的。

"但是，只要**思维**进入了**意识**"，前面那个"虽然"直到这里才有了它的回应，这里的"但是"是跟前面的"虽然"相呼应的。前面讲，信仰虽然是对本质的纯粹意识，虽然它的意识就是纯粹思想，如此说来，那岂不是说只要有纯粹思想就够了吗？信仰本质上就是纯粹思想啊，那我何必进教堂呢？但是，只要思维进入了意识，"或纯粹意识进入了自我意识，这种**直接性**就获得了一种对象性**存在**的含义"，"直接性"和"存在"都打了着重号。注意这里有两个步骤，第一步是思维进入了意识，前面讲意识也就是对象意识，于是在这里就是思维成为了对象；第二步是纯粹意识进入了自我意识，也就是纯粹对象意识进入了自我意识，这是递进关系。先是思维进入对象意识，使对象意识成为纯粹的；然后纯粹对象意识又为自我意识所把握。第一步是思维成为对象的存在，第二步是对象的存在又上升为更高的思维。这两步都是以对象意识为枢纽，也就是以对象的直接性为枢纽，所以这种直接性就获得了对象性存在的含义。它不光是一种思维，它是一种直接对象、一种存在了。当然它的本质是一种思维，是纯思维，但这种纯思维呢，它具有了对象性存在的含义。在这种意义上，我们进教堂就是接受纯思维啊，每个教徒都必须去听布道，才能明白那些深奥的道理。不过，思维和存在在这里仍然处于对立之中。"这对象性存在是处于对自我的意识之彼岸的"，自我的意识，这里用的不是"自我意识"（Selbstbewußtsein），而是"对自我的意识"（Bewußtsein des Selbsts），它是分开两个词，"自我"作为第二格来限定"意识"。他为什么分开来写？不是处于自我意识彼岸，而是处于对自我的意识之彼岸，这两者是不同的。处于自我意识彼岸，那就完全够不着了；而处于对自我的意识的彼岸，就是处于这个作为对象的自我的彼岸，它是一个彼岸的对象存在，而不是我自己这个对象的存在，但它还在自我意识中。你不要以为，只要你的自我有思维，每个人的自我都有思维，那就不要崇拜一个彼岸的上帝了，崇拜自己就可以了，不对！只要这个思维进入到了对象意识，或纯粹对象意识进入到了自我意识，那么这种直接性就获得了一种彼岸的对象性存在的含义。它不是你的自我本身所固有的那种思维，而是在彼岸世界中的那样一种对象性的纯粹思维。上帝是在彼岸中的对象性的纯粹思维。这对象性存在是处于对自我的意识之彼岸的。这样一种对象性的存在。虽然它是直接性，就是说它直接就是你的意识，但是采取了彼岸的方式，采取了间接性的方式。直接的间接性，或者间接的直接性。你从上帝那里才能直接的知道纯粹思维，没有一个上帝，你想凭自己来获得自己的纯粹思维，那你是摆脱不了你的"对自我的意识"的。只有通过一个彼岸的对象存在，通过这个间接的存在，像照镜子一样，你在上帝身上才能照出自己的纯粹思维是什么样的。你必须把自己的纯粹思维异化为一个上帝，才能对这个纯粹思维有明确的自我意识，否则的话就没有纯粹思维，就总是跟现实的东西、包括跟我的自我这个对象混在一起，分不开来。你必须要设想在整个现实世界之外有一个我的对象存在，那就是上帝，这样一来，你才能对自己的纯粹意识有明确的认识，才知道它究竟是什么。因为它已经跳出整个世界之外，跳到了彼岸，它才纯粹了，在此岸它是纯粹不了的，它总是跟现实的功利，跟政治，跟伦理，跟自我这个对象搅在一起。你以为这就是纯粹思维了，其实远远还不纯粹。真正的纯粹思维就是上帝，就是彼岸的神。它给你提供了一个自我超越的契机，你才能在这一点上真正达到自我意识。

　　由于纯粹思维的直接性和单纯性在意识中所获得的这样一种含义，于是信仰的本质就从思维下降到了表象，并成为了一个超感官世界，这世界本质上将是自我意识的一个他者。

　　"由于**纯粹思维**的直接性和单纯性在**意识**中所获得的这样一种含义"，"纯粹思维"和"意识"都打了着重号，意思是，纯粹思维凭它的直接性和单纯性具有了对象意识的含义。一个是纯粹思维，再一个是在意识中，而不是在自我意识中。纯粹思维在意识中，也就是在对象意识中，纯粹思维的直接性和单纯性使它成了一个对象。而由于它这种对象意识的含义，事情就成了这样："于是信仰的**本质**就从思维下降到了**表象**"，本质打了着重号，表象也打了着重号，"并成为了一个超感官世界，它本质上将是自我意识的一个他者"。信仰的本质从思维下降到了表象，就是说信仰的本质本来是思维，但是你只有把它置于一个彼岸世界，它才是纯粹思维；而彼岸世界的思维对于此岸世界的我来说只能是一个表象。如果你以为这思维就是你的自我的思维，那你就没办法把它对象化、异己化，变成一个对象、一个非我的上帝。而要设立一个非我的上帝，就必然要把它降为表象。你不要总是用自己的思维去揣测上帝的思维，你首先要把上帝的思维当作一个表象设定在那里，它跟任何人的思维都不同，它跟张三李四包括我自己所有人的思维都不同。你不能进入它，必须把它供在那里，把它供在一个彼岸世界，这样一来它就成了一个表象了。这是一个必要的下降。下降当然是为了更高的提升，但是这个时候没办法，你必须要设定一个彼岸世界的上帝。这个上帝你不能思维，那就只有表象了。作为一种客观的思维，它跟你的自我的思维是不一样的。你不要以为它就是你想的这个样子，它不是的。必须要把它设立为一个彼岸世界，一个非我的对象，那就成了一个表象，包括你把它想象成住在遥远的天上的一个白胡子老头。宗教就是用表象的方式来表现绝对的，就此而言，雅可比的"直接知识"有他的道理，当然这种直接知识不是感性直观，而是理性直观，"白胡子老头"只是象征的说法，其实是超感官的。"并成为了一个超感官世界，这世界本质上将是自我意识的一个**他者**"，"将是"，这里用的虚拟式，这只是一种估计，是对彼岸超感官世界的一种猜测。这个超感官世界从本质上看将是自我意识设定的一个他者，这种本质现在还没有暴露出来，因为它是以一种表象的方式表现出来的。但实际上在宗教后来的发展过程中，在天启宗教中，从本质上会暴露出它其实是自我意识所设定的他者。但是目前它只是下降到表象世界，只被表象为处于对自我的意识的彼岸。这是对信仰的一种规定。在信仰方面，纯粹思维一旦进入到意识，就会用一种表象的方式把它推到彼岸世界去，以供自己信仰。这是信仰的另外一个本质，就是成为一个自我意识的他者。前面［第72页倒数第2行］讲到，"必须进一步考察的是，意识就是自己的他者的这样一种意识是如何规定自身的"，到这里就有了一个呼应，这意识就是这样来规定自身的。意识如何成为一个意识的他者，就是通过这样一种表象而成为意识的他者，为什么要通过表象？因为这是讲的信仰。

　　——反之，在纯粹明见中，纯粹思维向意识的这个过渡具有相反的规定，对象性具有的含义是一种仅仅否定性的、自身扬弃的和向自我返回的内容，即是说，只有自我才是它自己真正的对象，或者说，对象只当它拥有自我的形式时才有真理性。

"反之，在纯粹明见中"，这是跟前面信仰相对而言。纯粹思维有两个相反的方面，一方面是对彼岸世界的信仰，它一头立足于纯粹意识、纯粹的我，另一头指向彼岸的上帝，中间空着，跳过了现实世界，现实世界不值一顾，这是信仰。另一方面则是纯粹明见，它是要面对现实世界的，它不能跳过现实世界，否则它就没有内容了。所以在这里，"纯粹思维向意识的这个过渡具有相反的规定"，纯粹思维，例如康德的统觉、先验自我意识，它向意识的过渡，也就是向对象意识的过渡，具有相反的规定。纯粹统觉要统摄所有的对象，形成对象意识，它的规定都是针对这个对象世界来规定的，只能够应用于现象界，应用于可能经验的对象，而不能应用于别的方面。康德在《纯粹理性批判》里面多次强调，范畴只能应用于这个世界，应用于经验，它是针对经验而设定的，决不能作先验的运用。"对象性具有的含义是一种仅仅否定性的、自身扬弃的和向自我返回的内容"，对象性的含义是什么呢？对象性是我建立起来的。对象性并不具有自在之物的含义，而是一种仅仅否定性的"现象"。现象当然是否定性的，现象还不是本质。康德多次说过，我们只能认识现象。而现象意味着一种否定性的、自身扬弃的和向自我返回的内容。现象依赖于自我，自我为现象界立法，是自我意识造成了现象界。所以现象本身是否定性的，现象什么也不是，如果没有自我意识对它的统摄，那它就还比不上一场梦。所以，它是纯粹否定性的、自身扬弃的，并且必须向自我返回。"即是说，只有自我才是它自己真正的对象，或者说，对象只当它具有自我的形式时才有真理性"，那么我的真正对象是什么呢？既然对象是我自己建立起来的，那归根结底对象还是我，还是我把我自己当对象。所以说只有自我才是它自己的对象，才是纯粹意识的对象。也就是说，对象只当它具有自我的形式时才有真理性，康德把《纯粹理性批判》中的先验分析论叫作"真理的逻辑"，就是把一切对象归结为具有自我的形式，这才有真理性,在自我的形式下所建立起来的对象才具有真理性。真理的逻辑就是先验的自我意识通过自己的范畴来把握诸现象以形成对象这样一个程序,我们的一切科学知识,包括数学知识,都是这样建立起来的,一切科学真理都是这样建立起来的。①

＊　　　　　＊　　　　　＊

好,我们上一次已经从分裂的意识里面推出了纯粹意识,从纯粹意识里面分化出了两个思维的要素,一个是信仰,一个是纯粹明见。上次已经谈到了信仰,对于信仰的这种构成,信仰作为纯粹思维的形式,它的内容我们上次已经做了简单的分析。而信仰的另一面就是明见,对这两者的关系呢,也初步做了一些拟定。就是信仰作为一种彼岸的表象的纯粹意识,它跟纯粹自我之间还有一个距离;而纯粹明见就是回到自身,也就是回到自我了,它们相互的区别上次已经点到了。下面第二个小标题就是我们今天要讲的。

[II. 信仰的本质结构] 原来是标为"信仰的对象",我把它这里改成"信仰的本质结构",这是从内容上来看的。他这里讲的主要不是信仰的对象,当然也讲了信仰的对象,但信仰的对象在前一个小标题"信仰的思想"下面已经讲了,这里主要是对信仰的本质结构来进行一种分析,看信仰它是如何构成的。

<u>正如信仰和纯粹明见两者一起都属于纯粹意识的元素那样,它们两</u> [75]
<u>者一起也都是从现实的教化世界的返回。</u>

"正如信仰和纯粹明见两者一起都属于纯粹意识的元素那样",这个前面我们已经讲到了。从分裂的意识我们追溯到它的根基,发现背后是

---

① 　以上是一次课所讲的内容。为了区分课程顺序,书中用"＊"隔开。

45

纯粹意识。像拉摩的侄儿那样的一种疯言疯语，它背后就有一种纯粹意识、有一种纯粹自我在起作用，当然他没有意识到这一点，他把这看成是自己的一种天才、一种个性，好像他生来就是这样的，而别人就不是这样。但实际上个性和天才背后隐藏的是一种纯粹自我，是纯粹意识的元素，纯粹自我在那里起作用。而纯粹自我呢又分化出两个方面，一个是信仰，一个是纯粹明见。它们一起同属于纯粹意识的元素，元素就是基本的成分，它的基本的成分就是这两个方面。"它们两者一起也都是从现实的**教化世界的返回**"，这也是前面讲到过的，在现实的教化世界中，当它走到分裂的意识这样一个层次的时候，纯粹意识就向自己的内部返回了。返回到纯粹自我，两者都是从现实的教化世界向纯粹自我或纯粹思维的返回。

因此，它们两者是按照下列三个方面呈现出来的。第一，它们每个都**自在自为地**处于一切关系之外；第二，每一个都跟那与纯粹意识相对立的**现实**世界发生联系；第三，每一个在纯粹意识内部都跟另一个发生联系。

就是它们两者，一个是信仰，一个是纯粹明见，在这种返回中是"按照下列三个方面呈现出来的"，就是它们表现出来有三种关系。"第一，它们每个都**自在自为地**处于一切关系之外"，"自在自为地"打了着重号。第一方面的关系就是属于自身关系，它们处于一切关系之外，而是自在自为的。处于一切关系之外就是自身关系，它们都跟自身发生关系，信仰跟自身发生关系，纯粹明见也跟自身发生关系；但是跟其他一切都是没有关系的，因为它们是纯粹意识。所谓纯粹意识就是跟一切其他的都没有关系，跟一切现实世界的东西都没有掺杂。所以，它们是处在一切关系之外的自在自为的这样一种自身关系。没有一切外部关系，每一个都是自在自为的自身关系。"第二，每一个都跟那与纯粹意识相对立的**现实**世界发生联系"，注意，这里讲与外部世界没有"关系"（Verhältnis），却有"联系"（Beziehung）。关系更直接一些，联系更外在一些，要通过中介。当然有时候这种区分也不是那么严格，后面常常换用。它们每一个都跟现实世界发生联系，哪怕现实世界是跟纯粹意识相对立的，这种对立也是一种联系。纯粹意识既然是从现实世界里独立、摆脱出来的，那么这个现实世界就跟纯粹意识处于对立之中。你从那里摆脱出来，似乎你已经跟它不相干了，但它仍然站在你的对立面；它既然站在你的对立面，那就还是有一个纯粹意识跟现实世界的联系问题。虽然不发生关系了，但还是有联系的。关系是比较紧密的关系，如交互作用的关系，或者是一种成比例的关系；而联系就比较松散一些、外在一些，就是说，你只要知道它，哪怕你在逃避它或者否定它，也就有一个关系问题，因为它在你之外跟你相对立。信仰就是对现实世界的逃避，而明见就是对现实世界的否定，这都已经和现实世界发生联系了。"第三，每一个在纯粹意识内部都跟另一个发生联系"，因为它们两个都是纯粹意识，那么在纯粹意识里面呢，信仰跟纯粹明见，纯粹明见跟信仰，就有这样一种联系，通过某种中介，它们甚至可以互相转化。它们都是按照这三方面呈现出来的。这就对信仰和纯粹明见，对它们的对象的本质结构，展示了一个大概的框架，就是信仰的对象是这样的三重关系，纯粹明见也是这样的三重关系。但是这一标题之下主要是讲信仰的这三种关系，纯粹明见的三种关系下面再讲，在下一个标题"纯粹明见的合理性"[第77页开始]再讨论纯粹明见的这种关系。我们先来看信仰的这三重关系是怎样的一种结构。

在信仰意识里，自在自为的存在这方面，是信仰意识的绝对对象，这对象的内容和规定已发生过了。

"在信仰意识里"，"信仰"打了着重号，就是说我们先谈信仰，下面再谈纯粹明见。首先我们谈信仰意识，在信仰意识里，"**自在自为的存在**这方面，是信仰意识的绝对对象，这对象的内容和规定已发生过了"，"自在自为的存在"打了着重号，就是首先我们来看信仰的第一方面。上面我们讲信仰有三个方面，第一个方面就是自在自为地处于一切关系之外，也就是讲信仰的自在自为的自身关系。这里讲了，在信仰意识里，它的自在自为的存在这方面就是信仰意识的绝对对象。信仰意识的对象是自在自为的存在，跟其他一切都没有关系的存在，不是从其他东西中推出来的存在，也就是独立的存在，或者用斯宾诺莎的话来说就是"自因"。自因式的存在是信仰意识的绝对对象。这对象的内容和规定已发生过了，这个地方他用的是完成时。也就是信仰的第一方面是在先的，是第一性的，任何其他东西都在它之后，它首先自在自为地存在在那里。这个当然讲的就是上帝了，上帝创造世界，那么上帝本身必然在世界之先，它的内容和规定已经发生过了。你必须先有上帝，然后上帝才能创造世界啊，那么上帝是什么呢，它是自在自为的存在，不是可以由任何关系规定的。它是信仰的第一方面，也就是自身关系，自己是自己的原因，自己跟自己有关，跟一切其他的东西无关。这个是信仰意识的绝对对象。

因为，这对象按照信仰的概念无非就是已提升到纯粹意识的普遍性了的实在世界。

"因为，这对象"，这个自在自为的绝对对象，"按照信仰的概念无非就是已提升到纯粹意识的普遍性了的实在世界"。这个对象按照信仰的概念就是实在世界，我信仰的彼岸世界就是最真实的世界；但这个实在世界是已提升到纯粹意识的普遍性的实在世界，而不是普通的实在世界。斯宾诺莎的上帝就是自然界，但这自然界是提升到纯粹意识的普遍性了的，而不是感性的自然界。按照信仰的概念，信仰的对象必须具有纯粹意识的普遍性，是包含万有而超越万有，只在纯粹意识中可以呈现的。只有这样，这个信仰的对象才是自在自为的自身关系，才是不受任何其他关系所束缚的。

因此，这个实在世界的划分也构成着那种普遍性的机制，只不过在这一机制里，各部分在自己的激活作用中并不异化其自身，相反，它们都是自在自为地存在着的本质，是返回到了自身并坚持着自身的精神。

"因此，这个实在世界的划分"，这个实在世界也就是我们所信仰的对象了，我们信仰的对象的世界它有一个层次划分的结构。这种划分"就构成了那种普遍性的机制"，就是说你把这个实在世界提升到纯粹意识的普遍性，那么这个纯粹意识的普遍性它的机制、它的构造 (Organisation，组织、机制、构造) 是如何构成的呢？这种构成就是这个世界的划分。这个实在的世界你已经把它提升到纯粹意识的普遍性了嘛，所以你对这个世界的划分呢，也就是那种普遍性的结构，或者说也就是那种普遍性的划分，就是对那种上帝、精神的普遍性的划分。"只不过在这样一个机制里，各部分在自己的激活作用中并不异化其自身"，就是在这样一个机制里，你把这个世界划分成几个部分，或者你把这种普遍性划分成几个部分。那么在这样一个机制里面，各个部分在自己的激活作用 (Begeistung) 中，也就是在自己的精神化的作用中，——它本来是精神嘛，本来是纯粹意识嘛，它是信仰的纯粹对象，这种纯粹意识、这种精神肯定要发挥作用，所以在作为精神而起作用的时候，它——并不异化其自身。"相反，它们都是自在自为地存在着的本质，是返回到了自身并坚持着自身的精神"，就是说，划分出来的每一部分在它们的作用中并不异化其自身，并不变成别的东西，而是相反，它们都是自在自为地存在着的本质，是返回到了自身并坚持着自身的精神。这样一种坚持自身的精神，我们在基督教里面称之为"位格"，Person，这样一种位格它并不异化其自身。它们都是自在自为存在着的本质，都是位格。位格我们也翻译成"人格"，但在上帝那里我们翻译成"位格"。基督教里面讲"三位一体"，这三位你是不能合并的，你不能说三位可以归结到一位。它们都是自在自为地存在着的本质，互不归结；都是返回到了自身并坚持着自身的精神。所谓坚持着自身，就是说它们不会把自己异化，当然我们说上帝、天父通过"道成肉身"造成了耶稣基督的降生，但是上帝还在那里，上帝派它的独生子耶稣基督降生人世，但上帝并没有异化为耶稣基督。当然耶稣基督本质上就是上帝，用不着异化，上帝还在那里，它还是那一位。耶稣基督也是一位,最后还有圣灵,这三位都是自在自为地存在着的本质,是返回到自身并坚持着自身的精神。它们相互之间没有一种异化关系,正因为如此,所以我们才能说三位一体。如果有异化关系的话,它们就可以归结。基督教里面也有这种争论,说三位一体是不可理解的,有的说应该是唯一的天父,有的坚持是耶稣基督,上帝就在耶稣基督里面,有的坚持是圣灵。但片面地坚持每一方都是不对的,你三方都要顾到。所以基督教的三位一体是它的一个基本的教义,就是这三方都是各自返回到自身并坚持着自身的精神。

　　——所以它们的过渡运动,只有对我们而言,才是规定性的一种异化,在这种规定性中,它们存在于自己的互相区别之中,并且只有对我们而言,才是一种**必然的**系列;但对于信仰来说,它们的区别是一种静止的差异性,它们的运动则是一种**发生的事件**。

　　"所以它们的过渡运动",三位一体相互之间有一种过渡,这个道成肉身啊,耶稣基督升天复活啊等等,都有一个过程,都属于它们的一种过渡的运动。"只有对我们而言,才是规定性的一种异化",只有对我们旁观者而言,这个时候黑格尔已经跳出基督教了,就是说我们不是作为一个基督徒,我们作为一个哲学家,我们来看待基督教的教义,旁观这一番教义。当然黑格尔自己也是一个基督徒,但我们先把这一身份撇开,作为一个精神现象学的研究者,那么对我们而言,它们的过渡运动是一种规定性的异化。对我们旁观者而言,显然可以看出来,这个里头三位一体有一个异化的过程,上帝异化为一个现实的耶稣基督,耶稣基督异化为一个普遍的圣灵,回到上帝的怀抱,否定之否定。这个是对我们而言可以看出来的。"在这种规定性中,它们存在于自己的互相区别之中",在这种规定性中这三项存在于相互区别之中,各不相同。也就是在使它们得以相互区别的这种规定性中,我们可以看出一种异化,它们的相互区别就是它们的异化。"并且只有对我们而言,才是一种**必然的**系列","必然的"打了着重号。也就是这三者里头有一种逻辑关系,当然这个逻辑关系是辩证的逻辑，"正反合"、否定之否定的这样一种必然关系。这是对于我们旁观者而言，才是一种必然的系列。"但对于信仰来说，它们的区别是一种静止的差异性，它们的运动则是一种**发生的事件**"，"发生的事件"打了着重号。Geschehen 在德语里面的意思本来就是"事件"，但不是任何普通的事件，通常指重大历史事件，至少是指重要的事件，比如说发生了车祸，反常的事件，那就可以叫作事件。其中有一个很重要的意思就是偶发的，是超出正常范围之外的一个事件。它们的区别是一个静止的差异性，就是说三个摆在那里，三位，每一位都不同，它们是有区别的，但这个不同是静止的，有圣父、圣子、圣灵，它们三个不同；但是如何运动呢，那就要靠一个偶发的事件。比如说耶稣诞生，耶稣被钉十字架，耶稣升天、复活，乃至于最初上帝的创世，这些都属于偶发的事件。上帝道成肉身，使得它们有了一种必然的系列，但是对于信仰或者信徒来说，这都是偶发的，他们不会去考虑道成肉身或者耶稣降生有什么样的逻辑含义，上帝否定了自身，成为了耶稣基督，耶稣基督死了以后又升天复活，这个又是什么含义。教徒们不会去追究后面的逻辑关系，他们只会当作一种偶发的事件来理解，这是《圣经》上面记载的历史事件。所以三位一体本身，从每一位到另一位是没有必然性的，每一位对另一位都是一种静止的差异；但是对于我们旁观者而言，我们要对它进行考察和分析，我们就可以看出来它里面的关系是必然的。

　　如果简要地按照这些部分的形式的外在规定来称呼它们，那么正如在教化世界里国家权力或善曾经是第一位的一样，在这里，第一位的也是**绝对本质**，是自在自为存在着的精神，仅就精神是单纯的永恒**实体**而言。　　{290}

　　"如果简要地按照这些部分的形式的外在规定来称呼它们"，"这些部分"就是圣父、圣子、圣灵啦，如果按照圣父、圣子、圣灵这个机制的外在形式的规定来称呼它们。什么是"形式的外在规定"？这种形式规定不单是适用于这里，也适用于精神的其他一些事情。所以，"正如在教化世界里国家权力或善曾经是第一位的一样，在这里，第一位也是**绝对本质**"，这就是举前面的形式规定的例子来说明这里的情况。我们可以翻到前面第45—46页，从倒数第3行起："前一种单纯性形式中，第一种本质，亦即一切意识的自在地自身同一的、直接的和不可改变的**本质**，就是**善**，——即**自在**之独立精神力量，在这种力量那里，自为存在的意识的运动只是附带地例示出来而已。相反，第二种本质是**被动的**精神本质，或者说，就其牺牲自己并听凭个体在它那里意识到它们自己的个别性而言，它才是共相，这是虚无的本质，是**恶**。"下面接下来："但是善与恶这些单纯**思想**也同样都直接地自身异化了；……于是，第一种本质就是**国家权力**，第二种本质就是**财富**。"虽然在那里讲的是善和恶、国家权力和财富，但单纯形式上的规定和这里讲的圣父和圣子的关系是一样的。就善的本质或国家权力而言，它在单纯性形式中属于第一种本质，就是一切意识的自在的自身同一性，直接的和不可改变的本质，也就是自在的独立的精神力量。而圣父也是如此，它"是自在自为存在着的精神，仅就精神是单纯的永恒**实体**而言"。它如同国家权力一样，也是自在独立的精神力量，它的自为的行动，如创世，如道成肉身，都是这个实体的一种"附带例示"，所以它才是第一位的绝对本质、绝对的善。这是从形式的外在规定来称呼，我们把它称为绝对本质或永恒实体，如果按照信仰的表象来说呢，我们就可以把它称之为圣父。圣父在纯粹意识中的位置就相当于国家权力在教化世界里的位置，相当于在世俗生活中国家权力或者皇帝的位置。国家权力以皇权、皇帝为代表，以恺撒为代表。基督教里面经常要把恺撒和上帝区别开来，恺撒的归恺撒，上帝的归上帝；但世俗国家和上帝之国有种同构关系。就是说，国家权力你在世俗生活中是第一位的，但是在精神生活中上帝是第一位的，圣父是第一位的。圣父是绝对本质，是永恒的实体。这是第一个，按照这些部分的形式的外在规定来称呼它们的话，那么第一个部分就称为绝对本质，绝对本质是第一个部分的形式的外在规定，就是自在自为存在着的精神，仅就精神是单纯的永恒实体而言。下面还有第二个部分，也可以参考上述引文中善和恶、国家权力和财富的关系来定位。

　　但在实体概念实现为精神的过程中，实体过渡成为**为他的存在**；它的自我同一性成了**现实的**、**自我牺牲着的**绝对本质；本质成为**自我**，但却是暂时性的自我。

　　这是第二个部分。前面讲了第一个部分，它的形式的外在规定我们称为绝对本质或者永恒的实体，也就是圣父。"但在实体概念实现为精神的过程中"，这个永恒的实体、圣父，要实现为精神，也就是要把精神变成现实，这就是基督教的道成肉身。在道成肉身的过程中，"实体过渡到**为他的存在**"，耶稣基督是"为他的存在"，他是为了拯救世界、拯救世人而降生人世的。耶稣基督为什么要降生人世，就是上帝派他来拯救世界。所以耶稣基督就是圣子，圣子的使命就是拯救世界，所以他就是为他的存在。"它的自我同一性成了**现实的**、自我**牺牲着的**绝对本质"，圣子的自我同一性成了现实的，"现实的"打了着重号。一方面它是现实的，它跟圣父不一样的地方就是它已经成了肉身了，道已经成了肉身了；再一个呢，它是自我牺牲着的绝对本质。一个呢，它是现实的；另一个呢，它成为现实是为了自我牺牲，这都和圣父不同了。它成为现实不是来享受肉体生活的，而是要牺牲肉体生活的，要以自己一己的肉体牺牲来赎全人类的罪。所以，仅就肉体来说，基督的身体代表人类的罪恶，正如前面引的那句话说的："第二种本质是**被动的**精神本质，或者说，就其牺牲自己并听凭个体在它那里意识到它们自己的个别性而言，它才是共相，这是虚无的本质，是**恶**。"或者说，第一种本质是树立善，第二种本质是牺牲恶，显然这两者其实是一个东西，一正一反，牺牲恶就是建立善的一种方式啊。所以圣子跟圣父的本质是同一个绝对本质，但是它是现实的、自我牺牲着的；或者说，它是绝对本质的自我否定面。"本质成为**自我**，但却是暂时性的自我"，耶稣基督有一个自我。本质在他身上变成了自

我，他是以一个人的形象，一个个人的人格的形象出现在我们面前，他有
自己的自我；虽然这个自我就是上帝的本质，但这个自我是暂时性的，就
是耶稣基督这样一个个体性的个人，他的整个人生只活了三十多年，然
后他就被钉死在十字架上了，表现出一个暂时性的过程。他在这个世界
上走了一趟，然后就回到上帝的怀抱了，就回去了。那么回去是什么意
思呢？就是第三个环节。

[76]　　因此，第三位就是这种异化了的自我和被贬低了的实体向其第一位
的单纯性的返回；只有以这种方式，实体才被表象为精神。

　　Geist，精神，在德文里面也可以翻译成"圣灵"。我们这里直接翻译
成"圣灵"也可以。"因此，第三位就是这种异化了的自我和被贬低了的
实体向其第一位的单纯性的返回"。第三位就是圣灵，圣父、圣子、圣灵，
第三位是圣灵。耶稣基督可以说是上帝的一种异化了的自我，是圣父的
异化或自行降格，是这种异化了的自我和贬低了的实体。圣父是实体，
实体道成肉身降生为人，那就已经贬低了，赋予了它肉身。上帝应该是
纯粹精神、纯粹思想，怎么可能有肉身呢？但在耶稣基督身上它就是有
了肉身，那么这种肉身就是一种贬低了的实体。实体自我贬低，把自己
下降为耶稣基督。而这样一个贬低了的实体，通过牺牲肉身而向其第一
位的单纯性的返回，向第一位、向圣父的返回，回到了圣父的怀抱，这就
是圣灵，就是第三位，就是"正、反、合"的合题。第一位是最单纯的，完
全没有现实的规定的，那么经过了现实的规定、道成肉身以后，现在纯粹
的道、逻各斯向第一位的单纯性返回了，返回到单纯性那就是一个合题
了，它既有单纯性，同时又有现实性，它就在每个人心中。"只有以这种
方式，实体才被表象为精神"，也就是被表象为圣灵。宗教里面一切都还
不是概念，还只是表象。圣父、圣子、圣灵，这些都是表象，不是概念；只
有以这种方式，实体才被表象为精神，而正是在精神中，实体开始展示
出概念了。但是它仍然被表象为圣灵，仍然没有摆脱表象。所以精神、
Geist 的双重含义，就其被理解为精神而言，它已经包含概念了；但就其

被理解为圣灵而言，它还是一个表象。这种一语双关并不是黑格尔玩弄的文字游戏或花招，而体现了基督教新教以圣灵为枢纽而开拓出来的丰富的哲学含义。在新教中，基督教的哲学内涵是最少受到表象的遮蔽性的，也是最具有概念的解释余地的。总之，通过这些表象——父、子、灵，实体才成为一种精神。所以信仰的这个本质结构呢，就是三位一体，当然这里的信仰是指真正的、严格意义上的信仰，即基督教信仰。三位一体就是信仰的对象在第一个方面的关系，就是信仰的自身关系，三位一体都是上帝的自身关系，而不能看作三个神之间的关系（三神论）。首先是圣父，圣父道成肉身降为耶稣基督，耶稣基督回归上帝，成为无所不在的圣灵拯救世界，这个世界是靠神、靠圣灵来拯救的。每一个人的灵魂里面都有圣灵，以耶稣基督为榜样，只要你皈依耶稣基督，你就具有拯救的可能性，你的圣灵就会拯救你。这种拯救实际上也是自救，但是这个圣灵既是每个人心中的，又是单纯的，又是圣父，所以还得归功于上帝的拯救。这个是第一方面的本质结构，就是绝对本质、实体是自在自为的存在于一切关系之外的，你把世俗的东西、把恺撒的世界撇在一边，然后去考察三位一体，圣父、圣子、圣灵的关系，它就是这样一种自在自为的关系。

这些有区别的本质，当它们被思维从现实世界的转变不定中收归于自身时，它们都是一些常住不变的永恒的精神，这些精神的存在就在于对它们所构成的统一性进行思维。

"这些有区别的本质"，就是前面讲的，圣父、圣子、圣灵，都是有区别的，它们是信仰对象的自我区别，或是自在自为的、自己跟自己的一种关系。这些有区别的本质，"当它们被思维从现实世界的转变不定中收归自身时，它们都是一些常住不变的永恒的精神"，当它们被思维、也就是被纯粹思维、纯粹意识从现实世界的转变不定中收归自身，就是大千世界，世俗生活，都是变化万千、流转不定的，只有这些思维的本质是永恒的。它们被思维收归自身，因为它们本身就是思维。前面已经讲了，信仰的本质就是思维，只不过它采取了一种彼岸的表象方式，超越此岸的方式。而只要它们被思维从现实世界的转变不定中收回于自身，也就是把思维从现实世界里面收回来，把它们放到思维自身之内来考察，就可以看出它们都是一些常住不变的永恒的精神。这个三位一体的精神实体是常住不变的，你看到耶稣基督好像有一个诞生、死去、复活的过程，但实际上也是常住不变的，诞生也好、复活也好都是一种表演，本质上是常住不变的永恒的精神。"这些精神的存在就在于对它们所构成的统一性进行思维"，这些精神的存在，表象出来就是圣父、圣子、圣灵，但实际上都是思维，就是对它所构成的统一性进行思维，也就是对三位一体进行思维。信仰其实就是思维，在这里最充分地体现出来。信仰的对象就是思维，信仰本质上就是思维，但是采取了一种表象的方式，也就是采取了一种彼岸的方式，就是提醒你，这个思维在这个现实世界之外，它只能是纯粹思维。这个现实世界我们都知道，但是在这个现实世界之外，我们把这个思维放到那里去，它和任何不纯粹的事物无关，这就成了我们信仰的对象了。那么这些精神作为一种思维，它的存在就在于对它们所构成的统一性进行思维，就是放到彼岸去，你对彼岸的这样一个思维、这样一个纯粹的精神存在进行思维，这就是这样的彼岸的思维所思维的内容，也就是它的存在。你说它的思维没有此岸的内容，它是不是空的啊，它思维什么呢，这种思维如何存在呢，存在于什么地方呢，就存在于对这三者的统一性进行思维之中。对这个三位一体进行思维，这就是信仰的对象的内容，你光是讲信仰的对象，我信上帝，但是没有思想啊，我信上帝是怎么个信法呢？就是对三位一体进行思维。所以在上帝的思想里面已经有它自身的内容了，这就是三位一体，这三者之间的关系，就是我所信仰的上帝作为思维来说它所思维的内容。这些精神的存在就在于这一点，圣父、圣子、圣灵，每一个都是对它们的统一体进行思维。

可是这些本质尽管从自我意识那里分神（entrückt），却仍然影响了自我意识；假如有本质坚定不移地守住最初的单纯实体的形式，那它就会对自我意识保持为陌生的。

"可是这些本质尽管从我意识那里分神"，这个前面已经讲了，从纯粹意识中产生出两个方面，一个是纯粹明见，另外一个是信仰；而纯粹明见是紧紧抓住自我意识，从自我意识开始，像笛卡尔的"我思故我在"、康德的"先验自我"，都是从自我意识出发的；而信仰则不一样，信仰当然有一个自我意识，但信仰逃到彼岸去了，它把此岸世界架空了，它从此岸世界逃离，所以它从自我意识那里"分神"了。分神，entrückt，这个德文词有逃离的意思，但也有"出神""入迷"、对其他事物心不在焉的意思。所以它不是完全脱离了自我意识，而是从自我意识那里分神，沉迷于彼岸世界之中了。纯粹明见是正面面对此岸世界，它用自我意识去统摄综合此岸世界的万事万物，这种事情是纯粹明见做的。而信仰不做这个事情，信仰逃开此岸世界，直接跳到了彼岸，对自我意识心不在焉、分神。尽管如此，这些本质"却仍然影响了自我意识"，虽然不是专注于自我意识，但却仍然影响着自我意识。"假如本质坚定不移地守住最初的单纯实体的形式，那它就会对自我意识保持为陌生的"，坚定不移地守住，unverrückt，守在自己最初的实体形式中，也就是守在最初的那个上帝、圣父的形式中，而不肉身化为耶稣基督。那样的话，这个上帝就会仍然对自我意识保持为陌生的。这个在《旧约》里、在犹太人的上帝那里可以表现出来，那就是最初的单纯实体的形式，没有道成肉身。那就是一个陌生的上帝，一个令人恐惧的上帝，基督教神学家称之为"愤怒的上帝"。而《新约》圣经里面的上帝则被称之为"慈悲的上帝"。如果天父没有道成肉身产生出它的独生子耶稣基督，又没有耶稣基督在世间亲近拯救大众，最后把大众提高到圣灵，如果没有这样一个过程的话，那么这个本质——这里用的是单数——就会仍然对自我意识保持为陌生的。在犹太教里面，在《旧约》里面，那个天父似乎是不通人情的，动不动就发大洪水，把人类全部灭掉，重新造一个。一个城里的人如果都良心坏了，他就发洪水全部淹死；但是耶稣基督，《新约》里的上帝，那是仁慈的上帝,那是来救世的。看到老百姓有疾苦有病痛,他都要大发慈悲,要行奇迹把他们救好。当然根本的是要拯救世人的灵魂,那就是很亲切的了,在此之前的上帝则是陌生的。道成肉身就是为了影响人的自我意识,唤醒人的自我意识,使人的信仰不再对自我意识分神,使上帝不再与人的自我意识相陌生,而是深入到人的自我意识中。

　　但是,这种实体的外化,以及此后它的精神,在本身中就拥有现实性的环节,并由此而使自己分享了信仰的自我意识,或者说,信仰意识是属于这实在世界的。

　　就是说,前面的这种信仰,它不专注于自我意识,有些带盲目性,上帝说怎样就得怎样,上帝说一不二,没什么道理可讲,也没什么人情可讲。上帝叫亚伯拉罕把他的独生子献祭杀掉,他就去杀,一点人情也不讲。你要信上帝,就得盲信,就不能用自己的情感和自我意识来进行判断。"但是,这种实体的外化,以及此后它的精神,在本身中就拥有现实性的环节",这个实体的外化,也就是道成肉身。这个实体,这个上帝、天父,这种精神,作为逻各斯、道外化出来,外化成一个肉体,外化为耶稣基督这个人。然后,耶稣基督的精神、圣灵,在本身中就拥有现实性的环节。这种外化,以及这种精神,在本身中就拥有了现实性的环节,这就跟以前不同了。前面的那个天父、耶和华,是保持陌生的,他高高在上,你根本就不能见到他,凡是看到他的人都得死,耶和华是不露面的,他是陌生的。而现在耶稣基督人人都可以去看他,去追随他,他是一个凡人。那么这个精神就拥有了现实性的环节,原来是远在彼岸高高在上的,而现在通过这种外化而降生人世,成为了现实的信仰对象。"并由此而使自己分享了信仰的自我意识",原来的信仰没有集中专注于自我意识,而是分神于彼岸的上帝,无条件奉献自我,没有把自我意识当作基点;而现在呢,信仰使自己分享了自己的自我意识。就是说,耶稣基督是合情合理的,是通情达理的,他是人民的教师,你的自我意识不够强,他使你加强,使你意识到每个人都有罪。这是耶稣基督教给人们的,所以这种精神使自己分享了信仰的自我意识。自我意识在信仰中也是可以具有的，这种信仰就不是那种盲信了，而是一种自觉的信仰。"或者说，信仰意识是属于这实在世界的"，信仰的意识不再是像亚伯拉罕那样，完全听命于一个天上的声音，它是属于这个实在世界的，它是通情达理的，它是可以用来支配和指导我们的现实生活的。原来的那个信仰在实在的世界里是没有普遍性的，上帝命令亚伯拉罕把自己的儿子杀掉，这只是一次性的特殊事件，不是日常生活中所遵循的做法。而现在耶稣基督教导你的，那是你随时随地的自我意识，是你每一天都得面对的，你每一天都得面对你的自我。这是很不一样的。这里还是讲三位一体的关系，主要是讲圣父和圣子的关系。圣灵的关系也有，这个实体的外化，以及此后它的精神，也就是它的圣灵，在本身中就有了现实性的环节。所以这三位是如何一体的，在这里也做了阐述。三者都是不变的永恒的精神，但有一种区别：最初是从自我意识那里分神的，然后通过外化和圣灵，于是有了现实性的环节，并且因此而分有了信仰的自我意识。这是一个结构，信仰的对象在它的自在自为这一方面，也就是它的自身关系这一方面，它展示出圣父、圣子、圣灵三位一体的结构。下面又是另外一个层次了。

按照这第二种关系，信仰的意识一方面本身在实在的教化世界中就拥有自己的现实性，并构成着教化世界的精神及其定在，这是已经考察过了的；但另一方面，它又与它的这个现实性相对立，视之为虚浮的东西，它是扬弃这种虚浮的现实性的运动。

"按照这第二种关系"，信仰的第二方面的关系就是与现实性的关系，前面上一页已经交代过了，就是三个方面显现出来：第一，它们每个都是自在自为的处于一切关系之外；第二，每一个都跟那与意识相对立的现实世界发生联系；第三，每一个都在纯粹意识以内跟另一个发生联系。这里指的第二种关系，就是每一个都跟那与意识相对立的现实世界发生联系。它跟现实世界是如何发生联系的，这里就开始交代了。按照这第二种关系，"信仰的意识一方面本身在实在的教化世界中就拥有自

59

己的现实性，并构成着教化世界的精神及其定在"，并说"这是已经考察过了的"。上一段的最后一句就已经讲到了："但是，这种实体的外化，以及此后它的精神，在本身中就拥有现实性的环节，并由此而使自己分享了信仰的自我意识，或者说，信仰意识是属于这实在世界的。"这是一方面，这方面实际上是属于第一种关系的最后一个环节，最后一个部分，就是圣灵的部分。圣灵是在现实世界中构成教化世界的精神，构成教化世界的圣灵及其定在，这是已经考察过了的。这句话等于是在重复上一段的最后一句话，同样的意思。"但另一方面，它又与它的这个现实性相对立，视之为虚浮的东西"，这又是一方面，这方面才是它这里的第二种关系本身所要讲的。第一种关系，即自身关系实际上已经涉及第二种关系了，自身关系在圣子和圣灵里已经涉及不仅仅是自身关系了。当然三位一体是自身关系，是上帝的自身关系。但三位一体里的耶稣基督，它已经在世，它已经进入到了现实生活，已经在教导现实生活中的人，那么实际上它已经进入到第二种关系了。但是第二种关系又有另外一个方面，这里重点要考察这一方面。这就是信仰的意识又与它的这个现实性相对立，它不是跟它漠不相关，也不是逃出这个现实世界，而是进入到这个现实世界与这个现实世界相对立，把它视之为虚浮的东西。耶稣基督以肉体牺牲为人类赎罪，就表明现实的生活、世俗的利益包括现世的生命都是虚浮的、不实在的东西，都是临时的。在基督教徒看来，人活在这世界上是上帝对你的一种考验，实际上你的最后的家园是在天上。你在人世间生活，组成家庭，生儿育女，这些东西都是表面的，灵魂的生活才是你真正的本质。所以"它是扬弃这种虚浮的现实性的运动"，一个有信仰的人在现实世界中生活，他每天都意识到这种现实生活的虚浮性，只有上帝是真的，所以他的信仰意识就是和现实的虚浮性作斗争。他在一切虚浮现实性的底下都看到上帝，都遵照上帝的指示生活，而不是按照虚浮的现实性的命令生活。所以，他的整个生命过程都是扬弃这种虚浮的现实性运动，他生活得越来越实在，现实的名利权啊，主要是权力和财富，这些东西都是虚浮的。扬弃这种虚浮的现实性的运动，这是第二种关系的核心。第二种关系的前一个方面，即对现实性的拯救，在第一种关系的道成肉身中已经包含了；后一方面，即与现实性的对立的关系，也可以从基督受难和牺牲中引出来。现实中的一切都没有意义，这个在《圣经》中的"传道书"讲得最彻底，现实中的一切都是虚幻、虚无的，你要是只看"传道书"这一篇的话，你会陷入到虚无主义，"虚空的虚空，一切都是虚空"，一开篇就是这句话，一切都是虚空，然后列举了很多东西，你的财富、子女、遗产，等等，所有这一切都是虚空的，那么虚空了以后怎么办呢？基督教并不是虚无主义，之所以要提出这样一篇虚无主义的宣言，就是为了把人引向上帝，最后你要信上帝，你不要信这个世界上的任何东西。这个世界上的任何东西都不值得你为之而死，只有上帝才是你唯一的归宿。所以，信仰意识首先就是要把现实的东西虚化，把它看作是虚浮的东西。

　　<u>这种运动并不在于信仰意识关于实在世界的颠倒有某种机智风趣的意识；因为，信仰意识是单纯的意识，它把机智风趣的东西也算作是虚浮的东西之列，因为机智风趣还是以实在世界为自己的目的。</u>

　　"这种运动"，就是扬弃现实虚浮性的运动，把自己现实的生活当作是虚浮的生活，而在自己的生活中不断接近上帝，不断地扬弃这种虚浮性。这种运动"并不在于信仰意识关于实在世界的颠倒有某种机智风趣的意识"，机智风趣这里也可以翻译成"富有精神"，前面我们已经遇见了这个词：geistreich，geist 就是精神，reich 就是丰富的，加在一起就是"丰富的精神"，但在德语中日常的含义就是机智风趣，机智的或风趣的。一个人说话 geistreich，就是说这个人说话很风趣，很有精神内涵，很有幽默感。但字面上的含义就是"富有精神"。黑格尔在双重含义上使用这个词。关于实在世界的颠倒，揭示实在世界的虚浮性当然是一种颠倒了，现实世界多现实啊，但是你说它是虚浮的，岂不是颠倒嘛。信仰意识要扬弃现实世界的虚浮性，是不是就体现在对实在世界的颠倒加以冷嘲热

讽呢？这样一种机智风趣的意识在分裂的意识那里，像拉摩的侄儿或王朔的那种意识一样，得到了淋漓尽致的表现，就是讽刺性的疯言疯语、冷嘲热讽。但信仰的意识并不是这样来扬弃现实世界的虚浮性，基督教看穿了这个世界，看破了红尘，但是并不对这个红尘冷嘲热讽。基督教的信仰跟拉摩的侄儿那种分裂的意识已经不在一个层面上，已经提高到更高的层面了。你老是对它冷嘲热讽，那是没有结果的，那是分裂的意识，最后就归于分裂。归于分裂怎么办呢？那最后就得神经病了，拉摩的侄儿就类似于一种神经病了，那是没有结果的，只有摧毁而没有建设。但基督教的信仰意识不是这种，它是非常平静的，它对实在世界的这种颠倒，就是看穿了所有实在世界的这种虚浮性，不是凭借着一种冷嘲热讽机智风趣的意识来看穿的。"因为，信仰意识是单纯的意识，它把机智风趣的东西也算作是虚浮的东西之列"，信仰意识是在机智风趣的基础之上回归到单纯。机智风趣我们前面已经讲了，它对单纯、对诚实的意识是一种解构，诚实的意识是非常幼稚的，没有达到教化的水平，而分裂的语言是教化的产物，是一个人有教养的证明，说明他什么都知道。不像那个诚实的意识，只知道几个教条，死抱着那几个教条，一点思想都没有，愚忠。但信仰的意识更高一层，信仰的意识又回归到一种单纯的意识了，它把机智风趣的东西也算作虚浮的东西之列。你的那一套机智风趣也是虚浮的，应当和这个被你嘲笑的现实一起扫荡干净。当然分裂的意识也不否认这一点。王朔在嘲笑了一切以后，也嘲笑了自己。拉摩的侄儿也是这样，把所有的东西都嘲笑一遍，最后又轮到对自己加以嘲笑。所有这些东西、包括自己都是虚浮的，没有什么东西是值得崇拜的，所有东西都解构了。那么信仰的意识，作为一种单纯的意识，它指出了这一点，就是风趣的东西也是虚浮的东西，也属于虚浮的东西之列。"因为机智风趣还以实在世界为自己的目的"，为什么它也是虚浮东西呢？因为你的机智风趣还是以实在世界为自己的目的，你看不惯这看不惯那，你的眼光还是局限在实在世界。你无非是说，对于实在世界，你想要改变它，但改变不了,没有办法,就只好冷嘲热讽了,但你自己也生活在其中,你还是以实在世界作为自己的目的。所以这些机智风趣的分裂意识也都属于必须扬弃之列。

　　相反,与信仰意识的思维的静止王国相对立的是作为一种无精神的定在的现实性,因此这种定在是必须以一种外在的方式去克服的。

　　"相反",与分裂的意识相反,与那种机智风趣的意识相反。"与信仰意识的思维的静止王国相对立的是作为一种无精神的定在的现实性",信仰意识的思维是一个静止王国,它不是老在那里颠来倒去的,这是与分裂的意识相反的。思维的静止的王国是永恒不变的,而与之相对立的是作为一种无精神的定在的现实性,这也是和分裂的意识相反的。无精神的(geistlos)定在是和机智风趣(geistreich)、即富有精神的意识是完全相反的。所以,信仰的意识和分裂的意识是完全颠倒的,分裂的意识是以动态对动态,主观上是机智风趣的、富有精神的,客观上也是虚浮不定的、不断漂移的;信仰的意识则是以静态对静态,主观上是思维的静止王国,客观上则是无精神的定在的现实性。在拉摩的侄儿眼里,这个世界到处充满了精神,到处充满了可以由机智风趣来任意调侃的契机;但是在信仰的意识的眼光看来,那个现实性一点精神也没有,是枯燥无味的定在的现实性。它没有什么精神,你尽管可以对它冷嘲热讽,但是如果你有信仰的话,连这种冷嘲热讽都没有意思。网民们很高兴,每天可以靠那些"段子"自娱自乐,每天都是狂欢节,但在信仰的意识看来,一切都没意思。这个世界没有精神,是无精神的定在。"因此这种定在是必须以一种外在的方式去克服的",既然是一种无精神的定在的现实性,那就必须以一种外在的方式去克服。什么是外在的方式? 就是全盘否定,另起炉灶,到彼岸世界去寻求建立真正精神的现实性。而不是像拉摩的侄儿一样,像王朔一样,混迹于其中,沉浸在其中,找一些茶余饭后笑谈的资料来苟延残喘。必须跳出它之外,以一种外在的方式去克服它,从彼岸来克服它。

　　这样一种侍奉和赞颂的恭顺服从,通过对感性的认知和行为的扬弃,
[77] 而产生出一种与自在自为存在着的本质相统一的意识,但毕竟不是作为
直观到的现实的统一,相反,这种侍奉只是一种继续不断的产生过程,这
过程在当下是不能完全达到自己的目标的。

　　"这样一种侍奉和赞颂的恭顺的服从",侍奉 Dienst,我们前面翻译
成服务,服务的精神,高贵的意识它的表现方式就是为国家服务;但在涉
及宗教和信仰的时候我们翻译成侍奉,侍奉神,侍奉上帝。这就是以外
在的方式对现实世界的克服。对现实世界的定在的克服是一种外在的方
式进行的。侍奉啊,赞颂啊,通过这种恭顺服从来达到和上帝合一。"通
过对感性的认知和行为的扬弃",就是现实世界的感性认知和感性的行
为,在信仰中、在这种侍奉和赞颂中都要被扬弃掉,以此来表现你的恭顺
服从。你要侍奉上帝,就必须对你的感性的认知和行为都加以扬弃。"而
产生出一种与自在自为存在着的本质相统一的意识",也就是产生出与
上帝相统一的意识。你把自己献给上帝,你赞美上帝,你服从上帝,你不
去自作聪明,以自己的感性认知和行为去克服你面前的现实性的定在,
而是温顺地服从上帝分配给你的角色和处境,通过这种扬弃就产生了一
种与上帝统一的意识。"但毕竟不是作为直观到的现实的统一",这种统
一不是作为直观到的现实的统一,而是你在你自己的心里和上帝统一,
是一种看不见的统一。你的内心跟上帝统一这个怎么能看得到呢? 而且
是不能够一下子达到统一的,"相反,这种侍奉只是一种继续不断的产生
过程,这过程在当下是不能完全达到自己的目标的",就是这种侍奉是一
个无限的过程,无限的侍奉,不断的侍奉,没有底,不是说到哪一天你的
侍奉就够了,就能够使上帝满意了。因为此岸的人要侍奉彼岸的上帝,
这中间隔着无限的距离,所以这只能是一个继续不断的努力过程,这个
过程在当下是不能完全实现自己的目标的。你的目标永远是在彼岸,所
以你的侍奉和赞美要一生一世,时时刻刻都赞美上帝侍奉上帝,都是为
了追求和上帝同一而不断努力。这是你的目标。这个努力的目标在你一

生是达不到的, 你可以接近你的目标, 但永远达不到。

　　虽然团契 (Gemeine) 会达到这一目标, 因为它是普遍的自我意识; 但对于个别的自我意识来说, 纯粹思维的王国仍然必须是它的现实性的一个彼岸, 或者说, 由于这个彼岸通过永恒本质的外化而进入到现实性, 这个现实性就是一种未被概念把握的感性的现实性;

　　我们先看这半句。"虽然团契会达到这一目标, 因为它是普遍的自我意识", 团契就是基督教社团、教会, 这是基督徒在信仰上的普遍自我意识。从总体上来说, 基督教的教会可以达到这一目标, 也就是侍奉上帝, 赞美上帝, 而你个人在内心里侍奉赞美上帝, 那是一个永恒无限的过程。当然这个团契不是仅仅指目前这个教会, 而是从历史上, 从有教会开始, 一直到永恒, 它都是同一个基督教团契, 我们只有在这个社团群体里面, 才能达到这一目标, 因为它是普遍的自我意识。这个团契也不能仅仅局限于现实生活中的某一个教会、某一群人的团契, 你要把它看作是一个普遍的自我意识, 也就是说, 个别的自我意识达不到, 普遍的自我意识是可以达到这一目标的。不光你一个人, 而且整个团契都把自己的生命奉献给与上帝合一的进程, 这个是可以做到的。"但对于个别的自我意识来说, 纯粹思维的王国仍然必须是它的现实性的一个彼岸", 对于每个个人的个别自我意识来说, 你必须把这个纯粹的思维王国、把这个上帝的国当作现实性的彼岸, 当作一个超现实性的王国, 在此生是无法到达的。"或者说, 由于这个彼岸通过永恒本质的外化而进入到现实性", 也就是说, 这个永恒彼岸通过上帝的外化、通过上帝的道成肉身, 而进入到了现实性。道成肉身, 在耶稣基督那里就进入到现实性了。"这个现实性就是一种未被概念把握的感性的现实性", 永恒的本质进入到现实性, 这个现实性已经是感性的现实性了, 但它还没有被概念所把握。我们前面讲过, 对于我们旁观者来说, 这里面有一种概念的必然性; 但对于信徒来说, 它还是感性的现实性。耶稣基督还是感性的人, 他有他的家人, 有他的母亲, 有他的生平, 有他的传记, 都是感性的现实性。但是, 这现实性尚未被概念把握。一般的信徒都是从感性的方面来接受这种现实性的，而不是从概念的把握这个角度。如果是从概念把握这个角度来理解这种现实性，那就提高到了一个更高的层次，那就不是单纯的宗教，而是哲学了。所以在宗教信仰这个层次上，这个现实性就是一种未被概念把握的感性的现实性。

但一个感性的现实性仍然是与另一感性的现实性漠不相干的，因而彼岸在这上面还保持着的只是在时间和空间上相距遥远这一规定。

"但一个感性的现实性仍然是与另一个感性的现实性漠不相干的"，如果仅仅停留在感性的现实性，那就仍然有问题，就是一个感性的现实性与另一个感性的现实性漠不相干。感性都是一些漠不相干的现实性，不具有普遍性。耶稣基督是一个人，我也是一个人，张三李四都是一个人，互相仍然是漠不相干的，仍然是外在的。我们把彼岸设想为无限遥远的天上，用这种感性表象来规定我们和自己的目标的关系，这就没有办法真正沟通。"因而彼岸在这上面还保持着的只是在时间和空间上相距遥远这一规定"，基督徒、神父和教徒在信仰中都谈彼岸的问题，但是彼岸是什么呢，人们对彼岸的理解还仅仅只是在空间和时间上相距遥远这样一种规定，这只是表象而不是概念。彼岸在很远很远的地方，在上面，上帝在天上，天上在哪里？你仰望星空，你抬头看一看，看到满天星星，但上帝肯定比这些星星更遥远。所以基督徒在祈祷的时候经常仰望上天，忏悔的时候就是低头看着自己的灵魂。天父很遥远，这个是接触不到的。中国人的神不遥远，"举头三尺有神明"，但还是在天上，还是在上的位置，我们不说低头三尺有神明。这是一种空间的距离。时间上也相距遥远，很久很久以前，上帝创造了世界；很久很久以后，也许一千年，上帝在这个世界的尽头、在世界的末日那里等着我们。这里贺、王译本有个中译者注：参看上卷143页。上卷143页谈到了不幸的意识，不幸的意识已经意识到，"由于这个**存在着'一'**的自然本性，由于这个'一'所穿的现实性的外衣，必然要发生的事件就是，它已在时间中消逝，而存在于空间遥远的地方了，并永远保持遥远的距离。"就是相距那么遥远，那上帝什么时候才来拯救我们呢？这个世界就是非常不幸的了。所以对彼岸的了解还对局限于空间时间上的相距遥远，这是因为我们对感性的现实性仍然没有概念的把握。如果从概念上理解，基督教的彼岸不是这样一个概念，不是一个空间时间概念，而是一种超越现实性的纯粹精神王国，应该这样来理解。

　　——但是，概念，即精神自身当下的现实性，在信仰意识中，仍然是**内在的东西**，它就是一切并且对一切起作用，但自己并不露面。

　　"但是，概念"，背后的概念，包括彼岸，永恒的本质，包括道成肉身，这些表象背后都是有概念的。概念"即精神自身当下的现实性"，精神也就是圣灵，它作为概念，自身当下就有现实性，并不要到未来或彼岸去寻求。只不过这种现实性"在信仰意识中，仍然是**内在的东西**"，精神的现实性也就是概念，它对于信仰意识来说只是内在的东西。说我们在外在的方面有一种感性的现实性，那是未被概念把握的虚浮的东西。而精神作为概念是真正的现实性，却是在内部起作用，不是从表面上看得出来的。那些信徒，虽然他们的理解是带有感性色彩的，但背后还是由精神起作用、由概念在起作用，是内在的东西，就是说背后隐藏的是概念。在信仰的意识背后隐藏的是概念，是内在的东西，"它就是一切并且对一切起作用，但自己并不露面"，它，也就是这种概念，实际上是一切，是万物的本体。它对一切起作用，也就是具有一切现实性，具有精神的当下现实性，但自己并不露面。概念隐藏在万有的后面，这是黑格尔对信仰意识的一种解释或者一种理解，也就是他对理性神学的理解。他对整个宗教都是这样理解的，就是宗教、信仰这些东西后面都有概念在起作用，有内在的东西起作用。虽然它表现为一种感性的现实性，表现为一种表象，但它并不直接出场露面，而只是在背后鼓动，推动事情从低级到高级一步一步地发展。只有黑格尔才看出来，在宗教、信仰的背后，实际上是有概念的，与其让它停留在内在的东西里面，不如把它提取出来，我们直接来讨论概念，那就成了哲学，那就是绝对认知。后面要讲的绝对认知超越了宗教的层次，超越了表象的层次，而进入到了纯粹概念或绝对概念的层次，绝对概念的层次那就到逻辑学了。所以精神现象学是给逻辑学打基础的，或者说是给逻辑学扫除障碍、扫除表面遮蔽的，最后露出来的就是逻辑学，那就是上帝。真正的逻辑学就是上帝，逻辑学就是上帝的思想，是上帝创造世界的蓝图。这就是他对宗教里面的信仰意识的结构分析。当然这里还只是讨论了两种关系，第一种关系就是信仰意识的自身关系，自在自为的；第二种关系就是信仰和实在世界、教化世界的相互关系，信仰和现实世界的关系，道成肉身以后怎么办，人跟现实世界处在对立之中，怎么样看待这样一种对立，是冷嘲热讽呢，还是提升到一个更高的层次，提升到另外一种单纯意识，那就是信仰。提高到单纯意识的信仰以后呢，我们跟现实世界的关系就是在现实中通过牺牲、通过扬弃感性现实的行为来侍奉赞颂上帝，通过团契来达到与上帝合一，但我们每个人都还处在与上帝无限遥远的距离之中，我们每个人都达不到彼岸，所以在现实中呢，留下了我们跟上帝之间的遥远距离。这就是第二个方面、第二种关系，就是信仰对于现实世界的关系。第三方面的关系，就是信仰意识和纯粹明见之间的关系，这就是下面所要讲的。

好，我们再看接下来这个标题。这个标题是编者加的。

[Ⅲ. 纯粹明见的合理性]

其实在黑格尔那里没有这个标题，所以他是一贯讲下来的，前面讲了信仰的第一个方面、第二个方面，下面就开始讲第三个方面。所以这个标题可以看作是信仰的第三个方面，这就涉及信仰对明见的关系问题。这是前面已经交代过的，就是"第三，每一个在纯粹意识内部跟另一个发生联系"。每一个都跟另一个发生联系，也就是讲信仰跟纯粹明见发生联系，然后讲纯粹明见跟信仰发生联系。而由于明见涉及信仰，明见本身就因信仰的三重关系,它也具有了三重关系,也有第一方面、第二方面、第三方面。所以这就过渡到对纯粹明见三重关系的讨论了。黑格尔自己立的标题是"b.信仰与纯粹明见",在前面基本上讲的都是信仰,而没有专门讲纯粹明见,只是偶尔提到。下面我们要讲的就是在和信仰的相关性中,我们来展开纯粹明见,所以后面讲的基本上都是纯粹明见了。在与信仰的对照关系之中来谈纯粹明见,那么这既是信仰的第三个方面,同时也是纯粹明见的三个方面。

　　但在**纯粹明见**中,概念则是唯一现实的东西;而信仰的这个第三方面,即,它是纯粹明见的对象,则是信仰在此出场的那种本真的关系。　　{291}

　　"但在**纯粹明见**中,概念是唯一现实的东西",前面讲到了在信仰中,概念是内在的东西,所以接下来作为对照,就说在纯粹明见中概念则是唯一现实的东西,这跟信仰就不一样了。上面讲到信仰的第二方面的最后一句话已经涉及第三个方面,已经涉及信仰和纯粹明见的关系。所以,信仰和纯粹明见之间首先这一点就形成对照,就是在信仰里面,概念只是内在的东西,而在纯粹明见中,概念已经是唯一现实的东西。纯粹明见就是拿概念来说话了,就是从一切事物里面看出概念,把一切现实的东西都当成是概念来看待。一切现实的东西,真正现实的东西是什么呢,不是那些表面虚浮的东西,而是底下的概念。这就是纯粹明见,为什么叫纯粹明见、纯粹洞见,就是在一切现实的东西底下洞见到了里面的概念,而这是信仰还没有达到的。这就是一个对比,这句话跟上句话紧接着,一脉相承。前面在信仰的意识中,概念虽然对一切发生作用,但自己并不露面;但在纯粹明见中,概念是唯一现实的东西,它是公开露面、出场了的。"而信仰的这个第三方面,即,它是纯粹明见的对象,则是信仰在此出场的那种本真的关系",信仰的第三个方面是什么意思呢? 就是说它是作为纯粹明见的对象,或者说,它是在跟纯粹明见的关系里展示了它的第三个方面,第三方面就是讨论两者的关系。信仰是作为纯粹明

69

见的对象，信仰里面已经隐藏着内在概念了，那么纯粹明见就把这个内在概念作为它的对象，把信仰里面所隐藏的内在概念作为它的对象。所以这个第三方面就是信仰在此出场的那种本真的关系。本真的，eigentliche，真正的关系或者是根本性的关系。为什么是本真的关系？因为信仰骨子里是概念。概念是信仰的内在东西，但是这个内在东西还没有出场，那么信仰在此出场的那种本真的关系就是纯粹明见的对象。信仰在纯粹明见中，那种本真的关系就出场了，就露面了。或者说，纯粹明见跟信仰打交道，就是揭示信仰内在的这种本真的关系。它本质上是概念，而概念是纯粹明见的对象。这是由信仰的第三个方面引出来的。

——纯粹明见本身，同样可以一边就它自在自为的来考察，一边在它与现实世界的关系中来考察，只要现实世界还是肯定的、也就是作为虚浮意识而现成在手，最后，一边还可以在它与信仰的上述关系中来考察。

这又是三重关系。"纯粹明见本身，同样可以"，也就是与信仰一样可以有如下的三重关系，也就是说，由信仰的第三方面，我们引出了纯粹明见本身的三个方面。纯粹明见的第一方面，同样可以"一边就它自在自为的来考察"，纯粹明见自在自为的是什么自身关系，我们下面要考察。"一边在它与现实世界的关系中来考察，只要现实世界还是肯定的、也就是作为虚浮意识而现成在手"，在纯粹明见与现实世界的关系中来考察，这里有一个前提，就是只要现实世界还是肯定的、也就是作为虚浮意识而现成在手。这个时候，我们就可以从纯粹明见和现实世界的关系来考察纯粹明见。为什么要加这个前提呢？因为前面讲了，在纯粹明见中概念是唯一现实的东西；那么概念本身就是现实的纯粹明见了，这个纯粹明见还跟现实世界发生关系，那不是同语反复嘛。但问题是，这个时候的现实性呢，还有另外一层意思，非概念的意思。纯粹明见，虽然它的唯一现实的东西就是概念，但是还有一个现实的东西，它是肯定的、也就是作为虚浮意识而现成在手的，在这种意义上的现实世界，在虚浮意义上的现实世界,它与纯粹明见又处于什么样的关系之中呢? 这也是要探讨的。所以,我们第二重的关系,就是纯粹明见与现实世界的关系,主要是讲纯粹明见与虚浮的现实世界的关系,而不是它与概念这种现实东西的关系。从虚浮的现实世界里面所发现的真正的现实性,那就是概念,这正是纯粹明见要做的工作。这就是现实世界跟纯粹明见的关系的真正含义,就是从表面的现实世界去发现背后真正的现实世界。这个下面也要讲的。"最后,一边还可以在它与信仰的上述关系中来考察",与信仰的上述关系,也就是信仰的第三方面,我们讲信仰的第三方面是与作为纯粹明见的对象的关系,它就是纯粹明见的对象。那么从这一方面呢,我们不但可以考察信仰,而且也可以考察纯粹明见。或者,我们可以从信仰的角度来考察作为信仰的第三方面,我们也可以从纯粹明见的角度来考察纯粹明见的第三方面,这两者就重合了。这个我们下面也要谈到。但谈到这一方面时,我们就已经过渡到启蒙了,也就是说,就纯粹明见与信仰的关系中考察纯粹明见的第三方面,那就是启蒙。所以它是有一种过渡的联结作用在这里。下面我们从三个方面一个一个地看,首先是第一个。

　　<u>什么是自在自为的纯粹明见,我们已经看到过了;正如信仰是作为**本质**的精神的那种安静的纯粹**意识**那样,纯粹明见则是这种本质精神的**自我**意识;它因此不是把本质作为**本质**来认知,而是把本质作为绝对**自我**来认知。</u>

　　"什么是自在自为的纯粹明见,我们已经看到过了",我们已经看到,如前面第 74 页:"前一环节是**纯粹明见**,是统摄于**自我**意识中的精神**过程**,这种过程在自己的对面拥有肯定的东西的意识,拥有对象性或表象活动的形式,并指向着它们;但它自己所特有的对象却只是**纯粹的我**";还有下面,"因此,纯粹明见最初在它自身中并不具有任何内容,因为它是否定性的自为存在"。我们前面已经讲到了,这种否定性的自为存在

也就是我思，就是康德所说的先验统觉、先验自我意识。纯粹明见就是纯粹自我，纯粹自我意识，康德的纯粹自我是一切认识的对象的条件，也是一切认识对象的洞见的出发点。我们从自我意识出发，用我们的一整套范畴体系去把握万事万物，这就叫纯粹明见了。"正如信仰是作为**本质**的精神的那种安静的纯粹**意识**那样，纯粹明见则是这种本质精神的**自我**意识"，这是和信仰相对照而言的，信仰是作为本质的精神的安静的纯粹意识，是把作为本质的精神当作对象来意识，因此是对象意识，这里"意识"打了着重号，跟下面的"**自我**意识"相对照。信仰是纯粹意识，或纯粹对象意识；而纯粹明见则是纯粹自我意识。一个是意识，一个是自我意识；或者说，一个是对象意识，一个是自我意识。纯粹明见"它因此不是把本质作为**本质**来认知，而是把本质作为绝对**自我**来认知"，这两个打了着重号的地方，本质和自我，也是强调对照。就是说纯粹明见不是像信仰那样把本质作为一种普遍本质的对象来认知，而是把本质作为绝对自我来认知。本质是什么？本质就是绝对自我。纯粹明见作为这种本质精神的自我意识，它把本质认作绝对自我，当然实际上已经是上帝了，费希特的绝对自我当然是上帝了；但它不再是盲目信仰的上帝，而是被纯粹明见当作绝对精神的自我意识。普遍精神就是上帝，是上帝的自我意识，它不再是一个单纯的纯粹意识，而是一个自我意识。它因此不把本质作为本质来认知，为什么呢？因为它把本质当作自我意识了，把上帝当作一种绝对自我了。从康德到费希特这里走过了一个过程。首先它的出发点还是自我意识，那么纯粹明见就走到了对这种本质的精神的自我意识，也就是走到了绝对的自我，开始把本质、上帝作为绝对自我来认知。

于是它就着手扬弃一切对自我意识来说是**另外的**独立性，不论是现[78] 实东西的或是**自在**存在东西的独立性，并使之成为**概念**。

"于是它就着手扬弃一切对自我意识来说是**另外的**独立性"，也就是纯粹明见开始来扬弃一切不是自我意识的独立性，也就是费希特所谓

"非我"的独立性了。"不论是现实东西的或是**自在**存在东西的独立性"，现实的东西的独立性，那就是感性事物，它的独立性被纯粹明见扬弃了，感性事物不是独立的，感性世界是我们的自我所建立起来、推演出来的。黑格尔讲，费希特最大的贡献就是开始推演范畴，从范畴中推出整个世界。在康德那里，现实的东西和自在存在的东西还有它们的独立性，现实的东西即感性经验，虽然要服从范畴，但是这些经验还是由自在之物刺激感官而另外提供给我们的，所以有一定的独立性；自在之物本身更是独立的，它独立于我们的认识之外。现在经过费希特的改造，这个绝对自我把一切非我的独立性都扬弃了，不但把经验的独立性扬弃了，而且把自在之物的独立性也取消了，它扬弃了一切对自我意识来说是另外的独立性，"并使之成为概念"。在费希特那里，经验也好，自在之物也好，一切都成了概念即范畴，这就是纯粹明见所造成的。所以黑格尔对费希特非常赞赏，称他第一个开始推演了范畴。

　　它不仅是自我意识到的理性的确定性，确信自己即是一切真理；而且它**知道**它就是这种确定性。

　　"它不仅是自我意识到的理性的确定性，确信自己即是一切真理"，这种纯粹明见不仅是这样一种确定性，即自我意识到的理性对自己就是一切真理这一点的确信，它已经在自我意识中确立了理性就是一切真理，这种理性是自我意识到的理性，它认为它自己就是一切真理。"而且它**知道**它就是这种确定性"，"知道"打了着重号，它已经走向了绝对认知。当然这个知道还不就是绝对认知，但已经是知道自己就是这种确定性的认知，已经开始走向绝对认知，但还不是绝对知识，要到最后一阶段才是绝对知识。但这个时候，它已经知道它是这种确定性了，它不是无意识的、盲目的，也不是日用而不知的。理性就是一切真理，而且它知道这种确定性，我知道理性的确是一切真理，于是我要自觉地去运用我的理性。这个后面还要讲到，自觉地运用理性那就是启蒙了。这是它的第一个方面，但这个第一方面呢，也有它的片面性，下面就会讲到。

　　但是这纯粹明见的概念是如何出场的，这概念对此还没有**清楚地意识到**。因此，这一概念的意识，还显现为一种**偶然的、个别的**意识，而那对这种意识说来是本质的东西，则显现为它必须要去实现的**目的**。

　　"但是这纯粹明见的概念是如何出场的"，也就是这自我意识是哪来的，如费希特以自我为前提，但你的自我是哪来的呢？你固然可以把自我建立为一个绝对自我，自我设定自我，自我又设定非我，最后设定一个非我的绝对自我，但你这个自我的出发点是如何出现的？"这概念对此还没有**清楚地意识到**"，清楚地意识到，realisiert 这个词有两个意思，一个是"实现出来"，一个是"清楚地意识到"。这个自我意识是如何出场的，何以能够展开范畴的推演，对此自我意识还没有清楚地意识到。前面讲了，自我知道它就是这种确定性，这种确定性它已经意识到了；但它自己是从哪来的呢，费希特的自我是从哪里来的呢？对于这一点它还没有清楚意识到。"因此，这一概念的意识，还显现为一种**偶然的、个别的**意识"，自我好像只是一种偶然的、个别的意识，我就是我，但是这个我从哪里来的，那是偶然的、个别的。个别的意识、个别的我，如费希特这个人的意识，这在当时就引起了很多批评，有人说你这个自我意识难道就只是从你费希特产生的？你把别人的自我置于何地？有那么多人，许多都比你还胖些，在你眼睛里什么都不是？所以这一自我概念的意识还显现为一种偶然的个别的意识，没有什么道理可讲。"而那对这种意识说来是本质的东西，则显现为它必须要去实现的**目的**"，比如说上帝，绝对自我，这个绝对自我对这个意识来说是本质的，但是，表现为它必须要去实现的目的，先有了这个自我，然后建立起绝对自我作为它的目的。但实际上，这个目的恰好对这种意识说来是本质的东西，没有这个目的，这个自我什么都不是。你这个个别自我本质上是绝对自我，你应该把绝对自我放在前面，应当颠倒过来，你的这个自我实际上是从绝对自我中生长起来的。但你现在把你的本质当作你将要实现的目的去设定，这岂不是颠倒了吗？自我建立非我，然后又回到绝对自我，绝对自我就是你的目的，但实际上这个绝对自我恰好是你这个自我能够设立的前提，它使得你能够设定自我。当然这是后来黑格尔对费希特的批判了，把他的主观唯心主义变成了客观唯心主义。但费希特也有他的意义。

它所拥有的意图仅仅是使纯粹明见成为**普遍的**，即是说，使一切现实存在着的东西都成为概念，并且成为在一切自我意识中的同一个概念。

"它所拥有的**意图**"，这个个别的狭义的自我拥有一种意图，也就是上面讲的它要实现的目的，是什么呢？"仅仅是使**纯粹明见**成为**普遍的**"，就是说，它个人的明见，固然是纯粹明见，但还是个别的，所以有必要把这种普遍性设定为它的意图、它的目的。"仅仅是"，erst，刚刚才是，就是说这还只是个初步的要求，要把个人的自我这种纯粹明见变成普遍的，这是第一步。"即是说，使一切现实存在着的东西都成为概念，并且成为在所有自我意识中的同一个概念"，使纯粹明见成为普遍的，也就是使一切现实存在的东西都成为概念。你要追求绝对自我，那就必须把一切都融化在绝对自我之中，都成为概念，都用概念来把握，并且成为在所有自我意识中的同一个概念。你从自己的自我出发，但是你把握到的不只是你自己的自我中的概念，而是一切自我中的同一个概念，你把你的私人的观点变成一种普遍的观点，把它变成一种所有自我意识都认可的同一个概念。这是必须要做的第一步，是费希特的主观唯心主义所做的工作。

这意图是**纯粹的**，因为它以纯粹明见为内容；而这种明见同样也是**纯粹的**，因为它的内容只是绝对概念，这概念既不与一个对象有任何对立，也不被限制于对象自身。

"这意图是纯粹的"，这样一个意图，个别的自我意识拥有的这样一个目的，不是以现实的某个具体对象为目的，而是纯粹的。"因为它以纯粹明见为内容"，就是要在一切现实的东西里面洞见到它纯粹的本质，洞见到它的纯概念。我在天地万物、一切的一切里面，都看出背后有一个概念在起作用，所以它是以纯粹明见为内容。"而这种明见同样也是**纯**

粹的，因为它的内容只是绝对概念"，绝对概念，就是它不是我个人的概念，不是我费希特或张三李四的概念，而是绝对的概念。"这概念既不与一个对象有任何对立，也不被限制于对象自身"，这概念不与一个对象有任何对立，它在一个更高的层次，在任何对象之中都能看出这一对象本质上是概念。它与任何对象都不对立，相反，它构成任何一个对象的本质。所以，这概念也不限制于对象自身，它不是就事论事的，一个对象的本质概念不是限制于这个对象本身的，而是也适用于其他本质相同的事物的。概念是不受某个具体对象的限制的，概念的本性就在于普遍性和纯粹性，这就是费希特的主观唯心主义最终所实现的目标。

在这个没有限制的概念中，直接包含着两个方面，一个方面是，一切对象性的东西都将只有**自为存在**、自我意识的含义，另一个方面是，这种自为存在、自我意识将有一种**共相**的含义，即，纯粹明见将成为一切自我意识的财产。

"在这个没有限制的概念中"，由这个个别的自我意识所建立起来的、自我意识所追求的没有限制的概念中，"直接包含着两个方面，一个方面是，一切对象性的东西都将只有**自为存在**、自我意识的含义"，就是主体性、能动性的含义。一切对象性的东西都是自我意识所建立起来的，都是能动的统觉活动、综合统一活动的产物，都包含有自为存在、自我意识的含义，康德讲"我的一切表象都是我的表象"，费希特讲一切非我都由自我建立起来，一切对象性的东西都是我通过自为存在推出来的，这是主观的方面。"另一个方面是，这种自为存在、自我意识将有一种**共相**的含义，即，纯粹明见将成为一切自我意识的财产"，共相的含义，那就是一种客观的含义了，就是不光是费希特本人的这个我，而是共相的我，这种共相不是个别的自我意识，而是成了绝对的自我意识。在这个没有限制的概念中，直接包含着两个方面，一方面是个别的自我意识，或相对的自我意识，另一方面是共相的自我意识，或者绝对的自我意识，当然还只是作为个别自我意识的目的和意图，但毕竟扩展到客观方面去了。费希特的主观唯心主义最后还是要扩展到客观的绝对自我、普遍的自我,而不是局限于唯我论,所以纯粹明见将成为一切自我意识的财产。纯粹明见将成为不光是费希特的自我意识,而且是所有人的自我意识,所有的人都通过费希特的主观唯心主义而拥有了纯粹明见,这样的一个自我意识就成了一个绝对的自我意识。

因此,意图的这第二个方面,乃是教化的结果,因为在教化中,不但对象性精神的种种区别,即这精神世界的各个部分以及判断这精神世界的种种规定,就连那些作为原始规定着的自然物所显现出来的种种区别,统统都被消灭掉了。

"因此,意图的这第二个方面,乃是教化的结果",第二个方面并不是从个别自我意识推出来的,这也是费希特颇受非议的地方,就是你从个人的自我意识怎么能推出所有人的自我意识都是你所想的那样呢? 意图的第二个方面就是要把自我意识变成一个共相,那就必须要通过教化,而不是通过你的自我意识就能推出来的。这是人与人之间的一种相互磨合关系的结果,是教化的结果,所以对于个别自我意识来说,是一种偶然的状况。你抱有一个目的,但你这个目的的实现对于你来说是偶然的,你自己也是偶然的,别人接受你的观点也是偶然的;但为什么它毕竟成了共相,实际上这是教化的结果。就是说,虽然每个人的观点都是从自己推出来的,但一旦发表出来,对他人就形成一种教化。"因为在教化中,不但对象性精神的种种区别,即这精神世界的各个部分以及判断这精神世界的种种规定,就连那些作为原始规定着的自然物所显现出来的种种区别,统统都被消灭掉了",这一点在教化的现实王国中的最后体现即分裂意识那里,已经得到了淋漓尽致的表现。对象性精神的种种区别,例如前面讲的国家权力、财富,善和恶,高贵和卑贱,它们都是精神世界的各个部分及判断精神世界的各种规定,都在与对立一方的互相转化中同归于尽。甚至分裂的意识所体现出来的那种原始规定着的自然区别,例如拉摩的侄儿所自认为的天才,也都由于教化返回到纯粹自我意识而被扬弃了。在哲学上就体现为，费希特作为一个具有某种特殊气质的人也被扬弃了。但这种扬弃不是由于费希特的主观推演，而是由于精神经历了一个教化过程，所有这些区别都只有在教化中才能消灭掉。这些区别在你的个别意识的推演中是消灭不了的，人家总会说，那只是你的一种推演，你是一架发了疯的钢琴，自己弹奏自己，你以为全宇宙的和谐都发生在你身上，这是狄德罗对费希特的批评。但在教化中，所有这些区别都被消灭了，所以纯粹明见在这一方面依赖于教化世界，也就是依赖于现实世界。这里头已经进入到第二方面的关系了。第一方面是纯粹明见与自身的关系，第二方面就是纯粹明见与现实世界的关系，和教化世界的关系。

天才，才能，以及一般说来各种特殊的才具，都是属于现实世界的东西，只要现实世界本身中还拥有它作为精神的动物王国这样一面，这个王国，为了实在世界的那些本质，而在相互的强制和纷争中，进行着互相斗争和互相欺骗。

什么是原始规定着的自然物所显现出来的种种区别呢？"天才，才能，以及一般说来各种特殊的才具，都是属于现实世界的东西"，你费希特是个天才，可以从你的自我出发，推出绝对自我，但人家没有你这个天才，就推不出来。人与人之间就其属于现实世界而言，是各不相同的，各有自己的天才、才能或各种特殊的才具，所以要从这方面来形成自我意识，只会陷入各不相谋的纷争。"只要现实世界本身中还拥有它作为精神的动物王国这样一面"，就是说，只要现实世界还没有提升为普遍概念，还陷在各个个体的个别性中；或者说，虽然意识到了自身的概念本质，但还没有完全摆脱那种个别性、那种原始规定的自然区别，那它就还拥有精神的动物王国这一方面。精神的动物王国我们前面已经讲到了，"精神的动物王国和欺骗"是上册里面讲到的一节［见上册第252页以下］，就是现实世界中人与人之间各自为战，相互欺骗，没有办法达成统一，属于一个精神的动物王国。你费希特很有天才，你能够启发大家，说出一番道理来，但说得再好，也只是你主观中的一套说辞，如果有人觉得你的不足为凭，或者说他也有他的天才，他不接受你的，你就没办法，你们只能各说一套，无法沟通。所以这些东西都是属于现实世界的东西，只要现实世界本身中还拥有精神的动物王国这一方面，明见就无法提升起来。黑格尔并不鄙视现实世界，但他主张提升现实世界，使之摆脱自然性和动物性而上升到概念的现实性，而那种天才或者自然才能只是以个别性的方式属于现实世界，这种层次上的现实世界是没有摆脱动物性的，所以它们是属于这种低层次的现实世界的东西。在这种低层次上，"这个王国，为了实在世界的那些本质，而在相互的强制和纷争中，进行着互相斗争和互相欺骗"。实在世界的那些本质，比如说权力、财富等等，是人们用尽一切手段去谋取的，为此他们在相互的强制和纷争中相互斗争和相互欺骗。纯粹明见和现实世界的关系不能仅仅停留于这种低层次上，否则的话，纯粹明见永远也提升不到绝对自我，而只能是相对的自我，甚至只能局限于唯我论。只有通过现实世界的教化，我们才有可能走出唯我论。

——那些区别在这个世界里虽然不是作为一些诚实的"样子货"而拥有一席之地；个体性既不满足于非现实的**事情本身**，也没有**特殊的**内容和特有的目的。相反，它只被看作是一种普遍有效的东西，也就是看作被教化出来的东西；而区别就被归结为力度大些或小些——归结为一种**大小**上的区别，即是说，归结为非本质的区别。

"那些区别"，也就是上述对象性精神的各种区别，以及原始规定的自然区别，它们统统都在教化世界中被消灭了。这些区别"在这个世界里虽然不是作为一些真诚的'样子货'而拥有一席之地"，也就是在这种还保留有精神动物世界的尔虞我诈的现实世界里，这些区别已经不能够作为一些诚实的"样子货"而保留下来了。"虽然"如此——这个虽然后面又隔了两个句号，才与"但是"接上气来。我们前面已经讲了，"样子货"在《拉摩的侄儿》里面是一个最为人所蔑视的词，诚实的样子货，一副心地纯洁的面孔，这在教化世界里是没有位置的，没人相信你的真诚，凡是真诚的样子都被看作是装出来的。所以凡是这些现实的区别你都不能当真，它们作为样子货已经被教化世界的眼光消灭了。所以，经过教化，"个体性既不满足于非现实的**事情本身**，也没有**特殊的**内容和特有的目的"，拉摩的侄儿那种个体性不会满足于非现实的事情本身，他还没有把自己的个体性当作实体，他的眼睛只盯着现实生活；但他也没有自己特殊的内容和目的，因为他把一切特殊的现实内容都解构掉、否定掉了，个体性和现实性双方还是分裂的。在精神的动物王国里面已经提出了"事情本身"的概念，即 [参看贺、王译本上册第 268 页] "确信它自己即是个体性与存在的绝对贯通的那个意识由自身所构成的概念"，它在个体性的作品上体现出自己的普遍性，从而达到了双方的统一；在那里"必须考察的是，在作品的**存在**中，个体性将如何获得其普遍性，如何懂得满足自己"。事情本身的两个环节是个体性和现实性（即"作品"），个体性只有在事情本身和现实性达到了统一时，才能满足自己。事情本身"本质上它作为现实性与个体性的贯通，是这些环节的统一"，这种统一是在更高的普遍性环节上扬弃了个体性和现实性。"于是，**事情本身**就表现了**精神的**本质性，在这种精神的本质性中，这一切环节作为自为地发生作用的环节都被扬弃掉了，因而只有作为普遍的环节才发生作用" [参看同上第 272 页]。现实的事情本身就是精神的本质性，它的各环节在其中被扬弃了。在精神的动物王国中已经预示了后面精神的本质性的发展进程，所以在教化世界里，虽然正如在精神的动物王国中一样，个体性也不满足于通过保证自己是真诚的、保证自己是事情本身，来获得自己的普遍性，它必须提供出自己的现实的作品来，在这上面才能体现自己的普遍性。但在分裂的意识阶段它又还做不到这一点，"相反，它只被看作是一种普遍有效的东西，也就是看作被教化出来的东西"。个体性只被看作是一种普遍有效的东西，它在教化世界中被普遍地运用于一切对象上，对它们的区别加以解构，而且它自身也是教化的产物，是分裂的意识。所以它的解构并不是扬弃，不是质的提升，而只是量的归结。"而且区别就被归结为力度大些或小些——一种大小上的区别，即是说，归结为非本质的区别"，所有那些区别都被归结为量的区别，一种非本质的区别，而没有一种质的、性质上的区别。因此它们被解构之后，仍然和个体性相对立。就是分裂的意识本身，也不过是才气更大一些，它和它所否定、所解构的对象并没有本质区别，反而混迹于其中。所以拉摩的侄儿在发泄一通之后，并没有得出积极的建设性的成果，而只是留下一地鸡毛。只有我们这些旁观者可以看出，他的这种发泄背后有更高层次的纯粹自我在提供动力，不是什么天才和个性的作用，而是普遍的概念和纯粹明见已经自在地确立起来了。以上都是"虽然"，下面才是"但是"。

　　但后面这种差异性在如下情况下已经消失了，即在意识的完全分裂 ［79］的状态中区别已转化为绝对性质上的区别了。在那里，凡是对于我来说是他者的东西，都只是我本身。

　　虽然个体性是一种被教化出来的东西，它的区别只是量的区别，"但后面这种差异性"，后面这种差异性也就是大小上的非本质的区别了，"在如下情况下已经消失了，即在意识的完全分裂的状态中区别已转化为绝对性质上的区别了"，也就是量的区别在意识完全分裂时已经转化为绝对的质的区别了，这就是物极必反的道理。分裂的意识之所以还保留了外在大小上的区别，是因为分裂得还不彻底，是因为分裂的意识始终守着一个与现实对象相对立的自我，不愿意分裂。因而它仍然把这个自我看作和现实对象只是在量上不同的东西，而不是在质上更高的东西。而一旦它把自身看作与自己的自然规定性相分裂的更高的东西，超越自己个别天才的层次而达到纯粹思维和纯粹明见，它的这个自我就成为一个普遍的自我了，"在那里，凡是对于我来说是他者的东西，都只是我本身"。在这种提升到绝对性质上来的区别里面，凡是对于我来说是他者的东西，都只是我本身，在低层次上对于我来说是他者，而在高层次上看实际上是我自己，是绝对的我。这样一个绝对的我就把费希特那种个人的我、在特殊天才上与他人不同的我这样一个偶然的自我意识的出发点扬弃掉了，这个我就不再是费希特的个人的自我了，而是绝对自我，你费希特也是绝对自我产生的。

{292} 　　在这个无限的判断中，原始自为存在的一切片面性和独特性都被清除了；自我知道自己作为纯粹的自我就是它自己的对象；而且，这两个方面的这种绝对同一性就是纯粹明见的元素。

"在这个无限判断中"，什么是无限判断？自我就是绝对，这是一个无限判断。因为我和绝对之间的距离是无限遥远的，但是又是一个东西，我就是绝对。把这个我变成一种绝对的我，这就构成了一种无限判断。在这个判断中，"原始的自为存在的一切片面性和独特性都被清除了"，你凭借自己的原始本能或天才、天赋才具而行动，由此所带来的一切自然规定的片面性在这里都被清除了，它的一切个人独特性都被清除了。所谓自然的东西、感性的东西、天生的东西、有限的东西，这些低层次的特殊现实性都被清除了，因为自我现在成了绝对的。"自我知道自己作为纯粹的自我就是它自己的对象"，不是作为费希特那么一个特殊的个体，而是作为纯粹自我，成为了自我意识自己的对象。自我是把自己当作一个纯粹自我来看作对象的。"而且，这两个方面的这种绝对同一性就是纯粹明见的元素"，这两个方面，纯粹自我以及作为它自己的对象被看作绝对同一的东西，对象就是纯粹自我，纯粹自我就是它的对象，这两方面绝对同一，那么这就是纯粹明见的元素，或者说纯粹明见的基点。纯粹明见就是建立在这个基点之上的。最根本的纯粹明见就是这样一种绝对同一。

　　——因此，纯粹明见是自身中无区别的单纯**本质**，同样也是普遍的**作品**和普遍的占有物。

"因此，纯粹明见是自身中无区别的单纯**本质**"，本质打了着重号，纯粹明见成了本质，成了普遍的纯粹意识。它是单纯的，无区别的，不是说张三李四费希特的，而是自身中无区别的，所有的个体在纯粹明见这一点上没有区别,它是一种普遍的本质。"同样也是普遍的**作品**和普遍的**占有物**",作品也打了着重号。一方面是普遍的单纯的本质,静止地看,它就是一个元素,就是一个本质中的构成元素,它已经摆在那里了;但另一方面,从动态来看,它同样也是普遍的作品和普遍的占有物,是创作出来并据为己有的真正的现实性。不是说你拥有了这个本质就可以一劳永逸,就可以躺在那里睡大觉了,本质是要你去争取、去实现出来的。作品,Werk,与工作 wirken、与现实性 Wirklichkeit 都是同词根的。所以纯粹明见其实是一个能动的过程,一个由单纯本质去占有一切现实并将之造就成作品的过程,它既是自我本身,同时又是自我追求的对象,是有待自我去占有的作品,这两方面表现了它的两重性:它自己已经是本质了,另一方面这种本质又需要它去追求、去实现,不是可以躺在上面睡大觉的。人就是这样,人已经有他的本质,但这个本质是需要他去追求的,如果他不追求,他就没有,所以这个本质又是它的普遍作品和普遍占有物。

　　在这种单纯的精神实体中,自我意识在一切对象里都同样为自己提供和保持了对它自己的这一个个别性或行为的意识,正如反过来,它的个体性在一切对象里是自身同一的、是普遍的一样。

　　这句话进一步解释这两方面。"在这种**单纯的**精神实体中",单纯的打了着重号,单纯的精神实体就是单纯本质,它已经没有任何掺杂的东西了,已经没有现实东西的残余或者自然的残余,没有个人的天分、才能这些东西掺杂在里面。在其中,"自我意识在一切对象里都同样为自己提供和保持了对它自己的**这一个个别性**或**行为**的意识",在一切的对象里,自我意识一视同仁地为自己提供和保持了对它自己的这一个个别性或行为的意识,"个别性"和"行为"都打了着重号,可见它是一种能动的本质。自我意识提供了这样一种意识,就是说它的这种行为在一切对象里面,都是作为它的个别性的主动性行为,像费希特的那种个别的自我,那种能动性的自我,在一切对象里面、包括非我的对象里面都体现了、都保持了这种能动性。自我意识的无所不包的普遍性是由它的这一个个别

83

性能动地实现出来的,所以它在一切对象里面都保持了这样一种个别性的意识。"正如反过来,它的个体性在一切对象里是**自身同一的**、是普遍的一样",正如反过来也可以说,它的个体性,这种行为的个别性的意识,在一切对象性那里都是一贯到底的、普遍的。也就是这种个别性,同样也是普遍性,不仅在普遍性里面有个别性,在个别性里面也同样有普遍性,它涵盖了一切对象。在一切对象里面看到它自己,而在自己这里也看到一切对象。

——因此这种纯粹明见是这样一种精神,它向**一切**意识发出呼吁:请你们**为了你们自己**、为了你们大家**在你们自己那里所是的**东西而**有理性**吧!

"因此纯粹明见是这样一种精神,它向**一切**意识发出呼吁:请你们**为了你们自己**、为了你们大家**在你们自己那里所是的**东西而**有理性**吧",这就是康德的呼吁。康德在《回答这个问题:什么是启蒙》里面已经发出了这种呼吁:启蒙就是走出由自己所招致的不成熟状态,要有勇气运用自己的理智。你们要有勇气运用自己的理智,实际上这里就是重复了康德的这句话,重复了同样的意思,就是你们要为了你们自己,或者请你们为了你们自己,为了你们大家在你们那里所是的东西而有理性吧! 为了你们自己,就是你们的不成熟状态是你们自己所招致的,而现在我要求你们有理性是为了你们自己,不是我要求你们,是你们自己要求你们。不是像费希特讲的那样,你们跟着我来,而是说跟着你们自己的理性来,你们要为了你们自己,为了你们大家在你们自己那里所是的东西而有理性。你们要有理性,为什么要有理性? 为了你们自己。如果做不到这一点,那你们就是自找的不成熟,你们就陷在由自己所招致的不成熟状态,那受害的就是你们自己。而现在,启蒙就是这样一种精神,就是要为了你们自己,为了你们所是的东西而有理性,为了成全你们自己而要有理性。这就已经是启蒙了,这就进入到了第三层关系。前面已经讲了两层关系了:纯粹明见与自身的关系;纯粹明见与现实的关系;那么最后这一步就是纯粹明见与信仰的关系,由此就进入到了启蒙。

B.启　蒙

实际上这里是在讲明见的第三层关系,第三层关系就已经过渡到启蒙了。

纯粹明见用概念之力所针对的那个独特的对象,就是信仰,它是在同一元素中与纯粹明见相对峙的纯粹意识形式。

"纯粹明见用概念之力所针对的那个独特的对象,就是信仰",纯粹明见拼命地唤起理性,用概念的力量所针对的对象是什么? 就是信仰,所谓启蒙,其实就是纯粹明见反对信仰。而信仰则是"在同一元素中与纯粹明见相对峙的纯粹意识形式",也就是纯粹明见与信仰在同一元素中相对峙,这同一元素就是纯粹意识、纯粹思维或纯粹自我。纯粹明见使用的是概念之力,用概念来对信仰加以分析和攻击,但它所攻击的这个对象、这个信仰,本来是它同根所生的双胞胎,它们是同一个纯粹思维的两个不同的方面,信仰是纯粹意识的一种形式,而纯粹明见是纯粹意识的另一种形式。信仰这种纯粹意识的形式是对现实世界的逃避,这个前面已经提到了。那么纯粹明见和信仰的对立就是纯粹意识的两种不同形式的对立,在这种对峙的关系里面就展示出了启蒙的进程。

但纯粹明见也与现实世界相联系,因为它与信仰一样,也是从现实世界那里向纯粹意识的返回。

纯粹明见与信仰相对峙、对立,"但纯粹明见也与现实世界相联系"。纯粹明见有两方面的关系,一方面是它与信仰的关系,这是上述第三层关系;但是它也与现实世界相联系,这是它的上述第二层关系。第二层关系就是每一方都跟现实性有联系,第三层关系就是每一方都跟对方有联系,这个前面已经交代了。所以纯粹明见也与现实世界相联系,"因为它与信仰一样是从现实世界那里向纯粹意识的返回",纯粹明见和信仰都是从现实世界返回到纯粹意识而产生的，所以前面也交代过了，一个是回到纯粹意识再来找现实世界算账，一个是逃离现实世界另起炉灶。纯粹明见跟现实世界在这个层次上的关系前面已经提到了，它是靠教化、而不是靠自我意识的设定，来实现从个别的纯粹意识、个别的纯粹明见到普遍的共相这一过渡的。但前面只是提了一下，具体是怎么样的关系，下面还要进一步讨论。

首先要考察的是，纯粹明见为反对现实世界的那些混杂不纯的意图及其颠倒了的明见的活动是怎样造成的。

"首先要考察的是，纯粹明见为反对现实世界的那些混杂不纯的意图及其颠倒了的明见的活动是怎样造成的"，要把纯粹明见跟现实世界的这种关系进一步理清。前面只是提到了，但还没有展开，下面打算把这一方面展开讲，那就要集中攻击现实世界中那些遮蔽纯粹明见的东西。在讲启蒙之前，首先要将这一方面澄清，因为启蒙首先是纯粹明见和信仰之间的冲突关系。这些遮蔽纯粹明见的东西主要有两种，一种是混杂不纯的意图，也就是迷信，另一种是颠倒了的明见，也就是信仰。下面的第一个小标题是"a. 启蒙与迷信的斗争"，迷信其实也就包含在信仰中，信仰是 Glauben，迷信是 Aberglauben，就是一种特殊的信仰。所以迷信是一种不纯粹的信仰，但启蒙者把信仰也看作一种迷信，把与信仰的斗争看作就是与迷信的斗争，这其实是不准确的。黑格尔认为真正的信仰并不等于迷信，而是"颠倒了的明见"，它与明见互为倒影。实际上，基督教信仰也是反对迷信的，历来把迷信称之为"偶像崇拜"，视为对真正信仰的败坏。迷信是如何造成的？就是因为它虽然有信仰的元素，但却大量地跟现实世界的具体事物纠缠在一起，混杂不纯，这样一种信仰就是迷信。真正的信仰前面已经讲了，它的对象是在彼岸，跟现实世界的那些混杂不纯已经脱离关系了，那就是纯粹的信仰，但与纯粹明见的对立不在于是否纯粹上，真正的信仰同样是纯粹的，只不过它和纯粹明见是颠倒的，方向是相反的，一个是指向彼岸，另一个是指向此岸。那么这里先要探讨的是纯粹明见和迷信的冲突,然后再探讨纯粹明见和纯粹信仰的冲突。而当纯粹明见把信仰完全扬弃了以后,就进入到所谓绝对自由的很恐怖的状态了。这就是他的大体思路。

*　　　　　*　　　　　*

好,我们上次已经讲到启蒙了。启蒙跟纯粹明见是紧密联系在一起的,黑格尔在后面还讲到启蒙传播纯粹明见,所谓启蒙就是把纯粹明见加以传播。既然这样,讲启蒙就要对纯粹明见作更深刻地理解。我们前面已经从教化的分裂意识里面引出了纯粹意识,纯粹意识里面又引出了一个是纯粹明见,一个是信仰,启蒙主要是从纯粹明见这一头发展起来的。那么我们先看纯粹明见,然后再看纯粹明见与信仰之间的关系,包括与迷信之间的关系。上次我们已经讲了第一小段,讲到了信仰和纯粹明见的这样一种对峙,讲到纯粹明见对于现实世界的那些混杂不纯的意图和颠倒的明见所做的斗争,提到了明见对现实世界中的迷信的斗争。那么,今天我们讲接下来这一段。

前面已经提到过与这种自我瓦解而又重新自我产生的激流漩涡相对 [80]
峙的平静的意识;这种平静的意识构成纯粹明见与纯粹意图这个方面。

"前面已经提到过与这种自我瓦解而又重新自我产生的激流漩涡相对峙的平静的意识",前面提到过,我们可以翻到前面第 73 页倒数第 5 行:"精神从无本质的、仅仅自我解体着的世界那里被逼回到自身之后,按其真理性来说,在未分化的统一性中,既是**绝对的运动**和对自己的显现的**否定性**,又是这运动和否定性在自身中**满足了的**本质,及它们肯定性的**静止**。"未分化的统一性就是纯粹意识,它既是纯粹明见,又是信仰。我们前面也已经讲到,像康德那种能动的自我意识,既是绝对的运动和否定性,同时它的基点本身又是静止不变的,它是一种先验结构、先验框架,一种高高在上的纯粹意识。在费希特那里,这个纯粹意识作为绝对自我,已经包含有纯粹明见和信仰两个方面了。后面 74 页也讲道:"前

87

一环节是**纯粹明见**，是统摄于**自我**意识中的精神**过程**，这种过程在自己的对面拥有肯定的东西的意识，拥有对象性或表象活动的形式，并指向着它们；但它自己所特有的对象却只是**纯粹的我**。"而后一环节就是信仰："反之，对肯定的东西或静止的自我同一性的单纯意识，则以那作为本质的内在**本质**为对象。"纯粹明见是统摄于自我意识中的精神过程，这种过程以否定的方式针对着肯定的对象表象，使对象自我瓦解而又在概念的层次上重新自我产生，但与它对峙的始终是静止不变的纯粹意识，即纯粹自我和纯粹信仰的未分化的统一。这样一种静止的纯粹意识分裂成两个方面，一个是否定性的方面，一个是肯定性的方面。所以这里讲，"这种平静的意识构成纯粹明见与纯粹意图这个方面"，这是指的它的否定的方面。纯粹意识另外还构成了信仰这个肯定的方面，但不是这里所要讲的。这里既然要过渡到启蒙，就必须强调纯粹明见体现为一种纯粹的否定，虽然它与信仰同出于一源，同出于纯粹意识，但它把信仰这个肯定的方面和无本质的自我瓦解的现实世界混为一谈，而没有意识到信仰是以作为本质的内在本质为对象的。它否定信仰就像否定感性世界一样，也就是把信仰当作迷信了。这里在"纯粹明见"后面加上一个"纯粹意图"，也正是着眼于现实世界中的那些迷信包含有各种各样的意图，纯粹明见要否定它们，则必须有自己建立在纯粹明见上的纯粹意图。

　　但这种平静的意识，如我们以前所见的那样，不含有任何关于教化世界的**特殊明见**；这种特殊明见毋宁本身就具有最痛苦的感情和对其自身的最真实的明见，

　　这个后面有个破折号，我们先在这里打住，来看这半句。"但这种平静的意识，如我们以前所见的那样，不含有任何关于教化世界的**特殊明见**"，纯粹意识不含特殊明见，这里把特殊明见和纯粹明见区别开来了。如以前所见的那样，就是前面已经讲到过的分裂的意识，那里面已经有明见了，但还不是纯粹明见，而只是特殊明见。分裂的意识，像拉摩的侄

儿那种滔滔不绝的机智的语言,背后隐藏着一个纯粹意识,但还没有清楚地意识到,没有呈现出纯粹明见,而只有这里那里冒出来的特殊明见。而纯粹明见必须超越于这些特殊明见之上,它本身已经是清除了一切特殊的东西的纯粹意识,这个前面已经揭示出来了。所以平静的意识、也就是纯粹意识,如我们以前所见的那样,是不含有任何关于教化世界的特殊明见的。拉摩的侄儿的那些话语里面充斥着的都是特殊的明见,人们可以称赞它说得深刻,讲得到位,揭示得痛快淋漓,但都没有上升到纯粹明见的高度。这种纯粹的明见不包含有所有那些特殊的明见,它已经从里面跳出来,它站在更高处了。这是拉摩的侄儿还没有意识到的,拉摩的侄儿投身于其中而不知自己所在,实际上背后是有一种平静的眼光的,否则他看不出来这些深刻的意思。拉摩的侄儿已经有那些特殊的明见了,但是他还没有意识到这样一种纯粹明见。那么现在我们要讲的是这种纯粹的明见。从特殊明见里面,通过一种反思回到自己内心,我们就会发现,这背后还有一种纯粹意识在,这种纯粹意识一方面表现出信仰,另一方面表现出纯粹明见。但这两方面,信仰也好,纯粹明见也好,都已经不包含特殊明见了,当然这里主要是讲纯粹明见不包含特殊明见。"这种特殊明见毋宁本身就具有最痛苦的感情和对其自身的最真实的明见",这种特殊明见跟纯粹明见不同,有哪些不同呢? 就是说,这种特殊明见,首先它不是平静的,毋宁说,它跟那种平静的意识、纯粹的明见相反,它包含有最痛苦的感情。其次,它包含有对自身的最真实的明见。一个是最痛苦的感情,一个是对自身最真实的明见。前面已经讲到了拉摩的侄儿的那些话语里面,实际上是引导着听众去遍历感情的"全部音阶"[见第67页],当然也包括最痛苦的感情。至于对自身最真实的明见,那就包含有对自身的调侃,那些最深刻,最机智话语。下面分别讲这两个层面。

　　——最痛苦的感情在于,所有自身固定的东西都瓦解了,历经过这些东西的定在的所有环节而精疲力竭了,所有的骨头都散了架;——同样,最真实的明见就是表达这种感情的语言,和评判这语言的状态之一切方面的、机智风趣的言说。

　　两个破折号后面就是解释这两个成分了,一个是最痛苦的感情,一个是最真实明见。首先讲最痛苦的感情。"最痛苦的感情在于,所有自身固定的东西都瓦解了",一切固定不变的东西都解构了,解构崇高,解构理想,解构一切确定性,以往所深信不疑的一切确定性。在这样一种特殊明见面前都解构了,都瓦解了。"历经过这些东西的定在的所有环节而精疲力竭了",历经了这些固定的东西的所有的环节,也就是前面讲的,遍历了感情的全部音阶,由于情感的大起大落、起伏太大而精疲力竭了。《拉摩的侄儿》那本书里也谈到了,拉摩的侄儿滔滔不绝讲了一大通,在小酒店里面发表高谈阔论,所有人都来围观,他越来越起劲,人来疯,一边表演,一边做动作,模仿各色人等,最后精疲力竭地倒在那里,脸上冒着冷汗,于是人们都散去了。这是一种形象的描述了,实际上它是一种内心的过程。情感历经了这些东西的定在的所有环节而精疲力竭了。"所有的骨头都散了架",已经精疲力竭了嘛。自己的身体散了架,他所说的那些东西、整个世界在他的语言的劈头盖脸的攻击之下,也都散了架,已经不成系统了,你要听他一席话,你的整个世界观都要解构。这是最痛苦的感情,为什么是最痛苦的感情呢? 因为你原来所相信的一切都崩溃了。"同样,最真实的明见就是表达这种感情的语言,和评判这语言的状态之一切方面的、机智风趣的言说",最真实的明见归结到语言。为什么说是最真实的明见呢? 就是说,他把这种感情用语言表达出来了,把这样一种崩溃的感情用滔滔不绝的语流说出来,而且伴随着对这种语言的评判,这种评判是带有机智风趣的,带有幽默的,因为它不是只针对别人的,而且是针对自己。所以这里最真实的明见其实是"对自身的"最真实的明见。一方面是把这种感情用语言表达出来;另一方面呢,对这种语言表达进行自我评判、自我调侃,这就是机智风趣的言说。这种机智风趣的言说就是对自身的最真实的明见。所以,一方面是最痛苦的感情,另一方面是最真实的明见。黑格尔更看重的是后一方面,因为它已经包含有一种自我反思了,虽然还只是对自己所说出来的话的自我反思,还没有深入到话语后面的纯粹概念、纯粹意识,因而还只是一种颠三倒四的分裂语言,而没有定型为一种纯粹明见,但毕竟这是通往纯粹明见的一条必经之路。所以这种机智风趣已经是一种最真实的明见了,虽然还只是特殊的明见,但它已经是富有精神的了。我们前面讲了,机智风趣,geistreich,这个词本来的意思就是"富有精神的"。所以他说出来的这些话本身就已经是最真实的明见了,尽管还不是纯粹的明见,但既然是话语和对话语的评判,它本身就有普遍性了,这些话语就可以从普遍性方面来评论、来把握了。

因此,纯粹明见在这里不可能有它自己的活动和内容,因而只能对关于世界的这种特别的机智风趣的明见及其语言采取形式上的忠实**统握**的态度。

"因此,纯粹明见在这里不可能有它自己的活动和内容",注意这样一点,纯粹明见在这样一种分裂的意识这里,不可能有它自己的活动和内容,它是超出这些之上的。拉摩的侄儿说出的话从内容上来说还不是纯粹明见本身,纯粹明见是超越于分裂的意识的内容的。纯粹明见自己的活动内容不在这里,而是在另外一个层次上。"因而只能对关于世界的这种特别的机智风趣的明见及其语言采取形式上的忠实**统握**的态度",纯粹明见在这里不具有它的内容,但是,它可以对此采取自己的态度,也就是形式上对它们进行统握。或者说,它从这种特别的机智风趣的明见中所汲取的不是它的内容,而是它的形式。纯粹明见在这里还没有自己的内容,但是已经具有了它的形式,这种形式就是对于世界的这种特殊的机智风趣的明见及其语言加以忠实的统握。什么叫"忠实统握"? 就是说,分裂的意识在说出这些语言的时候,它还不是着眼于语言本身,它是着眼于语言底下的具体含义,着眼于这些语言所表达出来的感情、感性内容。但是在纯粹明见看起来呢,这些语言本身是形式,你说出来的语言都是形式，都具有形式的普遍性。所以，我就对这些语言从形式上面忠实地加以统握，加以把握。统握（Auffassung），我们前面把它译为统握，就是统一地理解、把握。那么，我对这些语言形式加以忠实地对待，我不是三心二意地、自作聪明地去发挥它，不是说借用这形式去表达另外的东西，我就这些形式来看形式，就语言来看待语言，紧紧地抓住它们，忠实地来统握这种语言。我甚至于把它的内容先撇开，就语言本身来看它，这就是对这种形式的一种忠实的统握的态度。这种态度我们在前面也曾经看到过，比如说他的这个头盖骨相学。头盖骨相学得出的一个命题就是"精神是一块骨头"，这很可笑，精神怎么会是一块骨头？这两个东西差的太远了。由一个骨头来固定一种精神，这是不可能的。所以，头盖骨相学说出这句话来，没有人当真，头盖骨相学自己也不当真。它可能会辩解，我说的不是这个意思，我说的是别的意思，但是那个意思说不出来，那是一种意谓，这个意谓不可言传。但是黑格尔就说，"精神是一块骨头"是对的！精神就是物质，精神与物质之间没有不可逾越的鸿沟，精神就是物质，物质就是精神，说对了。这就是把这句话当作真的来看待，当作真实的明见来看待，而不是当作一种权宜之计，一个隐喻，或者当作一句笑话，或者是当作别有用心、别有深意。就语言来看语言，你实际上已经说出真相了，但你自己没有忠实地对待它，所以没有发现真相。在这里也是这样，纯粹的明见在分裂的意识这里把它的内容撇开，超越了它的内容，而就它的形式来谈形式，对这些语言来采取一种形式上忠实统握的态度。那么这样一来一切都改观了，如果你换个立场来看待，那么《拉摩的侄儿》里面所说出的那些话，你会发现这些话语本身是真理，不管他表达了什么情感。

由于这种语言散漫无序，这些评判是一堆转瞬即逝的废话，说过即忘，只有对某个第三意识才是一个整体，所以这第三意识只有这样才能把自己作为**纯粹**明见区别出来，即：它把上述的那些散漫的线条汇集为一幅普遍的图画，然后使它们成为一个对一切东西的明见。

"由于这种语言散漫无序"，虽然说出来了，但这些语言散漫无序，为什么散漫无序呢？因为他说出这些语言不是用来构成语言体系的，而是用来表达语言底下的感情的。感情当然是散漫无序的了，所以这些语言虽然本来已经表达了真实的明见了，但却是散漫无序的，虽然有零零星星的思想的闪光、思想的火花，整个听上去是一堆疯言疯语。"这些评判是一堆转瞬即逝的废话，说过即忘"，它散漫无序，在每一个闪光点上面，它都进行一番评判，而这些评判呢，也是一堆转瞬即逝的废话，说过就忘了，因为它们没有构成连贯的体系。这样一些评判，虽然你觉得它很机智，一针见血，入木三分，那就是一瞬间而已，到了下一句连不起来了，到了下一句他就去谈另外一个问题，前面那一句就把它忘记了。所以，他说的东西没有构成体系，不成其为整体，是一堆转瞬即逝的废话。你按这种方式去说那些语言，语言本身是好的，但你都白说了，你浪费了，你的机智都浪费了，没有得出成果。所以，"只有对某个第三意识才是一个整体"，只有对第三种意识，第三种意识就是超越于这样一种特殊明见之上的，能够对它加以统握的这种意识。第一种意识就是那种情感，第二种意识就是对这种情感加以表达，加以语言的表达。或者说第一种是最真实的、最痛苦的感情，第二种是最真实的明见，那么第三种意识是站在最真实的明见之上来把握、来统握这些最真实的明见，那就是纯粹明见了。只有对于某个第三意识、也就是对于纯粹明见来说，这种语言才是一个整体。"所以这第三意识只有这样才能把自己作为**纯粹**明见区别出来"，"纯粹"打了着重号，是为了区别于前面的"特殊的"明见或"真实的"明见。第三意识就是纯粹明见，在这里就点明了。它跟前面两种意识是不同的，跟痛苦的感情也好，跟真实的明见也好，都是不同的。不同在哪里？"即：它把上述的那些散漫的线条汇集为一幅普遍的图画"，那些特殊的明见一旦提升到普遍的纯粹明见，就有能力来统握那些散漫的线条了，就可以把它们联系起来，连接起来，构成整体，把它们汇集为一幅普遍的图画，让它成型，让它显露出它的整体形象。"然后使它们成为一个对一切东西的明见"，一幅普遍的图画，那就是对一切东西的明见，具有对一切东西的普遍性了。它不再是星星点点，这里一点、那里一点的思想的火花，而是成为了对一切东西的明见。那些线条本来是相互之间毫无联系的，一种天才，一种偶得，一种发现，当然也可以说是一种明见，一种特殊的洞见了，但是洞见了以后又消失了，它跟后面的洞见连不起来。现在呢，第三意识、纯粹明见把这些线条都连接起来了，把它构成一幅图画。那就成了对一切东西的明见，就成为了真正的纯粹明见了。这是纯粹明见跟前面的那些特殊明见，比如说表现在分裂的意识里面的那种明见的区别，那种明见当然也是真实的，但是，是不成系统的，是喧闹的，安静不下来；就需要一个第三意识对这样一种特殊的明见加以超越，从特殊性超越到一种普遍性上，这个时候呢，才进入到了纯粹明见。而这个纯粹明见对一切喧闹动荡的东西都是安静的，它岿然不动，你们去喧闹，你逃不出如来佛的手心。我这个普遍的图画已经定下来了，你就在这个图画里面随便你去翻筋斗，那都可以，但是我自岿然不动。

{293}　　纯粹明见将通过这种单纯的手段来消除这个世界的混乱。

　　"纯粹明见将"，这个是用的将来时，纯粹明见我现在提升起来了，从这个混乱的世界里面我提升到了第三意识，提升到了纯粹明见了。那么纯粹明见呢，将"通过这种单纯的手段"，通过这样一种从复杂提升到单纯，从特殊明见提升到纯粹明见或普遍图画的手段，来消除这个世界的混乱。这个世界在分裂意识那里已经陷入混乱了，已经一切都解构了，一切都散了架了，已经是一个颠倒的世界了。那么，如何消除这个世界的混乱呢？纯粹明见是通过这种单纯的手段来消除的，也就是从这种混乱中提升起来，抓住语言对它做一种形式上的忠实的统握。语言已经表现出了一种真实的明见，这个真实的明见你要紧紧抓住它，通过什么抓住它？通过语言抓住它。抓住它以后呢，对这种语言进行推敲，不要放过它，不要只盯着语言底下的意谓，而要关注语言本身，对这种语言采取形式上的忠实统握的态度。通过这种方式呢，你就可以提升起来，这个时候呢，就可以用来消除这个世界的混乱了。

因为已经表明，各种聚合体、各种被规定的概念和各种个体性都不是这种现实性的本质，相反，这种现实性唯有在那作为判断和评说而实存着的精神中，才拥有自己的实体和支撑物，并且，唯有那想赋予这种巧言善辩和夸夸其谈以一个内容的兴趣，在维持着这个整体及其所划分的各种聚合体。

为什么说纯粹明见通过这样一种单纯的手段就能消除这个世界的混乱呢？"因为已经表明，各种聚合体、各种被规定的概念和各种个体性都不是这种现实性的本质"，已经表明，在哪里表明？可以参看第 65 页："这个精神，就是现实和思想的这种绝对而普遍的颠倒和异化；是**纯粹的教化**。在这种纯粹教化世界里被经验到的是：无论权力和财富的**现实本质**，还是它们所规定的**概念**善与恶，还是善的意识和恶的意识、高贵意识与卑贱意识，统统没有真理性；毋宁是，所有这些环节都同样地在另一个环节中颠倒自身，每一环节都是它自己的对方。"正是这种颠倒，使这些聚合体、概念和个体性，如权力和财富、善和恶、高贵意识和卑贱意识，都失去了真理性，都不是现实性的。第 69 页也说："从返回自我那一方面看，一切**事物**的**虚浮性**是这自我**固有的虚浮性**，或者说，它就**是**虚浮的。它是自为存在着的自我，这自我不仅懂得评判一切和议论一切，而且它还懂得富于机智地把现实性的那些固定的本质，以及判断所建立起来的那些固定的规定在它们的**矛盾**中说出来，而这种矛盾就是它们的真理。"这些都已经说明了，各种聚合体，各种被规定了的概念，和各种个体性都不是这个现实的本质。那么什么是现实的本质呢？这里说，"相反，这种现实性唯有在那作为判断和评说而实存着的精神中，才拥有自己的实体和支撑物"，与刚才第 69 页的这一段话对照，就是说，那些聚合体等等都不是这个现实的本质，它们本身都是虚浮的；只有返回自己，作为自为存在着的自我，才会懂得评判一切，说出这些判断的矛盾性，表明这种矛盾就是它们的真理。所以这种现实性的支撑物就是自我的这种评说的精神，它才是现实性底下的实体。各种聚合体，各种被规定了的概念和各种个体性都不是这个现实的本质，它们都是虚浮的，植根于自我本身的虚浮性；只有当这个自我本身作为判断和评说而自为地存在，并揭示出现实性的那些固定本质的自相矛盾性，它才成为这种现实性的实体和支撑物，才揭示了它的真理。所以只有那自为存在的自我，作为判断和评说而实存着的精神，才是这个现实的本质。这个现实的本质是什么呢？不是那些聚合体，不是那些等级，不是那些善恶概念和个体性的意识，而是你说出来的东西，哪怕说出来是自相矛盾的，也是真理。精神不是空的，精神就是在对这个现实性的判断和评说中表现出来的。不是高高在上，跟现实无关，躲在天上，不露面，恰恰相反，它就是对这个现实世界的各种聚合体、各种个体性各种概念的一种判断和评说。那么，这当然就需要语言了，所以在语言中说出来的东西才是真理。第 70 页也有一句话，第 2 行："所以它非常善于对实体性的东西做**评判**，但却丧失了**把握**它的能力"，这是讲的那种机智的语言、分裂的语言意识，它已经属于实体性的东西了，但是，还没有对实体性的东西加以把握。纯粹的明见就是要对这种实体加以把握，它已经意识到了，就是在这个里面，在评判和评说之中，在分裂的意识已经作出的那些评判和评说之中，要对它加以把握。意识发现在这个里头才拥有自己的实体，不光是对现实的东西做评判，做评说，而且它拥有了实体性的东西。"并且，唯有那想赋予这种巧言善辩和夸夸其谈以一个内容的兴趣，在维持着这个整体及其划分的各种聚合体"，只有一种兴趣在维持着这个整体。什么兴趣？刚才已经讲了，这些内容只有对第三意识才是一个整体，只有纯粹明见才能把这个破碎的现实世界统握为一个整体，才能把那些分散的、散漫的明见的线条汇聚起来构成一幅普遍的图画。这种纯粹明见表现为一种兴趣，一种什么兴趣呢？就是要赋予分裂的语言、即赋予这种巧言善辩和夸夸其谈一个真实的内容的兴趣。拉摩的侄儿的那些滔滔不绝的废话，那些喋喋不休的空话，之所以是废话和空话，就是由于它什么都没有建立起来，刚刚要建立某种东西马上又摧毁了，等于什么都没有说。《拉摩的侄儿》的意义就在于提供了这样一些材料，使得纯粹明见能够有兴趣为它们赋予一种内容。它们当然也有自己的内容，它们自己的内容就是那些情感冲动，为什么要滔滔不绝，因为心里面不平嘛，所以嘴上就叽里呱啦地一直要说。当然了，虽然是一种情感发泄，他说的也的确很有意思，但是凭它自己连不起来，只能是支离破碎。这就需要有纯粹明见凭一种兴趣把它们连起来，赋予它们一种更高层次上的内容，一种形式本身的内容，而不是形式底下的内容。在他的滔滔不绝的时候，这些聚合体都是散漫的，这些聚合体互相冲突，互相消灭，到头来最后就是一片干净了；但是如果你有一种兴趣、有一种纯粹明见，就会贯穿于其中，而把这个整体维持下来，把它底下所划分的各种聚合体也维持下来，不至于互相消灭掉。

　　在明见的这种语言中，明见对自己的自我意识还是一种**自为存在的东西**，是**这一个个别的东西**；但是内容的虚浮性，同时就是知道内容虚浮 [81] 的那个自我的虚浮性。

　　"在明见的这种语言中"，这个明见是一般的，没有讲是纯粹明见，主要是讲的前面那种特殊的明见。在特殊明见的这种语言中，"明见对自己的自我意识还是一种**自为存在的东西**"，自我意识知道明见是一种自为存在的东西，表现了它自己的独立性和能动性，一种创造精神的天才。它凭自己的天才而滔滔不绝、无拘无束，它可以否定一切、怀疑一切、蔑视一切。在自我意识里面，明见仅仅是一种自为存在的东西，在这种语言中所透露出来的那种见解、那种机智、那种人木三分，令平庸的人叹为观止。这种自为存在的东西独一无二，"是**这一个个别的东西**"，绝对是一位天才，拉摩的侄儿就是一个异数，在这个世界上只有一个，所以大家都喜欢听他说啊，他表现了他的个性。我们说他是一个"性情中人"，他的语言就表现了他的性情和天分。而且对他的自我意识来说，也就是在他的自我意识中，他自己也就是这么个人。"但是内容的虚浮性，同时就是知道内容虚浮的那个自我的虚浮性"，这样一个个别的东西，这样一个自为存在的自我，他说出的内容都是虚浮的，就是那种现实的矛盾冲突，现实的解构，躲避崇高，渴望堕落，一点正经也没有；但这种虚浮性同时就是知道内容虚浮的那个自我的虚浮性，就是这个自我也是浮着的，也是虚的。凭着自己的天才，凭着自己的才华横溢，你滔滔不绝，解构一切，但是你这个自我本身又存在于何处呢？难道你自己就脚踏实地了吗？你仅仅是一个自为存在的东西、否定性的东西，其实也落实不下来；落实不下来就是虚浮的，它本身也是虚浮的。不但它说的内容是虚浮的，它调侃一切，所有的东西都被它解构了，没有什么东西留下来，所以这种虚浮性同时就是知道内容虚浮的那个自我的虚浮性。那个自我，否定一切、唯我独尊的那个自我，其实也是虚浮的，是没有根基的。内容的虚浮性同时就是知道内容虚浮的那个自我的虚浮性，前面 69 页我们刚才念的那段话已经说明了这个意思，"从返回于自我的那一方面看，一切**事物**的**虚浮性**就是自我自己**固有的虚浮性**，或者说，自我就**是**虚浮的。"

现在，由于对虚浮性的这整个充满机智的喋喋不休平静地加以统握的意识，把最能击中要害和切中事理的那些把握都收集到一起，所以那加在定在的其余的虚浮性上、还在维持着整体的灵魂，那充满机智的评判的虚浮性，就消逝了。

"现在"，我们现在讲到纯粹明见了，前面讲的都是特殊明见、个别的明见。现在，"由于对虚浮性的这整个充满机智的喋喋不休平静地加以统握的意识"，就是前面讲的第三意识，第三意识也就是纯粹意识、就是纯粹明见了。这种意识通过自己平静的统握，"把最能击中要害和切中事理的那些把握都收集到一起"。最能击中要害、切中事理、入木三分、说到点子上的那些把握，这些都是分裂的语言中的精华。把其中的那些把握，也就是那些理解、那些见解，都收集到一起，加以统握，平静地加以统握。前面也讲到了，第三意识对这些语言采取形式上忠实的统握的态度。你要把它们统握起来，但是这个统握起来，不是把所有东西都简单地汇集到一起，那不叫统握。还必须在里面挑选，就是把最能够击中要害的和切中事理的那些把握收集到一起，不是良莠不齐地什么东西都装进里面，鱼目混珠地都放到里面，而是挑出那些最精彩的东西收集到一起。这是纯粹明见所做的一件统握的工作，或者说是最起码、最初步的一种工作，就是收集那些语言里面的最精彩的部分，最能击中要害的部分。"所以那加在定在的其余的虚浮性上、还在维持着整体的灵魂，那充满机智的评判的虚浮性，就消逝了"，也就是说，那加在事物的虚浮性之上的自我固有的虚浮性就消逝了。在分裂的语言中，这些充满机智的评判虽然是虚浮的，但还是有一个灵魂（Seele）在勉强维持着它的整体，这就是像拉摩的侄儿那样的天才的灵魂，他把所有这些疯话都当作自己才华的显露，并将这个虚荣的灵魂加在所有其他的虚浮性之上。但这个虚浮的整体是维持不了多久的，它介于正常人和神经病之间。只有当这种平静的统握一切的纯粹明见加入进来，取代这个勉强维持着整体的虚浮的灵魂，而成为牢牢支撑这个整体的实体，于是不仅那些分裂的语言的其余那些虚浮性都将消失，而且这个加在它们之上并成为它们的总管的自我灵魂所固有的虚浮性，也就是那充满机智的评判的虚浮性，也将消逝。所以，纯粹明见取消了两个不同层次上的虚浮性，一个是"定在的其余的虚浮性"，就是那些说出来的话语所表达的虚浮性，好像万事万物都被这种话语说成没有意义的，只剩下一地鸡毛。另一个就是那还在维持着整体的灵魂，那充满机智的评判的虚浮性，也就是说话的人、评判者的自我所固有的虚浮性。总而言之就是说，纯粹明见使自我走出了分裂的意识所造成的两个层次的虚浮性，一个是分裂的语言所展示的虚浮性，一个是运用这种语言的自我本身的虚浮性。这就上了一个台阶了，这就是纯粹明见所做的工作。

这种收集给大多数人显示了一种更好的诙谐，或者说它至少给所有的人显示了一种比他们自己更为多方面的诙谐,显示了一般来说更好的认知和评判,也就是某种普遍性的东西,现在是普遍熟知了的东西；因而那曾经还是现成在手的唯一的兴趣就自我取消了,而个别的洞见 [Einsehen] 就化为普遍的明见了 [Einsicht]。

"这种收集给大多数人显示了一种更好的诙谐",这个地方用的是 Witz(诙谐),也可以翻译成机智。但是要跟前面那个机智风趣 (geistreich) 区别开来,这个已经不是那种单纯的机智风趣,而是一种更高层次的富有理性的诙谐。这种收集活动给大多数人显示了一种更好的诙谐,这在黑格尔的心目中,虽然他未明说,但可以看得出来他是指的伏尔泰。当时伏尔泰是有名的诙谐大师,伏尔泰的机智、幽默、诙谐、讽刺都是有名的,大家都是公认的。但伏尔泰这种诙谐同拉摩的侄儿的机智显然是不同层次的,他是更高层次的。伏尔泰的每一句话都含有深意,而且是成系统的,是一个完整的体系。他不是像拉摩的侄儿那样近乎发疯的、神经质的,伏尔泰绝对不是神经质的,他是非常平静、非常冷静的。这样一种收集,它把拉摩的侄儿的分裂语言里面最好的、最能击中要害的东西都汇集起来了,所以这种收集给大多数人显示了一种更好的诙谐。伏尔泰无论是知识面、还是眼光的锐利深刻,都超出了一般人。大多数人都会认为,他的这种诙谐要更好,层次更高,因为他不是那种一味地抨击,一味地解构,而是有理性在里面,他统握一个合理的整体。"或者说它至少给所有人显示了一种比他们自己更为多方面的诙谐,显示了一般来说更好的认知和评判,也就是某种普遍性的东西,现在是普遍熟知了的东西",如果不谈层次更高的话,那么至少可以说所有的人在诙谐的多方面性上都比不上他。因为他显示了更好的认知和评判,也就是某种普遍性的东西,这就不但是诙谐了,而且他的认知,他的评判都要更好。更好在什么地方呢? 他有普遍性。拉摩的侄儿那里没有普遍性,他只是特殊的明见,是个人天才的一种闪现,一种发泄。而伏尔泰的这种诙谐是有普遍性的,在这个意义上他是一种更好的认知和评判。认知当然要求得普遍性了,评判也要有普遍的法则、普遍的标准,所以伏尔泰在这方面已经上升到了一种普遍性。因而是普遍熟知的东西,所谓普遍熟知的东西在伏尔泰那里就是"常识",伏尔泰诉诸常识,整个法国哲学、法国启蒙思想家,他们都诉诸常识。所谓理性就是常识,或者健全理智,我们也翻译成健全理性,它是普遍熟知的东西,众所周知的东西,公认的东西。伏尔泰的长处就在这里,他提倡一种普遍的常识,但是这个常识又以诙谐的方式表现出来,嬉笑怒骂,皆成文章。拉摩的侄儿也是嬉笑怒骂,但是不成文章,而伏尔泰的嬉笑怒骂皆成文章。他诉诸常识,把人提高了,他使人脱离了野蛮,或者说他把人提高到了人类的共识。有一种东西是大家共同承认识的,是每一个人作为人必须知道的。在牛顿和伏尔泰的时代,有一些东西是大家公认的,牛顿的物理学是大家公认的,已经是常识了,还有很多东西,像自由平等博爱,这些在当时都是常识了,大家都已经接受了,谁不接受就是野蛮人,所以这是普遍熟知的东西。"因而那曾经还是现成在手的唯一的兴趣就自我取消了",那曾经还是现成在手的唯一兴趣,也就是天才,像拉摩的侄儿的那种兴趣就是唯一的兴趣,它是现成在手的,我已经是天才了,所以我能够说出这些话来,你们都不行。这种曾经是现成在手的、天生的唯一兴趣现在自我取消了。伏尔泰当然也有天才,但他不标榜自己的天才,他标榜常识。我说的这些话不是因为我特别聪明,而是大家公认的,你说我有机智,但那不是我的机智,我是代表大家、代表全人类说话的。"而个别的洞见就化为普遍的明见了",洞见,Einsehen,和明见,Einsicht,其实是同一个词,一个是动词形式,一个是名词形式,动词形式肯定更具体些,名词形式更抽象一些。权作区分,就分别译作洞见和明见,洞见可以是出自天才,普遍的明见则必须出自理性。所以这里就是说,常识把个别人的天才洞见提升到了一种普遍性的明见,或者说从特殊的明见提升到了普遍的明见。这是明见所走过的路程。

　　但是，关于本质的认知仍然是由于这种虚浮的认知而确立起来的，而纯粹明见只有当它出场面对信仰时才以本真的能动性显现出来。

　　前面是讲纯粹明见的这样一个形成的过程，从特殊到普遍，它走过了这样的一个历程而形成起来了。"但是，关于本质的认知仍然是由于这种虚浮的认知而确立起来的"，就是我们刚才讲的伏尔泰的那样一种明见，虽然是一种关于本质的认知，但是它仍然是由于虚浮的认知而确立起来的。它的基础就是虚浮的明见，就是由拉摩的侄儿的那种虚浮的明见上升到常识而确立起来的。这当然很好，已经形成一种普遍的明见了，但是它还没有脱离这种虚浮的明见，它的基础还是在这些虚浮的认知之中挑挑选选，把那里最精彩的东西集中起来，但是那些东西本身还是虚浮的明见，它们本身只是一些素材，一个知识渊博的人就可以把它们搜集拢来，把它们变成常识，但是它们的本真的能动性何在，现在还看不出来。分裂的意识那是一个基础，在那个上面，普遍的明见确立起来了。"而纯粹明见只有当它出场面对信仰时才以本真的能动性显现出来"，就是说，纯粹明见如果仅仅是停留在把那些机智闪光的东西收集起来这样一种基础之上，那还体现不出它本真的能动性。纯粹明见是有能动性的，它不是说挑挑选选，把现成的东西集中起来就可以形成的，把那些说得很聪明的话连贯起来构成体系，那太表面了。所以这种普遍的明见还是比较表面的，还没有把纯粹明见的内在的能动性发挥出来，它只是一种现成的东西，是建立在虚浮的认知之上的。那么如何才能把它的能动性发挥出来？只有在面对信仰而出场、与信仰对阵时，才能显露出它真正的能动性。所以在伏尔泰批判教会、批判宗教，讽刺那些教士们时，他的纯粹明见才发挥出了它最大、最根本的能动性。所以伏尔泰的纯粹明见中的这一部分是应该重视的，就是他怎样攻击信仰，怎么样抨击宗教。虽然他并不是一个无神论者，但是他对当时的教会和人们的宗教迷信进行了深刻的抨击。至于他的那些日常的建立在虚浮认知之上的那些认知、那些常识，那只是他用来抨击信仰的工具，是他的层次比较更低的一个方面。这就引出了下面第一个标题。

a. 启蒙与迷信的斗争

启蒙与迷信的斗争首先就是纯粹明见对信仰的态度，也就是纯粹明见对信仰的斗争。我们刚才讲了启蒙与纯粹明见实际上是一回事情，但纯粹明见只有在与信仰相对抗时才显出自己的能动性，而启蒙就体现了这种能动性。启蒙就是对纯粹明见的一种光大，一种传播，一种扩散，我们讲启蒙，无非就是对纯粹明见的一种扩散，最初是对常识的一种扩散，而这必然触犯信仰。大家都要有常识啊，要有普遍的常识，这就是启蒙了。而迷信总是个别的，不可求证的，迷信总是你个人内心那种神经分分的感觉，你个人相信、你个人沉迷于其中的那样一种信仰。那么，常识就必须要从这个里面超拔出来，要超拔出来，就要对各种迷信进行斗争。迷信就是 Aberglaube，与 Glaube（信仰）稍微有点区别，就是一种另类的信仰，也就是迷信。那么看第一个小标题。

［I. 明见对信仰的否定态度］

应该是"纯粹明见"对信仰的否定态度。不过，从这里往下面，黑格尔很多地方都把"明见"等同于"纯粹明见"了，不再刻意与特殊明见作区分。

不论怀疑主义的意识，或是理论的和实践的唯心主义的意识，它们的否定态度的各种不同方式，如果同纯粹明见以及传播纯粹明见的启蒙的那种否定方式相比，都是些附属的形态；

我们先看这半句。"不论怀疑主义的意识，或是理论的和实践的唯心主义的意识"，这个都是前面讲的。怀疑主义的意识已经表现出一种特殊的明见，《拉摩的侄儿》里面充满着怀疑主义的言论。伏尔泰也是，伏尔泰也有大量怀疑主义言论，到处都是，而且他标榜怀疑主义。理论的和实践的唯心主义的意识，这是指康德和费希特的唯心主义意识，它们对现实都有一种否定的态度。怀疑主义是怀疑现实,理论的和实践的唯心主义都是为现实立法,对现实的表面现象加以否定,都是"否定的态度的各种不同的方式"。但这些否定态度"如果同**纯粹明见**以及传播纯粹明见的**启蒙**的那种否定方式相比,都是些附属的形态"。所有这些方式都是纯粹明见以及启蒙的附属形态,当然不能说是低级形态,它们其实有的是很高级的,像康德、费希特的唯心主义那是很高级的,但是在这里都是附属的,都是用来启蒙的一种表现形态,骨子里都是纯粹明见和启蒙的一种否定形态的方式。启蒙的否定形态是它们的根。不管是伏尔泰也好,还是像蒙田,——蒙田也是怀疑主义的代表,以及费希特和康德,他们都是启蒙的,骨子里都是启蒙的。这里"纯粹明见"和"启蒙"都打了着重号,说明它们两者的关系,启蒙就是传播纯粹明见的,所以它们是一体的。纯粹明见既然是普遍的,它就需要传播,一传播就是启蒙。那么启蒙有一种否定的态度、否定的方式,跟这种方式相比呢,前面那些否定的方式都是些附属的形态,都是从属于启蒙的,或者说启蒙采取了这样一些方式,启蒙附带产生了这样的一些方式,就是怀疑主义或者是主观唯心主义,理论的唯心主义和实践的唯心主义。为什么会这样,下面就讲理由了。

　　因为后面的这种方式是从实体中诞生出来的,它知道意识的纯粹**自我**是绝对的,这自我与一切现实性的绝对本质的这种纯粹意识相竞争。

　　为什么说前面那些否定的方式都是启蒙这种否定方式的一种附属形态呢? "因为后面这方式",也就是纯粹明见和启蒙的这种否定方式,"是从实体中诞生出来的",启蒙的纯粹明见是从实体中诞生的。这个我们刚才叫大家参考第69页的这句话里面也讲到了:"这种现实性唯有在那作为判断和评说而实存着的精神中,才拥有自己的实体和支撑物"。这个现实性的实体和支撑物就诞生出这样一种纯粹明见,纯粹明见体现为实存着的精神实体的判断和评说,现实性正是在精神的这种判断和评说中拥有自己的实体。所以,纯粹明见是来自于实体,是从实体中诞生出来的,这种启蒙的方式也是从实体中诞生出来的。它不是从虚无中诞生出来的,它不是怀疑一切,也不是那种抽象的自我,那种唯我论的自我,那种唯我论的自我是没有实体的,所以唯我论是站不住脚的。费希特开始从唯我论出发,最后还要回到绝对自我,那才有实体,但是他的出发点是没有实体的。而启蒙的这样一种否定方式则是从实体中诞生出来的,它表现为怀疑主义,或表现为唯我论,但它自身是从实体中诞生出来的,它有它的根基,有它的出自教化的根源。从这里看出来,黑格尔的立足点还是实体即主体的这样一个立足点,所谓的主体其实都是实体,你要从实体的角度看主体,你才能把握它。主体是非常现实的,它不是玄想的,也不是说怀疑一切。怀疑只是它的手段,主观唯心主义也是它的手段,最终要达到的是一种客观唯心主义,这是黑格尔对启蒙的看法,即启蒙有它的客观精神的基础。"它知道意识的纯粹**自我**是绝对的",这个"自我"打着了重号。费希特的纯粹自我归结到最后就是绝对自我,而不是一开始的那个自我设定自我,那仅仅相当于形式逻辑上的 A 等于 A,那个是没有实体的。真正具有实体性的就是费希特最后达到的绝对自我,那个绝对自我已经向客观唯心主义过渡了。作为客观精神,它不是费希特最初的自我,而是绝对自我,是一切人的自我,其实就是上帝,其实就是绝对实体。所以这种启蒙、这种纯粹明见知道,意识的纯粹自我是绝对的。纯粹明见已经看出来这个纯粹自我是绝对的。纯粹明见的根基是立足于绝对的自我,"这自我与一切现实性的绝对本质的这种纯粹意识相竞争"。纯粹明见它立足于纯粹自我,而一切现实性的绝对本质的这种纯粹意识也就是信仰的意识,它是立足于另一方面,它不是立足于自我的方面,而是立足于对象的方面。一切现实性的绝对本质,大千世界、一切现实事物、万有的世界,我们对它的绝对本质有一种纯粹意识,而对这种绝对本质的纯粹意识就是信仰。所以这种绝对自我要跟那种绝对本质的意识、跟信仰相竞争,这个里面已经引进了纯粹明见和信仰之间的冲突、相互竞争的关系。信仰它不是立足于自我之上的。它们虽然同出于一源，它们都出自于纯粹意识，但在纯粹意识里面，纯粹明见抓住了自我这个环节，而信仰抓住了对象那个环节。信仰当然也有自我意识，但它对自我意识有些"分神"，不是那么专注，而是把重点放在绝对本质的对象上。所以这两方面是相互竞争的。你抓住了这个环节，我抓住了那个环节，我们究竟那个更正确，我们有一番较量，有一番竞争。而启蒙是抓住了个体性、主体性这一方面，自我的这方面，所以它知道意识的纯粹自我是绝对的，而这自我与一切现实性的绝对本质的纯粹意识是对立的竞争关系。

——由于信仰和明见是同一个纯粹意识，但按照形式却是彼此对立的，对信仰而言，本质是作为**思想**而不是作为**概念**存在的，因而是一种与**自我**意识完全对立的东西，——而对纯粹明见而言，本质则是**自我**，——因此，它们相互之间的每一方都是另一方的完全否定。

这个关系就摆得很明确了。前面已经摆出了，就是纯粹明见与信仰之间是相互竞争、相互较量的，一方是纯粹自我，另一方是现实性的绝对本质。那么这里更加明确地指出来："由于信仰和明见是同一个纯粹意识，但按照形式却是彼此对立的"，这个"由于"后面一直管第三个破折号："因此它们相互之间每一方都是另一方的完全否定"。为什么呢？信仰和明见是同一个纯粹意识，按道理它们不会相互否定，但按照形式却是彼此对立的。就是虽然是同一个纯粹意识，但按照形式是彼此对立的。怎么对立呢？"对信仰而言，本质是作为**思想**而不是作为**概念**存在的，因而是一种与**自我**意识完全对立的东西"，就是从信仰这一方面说，本质是作为思想而不是作为概念存在的。本质作为思想就是说，一切万物、现实，它的本质是思想，但是还不是概念。是思想而不是概念，比如说它是上帝，上帝肯定是思想，但是上帝还不是概念，它还只是表象。表象也是一种思想，但是它不是概念，如果是概念的话，那就通了，那就达到绝对认知了。但信仰还没有达到这一步。本质是作为思想而不是作为概念存在的，因而是一种与自我意识完全对立的东西。它与自我是完全对立的,它在彼岸,它是一种彼岸的思想,但不是概念。如果是概念的话,那就没有彼岸此岸了,那就可以打通了,因为概念具有最大的普遍性。如果上帝是一种概念的话,我们就可以理解了,但上帝是思想而不是概念,我们不能通过概念去理解上帝,在宗教这个层次上我们只能通过信仰去思考上帝,上帝是思想而不是概念。所以,它与自我意识是完全对立的,"自我"打了着重号,意思是,它是意识而不是自我意识,它是与自我意识对立的意识。这个是信仰一方,它跟纯粹明见是不同的,它是与自我意识完全对立的,那就与纯粹明见也是完全对立的,因为纯粹明见正是立足于自我意识的。"而对纯粹明见而言,本质则是**自我**",这个自我又打了着重号,我们注意一个是思想,一个是概念,一个是自我,这些词都打着重号。就是说,信仰的对象是思想,但不是概念,因此与自我对立。那么在思想与自我之间,概念是一个中项,如果达到概念,那就是很高的层次了,但是现在还没达到,所以思想和自我是对立的。思想是一种客观思想,是一种彼岸的思想,它并未被纳入自我意识里面来,而是在自我之外、与自我对立的对象意识。而对纯粹明见而言,本质却是自我,这就明确突出了它们的彼此对立。"因此,它们相互之间每一方都是另一方的完全否定",在这个意义上它们双方是互相否定的,虽然它们同出一源,同出于纯粹意识,但它们各自抓住了纯粹意识里面的一方。

　　——当双方分庭抗礼时,一切**内容**都归于信仰,因为在信仰的平静的思想元素里,每一环节都赢得了持存;——但纯粹明见最初却是没有内容的,毋宁说它是内容的纯粹消失;但是,通过针对自己的否定做否定运动,它将使自己实现出来并给予自己一种内容。 {294} [82]

　　"当双方分庭抗礼时,一切内容都归于信仰",信仰最初占优势,它拥有一切内容。"因为在信仰的平静的思想元素里面,每一环节都赢得了持存",相对而言,信仰是平静的,而纯粹明见是不安的、动荡的。那么,一切内容都容纳于信仰,是因为信仰的平静的思想元素容得下每一个环节。所信仰的东西都是持存的东西，我们中国人讲，天不变，道亦不变，相信有一个绝对不变的东西。在这个绝对不变的东西之下，所有的东西都不变，太阳底下无新事，所有的东西在持存的意义上都归于信仰。凡是持存着的东西，你就相信这是上帝造成的，所以信仰可以容纳一切。信上帝的人，他把一切都看得很平淡，对一切都不感到稀奇，他跟一切内容都和平相处。所以一切内容都归于信仰，这是一方面。"但纯粹明见最初却是没有内容的，毋宁说它是内容的纯粹消失"，与之相对照，纯粹明见却没有内容，至少最初它没有内容。纯粹明见最开始单纯就是一种批判的精神，一种怀疑的精神，它哪有什么内容，它把一切内容都解构了。因为它是从分裂的意识里面长出来的，它嬉笑怒骂，解构一切，否定一切，让一切都散架了，对一切都加以嘲弄，是从这里出来的，所以它最初是没有内容的。如果最后它不重建它的内容的话，那么它就会落入虚无主义。像拉摩的侄儿，如果让他停留在那个状态，那最后就会落入虚无主义，没有任何东西最后可以站住脚，一切内容都是假的，都被揭露了，都是虚浮的。所以纯粹明见最初是没有内容的，纯粹明见就是内容的纯粹消失，或者纯粹否定，就是所有的内容在它那里都被否定了。正因为如此，它才看出一切内容本质上是站不住脚的，都是虚浮的，都是要消失的，这就是纯粹明见。我们说这个人看破了红尘，看透了一切，这就是纯粹明见。纯粹明见本来就是这个意思，看到里面去了，看破了，它的内容就被解构了。"但是，通过针对自己的否定做否定运动，它将使自己实现出来并给予自己一种内容"，就是纯粹明见虽然最初是没有任何内容的，只是一味地否定，但是，它通过针对自己的否定做否定运动，通过否定之否定，它具有了自己的现实性和内容。你的这种否定、这种虚无主义，本身难道不是虚无的吗？你否定一切，你自己难道不该否定吗？你这种否定一切的态度难道不该否定吗？通过这样一种否定之否定，如同禅宗说的，"见山还是山，见水还是水"，它把自己肯定下来了。在开始它还没有肯定下来，它只是一种抽象的否定，或者说它只是纯粹明见的抽象概念，这个抽象概念要实现出来，它必须针对一个对手有所动作。这个就是我们在上一段最后一句话里面看到的，他说，纯粹明见只有出场面对信仰时才以本真的能动性显现出来。它面对信仰而出场，怎么出场？要显示出它本真的能动性，要否定。否定什么呢？首先要否定信仰，否定信仰才能显示它自己本真的能动性，否定任何别的东西都还做不到这点，因为你还可能是用有限的东西否定有限的东西，而否定信仰才是用纯粹的否定性来否定纯粹的东西。通过这种方式，它才以能动的方式、以本真的能动性显现出来，或者实现出来，并给予自己一种内容。它最开始虽然没有内容，但是它可以使自己获得内容，或者说它的内容是通过能动性从无到有所获得、所建立起来的。这跟那个信仰的内容是完全不同的，信仰的内容是给定的，不是它自己建立起来的，而凡是给定的内容最终都免不了会被解构。所以纯粹明见在解构信仰这方面是占主动、占优势的。通过解构信仰，它把自己的否定也否定了，使自己具有了否定之否定的具体的内容。通过这样一种否定之否定，它拥有了自己的一种肯定的内容。什么是纯粹明见？这个时候，我们才能说出它的内容，而不是单纯一味地就是解构，就是怀疑，就是批判否定，最后什么也没留下来，退回到分裂的意识，那纯粹明见就失败了。但它没有失败，就是因为它给自己建立了一种内容。

　　[1. 纯粹明见的传播] 纯粹明见知道信仰是与它自己、与理性和真理相对立的东西。

　　纯粹明见的传播实际上就是讲启蒙的，因为启蒙就是对纯粹明见的传播，前面已经说得很明确了。从纯粹明见的角度来谈启蒙，谈到了启蒙的根子里头，启蒙根子里头就是传播纯粹明见。"纯粹明见知道信仰是与它自己、与理性和真理相对立的东西"，为什么要传播，这里第一句就点出来，是因为信仰把它遮蔽了。纯粹明见知道信仰是与它自己、与理性和真理相对立的东西，信仰和它对立，就是与理性和真理相对立。前面讲过，纯粹明见要求每一个人都要有理性，都要敢于运用自己的理性，这已经就是启蒙的原则了。而信仰是与这一要求相对立的，是与理性和真理相对立的，纯粹明见明确地意识到这一点。

正如在它看来，信仰一般地说是一团迷信、偏见和谬误的大杂烩一样，同样，在它看来，对这种内容的意识也进一步把自己组织成一个谬误王国，在这个王国里，虚假的明见，一方面作为意识的**普遍聚合体**而直接地、泰然自若地和没有自身反思地存在；但它在自身又与这种泰然自若相分离而具有自身反思和自我意识这个环节，作为一种在背景中为自己保持着的明见和使前一种明见受到迷惑的恶意。

"正如在它看来，信仰一般地说是一团迷信、偏见和谬误的大杂烩一样，同样，在它看来，对这种内容的意识也进一步把自己组织成一个谬误的王国"，也就是说，在纯粹明见看来，信仰是一大堆谬误、偏见和迷信；而且不仅如此，这些荒谬的内容还不光是零散地分布在各处，而且进一步把自己组织成了一个谬误的王国。也就是说，这一团迷信、偏见和谬误的大杂烩不光是摆在那里的一大堆东西，而是有意地组织成了一个谬误的王国。它已经是组织起来的一个王国了，如果没有组织起来，那还好办，你一个个解决就是了；但它们是抱成一团的，是有意识的甚至是故意的，它实际是有背后故意操纵的推手在那里玩弄阴谋诡计。"在这个王国里，虚假的明见，一方面作为意识的**普遍聚合体**而直接地、泰然自若地和没有自身反思地存在"，在这样的谬误王国里面也有一种虚假的明见，比如对上帝存在的各种"证明"，一方面作为意识的普遍聚合体而存在，比如说"神正论"作为一种道德上的"善"的理论而存在，但这种理论是直接的诉之于信仰，是没有自身反思的。这里的"聚合体"按照前面的说法，包括权力、善恶概念和高贵意识等等，所以"意识的普遍聚合体"就是指基督教的意识形态体系。信仰在与纯粹明见对峙时最用得顺手的一招就是直接诉诸道德谴责，但这种道德谴责是没有自身反思的。这是一种虚假的明见，也就是说你自以为看到了本质，其实完全是假的、不能成立的；但是恰好是这样一个虚假的明见成为了普遍的聚合体，大家都认为是对的，是一切道德的基础。人们在这种假象面前泰然自若，没有自身反思，有点像我们中国人讲的"诚"，自认为诚，自我感觉良好，俯仰无愧于天地，这样一种心态就是泰然自若的心态。虚假的明见往往是这样的，一方面它是直接的泰然自若的和没有自身反思的，它是天真的，它自认为诚实的意识、纯洁的意识。前面我们已经提到过，诚实的意识实际上是自以为诚实，自以为自己可以把握住自己，以为自己已经到底了，我就是这样了，我把心都交出来了，再没有别的私心了。这就是一种泰然自若的和没有自身反思的意识，这是一个方面。"但它在自身又与这种泰然自若相分离而具有自身反思和自我意识这个环节，作为一种在背景中为自己保持着的明见和使前一种明见受到迷惑的恶意"，这又是另一个方面。一方面自己自我感觉良好，觉得自己不需要反思，但另一方面呢，它在自身又与这种泰然自若相分离，具有自身反思和自我意识的环节。这个环节是什么环节呢？是一种在背景中为自己保持着的明见，和使前一种明见受到迷惑的恶意。这就是一种恶意的环节了，也就是一种故意的欺骗。所以在启蒙运动看来，基督教信仰是两拨人在那里鼓捣出来的，一拨人是骗子，另一拨人是愚民。骗子们自己其实很清楚，他们在背景中为自己保持着明见和常识，自己并不会上自己的当，但却使愚民们的明见受到迷惑，脑子里充满虚假的明见。而这两拨人是互相分离的，骗子的骗术是秘而不宣的，纯粹明见的任务就是揭穿他们。黑格尔在这里所强调的是信仰的泰然自若受到了别人的迷惑，被什么人所迷惑？他下面就公开讲了。

　　那个普遍聚合体是这样一个**教士阶层**欺骗的牺牲品，这个教士阶层所满足的是自己永远独占明见的虚浮的嫉妒心以及其他私心，它同时还与**专制暴政**共谋，这个专制暴政作为实在的王国与这个理想王国的无概念的综合统一体——一个罕见的前后矛盾的本质——凌驾于群众的坏明见与教士的坏意图之上，并且还将两者结合于自身，从民众的愚蠢和混乱中,凭借教士们的欺骗手段,以蔑视双方的态度坐收渔人之利,进行太平无事的统治,并满足自己的快乐和任意,但同时它也是同样对明见的壅塞,同样的迷信和谬误。①

　　"那个普遍聚合体",这里就是指上面说的那种虚假明见,它作为普遍的聚合体,作为封闭的意识形态,而没有自身反思地存在。这种聚合体"是这样一个教士阶层欺骗的牺牲品,这个教士阶层所满足的是自己永远独占明见的虚浮的嫉妒心以及其他私心",就是说,在这个谬误的王国里面,这种虚假的明见首先要怪那些教士们,他们独占明见而不让民众染指,企图让民众永远处于虚假明见和愚昧之中,以便为自己捞好处。"它同时还与**专制暴政**共谋",这里把教士阶层和世俗统治者一起骂了。"这个专制暴政作为实在的王国与这个理想王国的无概念的综合统一体——一个罕见的前后矛盾的本质——凌驾于群众的坏明见与教士的坏意图之上,并且还将两者结合于自身",也就是说,这个世俗统治者以僧俗两界的中介或调和者的面貌出现,所谓君权神授,国王就是彼岸理想王国即天国与世俗王国的统合统一体,但却是"无概念的"综合统一体。但没有概念,此岸和彼岸如何能够统一呢? 可见是一个罕见的自相矛盾的本质。所以这个政权凌驾于群众的坏明见和教士的坏意图之上,既有愚蠢的坏明见,又有教士的坏意图。这样做的目的是维持自己的专制统治,"从民众的愚蠢和混乱中,凭借教士们的欺骗手段,以蔑视双方的态度坐收渔人之利,进行太平无事的统治,并满足自己的快乐和任意,但同时它也是同样对明见的壅塞,同样的迷信和谬误"。它既看不起双方,同时又利用双方,一方面利用老百姓的愚蠢和昏乱,实行愚民政策,另方面利用教士们的洗脑,为自己的统治取得合法性。这就能够坐收渔人之利,使专制暴政永世长存,维护既得利益。这种政府与老百姓同样愚昧,

---

① 这一段明显可以看出霍尔巴赫思想的痕迹,参看其所著《自然的体系》中有关无知和欺骗产生宗教以及宗教与专制暴政共谋的思想。——丛书版编者

与教士们同样狡猾，是一切恶行的集大成。所以纯粹明见对迷信的启蒙，它的矛头起先是针对民众的愚昧的，然后转向教士们的恶意欺骗，最后则集中到了政府的专制暴政上来，由此而走向一场政治革命是必然的。启蒙和纯粹明见是为法国大革命做舆论准备的，它的最高表现就是法国大革命；而法国大革命的舆论准备，就是针对三个对象展开批判，一个是民众的愚昧，一个是教士的欺骗，一个是专制暴政。《马赛曲》里就有这样的歌词：专制暴政压迫着我们；而与专制暴政站在一起的就是教士阶层，教士阶层是专制暴政的同谋。教士阶层说的那些话都是骗人的，他是别有用心，或者说是揣着明白装糊涂。所以你对教士呢不能说他们太蠢，你只能说他们太坏，教士都是很有知识的人，读了很多书，很有文化的，但是，他们的心思太坏。老百姓是很天真的，但是很愚蠢，而国王呢又愚蠢又坏，将两者集于一身，同时还蔑视双方，因为他们都为他所用了。他有权力，他有枪杆子，老百姓是愚蠢的，而教士是没有良心的，他看不起他们，利用双方的毛病坐收渔人之利，以便穷奢极欲，满足自己的快乐和任意。这个地方德文编者加了一个注，说这一段明显可以看出霍尔巴赫的痕迹，参看他所著的《自然的体系》。霍尔巴赫在他的著作里面，谈到了有关无知和欺骗以及宗教和专制暴政共谋的思想，黑格尔只不过是把当时启蒙思想家，特别是法国启蒙思想家的思想加以发挥而已。霍尔巴赫虽然是德国人，但他住在法国，他也是法国启蒙思想家的一个代表人物。

　　<u>对这三方面的敌人，启蒙并不是无区别地与之交手；因为启蒙的本质既然是纯粹明见，既然是自在自为的**共相**，那么它与另一端的真实的联系就是这样的，在其中，它所指向的是双方**共同的和同一的东西**。</u>　[83]
　　"对这三方面的敌人"，哪三方面的敌人？一个是民众的坏明见，一个是教士的坏意图，再一个是暴君的统治。这三方面都是启蒙的敌人，一个是群众太愚蠢，一个是教士恶毒，一个是专制暴政太野蛮、不讲道

理。对这三者，"启蒙并不是无区别地与之交手"，这个区别主要指的是在与每个对象交手的时候必须有所区别，而不是说在交手时候在这三者之间要作出区别。对这三方面的敌人，与每一方交手的时候都并不是无区别的，它交手的时候要有区别，要有什么区别？"因为启蒙的本质既然是纯粹明见，既然是自在自为的**共相**，那么它与另一端的真实的联系就是这样的，在其中，它所指向的是双方**共同的和同一的东西**"，这里"共相""共同的和同一的"都打了着重号，强调的是启蒙在与这三方交手时，它是在一个共相的平台上面来交手。它对这三方面的每一方都是从共相层面来交手的，它与对方的真实的联系就是这样，它所指向的是双方有共同性的和同一的东西。就是说这三方面各自都有它们的共相在发生一种联系的作用，在这个前提之下，它才跟这三方交手，它反对的是它们的共相，而不是它们的个别的方面。下面说得更明确了。

从那普遍的泰然自若的意识中孤立出来的**个别性**这方面，是和启蒙对立的东西，这是启蒙不可能直接触及到的。

"从那普遍的泰然自若的意识中孤立出来的**个别性**这方面"，我们前面讲了，特殊的明见已经被纯粹明见超越了，而这里讲的普遍的泰然自若的意识是一种虚假的明见，虚假的明见也分出来特殊的虚假明见，例如某个人特别愚蠢，某个人他特别坏，等等。从那普遍的泰然自若的意识中孤立出来的个别性的方面是和启蒙对立的东西，但这却是启蒙不可能直接触及到的。启蒙不可能直接触及到那些个别的方面，因为它已经是普遍性了，已经是纯粹明见了，所以它不跟个别性打交道。它要谴责、它要反对的不是那些个别的人，不是那些人他们生性太愚蠢，不是那些人他们个人的意图特别坏，特别心怀鬼胎、别有用心，这个你当然可以去谴责，它和你是对立的，但是不是启蒙的真正对象，它不可能去触及到的。你一个人一个人去跟他们斗，那你没有那个能力，你一介书生，手无缚鸡之力，你怎么能够改变这个世界呢。启蒙所谓的理性的法庭不是真正的法庭，只是思想的法庭。所以启蒙的目标并不在这些个别性的方面，个

别的这些愚蠢也好，别有用心也好，个别的暴政的措施也好，这些都不是
启蒙真正直接能触动和触及到的。

因此，骗人的教士阶层的和压迫人的专制暴君的意志，并不是启蒙
行为的直接对象，相反，那种并没有个别化为自为存在的、无意志的明见，
以及有理性的自我意识的那种在聚合体中拥有自己的定在、却还没有在
聚合体中作为概念而现成在手的**概念**，才是这种对象。

"因此，骗人的教士阶层的和压迫人的专制暴君的意志"，也就是教
士的意志和暴君的意志，这种个别的意志并不是启蒙行为的直接对象。
启蒙行为不是要跟这些教士阶层的意志和暴君的意志较量，它要反对的
并不是这些意志，它也反对不了，它不可能直接触及到这些意志。主教
也好，国王也好，他们宣布一个什么东西，启蒙怎么阻止得了呢？它所
关注的是更深层的东西，用我们今天的话说，启蒙学者不是"公知"，不
是公共知识分子。公共知识分子就是对这些东西加以抨击，但是也没有
用，启蒙其实着眼于更深层次的东西。"相反，那种并没有个别化为自为
存在的、无意志的明见"，也就是没有体现为个人意志的那种无意志的明
见，才是对象。这种明见还没有意志，坐而论道，泛泛而谈，当然你可以
说它是空谈，对于过分讲究实际的人来说，这些人说那些话都没有什么
意思，没有什么用的，不能改变社会。那种无意志的明见，就是没掺杂个
人意志的那种明见，这才是启蒙的真正对象。"以及有理性的自我意识
的那种在聚合体中拥有自己的定在、却还没有在聚合体中作为念概而现
成在手的**概念**，才是这种对象"，这个说得更具体了，不但是无意志的明
见，而且是那种尚未被公认的概念，才是启蒙的真正对象。启蒙的对象
是什么呢？启蒙的对象一个是无意志的明见，它是没有意志的，没有意
向的，没有偏心的，没有党派性的，它是公平的，它是不带偏见的，是普
世性的。再一个呢，它是高层次的，是有理性的自我意识的概念，这种概
念在聚合体中已经拥有它自己的定在，但却还没有在聚合体中作为概念
而现成在手。也就是说，这种概念已经具有现实性，但还没有被人们所

115

把握住。这就是启蒙的真正对象。启蒙思想家一个是要摆脱党派性的偏见，摆脱立场，摆脱个人利益和个体意志，你不是故意要做一件行为，或者与谁作对，或者要颠覆什么，而是要揭示一个客观的事实，阐明一个大家公认的道理。另外一个，你要在普遍的聚合体中看出现实问题，形成具有现实意义的概念，并将这概念以清晰的形式表达出来，让它成为共识。这两方面综合起来，就是启蒙要干的事业。就是说要传播纯粹明见，这才是启蒙的真正的对象，至于暴君的作威作福，教士的招摇撞骗，对这些一个个地去指责，这并不是启蒙的对象。所以我们对启蒙往往有一种误解，以为启蒙就是和那些教士和暴君作对，煽动人民起来把他们推翻，其实不是的。最初启蒙在法国大革命那里结出了成果，我们以为这就是它的目的，启蒙就是为了打倒暴君和国王，这太表面化了。启蒙是在更高层次上起作用的，是把人的精神普遍提高到一个新的层次，这才是启蒙。所以，启蒙不能翻译成"启蒙运动"，Aufklärung，你要把它翻译成启蒙运动，那就把它限定了，就好像是搞一场运动，打倒某些人。这个是把启蒙的目标表面化了，把它限定了，其实启蒙的本质不在这里。这是黑格尔对启蒙的一种理解，我们都可以思考。

但是，由于纯粹明见把这种诚实的明见及其泰然自若的本质从偏见和谬误中拯救出来，它就从坏意图的手中将其欺骗的实在性和力量都夺走了，而这坏意图的王国是以普遍聚合体的无概念的意识为它的**基地**和**材料**的，——［正如］一般来说，**自为存在**是以**单纯的**意识为自己的**实体**的［一样］。

"但是"，就是说虽然启蒙并不把个别暴君或教士的胡作非为当作对象，甚至常常显得是远离政治的，但是，"由于纯粹明见把这种诚实的明见及其泰然自若的本质从偏见和谬误中拯救出来"，诚实的明见也就是那种泰然自若的明见、没有反思的明见，要把它从偏见和谬误拯救出来，不要让老百姓的天真纯朴遭到别有用心的利用，被引向偏见和谬误的邪路，而能够回归常识。要做到这一点，那就要批判教士阶层，批判专制暴

116

政，它们使你戴上了偏见和谬误的眼罩，让你受到蒙蔽和限制，不能够正常地健康地发展自己的理性。本来泰然自若和诚实的明见，顺其自然的话，它是会有自己的健康发展的，那就会成为健全理智；但是由于受到教士们的欺骗，所以遭到了败坏，走上了歧路。这个时候，纯粹明见把这种诚实的明见及其泰然自若的本质从偏见和谬误中拯救出来。也就是说，要拯救这种诚实的明见，你要诚实，可以，但是你要清楚是哪些谬误和偏见在误导你，要打上预防针。这样一来，"它就从坏意图的手中将欺骗的实在性和力量都夺走了"，经过打预防针，健全理性就百病不侵了，教士们的恶劣的意图用来实现其欺骗的力量就失效了。而这无形中就遏制了暴君和教士们的阴谋，使他们对人民的欺骗不能得逞。也就是在现实中你面对的毕竟是教士、国王，虽然他们的意志并不是你的直接的对象，但是，你还得面对它，你还得从他们手中把他们用来进行欺骗的实在的力量加以釜底抽薪，以此来解放诚实的明见，来解放那种单纯的意识。你不必去做公共知识分子，面对面地去和那些人作斗争，但是你所做的工作也不是关在象牙塔里不出来，必然会涉及到对现实社会的批判和斗争。为什么说对迷信是一场斗争呢？就是有些人拼命地在掩盖真相，在欺骗大众。那么，你就必须要从坏意图的手中将其欺骗性的实在性和力量都夺走，这并不需要有多么大的力气和嗓门，而只要冷静地说出真相就行了。"而这坏意图的王国是以普遍聚合体的无概念的意识为它的**基地和材料**的"，基地和材料打了着重号，这就是釜底抽薪的意思了。这种坏意图的王国，它的基地和材料就是普遍聚合体的无概念的意识，也就是那种缺乏反思的泰然自若、那种直接的天真朴素的意识。它以这个为基础来误导大众，来迷惑大众，欺负老百姓没文化、轻信，把大家引入歧途。那么现在你只要把这种无概念的意识提升到概念，使民众具备常识，不那么好哄骗了，就能够使这个基地陷于崩塌，将这些材料烧为灰烬。"［正如］一般来说，自为存在是以单纯的意识为自己的实体的［一样］"，这个"正如"和"一样"（wie），是德文编辑加上去的，为了便于理解，原文里面没有。一般来说，自为存在，就是有意识的存在，在这里就是恶意的意图，它是以单纯的意识为自己的实体的。这就是我们通常所说的，有什么样的臣民，就有什么样的暴君，专制暴政是以人民的天真愚昧、思想不开窍为前提的。在民智已开的时代，专制暴政就失去了自己的根基。普遍聚合体之所以被这种恶意所欺骗、所玩弄、所利用，就是因为单纯的意识太单纯、太天真了，你躺在自己的天真无邪单纯无辜之上，你没有自觉地运用自己的理性，发展自己的明见，而是听凭一个在你之上的权威来误导你。因此你不能怪人家有意欺骗你，你只能怪自己太单纯，你要从单纯意识里面发展出自己的潜能，要敢于运用你自己的理性。这是启蒙的一个很重要的思想。不是说，我作为启蒙的一个救世主来拯救你们，我来启你们之蒙，把欺骗你们的那些东西都掀掉，来解救你们；而是要唤起每个人从自己的单纯意识里面发展出自己的复杂来，不再那么好欺骗了。所以你的受欺骗只能怪你自己。

{295}　现在，纯粹明见与绝对本质的泰然自若意识之间的联系有两个方面，一方面，纯粹明见**自在地**与这种意识是同一个东西，但另一方面，泰然自若的意识在它的思想的单纯元素中听任绝对本质及其各部分自行其是，让它们赋予自己持存，并让它们只是作为这意识的**自在**起作用，因而只以对象性的方式起作用，却在这种自在中否认它的**自为存在**。

　　"现在，纯粹明见与绝对本质的泰然自若意识之间的联系有两个方面"，纯粹明见，启蒙，与绝对本质的泰然自若的意识，也就是那种尚未启蒙的意识，尚未启蒙的意识表现为信仰。教士们欺骗大众，努力使他们的保持这种未经反思的泰然自若的意识，好在这张白纸上面画上他们想要的任何图案。但这种泰然自若的意识，作为信仰的基础，其实也可以看作是纯粹明见与信仰之间的联系，这种联系有两方面。"一方面，纯粹明见**自在地**与这种意识是同一个东西"，自在地打了着重号，就是从客观上看起来，纯粹明见与信仰同出一源，它们的基础实际上是一回事情。上一段已经讲了，纯粹明见要把这种泰然自若的意识、把这种诚实的意识拯救出来，要把它们抢救出来，去掉它们身上那些欺骗和谎言，要从谬误中，从偏见中把它拉回来。所以纯粹明见与信仰的基础自在地是同一个东西，这是它们共同的方面，是双方对立统一的基础。"但另一方面，泰然自若的意识在它的思想的单纯元素中听任绝对本质及其各部分自行其是"，另一方面就是说，泰然自若的意识、天真的意识或诚实的意识，作为思想的单纯元素，只能听任绝对本质及其各部分自行其是，而不能反思。它只是思想的单纯元素，被动的元素，只是一张白纸、一块画布，接受到什么就是什么。上帝在彼岸，它只有洗耳恭听上帝的声音，甚至不能分辨这是不是真正的上帝的声音，它没有分辨能力，就只有听凭别人忽悠。所以只能"让它们赋予自己持存，并让它们只是作为这意识的**自在**起作用，因而只以对象性的方式起作用，却在这种自在中否认它的**自为存在**"，这种天真意识丧失了自我，把自己变成了一个接收器，连自己的持存都是绝对本质赋予的，甘于让它充当自己意识后面的自在，却不赋予这自在以自为存在。对于信仰而言，上帝当然是无所不在，永恒存在，上帝是绝对的本质嘛，它在我之前就已经是上帝了，在人类之前就有上帝了，上帝创造世界，创造人类，它自行其是。它作为自在而起作用，因而只以对象性的方式起作用，它是我的信仰的对象。信仰的对象不可怀疑，只能当作对象来崇拜，而信仰的意识却在这种对象的自在中否认了自己的自为存在，就是我自己已经没有自为了，我自己无所作为了，我只能依赖上帝了，它让我干什么我就只能干什么，它决定了我的命运。所以对立的方面就是这一方面，它承认自在，但却否认自为，它太被动了，这就是它的不同之处。虽然纯粹明见跟信仰有共同的根基，但信仰所发展出来的是这样一种完全被动的态度，完全没有自为存在的态度。

——只要按照第一方面，这样一个信仰对纯粹明见而言**自在地**是纯粹**自我**意识，而且它只是**自为地**应当成为一种纯粹**自我**意识，那么，在信仰的这样一种概念中，纯粹明见就拥有让它自己而非让虚假的明见在其中实现自身的元素了。

"只要按照第一方面"，什么是第一方面？"这样一个信仰对纯粹明见而言**自在地**是纯粹自我意识"，前一句话讲了，第一方面就是这两者其实是同一个东西，是有统一性的，只不过这种统一性还只是自在的，所以"自在的"在那里和这里都打了着重号，以示强调。也就是如果我们从两者统一这个方面来看，这样一个信仰对纯粹明见而言其实也是纯粹自我意识，这是和纯粹明见相通的，都是纯粹自我意识。因为纯粹明见就是立足于自我意识，而信仰自在地也是纯粹自我意识，但它自己没有意识到。它自己只意识到它是对象意识，而不是自我意识，这个前面已经讲到了，信仰它是立足于纯粹意识的，而纯粹明见是立足于纯粹自我意识的。"而且它只是**自为地**应当成为一种纯粹**自我**意识"，也就是说，从自为的来看，它还没有成为纯粹自我意识，而只是应当成为纯粹自我意识，它现在还没有自为地自觉到它是自我意识。"那么，在信仰的这样一种概念中，纯粹明见就拥有让它自己而非让虚假明见在其中实现自身的元素了"，这个就好理解了。如果按照第一方面来看的话，那么，在信仰的这样一种概念中，也就是在上面所说的这样的自在和自为两个方面的概念中，纯粹明见就拥有让它自己实现自身、而不是让虚假明见实现自身的元素了。就是说，既然有它们的相通之处，那么，纯粹明见跟信仰的对立就不是那种绝对的外在的对立，而是它在信仰里面可以找到实现自身的元素，也就是自在的那种元素。它是潜入到信仰的内部去解构它，而不是站在它的外部去反对它。你说信仰，好，只要你有信仰就好办，只要你有信仰，你就已经自在地有了自我意识了，那么我就可以从你的自我意识中引出纯粹明见来。这就是说，纯粹明见在信仰的这个概念里面已经拥有让它实现自身的元素了，而不可能让虚假的明见实现自身。让虚假的明见实现自身只能是基于教士们的欺骗。这就是纯粹明见跟信仰的相通之处，它们相互渗透，虽然相互对立，但却可以相互转化，因为它们毕竟是同源的。

从双方本质上是同一的、而且纯粹明见的这种联系是通过同一元素并在同一元素中发生的这方面看，它们之间的传达是一种**直接的**传达，而它们的给予和接受就是一种畅通无阻的互相交流。

根据上面一段话，这句话也很好理解了。"从双方本质上是同一的、而且纯粹明见的这种联系是通过同一元素并在同一元素中发生的这方面看，它们之间的传达是一种**直接的**传达"，也就是说纯粹明见和信仰之间虽然是对立的，但它们之间的这种传达是直接的传达，它们是通过同一元素发生的。因为它们本质上是同一的。"而它们的给予和接受就是一种畅通无阻的互相交流"，它们的给予，我把纯粹明见给予信仰，我把信仰给予纯粹明见，以及每一方对这种给予的接受，都是畅通无阻的，是一种互相交流、互相渗透。

无论另外还会有什么样的楔子被打进意识里来，意识**自在地**总是这样一种单纯性，在这里一切都被消溶，都被遗忘，都是泰然自若的，这种单纯性因而是完全易于感染上概念的。

"无论另外还会有什么样的楔子被打进意识里来"，在意识里面两者是直接交流、直接传达的，不论再加进什么样的塞子，增加一些什么间接的层次，但是有一点总是直接性的，就是"意识**自在地**总是这样一种单纯性"。在这一点上，纯粹明见和信仰有共同的基础，在自在的方面，它们都是一回事，它们总是这样一种单纯性。"在这里一切都被消溶，都被遗忘，都是泰然自若的"，它们的根基上都是一种单纯性，只要回到那种单纯性，那么一切都被消溶、被遗忘了。前面一直讲，纯粹明见和信仰是同根同源的，那么它们的一切层次区别在这个单纯性中都被消溶了，都被遗忘了，一切间接性、一切阻隔它们的东西都被遗忘了。它们在这种单纯性里面都是泰然自若的，都是未经反思的。"这种单纯性因而是完全易于感染上概念的"，正因为它是一种单纯性，完全没有抵抗力或免疫力，所以它是完全易于感染概念的。感染(empfänglich)直接的意思是"接受"，但也有"感染"或"传染"之意，从黑格尔下面的文字来看，他在这

121

里是把这个词当作医学上的隐喻来用的。概念就需要这种单纯性，如果有很多很多特殊的意图夹在里面，夹缠不清，那概念就没办法施展，就被扭曲了；但正因为是单纯的，那些特殊的区别都被遗忘了，都消溶掉了，那么从这个根子上我们就可以培养起概念来。在这种单纯性中，概念不知不觉，它偷偷地就会感染你，就会使你受到传染。下面就讲传染了，这种传染就是启蒙。明见的启蒙要在这个单纯性层面上来进行传播，而不是在表面上、在那些特殊的意图中打击这个，打击那个，对抗这个，对抗那个，那都是表层的，只有在根子上这种传播才是不可抗拒的，它是一种感染。只要回到单纯性，那么启蒙就是不可抗拒的。

[84] 　　因此，纯粹明见的传达可以比为一股香味在无阻碍的空气里平静地扩散或**传播**。它是一种渗透性的传染，这种传染并不是作为一种与它当作自己影射的目标的那种漠不相干的元素相反对的东西预先就被注意到的，所以它是不能防范的。

　　就是说当你把纯粹明见和信仰追溯到单纯性的根，那么，"纯粹明见的传达可以比作一种香味在无阻碍的空气里平静地扩散和**传播**"，它不需要大张旗鼓地宣战、厮杀，这些东西都是表面的，它骨子里头应该就像一股味道，一股香味，在那里静静地传播、在扩散。"它是一种渗透性的传染，这种传染并不是作为一种与它当作自己影射的目标的那种漠不相干的元素相反对的东西预先就被注意到的，所以它是不能防范的"，这种传染是渗透性的，它并不是作为一种明目张胆地反对某个目标的东西，因为这个目标虽然被它当作自己影射的目标，但其实是漠不相干的、泰然自若的元素，是没有什么抵抗力的。所以这种传染是悄无声息的，不会被注意到，也不能预先就被注意到和加以防范。也就是说，这种传染，它是暗中的传染，但是它也有一种影射的目标，暗中好像针对着教士的欺骗，针对着国王的暴政，等等。那些元素其实跟它是不相干的，它的真正的对象不是那个，它只是把它们当作影射的目标，实际它要进行的是一种背后的工作，是一种老田鼠的挖掘的工作，不知不觉地做工作。但是，是最开始这种工作没有被注意到，它在后面暗暗地起作用，所以它是不能防范的。你注意不到它，它也没有大张旗鼓地来一场运动，它就像香味一样的扩散开来了，你怎么防范它呢？防范不了。润物细无声，像春雨一样，无法防范。

只有当这种传染已经扩散开来，**对于意识来说它**才存在，而意识当初对它是漫不经心的。

"只有当这种传染已经扩散开来"，启蒙的思想已经传播开来了，已经取得实际效果了，"**对于意识来说它**才存在，而意识当初对它是漫不经心的"，这个时候人们才意识到它，在人们的意识中才有一个"它"。最开始是无意识地、潜移默化地接受它。扩散开来以后，它才被意识所关注了，人们才意识到了，现在启蒙思想扩散开来了。但其实在此前很早它就扩散开来了，只不过当初意识对它是漫不经心的。

因为，意识当初接受到自身中来的，虽然是自身同一又和意识同一的单纯本质，但同时也是自身反思的**否定性**这种单纯性，这否定性后来也按照自己的本性展开为对立的东西，并由此使意识回忆起自己以前的方式；

我们先看这半句。"因为，意识当初接受到自身中来的，虽然是自身同一又和意识同一的单纯本质"，这就是我们刚才讲的，纯粹明见和信仰回到它当初的根，就是这种单纯本质，就是从分裂的意识中经过反思而找到的这种单纯意识。意识当初接受到自身来的，是自身同一又和意识同一的单纯本质，所以才能润物细无声啊，所以才能悄悄地、不知不觉地、暗中就能够传染开来啊。那是很容易接受的，它跟我本来就是一个东西，那我就可以接受它，信仰也好纯粹明见也好，都能接受。虽然是这样，"但同时也是自身反思的**否定性**这种单纯性"，意识接受了一种单纯性、单纯同一性，意识到纯粹明见和信仰、即启蒙和信仰，它们根子上是同一的，那么可以接受它；但是在接受它的同时就发现了，我接受下来的这种单纯性呢，同时也是自身反思的否定性，我把这单纯性的自身反思的否定性也接受下来了。当信仰的意识从根子上接受纯粹明见的时候，它把纯粹明见的否定性也作为单纯性接受下来了。这就是一种埋伏了，这就是中了理性的狡计了。看起来好像是无害的，这种思想是无害的，我也可以接受啊；但是你一接受进来就发现，你把否定性也接受进来了。"这否定性后来也按照自己的本性展开为对立的东西"，有了否定性，那就不得了了，你一旦把否定性接受进来，那它在里面就要作怪了，它就会按照自己的本性展开为对立的东西，"并由此使意识回忆起自己以前的方式"。由此，也就是由这种对立的东西，使意识回忆起自己以前的方式。什么方式呢？就是那种能够统摄这些对立的东西的单纯性。这里面有柏拉图"回忆说"的影子，柏拉图的理念世界就是我们通过感性世界的刺激而回忆起来的。

　　这种单纯性就是概念，而概念就是单纯认知，它既知道自己本身同时又知道它的对方，只不过是把这对方在它自身中作为扬弃了的对方来知道的。

　　"这种单纯性就是概念"，这种单纯性的意义跟原来的那种单纯性意思已经不同了，这样一种回忆起来的单纯性，经过了否定性的单纯性，扬弃地包含着复杂内容的单纯性，就是概念。原来的那种单纯性是自在的，没有经过否定的，但是我把纯粹明见加入到信仰里面来，使它具有了否定性以后，有了与自己对立的东西，并且由于有这对立的东西，使得意识从中回忆起以前的方式。这样一种单纯性现在就是概念了。这样一种单纯性就有了它的内容，我们前面讲纯粹明见本来是没有内容的，但它可以建立起内容，通过对象、通过对立的东西、通过对立面来建立它的内容。而这种内容通过回忆起它们的单纯性的起源，它们就被把握在概念中了。"而概念就是单纯认知，它既知道自己本身同时又知道它的对方"，概念是这样一种单纯的认知，它既知道自己本身又知道它的对方，这就是概念。概念与一般的思想不一样的地方就在这个地方，概念是透明的，有它的透明性。什么叫透明性呢？就是说，所谓概念，就是在一个表象里面，可以透过它看到其他表象，在一个概念里面可以透过它看到其他的概念。这就是概念的特性，它跟一般的表象是不同的，它既知道自己本身同时又知道它的对方，这就是透明的了，这样一个透明的表象就是概念。一般的表象就是不透明的表象，如彼岸，我到达不了它，所以它对我是神秘的，不可穿透的，那就是表象，是思维的表象方式。而概念的方式是透明的，我在上帝身上就看到了我的概念，很清楚，它既知道自己本身同时又知道它的对方。"只不过是把这对方在它自身中作为扬弃了的对方来知道的"，这就是概念。概念里面有它的内容，有它的对立面的环节，但它是把对立面在自身中作为扬弃了的环节来把握的。概念就是把对立面统一地把握在自身内的一种表象。

　　因此，当纯粹明见对意识而存在的时候，它已经传播开了；对它进行的斗争透露出已经发生了传染；斗争已是太迟了，任何治疗都只会使病情更糟，因为疾病已经使精神生活病入膏肓，也就是说，使意识在自己的概念中或者说使意识的纯粹本质自身病入膏肓；因此在这种意识中也就没有什么可以战胜疾病的力了。

　　这一段话把纯粹明见，把启蒙当作一种疾病，说成一种疾病，这是反话了。我们今天也讲，就是因为五四启蒙使我们中国文化生了病，病入膏肓，这跟我们的感觉很接近啊，跟当时黑格尔时代的很多人的感觉也很接近。我们这个时代简直已经堕落了，一切既定的伦理道德规范都被解构了，伦理已经沦丧了，到底这个社会还有没有救呢？看来已经没有救了。现在知道已经太迟了，最好当初五四的时候就把它扼杀在摇篮里面，那就最好了，那现在我们就还会是大清朝时候的伦理道德，但现在已经太迟了，黑格尔在这里有一种反讽的语气。"因此，当纯粹明见对意识而存在的时候，它已经传播开了"，对意识而存在，就是被意识到它存在的时候，它的存在被意识到的时候，它已经传播开了。"对它进行的斗争透露出已经发生了传染；斗争已是太迟了"，你要对它进行斗争，你现在要反对启蒙，反对纯粹明见，这恰好说明已经发生了传染了，斗争已是太迟了。因为这个传染，它可不是表面的传染，它是从根子里面的传染，这种病毒是无药可治的。表层的传染，你还可以把它切掉，或者把它怎么样处理一下，但是根子里面的，你已经没办法把它清除掉了。"任何治疗都会使病情更糟，因为疾病已经使精神生活病入膏肓"，这种疾病使精神生活病入膏肓，已经没法治了。这是用肉体的疾病来比喻精神生活的疾病，其实并非什么疾病，而正是精神生活的不可遏制的生命力的展现。"也就是说，使意识在自己的概念中或者说使意识的纯粹本质自身病入膏肓"，意识在自己的概念中得了这种病，得了"概念病"，或者说意识病得回到了自己的纯粹本质，这实际上是一种拯救了。这里说反话，说成是病入膏肓。"因此在这种意识中就没有什么可以战胜疾病的力了"，启蒙的力量势不可当，而对于传统文化而言，你得承认它是无药可救了。

　　由于疾病存在于本质自身中，所以它的一些还是个别化的表现可以被压制，一些表面症状可以减轻。

　　"由于疾病存在于本质自身中"，它的根子很深啊，这个疾病隐藏得很深的，它在本质自身中，不显山不露水。"所以它的一些还是个别化的表现可以被压制，一些表面症状可以减轻"，它的一些个别化的表现可以得到压制，表面的那些东西，你可以把它压下去，你可以限制它，一些表面的症状可以减轻，但是这是治标不治本。你要治它，它已经病入膏肓了，你可以把它表面的东西抑制下去，但是它骨子里的病仍然不断在发展。

　　这是对它最有利的情况；因为它现在没有徒劳地浪费力气，也没有对自己做配不上自己本质的显示，那是后来才发生的情况，它将在各种症状和那些个别发作中，针对信仰的内容及其外在现实性的关联而爆发出来。

　　"这是对它最有利的情况"，就是说，你把它表面的症状压下去，你治标不治本，反而对它是最有利的。你可以禁止它发言，你可以组织批判，你可以组织围剿，没关系，这对它有利啊，为什么对它有利呢？"因为它现在没有徒劳地浪费力气"，你把它压下去，好啊，它不做声了，它在这些领域里面，它不发表意见。不发表意见说明什么呢，说明它在朝更深处发掘，它不把力气浪费在跟你纠缠这些表面的问题上。"也没有对自己做配不上自己本质的显示"，现在不需要徒劳地浪费力气，怎么浪费力气呢？做一种配不上自己本质的显示。它要是去跟这些事情纠缠的话，那它是配不上自己的本质的，如果它还在做这种显现的话，那就是浪费力气了。但它没有这样做，它只做最根本、最急需的事情。所以这种禁锢，这种压制，也有好处，逼迫它回到自己的本质，这是有利于它的深化的。当然，不急于去做不等于永远不做，只不过"那是后来才发生的情况，它将在各种症状和那些个别发作中，针对信仰的内容及其外在现实性的关联而爆发出来"，那就是这种情况，它从内到外，总有一天要爆发出来。法国大革命就是这种总爆发的显示，但它的根子早就埋下了。

而现在，一种看不见的和不被注意的精神悄悄地让这种疾病渗透了那些高贵的部分，立刻就把无意识的神像的一切内脏和一切肢体通通占领了，"在**一个晴朗的早晨**，它用肘臂把它的同伴轻轻一推，于是稀里！　{296}
哗啦！神像垮在地上了。"①

这句引用了《拉摩的侄儿》里面的话。"而现在，一种看不见的和不被注意的精神悄悄地让这种疾病渗透了那些高贵的部分"，就是那些表面的东西，我不去跟你纠缠了，这种精神它可以渗透到最高贵的部分，最精髓的部分。一旦渗透进去，"立刻就把无意识的神像的一切内脏和一切肢体通通占领了"，渗透到最根本的部分，那么它就可以把无意识的神

---

① 参看狄德罗：《拉摩的侄儿》第 282 页（载于《歌德全集》I，45.116 以下）："自然王国静悄悄地巩固着自己，这是我的三位一体的王国，地狱的大门面对着这个三位一体什么也不能做。真，它是圣父，圣父产生善，善是圣子，圣子产生美，美是圣灵。这个外邦的神谦虚地坐到祭坛上本地神像的旁边。它步步为营地占据着位置，而在一个晴朗的早晨，它用臂肘把它的同伴轻轻一推，于是稀里！哗啦！神像垮在地上了。据说这就是耶稣会士在中国和印度传播基督教的情形，而你们冉森教派也可以说他们想说的话，在我看来，这种实现目的的政治方式没有喧嚣，没有流血，没有殉难者，没有一根被扯掉的头发，是最好的。"——丛书版编者

像通体占领了。无意识的神像就是指迷信，把迷信的一切内脏和一切肢体、一切最内在的东西都控制起来了。"在一个晴朗的早晨，它用肘臂把它的同伴轻轻一推，于是稀里！哗啦！神像垮在地上了"，这是《拉摩的侄儿》里面的话，德文版这里加了一个编者注，把这段话的前后文也引用了，整段文字是："自然王国静静悄悄地巩固着自己，这是我的三位一体的王国，地域的大门面对着这个三位一体什么也不能做。真，它是圣父，圣父产生善，善是圣子，圣子产生美，美是圣灵。这个外邦的神谦虚地坐到祭坛上本地神像的旁边。它步步为营地占据着位置，而在一个晴朗的早晨，它用肘臂把它的同伴轻轻一推，于是稀里！哗啦！神像垮在地上了。这就是耶稣会士在中国和印度传播基督教的情形，而你们冉森教派也可以说他们想说的话，在我看来，这种实现目的的政治方式，没有喧嚣，没有流血，没有殉难者，没有一根被扯掉的头发，是最好的。"这句话很有深意，特别是后面这一段。就是说，本来狄德罗的这段话是用来描述耶稣会士对中国和印度传教的时候的情况，耶稣会士不说什么上帝，而说真善美，他们只占据"自然的王国"，表面上并不排斥当地的神灵，但实际上吸干了它们的精神。他是对冉森教派说的这段话。冉森教派当时和耶稣会是死对头，他说你们冉森教派也可以说耶稣会士想说的话，学耶稣会士传教的榜样，这种实现目的的政治方式是最好的，因为它不用动荡流血。这也就是我们通常讲的改革比革命要好，温和的改革没有喧嚣，思想的革命是静悄悄发生的，不是大风大浪、不是搞运动可以成就的，但是它在暗中产生着实质性的作用。到时候，水到渠成，只要轻轻一碰，你那个传统的神像就垮掉了，新的精神就建立起来了。经过长期的暗中准备，你没法抵挡，你不知不觉也要用它。我们一直在抵制普世价值，但又讲什么以人为本啊，依法办事啊，这些东西不就是普世价值嘛，也写到我们的官方文件里面去了。这是没法抵抗的，你自己都没法抵抗。黑格尔主张进行这样一种静悄悄的革命，一种思想的变革，所以后来他对法国大革命的暴力也有他的批评。

——在一个晴朗的早晨，当这种感染已渗透了精神生活一切器官时，[85]
当天中午都不见血迹；到这个时候，只有记忆还保留着以前的精神形态
的死去了的方式，作为一段人们不知道是怎么过去了的历史；而新抬上
来供人崇拜的智慧之蛇，就以这样的方式毫无痛苦地仅仅蜕去了一层干
枯的皮。①

　　这就是一种和平的革命。"在一个晴朗的早晨"，这还是狄德罗的话，
"当这种感染已渗透了精神生活一切器官时，当天中午都不见血迹"，就
是说，当这种感染已经到了火候，已经渗透了精神生活的一切器官的时
候，这将是一个美丽的早晨，到中午就完满结束了，没有一点血迹。就像
英国的"光荣革命"，没有流血，轻轻一推就垮了，大家在一种狂欢状态
中就已经完成了革命。但是前提就是说，这种感染、这种病毒的传播是
前期准备，我们这方面的工作要做到位，要做一点扎扎实实的工作，要返
回到我们的根来做工作。仅仅靠一些表面的工作，以浮躁的搞运动的方
式，大风大浪、出风头的那种方式，那是改变不了现实的。"到这个时候，
只有记忆还保留着以前的精神形态的死去了的方式，作为一段人们不知
道是怎么过去了的历史"，这将是一个全新的世界，我们那时将会奇怪，
怎么会如此轻易就渡过了难关。以前的精神形态，那种看似不可摧毁的
传统思维模式，只是以一种死去的方式还保持在记忆中。"而新抬上来
供人崇拜的智慧之蛇，就以这样的方式毫无痛苦地仅仅蜕去了一层干
枯的皮"，这里面有个典故。在德文版里面有个编者注，让我们参看《旧约》
的"民数记"，第21章第8到9节。里面讲到摩西带领以色列人出埃及
以后，来到了一片荒芜之地，于是以色列人受尽了饥饿寒冷的折磨，大家
都很有怨气，都埋怨摩西，甚至也埋怨耶和华，为什么把我们带到这里来
受苦？耶和华就派火蛇去咬他们，火蛇咬死了好多以色列人，以色列人
害怕了，就跟摩西说，我们再不敢对上帝不恭敬了，你跟上帝说一说，饶

---

①　参看《旧约·民数记》第21章，8—9节。——丛书版编者

过我们吧。摩西就跟耶和华说，无论如何还是可怜可怜这些以色列人吧。耶和华就对摩西说，那你就做一条铜蛇挂在那里，凡是被火蛇咬了的，看一眼铜蛇就会好。摩西就做了一条铜蛇挂在那里，治好了那些被火蛇咬过的人。所以新抬上来供人崇拜的智慧之蛇是铜蛇，是治好人的病的蛇，而火蛇就是那种咬死人的蛇，你们若不信上帝呢，那就活该被咬死。那么火蛇是很令人恐怖的，而新蛇，新抬上来供人崇拜的智慧之蛇，是治病的，是治好人的心病的。这个隐喻就是说，从分裂的意识到信仰，从信仰到受到教士的欺骗，到最后通过启蒙，通过纯粹明见来恢复信仰，这是两条蛇之间的关系。一个是火蛇，就是咬死人的蛇，一个是治疗人的蛇，就是铜蛇。新的蛇是供人崇拜的智慧之蛇。火蛇以这样的方式毫无痛苦地仅仅蜕去了一层干枯的皮，这样一种蛇是医治人们的心病的，它是治疗性的。它毫无痛苦的蜕去了一层皮，从火蛇上升到了铜蛇，上升到了新神。当然，黑格尔并没有否认信仰，也没有否认宗教，他是要重建所谓的理性宗教，信仰和崇拜都是可以保留的。好，今天就讲到这里。

*　　　　　*　　　　　*

好，我们接着上次，这是已经是第100期了，谢谢彭超送的花。我们还是赶得比较紧，可能会提前一点，会提前一个学期完成它，尽可能抓紧时间。今天要讲的是第85页下面这一段。

［2. 明见反对信仰］

我们已经看到了，前面那一段讲纯粹明见的传播，纯粹明见的传播它是非常隐秘的，而且是不可抗拒的。因为你抓不到敌人，你的敌人就是你自己。你想要把它扼杀在摇篮里面，从表面上看可以是这样，但是它总是在你自己的背后，隐隐约约的，不知不觉的在做工作，这就是说纯粹明见的传播是不可抗拒的历史潮流。当然这已经涉及明见反对信仰了，但主要是强调明见和信仰的同一性、共同性的那一方面，是立足于这一共同性来反对信仰，所以信仰没有办法防范，今天讲的这几段呢，"明见反对信仰"，也就是说，虽然它是在背后起作用，但它肯定要表现在外部，尤其要表现在现实生活中。所以这个小标题就是从明见和信仰的不同一性的方面来讲它们的对立冲突，就是说我们把它们背后建立在同一性上的隐秘的渗透过程揭示出来以后，再回过头来谈一谈通常所看到的启蒙与信仰之间的那一场斗争是怎么回事。这个斗争就是明见反对信仰的斗争，或者说启蒙和信仰的斗争。

但是，隐藏着自己的行为的精神，在自己的实体的单纯内在中所进行的这种默默地不断编织，只是纯粹明见实现过程的一个方面。

"一个"打了着重号。就是说前面讲的那种默默之中、暗中所进行的那个过程，只是纯粹明见实现过程的一个方面。纯粹明见要把自己实现出来，它的一个方面就是在背后、在地下隐秘地做工作，我们前面比作老田鼠挖洞，这里黑格尔的比喻是默默地编织，悄无声息的过程。就像织毛线一样，一针又一针地编织，不发出任何声音，最初你不知道它是在做什么，直到差不多完成了，一件毛衣的样子才成型了，让人大吃一惊。这个过程是不惹人注目的，因而是不可防范、不可抗拒的，但尽管这样呢，它还只是一个方面。"隐藏着自己的行为的精神，在自己的实体的单纯内在中所进行的这种默默地不断编织，只是纯粹明见实现过程的一**个**方面"，在实体的单纯内在中所进行的这样一个活动只是一个方面。纯粹明见要实现自己，那么除了内在的方面要准备好以外，既然是实现嘛，它必须要在外在的方面有所体现。

纯粹明见的传播并不仅仅在于相同的东西与相同的东西聚在一起；它的实现并不仅仅是一种没有对立面的扩展。

"纯粹明见的传播"，前面一个小标题就是纯粹明见的传播，但是在那里讲的主要是立足于纯粹明见和信仰的同一性这个根基来传播。这里讲，"并不仅仅在于相同的东西与相同的东西聚在一起"，这就是对前面讲的进一步展开了。"它的实现并不仅仅是一种没有对立面的扩展"，前面讲纯粹明见抓住信仰中和自己同一的方面做文章，给人的印象就是双方都是相同的东西，那么相同的东西和相同的东西聚在一起，似乎就没有对立面了，好像就是从相同的东西到相同的东西的传播，好像从一个传到另外一个都是根据一个相同的线索在那里蔓延。其实那只是一方面，但是明见的传播不仅仅是这一方面，从内在的方面来说可以是这样，但是还有外在的对立的方面。

<u>而是说，否定的本质，其行为本质上同样也是一种发展了的、进行着自身区别的运动，这一运动作为意识到的行为，必须在确定而公开的定在中把自己的各环节列出来，必须作为一场不折不扣的喧嚣和与对立东西本身的暴力斗争才现成在手。</u>

这就和前面讲的完全相反了，启蒙不仅仅是这样一种没有对立面的默默的暗中扩散，而是什么呢？"而是说，否定的本质，其行为本质上同样也是一种发展了的、进行着自身区别的运动"，就是说纯粹明见，前面讲了，它的本质是否定性的，它本身没有自己的内容。那么，否定的本质的行为，本质上同样也是，——这个"同样也是"跟前面"不仅仅"相呼应——同样也是什么呢？也是一种发展了的、进行着自身区别的运动。否定的本质的行为，除了是一种默默地扩展、一种蔓延以外，同时呢，它同样也在发展自身而且区别自身，进行着自身区别的运动。它不仅仅是一种蔓延过程，而且是一种发展过程。这个"发展"在黑格尔这里是有深意的，所谓发展就是说，后面的东西跟前面的东西大不相同，后面的东西在层次上比前面的东西更高，这才叫发展。如果没有一个层次上的高低之分，那就只是蔓延，在同一个水平上延伸，那不叫发展。所以，他讲中国历史没有发展，中国历史总在同一个层次上延续，而真正的发展是不断有新的东西出来，不断地要跟自身相区别。你一个农民政权跟前一个农民政权没有区别，那就不叫作发展了。所以这是一种进行着自身区别的运动，"这一运动作为意识到的行为，必须在确定而公开的定在中把它的各个环节列出来"。这一运动不只是自在的行为，而且是有意识的、自

觉的行为，它作为意识到的自身区别行为，必须在确定而公开的定在中，公开展示出它的各环节。确定而公开的，就是说不光是在背后冥冥之中无声无息地在那里做工作，那个工作是没有公开的确定性的，你必须要在定在中把自身公开地确立起来，把自己的各个环节都列出来。纯粹明见的实现过程应该是这样的，它本身是发展了的，自身区别的，并且在确定而公开的定在中把它的各个环节列出来。最后，"必须作为一场不折不扣的喧嚣和与对立的东西本身的暴力斗争才现成在手"，必须作为一场不折不扣的喧嚣，一场地地道道的、大张旗鼓的、众所周知的、有目共睹的喧嚣，喊出各种各样的口号。这就是讲的启蒙运动啊！我们前面讲启蒙本质上是在默默无闻中，以润物细无声这样一种背后的进程中发生的，但是它发作起来，同时也可以形成为一场轰轰烈烈的运动，而且必定要体现为一场运动。启蒙体现为启蒙运动，启蒙运动就是一场两军对战，阵线分明。启蒙思想家们面对着封建堡垒、旧的思想意识形态的堡垒开战，甚至是一场和对立的东西本身的暴力斗争，——这就是法国大革命了。喧嚣就是指启蒙运动，暴力斗争就是指法国革命了。法国革命是启蒙运动的定在，或者是启蒙运动的实现，启蒙运动最后在法国革命中实现出来，体现了它的否定的现实力量。后面要专门讲到法国革命，他对法国革命的分析在这里预先提示出来了。纯粹明见必须作为这样一场启蒙运动，以至于作为法国大革命的暴力斗争，才现成在手，才能够实现出来，一个是在意识形态中实现自己，另外一个是政治斗争中实现自己。人们的整个生活方式必须要来一场革命。这是黑格尔对启蒙、对纯粹明见的理解。

因此就必须看看，**纯粹明见**和**纯粹意图**是如何以**否定的**态度来对付它所遇到的与自己相对抗的对方的。

"因此就必须看看，**纯粹明见**和**纯粹意图**"，这两个词组都打了着重号，一个是纯粹明见，一个是纯粹意图。实际是一回事，就是纯粹意识。

纯粹意识体现为纯粹明见和纯粹意图。纯粹明见和纯粹意图本身也是一回事情，一个表现在认识上，一个表现在实践上，分属于认识活动和实践活动。纯粹意图就是目的，目的性，这是实践活动，你有了纯粹明见就想要把它实现出来，这样一个意图也就是纯粹意图。那么，它们"是如何以**否定的**态度来对付它所遇到的与自己相对抗的对方的"？"否定的"打了着重号，因为肯定的态度前面已经讲过了，也就是与对方的同一性态度。而这里是与自己的不同一的态度，与自己相对抗的对方，这个对方就是指信仰，这里就是指迷信。现在我们必须看看它们是如何以否定的态度来对抗迷信的。前面没有讲到明确的否定的态度，前面讲到你不用去特意否定，它就在背后起作用，这个背后的作用是不可抗拒的，它只是一种默默的扩展，一种延续，一种蔓延，这个蔓延里面，并没有明确体现出否定。就是说，纯粹明见与它的对方都有相同的东西，相同的东西聚在一起就行了，在背后默默地进行编织，这样一个过程好像不需要什么对立斗争，不需要否定。但这里，我们就要看一看，它如何以否定的态度对待自己的对方，而对方也是与自己激烈对抗的，它们相互之间是否定的。所以这个小标题就是明见反对信仰，概括为一种否定性的过程。

——抱有否定态度的纯粹明见和纯粹意图，由于其概念就是一切本质性，而不是其本身以外的什么东西，所以只能是对自己本身的否定。

"抱有否定态度的纯粹明见和纯粹意图"，就是说纯粹明见和纯粹意图抱有否定态度，要否定它的对方。但是"由于其概念就是一切本质性，而不是其本身以外的什么东西"，纯粹明见就是要看到一切本质性，这就是它的概念。所谓明见、洞见嘛，都是讲的洞察一切本质性，任何一种东西的本质只有通过纯粹明见你才能洞见它，你才能深入它里面去把它揭示出来。所以纯粹明见的概念不是在它本身以外的东西，纯粹明见既然是一切本质性，它就只跟本质打交道，它要否定，也是对一切本质性的否定，而不是否定这个本质本身以外的什么东西。"所以只能是对自己本身的否定"，抱有否定态度的纯粹明见和纯粹意图只能是对自己本身的否定。就是说你要否定的不是那些表面的东西，你要否定的正是你的本质，不是你的本质你用不着否定。当纯粹明见把信仰的本质作为自己的本质来肯定的时候，它还没有表现出自己真正的否定性的本质；只有当它的否定深入到信仰的本质中，就是说，不是像前面讲的那种默默地耕耘，那种默默地编织，而是要将信仰的本质也加以否定时，它才表现了自己的真正的否定本质。而这种否定恰好是它的自我否定，因为信仰的本质正是和它共同的本质。所以当它把对信仰的否定推向深入，不再停留于信仰的表面，而是使这种否定进入到对信仰的本质的否定时，它实际上不过是在自我否定。

　　因此，它作为明见，就成为对纯粹明见的否定，成为非真理和非理性，而它作为意图，就成为对纯粹意图的否定，成为谎言和目的不纯。

　　这就是纯粹明见在自我否定中向对立面转化。"因此，它作为明见，就成为纯粹明见的否定，成为非真理和非理性"，当它自我否定的时候，那就把自己从纯粹明见变成了非真理和非理性。"而它作为意图，就成为对纯粹意图的否定，成为谎言和目的不纯"，也就是把自己从纯粹意图变成了不纯粹的意图，变成了谎言和动机不纯。我们通常说，真理再往前一步，就是谬误。其实真理深入到了本质内部，也会成为谬误，因为本质就是自否定，真正的真理就是自我否定的真理，也就是使自己从真理推进到谬误的真理。这可以说是后面几段话的一个总纲，这是一种概括，他先把大纲列出来了，下面再来解释。在这里，就是先告诉你，如果它要真正抱定否定的态度，如果它要自我否定的话，那么作为纯粹明见，它就会成为非真理非理性，而作为意图，那就会成为谎言和目的不纯。这一小段所说的是，要看看纯粹意图和纯粹明见是如何以否定的态度来对待自己的对方的，这是对后面的一个概括。现在已经列出了一个矛盾，一个自相矛盾了，自己变成自己的对立面，自己否定自己。纯粹明见要把自己实现出来，纯粹意图要把自己实现出来，都要通过自我否定的方式才能够现成在手，才能成为现实。

纯粹明见之所以卷入这个矛盾里来，是由于它参与了争执，并且以为自己在与某种**另外的东西**作斗争。

纯粹明见的自我否定是一个矛盾，那么纯粹明见如何卷入到这个矛盾里来的呢？一开始它怎么想的呢，它怎么会发生这种自我否定的矛盾呢？是由于它参与了争执，并且以为自己在与某种另外的东西作斗争。就是说，它开始并没有意识到这个矛盾啊，它之所以被卷进来，是由于它"以为自己在某种**另外的东西**作斗争"，它想切入到信仰或迷信的本质中去，却没想到这个本质就是它自己的本质，它参与的这场争执正是它与它自己的本质的争执。纯粹明见跟信仰之间显然是不同的，历来就有不同。那么纯粹明见在这个时候，在启蒙运动时代，想要和信仰算总账，彻底清算一下信仰，并认为自己是在与某种另外的东西作斗争。没想到越是彻底清算，就越是清算到它自己身上来了。

——它之所以这样以为，只是因为它的本质作为绝对的否定性，就是在它自身中拥有他在这一点。

"它之所以这样以为，只是因为它的本质作为绝对的否定性，就是在它自身中拥有他在这一点"，这就又进入到它背后去了。前面一句话是描述，它以为自己在反对某种另外的东西，这句话就解释它为什么这样认为。只是因为它的本质作为绝对的否定性，就是在它自身中拥有他在这一点。"在它自身中拥有它在"，也可以译为"把它自身当作它在"。这就是背后的原因，促使它投入到这个矛盾里来，促使它以为自己与某种别的东西在作斗争的，是因为它的本性就是自我否定的，它的本质作为绝对的否定性，就是要把它自身看作他在。只有这种自我否定才是绝对的否定性，而不否定自我、只否定别的东西，那都只是相对的否定性，不足以深入到本质。而自我否定也就是在自身中拥有他在，或者把自身看作他在，它是一定要投入这个矛盾的，这个矛盾不是一种表面看起来的外部的冲突，而是真刀真枪的终极决斗。按一般的眼光来看，它完全也可以不参与这场矛盾，和自己的影子作斗争，何必呢。但是不行，这是它的本质。它必然要卷入这场矛盾,因为背后是由它的本质所决定的,因为它的本质就是绝对的否定性,就是在自身中拥有他在。

　　绝对概念就是范畴;它是这样的东西,即认知与认知**对象**是同一个　[86]
东西。

　　这就更上升到范畴的高度来了。在精神现象学里面,一般来说,他提到范畴就是提到一个很高的层次上,也就是提到逻辑学的层次上,来理解精神现象学里面的意识的经验。精神现象学基本上是意识的经验科学,意识的经验科学之所以成为"科学",就是因为意识背后有范畴。那么这个地方就点到范畴了。"绝对概念就是范畴",前面讲了绝对的否定性在自身中拥有他在,那么绝对的否定性凭这一点就是一种绝对的概念了。因为前面 [第84页] 讲了,"这种单纯性就是概念,亦即是单纯认知,它既知道自己本身同时又知道它的对方,只不过是把这对方在它自身中作为扬弃了的对方来知道的",这就是概念,概念就是把对方包含于自身的透明的东西;而绝对概念则是范畴。范畴是什么东西呢,范畴是这样的东西,即认知与认知的对象是同一个东西。用康德的说法,范畴就是有关对象的纯粹知性概念,这个对象就是范畴自己用经验材料建立起来的。所以在范畴中,认知和它的对象是同一个东西。康德已经提出来,所谓范畴就是主客统一,认知和认知对象是同一个东西,这样的概念就是范畴;所以范畴就是从形式逻辑的那些判断里面提取出来的,我们赋予它们一种对象性的含义,那就成了范畴。费希特进一步讲,就连经验材料也是由范畴建立起来的,这就更加把认知和认知对象合为一体了。那么黑格尔的解释就更进一步了,不仅仅是人的知性范畴为自然界立法、为自然界赋予了客观性,也不仅仅是范畴的推演建立起了客观性,而且范畴本身就是宇宙的客观实体,它就是唯一的认知对象,它是一种客观精神、客观思想,一种客观的概念。当然了,黑格尔这个思想还是从康德的范畴发展而来的,把它更进一步推向了客观,吞并了康德所谓的自在之物。所以范畴,它的认知和认知对象是同一个东西,这个就是范畴的特点。它跟其他的概念是不一样的,其他的概念有可能是主观的,可能是主观运用的,不一定是一个实体,不一定是客观的对象,但是范畴肯定是对象,是一种客观的东西。

因此,凡是纯粹明见说成是自己的他者的,凡是它说成是谬误或谎言的,都不是什么别的,而是它自己;它只能谴责它自己所是的那种东西。

前面是谈一般的,绝对概念就是范畴,范畴是万物的本体,范畴是客观的,认知与认知的对象是同一的,这是一般的泛泛而谈的范畴。范畴是这样,那么纯粹明见就是对范畴的认知啊,纯粹明见是对于普遍本质的一种认识啊。纯粹明见跟这里讲的概念或范畴有紧密的联系,它就是透过万事万物去把握背后那个范畴,那个概念。而这个概念、这个范畴既是认知,同时也是认知对象。"因此,凡是纯粹明见说成是自己的他者的",纯粹明见说成是自己的他者,或者说成是自己的对象;或者,"凡是它说成是谬误或谎言的,都不是什么别的,而是它自己",这是从根子上、从本质上说的。当然一般来说,纯粹明见说某个对象是错误的,这并不是说自己,而是指责对象;但从本质上看,你为什么知道对方是错误的,不正是你自己按照错误的思路在设想他者吗?不正是因为这个对象是按照你自己的思路建立起来的吗?这就暴露了,原来你自己满脑子都是这种错误的思路啊!所以,"它只能谴责它自己所是的那种东西",你要是没有对纯粹意识作那种偏离或否定,你怎么知道对方偏离或否定了纯粹意识的原点呢?前面讲了,纯粹明见它的本质、作为绝对的否定性就是在它自身中拥有他在,你之所以能够批评对方的错误正是因为你自身就有这种错误,只不过你是把这种错误作为自身的一个环节而扬弃地包含在自身中而已。就好比那些谴责犯罪的人,其实个个都有犯罪的倾向,只不过将这种倾向扬弃在自我意识的把握之中了而已。《圣经》上说,有几个人抓住一名行淫的女人,要对她执行"石刑",来问耶稣怎么处置,耶稣说,你们谁认为自己是无罪的,就可以用石头砸她,结果那些人一个个都扔下石头走开了。我们今天也说,那些骂贪官的人,其实个个都想成为贪官,只不过没有人把手中的石头丢开,而是一味地谴责对方,没有考虑到对方其实也就是自己,只把他当对方来谴责。所以实际上你是谴责了你自己而不自觉,你没意识到这一点。你谴责他,你骂他卑鄙无耻、下流,实际上你骂的也是自己。凡是纯粹明见说成是自己的他者的,凡是它说成是谬误和谎言的,都不是什么别的,而实际上就是它自己。但它说出来,好像是在说别人,好像是在骂别人,但背后其实有这一层关系,就是别人和你其实都是纯粹明见。

　　凡是不合理的东西,都不具有**真理**,或者说,凡是未经概念把握的东西,就不**存在**;因此,通过理性说一个不同于它自己所是的**他者**,它实际上说出的只是它自己;在这里,纯粹明见并没有跨出自身以外。

　　"凡是不合理的东西,都不具有**真理**,或者说,凡是未经概念把握的东西,就不**存在**",真理和存在都打了着重号。就是说,不合理的东西就没有真理,未经概念把握的东西就不存在。这个是大家都能认可的,等于是大白话,不合理的东西就没有真理,就是荒谬的;未经概念把握的东西就不存在,这个前面已经讲了,范畴和对象是一个东西,对象的存在是由于范畴才存在的。这在康德那里已经提出来了,人为自然界立法,范畴是用来建立一个对象、建立一种客观性的。未经概念把握的东西,你的感觉,你的印象,那都是虚无缥缈的东西,必须经过概念把它用因果性、实体性等规定下来,它才存在。"因此,通过理性说一个不同于它自己所是的**他者**,它实际上说出的只是它自己",也就是理性所说出的所有的对象,实际上说出的都是它自己,哪怕这个对象是一个他者,是不同于理性本身的,其实都是理性自己本身,否则它是根本不可能存在的。理性不可能说出一个不是真理又不存在的东西,因此它说出来的就是它自己。"在这里,纯粹明见并没有跨出自身以外",纯粹明见说来说去啊,还是在说它自己的东西,它并没有跳出自己以外。它说它的他者,说它的对方,说它的对立面,也是说它对立面中间它自己能够理解的东西,它自己能够把握的东西。或者说它是以己度人，它把信仰也好，迷信也好，背后的那个东西说出来，就是说你们实际上并不蠢，你们实际上是很清楚的，这个迷信是不实在的东西，是不存在的东西，不是真理，你们自己很清楚，但是你们故意要这样说。这样才能够谴责迷信，否则你谴责它什么呢？你谴责迷信就是说他们故意制造迷信，那些不是故意的迷信者都是受害者，那没有什么可谴责的，该谴责的就是那些制造迷信的人。制造迷信的人是很清楚的，他们自己是有纯粹明见的，他们自己跟我一样心里明白得很，只是他们把自己的明见隐瞒了，他们说谎。那么你实际上说出来的，只是纯粹明见在制造迷信的人那里其实也有，也是他们的本质，但这种本质并没有阻止他们说谎，因此当你谴责他们说谎时，你也把他们的纯粹明见一同谴责了，同时也把自己的纯粹明见谴责了。所以，纯粹明见并没有跨出自身以外。它说来说去还是以它的基点作为一个中心在那里绕圈子，没有跳出自己以外。它与对立面斗争，其实这个对立面并不是它真正的对立面，而是跟它一样的纯粹明见。他们都是聪明人，那些教士们，那些神父们，他们都是饱读诗书，满腹经纶的，他们没有那么愚蠢，但是这些迷信都是他们造出来的，所以才值得谴责嘛。如果都是一些蠢家伙，智力不高的，那你就把你的纯粹明见告诉他们就是了。但是他们为什么相信那些神父们，不相信你呢，就是因为神父们采取种种办法来欺骗了大众，所以要反对这些神父。反对神父实际上是反对自己啊，因为这些神父就是它自己，只不过是采取了一种对立面的方式，一种他者的方式。如果是完全相反的东西，那个东西是站不住脚的，那个东西不是真理，也不会存在的，真正存在的还是他们的明见，还是这些神父们教士们他们真正的想法。你要把它揭示出来，你要把他们真正的意图揭示出来，这就是跟对立面的斗争了。

——因此，这场与对立面的斗争，本身中就兼有这样的含义，即斗争就是纯粹明见的**实现**。

"因此，这场与对立面的斗争，本身中就兼有这样的含义，即斗争就是纯粹明见的**实现**",这不光是跟对立面的斗争,而且同时就是把自己的纯粹明见实现出来。你要揭示出那些教士们也意识到的那些真正的纯粹明见,那你就要在与教士们的斗争中把这个明见摆出来,使用起来,只有在这种斗争中你这个纯粹明见才能够真正实现出来。纯粹明见不仅仅是一种冥冥之中的洞见,那只是一个抽象的概念;但是你要把它实现出来,在现实中实现出来,那就必须要经过斗争,赋予这些概念以具体的内容。本来这些抽象的概念本身是没有内容的,它只是作为跟虚假的现实、跟丑恶的现实的一种对照,那么你脱离现实去谈那些纯粹明见,那是没有内容的,那是空洞的。但是在跟现实的斗争中,它就有了内容,纯粹明见究竟是什么,在这场斗争中就明确实现出来了。所以,这场斗争是必要的。

因为所谓实现,恰恰在于把诸环节发展出来和把它们收回自身这样一个运动;这个运动的一个部分就是进行区别,在区别中那进行概念理解的明见把自己树立为与自己对立的**对象**;只要它逗留在这个环节之中,它就是自身异化的。

这里解释纯粹明见的实现。"所谓实现,恰恰在于把诸环节发展出来和把它们收回自身这样一个运动",纯粹明见有它的各个环节,在抽象的纯粹明见里面,当它还没有投入到否定性的运动之中的时候,那还是空洞的,没有任何内容,它的各环节都没展开。但是它的实现就在于把这些环节发展出来,也就是把它自身的内容发展出来,或者展示这些环节,这就有了内容。并且把它们收回自身,这些内容还是它自身的内容。一方面是发展出来,另一方面是收回自身,是这样一个运动。这就是这场斗争的实质。你跟信仰斗争,信仰是什么,信仰就是你自身的一个环节。通过与自身的一个环节的斗争,你把你的诸环节都发展出来了,所以你要把信仰看作你的对立面,跟它斗争,然后把它们收回自身。收回自身就是说你在你的对方看出了它其实就是你自己,这个时候你和它就调解了,你和它就发生了统一,你就把它收回自身了。信仰其实是纯粹明见自身的一个环节,当你意识到这一点的时候,你就把对方收回到自身了。你跟它的斗争其实是你自己跟自己的斗争，其实是你自己内部的斗争，这样的运动就是纯粹明见的实现。纯粹明见本来是没有内容的，但经过这样一个运动，你把自己实现出来，它就有了内容，它的内容就是它跟迷信、跟信仰的斗争。这个内容不是一开始就有，而是经过一个发展出自己各环节又把它收回自身的运动才具有的，这就是它自身的实现过程。"这个运动的一个部分就是进行区别"，它首先要把诸环节发展出来，怎么发展出来？首先就要把自己区别开来。所以它的第一个部分就是进行区别，"在区别中那进行概念理解的明见把自己树立为与自己对立的**对象**"，明见在概念把握中设立起自己的对立面，把它作为迷信与自己划清界限。信仰、迷信就是它斗争的对象，这就是纯粹明见自我区别的部分，或者是一个最初阶段。"只要它逗留在这个环节之中，它就是自身异化的"，只要它逗留在这第一个环节中，仅限于对自己作出区别，从自身中区别出一个对象来，那么它就是自身异化的。这个对象就是它的自我异化，这个信仰或者这个迷信就是纯粹明见的自身异化。它本来是自身，但是它又是异己的，它又是陌生的对象，这个陌生性不是由于它是外来的，而是由于我自己把它变得陌化了，那就是自身异化。一般来说，所谓信仰就是纯粹明见的异化，或者说宗教是人的本质的异化，上帝是自我意识的异化，一般都是这样讲的，但这些讲法都是从这里来的。进行理解的明见把自己树立为自己的对象，只要它停留在这个环节中，它就是自身异化了的。那么这个自身异化当然就有待于扬弃了，异化有待于收回，但是在第一个阶段上还没有收回。第一个阶段它只是进行区分，停留在这个阶段上就是自身异化。只有在进入到第二个阶段的时候，把区别收回到自身，那才是异化的扬弃。这就是后面的事情了，第一步是首先要区分出来。

{297}　　作为纯粹明见，它是没有任何**内容**的；它的实现的运动就在于：**它自身**形成为自己的内容，因为，由于它是范畴的自我意识，不可能有一个别的内容对它形成起来。

"作为纯粹明见，它是没有任何**内容**的"，这个我们刚才讲了，纯粹明见没有任何内容，它就是一个单纯的否定，揭开那些表面现象，看到里面去。纯粹明见的意思就是看到里面去的意思，向里面看的意思。所以它本身是没有任何内容的。海德格尔也讲，所谓真理就是去蔽，去掉遮蔽，也就是纯粹明见的意思。真理就是去蔽，去掉遮蔽你看到什么呢？这个还没有规定，看到什么就是什么，最重要的是要去掉遮蔽，所以它完全是一个没有任何内容的行动。"而它的实现的运动就在于：**它自身**形成为自己的内容"，最开始它没有自身的内容，但它一旦自身实现出来，那么它就形成了自己的内容。"它自身"打了着重号，就是说这个内容还是它自身。"因为，由于它是范畴的自我意识，不可能有一个别的内容对它形成起来"，因为它是范畴的自我意识，或者说它是自我意识所把握的范畴，所以它不可能有一个别的内容、一个超出自我之外的内容对它形成起来。它不可能有一个外来的内容、一个别的内容对它形成起来，它所形成起来的内容只能是这个范畴自身的一种具体化，或者是一种展开。它的实现运动就在于，它作为一种范畴的自我意识而自行展开，把自己的各环节发展出来，把自己区别出来，作为对象同时又收回自身。就是这样一个过程成为了它的内容，这个内容是它自己形成的，而不是从外面接受过来的。在去蔽以后，你看到了什么呢？看到的还是你去蔽的活动本身，并没有一个固定的东西在那里等着你，让你去加以把握，没有，你能把握的只能是你自身，只是你这个运动过程本身。

　　<u>但是由于它最初在对立面中把对象只是作为**内容**来认知，还没有把对象作为自己本身来认知，它就在对象中错认了自己。</u>

　　"但是"，这个口气一转了，"由于它最初在对立面中把对象只是作为**内容**来认知"，它最初，就是在第一个阶段，在自我区分这个阶段，在自己设立自己的对立面的这个阶段，它在这对立面中把对象只是作为内容来认知，内容打了着重号。"还没有把对象作为自己本身来认知"，它还没有把对象看作自己本身。这个内容为什么打着重号，就是这个对象在

它看来是一个现成的内容，它还没有意识到这个内容就是它自己，是它自己把自己建立为内容，而以为它是一个外部对象的内容，好像这个内容是外在被给予的。其实这个对象的内容就是它自己本身，它还没有意识到这一点，这一点是后一步，当它要把对象收回到自身时候，才能意识到的。但是在它逗留在初级阶段时候，它还没有走到这一步。于是，"它就在对象中错认了自己"，所谓错认了自己，就是说实际上对象已经是自己了，但是，它把这个自己错认为了对象，错认为是别人。它没有在对象中看出自己，反而认为这个对象是别的东西，是他者，是跟自己无关的，所以它拼命地去反对。拼命地去反对就没有反思，没有想到我反对的是谁呢，搞到最后它才回过神来，原来反对的正是它自己。但在初级阶段，它没有意识到这一点，它以为反对的是别人，它在对象中错认了自己。

因此，纯粹明见的完成就有这样的意思，即它认识到最初对它是对象性的那个内容即是它自己的内容。

"因此，纯粹明见的完成"，前面讲的是在它的初级阶段了，最初在对立面中把对象只是作为内容来认知，没有把对象作为自己本身来认知，这是最初阶段，还没有完成。那么现在就讲纯粹明见的完成，最后要走到什么样的地步呢？纯粹明见的完成"就有这样的意思，即它认识到最初对它是对象性的那个内容即是它自己的内容"。最初看起来是它的对象性的那个内容，其实就是它自己本身的内容，但这是要到纯粹明见的完成阶段才能领会到的。

但这样一来，纯粹明见的结果，就将既不是它所与之斗争的那些谬误的重复，也不仅仅是它最初的概念，而是这样一种明见，这种明见把它自己的绝对否定作为自己特有的现实性、作为它自己本身来认识，或者说，它就成为了它的自我认识着的概念。

"但这样一来"，这样一来就是说在纯粹明见的完成阶段，它把对象已经看透了，它发现它的对象的内容就是它自己的内容。这样一来，"纯粹明见的结果，就将既不是它所与之斗争的那些谬误的重复"，它的结果就不是那些谬误的重复,不是它原来与之作斗争的那些谬误的重复。就是说既然对方就是自己,这个自己是不是也就变成谬误了呢,原来它是把对方当作谬误来反对的啊,现在我就是谬误,那岂不是现在又回到自身,岂不是我又重复了那谬误了吗?我反对的东西就是我自己,那么我回到我自己,岂不就是回到谬误吗?不是的。既不是它所与之斗争的那些谬误的重复,"也不仅仅是它最初的概念"。最初的概念就是与这些谬误作斗争的那个出发点,最初的概念是纯粹明见,然后它与它的对象作斗争,它的对象是谬误,然后从对象又回到自身,回到自身就是回到最初的概念吗?也不是。回到自身既不是回到概念也不是回到谬误,而是一个合题,这里面有一个正反合的结构,有一个否定之否定的结构。否定之否定并不是回到原点,而是螺旋式的上升,上升到更高层次了。它既不是回到它最初的概念,也不是对那些谬误的重复,而是双方的结合。双方的结合既是这一方又是那一方,既不是这一方又不是那一方,而是一个更高层次的综合。"而是这样一种明见,这种明见把它自己的绝对否定作为自己特有的现实性、作为它自己本身来认识",这种明见,它的层次更高了,把它自己的绝对否定,也就是经过否定之否定之后的这个否定,作为自己特有的现实性。就不是单纯的否定了,不是一味地否定了,而是否定之否定。最开始跟谬误作斗争的时候,它就是一种单纯的否定,但是这种否定还没有把自己的否定性当作对象,当作内容。现在呢,把这个否定性本身当作内容来否定,这个否定性就是绝对的否定性了。这个经过了否定之否定以后成为了绝对的否定性,才是自己特有的现实性,才能够被作为自己本身来认识。就是说,纯粹明见是什么呢,是绝对的否定性,绝对的否定性不是抽象的否定性,而是有内容的,否定了以后的否定,经过了一个否定之否定的过程,经过了这场内容丰富的现实斗争之后的否定。所以纯粹明见通过把这个绝对的否定性作为自己特有的现实性来认识,就达到了它的自我意识,因为现在它已经有现实性了,你就可以借它来认识自身了。在开始没有现实性的时候,它仅仅是一个抽象的概念，它谈不上对自己本身的认识，它实际上是去认识别的东西，它自己还没有达到自我意识。这个时候当它有了内容，有了现实性，有了绝对的否定，这个时候就可以站在旁边来看自己了，可以把对象作为自己本身来认识了。"或者说，它就成为了它的自我认识着的概念"，在这个阶段上，它就成了自我认识着的概念，就是它不仅是概念，不仅是范畴，而且这个概念、这个范畴是自我认识着的。这个是在纯粹明见的完成阶段所达到的层次，在这里做了展望。

——启蒙对种种谬误所进行的斗争的这种本性，即在谬误之中与它自身战斗，并谴责在谬误中它自己所主张的东西，这是**对我们而言**的，或者说，这是启蒙及其斗争**自在地**所是的情况。

上面所说的这些都是我们在那里做分析。不管是讲到范畴也好，讲到几个阶段也好，都是我们旁观者给它分析出来的，具体在斗争中启蒙自身并没有意识到这一点。所以他讲，"启蒙对种种谬误所进行的斗争的这种本性，即在谬误之中与它自身战斗，并谴责在谬误中它自己所主张的东西，这是**对我们而言**的"，"对我们而言"打了着重号，也就是我们这些考察精神现象学的人从旁边所看出来的。我们考察启蒙对谬误所进行的斗争，我们可以分析出这一套结构出来，第一个阶段怎么样，第二个阶段怎么样，第一个阶段是自我区分，第二个阶段是回到自身。启蒙对种种谬误所进行的斗争，即在谬误之中与它自身战斗，并谴责在谬误中它自己所主张的东西，这样一种自我否定、自我区分、自己设置自己的对立面的过程，是这场斗争的本性。这种本性是对我们而言的，是我们旁观者看出来的。"或者说这是启蒙及其斗争**自在地**所是的情况"，自在地打了着重号。这是同一个意思，就是它是对我们而言的，而对于启蒙及其斗争来说，它是没有意识到的，它只是自在地是那样，但它对此还没有自觉，它不是自为的，它不是有意这样做的，但它自在地客观上是这样。

但这斗争的第一个方面，即启蒙因对它的自我同一的**纯粹性**采取否定态度而成为不纯粹的，这就像它**对信仰来说**就是**对象**一样；因而信仰

就把启蒙作为谎言、非理性和坏意图来经验，正如对启蒙来说，信仰是谬　[87]
误和偏见一样。

　　这句话开始进入到斗争了，进入到矛盾了。前面讲的是从我们的观
点来看应该是怎么样的，来做一种客观的分析，但对于启蒙本身来说那
还是自在的。那么对启蒙来说它意识到的是什么呢？它自为的是什么
呢？下面就讲了，"但这斗争的第一个方面，即启蒙因对它的自我同一的
纯粹性采取否定态度而成为不纯粹的"，第一个方面就是说，启蒙对它自
我同一的纯粹性采取否定态度，就是说它成为不纯粹的了。启蒙现在从
天上降到人间，离开了它的原点，它原来是一个抽象概念，原来是一个抽
象的否定性，这个时候呢，对它的自我同一的纯粹性采取否定态度，它不
再停留在那种纯粹性的阶段了，而是采取否定态度变成不纯粹的，成为
面对现实性而进行否定的。变成不纯粹的那就是一种特殊的明见了，作
为纯粹明见现在下降到一种特殊的明见，就像拉摩的侄儿那种明见，那
是特殊的明见。当然比拉摩的侄儿的层次要高一些，因为它已经经过了
纯粹明见这样一种意识。它意识到自己是纯粹明见，这时候它再降到现
实生活中，它跟具体的那些教士们啊，那些国王们啊，那些愚民大众啊，
来做斗争，这个时候，它就成为不纯粹的。你原来宣扬你那一套纯粹明
见，你尽管去宣扬好了，你不要去介入到现实生活，那些东西反正会在背
后起作用的，你静悄悄地等着就可以了，本来是这样的。但现在它对这
种纯粹性采取了否定的态度，它介入了社会，要当公共知识分子，成为了
不纯粹的。"这就像它**对信仰**来说就是**对象**一样"，就是说它对自己的纯
粹性采取否定的态度，成为不纯粹的，那么，它对信仰来说，它就成了对
象。它本来把信仰当作自己的对象，而它自己是无内容的，抓不住的，成
不了对象；而现在它成了不纯粹的了，它进入到了现实生活中，有了自己
否定的具体内容，所以它把信仰，把迷信当作自己的对象，就像它对信仰
来说也是对象一样，它们彼此彼此了。一方面它把信仰当作对象，另一
方面现在信仰也把它当作了对象。如果它不说出来，如果它停留在自己

的脑子里，停留在一种纯粹性、抽象概念这个阶段，那信仰也不会把它当作对象，因为它毫无内容。现在它公开站出来反对信仰，那么信仰也就把它当作对象了，就像它对信仰来说是对象一样。你要把它当作对象，它就会把你当作对象，互为对象嘛。"因而信仰就把启蒙作为谎言、非理性和坏意图来经验"，注意这个"经验"，意识的经验科学，经验是关键词。既然信仰把纯粹明见当对象，它对纯粹明见也就有了经验，什么经验呢？同样是把启蒙作为谎言、非理性和坏意图来经验。你要反对信仰，那些教士们，包括那些老百姓、那些信徒们，可能都会认为你是别有用心，你宣扬什么普世价值，那不是别有用心嘛，那不是颠覆我们的信仰嘛。所以把启蒙反而当作一种谎言，当作非理性和坏意图来经验。这说明信仰它自认为是真理，自认为是理性，自认为是纯粹的意图、好意图，这个时候它把启蒙当作是谎言、非理性和坏意图，它把启蒙是作为这样一种负面的东西来经验的。"正如对启蒙来说，信仰是谬误和偏见一样"，双方对对方都抱有同样的心态。所以他们反对启蒙也是出于真心诚意的，出于真理，出于理性，你如果能够同情地理解的话，你就会看出这一层。当然在两军交战的时候不会有这种同情的理解，都会把对方当作是坏的。所以这是相互的，你把它当作对象，你把它当作斗争的对象，它也把你当作斗争的对象，双方都互相贬低对方。它们互相认为对方是别有用心的，是动机不纯的，是有私心的，是偏见，而且是谎言。

——考虑到启蒙的内容，启蒙最初是空洞的明见，在这空洞的明见看来，启蒙的内容显得是一个他者，因此，启蒙是在这样一种形态中**发现**这内容的，即这内容还不属于启蒙，它作为一种对启蒙完全独立的定在而存在于信仰里。

"考虑到启蒙的内容"，前面已经讲到启蒙与信仰交互之间是怎么看待对方的。那么现在我们从启蒙这方面来看，考虑到启蒙的内容，"启蒙最初是空洞的明见"。在启蒙的内容这方面，它最初是空洞的明见，它本身最初没有内容。"在这空洞的明见看来，启蒙的内容显得是一个他者"，从启蒙最初的那个概念、从纯粹明见最初的概念看起来,启蒙的内容显得是一个他者,是从外面给它的,好像它是被动的,好像它置身于这个世界上就面临了、就遇上了信仰,遇上了迷信,它就看不惯,就与之斗争,于是就发生了它的内容。如果躲在深山里面,它就不会有这个内容,但是它因为生活在现实世界中,所以它就有了这个内容。"因此,启蒙是在这样一种形态中**发现**这内容的,即这内容还不属于启蒙",发现打了着重号,也就是遇到了,碰上了。这个内容一开始不属于启蒙,它是一个现实啊,你启蒙要进入到现实,你就会碰到它,你就碰到一大批人来阻挡你的启蒙,拒绝启蒙。所以他说是发现了这个内容,这内容,"它作为一种对启蒙完全独立的定在而存在于信仰里",启蒙的内容存在于信仰里面,这个信仰是对启蒙完全独立的一个定在,它的内容与启蒙本身完全无关,是启蒙在信仰那里所碰到、所发现的一个内容。所以最初阶段只不过是两军相遇,好像是一场遭遇战,碰到一起好像是一种偶然的情况,没有什么必然性。但实际上是有必然性的,它们双方都不知道。休息一下。

我们刚才讲的这个小标题是"明见反对信仰"。明见把信仰看作是与自己完全对立的东西,它是从明见的立场上来看信仰的,但反过来信仰也可以从同样的立场来看明见。在最后这一段话里面已经透露出来了,你要这样看它,它也就会这样来看你,也把你当作对手。下面是第三个小标题:

[3.明见是对信仰的渗透和误解]

原小标题标为:"3.明见是对它自己的误解",虽然从内容来说也不能算错,但没有抓住重点,所以我改了一下。当然按前面所说,对信仰的误解也就是明见对自己的误解,但这里是通过这种自身误解来讲对信仰的误解,还是讲的明见对信仰的否定态度。这是从明见的角度来看的,同时也就会反过来转到信仰的立场,但是它的出发点还是从明见的立场,就是一切斗争都是由明见引起的。明见反对信仰,实际上是反对它自己,但是它没有意识到它是这样一种自我冲突、自相矛盾性。那么下面这一节就开始揭示这一点了，首先谈明见是对它自己的误解，然后再讲也是对信仰的误解。就是说你反对信仰实际上是在反对你自己，你没有意识到这点说明你既误解了自己也误解了信仰。前面讲了这斗争的第一个方面，就是启蒙对它的自我同一的纯粹性采取否定的态度而成为了不纯粹的。这其实已经透露出来了，这斗争中第一个方面，实际上是启蒙对自己的纯粹性采取了否定态度，以便投身于现实之中，投身于现实的矛盾冲突中。于是它就成了不纯粹的了，就成了特殊的了，这种特殊的明见就跟这个信仰处在一种彼此斗争之中，两者之间没有哪个是绝对正确的，互相都把对方当作是谬误，彼此彼此。而这场运动最初还是由明见发动起来的，那么接下来这里就谈到了，正因为明见对自己有误解，所以它才会投身于运动，投身于矛盾冲突，它以为它的冲突的对方不是它自己，所以它才跟它斗争啊。如果一开始它就意识到那是它自己，那它就不会去斗争了，它干嘛跟自己过不去呢？就是因为它以为那个对方不是自己，所以才拼命地去跟它斗争，不遗余力，最后才发现对方其实还是它自己。所以它是由对自己的误解而引发的这一场斗争，但这个误解不完全是贬义词，它必然是要这样误解的，一开始必然是出于误解它才投身于战斗，你要想避免不犯错误，那你就只好什么也不干，那就啥事也没有。正由于有这样一种错认，有这样一种误解，所以才挑起了事端，才推进了事情的进展，所以误解也是必要的。

　　所以，启蒙在统握自己的对象时，首先而且普遍的做法是，它把这对象当成**纯粹明见**，并且由于对自己本身不认识，它就把这对象宣布为谬误。

　　"所以，启蒙在统握它自己的对象时"，统握，Auffassung，也就是在全面地把握自己的自己的对象的时候，"首先而且普遍的做法是，它把这对象当成**纯粹明见**"，它普遍的做法首先是这样的，就是它把它的对象当成是纯粹明见，"纯粹明见"打了着重号。这个前面已经讲了，它把信仰当作是故意撒谎,迷信这样一种明显错误的东西,是揣着明白装糊涂,其实这些人都不傻,他们这样做是故意的,就是背后有纯粹明见在起作用。那些教士们,那些神父们,都是极其聪明的人,他们不会愚蠢到自己相信那些东西。《圣经》上写的那些奇迹啊,那些启示啊,那些莫名其妙的东西,那些不符合常理常识的东西,他们怎么会相信那些东西呢? 肯定是故意的,肯定是用来欺骗老百姓的。所以它把这对象当成纯粹明见,启蒙者把那些教士当作跟自己一样具有纯粹明见的人,所以这样的纯粹明见实际是一种非常狡猾的明见。"并且由于对自己本身不认识,它就把这对象宣布为谬误",纯粹明见对自己不认识,就是说它明明已经把对方也当作纯粹明见了,但是它并不认为这个对方也是它自己,而是把这个对象宣布为谬误。并不是因为这些人不聪明,它并不是说,你不知道,我来告诉你应该是这样的。没有什么可告诉的,这东西很明显,奇迹是不存在的,奇迹不符合因果律,也不符合实体性,一个没有实体的东西怎么可能存在呢? 所以在这方面呢,启蒙认为教士跟自己一样,都是清楚的,他们都是有纯粹明见的。但是,如此有纯粹明见的人却故意说谎,这就是一种狡猾的明见。说谎也是明见,说谎也需要知识啊,你要懂得怎样能够煽动老百姓的那种宗教情感,这里也有一整套的技术活。一个神父在布道的时候他该怎么说,这是非常有讲究的,要合乎逻辑,要循循善诱,要讲的合情合理,让大家心服口服。就像对上帝存在的各种证明,那可不是简单的欺骗,这里头有一整套纯粹明见,有一套技巧的。但这些在启蒙看来都是说谎,都是故意欺骗。

在明见本身中意识是这样把握一个对象的,即对象对意识而言成为了意识的本质,或者说成为了被意识所渗透的一种对象,在这一过程中,意识维持着自己,把自己保持在自己那里,保持自己的当下在场,并且,由于意识借此而自己运动,它就产生着这个对象。

"在**明见**本身中",明见打了着重号。为什么在这里讲"明见",而不讲"纯粹明见"呢? 就是说它把纯粹明见和信仰的明见都包含在内了。

151

在明见本身中，这不一定是纯粹的了，还包括了在现实中那种特殊明见在内，是一般而言的明见。也就是在一般的通常的明见中，"意识是这样把握一个对象的"，这个地方用了把握，fassen，跟前面的统握 auffassen 不太一样，统握是全面的把握，而这里的把握是指特殊的。如何把握？"即对象对意识而言成为了意识的本质，或者说成为了被意识所渗透的一种对象"，也就是说在通常的明见中，意识是这样来理解一个对象的，就是对象对意识而言成为了意识的本质，比如我要把握那个对象，那么这个对象对我而言就成了我的本质。这在康德那里已经指出来了，当你要把握一个对象时候，你实际上是为对象立法，对象对意识而言其实是意识的本质，也就是范畴。你要把握一个对象，这个对象只有纳入到范畴底下才能够成为对象，范畴就是意识的本质了。通常的明见就是这样把握一个对象的，就是说意识的本质是怎么样的，对象也就是怎么样的。你的本质里面有先验的范畴，那么对象就是由这个先验的范畴建构起来的，你在对象中看到的是你自己建构起来的东西。这是康德的原则，人为自然界立法，我看到的是我预先设定在对象中的东西。所以对象就是意识的本质，或者说成为了被意识所渗透的一种对象。先验的范畴在建构一个对象的时候，它就成为了这个对象的骨架，那些经验的东西里面渗透着的就是范畴的本质作用，这才成为对象的。"在这一过程中，意识维持着自己，把自己保持在自己那里，保持自己的当下在场"，在这样一个认识过程中，在这样一个明见的过程中，意识维持着自己，范畴这一套先验逻辑结构是不变的，它是稳定的，把自己保持在自己那里，并保持自己的当下在场。这跟抽象的形式逻辑不一样，先验逻辑它是当下在场，它是在每一个对象里面都体现着的。一切知识都开始于经验，但并非都来源于经验，有一部分来源于经验，另一部分来源于先验，来源于先天的范畴。所以每一个经验里面都当下在场地有两种来源的东西，一种是后天的经验，一种是先天的一套范畴构架，在每一个经验里面都离不开这两方面。这都是康德已经确立的原则。"并且，由于意识借此而自己运动，它就产生着这个对象"，由于意识以这种方式而自己运动，它就建立起了这个对象，或者说，对象就是由意识自己的运动建构起来的。黑格尔在这个地方，把康德的这套原理用在了启蒙的对象身上。而这套原理其实既适用于明见，也适用于信仰，即人为自然立法，意识建构起自己的对象，康德的认识的明见是这样，其实信仰也是这样。就是你相信什么，你就会在对象中看到什么。信仰也是一种意识，那么对信仰这种意识来说，它是这样把握对象的，就是对象被信仰所渗透。一个有信仰的人，他用信仰的眼光去看一切对象，他都可以看出他所信奉的神来，就像纯粹明见在一切对象里面看出范畴来、看出本质来一样。你如果从纯粹明见出发，你就会看出范畴，如果你从信仰出发，你也会看出你所信仰的东西、神。所以这里谈明见的这种结构方式是为了引出下面的信仰方式来，表明其实信仰和明见具有相同的意识结构。既然纯粹明见可以理解为人为自然界立法，那么信仰为什么不可以由教士们有意制造出信仰的对象呢？双方都可以把对方斥之为造假，其实双方都是明见。所以他这个地方用的是明见，用的是把握，他不用纯粹明见，不用统握，他就是把信仰也包含在内了。两者的共同的原则就是这样一个原则，就是对象是什么样，要看你的意识是什么样。你的意识如果是纯粹明见，那么对象就是本质，对象就是范畴，如果你的意识是信仰，那么对象就是信仰的对象、神。

启蒙把信仰正确地表述为正是这样的意识，因为它谈到信仰时说，那对信仰而言是绝对本质的东西，乃是信仰自己的意识的一种存在，乃是信仰自己的思想，乃是一个由意识产生出来的东西。

"启蒙把信仰正确地表述为正是这样的意识"，启蒙和信仰它们实际上是同样的结构，所以启蒙能够正确地表述信仰的结构，当然它同时也是把这结构当作一种谬误来批判的。正是这样的意识，这个意识可以理解为启蒙，也可以理解为信仰，它们都是意识，都是意识就有共同的结构，那么信仰和启蒙是同样的结构。当启蒙说信仰在造假，在说谎的时候，实际上它说出来的是自己的影子，自己也是这种结构。但它认为自己这种结构不是造假，不是说谎，而是人为自然界立法，是由意识洞见了万物的本质，是揭示出了万物中所存在的范畴；而信仰这样做呢，那就是说谎，那就是造假，那就是捏造出一个信仰的对象来。但其实它们的结构是一样的。"因为它谈到信仰时说，那对信仰而言是绝对本质的东西，乃是信仰自己的意识的一种存在，乃是信仰自己的思想，乃是一个由意识产生出来的东西"，一个由意识产生出来的东西，也可以翻译成一个由意识造出来的东西，创造出来的东西。就是说这个对象是你捏造出来的，这里头就包含有说谎的意思了。它谈到信仰的时候说，信仰的那个上帝乃是信仰自己意识的一种存在，上帝的本质其实就是人的本质，就是信徒们的本质。所以上帝乃是信仰的意识本身的一种存在，或者说一种异在，一种异化了的存在。我的意识，我把它推到彼岸，当作一个上帝把它供起来；但实际上，它是信仰自己意识的一种存在，是信仰自己的思想，乃是一个由意识产生出来的东西。这里贺先生和王先生他们加了个注释，说可以参看费尔巴哈在《基督教的本质》中关于上帝的看法。其实费尔巴哈那个说法就是从黑格尔来的，费尔巴哈并没有什么创建，他说基督教的本质就是人的本质，就是人的本质的异化，这是很简单的道理，黑格尔早就说了。

启蒙于是宣布信仰就是谬误，是对启蒙所是的东西的胡编乱造。

"启蒙于是宣布信仰就是谬误"，它宣布信仰是谬误，但实际上它跟信仰是一样的结构，它怎么可以宣布信仰是谬误呢？"是对启蒙所是的东西的胡编乱造"，启蒙也是这种东西，但是，信仰是对这种东西的胡编乱造。启蒙自己产生出的对象就不叫胡编乱造，信仰产生的对象就叫胡编乱造，这种对信仰的批评实际上是不公平的，如果它要这样批评信仰的话，它同样也要这样批判自己。为什么你就是人为自然界立法，人家就是胡编乱造？人家其实就是跟你一样的做法、一样的结构嘛。但是启蒙直接宣布信仰就是谬误，而没有反思自己。你要说它胡编乱造，你自己也是这样；它是在和你共同所是的那个基础之上胡编乱造，也可以说是创造。你说它胡编乱造，无非是表示你的一种态度，表示你对它这种创造很不以为然，但它也对你的创造很不以为然，实际上你们俩是彼此彼此，你反对的实际上是你自己的东西。前面为什么说启蒙反对信仰就是反对自己，在这里有一种原理上的分析，道理就在这里。就是说启蒙和信仰，它们的意识结构、明见结构是同样的，但是在立场上势不两立，这个势不两立只是因为纯粹明见本身的一种自我区分，表现了它自身的自我否定的必然性。

　　——启蒙想教给信仰新的智慧，它借此向信仰所说的却毫无新意；因为信仰的对象在信仰看来也正好就是这个东西，也就是说，是信仰所特有的意识的纯粹本质，以至于这个意识在对象中建立时并没有丧失自身和否定自身，而是相反，它信任对象，这恰好是说，**它在这对象中把它自己作为这一个**意识、或者说作为**自我**意识而找到了。

　　"启蒙想教给信仰新的智慧"，启蒙跟信仰作斗争嘛，它说信仰完全是胡编乱造，完全是迷信，完全是弱智，完全是一种谎言，广大被迷信所迷惑的老百姓，他们是需要启蒙的，是需要教化的。所以启蒙想教给信仰新的智慧，它认为自己的这一套智慧是全新的，是纯粹明见。老百姓就是缺乏纯粹明见，所以被迷信所惑，那么我就要启蒙他们，要教给他们新的智慧。然而，"它借此向信仰所说的毫无新意"，它通过这样一种好为人师的举动，向信仰说出来的却是毫无新意的东西。其实那些神父在布道的时候教给老百姓的就是这些东西啊，他们也是在启发民智啊，你说你要启蒙，要启发民智，其实老百姓更愿意听那些神父们的启蒙，他们在布道的讲坛上讲的那些东西就是启发民智，就是要老百姓透过日常生活的现象看出本质。本质是什么？本质就是上帝呀！上帝无所不在，你们不要看那些表面的东西，你们不要受那些表面现象所迷惑，现象底下的本质是精神的东西。神父们所起的作用就是要把老百姓提升到一种精神的层次，从日常生活中提升出来，看到世界的本质，只不过它那个世界的本质是上帝，你讲的这个世界的本质是范畴。所以你并没有什么新东西来教给信仰，因为你们的意识都是同一个结构。"因为信仰的对象在信仰看来也正好是这个东西，也就是说，是信仰所特有的意识的纯粹本质"，刚才讲了，上帝就是信仰的意识所特有的纯粹本质，所特有的，就限定了就是上帝；而你这个纯粹明见、启蒙，也无非就是要教给大众万物的纯粹本质嘛。所以信仰要教给大众的也是这个东西，只不过是信仰所特有的意识的纯粹本质。信仰当然它有它的特殊性，但本质上和启蒙是同样的。信仰作为一种特殊的明见，它是以上帝作为它的对象的，在这里，它有它的特殊性。"以至于这个意识在对象中建立时并没有丧失自身和否定自身，而是相反，它信任对象"，以至于这个意识建立在对象中，在上帝中，它并没有丧失自身，而是相反，它在上帝中建立起了自身。如果没有上帝，它就不知道自己是谁了，但是一旦有了信仰，它信上帝了，于是在上帝中它才建立起了自身。因为上帝是纯粹本质啊，上帝是纯精神啊，它在纯精神中建立的自身，难道不是它真正的自身吗？这有什么不对吗？自我意识要真正找到自身，找到自己的纯粹本质，那就是纯精神，而那只有在上帝中可以找到啊。所以为什么它信任对象，道理就在这里，这个对象是它的真正的本质，是纯粹精神。但在启蒙看来，上帝压迫人，你把自己的本质异化了，那么上帝越富有，你就越贫穷，上帝越有力量，你就越无力、越软弱等等，从这个角度来看的确是这样的。但是从那个角度来看呢，你的自我意识在上帝那里并没有丧失自身，没有否定自身，你丧失的是表面的东西，不需要的东西，你获得的是你的本质。所以意识信任对象，"这恰好是说，它**在这对象中**把它自己作为**这一个**意识或者说**作为自我**意识而找到了"，它信任这个对象，它信任上帝，这意思正好是说，它把自己完全放到这个对象中了，它在对象中找到了它的真正的这一个，真正的自我意识。"这一个"和"自我"都打了着重号，就是说，它并没有丧失自身，而恰好找到了自身，找到了它的这一个特定的自我，找到了他的个体性。在上帝里面找到的是你的个体性，不是说信上帝后，你就把自己丢失了。从启蒙的眼光看，可以是这样理解，后来费尔巴哈和马克思都是这样讲的，人在上帝中丧失了自己，有了上帝以后，人就不存在了，人就被虚无化了，只有上帝存在。但是从信徒的角度来看不是这样的，而是说要是没有上帝的话，我就不存在了，有了上帝以后，我才存在了，我就可以在上帝那里找到我自己的这一个我。两方面都是有道理的，而且两方面根据的是同一个道理，但是却完全相反。下面又讲一般的道理了。

　　凡是我信任的人，他对他自己的确定性就是我对我自己的确定性；我从他身上认识到我的为我存在，认识到他承认我的为我存在，并且我的为我存在对他来说就是目的和本质。

　　这也是一般的原理，就是讲到信仰，讲到信任，如果有一个人信任它的对象的话，会发生什么情况呢？"凡是我信任的人，他**对他自己的确定性**就是我**对我自己的确定性**"，这里头不仅仅是讲上帝，而且是讲一般的情况。只要有一个人，我信任他，那么他对他自己的确定性就是我对我自己的确定性。因为我把自己认同于他，我自居于他，我对他有一种自居心理，他就是我，我就是他，我处处站在他的立场，并且相信他也是站在我的立场。那么他的确定性就是我的确定性。"我从他的身上认识到我的为我存在，认识到他承认我的为我存在，并且我的为我存在对他来说就是目的和本质"，不单是讲的人与上帝的关系，人与人的关系都是这样。一般的人与人的关系都是这样，如果我信任一个人的话，我就无条件地认同于他。我从他身上认识到我的为我存在，他是为我的，他是一切都为了我，我知道他承认我的为我存在，我的为我存在对他来说就是目的和本质。对一个最亲近的人来说就是这样，对上帝来说也是这样，上帝就是要救世嘛，要救每一个人，上帝是为了我好。一般而言是这样，那么对上帝而言当然也是这样。

　　但是信任就是信仰，因为信仰的意识是直接与它的对象联系着的，因而它也就直观到，它与它的对象是合一的，它就在它的对象中。 　[88]
{298}

　　"但是信任就是信仰"，前面是讲的一般的信任，一般的人与人之间的信任，但是，信仰也是这样，信仰就可以理解为一种信任。人需要信任一个人，那么人也需要信仰一个上帝，人信仰上帝的时候就是人信任上帝，跟人与人的关系是一样的。"因为信仰的意识是**直接**与它的对象**联系着**的"，直接，联系着，都打了着重号。信仰的意识直接联系着它的对象，注意这个地方是直接联系，是不需要任何条件的，我就信它，我直接就信它，这是信仰的特点。像雅可比那种"思想对客观性的第三种态度"（见《小逻辑》），就把信仰称作"直接认知"。信任也是这样，我信任一个人，这里也是直接性的，不需要有任何间接的手段。信仰是直接的，你信不信？我信。你为什么信，说不出来，你能说出来，你已经不是真的信了。我说是因为他那次做了一个什么举动，很有效，所以我就信他，这个就已经是不信了，这个叫作"灵则诚"，不叫信仰。这是一种间接的估计，符合概率论的。信仰则是一种直接的，我觉得可信，"诚则灵"，哪怕不灵也诚。那就是直接的与它的对象相联系的。"因而它也就直观到，它与它的对象是**合**一的，它就在它的对象中"，这里用了"直观"，信仰跟信任都是凭直觉，都是一种直观。这个直观你还不能够因为它是直观，所以就批评它，因为它是出发点嘛，它是一切的出发点。你说纯粹明见，你说启蒙，就不是直观？它也是从直观来的，只不过纯粹明见和信仰的直观指向了不同的方向，但它们的出发点都是直观，而且它们最后也都要回到直观，这个是后话了。

　　——此外，由于我在其中认识我自己的那个东西，对我说来是对象，那么在这个对象中我对我自己同时就一般地作为**另外一个**自我意识而存在，也就是作为这样一个自我意识，它在这个对象中已经成了与它自己特殊的个别性、亦即与它的自然性和偶然性相异化的，但在这个对象中，它一方面仍然是自我意识，另一方面也正是在其中，它又是像纯粹明见所是的那样的**本质性的**意识。

　　"此外，由于我在其中认识我自己的那个东西，对我说来是对象，那么在这个对象中，我对我自己同时就一般地作为**另外一个**自我意识而存在",前面是讲的是信仰,信任就是信仰,这是一个方面,即主观方面;此外另外一个方面是对象方面,我在其中认识我自己的那个东西,也就是上帝,对我说来是对象。我认同对象,我跟对象合一,不错,但是那个东西它毕竟是在我对面的对象啊,那么在这个对象中,我对我自己同时就作为另外一个自我意识而存在了。既然它是对象嘛,虽然我跟它合一了,但是在它里面的那个我就对我来说作为另外一个自我意识而存在。我信任上帝,我信仰上帝,那么这个上帝跟我虽然合一,但它毕竟是作为另外一个自我意识而存在的。"另外一个"打了着重号。上帝就是我的另外一个自我,是作为对象而站在我之外的另一个自我。它当然是直接的,是直观到的,是直接和对象联系着的,但是,它仍然是另外一个自我意识,你把它当作自我意识,也是另外一个自我意识。"也就是作为这样一个自我意识,它在这个对象中已经成了与它自己特殊的个别性、亦即与它的自然性和偶然性相异化的",就是这样一个自我意识,它在这个对象中已经成了与它自己特殊的个别性、自然性相异化的。它是它,你是你,它没有你所有的那些个别的自然性和偶然性。但是你仍然认为,它就是你,那就有个前提,就是你必须把自己的自然性和偶然性、你的特殊的个别性都放弃掉,否则的话你怎么能跟它同一呢? 如果你有你的特殊性,你有你臭皮囊,你有你沉重的肉身和财产,你怎么能跟上帝合一呢? 所以《圣经》上说,富人进天堂就像骆驼穿过针眼一样难,你就必须要把这个沉重的肉身扬弃掉。所以,这样一个自我意识跟你虽然是相同的,但是它跟你的特殊性是相异化的,是异己的,它要把你的特殊性、自然性和偶然性排除掉,排除掉以后,你才能提升到精神,你才能提升到圣灵。圣灵是没有肉体的,圣灵是普遍的,你在这个层次上才能跟上帝认同、跟上帝合一。"但在这个对象中,它一方面仍然是自我意识,另一方面也正是在其中,它又是像纯粹明见所是的那样的**本质性的**意识",在这个对象中,它仍然是自我意识,但这个自我意识已经不是什么个别的、张三李四的了,而是普遍的,是纯精神的,所以另一方面它又是像纯粹明见那样的本质性的意识了。一方面仍然是这一个我的意识，现在已经不是我的这个肉体了，而是这一个我的灵魂，每个人的灵魂都是这一个，作为灵魂的我，这一个个体仍然是个别的自我意识、个别的灵魂；但另一方面，恰好在这个对象中，个别自我意识同时又是像纯粹明见那样的本质性的意识，普遍性的意识，是个别和普遍的统一。当我把我自己的这一个提升到了圣灵、纯精神，提升到一种本质性的意识，它就成了个别性和普遍性的统一体。就其普遍性而言，这种本质性的意识就像纯粹明见那样，洞见到万物的普遍本质。我扬弃了我的肉体的个别性以后，我与上帝在精神性上合一，我就能看出来这个上帝是一种本质性的普遍意识，这不正是一种纯粹明见嘛！我在万物中看到了一种本质性的意识，看到了上帝无所不在，这就是一种纯粹明见啊！这种信仰跟纯粹明见不就是一回事吗？所以这也是精神的一种提高，个别自我意识提升到了一种本质性的意识，个人提升到了与上帝合一。这与纯粹明见通过人为自然界立法把自己提升到普遍的真理、提升到万物的本质，是一个意思。

　　——在明见这个概念中，不仅含有这个意思，即意识在自己所洞见到的对象中认识到自己本身，无需离开被思维的东西并由此才返回自身，而是在对象中**直接**拥有自身，而且，意识还意识到它自己也是**中介性的**运动，或意识到自己是**行为**或产生过程；这样一来，在思维中**对于意识**就有了作为**自我**的意识与作为对象的意识的这种统一。

　　"在明见这个概念中"，这个地方又用明见这个概念，不用纯粹明见这个概念。明见这个概念包含纯粹明见也包含信仰。在明见这个概念中，这是笼而统之讲一般的明见了，在这里"不仅含有这个意思，即意识在自己所洞见到的对象中认识到自己本身；无需离开被思维的东西并由此才返回自身，而是在对象中**直接**拥有自身"，含有这个意思，就是意识在自己的对象中认识到自己本身，无需通过离开被思维的东西又由此才返回自身这样一个间接过程，而是直接在对象中拥有自身。"直接"打了着重号，这是与下面的"中介"相对照的。比如在认识中就不是什么观念

符合对象,而是观念、范畴直接建立起对象。但明见的概念不仅包含有
这种直接性的意思,而且还包含有间接性的意思。所以接下来讲,"而且,
意识还意识到它自己也是**中介性的**运动,或意识到自己是**行为**或产生过
程",这就是间接性了。一般明见的概念中既有直接性的方面,同时也有
间接性的方面。说意识在对象中当然有它的直接性,前面讲直观啊,意
识跟对象的关系就有这个意思,就是它是直接的。比如说健全理性,健
全理性这个概念就是一种特殊明见的概念,而且是一种直接性的概念,
它常常表现为直观的唯物主义。启蒙运动最喜欢抬升的就是健全理性这
样一个概念,就是它有直接性,就是说这个东西大家一看就知道,这是大
家的共识、常识,只要有了健康的理智的,都不需要论证了,健全理智就
是一切论证的前提。这时我们不需要离开被思维的东西去绕一大圈,然
后再返回自身,也就是无需引入中介,无需引入间接性。明见这个概念
中是含有这样一个意思,就是意识在自己的对象中凭直觉直接认识到自
己。在纯粹明见那里是健全理智,而在信仰那里就是信任,信任、信赖也
是直接性,我信赖上帝,这个不需要证明的。所以这是两种直接性在那
里对立,一方面是启蒙,从健全理智出发,另一方面是信仰,从对上帝的
信任出发,都不需要离开被思维的东西再返回自身,不需要经过这样一
个间接过程,直接就可以确定,可以在对象中直接拥有自身。一般明见
的这个概念就直接性方面而言,它适用于双方,既适用于启蒙,也适用于
信仰,它们都有这种直接性的。但是又不仅如此,另一方面,意识又还意
识到它也是一个中介性的运动、间接性的运动,这就是行为或产生过程,
或者说意识到它自己是行为或是产生的过程,它自己也是需要行动,需
要去产生的。这里"中介性"和"行为"都打了着重号。就是直接性并不
真的是当下即得的,你要把它做出来、实现出来。健全理性不是一个抽
象的概念,而是日常生活的一种行动;信仰也是一样,信仰是一种生活方
式,它自己也是行为或者产生过程。所以明见呢,就包含两个方面,一个
是直观,一个是中介的运动。直观,我们可以把它理解为对象意识,而中

161

介性、间接性的运动可以理解为自我意识。通常的明见，不管是启蒙也好，信仰也好，都含有这两方面，一个是对象意识，一个是自我意识。"这样一来，在思想中**对于意识**就有了作为**自我**的意识与作为对象的意识的这种统一"，这样一来，在思想中，对于意识而言，"对于意识"打了个着重号，就有了自我意识与对象意识的这种统一。在思想中，思想就是一个更泛的概念了，双方都是思想，纯粹明见和信仰都是思想。那么在思想中，对于意识就有了一种统一，就是作为自我的意识与作为对象的意识之间的这种统一。例如在康德那里就已经表明了，自我意识和对象意识是统一的；那么在信仰这里呢，也已经表明了，我跟上帝是统一的，我作为自我意识，上帝作为对象意识，其实都是一个东西，是统一的。

　　——恰恰这种意识也是信仰，**服从和行为**是一个必要的环节，借此那在绝对本质中的存在确定性才得以实现。

　　"恰恰这种意识也是信仰"，自我意识与对象意识的统一，是明见，但恰好也是信仰，你信仰一个对象，你的自我意识在对象意识那里得到了反映，你就跟对象统一了，那么这种意识就是信仰啦。一般明见都是这样的结构，在明见这个概念中，不仅含有直接性的方面，也含有它的间接性方面，不仅含有它的对象意识方面，也含有它的自我意识方面，那么信仰也正是这样的。所以他讲，恰恰这种意识也是信仰，或者说，信仰也是这样的结构。所以信仰的结构跟一般明见的结构是一样的。"**服从和行为**是一个必要的环节"，服从、服务啊，侍奉啊，对上帝的侍奉啊，对上帝的侍奉和行为，这是必要的环节。在信仰中你必须得有行为，你必须要有行动，那就是善功，就是为上帝做事，就是服从上帝。服从和行为是一个必要环节，你说你信仰，你体现在什么地方啊？你必须要服从，必须要有行动，这是一个必要的环节，证明你的信仰。"借此那在绝对本质中的存在确定性才得以实现"，那在绝对本质中的存在，也就是上帝啦，借此上帝的确定性才得以实现。你说你信上帝，你说有上帝，上帝的确定性体现在什么地方？体现在这么多人都在为上帝服务，都在服从上帝，都在用自己的行为、自己的行动为上帝服务。

信仰的这一行为，虽然看起来并不是让绝对本质本身由之而产生出来的行为。但是，信仰的绝对本质，从本质上说，却并不是在信仰意识之彼岸的那种**抽象的**本质，相反，它是团契的精神，它是抽象本质与自我意识的统一。

"信仰的这一行为，虽然看起来并不是让绝对本质本身由之而产生出来的行为"，表面看来，上帝并不是由于你这样的行为才产生出来的，并不是由于你服从上帝，为上帝工作，上帝才产生出来的。一般人都不会这样认为。"但是，信仰的绝对本质，从本质上说，却并不是在信仰意识之彼岸的那种**抽象的**本质，相反，它是团契的精神，它是抽象本质与自我意识的统一"，尽管上帝并不是由于信徒们做了那么些事情才产生出来的，这种说法看起来似乎是因果颠倒的；但是，从本质上看，信仰的绝对本质，也就是上帝，并不是搁在信仰意识之彼岸的那种抽象的本质。上帝并不是被推到彼岸的抽象本质，那种不食人间烟火的抽象概念。这种高高在上的上帝概念在现实生活中不会有什么影响，与现实的人类也没什么关系，不是这样的。当然可能有误解，很多信徒都以为上帝是这样高高在上的，但是，从本质上说上帝应该不是在信仰意识之彼岸的那种抽象的本质。"抽象的"打了着重号。也许广大信徒们没有意识到这一点，有很多肤浅的理解，但是如果你把握到信仰的本质的话，那么信仰的绝对本质并不是在信仰意识之彼岸的那种抽象的本质。"相反，它是团契的精神，它是抽象本质与自我意识的统一"，上帝并不是高高在上的，他好像是在彼岸，但其实是人间的，这个人间就体现在团契的精神中。基督教的团契（Gemeinde），也就是基督教的教会，当然这个教会也不是特指的某个教会，比如说罗马天主教教会，或者路德教的教会，也不是的。一般而言的团契，它以教会的形式体现出来，这个教会，那个教会，总而言之，都要以团契的形式体现出来，以大家都是基督徒的形式体现出来。那么这个团契就是人间的，就是现实生活中的，我们大家在一起过一种宗教的生活，聚集在一起。凭借什么聚集在一起啊，凭借一种精神，凭借圣灵，把大家联系在一起。所以这个圣灵不是在彼岸的抽象的东西，不是那种不食人间烟火的、个别人沉思冥想的精神，圣灵就在我们中间，就在我们的现实生活中。它是抽象本质与自我意识的统一，抽象本质与自我意识如何统一？在团契里面就可以统一起来。我不需要到死后才能接触到它，我在这个团契里面就可以感受到圣灵，我感到他人和我一样都附有圣灵，我的自我意识跟整个团契融为一体，以此来跟上帝相通。所以新教讲，上帝在我心中，这个我不是一个孤立的我，而是一个在团契中的我，在人与人的关系中的我，是抽象本质与自我意识的统一。在人与人的关系中，我作为一个灵魂，我的自我意识如果能提升到超出我的自然存在、个别存在，那么我就可以跟所有其他的教徒的灵魂达到一种内在的统一，而其他教徒的灵魂跟你的这个灵魂的这种统一，就是圣灵，就是抽象本质和自我意识的统一。所以，上帝好像是彼岸的，其实是人的本质，上帝的本质就是人的本质。

　　<u>说绝对本质就是这样一种团契精神，是说在其中团契的行为是一个本质性的环节；这精神**只有通过产生出**意识来才是绝对本质，——或者不如说，它**并非不是**从意识中产生出来的；因为，如同这个产生活动是本质性的一样，同样本质性的是，这个产生活动也并非本质的唯一根据，相反，它只是一个环节。这本质同时既是自在的，又是自己自为的。</u>

　　"说绝对本质就是这样一种团契精神"，这是一种说法，这里用的虚拟式。就是如果要说这个信仰的绝对本质就是这样一种团契精神、就是抽象本质和自我意识统一的这样一种精神的话，那意思是什么呢？"是说在其中团契的行为是一个本质性的环节"，就是信仰的一个本质就在于这样一种团契精神，就在于把抽象本质与自我意识统一起来的这样一种精神。这种说法就意味着团契的行为是信仰的一个本质性的环节，你必须从自我意识的孤立的状态投入到与他人相互结合，结合成团契，这样的行为才是自我意识的信仰的行为。我们讲，你信上帝就必须体现在

你的行为中，这个行为就是过一种团契的生活。你侍奉上帝，体现在什么地方，你不能空喊，你不能在心里面沉思冥想，你必须要体现为一种行为，这个行为就是体现为过团契的生活，这是一个本质性的环节。"这种精神**只有通过产生出**意识来才是绝对本质"，"只有通过产生出"打了着重号，强调这种行为的关键作用。这种精神只有通过产生出意识这样一种行为，才是绝对的本质，就是说这样一个行为是产生出意识的行为，精神只有通过产生出意识，只有在团契中跟他人打交道、进行思想交流、产生出意识来，作为这样一个产生的过程，才是绝对本质，才是上帝。不是说先定好了的，你信上帝，一个抽象的本质定在那里，你就信上帝了，不是的；你真正要信上帝，必须过团契生活，在团契生活中产生出意识来，这个"产生出"是最关键的。只有通过产生出意识，这种精神才是绝对本质。"或者不如说，它**并非不是**从意识中产生出来的"，"并非不是"打了着重号，想强调什么呢？强调这是一个必要条件，但还不是充分条件。前面说"只有通过"产生出意识来才是绝对本质；这里说绝对本质"并非不是"从意识中产生出来的，都是说明没有它是不行的，但光有它也还不够。所以下面就点明了："因为，如同这个产生活动是本质性的一样，同样本质性的是，这个产生活动也并非本质的唯一根据，相反，它只是一个环节"，就是说绝对本质从意识中产生出来，这肯定是本质性的；但是，不仅仅是这样，这还不是它的唯一根据，它还有别的根据，所以这只是它的必要条件，但还不是充分必要条件。所以，如同这个产生活动是本质性的一样，本质性的就是不可缺少的，是必要的；但同样本质性的是，这个产生活动也并非本质性的唯一根据，相反，它只是一个环节。并非只有这个环节是本质性的，不可缺少的，别的环节也可能是本质性的、不可缺少的。所以它也只是一个环节，精神必须有它加入才能成为上帝，但是否只要有它加入就可以成为上帝呢？这个还不一定，还需要别的条件或根据。"这本质同时既是自在的，又是自为的"，就是说，绝对本质还有别的根据，这种团契行动只是自为的根据，另外它还有自在的根据。我们这里所讲的只是它的自为的根据，就是通过这样一种产生活动，通过这样产生出意识，而从意识里面产生出绝对本质来。这表现出了你的能动性，但是这个能动性有个前提，就是说你自在的是什么？也就是说你的出发点是出自于纯粹明见呢，还是出自于信仰？出自信仰，那就可以从里面产生出绝对本质来；但是如果是出自于纯粹明见，那就不一定，它也可以产生出意识，但是没有信仰的前提，那就不一定产生出这样的绝对本质或圣灵，也可能产生出的是一般的明见，一般的健全理智。所以他最后要讲，这个本质同时既是自在的，又是自为的，这才有了充分必要条件。你是从信仰出发的，这个前提你是不考虑的，你已经是基督徒，这就是你自在的出发点；但是又是自为的，那就是要依赖这种产生活动了，并不是你受了洗你就是基督徒了，你要在团契中过团契生活，来产生出一种意识，然后在这个团契的意识里面才产生出圣灵来，精神就是圣灵了，精神就显现为上帝了。他这句话的意思其实并不复杂，只是讲得很别扭。好的，今天就到这里。

*　　　　　*　　　　　*

好的，上次讲到了第 88 页，前面讲的是信仰和纯粹明见，上面的一个小标题，明见是对信仰的渗透和误解，一方面是渗透，一方面是误解。我们上次讲的很长的一段首先主要是讲的它们互相渗透，就是在信仰里面实际上已经有明见渗透在里面了。比如说上帝，上帝好像在彼岸，其实是在人间，他这里讲是在团契之中，实际上是团契的精神，而且体现了一种集体的行为，从有限的个体走向无限的彼岸。但是这种行为呢，它只是一个环节，并不是绝对本质的唯一根据，上次已经提到了，它只是一个环节。这个环节就是，个体在信仰的过程中对彼岸的抽象本质的一种追求，对绝对本质的一种追求，这方面只是一个自为的环节，你自觉自主地去对彼岸的绝对本质采取行动，产生行为。它是这种精神的一种必要条件，但是并不是充分必要条件。充分必要条件就是还要加上一个，除了自为以外，还有自在的一方面。前面讲到主要是自为的这方面，从自为的这方面来说呢，信仰跟纯粹明见是相互渗透的，就在信仰里面渗透着纯粹明见，包括它的行为，它的认知，都渗透了纯粹明见。但从自在的方面看，尽管它里面有纯粹明见，但是它的立场跟纯粹明见是不同的，或者说信仰的立场跟启蒙的立场是不同的。虽然它们互相渗透，但它们出发点不同，它们站的位置不同，也就是说它们自在的就是不相同的。所以今天讲的这一段，就是从另外一方面、从自在的方面来看。前面是从自为的方面来看，双方互相渗透，那么这里从自在的方面来看，双方又互相区别、互相陌生，因此就生出许多误解来。下面主要就是讲误解的方面。

　　从另一方面看，纯粹明见的概念自己是不同于它的对象的一个另外的东西；因为正是这个否定性的规定构成了对象。

　　"从另一方面看"，我们刚才讲了，这就是从自在的这方面来看。"纯粹明见的概念自己是不同于它的对象的一个**另外的东西**"，也就是在纯粹明见的概念里面，纯粹明见的概念跟它的对象是不同的。前面讲它可以从对象里面看到自己，这是从自为的方面看，它和对象有同一的方面，从中可以看到自己。但是从自在的方面来看呢，它的对象是自在之物，它又是不同于它的对象的，是一个另外的东西，"另外的东西"打了着重号，也可以翻译为"他者"。它跟它的对象是不同的，或者说是对立的。"因为正是这个否定的规定构成了对象"，就是说在纯粹明见里面，它的否定的规定构成了对象，对象实际上是它的否定的规定。这个否定的规定，也就是它的自我否定了，跟自己不同，跟自己对立，于是才有了对象，是这样才产生出它的对象来的。所以，纯粹明见的对象它本身就是有一种异化结构，是纯粹明见自己跟自己不同的产物。但是，纯粹明见又是用自己的眼光去看待它的对象、看待信仰的，我们讲以小人之心度君子之腹，它不是小人，它是以己之心度彼之腹。因此它也就看到了信仰跟它有同样的结构，一种自我否定的结构。所以下面讲，

　　这样，纯粹明见因此从另一方面也表述了信仰的本质，即表述为一

种对自我意识是**陌生的东西**，这陌生的东西不是**自我意识的**本质，而好
像是偷偷塞给自我意识的一个怪胎。

"这样，纯粹明见因此从另一方面也表述了信仰的本质"，就是在它
的眼睛里面，信仰不仅像前面讲的与纯粹明见有共同之处，同时也是一
个异己的结构。"即表述为一种对自我意识是**陌生的东西**"，陌生的东西
打了着重号，也可以翻译成"异己的东西"。异己的也就是异化的东西，
被异化为陌生的东西了。康德的自在之物就是为信仰所留的位置，信仰
的本质是一种被表述为对自我意识是陌生的东西，当然它是从自我意识
来的，在纯粹明见看来它是从自我意识来的，但它自己不知道，信仰在纯
粹明见看来，它是没有自我意识的，它只是意识，或者只是对象意识，而
没有达到自我意识，这个前面已经讲了。所以在纯粹明见看起来呢，信
仰是对自我意识陌生的东西，那么"这陌生的东西不是**自我意识的**本质，
而好像是偷偷塞给自我意识的一个怪胎"，在纯粹明见的眼里，信仰，它
的那个陌生的对象，既然不是自我意识的本质，那么它就好像是偷偷地
塞给自我意识的一个怪胎。这里面有一种阴谋、有一种诡计在里面，就
像狸猫换太子一样，偷偷地塞给自我意识的。这就是纯粹明见或启蒙对
信仰的一种看法，一种批判。启蒙对信仰的批判就是说，你那个对象对
自我意识来说是陌生的，是一个怪胎，是从外面塞进来的，不是自我意识
自己生长出来的。但启蒙的这样一种眼光呢，还是来自于它自身的异化
结构，实际上它自己就是这样的，它把它的对象看作是一个跟它自己对
立的东西，一个另外的东西，是一个否定性的、陌生的东西，设定为自在
之物。其实它自己也有异化，但是它用这种眼光去看信仰，就得出了对
信仰的这样一种批判。

不过启蒙在这里完全是犯傻；信仰将它经验为一种言说，这种言说
不知道它说的是什么，并且当它谈到僧侣的欺骗和大众的幻觉时，对这
件事却并不理解。

"不过启蒙在这里完全是犯傻"，这句话既是信仰对启蒙的反驳，同

时也是黑格尔的客观的描述,启蒙在这里确实混淆了问题,它在这个问题上面完全是不清楚的。"信仰将它经验为一种言说,这种言说不知道它说的是什么",这是讲信仰对它的看法了,在信仰的经验中,把这种启蒙经验为一种不知所云的言说,就是这种言说不知道它自己说的是什么。"并且当它谈到僧侣的欺骗和大众的幻觉时,对这件事却并不理解",就是在信仰看来,启蒙用这种话来言说信仰,来判断信仰,它其实并不知道它说的是什么,它对它自己说的话的意义并不清楚。当它谈到僧侣的欺骗和大众的幻觉时,对这件事却并不理解。僧侣的欺骗和大众的幻觉,这是启蒙对于信仰的两个最激烈的批判,一个是说那些僧侣们居心叵测,别有用心,捏造出这样一些谎言来欺骗大众,另一个就是大众的愚昧,他们既没有知识,又不肯学习。但是启蒙对这件事情、其实是对这两件事情,却并不理解,只是非常表面的一种指责,它不知道它说的是什么。你要把僧侣为什么欺骗、如何欺骗,它的内部结构,它的逻辑,乃至于它的合理性,要把它都揭示出来,才能算得上是理解了。而大众的幻觉,你也要把这种幻觉里面的思辨的结构,把它理出来,加以说明出,你才算是理解了。但是启蒙对这两件事情都不理解,只是一味地指责,而没有去细究这些人为什么要欺骗,而那些人又为什么愿意被骗,后面的理由,它们不管。就像我们今天,要讲到启蒙的时候,我们就会埋怨老百姓太愚昧,"四人帮"搞愚民政策,其实这种一味地指责是没有多少用处的,也没有多少道理。所以,你真正的要进行批判的话,你要深入到它背后的根基,挖掘其中的文化心理的思维模式,找到老百姓为什么老是不开窍的根源,而不是归结为几个人的阴谋诡计。而这个基础在黑格尔看来,就是要深入到后面的逻辑结构。信仰它本身有自己的逻辑结构,这个逻辑结构与启蒙是一样的,只是各自的立场不同,自在的方面不同,你站在启蒙的立场上,他站在信仰的立场上,但你们的意识结构是一样的,所以你们能互相渗透啊,你们在同一个层次上可以打来打去,但是你们没有触及背后的东西,在这方面你们都是一样的。这一方面是黑格尔的分析,一方面也是描述了信仰对于启蒙的驳斥，认为启蒙完全误解了信仰，你对信仰究竟是怎么回事根本就不理解，就是一味地在批判和指责。

启蒙说到这些事，就好像有某种对本质来说是绝对**陌生的东西**和**他者**，通过玩魔术的教士们的变戏法被塞给了意识似的，启蒙同时又说，这种陌生的他者就是意识的一个本质，意识信仰它，信任它，并试图使它成为自己心甘情愿的；——这就意味着意识在这里头既直观到**自己的纯粹**本质，同样也直观到**自己的**个别的和普遍的**个体性**，并且是通过自己的行为把自身和它的本质的这种统一产生出来的。

"启蒙说到这些事，就好像有某种对本质来说是绝对**陌生的**东西和**他者**，通过玩魔术的教士们的变戏法被塞给了意识似的"，这句话不难理解，因为前面已经讲到了嘛。按照启蒙的说法，信仰的对象是有人偷偷塞给自我意识的一个怪胎嘛，所谓怪胎当然就是对本质来说、对自我意识来说完全陌生的东西、异己的东西。好像是这么一回事情，有一些别有用心的教士，偷偷在人们的意识中塞进了信仰的对象、上帝，这样一种绝对陌生的东西。既然如此，那么这种从外面加进来的欺骗就应该跟意识本身的结构没有关系，而是由外面强行塞进到这个意识结构中来的。但接下来话题又转了："启蒙同时又说，这种陌生的他者就是意识的一个本质，意识信仰它，信任它，并试图使它成为自己心甘情愿的"。刚刚说了，启蒙不认为信仰对象是意识的本质，而是从外面塞进意识中来的；马上这里又讲，启蒙认为这陌生的他者就是意识的一个本质，所以意识才信仰它、信任它。这是两种完全相反的说法。一方面它把信仰的本质表述为一种对意识陌生的东西，这陌生的东西是不属于意识的本质的；但同时另一方面又说，这个陌生的他者就是意识的本质。意识信仰它，试图使它成为自己所乐意的。这两种说法可以理解为，前者是对意识而言的，后者是对自我意识而言的。如前面本页第3行那句话所说的："这陌生的东西不是**自我意识的**本质，而好像是偷偷地塞给自我意识的一个怪胎"，信仰对自我意识是排斥的，意味着它只是对象意识而不是自我意识；

但现在这里的意思是,当信仰的陌生对象被看作意识的本质,意识信仰它,信任它,并试图使它成为自己心甘情愿的,这一过程本身也就意味着意识试图要使它成为自我意识所接纳的,试图使它成为对它自己的自我意识。"这就意味着意识在这里头既直观到**自己的纯粹**本质",意识在这个陌生的他者里头直观到自己的纯粹本质,"自己的纯粹"打了着重号,表明了自我意识和对象意识统一的一种方式,就是它还是从纯粹本质中看到了自己的本质,只是这个本质不是从那种特殊个体身上直观到的,而是必须上升到纯粹性才能看出来的。对特殊个体它肯定是陌生的,但如果特殊个体提升到纯粹意识的高度,就可以看出这个本质是它自己最深层次的、没有掺杂任何外来东西的纯粹的本质。但另一方面,它"同样也直观到**自己的**个别的和普遍的**个体性**",这种纯粹意识毕竟还是由自己的个体性提升起来的,这也很直观。"自己的"和"个体性"也打了着重号,这是表示与前一个"自己的纯粹本质"相对照的意思。前一个是强调意识在这里头直观到自己的最纯粹的、最深层次的东西,也就是纯粹意识,它跟纯粹明见是同根的;后一个,同样也直观到自己的"个别的和普遍的个体性",这种个体性就不是纯粹本质了,个体性各人不一样。个别的个体性就是指的那些僧侣,你说他是别有用心吧,他就体现为他的那种个别性,僧侣的欺骗总是怀有他自己个人的目的的;普遍的个体性呢,就是广大的大众,愚昧的大众,他们都是从自己的个体性出发的。这些都不是纯粹的本质。但它们是使那个纯粹本质成为"自己的"纯粹本质的中介。因为,在这个陌生的对象里面呢,意识既直观到自己纯粹的本质,同样也直观到自己的个别的和普遍的个体性,"并且是通过自己的行为把它自身和它的本质的这种统一产生出来的",是通过个体性的行为把双方的这种统一产生出来的,一方是它自身,也就是自我意识,一方是它的纯粹本质,就是对象意识,两者的统一通过个体的行为而实现出来了。就是通过宗教行为,通过崇拜,通过祭祀、祈祷等等这样一些行为,个体把它自身和它的本质、自我意识和对象意识的这种统一产生出来的。

171

在这里，我们还可以参看前面第 88 页中间的一句话："在明见这个概念中，不仅含有这个意思，即意识在自己所明见到的对象中认识到自己本身，无需离开被思维的东西并由此才返回自身，而是在对象中直接地拥有自身；而且意识还意识到它自己也是**中介性的**运动，或意识到自己是**行为**或产生过程；这样一来，在思想中对于**意识**就有了作为**自我**的意识与作为对象的意识之间的这种统一。"这句话跟刚才讲的这句话是同样的意思，就是说，意识不仅是直接地在对象中拥有自己，而且还意识到自己是这样的中介性的运动，通过这种中介运动，就实现了对象意识与自我的意识的统一。黑格尔把启蒙的信仰观作了一个对照，一方面呢，启蒙认为信仰完全是欺骗，人民大众受了欺骗，而那些教士们就是欺骗者，那么既然是欺骗，信仰的对象就跟自我意识格格不入，是相外在的，相异己的；但是接下来又讲，启蒙同时又认为这种陌生的他者就是意识的一个本质，意识信仰它，信任它，心甘情愿服从它。一方面启蒙批评那些教士和愚昧的大众，说他们不该接受一种莫名其妙外来的东西，但另一方面启蒙又说这些陌生的东西其实就是意识的一个本质，是意识把自己的本质投射出去的产物。启蒙已经看到这一点，我们前面讲了，以己之心度彼之腹，正如纯粹明见一样，信仰也无非是把意识的本质变成对象，虽然是以一种异己的形态出现的，但是它还是自己的本质。正因为它是自己的本质，所以意识才信仰它，信任它，服从它。启蒙自己对信仰的批评就是矛盾的，一方面它批评教士们的欺骗和群众的盲从，另一方面它又看出来，其实这个信仰的本质就是自我意识的本质，所谓上帝无非是人的本质的对象化或异化。而这种异化正是通过那种欺骗和盲从实现出来的，既然如此，世俗生活中的那些个体性，教士也好，群众也好，他们的行为就不是毫无作用的。在现实生活中，那些信徒们正是靠自己崇拜的行为，而把信仰中的自我意识和对象意识这两方面结合起来，产生出这种统一的，你凭什么谴责他们？这其实也是启蒙已经意识到了的，但是它没有理解。它已经看到了上帝完全是这些人通过自己的行为造出来的一个对象，但是它没有作更进一步的分析，而且它没有意识到自己的自相矛盾。你从两个方面去批判信仰，但是你这两个方面恰好是相对立的，一个方面是看到了信仰和启蒙之间的不同一性，另一个方面是看到了信仰和启蒙之间的同一性。启蒙自认为自己是清醒的，而对方是蒙昧的，所以它们之间有冲突，启蒙要批判信仰；但它又看到了启蒙与信仰之间有同一性，它们都是出于人的本质，宗教也是人的本质的异化，上帝的本质其实就是人的本质，那你批判信仰岂不是批判自己？这就是启蒙的自相矛盾之处。

启蒙当作一种对意识陌生的东西说出来的东西，启蒙又把它直接作为意识最特有的东西说了出来。

这句话是直接从上一句来的。"启蒙当作一种对意识**陌生的东西**说出来的东西"，也就是启蒙指责信仰把一种彼岸的陌生本质塞进意识里面来，但这个本质呢，"启蒙又把它直接作为意识**最特有的东西**说了出来"。同一个东西，一方面启蒙把它看作是对意识陌生的东西，但另一方面，启蒙又把它直接作为意识最特有的东西说了出来。说出这两句话是直接相冲突的，一方面它说是对意识陌生的，另一方面它说是意识最特有的，它就是意识最内在的本质。这是启蒙的基本矛盾，对同一个东西，启蒙一方面把它作为陌生的东西，另一方面又把它作为最熟悉的东西，最自身固有的东西，而且这两方面都说了出来，你不说出来还显不出来这个的矛盾，一说出来它们之间就相冲突了。

——**那么，它怎么可以谈论欺骗和幻觉呢？由于它自己关于信仰直接说出的就是它对信仰所持的看法的反面，它倒是向信仰表明了它自己是故意的谎言。** {299}

既然前面这句话本身就是自相矛盾的，说不通的，"那么，它怎么可以谈论欺骗和幻觉呢？"你怎么去指责那些教士们在行骗，你怎么去埋怨那些大众的愚昧？你自己就已经把你的指责消解掉了，你怎么还可以谈论欺骗和幻觉呢？"由于它自己关于信仰**直接**说出的就是它对信仰所持的看法的反面"，你关于信仰直接说出了你对信仰的看法的反面，"直接"打了着重号，就是说连一个过渡都没有，直接与自己相矛盾。所以，"它倒是向信仰表明了它自己是故意的**谎言**"，谎言打了着重号，就是你说出来的跟你本来想说的话是完全相反的，那岂不是谎言吗？你本来想说，上帝的本质就是人的本质，但是你说出来的是上帝的本质不是人的本质，是教士的欺骗，那你自己在说谎啊。你内心里面认为上帝的本质就是人的本质。这就是启蒙，把上帝还原为人。当时有很多人写《耶稣传》，黑格尔自己也写了一本。为什么要写《耶稣传》？就是把耶稣还原为人嘛。上帝本来就是人嘛。耶稣是一个人民的导师，耶稣是一个很聪明的人，很有智慧的人，无非就是要写成这样一个东西嘛。你既然认为上帝的本质就是人的本质，那么教士们说，人的本质就是上帝的本质，他们说的没错啊？所以，你批判他们在故意说谎，你明明知道不是这样，那就属于栽赃了。你故意这样说，说教士们别有用心，他们是为贪图权力，或者贪图金钱，贪图利益，等等，那你就是栽赃了，你凭什么说他们就是为了那个，那就是诛心之论了。他们说的话是对的嘛，他们说的话没什么错嘛。所以启蒙倒是向信仰表明了自己是故意的谎言。

凡是意识在它的真理性中直接拥有**对它自己的确定性**之处，凡是意识在自己的对象中占有**自己本身**之处，由于它在其中既发现了自己又产生出自己，那么在这里，幻觉和欺骗又如何可能发生呢？这种区别甚至在这些话里也不再是现成在手的。

这里有两个"凡是"。"凡是意识在它的真理性中直接拥有**对它自己的确定性**之处"，"对它自己的确定性"打了着重号。这就是前面讲的，启蒙认为意识在这里头直观到了自己的纯粹本质，既然意识已经直观到自己的纯粹本质了，所以意识在自己的真理性中直接拥有对它自己的确定性。在这样一个地方，以及下面，"凡是意识在自己的对象中占有自己本身之处"，这也是前面讲过的，意识在对象中直观到自己的个体性，并通过自己的行为把它自身和它的本质的这种统一产生出来。真理性和确定性本来是两个对立的概念，往往是不统一的，但是在信仰中，意识在它的真理性中有了对自己的确定性，这是最高层次的对象意识。因为在信仰那里意识所拥有的对自己的确定性不是唯我论的，唯我论也有对自己的确定性，但是那是非真理的，那是不真实的。信仰则是在它的真理性中直接拥有对它自己的确定性，就是说不是唯我论，不是自我感觉良好、自以为是，以为自己绝对正确，不是这样的；而是在其真理性中，也就是说有一个上帝在那里，上帝高于我，我的确定性要符合于上帝，这就是真理性了。真理性就是主观符合于客观、主体符合于对象嘛，在真理性中直接拥有自己的确定性，信仰就属于这种情况，它是最高层次的对象意识，其实也是最高层次的自我意识。凡是意识在自己的对象中占有自己本身之处，也就是凡是意识通过自己的行为使对象意识成为了自我意识之处，"由于它在其中既发现了自己又产生出自己"，由于意识在自己的对象中既发现了自己又产生出自己。意识不但发现了自己，而且产生了自己，这就是最高层次的自我意识了，不同于一般自我意识只是在对象中发现自己。"那么在这里"，在这两种情况下，在对象意识和自我意识的最高形态中，"幻觉和欺骗又如何可能发生呢？"这是一种反问了，实际上就是说，在这种情况下，幻觉和欺骗是不可能发生的。你指责老百姓有幻觉，指责那些教士搞了很多欺骗，从一般表面的层次上都可以，那都可能是实情；但是在意识和自我意识的这个最高层次上是不可能有幻觉和欺骗的。你想忽悠老百姓，老百姓那么容易忽悠啊？老百姓那么容易忠心耿耿地跟着你走啊？他们肯定有接受你忽悠的某种心理基础，这个心理基础是不可能忽悠的。具体的事情可以忽悠，但是根本性的东西，人的自我意识、人的纯粹本质最高层次的需要是不可能忽悠的。所以你除了揭发这里面的欺骗、这里面的蒙昧以外，你还要追溯到信仰的心理基础，纯粹意识的基础，信仰在人类历史一般意识的深处所产生的基础，在这个基础里面，是不可能有幻觉和欺骗的。"这种区别甚至在这些话中也不再是现成在手的"，这种区别，启蒙和启蒙所批判的对象之间的区别，也

175

就是第二方面，从自在的方面来看纯粹明见和信仰之间的区别。那么这种区别就连在启蒙所说出的这些批判的话中也不再是现成在手的了，而是需要证明和分析的了。因为在这些话中，启蒙和信仰已经完全混在一起了，分不清哪些是启蒙所独有的，哪些是信仰所特具的，双方都互相渗透。尽管它们的立足点不同，纯粹明见立足于自我意识，信仰立足于对象意识，它们之间打来打去，就是立足于这种区别嘛。但是在启蒙所说出的这些话里面也看不到这种区别了，在这个话里面其实已经没有纯粹的明见和信仰之间的区别了，没有自我意识和对象意识之间的区别了。

——当这个普遍的问题被提出来：**是否可以蒙骗一个民族**，① 那么，实际上答案必定会是，这个问题完全不恰当；因为在这里要蒙骗一个民族是不可能的。

这是紧接着上面得出的一个结论。"当这个普遍的问题被提出来：是否可以蒙骗一个民族"，这下面有个德文编者注：这是 1778 年由腓特烈大帝交给柏林科学院悬赏求答的问题，是由当时的法国著名科学家达朗贝尔提出的。就是说，可不可以欺骗一整个民族？欺骗一个人是可以的，甚至欺骗一个群体也是可以的，教士可以欺骗很多很多人，大众，芸芸众生，都可以，但是否有可能欺骗一个民族呢？这是一个普遍的问题。"那么，实际上答案必定会是，这个问题完全不恰当"，在黑格尔看来这个问题根本就不恰当，问题不是这样提的。你怎么能说欺骗一个民族呢？蒙骗的对象只可能是张三李四，或者是某些人、某一群人；但是一个民族，你把它上升到这样一个抽象层次上来看，民族作为一个伦理的名称，那是不可能欺骗的。因为前面已经讲了，凡是意识在它的真理性中直接拥有对自己的确定性之处，凡是意识在对象中占有和产生出自己之处，幻觉和欺骗都是不可能的。而一个民族正是这种情况，它对自己的确定性

① 这是 1778 年腓特烈大帝交给柏林科学院悬赏求答的问题，由达朗贝尔提出。——丛书版编者

是具有真理性的,实际上是可以跟上帝相通的,它也是靠自己来发现自己和产生自己的。在这样的地方怎么可能有欺骗呢? 所以讲,这样的一个问题提得根本就不恰当。当然,蒙骗一个民族,在今天看来是完全有可能的。一个民族都被欺骗了,从两次世界大战以后大概已经成为共识,就是一个民族可能会走错路,哪怕是民主政治也可能会选错了领导者。所以今天这个问题应该这样来提:一个受蒙骗的民族是否有自我纠错的可能? 但在黑格尔那个时代还没有这种经验,他认为要欺骗整个民族是不可能的,或者说,民族本身总是对的。所以民族之间的战争在黑格尔看来都无所谓对错,各为其族都是对的,只有世界历史才能作出最终裁判。所以他讲,"因为在这里要蒙骗一个民族是不可能的",在这里,在哪里呢? 就是凡是意识在它的真理性中直接拥有对自己的确定性之处,凡是意识在自己的对象中占有自己本身之处,在这里要蒙骗一个民族是不可能的。

——用黄铜冒充黄金,用伪造的支票冒充真正的支票,固然可以向个别的人倒卖,把一场败仗说成是一场胜仗,也可以骗倒好些人,其他种种有关感性事物和个别事件的谎言都可以在一段时期内使人相信;但是在关于本质的认知中,意识在此拥有**对它自己**直接的**确定性**,蒙骗的思想就完全不起作用了。 [90]

要蒙骗一个民族是不可能的,但这不可能有一个限定语,就是"在这里",要蒙骗一个民族是不可能的,而在别的地方则有可能。"用黄铜冒充黄金,用伪造的支票冒充真正的支票,固然可以向个别人倒卖,把一场败仗说成是一场胜仗,也可以骗到好些人,其他种种有关感性事物和个别事件的谎言都可以在一段时间内使人相信",这些具体场合都是有可能的,教士们的谎言就属于这一类。教士们经常制造谎言,但这些谎言都是有关感性事物和个别事件的,并不涉及根本,它们都可以在一段时间内使人相信。"但是在关于本质的认知中,意识在此**对它自己**拥有直接的**确定性**,蒙骗的思想就完全不起作用了",你要蒙骗大众,在个别的事

177

情上，在感性的事情上，是可以的，但是在本质的事情上面，要他们放弃自己的本质，那是不可以的。大众之所以跟着你走，他们自己还是认为自己是具有对自己的确定性的，他自己的这种确定性是不可能被蒙骗的，在意识对自己的直接的确定性中，蒙骗的思想就完全不起作用了。既然如此，上面那个问题的答案就不是：要蒙骗一个民族是不可能的；而应该是：要蒙骗一个人的良知是不可能的，我在别的事情上可以受骗，但在良知问题上不可能受骗。这是对启蒙和信仰的争论的另一方面的解释，前一方面就是上次读的那一段，是说启蒙和这个信仰相互之间有一种渗透的关系；今天读的这一段是另一方面，就是启蒙和信仰之间有一种对立的关系。这里对这对立的关系进行了分析，实际上在对立中又有同一性。正因为在对立中有双方的同一性，所以启蒙对信仰的批评显示出一种自相矛盾性，显得反倒是启蒙在说谎，你指责信仰、指责教士们是谎言，但是你的这些指责本身是这样的不一致，显得是你在说谎。你把信仰完全归结为教士们的欺骗，其实欺骗没有那么大的效力，欺骗是要有基础的，而且这个根基是不可能被欺骗的。所以你必须要深入到这个方面去分析信仰的根基何在，当你深入到这个方面，你就会发现，它的根基和你的根基是一样的，你没有指责它的理由，你的那些指责都是表面的，都是在感性事物和个别事件上面的一种指责，而在根本的事情上是没有什么可指责的。所以黑格尔在这个地方，在启蒙对信仰的批判面前，为信仰做了一定的辩护，而对启蒙做了一定的批判，就是启蒙太肤浅、太表面，它没有深入到根基，没有看到在更深的基础上启蒙和信仰之间的同一性。

［II. 信仰经验到启蒙］

这又是一个罗马字的标题，在"启蒙与迷信的斗争"这一节下面有三个罗马字的标题，首先是"I. 明见对信仰的否定态度"。对这个否定态度，黑格尔做了三个层次的分析，一个是纯粹明见的传播，启蒙的传播是不可抗拒的，你要抗拒的话，它在背后还要起作用，它不跟你明争，但它跟你暗斗，它悄悄地拆毁你的基础，让你垮台。在这方面，黑格尔对启蒙是赞赏的，认为这是从教化里面出来的正面的成果。那么第二个层次就是明见反对信仰，明见怎么反对信仰。而第三个层次就是我们刚才讲的，明见对信仰的渗透和误解，一方面渗透，明见和信仰相互渗透，另一方面它对信仰又产生了误解，它对信仰的批判是站不住脚的。你与其去批判信仰，不如做一些扎扎实实的工作，研究一下信仰的成因，而不要一味地反对信仰，信仰是反对不了的。当然黑格尔的意思是让信仰走出它的传统的形式，一直走到黑格尔自己的理性神学，这就是更高层次了，理性神学那就是把启蒙、把纯粹明见纳入到自身了。但是在目前这种情况下，启蒙还不知道自己说的是什么。黑格尔帮它分析出来，而且站在信仰的立场上去反驳启蒙的批判。现在这个罗马字标题，德文编者原来标为"Ⅱ.启蒙的原理"，我觉得这个标题应该标为"Ⅱ.信仰经验到启蒙"，因为启蒙的原理前面讲纯粹明见时已抽象地讲了，而这里则是谈信仰如何在启蒙那里获得经验，也就是当启蒙拼命地批判信仰时，在这种批判中，信仰又获得了一些什么经验，然后这种经验反过来对启蒙的原理有哪些具体的推进。所以，把第二个标题改成"信仰经验到启蒙"。这个跟黑格尔自己的说法是一致的。再后面才谈到："Ⅲ.启蒙的正当权利"，这是后话。

让我们进一步来看看，在前面只在普遍意义上被指出的观点所针对的信仰意识的那些**被区别开来的**环节中，信仰是怎样经验到启蒙的。

"让我们进一步来看看，在前面只在普遍意义上被指出的观点所针对的信仰意识的那些**被区别开来的**环节中，信仰是怎样经验到启蒙的"，我们先把这句简化一下：我们来看看，信仰怎样经验到启蒙。那么具体来说，就是在信仰意识的那些被区别开来的环节中考察信仰如何经验到启蒙的，因为信仰意识前面只在普遍意义上被批评过，没有这样一个一个环节区分开来加以考察。现在我们要在被区别开来的各个具体环节中来进一步考察一下，看信仰是如何经验到启蒙的。前面大致在普遍意义

179

上针对"信仰的本质结构"进行了分析，这就是圣父、圣子和圣灵三个环节。我们可以翻到第75页，第2段第6行："**在信仰**意识里，**自在自为的存在**这方面，是信仰意识的绝对对象，这对象的内容和规定已发生过了。因为这对象按照信仰的概念，无非就是已提升到纯粹意识的普遍性的实在世界。因此，世界的划分也构成了那种普遍性的机制。"这种普遍性的机制分成三个环节，也就是基督教的三位一体，圣父、圣子和圣灵，接下来一段就是专门谈这三个环节的划分。可见前面已经对信仰意识的普遍性机制做了三个环节的划分，这就跟这里呼应上了。但前面这只是在普遍意义上，作为普遍性机制而进行的划分，这里则要看看，信仰在面对启蒙的批判时，在圣父、圣子和圣灵各环节上获得了哪些经验，或者说在这些环节中，信仰是如何经验到启蒙的呢？前面是提出了信仰的三个环节，圣父、圣子、圣灵，那么圣父、圣子、圣灵在每一个环节中分别是如何经验到启蒙的呢？或者说信仰在它们中是如何被启蒙所批判，启蒙又是如何使信仰获得了它的经验的呢？当然这是站在信仰的立场上来看的，信仰的立场是驳不倒的，人总是要有信仰的，我们今天讲，人总是要有点信仰的，没有信仰，那人就不是人了，所以信仰是一个既定的立场。现在问题是说，不是要看启蒙是如何批驳信仰的，而是要看信仰是怎样经验到启蒙的批判的，看看信仰这个既定立场是如何经验到启蒙的，看看信仰经过这个启蒙产生了一些什么样的变化，产生了一些什么样的经验，那么我们下次谈信仰的时候，我们就有了经验，我们就不会那样简单地谈了，我们就会提到一个更高的层次上谈。那就不单是信仰了，那就是宗教，宗教的概念比信仰的概念更高。前面已经提到，信仰的概念还不一定是宗教的概念，宗教的概念比信仰的概念要高。经过了启蒙的批判以后，宗教就懂得如何吸收启蒙的经验来形成更高层次的宗教，而真正的宗教、作为宗教的宗教，那就是天启宗教。黑格尔后面讲宗教时候讲到了，天启宗教才是真正的宗教，它是经过了启蒙的洗礼，获得了启蒙的经验以后才建立起来的。这是一个很重要的过程，信仰要发展自己，提升自己，必须要经过启蒙的批判。当然反过来说，启蒙对信仰的批判，这对启蒙本身也是一个发展过程，一个逐步展示自身原理的具体效应和概念内涵的过程。

这些环节是，纯粹思维，或者作为对象来说，即自在自为的**绝对本质自身**；其次，信仰意识对绝对本质的、作为一种**认知**的**联系**，亦即**它的信仰的根据**，最后，信仰的意识在它的行为中或者说在**它的侍奉**中与这个绝对本质的联系。

这就是三位一体了。"这些环节是，纯粹思维"，这第一个就是圣父了，圣父就是纯粹思维。"或者作为对象来说，即自在自为的**绝对本质**自身"，自在自为的绝对本质，就是上帝，就是圣父，圣父本质上就是纯粹思维，但作为对象来说就是上帝。因为圣父、上帝是无形无相的，它就是纯粹思维，你只能通过思维去思考它。基督教反对偶像崇拜，就是因为上帝是纯粹思维，只有通过沉思默想，你才能够接近上帝。但是基督教里也有偶像，那是一个方便法门，对于一般不识字、没有文化的老百姓，还是首先要用形象把他引进门，然后再告诉他，基督教的神不是这些形象，而是纯粹思维。所以第一环节是纯粹思维，作为对象来说即自在自为的绝对本质自身，这是圣父。"其次，信仰对绝对本质的、作为一种**认知**的**联系**，亦即**它的信仰的根据**"，这是第二个环节，就是圣子。信仰意识对绝对本质要发生联系，要建立一种认知的联系。就是说上帝高高在上，《旧约》里面讲耶和华，任何人都不能见他的面，凡是看见他的人都得死，所以他是无形无相的，你不能用任何形象去描绘耶和华。但是在《新约》里面，在基督身上，上帝现形了。耶稣基督显现为一个凡人，那么你就可以通过他来认识上帝了，道成肉身以后，人跟上帝就有了一种认知的关系。上帝是谁，上帝就是耶稣基督嘛，就是耶稣嘛，所以耶稣体现了人跟上帝的一种认知关系。这也就是它的信仰的根据，你凭什么信？就凭耶稣基督，耶稣基督给了你信仰的根据。在《旧约》里面是缺乏这种根据的，《旧约》里面你信就信，不信就不信，上帝特别眷顾的是以色列人，以色列人是上帝的选民，为什么选中以色列人，不知道。你自己是以色列人，就是万幸了，你要不是以色列人，那你活该沉沦。所以这种信仰在《旧约》里面是没有根据的，而在《新约》里面，特别在福音书里面，它是有根据的，你可以通过耶稣基督认识上帝，皈依上帝，哪怕你不是犹太人。耶稣是犹太人，但是他救的都是普天之下各个民族的人，不分民族，因为它有了认知的根据。它不是一种血统的根据，它是一种认知的根据，凡是认识到上帝的人，都可以信。作为一种认识的根据就是一种"实证性"（Positivität）。黑格尔早期著作里面写过一篇《基督教的实证性》，就是有一个活生生的人摆在面前，他的传记，耶稣转，以及使徒行传，这都是活生生的根据，有名有姓，有时间地点，有文献记载，还有留下来的圣物、圣杯、圣衣，等等，这都是具有实证性的。我们以前对这个实证性不知怎么翻译，贺先生他们最开始翻译为"基督教的权威性"，这完全离开了它的本义了。其实它的本义就是实证性，就是说新约跟旧约不同，新约有大量实证的东西，有信物，有圣物，有圣迹，有大量的见证人，它不是一种神话传说。你说旧约里面，创世纪，上帝在七天之内创造了世界，然后创造亚当夏娃，然后让他管理这个天地万物，有证据吗？大洪水据说是有证据的，有个诺亚方舟，但是那是不可想象的，怎么可能把全世界所有的物种都装到诺亚方舟里面去呢？那是没有实证性的。但是新约有实证性，尽管里面也有奇迹什么的，可能有以讹传讹的成分，但基本上是当作历史事件来传的。在旧约里面是没有真正的历史性的，很多都是神话。有的人考证说，上帝创造天地应该是在四千多年以前，这不但没有实证性，而且早已被证伪了。但是耶稣基督是一个活生生的人，生卒年都很清楚，我们今天说公元多少年，都是按照耶稣诞生日来算的。所有这些就成了信仰的根据。"最后，信仰的意识在它的行为中或者说它的**侍奉**中与这个绝对本质的联系"，那就是圣灵了，圣灵是信仰的意识在它的行为中与这个绝对本质的联系，就是在教会中，在团契中，我们在侍奉上帝的行为中建立起教会的一种互相的团契关系，我们就共同体会到在我们之间有一种圣灵,把我们提升到了绝对本质,建立起了与这个绝对本质的联系。这就是三个环节,圣父,圣子,圣灵,在前面已经划分出来了。但是前面是在普遍意义上指出的一种信仰意识的环节,是就它们概念本身来谈的,而这里将就它们与启蒙的关系来谈,也就是看它们在启蒙中是如何受到批判的。

正如在信仰一般中,纯粹明见错认了和否定了自己那样,在信仰的这些环节中,纯粹明见同样也将采取颠倒的态度。

"正如在信仰一般中,纯粹明见都错认了和否定了自己一样",在信仰一般中,在一般地谈信仰的时候,纯粹明见已经错认和否定了自己,这是前面已经讲到的。前面在普遍的意义上说到启蒙和信仰的一般关系,就已经指出了,其实纯粹明见在信仰中看到的就是它自己,就你猛批的其实就是你自己,但是你错认了,你认为那是异己的东西,那是错误的、骗人的东西。所以在信仰一般中纯粹明见已经都错认了和否定了自己,已经采取了颠倒的态度。而现在同样地,"在信仰的这些环节中,纯粹明见同样也将采取颠倒的态度"。也就是具体到信仰的这三个环节,而不是从普遍意义上来谈,我们将看出来,纯粹明见同样也会是一种颠倒的态度,这里用的是将来时。休息一下。

〔1. 信仰被启蒙所颠倒〕

以下包括三个阿拉伯数字的小标题,首先这第一个小标题,拉松版德文编者原来标为"启蒙对信仰的颠倒",我认为应该倒过来说,是"信仰被启蒙所颠倒",因为我们这个立足点应该是立足于信仰。就像上面这个罗马数字的标题,我改成"信仰经验到启蒙",也是这样,原来的标题都是把立足点放在启蒙上面,其实是不对的。前面第一个罗马数字的标题的立足点才是启蒙,见第 81 页的罗马数字标题:"明见对信仰的否定态度"。而第二个罗马数字的标题倒过来了:"信仰经验到启蒙",因为第二个罗马数字的标题整个的立足点应该是信仰。然后第三个罗马数字的标题呢，第99页："Ⅲ，启蒙的正当权利"，它的立足点又转回到启蒙上面了。这里面有一个正反合的过程，要抓住这个过程。黑格尔思想里面有一个固有的辩证逻辑的程序，所以在第二个罗马数字标题之下，第一个阿拉伯数字的小标题应该是"信仰被启蒙所颠倒"，它还是立足于信仰本身在启蒙的批判之下，它获得了哪些经验，它所获得的经验首先是被颠倒的经验，它在三个环节中一个一个地都被启蒙所颠倒。

纯粹明见以否定态度对待信仰意识的**绝对本质**。

这个在第一个罗马数字的标题上已经讲了："明见对信仰的否定态度"，它就是这样一个态度，这里又重复了。"纯粹明见以否定态度对待信仰意识的**绝对本质**"，绝对本质打了着重号。为什么要打着重号？就是表明它是第一个环节。前面讲第一个环节是，纯粹思维作为对象来说即自在自为的绝对本质自身，所以它这个绝对本质打了着重号，就说明这是第一环节。信仰的第一个环节是绝对本质，即圣父，这是纯粹明见要否定的。

这个本质就是纯粹**思维**，而纯粹思维是在它自己本身以内被建立为对象或被建立为**本质**的；在信仰意识里，思维的这种**自在**同时也为自为存在着的意识获得了形式，但也只是对象性的空洞的形式；思维的自在就存在于一种**被表象出来的东西**的规定之中。

"这个本质就是纯粹**思维**"，思维打了着重号。绝对本质就是纯粹的思维，上帝是纯粹思维，它不是偶像。当然它有偶像，也有欺骗，有那些教士们弄虚作假，等等，但是它本质是纯粹思维。"而纯粹思维是在它本身以内被建立为对象或被建立为**本质**的"，这个纯粹思维是在它本身以内、在纯粹思维以内被建立为对象或被建立为本质的。上帝本身是一个纯粹思维，它就是在纯粹思维本身的范围之内被建立为本质、被建立为对象的。上帝作为一个对象不是一种表面的形象，不是一个白胡子老头，它无形无相的，它的本质是纯粹思维。它是对象，但是这个对象是纯粹思维对象，不是一个具有形象的对象。这个首先要确定，纯粹思维是在它自己本身以内被建立为对象或本质的。康德有本书叫《单纯理性范围内的宗教》，就是在单纯理性的范围之内、纯粹思维的范围之内讨论宗教和上帝，至于那些偶像崇拜的仪式则不在此范围内，顶多是一种权宜之计，一种入门的准备，但真正来说上帝的本质是纯粹思维。"在信仰意识里，思维的这种**自在**同时也为自为存在着的意识获得了形式，但也只是对象性的空洞的形式"，在信仰意识里面，思维的这种自在，这种自在也就是上帝的存在了，上帝的客观存在就是信仰意识的出发点，是它的自在的立场。虽然这自在同时也为自为存在着的意识获得了形式，就是说不光是承认有上帝，而且还要承认这个上帝还有自为的行动，如创世、造人，等等，上帝是凭借逻各斯、凭借纯粹思维从虚无中创造出了整个世界。这里就给意识提供了纯粹思维的自为存在的形式，但这只是对象性的空洞形式，并没有像康德和费希特那样，具体说明纯粹思维是如何创造出对象世界来的。就是说，虽然上帝的绝对本质就是纯粹思维，但从纯粹思维中创造出世界来在信仰意识中还只是一个比喻的说法，只是一种空洞的形式，它借助于光、气息、话语这样一些表象来表达思维的含义。所以，"思维的自在就存在于一种**被表象出来的东西**的规定之中"，"表象出来的东西"打了着重号，信仰还是以一种表象的方式来规定纯粹思维的，它还没有达到概念的方式。如果达到概念的话，它就会穿透一切现实的事物，把一切现实事物后面的本质呈现出来，这就是哲学思维了。但表象就没有达到这一步，它好像是一层帷幕，把一切都遮蔽起来。你不要管世俗生活，这些东西都不是你要认识的，恺撒的归恺撒，上帝的归上帝，人世间的东西，你都要超脱，你一心向上帝就得了。但上帝是什么呢？上帝不在人间，上帝只在彼岸，这就用一个彼岸的表象把上帝跟人间分裂开来了。宗教的层次比哲学低，就在这一点。就是说它把超验的彼岸和此岸的世俗生活隔绝开来了，那么彼岸只是一个表象，一个空洞的说法，上帝的思维就是上帝之光，上帝之话，这也是比喻的说法，这个思维究竟怎么运作，还不得而知。所以思维虽然获得了一种对象性的形式，但却是空洞的形式，打比方的形式，也就是表象的形式。

　　但是由于纯粹明见就是**按自为存在着的自我**这一方面来看的纯粹意识，所以对纯粹明见而言，这个**他者**就显得是对**自我意识**的一种**否定**了。

　　"但是由于纯粹明见就是**按自为存在着的自我**这一方面来看的纯粹意识"，这里是讲纯粹明见本身。前面那几句话是讲的信仰，讲纯粹明见以否定的态度对待信仰意识的绝对本质，这个绝对本质就是纯粹思维等等，也就是在纯粹明见的眼睛里面信仰是怎么样的。而这里这句话题一转，就是说你这样看待信仰，你自己又是什么样的呢？纯粹明见就是按自为存在着的自我这一方面来看的纯粹意识。纯粹明见和信仰都是纯粹意识，但是，信仰是按照自在的那一方面来看的，而纯粹明见呢，是按照自为存在着的自我这一方面来看的纯粹意识，这个前面已经提到了。在纯粹意识里，信仰占据着自在的方面、对象意识的方面，而纯粹明见呢，是占据着自为的自我意识的这一方面。它们的立场不同，一个是站在自我意识方面，另外一方是站在对象意识方面，对象意识方面就是自在的方面，那就是信仰的立场，而自我意识方面就是纯粹明见的立场。由于纯粹明见就是按自为存在着的自我这一方面来看的纯粹意识，"所以对纯粹明见而言，这个**他者**就显得是对**自我意识**的一种**否定**了"，就是说纯粹意识为什么要这样来看待信仰呢？就是因为它自己是站在自为存在着的自我一方，站在自我意识这一方，是这样一种纯粹意识。所以对它来说这个他者，这个他者就是信仰的那个自在了，信仰的纯粹思维是一个自在的他者、一个上帝。但是由于纯粹明见是立足于自我意识的，所以对它来说呢，这个他者就显得是对自我意识的一个否定。信仰的上帝、信仰的绝对本质、信仰的纯粹思维，就是对自我意识的一种否定。或者在纯粹明见看来，信仰的对象意识就是对自我意识的一种否定。上帝是压迫人的，上帝使人失去了自我意识的空间，把自我意识压扁了，那岂不是对自我意识的一种否定么？由于纯粹明见自己是这样的立场，所以，它对于信仰的立场是不能接受的，那是对自我的否定，所以我要批判它。

这种否定还有可能要么被当成思维的纯粹**自在**，要么被当成感性确定性的**存在**。

"这种否定"，他者对自我意识的否定，有可能以两种方式来否定，这里用虚拟式，即"还有可能"是这样的否定，就是"要么被当成思维的纯粹**自在**，要么被当成感性确定性的**存在**"。要么被当成思维的纯粹自在，那就是绝对实体或自在之物，这是被思维的一种否定。斯宾诺莎认为对于实体，"一切规定都是否定"，康德说上帝是自在之物，可思维而不可认识。更早则有"否定神学"，认为上帝不可言说，凡是你说上帝是什么，上帝就不是什么，上帝不是我们凡人能说的。这都是把否定当成思维的纯粹自在。他们走的是唯理论的路线，即把否定理解为可以思维的，却不能获得感性经验的认识，因此是思维的纯粹自在，即自在之物，这种自在之物就是对自我意识的一种否定。"要么被当成感性确定性的**存在**"，这是走的感性论和经验论的路线。对自我意识的这种否定，也有可能被当成感性确定性的存在，感性确定性的存在对于自我意识来说也是一种否定。这个否定是从下而上的否定，而前面那个否定是自上而下对自我意识的否定。那么反过来，自我意识也要朝两个方向否定，一个是否定上面那个不可认识的上帝，一个是否定下面这个不可相信的迷信。

但是，由于这个否定对于**自我**、对于作为拥有一个对象的**自我**的自我，是现实的意识，所以纯粹明见自己特有的对象本身就是**感性确定性** [91] 的一种**存在着的普通事物**。

"但是，由于这个否定对于**自我**、对于作为拥有一个对象的**自我**的自我，是现实的意识"，这个自我是拥有一个对象的自我的自我，也就是作为统觉了。康德讲到自我意识的时候，以另外一个词来说自我意识，叫作统觉。所谓统觉，就是有一个对象，自我意识对这个对象加以先天地综合，把它综合地统一起来了，这就形成一种统觉。否定对于这样一种作为统觉的自我意识来说，是现实的意识，也就是说，统觉对感性材料的综合统一就是对它们的一种否定，这种否定形成了经验知识或现实的意

187

识，用康德的话来说就是形成了"经验的实在性"。而这样一种认识的结构，如前面已经说过的，正是纯粹明见的结构。纯粹明见的最充分的体现就是康德的人为自然立法，就是自我意识对感性对象的统觉或能动综合。而这种能动综合所构成的就是现实的意识，即对客观事物的经验知识。"**所以纯粹明见自己特有的对象本身就是感性确定性**的一种**存在着的普通事物**"，纯粹明见，按照它自身的本性来说，它的特有的对象就是感性经验的对象，就是常识。所以启蒙鼓吹常识，这是符合纯粹明见的本性的。前面由对自我意识的否定引出两个方面，一个方面是对彼岸的方面，比如说把信仰的对象规定为一种纯粹思维，一种绝对的本质，但是是空的，所以可以思维它，但是不能认识它，无法被自我意识所把握；另一方面是此岸方面，就是把信仰的对象规定为感性事物，那就是迷信了，这个无法被自我意识所认可。那么，在这两个方向中，纯粹明见感到有把握对付的是后一方面，因为对现实意识的判断是它的本行，它就是干这个的。所以即使是前一个方向的问题，纯粹明见也将它纳入到后一个方向上来解决，也就是说，它用对付迷信的方式来对付信仰，用科学的态度来解决信仰的问题。这就是我们看到的，为什么启蒙和纯粹明见把信仰混同于迷信的原因。这与纯粹明见本身的任务有关，它就是针对现实意识的，它的使命就是发现现实经验事物的本质，排除其中的谬误。但这同时也就带来了纯粹明见在批判信仰时的某种局限性和片面性，它并未触及信仰本身的纯粹思维的本质。

纯粹明见面前的这个对象通过信仰的**表象**而对纯粹明见显现出来。纯粹明见咒骂这一表象，并在这表象中咒骂它自己的对象。

"纯粹明见面前的这个对象"，纯粹明见面对的对象是什么呢？就是"通过信仰的**表象**而对纯粹明见显现出来"的对象，我们刚才讲信仰是通过表象来起作用的，虽然它的对象是纯粹思维，但是它以表象的方式来显现，而不是以概念的方式来把握。在纯粹明见面前，这个信仰的对象、这个它要批判的对象显现为表象的形式，好像这个对象是一种感性确定性的普通事物,因而是一种被错认了的、不符合科学的感性对象。似乎现在纯粹明见只要把这个感性对象还它以科学所解释的本来面目,就是对于信仰的表象的一种驳斥了。"纯粹明见咒骂这一表象,并在这表象中咒骂它自己的对象",纯粹明见要咒骂这一表象,因为它已经对这一表象作了科学的解释,但信仰却仍然要对它作非科学的合乎信仰意识的解释,把它当作绝对本质或纯粹思维的表象,那么在纯粹明见的心目中,这就是故意欺骗了。对于一种有意的欺骗,纯粹明见除了咒骂之外,没有别的办法对付。所以在它咒骂这一表象的时候,它所咒骂的其实只是它自己的对象,也就是骂了它历来作为自己的对象的感性确定性的事物,而并未触及信仰的表象所代表的绝对本质和纯粹思维。在它眼睛里面,凡是对象性的东西都应该是感性确定性的东西,都应该是存在着的普通事物,都应该是日常事物。但是它所面对的宗教信仰以一种表象的方式体现出来的并不是日常事物,比如十字架,你把它看作一个木头架子,那就不对了,它是有神圣性的含义的,应该超越它的这个感性确定性,而上升到它背后所表象、所象征的那个东西,那才是触及到事情本身的。但纯粹明见在咒骂这些表象时却没有顾及这种关系,而是通过把表象还原为感性确定性,而将它们从它们的含义上面剥离开来,把这种关系说成是纯粹的欺骗。就是说,十字架无非就是一个木头架子,你为什么一定要说它有神性,那不是忽悠人吗。所以纯粹明见咒骂这一表象,实际上用它自己的认识对象偷换了信仰的对象。信仰的对象虽然以表象的形式显现,但背后是绝对本质和纯粹思维,而当纯粹明见咒骂这个表象的时候,它所骂的实际上只是自己的感性对象。

　　但是它对于信仰已经犯了不公正的错误,因为它是这样来统握信仰的对象的,即信仰的对象就是它自己的对象。 {300}

　　也就是它在咒骂时候,"它对于信仰已经犯了不公正的错误",已经不公平了,"因为它是这样来统握信仰的对象的,即信仰的对象就是它自己的对象",这个前面已经讲到了。就是说它所理解的信仰的对象其实是它自己的对象，即感性对象。刚才我们读到，纯粹明见以否定的态度对待信仰意识的绝对本质，这个本质就是纯粹思维。但它要否定这个纯粹思维，却采取了一种偷换手段，把它偷换成了自己特有的感性对象。"因为它是这样来统握信仰的对象的，即信仰的对象就是它自己的对象"，这就是一种不公正、不正当的手段。一旦换成感性对象，当然它就是这方面的行家了，就可以大肆批驳了，说这对象不合逻辑，超越时空，无法感知，等等。比如说，我用望远镜搜遍了天空，也没有找到上帝的踪影，诸如此类，明显就是把信仰的对象当作科学仪器搜索的对象了。这样来反驳信仰的对象实际上是不公平的，也是收不到效果的。

　　它于是在谈起信仰时说，信仰的绝对本质是一块石头，一块有眼却不能看的木头，① 或者说是某种做面包的湿面团，本来生长在田里，经人转变过后又被送回到田里；——或者说信仰按照任何别的方式把本质拟人化了，搞成对象性的和可以表象的东西了。

　　"它于是在谈起信仰时说，信仰的绝对本质是一块石头，一块有眼却不能看的木头"，有眼却不能看是个典故。这里有一个德文版的注，说它是出自于《旧约》的"诗篇"第115章第4节以下的一段话。即："他们的偶像是金的银的，是人手所造的，/ 有口却不能言，有眼却不能看，/ 有耳却不能听，有鼻却不能闻，/ 有手却不能摸，有脚却不能走，有喉咙也不能出声，/ 造他的要和他一样，凡靠他的也要如此。"这是《旧约》里面早就有的对偶像崇拜的批评，而启蒙对信仰的批评甚至还没有超过这个水平。说上帝不过是一个木头做的偶像，有眼却不能看，这其实既不符合基督教的精神，也是一种很低层次的批评。以前有一部著名的意大利小说《牛虻》，里面有位革命者亚瑟，他名义上的养父、实际上是他的亲生父亲蒙泰里尼是一位神父，他从小受到神父的熏陶，笃信基督教，后来在一次向神父忏悔时泄露了革命者的秘密，导致了他的组织被官方破获，他自己

———————————
① "有眼却不能看"，参看《旧约·诗篇》，115,4-8。——丛书版编者

也被迫流亡到南美。流亡之前,他把圣像砸毁了,一边砸一边说,上帝你不过是一块烂木头,欺骗了我这么多年,从此跟他的父亲决裂,跟宗教也一刀两断。当然这个思想很早就有,在启蒙那里就有了,启蒙就是要把人从这样的一种迷信中救出来。你相信那块木头,那个泥塑木雕的神像,但是那个神像有眼却不能看,它的本质就是一块石头或木头。"或者说是某种做面包的湿面团",基督徒认为面包是耶稣的肉,葡萄酒是耶稣的血,这是基督教做弥撒的时候说的,大家都相信,其实是一个谎言。做面包的湿面团哪来的,它是长在田里的麦子磨出来的,"本来生长在田里,经人转变过后又被送回到田里",这就带有讽刺性了,说白了不过是你吃了,然后又拉了,拉了又回到田里去做肥料,很简单。你们被这个东西所欺骗,太可笑了。这都是纯粹明见的眼光,纯粹明见的眼光就是常识的眼光,就是对待万事万物的一种健全理智的眼光,一种现实的意识。"或者说信仰按照任何别的方式把本质拟人化了,搞成对象性的和可以表象的东西了",按照任何方式,就是前面讲的石头啊,木头啊,面包啊,以及别的种种方式。这些方式都是拟人化的,将它们赋予人的形象,用来表达绝对本质。绝对本质本来是看不见摸不着的,现在这样一来,就搞成了对象性的和可以表象的东西,可以看见的东西了。这就是启蒙对信仰的批评方式,这种方式主要是站在现实的意识立场上对绝对本质的批评。信仰的问题就是它脱离不了表象,总是要用外在的感性的表象来象征性地表达它的纯粹思维的对象,而这就给启蒙抓住了把柄,对这些感性表象本身展开攻击,说它是偶像崇拜、迷信,是欺骗。但启蒙其实并没有抓住要害,甚至没有击中目标,它没有从这些表象里面看出其中所包含的真正的内涵,也没有看出其实信仰和启蒙一样反对迷信,它要信仰的并不是表面的偶像,而是纯粹思维的绝对本质,它里面包含有概念。

　　启蒙冒充自己是纯粹的东西,在这里,它把对于精神是永生和圣灵的东西都变成了一种现实而**易逝的事物**,并以感性确定性的那种在自身

毫无价值的观点对之加以玷污，——这种观点对于虔诚崇拜的信仰来说，
根本就不是现成所有的，以至于启蒙纯粹是让它背上了这个黑锅。

这里继续讲，启蒙对信仰的批评如何不公正。"启蒙冒充自己是纯
粹的东西"，启蒙实际上已经不纯粹了，因为启蒙面对现实世界的对象，
它已经有了自己的对象，就是感性确定性，它把感性确定性当作自己的
对象来加以统摄，它已经不是纯粹的了。但是它仍然冒充自己是纯粹的
东西，在面对信仰的时候，它认为自己是纯粹的，因为感性确定性是它的
一个材料，它自己是纯粹的自我意识。"在这里，把对于精神是永生和圣
灵的东西都变成了一种现实而**易逝的事物**"，启蒙自居为纯粹的东西，我
没有那些忽悠人的东西，我就是纯粹思维。那么这种纯粹思维，却把对
精神是永生和圣灵的东西都变成了一种现实而易逝的事物，就是说在信
仰看来是永生的和神圣的东西，都被降为了普通事物。圣灵，这里写作
geiliger Geist，神圣的精神，在精神的眼里看来是神圣的精神，在启蒙的
眼里却是一种现实而易逝的事物，都是泥塑、木雕的一种物质的存在，它
没有永恒的生命，也没有神圣的精神。我们今天讲"祛魅"，启蒙的一大
作用就是祛魅，使宗教的圣物去掉神圣性和神秘性。在启蒙的眼睛里面，
不再有什么神圣的东西，现实世界的一切东西都可以用科学，用理性，用
纯粹明见来加以处理，都变成了一种现实而易逝的事物，都是有它的自
然规律的，都是要服从自然法则的，都是要腐朽的，没有什么永恒不变的
东西。"并以感性确定性的那种在自身毫无价值的观点对之加以玷污"，
感性确定性的观点本身是毫无价值的，它只有作为更高的观点、例如自
我意识的观点中的一个必要环节，一个初级准备阶段，才有点价值。当
然你可以把它变成科学的对象，但它本身毫无价值。启蒙把信仰拉加到
这种低级水平上来谈论，是对信仰的玷污，对精神认为是永生和圣灵的
东西的玷污。信仰把那些十字架、那些圣物、那些仪式都看得非常神圣，
但是在启蒙的眼睛里面一钱不值，它就是一种感性确定性，它会腐朽的，
会长霉的。所以这是一种玷污。在纯粹明见看，它当然不认为是一种玷

污了，它认为这是回到常识，你把它抬得那么高，那是虚假的，但是在信仰看来，这是玷污，你要把神圣的象征拉回到常识，那岂不是玷污吗？你侮辱神圣。"这种观点对于虔诚崇拜的信仰来说，根本就不是现成所有的"，对于那种虔诚崇拜的信仰来说，对于那种注目于彼岸的信仰来说，并不具有这种感性确定性的观点，只有对迷信来说才是那种观点。真正虔诚的信仰根本不是把这些东西当作木头、泥巴、石头来看待的，它不认为这些东西作为感性对象有什么神圣性，不是从现成所有的角度来看的，而只是当作另外的东西的象征。启蒙则认为这些东西应该是现成所有的，所有的人都应该具有常识，木头就是木头，石头就是石头，这是大家公认的。他们将自己的这种观点强加于信仰，"以至于启蒙纯粹是让它背上了这个黑锅"。就是说启蒙把信仰说成是以这样一种常识的观点来建立起自己的信仰对象，是故意违背常识，信徒包括这些教士都是在鼓吹迷信，不是鬼迷心窍，就是别有用心。其实公平地说，这是让信仰背上了黑锅，也就是背上了在常识的层次上建立信仰这样一种愚蠢做法的黑锅，背上了用常识造假的黑锅。

　　<u>信仰所崇敬的东西在信仰看来绝对不是石头，也不是木头，也不是湿面团，也还不是另外一种时间性的感性事物。</u>

　　信仰所崇敬的东西在信仰看来绝对不是石头，也不是木头，也不是湿面团，虽然在常识看来，石头就是石头。但是在信仰的崇拜者看起来，这个石头就不是石头，这木头也不是木头，那是非常神圣的，所以他们对待那些圣像啊，圣迹啊，都是那么虔诚膜拜，那么样的小心翼翼，你说他们都是装出来的，这个不可能，他们不是装出来的。在他们看来就是这样，这些东西绝对不是石头，绝对不是木头，也不是湿面团，也不是另外一种时间性的感性事物。时间性的也就是在时间中易逝的、易朽的感性事物。

　　<u>如果启蒙想起来要说，信仰的对象毕竟**也**是这种东西，或者甚至说它自在的和真正的就是这种东西，那么信仰从一方面说，虽然同样好的知道**那个也**</u>，但在它看来这也是在它的虔诚崇拜之外的；而从另一方面

说，在它看来，**自在地**根本就不存在像一块石头等等之类的东西，相反对它来说，自在地存在的只有纯粹思维的本质。

"如果启蒙想起来要说，信仰的对象毕竟**也**是这种东西，或者甚至说它自在的和真正的就是这种东西"，如果启蒙灵机一动，想出这样一个说法，就是信仰的对象毕竟也是这种东西。这个"也"字打了着重号。就是如果启蒙退一步说，就算你们这些信徒们把那些东西崇拜得不得了，你们能不能承认除了你们崇拜的东西以外，承认它们也是石头，也是木头？甚至进一步，承认它们"自在的和真正的"就是这种普通寻常的东西？如果你们连这也不承认，那真是昏了头了，你们每天吃的、喝的、用的是什么呢？是精神吗？你能光靠精神而活着吗？退一万步，你们即使不承认这些东西自在的和真正的就是石头木头等等，但至少要承认它们"也"是这些平淡无奇的东西啊。你得承认，这东西是木头做的，这东西是石头雕的，你请的是木工，请的是石匠，你为什么不请一个有信仰但没有手艺的人来做呢？你还要要求他做得好，你不是也承认它是石头，是木头吗？这是启蒙对信仰的一种有力的反驳。黑格尔则从两个方面为信仰进行了辩护。"那么信仰从一方面说，虽然同样好的知道**那个也**，但在它看来这也是在它的虔诚崇拜之外的"，从一方面来说，信仰当然同样好的知道那个也，也就是它是也是木头，石头，那信徒们可以承认啊，当然要请木工来，要请石匠来雕刻，它的物质材料是可以承认的；但是在他们看来这个"也"处在他们的虔诚崇拜之外。当我说这些东西的时候，我是在虔诚崇拜之外来谈它们的，信徒们在日常生活中可以承认这个也。这不属于我的崇拜，我崇拜的不是这个。我在教堂做弥撒时把面包和酒当作基督的肉和血，但回到家里吃饭时并不是这样看，那就是普通的面包和酒。"而从另一方面说，在它看来，**自在地**根本就不存在像一块石头等等之类的东西，相反对它来说，自在地存在的只有纯粹思维的本质"，这是另一方面，是针对启蒙讲信仰的对象自在的和真正的就是普通事物的说法的。在这里"自在地"打了着重号，就是说，要讲事物自在的是什么，那信仰的观点和启蒙就完全不能调和了，在信仰看来一切都是虚空，就连这个世界都是上帝从虚无中产生出来的，所以石头之类的事物根本就不是自在的东西，而是由纯粹思维产生出来的东西。真正自在的存在只有纯粹思维的本质，也就是上帝。你要讲自在的，那我可以跟你讲，石头木头这些东西都是过眼烟云，包括石匠本身，木匠本身，材料这些东西，都不是真的，真正存在的只有上帝。信徒们就是认定了这一点，所以对事物都有一种超然的态度。当然我在现实中生活，姑妄言之，姑妄为之，我也随俗，我也知道肚子饿了要吃饭，人要工作，人要劳动，圣经上说你要汗流满面才能够挣得自己的面包，这个我也承认；但是真正自在的只有上帝，上帝是纯粹思维。上帝并不是一块石头，一块木头，也不是任何感性的东西，这就是信仰。你要问信仰对于感性事物真实的态度呢，它就是这种态度，它也可以承认，也，也是，在某种程度上也是石头和木头，但是真正说来不是。前面这整个都是第一个环节了，关于上帝，圣父，圣子，圣灵，现在我们只讲到了第一个环节，就是对于上帝来说，信仰经验了启蒙的颠倒，启蒙把信仰的对象颠倒了，从一个彼岸的东西把它颠倒为此岸的东西，把上帝变成了一块石头、一块木头。当然信仰也可以作出它的反驳，把颠倒了的东西再颠倒过来，但至少它获得了一种经验，就是启蒙对它的颠倒，把它所视为神圣不可侵犯的东西下降到一种普通常识，降低到一种感性确定性；而它的反驳则使它自己对自己看得更清楚了，启蒙实际上是对信仰的一种纯化，逼迫它把那些不纯粹的杂质清除掉了。

第二个环节是信仰作为**认知着的**意识与这个绝对本质的联系。

"**第二个环节**"，第二个环节是什么呢？就是由圣子耶稣基督所带来的基督教的实证性，这里涉及的，"是信仰作为**认知着的**意识与这个绝对本质的联系"，认知着的打了着重号。就是说你的信仰涉及一种认知，你信上帝，有没有什么真凭实据，有没有知识上的根据。这在第一个环节是不管的，第一个环节上帝就是上帝，你就要信仰，不信他就威吓你，要毁灭你。《旧约》就是如此，上帝选中了以色列人，为什么，不知道，这是你们的幸运，这是你们的立足点，这是你们自在的立场，没有什么道理可讲，不能问的。但是第二个环节就可以问了，我为什么要信上帝？你要我信上帝，根据何在？那就涉及认知了，涉及基督教的实证性了。上帝要有实证性，他要现身啊，在人们的现实生活中，他有他的圣言和圣迹，要显示出来，让你去相信。所以它是信仰中一种认知着的意识与这个绝对本质的联系。

[92] 对于作为一种思维着的纯粹意识的信仰而言，这个本质是直接的；但是这种纯粹意识同样也是确定性对真理性的**间接**联系；这样一种间接联系构成了**信仰**的**根据**。

"对于作为一种思维着的纯粹意识的信仰而言，这个本质是直接的"，这是就它的第一个环节而言的。前面讲的第一个环节，圣父，那就是一种直接的联系，信仰直接信上帝，不需要任何根据。你为什么信上帝，你问一个信徒，你为什么信上帝，可能他回答不出来，可能他也觉得不屑于回答，我信上帝就信上帝，你为什么不信上帝，他也可以反问你。在第一个层次上面、在自在的层次上面是一个立场问题，没有讨论的余地，你信就信，不信就不信。我们中国人讲信则有，不信则无，这个没有讨论的余地。所以他讲，对上帝的信仰是对于一种思维着的纯粹意识的信仰，这个本质、也就是这个绝对本质是直接的，是没有讨论余地的。"但是这种纯粹意识同样也是确定性对真理性的**间接**联系"，一方面是直接的，是直接确信；但是这个纯粹意识同样也是间接的，是确定性对真理性的间接的联系。信仰有确定性，确定是确定了，但是有没有真理性啊？你信上帝，是不是会信错了呢？是不是走入歧途？也许世界上根本就没有上帝，或者你信了一个伪上帝，那你不是被欺骗了？所以确定性对真理性要有一种间接的联系，不是直接的说，我信就信，不信就不信，而是说，我为什么信，我凭什么信。这就涉及真理性问题，不光是确定性，确定性是没有条件可讲的，没有讨论空间的，但是真理性就有了，真理要跟对象相符合,所以它是一种间接的联系。"这样一种间接联系构成了信仰的根据","信仰的根据"打了着重号。信仰是要有根据的,你根据什么来信,那就要有实证性了。圣经里面《新约》的部分,到处都是讲这个实证性的。最开始是奇迹,有几百人在场,谁谁谁亲眼所见,有名有姓,时间地点,还有圣物留下来了。这都是实证性的东西,都构成了信仰的根据,很多原来不信的,结果信了。那不信的,他亲眼看见了,瞎子复明了,跛子走路了,于是他就信了,它有实证根据嘛,于是他就信上帝了。

这种根据在启蒙看来,同样存在一种关于偶然事件的偶然认知。

奇迹在启蒙看来,这是一些偶然的东西了。先不说它是不是圣迹,我们姑且相信它都是对的,那些记载都没有忽悠人,有名有姓,有时间地点,还有圣物嘛,但那都是关于偶然事件的偶然认知,都是一些历史知识。历史知识能够作为根据吗? 偶然性的东西能作为必然性的根据吗? 这个问题当时讨论得很热烈,像莱布尼茨讲到偶然真理和必然真理。偶然真理是事实上的真理,一次性的,在历史上一次而过,以后不再重复,以后可能有表面上的相仿,相似,但是绝对没有重复的。但是必然真理那就是永远重复的,你只要去试,就有。那么在启蒙看来,这些东西都是偶然事件,这不足为凭,这些奇迹,即使它是真的,也不足为凭,不足以作为信仰的根据。这是启蒙对信仰的根据的进一步质疑。

但认知的根据是认知性的共相,而且在这共相的真理中就是绝对精神,这绝对精神在抽象的纯粹意识或思维本身中只是绝对本质,但作为自我意识则是关于自己的认知。

这又是信仰意识的回答,就是说信仰把这种偶然性的知识和真正的认知区别开来了,在启蒙看来,这种根据是一种关于偶然事件的偶然认知,但在信仰看来,它的根据却不是指这一方面。"但认知的根据是认知性的共相",认知的根据应该是共相,这些偶然事件不能够成为认知的根据。"认知性的"打了着重号,既然是认知,就应该从共相出发。认知性的共相不是那种偶然事件、偶然的认知,而是一种共相。"而且在这共相的真理中就是绝对**精神**"，这个共相的真理是什么呢？是绝对精神，精神也打了着重号。绝对精神，这就上升到宗教了，宗教和哲学才是绝对精神，在这里是认知的共相，它要在它的真理中才是绝对精神，但就它本身而言还未达到。"这绝对精神在抽象的纯粹意识或思维本身中只是绝对**本质**"，本质也打了着重号。就是说它还不是绝对精神，而只是绝对本质，绝对精神在抽象的纯粹意识或思维本身中还只是绝对本质，它还只表现为绝对本质。区别何在？绝对精神是主客观统一的，绝对本质则还只是客观的对象，只是在抽象的纯粹意识和思维本身中，排除了一切感性的东西，才能从中看到的万物的绝对本质。尽管如此，"但作为自我意识则是关于自己的**认知**"，就是说，虽然是在客观中的，但已经是对这个客观的主观认知了，也就是把客观本质认作真正的自我，认知打了着重号。这种对客观的主观认知就是自我意识，或自我认知。那种偶然事件，它只是一些现象，它不是本质，真正的认知应该是对本质的把握，是对精神的把握。作为自我意识来说，它是关于自己的认知，不是关于那些外在的偶然事物的认知。基督教里面固然用那些圣迹，用那些奇迹来引导广大的老百姓，把那些不信教的老百姓引入基督教，这是一种入门的办法，但是这种入门的办法本身不能够说是信仰，也不能说是一种信仰的根据。信仰的根据只能够是对绝对本质的一种认知，并且作为自我意识是关于自己的认知。你要有关于自己的认知，这个要求就很高了，但真正的信仰就必须是这样的。

　　纯粹明见同样又把这个认知着的共相、把单纯的自我认知着的精神建立为自我意识的否定者。

　　纯粹明见一方面把信仰的根据视为对偶然事件的偶然认知，但另一方面，"纯粹明见同样又把这个认知着的共相、把**单纯的自我认知着的精神**建立为自我意识的否定者"，"单纯自我认知着的精神"打了着重号，这个与前面的"**关于偶然**事件的偶然**认知**"相对照。前面 [第 90 页] 也讲了，纯粹明见以否定的态度对待信仰意识的绝对本质，一方面是对下否定，就是对那些偶然的感性事物加以批判，说它不可信；另一方面就是对上否定，对信仰的那种自在的他者加以拒绝，说它不可知。就是说这个共相，这个单纯认知着自己本身的精神，也就是这个自我意识的精神，对于纯粹明见来说又是自我意识的否定者，是认知的统觉所不可能把握到的自在之物。自我认知着的精神，在康德那里就是自在之我，也是我所无法认知的一个对象。纯粹明见的我只能认知感性对象，而不能认知自身。

　　虽然纯粹明见自身是**纯粹的中介着的**思维，也就是以自己为自己的中介的思维，它就是纯粹的认知；但是由于它是**纯粹明见，纯粹认知**，而这认知还不知道自己本身，也就是对它来说，还没有做到它就是这个纯粹的中介运动，所以这个纯粹的中介运动正如它本身所是的一切东西那样，都对纯粹明见显现为一个他者。

　　"虽然纯粹明见自身是纯粹的中介着的思维，也就是以自己为自己的中介的思维，它就是纯粹的认知"，纯粹明见它强调这一点，不能相信外部的奇迹，你必须是自身纯粹的中介着的思维，它能动地以自我意识为中介去思维，它就是纯粹的认知，纯粹的统觉活动。虽然它强调这一点，"但是由于它是**纯粹明见，纯粹认知**，而这认知还不知道自己本身"，也就是说，正因为它是纯粹明见，纯粹认知，所以这个纯粹认知本身就成为了它的盲点，它无法把这个盲点当作自己认知的对象，这个认知还不知道自己本身。用康德的话来说，自我意识的诸范畴只能作经验性的运用，而不能作先验的运用。"也就是对它来说，还没有做到它就是这个纯粹的中介运动"，它与它这个纯粹的中介运动还不是一回事，后者是此岸的，前者还在彼岸，是不可认识的自在之我。它还没有做到使这样一个中介运动成为纯粹明见本身，假如它做到这一点，它就会像费希特那样，看出这种间接的中介运动就是一个绝对自我，一个客观的上帝。现在那个上帝对它来说还只是一个异己的压迫者，一个不可知者。"所以这个纯粹的中介运动如它本身所是的一切东西那样，都对纯粹明见显现为一个他者"，这个纯粹的中介运动，这种以自身为中介的能动活动，就正如它本身所是的一切东西那样，也就是如同它为自然立法所建立起来的一切认识对象一样，对纯粹明见显现为一个他者，一个如同感性事物那样的事物。它没有意识到这个他者与一切感性事物不同，正是它自己本身的纯粹思维的本质，因而是一切本质的绝对本质，一个异己的他自身、上帝。这个异己者其实就是它自己的纯粹思维，但是它没意识到，如果它意识到这一点，它就不会去反对信仰了，因为信仰不就是在追求它自己所是的那个纯粹思维吗？只不过信仰认为它已经追求到了，而纯粹明见还没有，纯粹明见甚至认为这是不可能追求到的，是否定它自己的自我意识的。那是一个不可认识的他者。

因此，纯粹明见正是在它的实现过程中发展了这个对它来说是本质性的环节，但这个环节在它看来却显得是属于信仰的，并且显得是处在信仰的这一规定性中，即规定信仰是一个与它相外在的东西，是对正好这样一些普通现实的历史的某种偶然的认知。①

这就是刚才说的同一个意思。"因此，纯粹明见正是在它的实现过程中发展了这个对它来说是本质性的环节"，在纯粹明见的实现过程中，也就在这个中介的过程中。它自己以自己为中介去建立起自己的对象，建立起经验世界的法则，这就是纯粹明见实现自身的过程，它由此发展了纯粹思维的能动性。但由于它对自己进行这个中介活动的自我意识本身还没有认知，这个我自身还对它呈现为一个不可知的他者，因此虽然

---

① 黑格尔这里直到本段末，涉及到的是莱辛在解释 H.S.赖马鲁斯的圣经批判时所阐述的思想；后者的《为上帝的理性崇拜者辩护》曾由莱辛以《一个匿名者的残篇》为名精选发表。根据莱辛的理解，偶然的历史真理不能够被用来证明必然的理性真理；这也适用于圣经的字面和精神之间的区别，以及圣经和宗教之间的区别；对圣经的种种反驳，如果针对的是精神、宗教，本身都不能够被接受。但另一方面，赖马鲁斯的圣经批判——在这一前提下它并不涉及个体的宗教性——只有在一定条件下会与神学独断论的方法相遇。如果参与赖马鲁斯对理性真理和信仰真理的这种混合，这就会意味着停留在了"并非不可传染的他对敌对异端邪说的战争"中，正如莱辛指责他的正统路德教论敌、汉堡大主教 J.M.Goeze 那样。但那些侧面的论证对于赖马鲁斯来说也是建立在口耳相传的早期基督教传统中的——建立在对后期经典文本权威的如此有条件的相对化之中的。[参考书目略——中译者] ——丛书版编者

它自己在实行这个环节,"但这个环节在它看来却显得是属于信仰的"。
康德的自由意志、灵魂不朽和上帝都是自在之物,是不可认识而只能信
仰的对象,对于认识的自我意识来说都是他者。"并且显得是处在信仰
的这一规定性中,即规定信仰是一个与它相外在的东西,是对正好这样
一些普通现实的历史的某种偶然的认知",就是信仰的对象虽然是纯粹
明见不可认知的,但如果一定要给它进行一种外在的规定的话,纯粹明
见就只有把它规定为一些普通现实的历史的产物,例如对《圣经》和耶稣
的生平作一些历史的考证,其出发点仍然是启蒙的常识。比如说对奇迹,
对圣物,对耶稣传记和使徒行传的研究,这都是一些偶然的历史知识,启
蒙由此而揭示信仰是如何通过历史上的以讹传讹甚至是有人采取故意欺
骗的手段而建立起来的。这个地方德文编者有个注释:"黑格尔这里直
到本段末,涉及的是莱辛在解释 H.S. 赖马鲁斯的圣经批判时所阐述的思
想","根据莱辛的理解,偶然的历史真理不能够被用来证明必然的理性
真理:这也适用于圣经的字面和精神之间的区别,以及圣经和宗教之间
的区别",等等。莱辛在赖马鲁斯的《圣经》批判里面特别强调的观点是,
不能够靠那些外在的东西来断言圣经的精神。什么是外在的东西? 一个
是奇迹,一个是历史故事,还有就是版本,它所使用的语言、文本,包括
里面发生的一些错误,包括抄写者的笔误等等,不能光靠这些东西来研
究圣经。要研究圣经的精神,要研究宗教的精神,必须要深入到它后面
的思想。而从思想上说,所有的宗教都是一样的,尽管所用的经文不同。
犹太教、伊斯兰教和基督教,都是共通的,它们都有同一个上帝,都有同
一个精神,这是莱辛的基本的宗教思想。莱辛有一本名著叫《智者纳旦》,
里面就讲了这三个宗教的教士们在一起讨论问题,最后发现三教同一,
都是在谈论同一个上帝,只是形式不同、字面不同而已,精神是一样的。
所以自从莱辛以后,西方的宗教宽容精神大大往前推进了一步,这个是
很有名的一个例子。那么黑格尔在这里呢,也是引用莱辛的观点来为自
己做论证。我们再看下面,下面直到本段结束都有莱辛的背景。

{301}　　　　所以，它在这里就对宗教信仰捏造说，这信仰的确定性是建立在一些**个别的历史见证**上的，而它们作为历史见证来考察时，对它们的内容的确定性当然不会提供报纸新闻关于任何一项事件所给出的那样程度的确定性；

　　　　先看这半句。"所以，它"，它就是启蒙了，就是纯粹明见了，纯粹明见"在这里就对宗教信仰捏造说"，这个捏造 andichten 也可以翻译成虚构，反正是带有贬义的，这是对启蒙的宗教批判的一种批判。启蒙的宗教批判里面已经包含有捏造了，怎么捏造呢？说是"这信仰的确定性是建立在一些**个别的历史见证**上的"，个别的历史见证打了着重号。这是一种捏造，信仰的确定性是建立在这样一些奇迹、传闻这样一些东西之上的吗？根本不是。按照莱辛和赖马鲁斯，这些表面的东西都是易逝的，都不是真正信仰的根据，它可以作为一种辅助的、"侧面的"见证，但是骨子里这些都不是信仰上的根据。所以它是启蒙对宗教信仰的根据的一种捏造。"而它们作为历史见证来考察时，它们的内容确定性当然不会提供报纸新闻关于任何一项事件所给出的那样程度的确定性"，就是这样一种历史见证，在圣经里面，在使徒行传和福音书里面所留下来的那些见证，当然跟今天的报纸新闻不能相比，今天报纸新闻爆料、曝光，这些东西往往都是有根有据的，错了要负法律责任。但是历史上那些几百年、几千年前的事情，你怎么去查？完全可以造假。这些作为历史见证来考察时，它们的确定性当然不会像今天的报纸新闻那样可靠，所以其实是完全不可信的。

　　　　——又说，宗教信仰的确定性此外还基于这些见证的偶然的**保存**之上，——这种保存一方面是通过文件，另一方面是凭借一份文件再辗转传抄时的熟练与忠实，——最后，还基于对这些死去的语言文字的意义的正确统握之上。

　　　　下面是另一种捏造："又说，宗教信仰的确定性此外还基于这些见证的偶然的**保存**之上"。就是说，这些历史上的见证是怎么保存下来的，如果能够把这种保存过程考证得稳稳当当,那这些材料就可信了。所以宗教信仰的根据除了上面讲的历史见证以外,还必须基于这些见证的流传是经过考证而不走样的。当然这是很难做到的,所以启蒙由此断言信仰的根据是不可靠的。这分三个方面来讲:"这种保存一方面是通过文件",也就是有据可查,有案可稽,有文字记载,白纸黑字,而不是道听途说,空穴来风。但这很难做到全面,大量的文件都丢失了。"另一方面是凭借一份文件再辗转传抄时的熟练与忠实",你要依靠那些抄写人,就是所谓"手民"的熟练技巧,他不能抄错,再就是他忠实于原文,他不能任意篡改。这也是不容易做到的。"最后,还基于对这些死去的语言文字的意义的正确统握之上",最后还有一个,就是对死了语言文字,例如古希腊文、古希伯来文、古拉丁文,都和我们今天不一样,如何去理解? 这是训诂的问题。由此可以看出信仰是建立在多么不可靠的基础上的。

　　但是,实际上信仰并没有想使自己的确定性依赖于这些见证及这些偶然性;信仰在自己的确定性中对它的绝对对象是泰然自若的关系,是对这对象的一种纯粹认知,这种认知并不把文字、文件和抄写人掺杂到它对绝对本质的意识中来,也不凭借这样一类事物在自己和对象之间形成中介。 [93]

　　这是对信仰的辩护。启蒙对信仰做了那么多的指责,其实都是把事情搞颠倒了,都是用外在的东西来来颠覆内在的东西。"但是,实际上信仰并没有想使自己的确定性依赖于这些见证及这些偶然性",你讲的那些见证、那些偶然性都只是些"侧面的"证据,但是实际上信仰并不是全靠这些东西建立起来的,归根结底,它本质上并不是完全的依赖这些见证和这些偶然性来建立自己的确定性。这些都是一种引进门来的权宜之计,把你先引进门,然后必须一步步向你展示基督教的精义。当然,如果你的理解一直停留在表面,就会使它们变成谎言了,比如基督用一块面包喂饱了五百个人之类。只要你理解得正确,这些故事是很有必要的。所以它并没有想使自己的确定性完全依赖于这些见证和这些偶然性。"信仰在自己确定性中对它的绝对对象是泰然自若的关系"，信仰在自己确定性中，并不是有意造成的，而是自然形成的，没有谁强迫谁，也没有谁欺骗谁，和信仰的对象是一种泰然自若（unbefangen）的关系。"是对这对象的一种纯粹认知，这种认知并不把文字、文件和抄写人掺杂到它对绝对本质的意识中来"，信仰是对这个对象的纯粹认知，也就是纯粹意识对纯粹本质的直接认知。当然不同于借助经验的中介的那种对现实事物的认知，但仍然是一种认知，因此像一切认知一样是泰然自若的、无偏无私的，没有党派性的、客观的。至于这些抄写人啊，纸张版本啊，文字这些东西，那都不在话下，都是表面的东西。"也不凭借这样一类事物在自己和对象之间形成中介"，如果要靠这些东西来形成中介，那就不是信仰这种纯粹认知，而是经验知识了。这是为信仰辩护，也是对启蒙看待信仰的眼光的一种反驳。

　　相反，这种绝对本质的意识才是它的认知的那个自我中介的根据；它就是精神自身，是那个既从**个别**意识的**内心**见证自己、也通过一切人对它的信仰的**普遍在场**而见证自己的精神自身。

　　就是说，它不是靠这些表面的东西来中介，来作为证物，来作为根据。"相反，这种绝对本质的意识才是它的认知的那个自我中介的根据"，真正的根据是对绝对本质的意识，也就是直接的纯粹意识。反过来，正因为你有这种直接认知，所以这些东西才成为了侧面的辅助根据，那些经验的历史材料才能据以去回溯纯粹意识。这种直接认知不需要外来的中介，而是自我中介，所以这种绝对本质的意识才是它的认知的那个对自身进行中介的根据。"它就是精神自身"，你不是有精神吗？对绝对本质的意识就是精神自身，或者说，对上帝的意识就是精神本身，信仰就是精神的本质。什么样的精神呢？下面展开："是那个既从**个别**意识的**内心**见证自己、也通过一切人对它的信仰的**普遍在场**见证自己的精神自身"。这个精神自身既是个别的，又是普遍的，即是主观的，又是客观在场、人所共通的，既是个人的内心见证，又是一切人的团契的见证。我们今天叫作"主体间性"。每个人扪心自问,去看看你的内心,你就可以见证自己的信仰;但是由于这是一种纯粹认知,它本身就把一切特殊性排除掉了,所以这同时也是通过一切人对它的共同信仰在团契中普遍在场的见证。所以你这个精神不是你个别人的一种怪癖,更不可能是受了某人的骗,而是所有的人,人同此心,心同此理,都共有这样一种普遍在场。在团契里面、在基督教会里面就可以看出来,人与人是可以相通的,而且正是凭借这个精神才可以相通。

如果信仰想要也从历史的东西中给自己的内容提供出启蒙所说的那种方式的根据,哪怕是最起码的证明,以为这是严肃认真的态度,并作出好像一切都依赖于此的样子,那么它就已经上了启蒙的当,而且它以这种方式来为自己奠定基础或巩固自己的种种努力,只不过是它所提供的有关自己已受传染的一些见证。

这个反过来了,信仰被启蒙批了一通以后,它现在来批启蒙了。"如果信仰想要也从历史的东西中给自己的内容提供出启蒙所说的那种方式的根据",因为启蒙无非就是批它,说你把这些历史的东西当作信仰的根据是不牢靠的;那么假如宗教信徒听从启蒙的批评,拼命想要把历史的证据搞得更可靠一些,来满足启蒙所要求的可靠根据的条件。"哪怕是最起码的证明,以为这是严肃认真的态度,并作出好像一切都依赖于此的样子,那么它就已经上了启蒙的当"。就是说,如果信仰按照启蒙的批评想要去完善自己的历史证据,它就已经上了启蒙的当,被启蒙引上了歧路。启蒙所理解的可靠根据只能是实证的,有经验材料和可靠的历史根据的,如果你按照这个标准去打牢信仰的基础,那就上当了。你以为这才是严肃认真的态度,启蒙就是批判信仰不严肃,不认真,那我们是不是把信仰的根据搞得更严肃认真一些呢?如果信仰也是这样想的话,那么它就已经上了启蒙的当。因为信仰跟启蒙完全是两条不同的道,启蒙是着眼于现实世界的,是面对经验事物的,而信仰是面对内心超经验超感性的纯粹本质的,是诉诸纯粹意识的。你要按启蒙的要求把自己拉回到现实的经验事物中来，你就已经把信仰本身的根基放弃了。"而且它以这种方式来为自己奠定基础或巩固自己的种种努力，只不过是它所提供的有关自己已受传染的一些见证而已"，它以这种方式来为自己奠定基础或巩固自己，也有一些教士、一些信徒们想走这条路的，想通过科学的方式证明真的有一个上帝，证明灵魂真的不朽，直到今天还有人在试图这样做嘛。关于灵异事件啊，或者是关于转世轮回啊，关于很多不可理解的东西，他们都归结为是神灵，上帝。但是，这只不过是提供了这些信仰已经受到启蒙传染的见证。就是说你们已经受了启蒙的传染了，前面讲启蒙是在暗中做工作的，是防不胜防的，你们这些教士们，你们一心以为自己在为信仰提供证据，但实际上你们是在为启蒙提供炮弹，你们自己已经受了启蒙的传染了。在宗教里头，有很多这样的新潮的神父或宗教学者，他们想通过这样一些历史性的经验证据来再次证明，圣经说的是有道理的，此前的大洪水是有的，到处去寻找诺亚方舟，据说是在黎巴嫩的一个山上发现了，但是都得不到确证。他们尽量地想走这条实证的路，但实际上呢，他们已经受到了启蒙的传染了。当然受到了启蒙的传染，这是好事呢，还是坏事呢，这个还很难评价。对当时的信仰来说是走了歧路，走偏了，但是实际上，这也是必经之路，这个传染你避免不了。现代的神父跟以往的神父就不一样了，现代的神父，现代的信徒，现代的修女，都不一样了。有部美国电影《修女也疯狂》，就是讲到现代的教会已经不一样了，教堂里面唱摇滚来吸引年轻人，这是不可抗拒的。黑格尔也看到这一点，他对这些东西的评价呢，批判也好，辩护也好，你都不要把它看作是黑格尔的终极观点，不是的。黑格尔的观点是历史的观点，每一个阶段在历史上都有它的位置，都是可以批判的，也是可以辩护的，但是都是暂时的。例如他在后面就讲到了"启蒙的正当权利"[第99页]，以及"信仰变为空无内容"[第104页]。当然最后的归属就是通往他自己的哲学，这个就不用说了，但这种态度是充满批判性的，这是很值得我们注意的。好今天就讲到这里。

　　　　　　*　　　　　　*　　　　　　*

　　好,我们今天是本学期最后一次课,已经按照我们的计划把这学期的任务完成了。我们上次讲到信仰被启蒙所颠倒,并且是按照信仰意识,它的三个环节,来逐一考察信仰如何被启蒙所颠倒。第一个环节就是上帝,上帝作为一种纯粹思维,启蒙把它颠倒为一种泥塑、木雕的东西,来加以谴责,对信仰加以贬低。第二个就是对于新约里面的那种基督教实证性加以批判,就是这种实证性讲究奇迹,讲究圣迹,这样一些目睹耳闻的记载下来的东西,这是对第二个环节的颠倒。本来这些圣迹是把人引向信仰的,作为一种实证的根据,但是启蒙认为,内心的东西不能以这种外在的偶然的东西作为根据,外在的历史的偶然性不能作为信仰的根据,因为信仰的东西是内心的,是必然的,是一种普遍性的东西。这是第二个环节,关于基督教的实证性,也就是关于耶稣基督的圣迹,这方面对于信仰进行了颠倒。那么,今天我们要讲的是第三个环节。

　　现在还剩下第三环节这方面,即意识与绝对本质的作为一种行为的联系。

　　第三个环节就是意识和绝对本质的联系,中间是由行为作为中介的。就是信仰的意识与上帝之间是如何形成联系的,如何联系上的?上帝高高在上,是绝对的,无限的;而个人呢,个体是有限的,是人世间的;那么只有通过在教会里面侍奉的服务,通过这样一种行为,才能逐步逐步地跟上帝接近。这种行为是什么行为呢?是通过对上帝的精神性的侍奉而脱除个体身上的自然的特殊性,使自己提升到普遍的圣灵。这样的一个联系我们要来考察一下,这是第三个环节。第一个环节是上帝在彼岸,第二个环节就是实证的根据在此岸,第三个环节就是由这种行为建立起来的彼岸与此岸的联系。

　　这种行为就是对个体的特殊性或者个体自为存在的自然方式的扬弃,个体的确定性就来自于这种扬弃,个体由此确定了自己按照其行为

207

而是纯粹的自我意识，也就是自己作为一个**自为存在着的**个别意识是与本质合一的。

　　"这种行为"，也就是这样一种崇拜、祭祀、祈祷等等一系列的宗教侍奉行为，"就是对个体的特殊性或者个体自为存在的自然方式的扬弃"。这就是刚才讲的，通过忏悔，通过奉献，通过牺牲，甚至于殉道，通过这样一些行为，对个体的特殊性、或者个体自为存在的自然方式加以扬弃，使自己的个体纯粹化，上升到纯粹本质和纯粹思维。个体的自为存在、个体的行为有它一种自然的方式，人总是要追求自然的东西，人本身就是一种自然的存在物。但是通过这样一种宗教行为呢，我们可以把它扬弃掉，把个体的特殊性，或者个体自为存在的自然方式扬弃掉。"个体的确定性就来自于这种扬弃"，个体在这样一种行为中确立了自身，没有这样一种扬弃行为，个体就陷在他的自然本性中，跟动物一样受本能所支配，没有确定性。只有在这样一种认同于纯粹思维、献身于上帝的行为之中，你才能把自己的个体性确立起来。"个体由此确定了自己按照其行为而是纯粹的自我意识"，个体由此，由这样的行为，而确定了自己按照其行为而是一个纯粹的自我意识。个体在信奉上帝的过程中，通过自己的行为把自己确立为一个纯粹的自我意识。它原来也有自我意识，但跟自然东西的特殊性掺杂在一起，跟自然本能的需要掺杂在一起；而通过把这些东西扬弃掉，我只跟上帝打交道，那就是一种纯粹的自我意识了，这就确定下来了，就是永恒的不变的、不以外界影响为转移的一个自我意识，一种纯精神的关系，即个体与上帝的纯精神的关系，那是一种普遍的关系。"也就是自己作为一个**自为存在着的**个别意识是与本质合一的"，也就是和上帝合一的，确定了这一点。就是说，自己作为一个自为存在着的个别意识，自为存在着的，有自己的能动性、有自己的独立性，这样一个个别意识，是与本质合一的，与上帝合一的。因为纯粹的自我意识只有在人和上帝之间才能产生，人和人之间都还不能产生，因为人和人之间还有自然的关系，人和上帝之间才能产生出纯粹的自我意识。

只有这样一个自为存在着的个别意识和本质是合一的,在这里才意识到、才确立了人和上帝的合一。这是第三个环节,第三个环节是在信仰的意识里面这样规定的,那么这样一种规定是如何经验到启蒙的呢? 就是下面要讲的了。

——由于在行为中**合目的性**和**目的**相互区别,而且纯粹明见在与这个行为的联系中同样也**采取了否定的态度**,如同它在别的环节中否定它自己本身一样,那么纯粹明见在**合目的性**方面必然体现为缺乏理解,因为在明见和意图结合时,目的和手段的协调一致对它来说显得是一个另外的东西,甚至显得是相反的东西,

我们先看这半句。"由于在行为中**合目的性**和**目的**相互区别",合目的性和目的,都打了着重号,这两个东西在行为中被相互区别开来。行为肯定都是合目的性的,但不一定都能达到目的,甚至不一定都有一个具体的目的。在行为中合目的性和目的之间的区别在前面已经有所提示了,我们可以翻到前面第76页,倒数第7行:"信仰意识是单纯的意识,它把机智风趣的东西也算作是虚浮的东西之列,因为机智风趣还是以实在世界为自己的目的。"也就是说,信仰意识跟这个机智风趣、跟这个分裂的意识不同的地方就是,分裂的意识它还是以实在的世界作为自己的目的的,而信仰意识它只有合目的性,它已经没有目的了,它对现实的目的完全超越了,但它还是一种有信仰的意识,它指向的是上帝。再参看第77页,第2行:"相反,这种侍奉只是一种继续不断的产生过程,这过程在当下是不能完全达到自己的目标的。虽然团契会达到这一目标,因为它是普遍的自我意识;但对于个别的自我意识来说,纯粹思维的王国仍然必须是它的现实性的一个彼岸"。从这前面两个铺垫,我们可以看出来在信仰意识中,个体行为的合目的性和目的是不同的,它没有具体的目的。在信仰意识中,你找不出一个具体的目的来,当然一般来说,它是信上帝,你可以把它看作以上帝为它的目的,但是上帝的那个目的是永远达不到的,它也明知道永远达不到,只有死后你的灵魂可以归于

上帝，但在现实世界中没有任何目的是可以代表上帝的。也就是在现实中你的行为，它是无目的的合目的性，它是合目的性的，但是没有任何现实的目的作为它的根据。这就是信仰意识在行动中的本质结构。在行为中，在侍奉中，你的目标远在彼岸，你是永远达不到的，合目的性和目的相互区别，合目的性的那个目的在彼岸，你这一辈子也达不到。"而且纯粹明见在与这个行为的联系中同样也**采取了否定的态度**"，就是说纯粹明见在与这样一个侍奉的行为相联系的时候，它是完全否定的。纯粹明见代表启蒙嘛，启蒙是反对一切宗教崇拜的，对于这样一种崇拜的行为，它采取了否定的态度。当然，它也不完全否定宗教，启蒙里面也很有一部分人是信上帝的，像自然神论这样一些人，自然神论这批人是信上帝的；但是，他们都对这样一种侍奉的行为采取否定的态度。信上帝，不是你作出一种什么行为就可以达到你的目标的，信上帝完全是个人内心的事情，所以对这行为采取了否定的态度。"如同它在别的环节中否定它自己本身一样"，这里"如同"与前面的"同样也"相呼应。纯粹明见一方面对信仰意识的行为加以否定，认为它不可信；另一方面对自己本身也加以否定，认为这不可知。这就是前面讲的，纯粹明见的否定态度分两方面，即"这种否定还有可能要么被当成思维的纯粹自在，要么被当成感性确定性的存在"[见第 90 页]，纯粹明见在别的环节中，也就是在它的自在的环节中否定自己本身，否定了自己的可知性。"那么纯粹明见在**合目的性方面**必然体现为不理解 (Unverstand)"，这个"不理解"，按照它的字面意思就是"非知性"，非知性不是非理性，非知性就是不能通过计算或范畴的把握来认知这种合目的性。你信上帝，有合目的性，但是你不能够用一种知性的方式来把握你的目的，比如说，你算计通过一种什么方式可以被上帝所接受。在宗教改革以前的基督教里面，这样一种倾向非常浓，就是说我们可以找到行为和目的之间一种精密的对应关系，特别是罗马天主教廷颁布所谓的"赎罪券"，买多少赎罪券，就可以相应地赎多少罪，死后升天堂的可能性就增加多少，通过这种知性的方式来把握手段和目的的关系。

但是在马丁·路德宗教改革以后，更不用说启蒙运动以后，这种观念就被抛弃了。纯粹明见认为这是不可能的，所以在合目的性这方面，必然表现为不可理解，你不可能用一种合目的性的行为去求得预期的目的。"因为在明见和意图结合时"，在你的明见，你的认知和你的意图结合在一起时，这时通常就是形成一种合目的性的行为，即按照明见去追求自己的目的这一行动。这时，"目的和手段的协调一致对它来说显得是一个另外的东西，甚至显得是相反的东西"，对纯粹明见来说这种目的和手段的一致关系就会显得是另外的东西，甚至是相反的东西。什么另外的东西或相反的东西？就是说原来想在信仰行为的目的和手段之间建立一种协调关系，但这种关系一旦建立起来，它就根本不是什么信仰意识的行为了，而是一种败坏信仰的行为。像购买赎罪券那样一种算计的关系，只会把信仰败坏为一种谋利行为，甚至为有钱人的犯罪大开方便之门。所以它是根本不合目的性的，在合目的性这一方面是不可理喻的。

　　——但就**目的**而言，它必然把坏的东西、享受和占有当成目的，从而证明自己是最不纯粹的意图，因为纯粹的意图和另外的东西一样，也是不纯粹的意图。

　　前面讲的是从合目的性方面来看，合目的性前面打了着重号。这里说，"但就**目的**而言"，目的也打了着重号，这是对照了。合目的性和目的是分开的，你要信上帝，你就有合目的性，但是你就必须要撇开目的，不要去考虑目的和手段如何能相适应。那么就目的而言呢，如果你要追求目的，那就"必然把坏的东西、享受和占有当成目的"。你要追求目的，你就必然会把一切世俗的东西作为追求的对象，包括坏的东西，包括你的享受和占有，都会成为你的目的。但这个你就不要标榜为是为了上帝，这就是享受生活了，就是唯利是图了。"从而证明自己是最不纯粹的意图，因为纯粹的意图和另外的东西一样，也是不纯粹的意图"，也就是如果你把目的摆在自己的意图中，那这个意图就成了最不纯粹的意图，因为以上帝的名义来标榜的纯粹意图和其他意图一样，都是不纯粹的意图。前面讲了，纯粹明见在和意图结合的时候，目的和手段的协调对它来说就显得是一个另外的东西，甚至相反的东西。如果你考虑目的和手段的关系，根据如何能达到目的采取什么样的手段，那么这对纯粹明见来说就是一个另外的东西了，当你进入到这样一个他者时候，你就已经不纯粹了，哪怕你是纯粹明见，但你的意图就已经不纯粹了，纯粹的意图这时和任何别的东西一样是不纯粹的。当然它自己还标榜为是纯粹的意图，这就是罗马天主教当年的伪善之处。他们把侍奉上帝的行为和任何世俗功利的行为混为一谈，认为既然我们在日常生活中要讲求目的和手段的一致，那在崇拜行为中也必须这样，这就把信仰本身搞得庸俗不堪了。所以，要把信仰意识的合目的性和目的区分开来。这是纯粹明见所做的工作，它表明信仰意识的那种合目的性是我们用日常有目的的合目的性行为所无法理解的，信仰在这一方面经验到了启蒙。这是第三个环节，第三个环节就是讲，意识和绝对本质如何在行动中、在侍奉的行为中联系起来。那么经历了启蒙的批判，信仰现在知道自己的合目的性应该和目的区分开来。但启蒙本来的想法是要证明这种无目的的合目的性是无法理解的，并不是要求信仰去掉它的目的，而是相反，要求人们要正面地对待目的本身，要好好地享受生活。这是启蒙的观点：你要追求上帝，那你就在内心去追求，你不要追求外在的东西，你不要追求现实的目的——当然这是纯粹明见所无法理解的；而你要追求现实的目的，你就不能打着上帝的招牌，你就好好地享受你的生活，虽然这是最不纯粹的意图。这是启蒙给予信仰的一种经验，信仰由此而澄清了自己的行为态度。

{302}　　因此，从**合目的性**方面我们看到，当怀有信仰的个体通过**现实地**拒绝自然享乐以取得不受自然享乐束缚的高尚的意识，并**通过这一行为业绩**而证明他对自然享乐的蔑视并不是一句**谎言**，而是**真心实意**的时，启蒙认为这都是犯傻。

　　"因此，从**合目的性**方面我们看到"，合目的性打了着重号，就是我们先看合目的性方面, 等一下我们再看目的方面。"当怀有信仰的个体通过**现实地**拒绝自然享乐以取得不受自然享乐束缚的更高尚的意识, 并**通过这一行为业绩**而证明他对自然享乐的蔑视并不是一句**谎言**, 而是**真心实意的**时, 启蒙认为这都是犯傻", 怀有信仰的个体通过现实的拒绝自然享乐, 现实的打了着重号, 也就是说信仰的个体这种现实的行为获得了自己的更高尚意识, 而由于这种行为是身体力行的, 在行为业绩上表现出现实性, 这就证明他们不是停留在内心, 也不是停留在口头上, 而是言行一致, 真的那样去做了。他们不是搞花架子, 不是欺世盗名, 而是以身试法、舍生取义, 真心实意地遵行严格的禁欲主义。宗教的禁欲主义对信徒来说, 是合目的性的, 但是它是没有目的的, 它是拒绝一切目的、拒绝一切享乐的, 为的是取得不受自然享乐束缚的更高尚的意识。从这样一方面来看呢, 它的这种行为是现实的。侍奉上帝的行为那不是嘴上说说玩的, 那是真的要去做、去实行的, 禁欲主义甚至苦行主义, 就是要违反人的自然本能去折磨自己, 这是非常现实、非常具有"行为业绩"(Tat)的。启蒙认为那些教士们都在说谎, 这是不对的。你说他们在说谎, 他不吃不喝, 不近女色不结婚, 那多难熬啊, 他能说谎嘛! 这个事情不是说谎的问题, 他现实地做到了, 禁欲嘛。所以证明他对自然享乐的蔑视并不是一句谎言, 而是真心实意的。但这个时候, 启蒙却认为, 这都是犯傻。禁欲主义完全是犯傻, 虽然不一定是谎言, 没有哪个说这样的谎言。你说你绝食了, 结果你又偷偷地吃点东西, 又喝点橘子水, 又吃点饼干, 那才是谎言。这个宗教信徒, 他不搞这一套, 他就是禁欲, 每天仅仅维持很少一点必要的热量, 否则的话就是自杀了, 基督教不主张自杀。但是, 也不主张享乐, 他就是维持最起码的生活必需, 吃点面包, 喝点水, 就可以这样过下去。所以他们是真心实意的, 但是, 这是犯傻。这太愚蠢了, 我们中国人讲, "食色, 性也", 放着美食不去吃, 放着女人不去爱, 天天坐在黑屋子里祈祷, 这不是犯傻吗? 这种禁欲主义是启蒙所大力批判的。除了禁欲主义, 还有一种表现也是启蒙所批判的。

[94]
——同样，个体通过放弃他的财产，来为自己作为一个排斥一切其他个体而独占财产的绝对个别的个体这样一个规定性脱罪，在启蒙看来，也是在犯傻；

　　"同样，个体通过放弃他的财产，来为自己作为一个排斥一切其他个体而独占财产的绝对个别的个体这样一个规定性脱罪"，那就是赎罪了，就是买赎罪券，放弃自己的财产，把自己的财产全部捐出去买赎罪券。通过这种方式来为自己这样一个规定性脱罪，一个什么样的规定性呢？作为一个排斥一切其他个体而独占财产的绝对个别的个体，为这样一个规定性脱罪，也就是为自己作为一个财产的私人占有者、作为私有者这样一个身份脱罪。在私有制下，你活在这个世界上，当然会有你的私有财产，而且这个私有财产是排他的，既然是私有财产就是排他的，它不是公共财产；那么作为一个私有者的规定性就是有罪的，体现在私有财产上的绝对个别的个体性这个规定性是有罪的。但是你通过买赎罪券，你就可以脱罪。马丁·路德的宗教改革就是因为这样一种赎罪券的买卖活动而引发的，他拍案而起，贴出他的 95 条论纲大字报，怒斥罗马天主教会在敛财，在欺骗大众，主张要恢复到早期基督教原教旨主义，回到他们道德严谨的时代去。马丁·路德通过这种抗议而建立了"抗议宗"，也就是新教了，新教也叫"抗议宗"，就是抗议罗马天主教会那样腐败的做法。你积攒了那么大的财富，本来是要下地狱的，《圣经》里面讲了，富人要上天堂比骆驼通过针眼还要难，你本来是上不了天堂的，但是你把你的财产捐一部分出来，你就可以上天堂了，至少可以不下地狱了，这就是一种脱罪。与路德遥相呼应的是后来的法国启蒙运动，黑格尔在《哲学史讲演录》中说，法国启蒙思想家爱尔维修等人"以另一种形式实行了路德的改革"。① 所以在启蒙看来，这两个方面都是在犯傻，一个是禁欲主义，

---

① ［德］黑格尔：《哲学史讲演录》第四卷，贺麟、王太庆译，商务印书馆 1978 年版，第 232 页，另参看第 222 页。

一个是购买赎罪券,赎买自己的灵魂,这也是在犯傻。

　　<u>这两种做法借此**在真理性中**所显示的是,个体并不是真的要把自己隔离开来,而是他被提升到了超出自然必然性之上,这种自然必然性使他个别化,并在这样绝对的使自为存在个别化时,否认了那些**与他自己**是同样自为存在的他者。①</u>

　　"这两种做法",或者说这种做法,实际上是把前面两种都概括进来了,这种做法"借此**在真理性中**所显示的是",在真理性中,打了着重号。也就是这两种做法真正说来是什么呢? 具有什么含义呢? 这就是黑格尔的理解了。启蒙认为这两种做法都是犯傻,没有真理性。但是这两种做法在真理性中显示了一个道理,即:"个体并不是真的要把自己隔离开来,而是它被提升到了超出自然必然性之上"。禁欲啊,把自己关在黑屋子里面不吃不喝啊,不近女色啊,好像是把自己和欲望隔离开来了。买赎罪券也是,通过放弃自己的财产,把它捐出去赎买自己的灵魂,好像是把自己和罪过隔离开来了。但是,这两种做法其实并不是要把个体隔离开来,相反,是把个体提升到了超出自然必然性之上。而自然必然性是什么呢? "这种自然必然性使它个别化,并在这样绝对的使自为存在个别化时,否认了那些**与它自己**是同样自为存在的他者",就是绝对的使自为存在个别化,各行其事,自行其是,人与人之间互相否定,各自为政,这就是自然的必然性。人就像动物一样受到这种自然必然性的控制,而禁欲和捐献,至少使自己的行为超出了这种自然必然性。在自然存在中,人与人都是一样的个别的自为存在者,但是又是互不相容的,每个人都是自私的,都只关注自己,这是一种自然的必然性。当他们绝对地使自

---

①　此处黑格尔引述霍尔巴赫《揭穿了的基督教,或对于基督教的原则和后果的考察》(1761) 和《自然的体系》(1770)。黑格尔极有可能是把对霍尔巴赫的宗教批判及其主要规定和将神视为拟人化这种观点作为自己论证的基础。同样他也可能利用了霍尔巴赫对基督教种种道德观念 (甘于贫穷,教士的独身,忏悔功课,苦行,禁食规定) 的批判。——丛书版编者

为存在个别化时，那就是绝对的自私自利了，就否认了那些与它自己同样自为存在的其他人。所以禁欲和施舍是有道理的，为什么说有道理呢？你把你的财产捐出去，并不见得就是拯救了你个人的灵魂，而是使你自己提升到了超越于自然必然性之上，这种自然必然性是分裂人与人的。人作为个别自然存在是互不相容的，每个人都是自私的。但是，通过这样一种禁欲和施舍的方式呢，你使自己超脱了，是对这种个别化的抗拒。你有再多的钱，你也不把它当作你的私财，你把它捐出去，不用来享受，不用来享受那等于不是你的。你有巨大的财富，但是你抱有一种禁欲主义生活方式，那巨大的财富就没有意义了，这些财富都是使你和其他的人相互隔绝的。那么这样一种做法呢，施舍也好，禁欲也好，实际上并没有真的把自己隔绝起来，恰好相反，它把人提升到一种共通的层次。就是说我们在精神上都要跨越人与人之间的自然的界限，我们在精神上都是属于一体的。这里有一个德文版编者注，就是在这个地方，黑格尔引述的是霍尔巴赫的观点。虽然在霍尔巴赫看来，这两种情况都是愚蠢的，但是黑格尔却为之作了辩护，认为这是一个必经的阶段。当然，不光是霍尔巴赫，黑格尔引述的是整个法国启蒙运动的观点，霍尔巴赫是法国籍的德国人，他在法国加入了启蒙运动，并且成为启蒙运动中一员干将。他写的东西像《自然的体系》啊，《揭穿了的基督教》啊，都是最具有战斗力的，我们讲他是"战斗的无神论者"。他对宗教、对迷信这些东西展开了系统的批判。他作为一个德国人，具有一种非常严密的思维，跟法国人不太一样，法国人是激情洋溢的，但是缺乏逻辑。但是霍尔巴赫《自然的体系》以严密的逻辑来论证自然、社会的体系，从各个方面系统地展开论证，所以霍尔巴赫的书是启蒙反对宗教的代表作，在理论上是最值得认真对待的。其他当然也有，像伏尔泰这些人都反宗教，但一般都是停留在机智的嬉笑怒骂啊，一些讽刺啊，也很尖刻，也很深刻，也很机智，但是没有霍尔巴赫这样系统。系统来说，就是这两个方面，一个是禁欲主义，一个是赎罪券，赎罪券也叫善功，你要做善功，你要把你的财产捐出来交给教会，教会拿去做慈善事业，这叫作善功。这些在启蒙看来都是犯傻，都是弱智，都是蒙昧。

　　——纯粹明见认为这两者都是既不合目的又不正当的，——为了证明自己摆脱了娱乐和占有而拒绝娱乐，抛弃所占有的东西，这是**不合目的的**；所以，反过来说，它将把那为了要吃饭而采取现实的吃饭手段的人宣布为**傻瓜**。

　　"纯粹明见认为这两者都是既不合目的又不正当的"，不合目的就是你想要通过这个方式进天堂，那是痴心妄想，你通过放弃自己的财产想要进天堂，那是不合目的的。又是不正当的，不正当的也就是说不公平的，不公正的。对于禁欲主义来说，你好好地活着，为什么要禁欲的呢？这是不正当的。对做善功的人来说，只要你有钱，就可以免罪，这是不公正的。但这种批评是似是而非的。比如说对不合目的而言，"为了证明自己摆脱了娱乐和占有而拒绝娱乐，抛弃所占有的东西，这是**不合目的的**；所以，反过来说，它将把那为了要吃饭而采取现实的吃饭手段的人宣布为**傻瓜**"，这句话就是反话了。如果启蒙认为，为了证明自己摆脱了娱乐和占有，就拒绝娱乐、抛弃所占有的东西，这是不合目的的，那么反过来就会推出，为了吃饭的目的而采取现实的吃饭手段，也是不合目的的，这显然是荒谬的推理。要吃饭当然就要采取现实的吃饭手段了，这是目的和手段的一种合乎知性的关系。但是如果说用不吃不喝来证明自己摆脱了娱乐是不合目的的，那么为要吃饭而采取现实的吃饭手段的人就是傻瓜了。然而按照知性的推理，这两者都是合目的的，因为它们的目的就是摆脱娱乐和占有，或者达到吃饭的目的，所以它们采取了正确的手段，一个拒绝娱乐和占有，另一个取得吃饭的手段，这都是完全合乎逻辑的。所以前面讲到纯粹明见在信仰的合目的性方面是缺乏理解的或者非知性的，所谓非知性，就是对信仰中目的和手段相互之间的合理关系完全无法理解，在这里就是无法把摆脱娱乐和占有看作是一种目的，于是就说信仰是无目的的，或者不合目的的。启蒙无法设想一个人怎么可能把摆脱娱乐和占有当成自己的目的，因为在他们看来一切目的都是为了娱乐和占有。但是在黑格尔看来，放弃世俗的东西在现实中是有可能成为目的的，它本身为个体提升到精神的层次打开了门户；至于是否真正提升到了精神层次，还是仅仅是在做秀，这当然还在未定，但完全否定这一点则封死了通往纯粹精神层次的大门。

　　——它又认为，拒绝一顿饭菜，不拿牛油鸡蛋换钱，或不拿钱换牛油鸡蛋，而是直接抛弃这样一些东西而不求它们的回报，这也是**不正当的**；它宣称一顿饭菜或是占有此类的事物，都是一种自身目的，因此实际上宣称自己是一个非常不纯粹的意图，这种意图从本质上所关心的完全只是这样一种享受和占有。

　　前面讲，禁欲主义是不合目的的。那么，"它又认为，拒绝一顿饭菜，不拿牛油鸡蛋换钱，或不拿钱换牛油鸡蛋，而是直接抛弃这样一些东西而不求它们的回报，这也是**不正当的**"，就是在启蒙看来，放弃某样东西总是为了得到另一样东西，如果无条件地拒绝一顿饭菜，或者白给人家牛油鸡蛋而不要钱，或者白给人家钱而不换回牛油鸡蛋，这都是不正当的，是脑子不正常的。"它宣称一顿饭菜和占有此类的事物，都是一种自身目的，因此实际上宣称自己是一个非常不纯粹的意图，这种意图从本质上所关心的完全只是这样一种享受和占有"，由此可见，纯粹明见只把饭菜啊，钱物啊，看成是自身目的，放弃这些实物都是无目的的，因而从意图来说都是不正当的、非知性的。这样一来，它实际上就是在宣布自己的意图是非常不纯粹的，它只关心享受和占有的意图。这就是前面讲的［第93页］："它必然把坏的东西、享受和占有当成目的，从而证明自己是最不纯粹的意图，因为纯粹的意图和另外的东西一样，也是不纯粹的意图。"启蒙把这些东西称之为"自身目的"，它本身就是目的，它不是为了别的东西，不是用来达到进天堂、或者提高自己精神的手段，它自身就值得追求，值得享受。那么启蒙在这样宣称的时候，这种宣称是很不纯粹的，实际上你关心的还是享受和占有了。当然他们鼓吹享受的合理性，这方面还是有功劳的，所以后面讲，有用、功利主义是启蒙的基本概念。但这样一来，纯粹明见标榜自己的意图才是纯粹的意图，这就不攻自破了。纯粹明见的意图恰好是不纯粹的意图，它自身并没有超越这些感性世俗的目的之上。

　　而它作为纯粹意图，又还是主张有必要提升到超出自然实存以及对这种自然实存手段的贪欲之上；只是它认为想要**通过行为业绩**来证明这种提升，就是犯傻，就是不正当的，或者说这种纯粹意图真正说来就是一个欺骗，它标榜和倡导一种**内心的**提升，但却把认真地这样做、**现实地要将它做成作品**并**证明其真理性**说成是多余的、犯傻的，甚至于不正当的。

　　"而它作为纯粹意图"，你说它意图不纯粹，它还不服气，觉得自己既然是纯粹明见，当然还应该有纯粹的意图。而它作为纯粹意图，"又还主张有必要提升到超出自然实存以及对这种自然实存手段的贪欲之上"，比如说一顿饭菜，你饿了就要吃饭嘛，就要追求美味嘛，你为了这样自然实存的目的而追求达到它的手段，甚至对这种手段还形成一种贪欲，这倒是启蒙所不屑的。启蒙认为它自己是一种纯粹意图，有必要超出这种自然实存的贪欲之上。"只是它认为想要**通过行为业绩**来证明这种提升，就是犯傻，就是不正当的"，就是说，当人们真正用实际行动来证明这种提升的时候，它就不乐意了，认为这是犯傻和不正当的。因为它缺乏对这种高层次的纯粹意图的理解力，认为那只能是属于自在之物的领域，而不是能够用常识或科学来证明的。"或者说这种纯粹意图真正说来就是一个欺骗，它标榜和倡导一种**内心的**提升，但却把认真地这样做、**现实地要将它做成作品**并**证明其真理性**说成是多余的、犯傻的，甚至于不正当的"，这就是一种更糟糕的推测了。前面是说启蒙无能力把握纯粹意图，这里则是说，启蒙在这方面所标榜的纯粹意图根本就是一个欺骗，没打算实行的。由于它以纯粹明见自居，所以也要标榜一种内心提升，一种纯粹意图的提升；但却只限于内心，当有人真地想在现实中实现这种提升的时候，它就认为是多余的、愚蠢的和不正当的了。这就是叶公好

219

龙、自欺欺人了。总之，这里暴露出了启蒙的一个矛盾的态度，一方面它认为这些世俗的享乐，它们本身就是目的，是值得追求的，你不要把它当作别的手段，你不要刻意地去放弃，那是伪善，那些禁欲主义者都是些伪善之徒，都是些伪君子，放着好好的享乐不去享受，而标榜自己的精神多么高尚，这是一方面。但另一方面呢，它认为人还是要超出这些自然实存的手段，要超出贪欲，但是你不能用行为业绩，用善功啊，禁欲啊，来证明这种提升，否则就是犯傻了，就是不正当的了。甚至它所宣称的这种纯粹意图其实就是一种欺骗，一方面说现实的目的本身就值得追求，另一方面又说现实的目的不值得追求，要超越于这些目的之上。但你不但自己不去超越，别人实际尝试来超越你还要批判他，你仅限于倡导一种内心的提升，但沉溺于现实的享乐又谈何内心的提升呢？这不是更加虚伪吗？这是黑格尔对启蒙的一种批判，指出了启蒙的两面性。路德的宗教改革本身就曾经体现出它的两面性，路德一方面反对禁欲主义，他的名言是：谁不爱美酒和女人就一辈子都是傻瓜。就是人对现实的享乐要紧紧地抓住，不要违背自然本性。但是他又主张"因信称义"，精神的东西要通过内心去追求，不能通过一种外在物质的手段去追求。但是黑格尔认为，你如果不通过物质手段去追求精神的东西，那不是欺骗人吗？你内心的东西，谁知道你怎么想的？你不把它做出来，你不用现实的行动和作品来证明，你空口说白话，你说我多么纯洁，你说我时时刻刻想到上帝，那不更虚伪吗？那不更是欺骗吗？所以在这里讲启蒙的时候，实际上黑格尔把宗教改革也包括进去了，宗教改革在黑格尔心目中差不多就相当于一种启蒙。他曾经讲，爱尔维修这样一些人以另一种形式实行了路德的改革。路德的宗教改革在法国启蒙运动中以另一种形式实现了，在法国它没有采取宗教改革的方式，它采取了启蒙的方式。马丁·路德一方面是个享受世俗生活的人，但另外一方面又追求灵魂的纯洁，灵魂的超越，对世俗一尘不染。你不要拿世俗的东西为自己的灵魂生活来赎罪，或者来买单，这个是不应该的。我们经常会以为马丁·路德会追求

精神生活,抨击教会的腐败,他一定是一个远离世俗生活的人,其实不是
的,恰好马丁·路德是一个非常世俗的人。新教徒也是这样,在内心生
活方面,他们追求一种纯洁,虔诚,像路德教里面的虔诚派。但在世俗生
活中,他们又非常注意享乐,认为享乐是合理的。爱尔维修也特别强调
享乐的合理性的,这其实是宗教改革的原则。启蒙的这两方面,一个精
神生活,一个世俗生活,这两个方面井水不犯河水,但每一个方面都要合
理。精神生活方面你要合理,你内心要有理想的追求,不要沉溺于世俗
生活;而在世俗生活方面也要合理,不要伪善,该享乐就享乐,要顺其自
然,不要扭曲自己的本性。这就是启蒙的两面,但是黑格尔认为启蒙这
两面形成了一种自相矛盾,甚至于是一种欺骗。因为在黑格尔心目中,
此岸和彼岸没有那样的鸿沟,既然是纯粹明见,就应该跨过这条鸿沟,彼
岸的东西一定要通过此岸的行动实现出来。黑格尔所找到的桥梁不是什
么善功,而是历史,不是通过善功来连接此岸和彼岸,而是通过历史来连
接此岸和彼岸。所以此岸和彼岸是可以相贯通的,只不过不像信仰意识
那样停留在一个低层次,在这方面启蒙的批判还是对的。但是启蒙的批
判把这两方面完全隔绝开来也是不对的,也是一种伪善。

　　——因此,它一方面否认了自己是纯粹明见,因为它否认了那直接
合目的的行为,另方面又否认了自己是纯粹意图,因为它否认了那种要
证明自己摆脱了个别性目的的意图。

　　"因此,它一方面否认了自己是纯粹明见,因为它否认了那直接合目
的的行为",就是纯粹明见由于上述自相矛盾,它否认了自己是纯粹明
见。因为上面已表明,它否认了那直接合目的的行为,只承认那间接以
经验对象为目的的行为是合目的的。这是一个方面,即合目的性方面,
纯粹明见以自身的明见判断,那种超出感性自然的行为是不合目的的,
因为那种目的是不可认知的。另一个方面是目的本身方面,也就是纯粹
意图方面。"另方面又否认了自己是纯粹意图,因为它否认了那种要证
明自己摆脱了个别性目的的意图",人家禁欲也好,做善功也好,都是要

用实际行动来摆脱个别性的目的,摆脱世俗的目的,以便提升到一种纯粹精神,但是你否认了这种意图,否认了这样一种要摆脱个别性目的的意图,只承认限于享乐和占有的意图,只承认那些不纯粹的意图。你的纯粹意图只停留于内心和口头上,并不打算实行。这是双重的否定,一个是纯粹明见,一个是纯粹意图,纯粹明见是从理论上说的,纯粹意图是从实践上说的。启蒙既否认了自己是纯粹明见,因为它否认了那直接合目的的行为里面目的和手段之间的那样一种合理的关系,那还谈什么纯粹明见啊?你连知性都不是,你是一种非知性。纯粹明见应该能够从中看到一种合理性、一种本质性,但你没能做到这一点,你就走向了自我否定,既纯粹明见否认了自己是纯粹明见。启蒙又否认了自己是纯粹意图,因为你的意图不纯粹了,你无法证明自己摆脱了个别性目的的那种意图,无法证明自己能够超越自然的享乐和占有。你把纯粹意图高高挂起,悬在人的内心,跟外界没有关系,而对外界你又主张顺从自然的本能、自然的享乐,这种意图就是不纯粹的。这里讲的是启蒙批判信仰的第三个环节,第三个环节实质上是前两个环节的合题。前面第一个环节是启蒙对上帝的颠倒,把上帝颠倒为泥塑木雕的东西,颠倒为一种物质性的东西;第二个环节就是基督教的实证性,把这种实证性作为一种完全不能当作根据的、完全不具有实证性的东西,一种外在的历史的偶然知识;第三个环节就是我们刚才讲的,这两方面的联系,就是你的实证的行为、实际的行为跟上帝之间是如何联系的。在以往的基督教里面,在信仰的意识里面,就是通过侍奉上帝,通过禁欲和赎买,做善功,通过这样一些具体的看得见摸得着的、实实在在的奉献行为,在个体和上帝之间达成沟通。但是启蒙认为这些行为都是在犯傻,都是说不通的,要么你就好好地享受你的生活,另一方面你心里面想着上帝就行了,你要提升自己那是你个人内心的事情,你做任何善功都不能促进你的信仰一丝一毫。这是启蒙对于信仰的三个层次的批判,通过这种批判信仰也经验到了它自己的各个环节,它的各个环节都被启蒙所颠倒,那么信仰经过这样一种启蒙之后，它要再建立起自己的宗教，那它就有了经验了，它就有了防备了，它就把这些东西都考虑在内了。那就是黑格尔所说的理性宗教，黑格尔要建立的理性宗教就跟这些东西都不一样了。

[2. 启蒙的肯定命题]

前面这个阿拉伯数字的标题是，信仰经验到启蒙 [第 90 页]，原来的那个标题"启蒙的原理"太泛了，实际上是讲信仰经验到启蒙。下面分第一个小标题，"信仰被启蒙所颠倒"，这是信仰的第一个经验，信仰经验到启蒙首先体现它被启蒙所颠倒。第二个小标题就是这个："启蒙的肯定命题"，就是说信仰被启蒙所颠倒是一个否定命题，启蒙否定了信仰，它把信仰颠倒过来了；那么启蒙本身的肯定命题是什么呢？ 你要谈信仰经验到启蒙，除了要谈信仰被启蒙所否定以外，还要看一看这个启蒙用来否定信仰的这样一个否定命题，后面有一种什么样的肯定的立场，它凭什么来否定信仰。虽然它没有直接说出来，启蒙一开始就是批判，它没有说出来，但是在它的批判过程中，它就显出它的立场来了。抗议宗也是这样，新教叫作抗议宗，它就是抗议，但是它的抗议有它自己的立场。那么启蒙的肯定命题，现在需要把它揭示出来，以便对于信仰经验启蒙这个话题作更进一步的了解。信仰经验到启蒙，这个启蒙不光是否定啊，不光是颠倒，它经验到一种什么样的正面的原理呢？

这样，启蒙就让信仰经验到了自己。
这一句话就把前面的都概括了。所以我们把前面那个小标题改成"信仰被启蒙所颠倒"，把阿拉伯数字标题改成"信仰经验到启蒙"，这都是有根据的。"这样，启蒙就让信仰经验到了自己"，或者信仰这样一来就经验到了启蒙，但是信仰不是主动的，信仰是被动的，它是被攻击的。主动性掌握在启蒙手里，它让信仰经验到了自己。

启蒙以这样一种糟糕的样子登场，是因为它恰好通过对一个他者的关系而给予自己一种**否定的实在性**，或者把它自己体现为它自己的反面；但纯粹明见和纯粹意图必须给自己提供这种关系，因为这就是它们的实现。

"启蒙以这样一种糟糕的样子登场"，糟糕的样子，在前面处处都体现出来了。黑格尔一方面讲启蒙对信仰的意识如何批判，这也是犯傻，那也是犯傻，这也不合目的的，那也不正当；但是每当批判的时候，他就在后面随时加以纠正，随时加以辩护，甚至随时加以反批判。黑格尔为信仰辩护，在这个辩护中凸显出了启蒙在批判信仰的时候表现得非常糟糕，它批判人家的东西恰好是它自己所犯的错误，它自己恰好是不公正，是欺骗等等。之所以如此，"是因为它恰好通过对一个他者的关系而给予自己一种**否定的实在性**"，这个里头又在为启蒙辩护了。启蒙表现得很糟糕，但它也是有道理的，因为它恰好要通过对一个他者的关系而给予自己一种否定的实在性，就是它要通过否定别人而给予自己一种实在性。它不通过批判，怎么体现自己呢？它的实在性就是通过批判，通过对于他者的关系，通过对于他者的否定，而体现出来的。所以它这是一种否定的实在性，否定的实在性，打了着重号。它的实在性跟信仰的实在性不一样，信仰的实在性就是一种肯定的实在性，而启蒙的实在性是一种否定的实在性，一种批判的实在性，一种质疑的实在性。"或者把它自己体现为它自己的反面"，它体现在自己的反面上，它体现在跟它的反面作斗争的过程中，它在它的反面上下功夫、做文章。它就是在批判宗教的时候、在批判信仰的时候体现出了它自己，就像照镜子一样。镜子本身是没有形象的，它只有在反映外物的时候，它才有形象，如果不反映外物，镜子是看不见的，你从它的反面上反射回来你才看得到它。"但纯粹明见和纯粹意图必须给自己提供这种关系，因为这就是它们的实现"，但，这就反过来说了。虽然它自己不是肯定地表现出来的，而是通过一种反射，是通过一种否定的方式才表现出来；但是，纯粹明见和纯粹意图必须给自己提供这种关系，也就是这种关系还是它们自己提供的，因为这就是它们的实现。这跟镜子又不一样了，镜子不能自己提供出这样的条件，镜子不是自己把自己放在阳光之下的。而纯粹明见和纯粹意图则是主动的，它是攻击性的，它是有意的通过否定信仰来显示自己。因为这就是它们的实现了，它们要实现出来，它们就必须通过攻击，通过反驳，通过否定来实现自己，所以它们又是有主动性的。既然它们是有主动性的，那么我们就要回过头来看一看它们的主动性基于什么。

　　——它们最初是作为否定性的实在性而显现出来的。也许它们的**肯** [95]
定性的实在性的状况要好些，那就让我们来看看，它们的肯定性的实在性是怎样的情况。

"它们最初是作为否定性的实在性而显现出来的"，它们，也就是纯粹明见和纯粹意图，前面都显现为否定性的实在性，表现得很糟糕。"也许它们的**肯定性的实在性**的状况要好些"，肯定性的实在性打了着重号。前面讲的是否定、批判、质疑，那么现在呢，我们还是要看看，是否它们的肯定性的实在性的状况比较好些。它们登场的时候表现得很糟糕嘛，只顾到攻击，没有顾到防卫，在攻击别人的时候恰好露出了自己的软肋，被人家抓住了。"那就让我们来看，它们的肯定性的实在性是怎样的情况"，就是说你攻击这个，攻击那个，你自己到底要什么？我们要问问它。

　　——当一切偏见和迷信都已排除掉时，那就要问，**现在接下来做什么呢？启蒙不传播偏见和迷信，那么什么是它所传播的真理呢？**——这个肯定性的内容它在它铲除谬误的时候就已经说出来了，因为它对它自己的那个异化同样也是它的肯定性的实在性。　　{303}

"当一切偏见和迷信都已排除掉时，那就要问，**现在接下来做什么呢？启蒙不传播偏见和迷信，那么什么是它所传播的真理呢？**"这是顺理成章的了，你要排除一些偏见和迷信，那么排除了以后，你要做什么，你传播的又是什么样的真理，这是必须作出交代的。不能光是否定，还要亮出你的肯定的东西来。"这个肯定性的内容它在它铲除谬误的时候就已经说出来了"，其实在否定中，这个肯定的内容也已经显示出来了，虽然还没有正式地把它列出来，但是实际上已经说出来了。我们通常说，不破不立，破字当头，立也就在其中了。在你破除迷信的时候，你的正面观点也就带出来了。"因为它自己的那个异化同样也是它的肯定性的实在性"，它自己的那个异化，也就是启蒙或纯粹明见自身的那个异化，同时就是它的肯定性的实在性。它在对象身上来体现自己，也就是在它自己的异化中体现自己了；它在批判信仰的时候同时也就展露了它的肯定性的实在性，这一过程本身就是对启蒙的两面性的一种揭示。一方面它否定对方的时候，那是它自己的异己物，它不得不跟信仰作斗争，不得不采用信仰的语言来批判信仰；那么另一方面，它在采用信仰的语言批判信仰的时候呢，实际上已经把自己的肯定性的实在性也用这一套语言建立起来了。下面就具体来讲，肯定性的原理有哪些，讲了三个环节，这三个环节跟前面讲的那三个否定性的环节是一一对应的。前面讲的三个环节我们还可以复习一下，第 90 页，"这些环节是纯粹思维，作为对象来说即自在自为的**绝对本质**自身"，这是第一个，纯粹思维，绝对本质，在信仰里面是圣父，在纯粹明见里面是纯粹思维，绝对本质。"其次，信仰意识与绝对本质的、作为一种认知的联系，亦即**它的信仰的根据**"。这个是认识论方面的、认知的根据，在信仰里面是圣子，耶稣基督的实证性。"最后，信仰的意识在它的行为中或者说在**它的侍奉**中与这个绝对本质的联系"，这个在信仰里面是属于圣灵的，在教会中，通过教会的实践，通过教会的行为，组织大家去崇拜，达到大家在精神方面、在圣灵方面的相通和默契；在纯粹明见中这是纯粹意图。这是三个环节，这三个环节的关系是正反合，一个是圣父高高在上，一个是圣子在世俗生活中，第三个是在世俗生活中达到跟圣父相沟通。在信仰方面，这三个环节都被启蒙所颠倒、所否定了，那么启蒙颠倒这三个环节，它自己在这三个环节方面又主张什么呢？这就是启蒙的三个肯定命题，或者说启蒙的三条原理。

　　——在那对信仰而言即是绝对精神的东西那里，它把凡是它从那上面的**规定**中所发现的东西都作为木头石头等等，作为一些个别的现实事物来统握；

　　先看这半句。"在那对信仰而言即是绝对精神的东西那里"，对信仰而言就是绝对精神，那就是上帝了，上帝无所不在，是万物的本质。在上帝那里，"它"，也就是启蒙，"把凡是它从那上面的**规定**中所发现的东西都作为木头石头等等，作为一些个别的现实事物来统握"。启蒙把信仰用来对上帝做规定的所有那些东西都理解为像木头石头啊，这样一些个别的现实事物。对于上帝来说，这一切规定都是否定，这也是启蒙所抓住的信仰的把柄，所以信仰对上帝的一切规定都被启蒙否定了；但这些规定本身还是有意义的，它们的本质不是上帝，而是物质世界的万事万物，如石头木头等等。所以必须把它们都作为这样一些现实事物来统握，这就是启蒙的唯物主义。法国唯物主义就充分体现了启蒙的这条原理，首先是对上帝，对绝对精神，它采取一种无神论的态度，从否定来说是无神论，从肯定来说是唯物主义的态度。所有的东西都是物质的，都是木头石头等等这样一些物质存在。

　　由于它以这个方式把信仰的**一切规定性**，亦即一切内容和一切践行，都一般地理解为一种**有限性**，理解为**人的本质和人的表象**，于是在它看来，**绝对本质**就成了一种**真空**，没有任何规定任何宾词能附加上去。

　　"由于它以这个方式把信仰的一切**规定性**，亦即一切内容和一切践行，都一般地理解为一种**有限性**，理解为**人的本质和人的表象**"，启蒙从唯物主义的眼光来看，信仰的一切规定性，一切内容和一切践行，都是有限的，都是人的本质和人的表象。你不要把什么都扯到上帝身上去，我们就事论事，你做的那些规定性都是你这个有限的人所做的，都体现了人的本质和人的表象。人的本质和人的表象都打了着重号。"于是在它看来，**绝对本质**就成了一种**真空**，没有任何规定任何宾词能附加上去"，这样一来，绝对本质就被架空了。所有的东西都是物质世界的，或者说是人的，人是什么呢？人也是机器，按照唯物主义者拉美特利的说法，人是机器。当然这里还没有讲人是机器，就是说你即使不说人是机器，你也把它归结为了人的本质和人的表象，归结为以人为本，人本主义，像爱尔维修他们，虽然不是彻底机械论的，但是也是人本主义的。一旦归结为人的本质和人的表象，绝对本质就成了一种真空，没有任何规定任何宾词能附加上去。也就是说，即使还没有完全取消宗教信仰，也是一种"否定神学"，否定神学就是说，你不能把任何世俗的、人的规定加给上帝，甚至任何规定、任何宾词你都不能加给它。或者如斯宾诺莎说的，一切限制和规定都是否定，因为任何规定任何宾词都是人为的，都是人的东西，你不能加给神。这样一来就会有两个结果，一个是你把神否定了，既然神不可说，那你说它干啥，那我说没有神也可以的，也没关系，这就导致了无神论；另一方面呢，我也不否认神，但是神没有任何内容，神是一个真空，那就导致了自然神论，自然神论就把神架空了。自然界是神所创造的，但是神本身是什么，这个不可说，我们所看到的只能是它所创造出来的后果，那就是自然界。神本身不可说，我们不要去谈它，我们就谈自然就够了，因为我们所认识的就只是这个自然，只是上帝创造的后果，至于上帝本身那没有什么可说的。后来康德更是说，那只是个自在之物。那就是架空了上帝，没有任何规定任何宾词能附加上去。

一个做这样一种附加的人，本身将会是不可饶恕的，并且，恰恰是在这种附加中产生出了迷信的怪物。

"一个做这样一种附加的人，本身将会是不可饶恕的"，这本身就是亵渎上帝的，你把上帝降低为你世俗的理解，你世俗的人怎么可能把握上帝呢，你要用你这点可怜的理智来规定上帝，那是不可饶恕的，是要受天谴。那本身就是犯罪，你玷污了上帝。"并且，恰恰是在这种附加中产生出了迷信的怪物"，迷信是怎么产生的，这里有了解释，就是你们这帮人想要用世俗的东西来解释上帝而产生的。你用人类的情感、用人类的话语来描述上帝，这本身就是犯罪，将会是不可饶恕的。这是自然神论和无神论联手，对于当时的信仰或迷信进行的批判，就是指责它把世俗的这些东西强加给了上帝。

理性，**纯粹明见**，本身当然不是空虚的，因为它自身的否定**对它**是存在的，并且这否定就是它的内容，相反，它是丰富的，但只是在个别性和限制性上的丰富；

先看这半句。"理性，纯粹明见"，纯粹明见打了着重号。启蒙的肯定命题首先就是纯粹明见，而纯粹明见就是理性。"本身当然不是空虚的"，虽然它从批判开始，破字当头，但是它不是空虚的。"因为它自身的否定**对它**是存在的"，"对它"打了着重号。就是否定了它的对象，但对它自身来说这个否定是存在的，不能否定的。它不是完全虚无缥缈的东西，这种自身否定就是它的立场，就是它坚定的不变的立场，"并且这否定就是它的内容"，这种自身否定就是它的内容，不过这内容不是现成摆在那里的，而是它做出来的，它在否定中形成起来的一个内容。"相反，它是丰富的，但只是在个别性和限制性上的丰富"，就是这种纯粹明见是内容丰富的，理性的内容是丰富的，但是只是在具体事情上面的丰富，在感性事物上面的丰富。它可以把握整个自然界，它可以具有一种科学精神，牛顿物理学，万有引力等等，那是很丰富的，但只是在这些有限方面的丰富。

既不让任何个别性和限制性之类的东西归属于绝对本质，也不把它们附加给绝对本质，这就是它的充满明见的生活方式，这种生活方式懂得把自己和自己的有限性的财富都安排到它们各自的位置上，并懂得给绝对以有尊严的对待。

这种丰富性是个别性和限制性上的丰富，所以纯粹明见"既不让任何个别性限制性之类的东西归属于绝对本质，也不把它们附加给绝对本质"。我讲个别的有限制性的自然界，我就讲自然界，我们不要说绝对本质，我们不把它们归结为绝对本质，也不把它们强加给绝对本质。什么上帝的第一推动啊，插手干预或者前定的和谐啊，把上帝的第一推动设想为一种无比强大的动力，一种机械力，或者把上帝设想为时时干预自然的事，维持自然的秩序，那都是不对的，那完全是以自己的有限理解强加于上帝的做法。绝对本质高高在上，所有现实的自然规律，你可以说都是它创造的，但是你不能具体地用它来规定上帝，你不如说，上帝是不可知的自在之物。"这就是它的充满明见的生活方式"，"它的"也就是理性和纯粹明见的。这个纯粹明见成了一种生活方式，一种生活态度，跟生活紧密地联系在一起。充满明见的生活方式，我们也可以把它理解为所谓的健全理智，健全理智的生活方式。"这种生活方式懂得把自己和自己的有限性的财富都安排到它们各自的位置上，并懂得给绝对以有尊严的对待"，这种健全理智的生活态度很明智地把它们的有限性的财富各就其位，思不出其位，按照一般常识来安排它们的位置。并懂得给绝对以有尊严地对待，给上帝留下余地，这就是对上帝最大的尊重。健全理智也不否定上帝，因为你要否定上帝，你也得有根据啊；虽然你看不到证明上帝的根据，但是你也拿不出否定上的根据啊，那我们就保持一种健康的心理状态，你不要去钻牛角尖，不要去走极端。既然你没有理由去否定上帝，那你就给它保留一个有尊严的位置。你要完全是无神论，那也太片面了，走极端了，你看不见神，你就说无神，你看不到的东西多得很呢！你看不到上帝，你就说没有上帝，这未免太极端了。看不到的东西，你也要留有余地，将来万一你看到了呢？你死后万一看到了呢？你死后会怎么样，谁知道呢。所以你要留有余地，你不知道的东西，你就保留在那里，要心怀敬畏。这个是对第一个方面的态度，第一个环节的态度，就是对待上帝的态度。这个里面有唯物主义的，有无神论的，有自然神论的，有健全理智的，所有这些都被归于这一大类。对待绝对精神，对待绝对本质，对纯粹思维，启蒙它采取了这样一些态度。这些态度有一个共同之点，它们都是针对着彼岸的一个绝对精神，所以它们都有一种形而上学的倾向。就是虽然我们的思维都是有内容的，那些内容都是有限制的内容，但是你也必须要为纯粹思维、绝对本质留有余地，为形而上学留有余地。你可以不去探讨，但是你要为人家的探讨留有余地，人家探讨以后，你不要急忙去否定它，你要考察它。人家说对上帝存在的种种证明，你不要一口就否定了,你要考察它,然后揭穿它,分析它,看它有那些错误。即使至今为止,没有一个证明是成功了的,但你也不要一味否定,你要对现有的一切证明加以分析,加以认真地对待。这是一种形而上学的态度,跟《小逻辑》里面最开始讲到的"思维对客观性的三种态度"相关,在那里第一种态度就是形而上学,第二种态度是经验主义和批判哲学,第三种态度是直接知识、直观的态度。这和圣父、圣子、圣灵三环节的划分也是相对应的。下面再看第二环节。

与这个空虚的本质相对立而作为启蒙的肯定性真理的**第二环节**的,是那属于意识和一切存在而被排除于一个绝对本质之外的**个别性**一般,作为**绝对自在自为的存在**。

"与这个空虚的本质相对立",这个空虚的本质就是上帝,这个真空,这个绝对的本质,在信仰那里是与圣父相对立的,而在启蒙这里是与抽象的绝对本质相对立,它是具体的。"而作为启蒙的肯定性真理的**第二环节**的",第二环节打了着重号,它是与抽象的绝对本质相对立的。那么这个第二环节是什么呢? "是那属于意识和一切存在而被排除于一个绝对本质之外的**个别性**一般,作为**绝对自在自为的存在**",属于意识和一切存在,一个是属于意识,一个是属于一切存在。我们实实在在意识到的,我们实实在在看到的存在,主观存在和客观存在,这都是具有实证性的,但却被排除于一个绝对本质之外,只是个别性一般。个别性包括意识的个别性,包括笛卡尔的我思的原则,我思的原则也是一种个别性;包括唯物主义的这个事物那个事物,也是一切个别性。个别性一般就包括所有这些个别性,包括主观个别性和客观个别性。主观的个别性也是一种经验,黑格尔说,笛卡尔的我思故我在也是一种经验,是一种经验主义的出发点,我就意识到我的我思了,这不也是一种经验吗? 这不就是主观内在的经验吗? 唯物主义也是一种经验,我感觉到了,我听到了,我看到了,我摸到了,这都是一些个别的事物。作为绝对自在自为的存在,这些东西才是绝对自在自为的存在，而那个绝对本质那是空的，那是真空，那是虚的。实实在在的就是一切存在，包括主观存在和客观存在，它们才是绝对自在自为的存在。这个里面也有唯物主义，但是也有笛卡尔的那种出发点，归根结底它们诉之于一种经验，诉之于直接经验和常识。把间接的东西、把推出来的东西、把彼岸世界全部抛在一边，真正能站得住脚的就是我的感觉，我的经验。

那在其最初的现实性中是**感性确定性**和**意谓**的意识，在这里又从它的全部经验道路中返回到那里去了，并重新又是一种关于**它自身的纯粹否定**的认知，或者说是一种关于那些与它的**自为存在**漠不相干地对立着的**感性事物**亦即**存在着的事物**的认知。

"那在其最初的现实性中是**感性确定性**和**意谓**的意识"，这就把我们引回到第一章了。那样一种意识，"在这里又从它的全部经验道路中返回到那里去了"，又返回去了，经历过了它的全部经验道路，现在又回过头去，回到了它的起点。在意识的经验科学中，我们已经走过了这么漫长的道路，但是，现在我们又返回到感性确定性去了，返回到意谓去了。"并重新又是一种关于**它自身的纯粹否定**的认知"，感性确定性就是一种关于自身的纯粹否定的认知，现在重新又是一种关于它自身的纯粹否定的认知。感性确定性一出场就是对自身的否定，感性确定性就是不确定性。我们以为感性确定性是最确定的，我指着这个东西，这一个，好像是最确定的，但是当我指着这一个的时候，它就已经不确定了，已经不是这一个、而是另一个了。因为时间在不断地变化，刚才的这一个跟现在的这一个已经不一样了。这是在感性确定性里面已经讲过了的，关于它自身的纯粹否定的认知，也就是认知到主观的不确定性。"或者说是一种关于那些与它的**自为存在**漠不相干的对立着的**感性事物**亦即**存在着的事物**的认知"，与它的自为存在漠不相干的对立着，自为存在打了着重号。也就是与主观的不确定性对立着，那就是对这些不以人意识为转移的感性存在对象的认知，也就是认知到客观对象才是确定性的，因而认知到主观要符合客观才有确定性。这些与意识的主观自为存在对立着的、完全被动的感性事物,相当于存在论阶段。感性事物也打了着重号,感性确定性就是这样的,我指着它,它是一个事物,它是不以我的指为转移的一个客观存在,它不以我的自为存在为转移,这就是对存在着的事物的认知,"存在着的事物"也打了着重号。感性确定性最开始是这样一种东西,就是不以人的意志为转移的客观存在,是关于这样一些客观事物的认知。现在我们又回过去了,又回到感性确定性最初的那种状态,也就是回到经验主义的唯物主义。像洛克的那种经验主义,那种经验论的唯物论,就是首先承认感性事物、存在着的事物是客观存在,那么我们的认知呢,凡是在理智中的莫不先在感性之中,这是经验论的原则。当然也包括笛卡尔的我思故我在的经验论,都可以划归这一类,这是在认识论上面的经验主义,都属于这一大类。

但是它在这里并不是**直接的**自然知识,相反,它是自己**形成了**这样一个意识的。最初,意识被委弃于它通过自己的展开而陷入的各种纠纷之中,现在通过纯粹明见,把自己带回到了它的最初形态,它就把这形态作为**结果**而**经验**到了。 [96]

前面讲它回到原点去了,"但是它在这里不是一种**直接的**自然意识,相反,它是自己**形成**了这样一个意识的","直接的"和"形成"都打了着重号,以示对照。它现在已经不再是像感性确定性那里那样直接的、朴素的自然意识了,而是经过严密论证而自己形成起来的意识。感性确定性是一种直接的自然意识,现在我们回到了原点,但是已经俨然成体系了,特别是在洛克那里,形成了一个庞大的体系。他的《人类理解论》,我们翻译成中文有上下两册,这个庞大的体系怎么形成的?"最初,意识被委弃于它通过自己的展开而陷入的各种纠纷之中,现在通过纯粹明见,把自己带回到了它的最初形态,它就把这形态作为**结果**而**经验**到了",最初,意识被丢弃在这样一些纠缠不清的麻烦中,它不是一开始就有很明确的意识,要形成一个什么东西,最开始,它陷入了各种纠纷之中,完全是被动的。而现在通过纯粹明见，它把自己带回到最初的形态，它就把这形态作为结果而经验到了，结果和经验都打了着重号。也就是它回到它最初的形态，不是把它作为起点，而是作为结果，作为一系列意识形态如异化、教化和启蒙的结果，这个层次就更高了，这个内容就更丰富了。它的出发点感性确定性是最抽象的，现在我们回到了它的最抽象的出发点，但是，是带着它的全部收获，作为结果而经验到的。我们有了经验，最开始是没有经验的，最开始只是一种自然的朴素的本能，但现在回到起点的时候，我们已经有了丰富的经验，我们知道它是怎么来的，知道它的来龙去脉，它最后是通过一系列阶段、一系列过程的结果而被经验到的。

以对意识的一切其他形态的虚无性的明见、因而以感性确定性的一切彼岸之虚无性的明见**为根据**，这种感性确定性就不再是意谓，相反，它倒是绝对真理。

这句话很关键，"以对意识的一切其他形态的虚无性的明见、因而以感性确定性的一切彼岸之虚无性的明见**为根据**"，现在还有了根据了。感性确定性原来是没有根据的，它就是自然的意识，一开始就是这样的，没有任何前提，而现在它有了根据。"为根据"打了着重号。什么根据呢？以意识的一切其他形态的虚无性的明见为根据。我意识到意识的一切其他形态都是虚无的，前面分裂的意识呈现了那么多的形态，五花八门，相互冲突，都是虚浮的。我意识到这一点，那么就以这一点为根据，就是我们刚才讲的经验派那条原则，凡是在理智中的无不先在感觉之中。凡是在理智中的，也就是说一切其他的形态，不论你说得多么天花乱坠、头头是道，它们本身是虚无的、虚浮的，它们无不先在感觉之中，它们都是由感觉生长出来的。只有感觉才是实在的，其他的一切，你要把它隔离开来看，它就是虚无的，它是不可信的，它就是无稽之谈，无稽之谈就是没有根据的。没有感性，没有感觉，你谈什么理智呢。洛克的《人类理解论》就是基于感觉，一切都是由感觉生发出去的，一切都是经验。经验有直

接的经验,感觉的经验,也有间接的经验,反省的经验,但是反省的经验
是建立在感觉的经验之上的。这就是一种根据,以这样一种明见为根据,
纯粹明见把我们带回到感性确定性的立场上面来了,这种明见就是看透
了,看穿了,所有在理智之中无不先在感觉之中。因而以感性确定性的
一切彼岸之虚无性的明见为根据,这是由前一个根据推出来的,既然感
性确定性的直接性才是明见的根据,那在这种形态的一切彼岸当然就是
虚无的了。感性确定性的彼岸是实体,那是绝对感觉不到的,感性确定
性本身才是自在自为的,但它的彼岸有一个实体。洛克讲到在感觉后面
有精神实体,有物质实体,还有上帝实体,这三个实体都是不可认识的;
康德也说自在之物不可知,休谟则干脆认为感性后面到底是否有实体也
是不可知的,只要我没看到,这些彼岸的假设都是虚无的。这也是一种
根据。前一种根据是认识论上的,这个根据则涉及本体论,都是看穿了,
在感性确定性以外没有意识的真理形态,在感性确定性背后也没有真正
抓得住的实体。由于有这两个根据支撑,于是"这种感性确定性就不再
是意谓,相反,它倒是绝对真理"。这种感性确定性就不像是最初在第一
章中的感性确定性那样,最后沦为了意谓,只可意会不可言传,说不出来,
确定不下来,虚无缥缈的,动摇不定的,像康德所说的,比不上一个梦。
你做一场梦,跟这个意谓差不多,你不能说出来,也不能表述出来,也不
能确定下来,只有你一个人知道,别人不知道,那实质上是一种完全主观
内在的东西了。但目前这种感性确定性就不再是意谓了,不再是虚无缥
缈的,相反,它倒是绝对真理了。纯粹明见走到这一步,把感性确定性认
可为唯一的真理,一切都要以它为基础,它的上面没有更高的意识形态,
它的背后也没有什么实体,只有它本身才是绝对真理,甚至像贝克莱所
说的,物就是感觉的复合,存在就是被感知。经验主义走到这一步就走
到头了。

　　所有超越于感性确定性之上的东西的这种虚无性,虽然只是这种真
理的一个否定性的证明;但它没有任何别的能力,因为感性确定性在其

<u>自身的肯定的真理恰好就是作为对象的、确切说是以他在为形式的那种</u>
<u>概念本身的**直接的**自为存在；</u>

　　我们看这半句。"所有超越于感性确定性之上的东西的这种虚无
性"，超越感性确定性之上的东西都是虚无的，凡是理智所规定的东西，
凡是对实体的规定，最终都是虚无的。这样一种虚无性，"虽然只是这种
真理的一个否定性的证明"，就是它能够从否定性的、消极的方面保证感
性确定性是真理，比如洛克说凡是理智中的，"无不"先在感觉中，但这
条原则仍然是理智作出来的。又如在感觉背后那个实在的实体，我们虽
然不认识它的"实在本质"，但我们可以认识它的"名义本质"，由此来保
证感觉到的东西不是虚假的。所以这些本身虚无的东西只能作为感性确
定性真理的一个否定性的消极的证明。"但它没有任何别的能力"，也就
是没有积极的说明能力，比如说明实体是怎么样造成感性确定性的，这
个它没办法说明，它只是一个消极的保证。"因为感性确定性在其自身
的肯定的真理恰好就是作为对象的、确切说是以他在为形式的那种概念
本身的**直接的**自为存在"，肯定的也可以译作积极的，但考虑到这里是讲
的"启蒙的肯定命题"，所以我还是译成"肯定的"。感性确定性自身就
是它的积极的真理，前面是真理的消极的保证，这里是积极的肯定的真
理。那么，这种真理的肯定性的、积极的方面是什么呢？恰好就是那种
概念本身的直接的自为存在，这种概念本身是作为对象的、确切说是以
他在为形式的。"直接"打了着重号。就是它的积极的真理只能是直接
的作为对象的概念，以他在为形式的概念，它不能是间接的，你要用背后
的实体来说明它，那就是间接的了，那就不是它直接的真理了。所以它
的积极的真理就是在它的直接性上得到证明的，是作为对象概念本身直
接的自为存在，或者说，是一种对象性的概念，一种唯物主义的概念。但
这个对象不是自在存在，而是自为存在，它是认识论上的，就是我认识到
了，我感觉到了，这个是我感觉到的，我作为一个认识主体，我直接地感
觉到了感性确定性，我就把这种感觉直接认定为自为存在。感性确定性

是以他在为形式的概念本身的自为存在,它其实也是概念本身的一种形式,感性确定性也是一个范畴啊,它所包含的范畴就是存在的概念,但是这个概念本身在感性确定性那里是以他在为形式的,是以一种客观存在为形式的直接的自为存在。它的自在存在是不可认识的,但它是以他在为形式表现出来的一种自为存在,这种自为存在是直接具有真理性的,感性确定性是完全直接性的真理。这是洛克的经验论所展示出来的一种结构,一种肯定性、积极性的真理,一种肯定性的命题。它的肯定的实在性是个什么样子,我们在认识论上面回到经验论,就可以看出来。

——它**存在着**,有**别的现实事物**在它以外,而它正像这些现实事物一样,在它自己的**自然存在**中是**自在自为的**,或者说是**绝对**存在的,这些对于每一个意识而言都是**完全确定的**。

这个破折号后面是说明前面那句话了,表明这是一种普通常识的唯物主义。"它**存在着**,有**别的现实事物**在它以外,而它正像这些现实事物一样,在它自己的**自然存在**中是**自在自为的**,或者说是**绝对**存在的,这些对于每一个意识而言都是**完全确定的**",这就是常识,每个老百姓都会认可的。一个是它存在着,一个是还有别的现实事物在它以外,再一个,它和这些现实事物都是自在自为的自然存在,或者说绝对存在,没有别的存在了。这些话如此通俗,就像我们说,世界是物质的,物质是运动的,运动是有规律的,是不以人的意识为转移的等等。每一个意识凭借常识就可以直接认可这些命题。在这个时候,经验主义的唯物论已经变成一种独断论了,或者说经验论的唯物论以独断论的方式出现。洛克的经验论虽然保留了这个不可知的实体的实在本质,但是它对真理的断言是带有独断性的。后来康德反对独断论,一方面是反对理性派的独断论,另一方面也反对经验派的独断论,就是这种自然的存在怎么可能是一种绝对的存在呢? 这种存在是何以可能的,你问过没有? 康德想要知道经验何以可能,发现经验无非是人的纯粹明见为自然立法的结果,而你把自然的存在当作绝对的存在,就是独断论,你知其然,而不知其所以然。你觉得世界万物就是这样的了，就是自在自为的存在了，就是完备的存在了，不需要别的东西了，全部真理都在这里了，这就堵塞了进一步追问的路。在经验论的唯物论看来，这些对于每一个意识而言都是完全确定的，不可怀疑的，这是常识，的确也是如此。启蒙，特别是法国的启蒙运动，它的经验论色彩是非常重的。当然也有形而上学，我们在第一个环节就看到，它们为形而上学留下了地盘，它们也有理性主义的形而上学。但是理性主义的形而上学，它的内容是被架空的，就是绝对的知识、绝对的本质实际上是没有什么内容的，是一个真空，如果我们要着眼于现实世界，那就还是要从经验出发。所以大体上启蒙运动是立足于经验的。这是它的第二个环节。第二个环节就是特别强调了经验论，这个里头主要包括了从洛克到贝克来和休谟的经验论，从唯物论一直走到绝对的、极端的经验论，甚至怀疑论。其中更重要的是洛克的体系，洛克的经验论是成体系的经验论，洛克在经验主义发展史上的地位就在这里，他就是首次把经验论构成了一个全面系统的理论体系，方方面面他都说到了，该留余地的他也留了，他的原理、他的原则都经过了推论，在认识论上是最能够代表启蒙思想的。他不像休谟，休谟是比较片面、比较极端的，而且他没有留下充分的余地，休谟是彻底的经验论，太彻底了，就走向极端了。洛克倒是不太彻底的经验论，他里面包含了理性派的原理，但正因为如此，他的体系比较完备，虽然有很多的自相矛盾，但是方方面面他都讲得头头是道，这是他的特点。

{304}　　**最后，启蒙真理的第三个环节**是诸个别本质对绝对本质的关系，及前两个环节的联系。

　　这是一个正反合的三段论。"最后，**启蒙真理的第三个环节**是诸个别本质对绝对本质的关系，及前两个环节的联系"，第一个环节我们讲到了，绝对本质被架空了，被从个别的现实的世界隔绝开来了，你甚至可以否认它的可知性，没关系的，但常常也要拿它作前提，来说别的东西。对启蒙来说，你当个无神论者，当个唯物主义者也可以的，但也有自然神论者，仍然相信神、相信上帝的，像伏尔泰啊，卢梭啊，这些人都是自然神论者，也有无神论者，像狄德罗啊，霍尔巴赫啊，爱尔维修啊，这些人都是无神论者。但是不管是有神论者，还是无神论者，都把绝对本质架空了，上帝被驱赶出了自然界。那么对第二个环节来说，就是执着于个别的本质这一环节，从认识论出发，把主体这方面建立起来了。就是你把上帝驱赶出自然界，填补空白的就是你自己的经验，上帝的问题我们不谈了，我们专门谈人类理解论，就是回到人间。第一个环节呢就是把上帝架空，但仍然有一种形而上学的意谓。到了经验派这里就没有形而上学的意谓了，这两者处于对立之中。第三个环节是把这两者沟通起来，怎么样把诸个别本质对绝对本质的关系展示出来。

明见，作为对同一的东西或不受限制的东西的纯粹明见，也超出不同一的东西、亦即有限的现实性之外，或者说超出作为单纯他在的自身以外。

"明见，作为对**同一的东西**或**不受限制的东西**的纯粹明见"，纯粹明见本来是这样一个意思，就是对同一的东西或不受限制的东西的纯粹明见。纯粹明见就是要透过现象看本质嘛，Einsicht，就是看到里面去，透过表面的东西看到里面的同一的东西和不受限制的东西。看到里面去那就不受表面东西限制了，表面的东西总是不同一的，五花八门的，都有差异的，但是我要找到一种同一的东西，一种普遍的东西。那就需要一种穿透力，要穿透这些五花八门、五彩缤纷的现象，去抓住背后的本质，这就是明见。所以明见"也超出**不同一的东西**、亦即有限的现实性**之外**"，你不能仅仅停留在那些有限的现实性，那些五花八门的现实性上，像经验派所讲的，立足于经验就够了，经验给你什么就是什么，那还叫明见吗？那就脱离明见的本义了。明见必须从五花八门的东西里面去找出同一性，去找出普遍性，那就必须要超出不同一的东西以及有限的现实性之外。"或者说超出作为单纯他在的自身**以外**"，作为单纯他在的自身，就是纯粹明见它自身作为他在，也就是它的对象，它所面对的经验现实，正是它要超越的。纯粹明见跟信仰的区别就在这里，信仰是逃避现实的，而纯粹明见是直面现实的；但它面对现实，又必须对现实加以处理，而不是作为他在被动地接受。那么当它对现实加以处理的时候，就已经超越自己这个他在之外了。它要从这个五花八门的现实世界里面找到同一性，那你最终就必须跳出这个现实性，虽然这个现实世界就是你的他在，但你要跳出它，你跳出它就是跳出自身，就是自我超越、自我否定。这是纯粹明见本身的内部的一种结构，或者说内部的一种冲动。

它于单纯他在的彼岸上所拥有的是空虚，于是它把感性的现实性跟空虚联系起来。

"它于单纯他在的彼岸上所拥有的是**空虚**"，空虚打了着重号。就是说你跳不出整个现实世界之外，现实世界是你的他在啊，你要跳出这个他在了，那你岂不是落空了吗？前面已经讲到了，它把彼岸世界架空，把上帝架空了。那么你想把它们两者联系起来，那你就是在现实世界和空虚之间试图去搭个桥梁。"于是它把感性的现实性跟空虚联系起来"，一方是感性的现实性，一方是空虚，如何能够联系起来？只有一个办法，就是像康德那样，设定一个自在之物作为感性现实性底下的本体。这个本体当然是空虚，是不可知的一个空洞的概念，但它是感性现实性的本质或基础。所以康德把自在之物与现象严格区分开来，他的目的并不是说完全把它们隔离开来，而是以某种方式把双方联系起来，把现实跟空虚联系起来。现象底下有自在之物，这就把它联系起来了。每一个现象后面都有自在之物，你看这个杯子，后面就有自在之物，你看到那棵树，后面也有自在之物。虽然这个自在之物是空虚，但是它是如影随形，摆脱不开的，你要摆脱开来了，那就不是现象了，那就是梦幻了。而实实在在显现出来的现象呢，它后面总是有一个自在之物的，虽然它是空虚，但是它们是有联系的。

这双方作为内容并没有进入到这个关系的规定之中，因为一方是空虚，因而一种内容只有通过另一方即感性的现实性才是现成在手的。

　　"这双方"，感性的现实性和空虚，"作为**内容**并没有进入到这个**关系**的规定之中"，内容和关系都打了着重号。就是说，它们虽然有种松散的联系，但是从内容上来看，它们并没有发生关系。现象和自在之物在内容上是没有关系的。所有的内容都是现象的内容，不关自在之物的事，自在之物是不可知的，不可认识到的，不可认识也就是不具有认识的内容。这里的"关系"（Verhärtnis）跟前面的"联系"（Beziehung）是不一样的，联系可以是很外在的，而关系呢是对等的，是互相反映、互相牵制的，双方都是有内容的。内容只能和内容发生关系，和虚空没有关系，只有联系。所以在这里，双方作为内容并没有进入到关系的规定之中，"因为一方是空虚"，你怎么能跟空虚发生关系呢？那是没有关系的，只有联系。你把空虚扯进来，把它放在一起，你说每个现象后面都有一个自在之物，这是可以的，但这个自在之物是什么东西呢？现象跟自在之物没有实质的关系。"因而一种内容只有通过另一方即感性现实性才是现成在手的"，凡是谈到内容，只有通过感性现实性才是现成在手的。康德的原则是，思维无内容是空的，直观无概念是盲的。思维无内容是空的，而这个内容呢就是现象，概念如果没有现象，它就是空的。因而一种内容只有通过感性的现实性才是现成在手的，才有了内容。

　　但是这种联系的**形式**在自己的规定中有**自在**的一方帮忙，所以它是可以随意被造成的；因为这形式是**自在的否定**，因而是反对自身的东西；它既是存在，也是非存在；既是**自在**，也是**对方**；或者这样说也一样，**现实性**与作为**彼岸**的**自在**的联系既是对现实的一种**否认**，也是对现实性的一种**建立**。

　　"但是这种联系的**形式**"，"形式"打了着重号，跟前面的"内容"相对照，内容并没有进入到这个关系的规定中。但是这种联系的形式"在自己的规定中有**自在**的一方帮忙"，就是现象界和本体界、和自在之物，它们的联系在形式上有自在的一方帮忙。自在的一方虽然是虚空，没有内容，但是在形式上它可以帮忙对这种联系形式进行规定，也就是在理论上它可以赋予这种感性的确定性以客观实在性,这在形式上是可以做到的。因为我的这种认识是后面有自在之物这个先验对象作基础的,它不是我的主观的梦幻,现象不等于梦幻,不等于做梦,它是有客观性的。这个客观性呢是一种先验的观念性,但它可以赋予我们的认识以经验的实在性,所以先验的观念性是经验的实在性的形式上的保证。自在的一方也就是自在之物,它作为一个先验的表象可以在形式上帮助现象和自在之物之间建立某种联系,所以这种形式可以随意造成。我们这里引入的都是康德的术语和观点。康德的现象和自在之物的联系,除了这种认识方面的联系外,从实践方面来说也可以这样来看。这种联系在认识上的随意性就是他所谓的"自发性",即自我意识的统觉的综合统一能力;而在实践上的随意性就是自由意志,这里的随意性(Belieben)可以包含这两层意思。"因为这形式是**自在的否定**,因而是反对自身的东西",这个形式是自在的否定,例如统觉就是一种自在的否定,自由意志也是如此,它们本质上就是要自我否定的,只有通过这种自在的自我否定,它们才能自为地否定对方,它们的反对自身就是永远的不安息,不能被固定在原来的地方。自我意识的统觉要否定地对待它所面对的经验材料,要对一切经验的东西加以规范,要为自然界立法,就必须发挥自己的自发性,这就是一种自我否定性。自由意志则是要为自己的现实生活立法,排除一切经验事物的干扰,同样要发挥自己的自由的实践能动性,要使自己的准则成为一条普遍的法则,这都是一种自我否定的形式。这样一种形式,"它既是存在,也是非存在;既是**自在**,也是**对方**",就其成果和产品来说,它是存在;而就其永不安息而言,它是非存在。所以它既是自在,即那种自在之物;也是对方,即由此所构成的对象,包括认识对象和实践的事实。这样一种联系的形式其实是一种运动过程,这过程处在存在和非存在之间、自在存在和感性对象之间。"或者这样说也一样,**现实性**与作为**彼岸**的**自在**的联系,既是对现实的一种**否认**,也是对现实性的一种**建立**",现实性与作为彼岸的自在之物的联系,这里就突出了第三个环节是一种联系了。现实性与自在之物的联系，现象与本体的联系，既是对现实性的一种否定，因为本体始终否认现象是真正的现实性；但同时又是对现实性的一种建立，因为现实的对象只有通过这种否认才得以建立起来。人为自然界立法就把自然现象的客观对象建立起来了，人为自己立法也就把人的社会生活中的客观法则建立起来了。所以这种联系既是对现实性的一种否定，也是对现实性的一种建立。

　　因此，有限的现实性就真正可以正像人们恰好需要的那样来对待了。于是，感性的东西现在就被**肯定地**联系到了绝对、即联系到了**自在**，而感 [97] 性的现实性本身就是**自在的**；绝对创造着它，保护着它，照顾着它。

　　"因此，有限的现实性就真正可以正像人们恰好需要的那样来对待了"，正像人们恰好需要的那样，在康德那里现象与自在之物的一切联系都归结为人类学，也就是三大问题：我能够知道什么，我应该做什么，我可以希望什么。所有这些问题最后归结为一个问题：人是什么。所以，这三方面都是关于人的需要的，人需要认识，人需要行动，人也需要有希望。有限的现实性，或者说感性的现实性，现在真正可以像人们恰好需要的那样来对待了，我们可以站在人的立场上来对待现实生活，对待现象界。这个地方讲到，人们恰好"需要"的那样，这已经预示了下面的一个小标题："有用是启蒙的基本概念"。从康德的人类学，以人为中心，我们可以引出一个基本的概念，就是有用，那是启蒙的基本概念。都是围绕着以人为本。我们今天讲以人为本，人是目的，你要把人当作目的，这就是引用了康德的这样一种理论，也是启蒙原则的根据。所以启蒙的第三个真理的环节是由康德哲学里面引出来的。黑格尔在《哲学史讲演录》第四卷第 258 页上面有一句话："康德哲学是在理论方面对启蒙运动的系统陈述"。康德哲学是系统陈述启蒙运动，因为他把两个环节都统一起来了。马克思也讲过，德国哲学是法国革命的德国理论。法国革命的思想前提就是启蒙运动，启蒙运动也在德国理论中得到了系统的论证和阐述，首先就体现在康德理论对启蒙运动的一个总结。启蒙运动遇到了

243

矛盾,理性派和经验派分别体现为前两个环节;那么这两方如何能够把它们结合起来,这就是康德所做的工作。所以黑格尔这里讲,启蒙的第三个真理环节是个别本质对绝对本质的关系,即前两个环节之间的联系。前两个环节你可以把它看作是理性派和经验派这两个环节,即形而上学跟经验主义。思想对客观性的三种态度,第一种态度是形而上学,第二种态度是经验主义,然后是批判哲学,第三种态度是雅可比的信仰和直接知识,这是直接向启蒙的有用性原则的过渡了,① 但前面是以康德的批判哲学作铺垫的。"于是,感性的东西现在就被**肯定地**联系到了绝对、即联系到了**自在**,而感性的现实性本身就是**自在的**;绝对创造着它,保护着它,照顾着它",现在感性的东西被肯定地联系到了绝对,"肯定地"打了着重号。被肯定地联系到了绝对,这个肯定命题本身就是和绝对有关的,不再是否定的对象了,而感性确定性本身就是自在的现实性,这就是唯物主义所坚持的物质第一性,以及感性是物质世界的反映的观点。现在的绝对不再是上帝或纯粹思维,而是物质存在,感性的东西由于背后有这样的绝对在支持着它,因而成了自在的现实性,绝对创造着它,保护着它和照顾着它,它由绝对而来,它就是这个绝对的忠实反映。

而反过来,它又与作为对立面、作为它的**非存在**的这个绝对相联系;按照这种关系,它又不是自在的,而只是**为一个他者**。

就是说绝对在后面支持感性的东西,在创造它,保护它,照顾它,但它反过来又与绝对发生一种对立的关系,这个绝对是它的对象,但并不是它本身,倒是它的非存在。这就是唯物主义中关于思维和存在的不同一性的关系,即感性只是对客观物质世界的主观反映,不能像休谟那

---

① 参看黑格尔:《哲学全书·第一部分·逻辑学》,梁志学译,人民出版社 2002 年版,第 137 页:"顺便指出,在这里叫作信仰和直接知识的东西,与在别处被称为灵感、内心启示和天赋予人的内容的东西,尤其还被进一步称为健康人类理智、常识的东西,是完全相同的。所有这些形式都按照同样的方法,把在意识中出现内容或包含事实的直接性当作自己的原则。"可见从康德哲学过渡到启蒙的有用性原则,必须经过雅可比的直接知识。

样把它等同于、或取代客观世界。洛克由此认为，我们的感觉只是有关对象的"第二性的质"，而真正"第一性的质"并不是感性，而是数量、大小、运动等等不能直接用感官感受到的东西。"按照这种关系，它又不是自在的，而只是**为一个他者**"，这里用的是"关系"（Verhältnis）而不是前面的联系（Beziehung），不是松散的相关性，而是对立统一的不可分的关系。也就是说，感性确定性现在与它的对象之间，与物质客观存在之间，建立了一种反映和被反映的关系，按照这种关系，感性并不是自在的，而只是对客观物质对象的反映，所以是为他的，而这个他者、这个客观对象虽然可以被感性所反映，但它本身并不是这种反映，而是一个自在的抽象实体。

如果说在前一个意识形态中两个对立的**概念**曾把自己规定为**善和恶**，那么现在相反，对纯粹明见而言，它们就成为**自在**存在和**为他**存在这两个更加纯粹的抽象了。

"如果说在前一个意识形态中两个对立的**概念**曾把自己规定为**善和恶**"，前一个意识形态，指前面的"1. 自我异化了的精神的世界"[第41页]，这与现在这个意识形态是不同的，目前这个形态是"2. 启蒙"[第79页]。这里是把启蒙这个意识形态和前一个意识形态，即"自我异化的精神世界"相比较。在前一个意识形态中，两个对立的概念曾经把自己规定为善和恶，我们可以翻到第44页，讲到自我和对象的关系，双方既对立又统一，并且说："思维将这种区别以最普遍的方式通过**善**与**恶**的绝对对立而固定下来，善与恶互不相谋，以任何方式都不能变成同一个东西。"在那里，思维和存在的关系还是非常具体的，思维和存在的同一被看作是善，双方不同一则被看作恶，两者的区分和互相转化在国家权力和财富的关系上都体现得很具体。而现在，这两个对立的概念，即思维和存在、主观和客观、为他的和自在的，已建立起了与前面完全不同的关系。"那么现在相反，对纯粹明见而言，它们就成为**自在**存在和**为他**存在这两个更加纯粹的抽象了"，现在相反，相反在什么地方？相反在前面是在概念的现实层面上，因为那里讨论的是自我异化了的精神"世界"，即世俗生活，对立概念直接体现为现实的国家权力和财富，并把自己规定为现实生活中的善和恶；而现在则相反，对立概念已上升到纯粹明见的层次，它们就成为更加纯粹的抽象了。这两个概念现在就是"自在存在"和"为他存在"，比起善和恶、国家权力和财富来，这两个概念是更加纯粹的抽象。但它们作为启蒙中纯粹明见的两个环节，虽然扬弃了善和恶的对立，但仍然包含有善和恶的考虑在内，自在存在对应于善，为他存在对应于恶。那么这两个概念，自在存在和为他存在，就在一个更为抽象的层次上面，为下一个小标题"有用是启蒙的基本概念"提供了前提。这就是为什么这里突然提出来和前一个意识形态相对比的缘故，现在我们从抽象的纯粹明见开始下降了，开始返回到现实生活的内容了，再后来甚至还要进入到政治生活中，以启蒙的纯粹明见原则投身于"绝对自由和恐怖"。这都是以启蒙的基本概念"有用性"为前提的。有用本身包含着两个环节，一个是自在存在，一个是为他存在。自在存在就是说人是目的，人是自在的目的，一切都是为人所用；而一切其他的东西都是为他的，也就是为人的，从有限的眼光来看，它就会成为这样。作为有用的两个环节，自在存在就是人的主体，为他存在就是有用的客体。康德的人本主义、人类学，人是目的原则，落实到现实生活中就是有用，我们以人为本，以人为中心，以人本主义的眼光来看这个世界，我们把所有的万物都看作是为我的，都是有用的，这就是启蒙的基本概念。当然这个"有用"是广义的，不光是指物质利益、功利主义，而是指一种世界观，即人是自然界的主人，人掌握世界，支配世界，使世界为自己服务。这个基本概念发展到极端，也会造成负面的恶果，这个是我们下学期要讲的内容了。这个地方我们只需要略为提示一下，也就是在《哲学史讲演录》第四卷中有一段话说明了这个有用概念的来源和影响："法国的这种绝对概念又在启蒙运动中过渡到德国，使我们也认为一切事物、一切存在、一切要作与不作的事都应该是一种有用的东西，这就恰好取消了事物的自在性,而认为事物只应该为他物而存在。而一切事物都应该为之而存在的就是人、自我意识,但却是作为一般的人。对于这种行为的意识,在抽象方式下,就是康德哲学。"① 这段话说得非常明确,法国的这种绝对概念在启蒙运动中过渡到德国,也就是过渡到康德那里,康德对法国启蒙运动方方面面都做了总结。于是呢,法国的这种绝对概念,这种以人为本的概念,这种纯粹意识、纯粹思想的概念,使我们德国人也认为一切事物,一切存在都应该是一种有用的东西。以人为本,人才是绝对的概念,人才是绝对的本质。但是这种人类中心主义恰好取消了事物的自在性,认为它们都是为人的,事物的自在毫无价值,事物只应该为他物而存在,就是为人而存在。但这个人却是作为一般的人、抽象的人,就是康德所谓"人格中的人性"。所以对于这种行为的意识在抽象的方式下就是康德哲学,法国启蒙运动的这种概念过渡到了德国,在康德哲学这里获得了它的总结。这就是这段话对第三个环节的一个很好的证明。好,我们这学期的课就到此为止,谢谢大家!

＊　　　　＊　　　　＊

[3.有用是启蒙的基本概念]

好,新的学期又开始了,我们还是继续上一学期讲的。上一学期我们已经讲到启蒙。启蒙的概念最后,推出来一个关键性的概念,就是有用,有用性。上次讲到最后的这个就是从启蒙对上帝的这样一种唯物主义的观点,无神论的观点,到认识论的经验主义,然后到实践上的一种行为,从实践上面来理解现象和自在之物的关系,也就是现实生活和上帝的关系。当然启蒙已经把上帝架空了,但是还有这样一种关系,像康德所讲的,

---

① [德] 黑格尔:《哲学史讲演录》第四卷,贺麟、王太庆译,商务印书馆 1978 年版,第 257 页。

247

把上帝、自由意志、灵魂不朽这些东西都归到自在之物，那么这里头还是有种关系。到了雅可比的直接知识，自在之物原来所代表的那些东西都被归于直觉，甚至与常识合为一体。那么这个时候，整个世界就不再是分裂的了。但是这个一体还是有两个方面，我们上次已讲到，正如在前一个意识形态里面，也就是在教化的现实世界里面，两个对立的概念是分为**"善和恶"**，在教化世界里，一边是善，一边是恶；"那么现在相反，对纯粹明见而言，它们就成为**自在**的存在和**为一个他者**的存在"，成了自在存在和为他存在这两方面。而自在存在和为他存在的统一就是有用。有用必须有两个环节，一个是对谁有用，那么这个谁就是自在存在；一个是，什么东西有用，那它这就是为他存在。一个东西它不是为自己的，而是为某一个他者而存在的，那这个东西对这个他者来说就是有用的，而利用他者的这个存在者，它就是自在的。我把其他的存在都作为自己有用的东西，那我就是自在的。所以启蒙最后就进入到这样一个关系，就是有用的关系。当它把整个世界，包括自在之物在内，全都压缩在一个直接知识中，构成一体，这个时候，它就有一种内在的概念，那就是有用性了。一方面自己是主体，另一方面把所有其他的都当作手段，这就是自在存在和为他存在的统一，它体现在有用性这个概念上。所以我们今天要讲的就是有用性，"有用是启蒙的基本概念"，这第三个小标题就是解释这个有用性的。

但是有限的东西对自在的不论是肯定性还是否定性的联系，这两种考察方式实际上是同样必要的，因而一切东西都既是**自在的**又是**为一个他者的**；或者说，一切都是**有用的**。

这就是我们刚才回顾上一次的课，最后所达到的结论。"有限的东西"，就是现实世界的事事物物，各种各样的东西。"有限的东西对自在的"，自在就是自在之物，原来在信仰那里自在被当作上帝，绝对本质，在这里则是有限的东西对自在的自我的联系。"不论是肯定性还是否定性的联系"，前面讲了，有一种是肯定性的联系，有一种是否定性的联系。

对自在的我的联系,一方面是肯定性的,另一方面是否定性的。当我利用
他物的时候,对他物就有一种否定性的联系,他物和我是不同的,它不是
我;但因为它是为我的,所以又有一种肯定性的联系。当然这个自在之物,
在这个时候已经丧失了它上帝的地位,它就是利用万物为自己服务的自
我。"这两种考察方式实际上是同样必要的",就是说我们一方面要从它
的肯定性的联系来考察,另一方面,要从它的否定性的联系来考察,两方
面同样是必要的。"因而一切东西都既是**自在的**又是**为一个他者的**",这
个时候上帝已经被解构了,没有什么上帝,自在之物不在彼岸,就是这个
世界,而这个世界自在地就是一个对我有用的世界。一切都是利用别的
东西,或者是被别的东西所利用。就是这样一种关系。"或者说,一切都
是**有用的**",也就是说,这样一个世界观非常实在,一切东西都是有用的,
很简单。启蒙所达到的基本概念就是这样一种概念,万物都是有用的,这
是一种有用的世界观。我们通常没有把有用当作一种世界观,而是当作
生活所必要的一种原则,我们人要利用这个世界来生活。但是当我们把
这样的原则扩展到整个世界,那它就是一种世界观,一切都是有用的。

　　——一切东西都献身于别的东西,都可以当下为别的东西所使用,
都是**为了别的东西**;而它们现在,如果可以这样说的话,重新挺直了腰
杆,对别的东西板起脸来,自为地存在,而且在自己这方面利用别的东西。

　　"一切东西",我们刚才讲了,这是一个有用的世界观嘛,所以这里涉
及"一切东西",而所有的东西"都献身于别的东西,都可以当下为别的
东西所使用"。当下,现在就可以用,不要推到彼岸去。"都是**为了别的
东西**",万物都是互为的,都是互相联系的,这是一种世界观了。每一件
东西都不是因为它自己而有价值,都是因为对别的东西、对他物有价值
而存在的,它的价值要用别的东西来衡量,一切都是为了别的东西。"而
它们现在,如果可以这样说的话,重新挺直了腰杆,对别的东西板起脸来,
自为的存在,而且在自己这方面利用别的东西","而它们现在",一切东
西在这个情况之下,在有用性这样一个概念之下,都重新挺直了腰杆。

前面说，一切都是为了别的东西，那它们就成了仅仅为别的东西服务的了，是不是就卑躬屈膝了呢？也不是。在启蒙取消了上帝的作用并把自我树立为自在之物的前提下，一切东西都重新挺直了腰杆，重新获得了独立性。它不再是单向地为上帝服务，而是为别的东西服务，而别的东西也反过来为它自己服务，这就重新确立了自主性。所以它可以对别的东西"板起脸"（spröde）来，自为地存在，自为存在也就是独立存在了。对所有别的东西，它都不必要奴颜婢膝的屈服，而是有它的自主性，我利用你，征服你，让你为我服务。启蒙的有用性包含这样一种征服自然的概念，它是自为地存在，而且在自己这方面利用别的东西。当然这种利用并不是单方面地利用，而是互相利用。它板起脸来，是为了维护自己的独立性，但是这样的维持自己的独立性，又是通过利用别的东西而建立起来的，而且是互利的。不光是关起门来，而是通过利用别的东西，把别的东西都为我所用，一切东西现在处在这样一个有用的世界之中，一个互相利用的世界之中。在这样互相利用中，每一件东西都可以有自己的独立性，都可以利用别的东西，万物都是这样。

——对于人这个**意识到了**这一联系之物来说，从这里就产生出了他的本质和他的地位。

前面是讲一切东西、万物。现在，人也是一"物"，在万物里面，他处于一种什么样的地位呢？"对于人这个**意识到了**这一联系之物来说，从这里就产生出了他的本质和他的地位"，意识到了打了着重号。人的本质、人的地位和所有其他万物不同的地方就在于这一点，就在于他意识到了这一联系。人也是一个物，同万物一样；但是区别就在于是否意识到了这一联系。人这样一个事物，和其他万物不同的地方就在于他是意识到这一联系，意识到了这种有用性的。万物虽然都利用别的东西，但是它们没有意识到这一点，只有人呢，他是有意识地利用别的东西。正是从这种有用性里面，就产生出人的本质和人的地位，或者说万物都是有用的，但是只有人意识到了这一点，这就使人成为万物之灵长。

人，正如他直接所是的那样，作为自然**意识**，他**自在地**就是**善的**，作为个别的东西，他是**绝对的**，而别的东西都是**为他的**；

先看这半句。"人，正如他直接所是的那样"，人是什么？人最直接的是什么？就是"作为自然**意识**，他**自在地**就是**善的**"。人直接就是善的，人作为一种自然意识，他自在地就是善的。人性本善是启蒙的一个很重要的原则，我们在爱尔维修那里，在霍尔巴赫那里，都可以看到人性本善，人的享乐的天然合理性，人利用万物的权利，人在万物之中，作为万物之灵长，他的至高无上的位置，都是建立在人性本善这一命题上的。大自然产生出人来，上帝造出人来，是把他造成善的。"作为个别的东西，他是**绝对的**"，人性本善，但是人又是一个个的，那么每一个人就体现为绝对的。以人为目的，就体现在每个个人都是绝对的目的。在万物之中，所有东西都可以作为手段，只有一个一个的人是绝对的目的，他是绝对不可以用别的东西来交换的。这个人不是抽象的人，不是"人民"，而是每一个具体的人。作为个别的东西，他是绝对的，"而别的东西都是**为他的**"。万物都是为人所用的。

确切地说，由于各环节在人这种意识到自身的动物看来都具有普遍性的含义，所以**一切**都是为了他的享乐与欢愉而存在的，而人，就像他出自上帝之手时那样，逍遥于这个为他培植起来的花园的世界中。①

"确切地说"，说得更明白一些，为什么说它是绝对的，一切都是为他的？"由于各环节在人这种意识到自身的动物看来都具有普遍性的含义"，各环节本来都是一个一个的事物，但是在人看来，都有普遍性的含义。为什么在人看来有普遍性的含义？因为人是唯一意识到自身这种联系的，所以在人这种意识到自身的动物看来，万物都共同具有一个普遍性的含义，这就是为人类所用。也就是说，所有这一些，各色各样的事物，自然界的各色各样的事物，在人看来都是普遍对人有用的，不管哪个环

---

① 参看《圣经·创世纪》2,8. ——丛书版编者

节都是有用之物，在这一点上，都是普遍的。就每一个环节来说，它是各式各样的，各不相同的，但是由于人意识到自身，人把一切东西都看作是为我所用的，所以它们就具有了普遍性的含义。万物只有一个含义，就是为我所用，有用之物。"所以**一切**都是为了他的享乐与欢愉而存在的"，"一切"打了着重号，之所以打着重号，是为了解释前面讲的"普遍性的"含义。一切都归总于一点，就是为了他的享乐与欢愉而存在的，在这点上是普遍的。"而人，就像它出自上帝之手那样"，人是上帝创造的，《圣经》上讲上帝造人嘛，上帝造出来的东西当然都是善的，都是好的了。当时流行的说法是上帝所造的东西都是好的，但是被人自己败坏了，卢梭特别强调这一点。人性本善，上帝所造出来的东西，只要你不去败坏它，那它就是善的。人就像它出自上帝之手时那样，也就是在"创世纪"的伊甸园里面那样，"逍遥于这个为他培植起来的花园的世界中"。伊甸园就是上帝为人创造的美丽的花园，在那里面一切都是那么的美好，无忧无虑，一切都为人所用，人就在这个花园里面生活，没有恶，一切都是善的。当然，唯有一处是不能为他所用的，这就是知善恶树上的果子，一旦吃了这果子，就是堕落的开始。所以伊甸园里的善是没有恶的纯善，但却是不知善恶的善，即所谓的天真无邪。这种善并没有意识到自己的善，只是自在的善，是善的自然意识，因而也没有意识到万物对自己的有用性。所以人这时和动物、和其他万物并没有本质的区别，因为前面讲了，只有意识到自己和万物的这种有用性的联系，才体现出人的本质，才使人有了高出于动物之上的地位。

{305}　　　——他必定也从知善恶之树上采取过果实；他这样做时获得了一种用处，这用处使他与一切别的东西区别开来，因为他那自在的善的本性偶然**也**会有这样的性状：欢愉过度也有损于他的本性，或者不如说，他的个别性把自己本身**也**当作**自己的彼岸**，有可能超出自身以外并毁灭自己。

　　这是引用《圣经》里面的故事了。《圣经》里面讲亚当和夏娃从知识之树上采取了果实，吃了以后就懂得了善恶，或者说赋予了亚当和夏娃以理性。知识之树就是理性，吃了这个果子就具有了理性。"他必定也从知善恶之树上采取过果实，他这样做时获得了一种用处，这用处使他与一切别的东西区别开来"，他必定摘过果实，为什么必定？其实应该就是上帝的意思，否则上帝不会造一棵知识之树在伊甸园里面。造一棵树又不准人去吃它的果子，这明明就是考验人，看他是不是运用自己的自由意志。如果人始终听话，不去违反上帝的禁令，那上帝造人毋宁是失败了，这样的人，等于动物。人在这样做的时候，有一种用处，这用处使他与一切别的东西区别开来。正是由于人违背上帝的禁令，他才跟一切别的东西区别开来了，他获得了理性能力。他有了理性就能够知善恶，在这一点上，他就和上帝平起平坐了，而一切别的东西都不知道这一点。知善恶的好处就是能够自己设计自己的善恶了，为什么要自己来设计，就是因为虽然他的本性是善的，但是也必须把握分寸才能维持为善，而不会转化成恶。"因为他那自在的善的本性偶然**也**会有这样的性状：欢愉过度也有损于他的本性，或者不如说，他的个别性把自己本身**也**当作**自己的彼岸**，有可能超出自身以外并毁灭自己"，因为凭借自然天性的善是靠不住的，如果按照人的本性不加节制，那他就好了还想再好，沉湎于享乐无度，把自己的欲望当作永远达不到的彼岸去追求，到头来把自己的好的本性也败坏了。知识则具有这样一种用处，就是能主动地调节善的东西，使它处于最佳状态，而不至于败坏成恶。"也"字打了着重号，就是说善的本性固然好，但是它也有它的负面，天生的善良本性它也有它另一面的性质，就是说这种善良的天性是自我否定的，过了度就有损于他的本性。我们讲，人欲横流，欲壑难填，如果你放纵你的自然本性的话，你的自然本性本身就会受到损害。人的本性可能超出自己以外去毁灭自己，一个人过于放纵自己，那就是自我毁灭了，他必须要有度。古希腊的两大格言，一条就是"勿过度"，另一条是"认识你自己"，这都是体现了理性精神。如果没有理性的话，那么人就会自甘堕落，就会毁灭自己。所以人取得自己的知识能力、取得自己的理性，它的大用就在这里，至少一开始是这样，就是使人的善良本性有一定的度，不至于导致自我否定。所以人的本性，它有两面的，一方面人性本善，人的天性就是善的，他的享乐的合理性必须得到承认，他的欲望必须得到正当的满足；但是另一方面呢，他的本性又有自我毁灭的这一面。弗洛伊德讲人的生本能和死本能，其实是一个本能。一方面他有求生的本能，他有享乐的本能，另一方面，他又有自我毁灭的本能。你明明告诉他，你不能再喝酒了，再喝你就会有毛病了，他还是要喝，他认为，与其不喝酒，还不如喝了死了算了。人就有一种死的本能，死的本能就是从生的本能里面长出来的，就是由于无度，所以生的本能就变成了死的本能。人的本性就是这样一种东西，就是这样一种自我否定的结构。

[98]　　在这方面，理性是他的一种有用的手段，用来恰当地限制这种超出，或者不如说，用来在超出规定的东西时保持自己本身；因为这就是意识之力。

　　"在这方面"，也就是当人的善良本性在超出自身而通向毁灭的时候。那么在这一方面，"理性是他的一种有用的手段，用来恰当地限制这种超出"。理性是干什么的呢？理性最开始就是干这个事情的，就是遏制人的这样一种毁灭的倾向，使人能够正常地发挥他善良的天性。它是一种有用的手段，用来恰当地限制这种超出，限制这种超出自己、毁灭自己的倾向。"或者不如说，用来在超出规定的东西时保持自己本身"，你完全限制它也不行，人总是免不了要超出现有的东西，在现有的享受之上追求更多的享受，所谓欲壑难填。人类社会就是这样发展起来的。如果人类总是满足于在原始社会里吃一点果子，那也发展不到今天。但是更多的享乐又容易导致无度，导致自我毁灭，所以要有理性，它可以在超出规定的东西时保持自己本身。超越可以，你创造发明无非为了过更好的生活嘛，要获得更多的幸福嘛，那么获得更多幸福要有一个度，就是你不要毁了自己本身。人类社会要发展，人总是不满足于现状，哪怕他吃饱了，他还要吃得更好，他总是不满足，这是没有办法的事情，而且也是合理的；但问题就是你要在这个过程中把持好平衡，不要毁了自己。所以理性就起这个作用，"因为这就是意识之力"，意识的力量。前面讲了，人跟动物的区别就在于它是有意识的。那么人作为一种有意识的动物，他的意识的力量就体现在这个地方，他能够用意识控制自己的动物本能，能够具有这样一种"力"去控制自己的本能。这个力是很具体的，它在人的本能的追求中现实地起作用，遏止人的无限制、无节制的趋向。

有意识的、自在的**普遍**本质的享受，在多样性上或持续性上，本身必须不是一种规定了的东西，必须是普遍的；因此，适度就具有这样的规定，即防止享乐在多样性和持续性上被中断；① 这就是说，对适度的规定就是无度。

"有意识的、自在的**普遍**本质的享受"，"有意识的"，人是有意识的动物，他的本质是有意识的。这本质又是自在的，自我中心的，不依赖于别的东西。再者，这是一种普遍的本质，"普遍"打了着重号，有意识的就意味着他是一种普遍的本质，他是把一切享受当作一种普遍的东西来看待。不是这一次的，不是说你这一次享受就够了，不图下一次了，你今天享受了，明天就死，那不是的。他有长期的眼光，这个享受就和动物性不一样了，动物的本能它是不顾下一次的，它有一次算一次。而人的享受"在多样性上或持续性上，本身必须不是一种规定了的东西，必须是普遍的"，从多样性上来说，就是有多种多样的享受，不像动物那样，只要能填饱肚子。人就要考虑，如何才能得到最多样化的享受，一种享受固然好，但是天天如此也就觉得单调了，你就会去寻求一种新的东西，寻求多样性，追求新鲜刺激。再一个呢，就是持续性，要持续的享受，不是说你享

---

① 黑格尔这里似乎想到的是拉美特利对伊壁鸠鲁哲学的翻新。按照拉美特利的理解，自然把一切都造成是善的；每个人都可以获得与自己相适合的幸福。对这一点的保证需要有一种享乐的艺术，即懂得确定正当的尺度。道德的任务因此就在于把适度性作为一切德行的源泉来学习。拉美特利通过一个反笛卡尔的命题来阐明这一点，即不承认在人和动物之间有任何根本性的区别。人被看作能够在其表象力上获得某种特殊教养的动物。参看其《反塞涅卡，关于幸福的谈话》、《人是机器》等。——丛书版编者

受了一次，你以后就再也不享受了。要计算一下，克制一点，不要喜欢吃什么，一次就吃倒了胃口，而要细水长流，使享受在时间中的总和最大化。这也是动物所不具备的，一个是动物的享受是被规定了的东西，某种动物就是被规定吃某种食物的，大熊猫只吃竹子，很难自己调换口味；一个是动物的享受在时间上没有普遍性的考虑，没有可持续性的计算。"因此，适度就具有这样的规定，即防止享乐在多样性和持续性上被中断"，什么叫适度呢？我们说不要过度，过度就是纵欲了，纵欲对身体没好处，你的享乐的能力就会受到损害了，那么就要适度，适度也有种规定。我们讲人的本性，他的享乐不能有规定，不能是特定的，也不能是一次性的，而是多样的和普遍可持续的，但是，也要有一种规定，这规定就是："即防止享乐在多样性和持续性上被中断"。这种规定实际上是一种否定性的规定，就是你不要中断了它。从肯定方面来说，就是既要享受得多，又要享受得久。所以古代的享乐主义者，例如伊壁鸠鲁的享乐主义者，其实是非常明智的，他的真正最大的享乐就是适度，而不是无节制的享乐。过度的享乐就是损害享乐，就是中断享乐，真正要把享乐保持一生，什么都尝过，一辈子都是幸福的，那么就必须适度。你要考虑将来，你要考虑一生享乐的总量，一次性的享受毕竟只是一次，你平生只爱好一样事情，那也是片面的，那你就受到限制了。所以在多样性和持续性上面不要被中断，不要被限制，不要被限定在这一次，或者限定在这一个享乐上面，这就是适度。"这就是说，对适度的规定就是无度"，"无度"，无尺度，也就是没有限定，不要限定。你如果限定了只在这一次，或者只在某一件事情上面，"过把瘾就死"，那你就中断了自己的享乐了，那就是过度。你把全部生命都投入到这一次上面，那就是纵欲了。你享乐完这一次你就不活了，你就不过了，你为了这一次，牺牲了整个一辈子，那就是过度了。而适度的规定呢，其实才是真正的无度。就是打破你这次享乐这样一个度，而为不断的享乐、无限的享乐留下余地。你一辈子还长得很哪，你不能说你这一次享乐之后，明天就去死了，你明天就不活了，这个你划不来的，从总量上来说，你的这个总量是很小的，是被限定的。要打破这个限定，不要把自己限定在某一尺度上面，某一个规定性上面，而是不断地可持续发展，这就是无度。这里跟《逻辑学》里面讲的度，尺度和无尺度的统一，对应起来了，尺度本身也是一种无尺度，这是对于享乐的规定。理性看起来好像限定了欲望，实际上极大地伸展了欲望，它是能够保证人的欲望不断增加的，在这种不断增加中，它能够保持自己本身的持续。理性起的就是这样作用，不要以为理性就是完全限制人的欲望，它限制人的欲望也是为了最大的发挥和实现人的欲望，也就是保持人的欲望。这就是启蒙所主张的原则，这个原则是有道理的。当然黑格尔并不完全赞成这个原则，但是他在描述的时候，他认为是有一定道理的，他这里完全是正面的讲。人有理性，在启蒙看来就是为了限制人的欲望，以便最大的或者更大的发挥自己的欲望，通过限制自己的欲望来最大的发挥人的欲望，来实现自己的欲望。启蒙的有用性不是盲目的，作为有用性的尺度的理性，在这方面是具有一定道理的。我们今天叫作工具理性，我们把理性当作工具，为了一种欲望，为了人的享乐，我们考虑怎么样操作能够使自己的利益最大化，或者获取人生最大的幸福。这就不是纵欲主义，不是今朝有酒今朝醉，也不是只顾自己，损人利己，而是合理的利己主义，或者功利主义。这样才能最大限度地超出现有的尺度，保持自己本身的超越能力。这就需要理性了，需要算计和判断了。

——正如对于人，一切都是有用的，同样，人也是这个一切，而人的使命［规定］同样也就在于，使自己成为大伙儿中对公共福利有用的和普遍可用的一员。

前面讲了人对万物的关系，人对一切事物的关系。那么这里转到了人对于社会、人对于他人的关系。"正如对于人，一切都是有用的，同样，人也是这个一切"，也就是说人也包括在一切之中，或者甚至就可以说，这个一切就是人。一切都是有用的，人是社会的动物，人处在社会中，一切对人有用，就体现在一切人对人有用，或人也对一切人有用。"而人的

257

使命［规定］"，Bestimmung 既可译作使命，也可译作规定，对人的规定当然也就是人的使命了。前面一直在讲规定，规定，这里的规定则是人的使命，"同样也就在于，使自己成为大伙儿中对公共福利有用的和普遍可用的一员"。大伙儿（Trupp），不是一般的人群，而是结成一伙的一批人，一群有关系的人，实际上是指人类社会。人的规定或使命就在于成为社会中有用的一员，或者说在社会中成为对他人有用的一员。你活在世界上就要对他人有点用处，人的本质就在这里，人的规定就在这里，人的使命也在这里。人活在世界上，就要对他人有用，就要对公共福利作出贡献。"普遍可用的"，就是人们普遍都从你这里获得利益，人类因为你而获利。你如果活在这个世界上，对人类一点用处都没有，甚至有害处，那你就违背了自己的使命，你就不值得活了，你活得就毫无价值了。所以对于人来说，一切人都是有用的，而对于一切人来说，每个人都是有用的，也就是说，一切人对一切人来说都是有用的，每个人对他人来说，都是有用的，这就是人的规定，人的使命。所以这两个命题，一切人对人都是有用的，人对一切人来说同样也是有用的，这两个命题有一种辩证的关系。

他照料自己多少，他必定恰好也奉献给别人多少，而他把自己奉献出多少，他也就照料自己多少；一只手在洗另一只手。

"他照料自己多少，他必定恰好也奉献给别人多少"，他为自己获取有用的东西，同时，他也就奉献给别人同样有用的东西，这都是相互的。我们前面讲到黑格尔的劳动概念，从亚当·斯密那里引入了劳动的互利观点，这里把它结合到所谓合理的利己主义来谈，就是每个人诚实劳动导致双赢或多赢，劳动不只是照顾自己的利益，而且也是为全社会作贡献。合理利己主义，你利己，但是如果你有理性，你就懂得要合理地利己，合理地利己就包括利他。只有这样利己，才是利他；反之，只有这样利他，才是真正的利己，只有你对他人有用了，最后你自己才能真正的受益，你就实现自己的目的了。你如果对他人没有用，处处损人利己，那不叫合理的利己主义，甚至不能叫真正的利己主义，你最后并没有利己嘛，你到处损人利己,你成了人类的害虫,那人类就容不得你了,你怎么能够利己呢? 那只能是损人不利己。你要能够利己,你必须给别人带来好处,而且同样,你如果劳动致富,必然也会给人家带来好处。这种思想在法国启蒙学者那里讲得很多了,包括英国的古典政治经济学,亚当·斯密他们,都讲了很多。当时已经形成了一种共识,就是每个人为自己,其实也就是为整个社会作贡献了。自私自利要看怎么说,损人利己当然是不对的,但自私往往有它的道理,有它的正当的理由的。每个人自私,这个社会就发展了,你要求每个人都大公无私,那么这个社会就受到损害了,因为一定会有人钻空子,利用一些人的"无私"制造不公平,最终损害公众的利益。你要求每个人都学雷锋,那么这个社会就发展不了,你要肯定每个人的自私的权利,只要他不损人,他就有自私的权利,这个社会才能健康发展。社会发展不是靠一些道德教条来作为动力,而是靠人性的必然趋向,靠人们天生的追求享受、追求利益的本能,以及能够驾驭这种本能的理性能力,来发展这个社会,这个社会的发展就有了它的底气,不是空唱高调的。你光靠道德说教,人家可以听,也可以不听,甚至表面上说得比你还好,但骨子里头实际上是假的,那么这个社会就是一个虚伪的社会。所以人与人的关系在这里就像"一只手在洗另一只手",人在洗手的时候最直接最简单地就是两只手互相搓洗,这样两只手同时都干净了,不必拿别的东西分别洗这只手和那只手,这个比喻非常恰当。

　　但是他在哪里,哪里就是他适当的位置;他利用别人,也为别人所利用。①

_____

① 上面一段黑格尔尤其有可能是指法国启蒙思想的那种倾向,即可以在爱尔维修和霍尔巴赫那里看到的、将个体和社会之间的关系置于相互有用的观点下面来考察的倾向。爱尔维修认为,一个有德之人的行动既是对他自己、也是对社会有用的。此外,对别人的善意依赖于他人对个别人的有用性。既然一切行动都是基于一种利益和自私而发生的,那就没有人会为了别人而牺牲自己的幸福。因此,一个智慧立法的任务就在于将私人利益和国家利益结合起来,并把"德行"建立在每个个体的好处之上。参看爱尔维修:《论精神》以及霍尔巴赫:《社会的体系》等著作。——丛书版编者

"但是他在哪里，哪里就是他适当的位置"，这里有人人平等、各行各业平等的意思。我们中国人也讲，行行出状元，没有哪个行当是卑贱的，只要它是正当的职业，为人们所需要的职业，有用的职业，就是一个人的适当的位置。因为在这个位置上，"他利用别人，也为别人所利用"，每个行当都是对社会有用的，都是社会少不了的，只要做好你的本职工作，那么你就既满足了自己的需要，又对别人、对全社会有利，你就是有功劳的。这里有个德文版的注释，说黑格尔以上都是引证的爱尔维修和霍尔巴赫这些法国启蒙思想家的观点，我觉得这里似乎更应该考虑到英国古典政治经济学对他的影响。

　　不同的东西互相利用的方式也不同；但一切事物都由于自己的本质，也就是由于以双重的方式与绝对发生联系，而具有这种相互为用的性质，——凭借肯定的方式而自身**自在自为地**存在，凭借否定的方式则**为他**存在。

"不同的东西互相利用的方式也不同"，这是一方面。前面讲了，你要立足于本职，立足于你的适当的位置，你在哪里，哪里就是你适当的位置。所以不同的东西互相利用的方式也不同，你在这个位置和他在那个位置，互相利用的方式不同，你们是互补的。你当农民，他当科学家，每个人都有他适当的位置，但是，都是互相利用的，但互相利用的方式有所不同。"但一切事物都由于自己的本质，也就是由于以双重的方式与绝对发生联系，而具有这种相互为用的性质"，这个"但"就是和前面的意思不同了。虽然不同的方式互相利用的方式也不同，但是又有共同的地方，就是一切事物都由于自己的本质而相互为用，这个本质就是以双重的方式与绝对发生联系。哪双重方式？"凭借肯定的方式而自身**自在自为地**存在，凭借否定的方式则**为他**存在"。与绝对发生关系是这样两种方式，一个呢，是他本身自在自为的存在，这是肯定的方式。他是主体，他利用其他的东西来维持自身，维持自己自在自为的存在。那么呢，以否定的方式是为他存在。一方面自己要保持自己本身,另一方面,也要懂得在什么分寸上放弃自身,让他人利用自身。前一个是肯定的方式,后一个是否定的方式。把一切他人当作肯定自身的手段,或者把自己当作一切他人肯定自身的手段。这都是与绝对发生联系的方式,所谓绝对,在这里可以理解为自然本性,也可以理解为上帝造人的方式,就是说,人天生就被造成为双重的,他一方面是自在自为的,另方面是为他的,缺了一方面,人就不成其为人了,或者说就违背人的本性了。

因此,与绝对本质发生的**联系**,或者说宗教,乃是一切有用性之中最有用的东西;① 因为它是**纯粹的有用本身**,它是使一切事物站得住的东西,或者说是它们的**自在自为的**存在,它也是使一切事物塌陷的东西,或者是它们的**为他的存在**。

"因此,与绝对本质发生的**联系**,或者说宗教,乃是一切有用之中最有用的东西",这里的绝对本质就是指上帝了,而在自然神论看来,自然就是上帝。在这种意义上,与自然发生联系也可以看作一种宗教,而且这种宗教是一切有用性中最有用的。宗教是最有用的这种观点也是来自于爱尔维修这些启蒙思想家,这里有个德文编者的注,提到了爱尔维修和卡斯替农 (Castillon)。尤其是后者,他甚至认为即使宗教是一种欺骗,也是一种善意的谎言,是对世道人心有用的。伏尔泰似乎也说过,即使没有上帝,人们也要造一个出来。但这样一来,其实就已经把宗教解

---

① 此处可能又是援引爱尔维修的说法,按他的观点,仼何宗教都必须建立在普遍有用的原理上。一种建立于这一永恒不变原则之上的宗教就应该是一切人的宗教。在这样一个宗教中,没有别的圣徒,只有人性的行善者,没有别的败类,只有社会的作恶者。这种宗教的神是善的和公正的;他愿意人们享受一切与公共福利结合在一起的愉快。参看爱尔维修:《论精神》、《论人》。此外,黑格尔在此也有可能是着眼于卡斯替农 (Castillon) 对柏林科学院所提出的那个问题的回答,即一个民族被欺骗是否会对这个民族有用,卡斯替农的回答是肯定的。按照他的看法,对上帝存在、灵魂不死和死后的赏罚的信仰,不论它是否有真实的根据,在任何情况下对于这个民族都是有用的。——丛书版编者

构了，宗教只不过是最有用的东西而已。启蒙思想家很多都是无神论者，有的人表面上相信上帝，但是他讲的上帝和原来的已经不一样了，所以其实也是无神论者，是把上帝当成人的一种有用的工具。"因为它是**纯粹的有用本身**，它是使一切事物站得住的东西"，进一步说，宗教不是对这个那个有用，它就是有用本身。我们讲"无用之用乃为大用"，哲学有什么用，哲学没有用，正因为如此，哲学有大用；宗教也是这样，宗教有什么用，看起来好像很愚蠢，特别像基督教这样的纯粹宗教，它是虚无缥缈的东西，不能给你带来任何好处，还要你放弃一切好处，放弃一切有用之物，那它有什么用？但是它确实有大用。基督教确实是以人为本的，以人为中心的，耶稣基督不就是要拯救人类吗？拯救人的什么呢？拯救人类的灵魂，在灵魂上有用。哲学有什么用？哲学是用在思想上。宗教用在什么地方呢？宗教用在人的灵魂得救方面。它们都是看不见，摸不着的，正因为它们看不见摸不着，所以它们是纯粹的有用本身。具体的有用的都是看得见摸得着的，我们讲老百姓要得到实惠，那就是看得见摸得着的东西。但是超出实惠之上的需要，纯粹的有用本身，我们中国的老百姓不需要。所以，我们也得不到很多实惠，实际上老是失败、吃亏，老是受压迫受欺骗。我们眼睛就盯着实惠，所以我们对有用本身反而放弃了，最讲实用的中国人，是最不实用的，尽搞些意识形态的东西，搞些潜规则的东西，虽然它的目的是实用，但是实际上是非常不实用的。宗教则是使一切事物站得住的东西，对启蒙思想家来说，对社会有用，那么一切事物就都站得住了，一切事物都是从对社会、对人是否有用这个角度来看，它就立住了，它就站在实实在在的土地上了，因为它的基础建立在人的自然本性或绝对本质之上。"或者说是它们的**自在自为的存在**"，宗教就是一切事物的自在自为的存在，一切事物立住了，它就是自在自为的存在了，就可以从自己的稳固立场上发挥作用了。但另一方面，"它也是使一切事物塌陷的东西，或者是它们的**为他的存在**"，因为宗教有它的双重性，从肯定的方面它给每个个体以自在自为的存在，但从否定方面它又使一切个体成了为他存在，而使它们那种拒绝为他的狭隘性被打破了。所谓使一切事物塌陷，就是使它们那种个别的封闭性被打破，使它们融化在为他存在的普遍性中，成为社会性的存在。在上帝面前，你的一切都是可以放弃的，所有你所看重的东西，如果不是为了上帝，都一钱不值，都塌陷了。所以上帝规定一切东西都必须是为他存在，你要不能为他所用，不能为任何人所用，那你就垮掉了，你就毫无价值，你就是个虚无，你就一无所成。这一点每一个人都可以感觉得到，我要不垮掉的话，我就必须对社会作出贡献，必须要有我自己的价值，别人才不会鄙视我，别人才不会对我视若无物。你要对人家有点用，有点价值，人家才会看得起你，否则的话，你在人家眼里就垮掉了，你自己也垮掉了，你没有立足之地了。你的立足之地在什么地方呢？就在于你是否对别人有用。纯粹的有用本身就是宗教，因为宗教使每个人立起来了，如果没有宗教的话，每个人就没用了。人活在世界上，尽管你好吃好喝，那有什么用呢？那也垮掉了，你没有生存的依据了。你为什么要活在这个世界上？没有价值。所以很多西方人自杀，不是因为他活不下去了，忍受不了痛苦，而是因为他觉得生活没有意义了，哪怕他还有万贯家财，他还要自杀。就是宗教这个纯粹的有用本身，它是"使一切事物站得住的东西"，或者"使一切事物塌陷的东西"。你有宗教信仰你就站得住，你没有宗教信仰就会垮掉。

　　当然，对信仰来说，启蒙的这种肯定性结果也像它对信仰的否定性态度一样是令人憎恶的。

　　"当然，对信仰来说，启蒙的这种肯定性结果也像它对信仰的否定性态度一样是令人憎恶的"，上面讲的是启蒙对信仰的肯定性的结果，也就是肯定信仰的这种有用性，或者说凭借有用性的概念来肯定宗教和信仰。但信仰并不买账，启蒙否定它，当然使它感到憎恶；但启蒙以这样一种方式来肯定它，同样使它憎恶。因为这样一种所谓肯定性的结果本身就解构了信仰，解构了宗教。宗教的本质被它归结为有用，那岂不是对宗教信仰的否定吗？但是启蒙思想家却认为这才是对宗教的正解。宗教就是这么个东西，我能够接受它，但是必须被理解为有用，我才能接受它。宗教是纯粹的有用本身，我把它当作一种有用的东西来信，这个态度对信仰来说，是令人憎恶的。表面上看起来，好像启蒙也在肯定宗教，在启蒙运动里面，有很多思想家都不是无神论者，而且反对无神论者，但是他们对信仰的解释，在信仰看来，和无神论者没什么区别。

对绝对本质的这样的**明见**，即认为在其中除了正好是**绝对的**本质、**最高的存在**（das être suprême）**或虚空**之外看不到任何东西，——这样的**意图**，即认为一切东西在其直接的定在中都是**自在的**或好的，并且最后，认为个别有意识的存在与绝对本质的**联系**，即**宗教**，是由有用性概念在详尽阐明中表达无遗的，所有这些对信仰来说，都是绝对**可恶的**。

这就是从三个层次说明信仰对启蒙的憎恶，一个是启蒙对绝对本质的明见，一个是它的这样一种意图，再一个是前两者的统一，即个别意图与绝对本质的联系。"对绝对本质的这样的**明见**，即认为在其中除了正好是**绝对的**本质、**最高的存在**（das être suprême）**或虚空**之外看不到任何东西"，这是第一层次，启蒙的明见，即洞见到在绝对本质中，并没有信仰所以为可以看到的上帝的表象，无非就是抽象的绝对本质、最高存在，甚至是虚空。"最高的存在"这里用的是法语，显然是从法国启蒙运动引进的概念，德文编者认为上面那个注释也适用于这里。绝对的本质、最高的存在，如果没有任何别的内容，那就是虚空了。黑格尔在《逻辑学》里面也讲了，所谓绝对的存在、纯存在就是非存在，就是虚无。纯存在就是虚无，你把所有的东西都排除掉了，只剩一个绝对的本质，那它就是虚无。从伊壁鸠鲁就开始讲，神，我不否认它，但神和我没有关系，我完全可以不考虑他。神不生活在我们这个世界上，神住在世界的空隙之间，它和我没关系，所以我就可以把它当作是无。所以伊壁鸠鲁虽然没有否定神，但人们历来都认为他是无神论者的代表。法国启蒙运动无非是重申了这一点，那个所谓的绝对本质，如果只有绝对本质、最高的存在而没有任何具体的内容，那它就是虚空。这样的明见当然是信仰所不能接受的。再就是第二层次，"这样的**意图**，即认为一切事物在其直接的定在中都是**自在的**或好的"。一个是明见，一个是意图，明见是种知识，意图是种评价，这种评价认为，一切事物在其直接的定在中，也就是作为个别感性的事物，都是自在的或好的。"好的"也可以翻译成"善的"，这就涉及价值评价，这其实是从第一个层次推出来的。既然绝对本质高高在上，没有内容，那就不能妨碍地上的感性事物本身就是自在的和善的，事物的善不是由上面或上帝赋予的，而是每个事物自身固有的。所以人的意图也就不必去追求上帝了，追求世俗的善的事物就行了。人性本善，万物皆善，只要你不去干扰它，不去扭曲它，顺其自然，它就是自在的或善的。"并且最后，认为个别有意识的存在与绝对本质的**联系**，即**宗教**，是由有用性概念在详尽阐明中表达无遗的"，这是第三个层次了。前面一个讲明见，一个讲意图。讲明见的时候，绝对本质太空虚，讲意图的时候，又太实在，限于一切事物直接的定在，也就是讲个人的欲望、个人的意图都是好的，值得肯定的。一个是讲最高的，一个是讲最低的，而这里是合题，即讲高低之间的联系，这就是宗教。而宗教被归结为有用性概念的详尽阐明，也就是不是通常个别的有用性，而是广义的有用性，合理的有用性。然而，"所有这些对信仰来说，都是绝对**可恶的**"，这三个层次都是信仰所不可接受的，是绝对可恶的。一个是对上帝的解释，一个是对人的意图的解释，一个是对人的意图和上帝的关系的解释，这三者都是信仰所不能接受的。

同时，启蒙的这种独特的**智慧**，在信仰看来，本身必然同时又显得是 [99] **平庸之见**，也是对这种平庸的**招供**：

我们先看这半句。"启蒙的这种独特的**智慧**"，Weisheit，智慧，译明智也可以，但是在启蒙看来它是最高的明智，连宗教都包括在内了，有用性是最明智的，也是最有智慧的。然而这种智慧，"在信仰看来，本身必然同时又显得是**平庸之见**"。智慧是最高的，但是这只是启蒙的看法，而在信仰看来,它却是最平庸、最世俗化的,根本谈不上智慧。启蒙的精神在信仰看来,就是人文精神失落,道德理想滑坡,有文化的人渴望堕落,就是这样一回事。你以为你很聪明,你把一切都概括完了,一切都是有用,那不是物欲横流吗? 启蒙的这样一种智慧、这样一种明智,在信仰看来就是庸俗化,是一种堕落。"也是对这种平庸的**招供**",公开的堕落,美其名曰智慧,来为自己的堕落涂脂抹粉。其实就是没有信仰嘛,你对上帝不信了嘛,你用种种有用性来代替信仰,就是一种无信仰的招供。

因为启蒙就在于它对绝对本质什么也不知道,或者说,它对绝对本质只知道它就是它,只知道这样一种完全平凡的真理,即绝对本质就只是**绝对本质**而已,相反,它知道的只是有限性,更确切地说,是作为真实东西的有限性,并且是把对有限性作为真实的东西的这种认知当作最高的东西来知道的。

"因为启蒙就在于它对绝对本质什么也不知道",在信仰看起来,启蒙思想家对绝对本质什么也不知道。你讲了那么多,你都是把上帝拉到有用性来加以解释,从天上拉到了地下,但是对于仍然高高在上的那个上帝,你仍然一无所知。你只不过显露出你的庸俗,你的低劣,你把上帝拉到跟你一样的水平,你以为上帝跟你一样,正说明你对上帝什么也不知道。"或者说,它对绝对本质只知道它就是它,只知道这样一种完全平凡的真理,即绝对本质就只是**绝对本质**而已",即使启蒙思想家有的人也讲绝对本质,也讲上帝,但是他们对上帝知道多少呢? 只知道"它就是它"这样一种完全平凡的真理,也就是同义反复的真理。绝对本质是什么? 绝对本质就是绝对本质,这是同语反复嘛。你实际上并不知道绝对本质究竟有什么内容,你就知道绝对本质是绝对本质,上帝就是上帝,你不否认它,但是你对它一无所知。启蒙运动里面的那些有神论的思想家,在信仰看来就是这样的,他们顶多也就是保留了一个绝对本质的名,而丢掉了绝对本质的实。所以只有把它归结为有用性,一切都从有用的角度来看,那你还有什么信仰? 你把宗教都看作是有用的,那就没有信仰了。当然也不一定，像后来的杜威，像美国的实用主义，就主张把宗教作为对社会有用的东西保留下来。胡适作为杜威的信徒，拿来了美国的实用主义，拿到中国来，却唯独把宗教排除了。但杜威的实用主义是不排除宗教的，他认为宗教很有用，整个社会要没有宗教那就很不实用了，那一切实用就没办法进行了。所以美国的实用主义跟中国的实用主义是不一样，从把它引到中国来，就把宗教这层给剥掉了，那种实用主义就成了一种很低层次的实用主义。美国的实用主义其实也包括高层次的，包括对宗教，对真理，对善和美的追求，他们认为这些东西都是很实用的东西，应该包括这些东西在内。法国启蒙运动里其实也有这一方面，但是不像后来发展到这么高层次，他们就是急于把一切都归结为有用性。所以在信仰看来，他们对绝对本质一无所知。"相反，它知道的只是有限性，更确切地说，是作为真实东西的有限性"，它，也就是启蒙，只知道有限性，眼光太狭隘了。你们知道什么绝对本质？知道什么上帝？你们只知道有限性，而且只是真实东西的有限性，是那种看得见、摸得着、抓得住的东西。"并且是把对有限性作为真实的东西的这种认知当作最高的东西来知道的"，把对有限性作为真实的东西的这种认知，也就是把有限性当作真实的东西来认知。无限的东西看不见摸不着，所以只有看得见摸得着的东西才是真实的东西，这才是最高的东西。所以在信仰看来呢，启蒙思想家只知道有限之物、世俗之物，而不知道上帝。但是在启蒙思想家自己看来，特别在那些有神论的思想家看来，他们并不这样认为，他们认为我知道上帝啊，上帝就是最高的有用的东西。上帝是很有用的，没有上帝的话，其他有用的东西都站不住脚，所以在他的世界观里面，上帝还是最高的，但这个最高的是有用的，是最高的用处，最高的大用。这个是信仰所不能接受的，它认为你这还是把低层次的东西当作最高的东西了。信仰和启蒙的冲突归根到底就是在这个观点上的冲突，就是启蒙它抓住了有用性这个概念，凭这个概念把信仰的一切崇高、一切神圣、一切无限的东西、一切对绝对的追求全拉下来了，拉到现实的有用性这样一个平台上面来了。当然这个现实的平台有一个最高的纯粹有用性来作为支持，但是纯粹的有用性也还是一种有用性。你评判宗教信仰是迷信也好，是狂热也好，但是至少它不是为了利益，不是为了实利，它是献身于一个理想。在这点上，信仰认为启蒙完全堕落了，它不知道上帝为何物，它把上帝贬低了，也就把自己贬低了。这是启蒙和信仰之间的冲突，最后归结点就在这里。我们看前面的小标题，都是这样的，首先"信仰被启蒙所颠倒"，然后"启蒙的肯定命题"，然后"有用是启蒙的基本概念"。这都是在与信仰的冲突之中来介绍启蒙概念的内涵。休息一下。

[III. 启蒙的正当权利]

好，我们再看下面这一段，第三个罗马数字的标题，"启蒙的正当权利"。前面一个罗马数字的第二节，就是"信仰经验到启蒙"，我们前面已经讲了。"信仰经验到启蒙"，也就是从信仰的经验过程中，受到启蒙的冲击，而启蒙这一方面，前面已经介绍了，它的基本概念就是有用性。那么启蒙它的正当权利何在？信仰它的权利又何在？在这两方面要有个交代。第 81 页的"a. 启蒙与迷信的斗争"下面就是这三个大的环节，一个是"明见对信仰的否定的态度"，也就是启蒙开始反宗教批信仰了；那么第二个呢，就是"信仰对启蒙的经验"，也就是在启蒙反宗教的过程中间，信仰获得了一种什么样的经验，经验到了启蒙的原理即有用性。那么第三个就是"启蒙的正当权利"，就是在启蒙和信仰的冲突中，最后得出的结果，启蒙和信仰各有权利，好像半斤八两，谁都有自己的道理，但实际上，黑格尔的基本立场是前进的立场。在这个阶段，他基本上是站在启蒙的角度，来评价启蒙和信仰的这样一场争斗的。在这样一场争斗中，并不是公说公有理，婆说婆有理，而是从前进的方向来看，启蒙有它的正当权利。启蒙反对信仰，是一种进步，当然这种进步里头，也有它的缺陷。

　　信仰有神圣的权利反对启蒙,这权利是绝对**自身等同性**或纯粹思维的权利,而且信仰经验到了启蒙的完全不公正;因为启蒙把它的一切环节都歪曲了,使它们成了某种与它们在信仰中所是的大不相同的东西。 {306}

　　首先,"信仰有神圣的权利反对启蒙",这个"神圣的"权利很重要。启蒙和信仰都有权利反对对方,但是信仰反对启蒙是神圣的,或者说是神的权利。那么反过来,启蒙反对信仰也有它的权利,那是人的权利,这个下面马上要读到了。所以启蒙和信仰、信仰和启蒙相互反对,它们各自所抱的立场,一个是神的权利,一个是人的权利。我们前面讲到伦理,最开始的时候就讲到神的法则和人的法则,这里讲到神的权利和人的权利,都有一种对应关系的。那么信仰反对启蒙也有这种特点,它是神的权利。"这权利是绝对**自身等同性**或纯粹思维的权利",这个权利是绝对自身等同性,就是人本来就是有信仰的,信仰的权利就是人跟自身的绝对等同性的权利,因为上帝的本质就是人自身的本质。纯粹思维前面讲了,教化最后是把人归结到纯粹思维,只要他是一个人,只要他有纯粹思维,那么他就有信仰的权利,因为上帝无非是纯粹思维。所以信仰的神圣权利是立足于这一点,它反对启蒙就是立足于自身等同性,你不要把人归结为别的东西。启蒙就把人归结为有用性,人处在人和人的有用关系之中;那么信仰呢,它立足于人自身的灵魂不朽,死后还是这个人,要归于上帝。那么上帝实际上就是灵魂的"自身等同性或纯粹思维",一切思维的内容我都可以抛弃,但是纯思维,这个是灵魂的本性,灵魂不朽,到了人死了以后,肉体消灭了以后,思维还在,它是立足于这一方面的。这一方面是有它的权利的,而这个权利是神的权利,或者说是神圣的权利。"而且信仰经验到了启蒙的完全不公正;因为启蒙把它的一切环节都歪曲了",信仰经验到了启蒙,经验到了它的完全不公正性。为什么完全不公正呢? 因为把它的一切环节都歪曲了,甚至于宗教信仰、上帝都被歪曲成一种有用的东西了。信仰和上帝成了有用的东西,成了世俗的东西,用世俗的眼光来解读、来解构信仰所视为神圣的一切东西。"使它

269

们成了某种与它们在信仰中所是的大不相同的东西"，使信仰的一切环节都变味了。启蒙所讲的那些东西，在信仰看来，就是把本来存在于信仰的方式中的东西完全变成了另一种完全不同的东西，对同一个东西做了完全不同的解释，也就是做有用性的解释。一切都是有用的，一切都去掉了它的神圣性，宗教认为神圣的一切东西，都被启蒙所祛魅了，都没有神圣性了。比如说，宗教做弥撒的时候，面包和酒那就是基督的肉和血，它有一种神圣性，但在启蒙眼中，面包就是面包，酒就是酒，没有那么多神圣的含义，就是拿来吃的嘛，就是拿来填饱肚子的嘛。一切环节在启蒙的眼里都歪曲了，都呈现出歪曲的形态。所以启蒙对待信仰的态度，在信仰看来是完全不公正的。它没有按照信仰本身的理解来理解这些环节，而是从启蒙的那种歪曲的立场上来理解它们。

　　但启蒙只有人的权利来反对信仰和捍卫自己的真理；因为启蒙所犯下的不公正是**不同一性**的权利，是因为颠倒和变化，这是一种属于那与单纯本质或**思维**相对立的**自我意识**本性的权利。

　　"但启蒙只有人的权利来反对信仰和捍卫自己的真理"，这个很明显是与前面对举，信仰有神的权利，启蒙有人的权利。启蒙是对人的发现，我们经常讲启蒙发现了人，它立足于人本主义，是立足于人本主义来反对信仰并捍卫自己的真理的。"因为启蒙所犯下的不公正是**不同一性**的权利"，不同一性打了着重号。这个和前面也是对应的，前面讲信仰反对启蒙的权利是绝对自身等同性或纯粹思维的权利，这里则是不同一性的权利，不同一性也就是自身不等同性。前面讲自身等同性，那就是个人的灵魂了；这里讲自身不同一性，那就是自己和自己不同一、自己必须要利用他人，自己处在人与人的社会关系之中，不再是因为你自己坚持什么就是什么，而是要看你在与他人的关系中是什么。而每个人和每个人又是不相同、不同一的。每个人都有不相同的权利，他跟自己不相同，他跟他人也不相同。他利用他人，他必须要利用不同的东西来维持自身。所以启蒙犯下的看起来是一种不公正，但实际上是一种公正，但这种公正是不同一性的公正或权利。"权利"Recht，也可以翻译成"公正"。前面讲到，信仰的公正是自身等同性的公正，那么在启蒙这里呢，是不同一性的公正，这两种权利、或两种公正，相互冲突，一个是神的，一个是人的。而人的公正"是因为颠倒和变化"，前面讲，启蒙是信仰的颠倒，甚至可以说，信仰的自身颠倒就是启蒙，从这个自身等同性变成了自身的不等同性，向对立面转化。"这是一种属于那与单纯本质和**思维**相对立的**自我意识**本性的权利"，启蒙的这种不同一性的权利、颠倒变化的权利是一种什么样的权利呢？是属于自我意识的本性中的权利，这种自我意识与单纯本质或思维相对立，也就是和对象意识相对立。我们前面也讲过，信仰在纯粹思维中立足于意识或对象意识的立场，启蒙、纯粹明见则立足于自我意识的立场，所以，启蒙的权利是植根于自我意识的本性中的。或者说信仰的权利是意识的权利，启蒙的权利是自我意识的权利。信仰肯定是有意识的，而且是纯粹意识，纯粹思维，但是信仰的问题就在于它没有颠倒，没有反过来看一看自己的信仰，没有反过来看看自己的思维，所以它只是意识，还没有自觉到自我意识。而启蒙呢，就颠倒、上升到了自我意识，启蒙要对信仰的意识加以反思，要建立一种自我意识的权利。所以从这个角度看呢，启蒙是往前走的，而信仰是停留在原地的。信仰停留在意识的阶段，而启蒙上升到了自我意识的阶段。

　　但是，由于启蒙的权利就是自我意识的权利，那么启蒙就将不只是**也**保持自己的权利，以致让精神的两种同等的权利仿佛可以彼此相持不下，没有任何一方能满足另一方，相反，它将主张绝对的权利，因为自我意识是概念的否定性，而这种否定性不仅是**自为的**，并且也是干预其对方的；而由于信仰是意识，在启蒙看来它的权利将是不能拒绝的。

　　前面讲到了启蒙的权利和信仰的权利，后者是神的权利、对象意识的权利，前者是人的权利、自我意识的权利，每一方的权利都是有根据的。那么是不是双方就相持不下了呢？并非如此。"但是，由于启蒙的权利就是自我意识的权利，那么启蒙就将不只是**也**保持自己的权利"，这个

"也"打了着重号，即并列的意思。"以致让精神的两种同等的权利仿佛可以彼此相持不下，没有任何一方能满足另一方"，这里强调的是启蒙一方了。双方并不是并列的关系，也不是相持不下的关系，启蒙的权利作为自我意识的权利，不只是在信仰的权利面前"也"保持自己的权利。表面看来两种权利是对等的，一个神的权利，一个人的权利，可以彼此相持不下，没有任何一方能满足另一方。不只是这样。"相反，它将主张绝对的权利"，恰好相反，启蒙所主张的是自己有绝对的权利，它应该支配信仰的权利。信仰当然也有它的权利，但是信仰的权利已经过去了，现在绝对的权利应该是启蒙。启蒙主张绝对权利，启蒙的权利在这样一种对等关系之中，它是主动性的，而信仰是被动的，信仰是老传统了，但是现在受到了启蒙的攻击，启蒙是攻击性的。"因为自我意识是概念的否定性，而这种否定性不仅是**自为的**，并且也是干预其对方的"，干预对方也就是攻击对方。自我意识是概念的否定性，它要否定意识的自在性，它是自为的，而且这种否定性不仅是自为的，并且也是干预对方的，也就是进攻性的。自我意识前面讲了，自我意识建立一个对象，并且把这个对象据为己有。那么在启蒙和信仰的关系中也是这样，启蒙和信仰的对立不仅仅是两方面的对立，各自自为，而是启蒙要干预信仰，要把它的对方据为己有，要把它的对方作为自己的一个环节，把它纳入进来，这才是自我意识。自我意识并不是单纯的我就是我，自我意识要把它的对方也纳入进来。我就是我们，要用它的自我吞掉对方。"而由于信仰是意识，在启蒙看来它的权利将是不能拒绝的"，信仰是意识，信仰是自身等同性或者是纯粹思维，它是一种对象意识，因此它只有听任启蒙来把它纳入自身。它还没有反思，它还没有上升到自我意识，在自我意识面前它是被动的。信仰就是这种意识，所以启蒙认为它将不能拒绝承认启蒙的权利。启蒙的权利凌驾于它之上，在双方的关系之中，启蒙处于主导方。因为对象意识是自我意识的一个必要的环节，它必须被自我意识纳入到自身来，作为自己的一个环节。所以在这个关系中，信仰是处于守势，而启蒙的自我意识则处于攻势。虽然双方都有权利,但是启蒙更加具有正当的权利,它代表着前进的方向。

[1.思维的自身运动]

第一个小标题,"思维的自身运动"。双方都是思维的自身运动,前面讲了,信仰是纯粹思维的权利,那么启蒙是与这种思维相对立的自我意识的本性的权利。所以从信仰到启蒙的上升运动,是思维的自身运动。它们都是思维,意识是思维,自我意识也是思维,它们是思维自身上升运动的两个不同阶段。从信仰到启蒙是两个不同阶段,是体现了思维的自身运动的两个阶段。我们来看看这个自身运动究竟是怎么运动的。

因为,启蒙对信仰意识抱反对态度,并不是凭借启蒙自己特有的那些原则,而是凭借信仰意识在自己本身中所拥有的原则。

这第一句话就把两者拉到一起了,它们都是同一个思维在上升。"启蒙对信仰意识抱反对态度,并不是凭借启蒙自己特有的那些原则",我反对你,那么我的原则好像就和你的原则不同,不是这样的。并不是这些原则只有启蒙才有,信仰就没有,而是凭借信仰意识本身中所拥有的原则。启蒙反对信仰就是从对方的原则出发,这样的一种反对才有力啊。你如果说我跟你立场不同,我跟你观点不同,我认为怎么怎么样的,这种立场之争不能说服人。我们经常遇到这样一种冲突,这种冲突是外在的,也没有力量。你可以保留你的观点,我也可以保留我的观点,你凭什么反对我? 除非你有权力,想压服我。但是启蒙和信仰的斗争不是这样一种关系,恰好相反,启蒙就是用信仰本身所固有的那些原则来反对信仰。就用你的原则,我就能把你驳倒。用你自己的原则驳倒你自己,这是最有力量的。

启蒙只不过把信仰意识自己**固有的**一些在它那里无意识地分散着的**思想**聚拢在它面前而已;启蒙只不过使信仰意识借助于自己的**某种**方式去回想起**别的**那些方式而已,那些别的方式是信仰意识自己**也**具有的,

273

但总是由于其中一种方式而忘记了的另一种方式。

　　"启蒙只不过把信仰意识自己**固有的**一些在它那里无意识地分散着的**思想**聚拢在它面前而已"，就是信仰意识自己固有一些思想，但是在它那里是无意识地分散着的，因为它没有反思嘛。它已经有这些思想，但这些思想没经过反思，没有经过清理，所以是无意识地分散着，各种思想处于分散状态，处于孤立的无联系的状态。对待大自然他们有一种观点，对待他人、社会他们有一种观点，对待上帝，他们又有一种观点。那么这些观点都是个别而论的，在不同的场合之下说不同的话，这些话都是一些思想，但是，毫无联系。启蒙只不过把它这样一些固有的思想聚拢起来摆在它面前，你自己说过的话，我把它们摆在一起，你看看你在说什么，你不是自己在驳倒自己吗？只要把这些话聚拢来摆在一起，根本不要做别的事情，就可以驳倒信仰了。"启蒙只不过使信仰意识借助于自己的**某种**方式去回想起**别的**那些方式而已"，无非是这样，就是信仰意识自己有一种方式，那么，你用你的这种方式去回想一下自己的别的方式，你用你对自然界或人的观点去想想你对上帝的观点，或者用你对上帝的观点去想想你对自然或人的观点。但是你就没想过，所有的这些都是分散地在你那里出现的，但是你没有把它们摆在一起来连贯地想过。所以启蒙只不过使信仰意识借助于自己的某一种方式去回想自己的别的方式。那些别的方式是什么方式呢？"那些别的方式是信仰意识自己**也**具有的，但总是由于其中一种方式而忘记了的另一种方式"，这些别的方式都是信仰所具有的，但往往是有一种方式就忘掉了另一种方式。所有这些方式都在那里，都是信仰本身所具有的，但是从来没有把它们联系起来想过，当谈到一种方式的时候，它就忘记了另外一种方式。启蒙所做的工作就是把这些方式都聚拢来，放在一起。你不要忘了，你隔远了你就忘记了，我现在把它们放在一起，你一眼就可以看出来，你在说什么。启蒙无非在做这个事情，没有干别的。启蒙在反对信仰的过程中，是借力打力，就是说用你自己的力来反对你自己。我不需要用任何力气，我就把你那些说得慷慨激昂的话摆在一起，让你自己去看。所以这种方式是无法抗拒的。

启蒙正好借此向信仰意识证明自己是纯粹明见：即它在某一个**确定的**环节上见到全体，因而带来了与该环节联系着的**对立**，并且一个环节在另一个环节中反过来逼出了这两种思想的否定性本质，即**概念**。　[100]

"启蒙正好借此"，借此就是用上面这种办法，把它们摆在一起、把它们聚拢在一起的办法，"向信仰意识证明自己是纯粹明见"。我就把你讲的那些话摆在一起，这就在你面前证明了我是一种纯粹明见。我没有带来我的任何别的东西，我只把你讲的那些东西摆在一起。但是摆在一起是不容易的，需要努力回忆，你那么久都没有意识到它们可以摆在一起来看，我能够把它们摆在一切说明我有纯粹明见。我是纯粹的，我没有偏见，我不是从我的主观意图出发来歪曲你，我就把你的那些观点摆在一起，这就是一种纯粹明见了。纯粹明见有什么样的优势呢？"即它在某一个**确定的**环节上见到全体"。这些环节都摆在这里了，每一个确定的环节，我都可以联系到全体去看。因为已经聚拢到一起来了嘛，你回避不了了。纯粹明见就是能够在个别上见到全体的，而你见不到全体，你只在这个场合下见到这个环节，在那个场合下见到那个环节，就说明你的没有明见，你的思想受到具体场合的局限，是不纯粹的。而启蒙呢，由于它在某个确定的环节上见到了全体，"因而带来了与该环节联系着的**对立**"。带来了对立，或者带来了对立面，但这个对立面是与该环节联系着的。你在这个环节上面说的这句话，跟在另外一个环节上说的话，是完全对立的，但却是同一个你说的话。我把它们都摆在这里，你自己去看看，琢磨一下其中的道理，它们是这样的冲突，为什么你还能够同时说出来？它们有没有统一性？是如何统一的？"并且一个环节在另一个环节中反过来逼出了这两种思想的否定性本质，即**概念**"，一个环节在另一个环节中逼出了双方的否定性本质，也就是每一方否定自身而向它的对立方转化的本质，你把它们摆在一起，这种本质就显出来了。那么这就是"概念"，概念打了着重号。这概念是逼出来的，不这样做的话，这概念是出不来的。因为所谓概念，就是在个别中见到全体，在一个中见到另一个，在正方见到反方，就是这种透明的关系。在某个地方说某句话，在另外的地方又说另外的话，不知反省，这哪里还会有概念呢？这都是零零碎碎的，支离破碎的。现在我把两个对立的东西放在一起，逼迫你思考对立的东西的统一性，逼迫你想到这两句话其实是同一的，可以从总体上把握的，这就是概念。只有通过概念才能把握对立的东西，通过一个一个分散开来你是把握不了的，它们都互相冲突。只有提升到概念，你才能把握这两方面，看出它们是同一个东西的两个方面，同一个概念的两个对立方面。所以，这就逼出了这两种思想的否定性本质，而两者的自我否定、向对立面转化，就形成了否定之否定，它再不是那种单纯自我肯定了，也不再是单纯被否定了，它的本质就是这种自我否定，它要从一方转到另一方，又要从另一方转回来。在这种理解中，我们才能提升到概念。

启蒙在信仰看来之所以显得是一种歪曲和谎言，是因为它把信仰的诸环节的**他在**揭示出来了；它借此就好像把信仰的这些环节都直接变成了不同于它们在其个别性中所是的某种别的东西了；

我们先看这半句。"启蒙在信仰看来之所以显得是一种歪曲和谎言，是因为它把信仰的诸环节的**他在**揭示出来了"，在信仰看来，启蒙是一种歪曲，一种谎言，信仰它原来坚持的那些东西在启蒙那里都解构了，都颠倒了，都去掉了它的魅力，去掉了它的神圣性，那岂不是一种歪曲吗？你把这种歪曲说出来岂不是一种谎言吗？但之所以显得是这样，是因为它揭示出了信仰诸环节的他在，"他在"打了着重号。信仰把它的每一个环节都当作它的自在，但是在启蒙那里呢，揭示出来了它们的他在，也就是指出它们都走向了自己的对立面。就是说你的这个自在，它会否定自身，会变成他在的。你的这个环节，原来你从来没有怀疑过，没有反思过，现在你要反思一下。怎么反思？就把你的那些话，那些自相矛盾之处，把它摆在一起,摆在一起就促使你去反思。你就会发现原来你的这些环节本身有自己的他在,原来你的那些自相矛盾的说法就是因为这些他在导致的,就是因为这些环节都自我否定变成了他在。"它借此就好像把信仰的这些环节都直接变成了不同于它们在其个别性中所是的某种别的东西了",就是说信仰原来在个别性中所是的那些东西,所坚持的那些东西,自在的、坚持不动的、不可动摇的那些东西,在启蒙的纯粹明见之下都直接变成了某种别的东西,而不同于它们在其个别性中所是的东西。启蒙达到这种效果是通过把所有的环节摆在一起,构成一个整体来看。一旦构成一个整体,其中的每一个环节的含义就不同了。在没有构成一个整体的时候,每个个别的环节它直接是其所是,但是一旦和别的环节放在一起的时候,作为一个整体,那每个环节在里面都不是其所是了。一旦放在整体里来看,每个环节就反照出、反射出它的完全不同的另一面。所以我们讲整体大于或者不同于部分之和,每一个环节放在整体中来理解,不是简单地相加,相反,它的性质就变了。这在信仰看起来就是受到了歪曲,被恶搞了。

　　但是,这种**别的东西**同样是本质的,并且就真理而言,是在信仰意识本身中现成在手的,只不过信仰意识没有想到它,而是在别的什么地方拥有它而已;因此这种别的东西,既不是对信仰意识异己的东西,也不能为信仰意识所否认。

　　"但是,这种**别的东西**同样是本质的",也就是启蒙把信仰的那些环节都搞成了别的东西了,变成了另外的东西,但这个另外的东西同样是本质的。你不能说它是谎言,不能说它是歪曲,它必然要变样的,这正是这个东西的本质的表现。这个东西不是原来的东西了,但它同样也是本质的,甚至于更是本质的,你原来的那种坚持孤立的、个别的理解呢,反而是非本质的。你自以为是本质的,但实际上只有在关系中才能体现出它的本质,一个环节只有在它与别的对立环节的关系中,才能体现出它真正的本质。"并且就真理而言,是在信仰意识本身中现成在手的","就

277

真理而言"，就是说真正来说，这些东西的变样在信仰意识本身中已经现成在手了，并不是启蒙把它强加于信仰之上的。本来那些环节都是信仰提出来的，那些命题都是信仰提出来的，只不过是分散的，你没意识到；现在人家把它们集中起来放在你面前了，那不就是你的东西吗？还是你自己说的话嘛，只不过在整体中看，它的意思已经变了，跟它孤立时候的意思已经大不一样了。"只不过信仰意识没有想到它，而是在别的什么地方拥有它而已"，信仰意识没有想到它，信仰意识想到一个东西，就只想到这个东西，而没有想到别的东西，也没有想到这个环节还可以有别的面貌。信仰意识总是在这里想到这个，在那里想到那个，不会把两个东西联系起来想。但是它已经说出来了，说出来了而没有想到，因为没有放到一起来想。它实际上已经拥有了，信仰已经拥有了启蒙的那些别的意思，但它没想到，所以当启蒙把它们连贯起来，它就大吃一惊，怎么变成了这样？但实际上就是它原来固有的。"因此这种别的东西，既不是对信仰意识异己的东西，也不能为信仰意识所否认"，它不是外来的，没有哪个从外面输入进来，它就是信仰自己固有的。前面讲了启蒙只不过是把它已经有的那些环节聚拢起来而已。我没有加进我的话，都是用你自己说过的话，我把它们组织了一下，汇编了一下，把它们摆到一起来了，你能否认吗？它不是异己的东西，而就是你自己的东西。这就是"启蒙的正当权利"，首先体现为"思维的自身运动"。在启蒙那里，信仰是纯粹思维，那么这个纯粹思维的自身运动必然发展出启蒙来，必然要走向启蒙，这就是启蒙的正当权利。启蒙，你说它不公正也可以，但是它有它的公正，它的公正就是从这种不公正里面发展出来的，就是从信仰自身的环节里面演变出来的。

　　<u>但是，启蒙虽然提醒了信仰，使之回想起自己那些孤立环节的对立，但对它自己本身同样也是启蒙不够的。</u>

　　"但是，启蒙虽然提醒了信仰，使之回想起"，回想起，这个柏拉图的

回忆说, 就是你原来是那样想的, 但是你没注意到, 你忘了, 现在我提醒
你, 使你回想起"自己那些孤立环节的对立"。你那些孤立环节都是你说
过的话, 但是你没有意识到它们的对立, 现在我把它们摆在一起, 提醒你
这些环节是对立的, 你自己看一看, 你就会发现这些环节本身确实是对
立的。启蒙对信仰做了这种提醒的工作, "但对它自己本身同样也是启
蒙不够的"。启蒙对自己本身也是启蒙不够的, 此话怎讲? 启蒙没有意
识到信仰的那些环节并不仅仅是信仰的环节, 而且也是它自己的环节。
这是反过来又对启蒙进行批评了。虽然启蒙一开始没有输入自己的环
节, 它就是用信仰的那些环节来攻击信仰, 以其人之道还治其人之身, 借
力打力, 把信仰所说的那些话摆在一起来反驳信仰。但是它没有意识到
这些话其实也是它自己的环节, 启蒙没有启蒙自己, 启蒙对自己启蒙不
够。启蒙没有意识到它自己的正当权利, 它也觉得自己也是在故意捣乱,
它就是看信仰看不惯, 它就要采取一种办法, 以其人之道还治其人之身。
它就没有想到, 它所搞的这一套手法, 其实也是它自己的本质。信仰的
本质就是启蒙的本质, 你不要把它当敌人来看待。当然启蒙好像也采取
这种办法, 我没有把你当敌人, 我就是让你自己把自己当敌人, 但是, 它
还是把信仰当作自己的敌人来看待了, 势不两立。这样一种借力打力的
手法只不过是一种手法, 一种技巧而已。

　　它以纯粹**否定的**态度对待信仰, 是因为它把自己的内容从自己的纯
粹性中排除出去, 并把这内容当成对它自身的**否定**。

　　"它以纯粹**否定的**态度对待信仰", 启蒙反对信仰, 这个是势不两立
的, 如果没有这样一种坚决的态度, 那启蒙怎么能冲破重重围困呢? 当
时它们强烈地反对信仰, 所谓启蒙就是排除信仰, 就是揭示宗教的虚伪。
那么, 它如何能以纯粹否定的态度对待信仰呢? "是因为它把自己的内
容从自己的纯粹性中排除出去, 并把这内容当成对它自身的**否定**", 启蒙
所反对的信仰的内容实际上也是启蒙自己的内容, 它所揭示的信仰的矛
盾其实也是它自己的矛盾, 但它却把所有的信仰的内容都从自己的纯粹

性中排除出去了，自认为自己是最纯粹的、最无矛盾的。信仰的内容都在它自己外面，这些内容形成了对启蒙自身的否定，要彻底达到启蒙，只有把信仰的内容、包括它的矛盾完全排除掉。信仰的内容就是对启蒙的否定，启蒙没有意识到它自身的内在矛盾性和自我否定性，因此它自己也是尚未启蒙的。启蒙当时处于对信仰的这样一种激进的态度，跟信仰势不两立，凡是有信仰内容的东西都是对启蒙的否定，这正是它缺乏自我意识的表现，因为这些内容恰好也是它自己的内容。

因此它既没有在这种否定中、在信仰的内容之中认出自己本身来，也没有以此为根据把这两种思想、即它所带来的思想和它用这带来的思想所反对的那种思想聚拢到一起。

"因此它既没有在这种否定中、在信仰的内容之中认出自己本身来"，启蒙否定了信仰，可是它在它所否定的信仰内容之中呢，没有认出自己来。它不知道它所否定的那个信仰的内容也正是它自己的内容，它没认出来，它把它当作是别人来加以否定。它对于信仰采取绝对外在的否定态度，没有反思。"也没有以此为根据把这两种思想、即它所带来的思想和它用这带来的思想所反对的那种思想聚拢到一起"，启蒙也没有把自己的各个环节聚拢在一起，具体来说就是两个环节、两种思想。一种是"它所带来的思想"，它否定信仰的思想，而带来了自己的思想，启蒙自己的思想就是有用性的思想。而它用这有用性的思想所反对的那种思想，也就是信仰的绝对本质的思想，这两种思想它没有聚拢在一起。正像信仰没有把它的思想聚拢在一起，启蒙也同样没有把自己的各环节聚拢到一起，没有全面的反思。它没有看出，它否定的东西恰好是自己的东西，它对信仰的否定恰好就是它的自我否定。在它自己的意识中，它是让信仰来自我否定，借此来否定信仰，借助于信仰的自我否定来否定信仰；但与此同时呢，它没有意识到，信仰的自我否定就是它自己的自我否定。它没有把它所反对的东西和它所提供的东西聚拢到一起，因此没有意识到它所反对的内容就是它自身的内容。

由于它没有认识到,它在信仰方面所谴责的那种东西直接就是它自己的思想,所以它自身就处在两个环节的对立之中,它只承认两个环节之一,也就是它每次只承认那与信仰相对立的环节,但却将另外一个环节与前一环节分离开来,恰恰像信仰所做的一样。 {307}

在这方面它和信仰是一样的,犯了一样的错误,或者犯了一样的片面性。"由于它没有认识到,它在信仰方面所谴责的那种东西直接就是它自己的思想",它在信仰方面所谴责的那种思想就是它自己的思想,那就是纯粹思维嘛,就是那种自我同一性,就是那种自我等同性嘛。你谴责信仰的自我等同性和纯粹思维,说它们高高在上,不可捉摸,难道你就没有自我等同性和纯粹思维吗?难道启蒙不也是一种高高在上的纯粹明见本身吗?从根子上说,启蒙也是一种信仰。启蒙肯定是有自己的信仰的,但它没有意识到,它谴责信仰的时候同时就在谴责它自己的思想。"所以它自身就处在两个环节的对立之中",两个环节,一个是自在自为,一个是为他。自在自为和为他这两个环节是对立的,那么信仰强调自在自为,强调灵魂不朽,而启蒙强调为他,强调实用性,强调有用性。这两个环节的对立实际上是谁也离不开谁的。"它只承认两个环节之一",也就是强调为他这一个环节。它也有自在自为这一环节,但是它不强调。"也就是它每次只承认那与信仰相对立的环节,但却将另外一个环节与前一环节分离开来,恰恰像信仰所做的一样",它每次要和信仰的这一环节相对立时,就强调另一环节,而在与另一环节相对立时就强调这一环节。信仰也是这样,信仰其实也有两个环节,信仰强调灵魂不朽,强调自我等同性,强调纯粹思维,但是它最终不也是为了自己的利益吗?灵魂得救不也是它自己的利益吗?你要信仰上帝,就是为了在上帝那里自己的灵魂最终得到拯救,不也是一种有用性吗?也是一种为他性吗?你自在自为也是为他的。那么启蒙也是这样。启蒙强调有用性,不还是以人为中心的?人的自在自为也是你的有用性的基点,有用性的核心,你为什么不强调这一方面呢?所以双方都是把这两个环节分离开来,把自为存在和为他存在这两个环节分离开来,各执一端。在这种分离方面,启蒙和信仰的做法完全一样。

因此它并没有将两者的统一作为两者的统一、即作为概念产生出来;但概念却在它面前自为地**发生**了,或者说它只是把概念作为**现成在手的**发现了。

注意他这些用词,这些用词都是很讲究的。"因此它并没有将两者的统一作为两者的统一、即作为概念产生出来",启蒙实际上已经有了两者的统一,它已经把两者、把两个环节都聚拢到一起来了,聚拢到一起是不是就是统一了呢? 还不是。你把信仰的那些环节都聚拢到一起来反驳信仰,当然它逼出了概念,但是这概念你还没掌握到。你还没有把两者的统一作为两者的统一、即作为概念产生出来,概念还不是作为概念产生出来的,概念是被逼出来的。虽然如此,"但概念却在它面前自为地**生发出来**了",产生和生发是不一样的,生发是具有偶然性的、自然而然的,entstehen,生长,当然也是产生,但是这个产生是生长的意思,就是自己长出来了,但这个概念你还没有掌握到。而前面的产生,hervorbringen,是一种主动的制造,把它带到面前来,或者是创造出来,而不是生长出来。概念在启蒙这里不是创造出来的,而是在它面前自为地生发出来的。前面讲概念是被逼出来的,不是你有意的要把这个概念创造出来的,没有办法,天要下雨,娘要嫁人,事情就是这样了。"或者说它只是把概念作为**现成在手的**发现了",它只是发现了,它发现有个概念在这里,它把两个环节往一起一摆,它把几个环节聚拢起来,就发现它们有个共同的东西,有个概念在支撑着这双方。概念在这一方表现为这一方,在那一方又表现为相反的那一方,但它都是同一个概念。启蒙于是发现有个概念,但是它不是把它当作概念而制造出来的,它这个里头没有制造,启蒙在这里缺乏那种主动性和自觉性。它是发生了统一,而不是造成了统一,发生了一个概念,但这个概念,这个统一不是它造成的。

因为纯粹明见的实现过程自在地看恰恰是这样的:首先那以概念为

本质的纯粹明见自我形成为一个绝对的**他者**，而否认了自身，——因为概念的对立是绝对的对立——并从这个他在回到自己本身，或者说回到了自己的概念。

　　就是说启蒙在这方面缺乏一种自觉性，缺乏一种从自己的思想里产生出概念来、创造出概念来的自觉，而仅仅是被动地发现了概念。"因为纯粹明见的实现过程自在地看恰恰是这样的"，自在地看，也就是客观地看，它就是这样的，是怎么样的呢？"首先那以概念为本质的纯粹明见自我形成为一个绝对的**他者**，而否认了自身"，纯粹明见本来是以概念为本质的，但现在它自我形成为一个绝对的他者，而把这个绝对本质变得不可认识了，成为不可知的自在之物了。这实际上就否定了自己，那就是我们通常讲的异化了。纯粹明见把自己形成一个绝对他者，把它悬置在那里，既不认识它，也不让它发挥现实的作用，那么就否认了自己了。这两个破折号中间是一种解释，"因为概念的对立是绝对的对立"，概念的对立是立足于绝对本质的高度的对立，而不是现实中感性事物的对立，这就解释了启蒙或纯粹明见为什么认为这种对立是无法把握的。概念的这样一种对立形成一个绝对他者，这种对立是绝对的对立，不是在世俗的层面上、在具体现象的层面上的对立，是一种纯粹概念上的对立。但只要纯粹明见形成一个绝对他者，就已经表明这个绝对他者是由概念所形成的，只有概念才具有这样一种超越性。上帝和人的对立只有概念才能建立起来，世俗生活中任何一个东西都形成不了这样一个上帝的概念，概念的对立才是绝对的对立。所以，纯粹明见形成一个绝对的他者，形成一个上帝，这是由于在它里面有概念在起作用。"并从这个他在回到自己本身，或者说回到了自己的概念"，从这个他在、这个彼岸上帝现在回到了自己本身，回到了自己的概念。因为这个他在是由概念所建立起来的，而概念呢，是我的概念，是人的概念。人建立起一个上帝，上帝是人造的，上帝是人通过概念造的；那么由于这个上帝是通过概念造的，所以它可以回到自己的概念，这就是纯粹明见的实现过程。纯粹明见的实现过程自在地看来是这样一个过程，就是通过概念在背后起作用，把纯粹明见形成一个绝对的他者，上帝，而上帝导致它从上至下的自我否定，最后又回到了自己，回到了概念本身。上帝的世界其实就是有用的世界，在概念中双方就统一了，上帝再高高在上，也是同概念相通的，因为它是由我的概念所建立起来的，而这个概念就是人自己的纯粹思维，所以它还可以回来。如果不是概念建立起来的，那就回不来了，它之所以能够回来，就是因为它里头贯通着概念。

[101]　——但启蒙就只**是**这个运动，它是纯粹概念的尚未意识到的活动，这种活动虽然回到了作为对象的它自己，但是它既把这对象当成一个**他者**，也不知道概念的本性，即不知道那无区别的东西就是绝对自身分离着的东西。

这句话是接着上面来的。上面是讲的一般的、一个客观的过程。我们作为旁观者来看，发现纯粹明见的实现过程自在地看恰恰是这样的，就是以概念为本质的纯粹明见，由于概念在后面起作用，所以它形成了一个彼岸，又从这个彼岸回到自己本身，也就是回到自己的概念，从客观上来说应该是这么一个过程。"但启蒙就只**是**这个运动"，"是"打了着重号。是字为什么要打着重号呢？就是说启蒙它"是"这个运动，但这个运动还只是处于"存在"阶段。或者说，它自在地是这个运动，但是它还没有自觉，对它来说甚至于还可能是意外。它把这些东西放在一起，就发现里面有概念了，它不是有意要造成概念的，概念是突然出现的，概念自己长出来了。所以它只"是"这个运动，它在这个运动之中，但是它还没有跳出这个运动来支配这个运动。所以"它是纯粹概念的尚未意识到的活动"，纯粹概念、纯粹明见客观上来看肯定是这样一个活动过程，它首先异化出绝对的他者，最后呢，它又从这个他者回到本质，回到概念。但是，启蒙还没有意识到这一点。"这种活动虽然回到了作为对象的它自己"，回到了作为对象的它自己，这活动自己是一个对象，一个他者，原来高高在上，现在回归到自身，发现它就是普遍的有用性。"但是它把这对象当成了一个他者,它也不知道概念的本性",明明已经从对象、他者回到了自身,却仍然把这对象当成一个他者,当成一个借用的宗教,有用的宗教,不是从信仰来看的宗教,而仍然是从有用性来看的宗教。宗教仍然是它所要批判的,只不过因为它有用,所以暂时不批它,只是把这个他者解释成有用性,上帝无非是最大的用处。它已经把宗教回归到它自己的本质了,但是它还是把宗教当成一个他者,仍然内心深处还在批宗教。所以它也不知道概念的本性,也就是它还处于存在阶段,它还不知道概念的本性,也就是不知道概念的本质,没有达到本质阶段。"即是说不知道那无区别的东西就是绝对自身分离着的东西",无区别的东西,也就是那自身等同的东西,即信仰的立足点,那种纯粹思维。它不知道这种自身等同的东西就是绝对自身分离着的东西,它只有在自身分离中才自身等同,只有在自身区别中才保持着自身无区别,这是"本质论"中所展示的原理,在"存在论"中还不知道。上帝也好,绝对本质也好,概念也好,都是自身分裂着的东西,就是这个分裂才造成了信仰,以及造成了信仰向启蒙的回归。信仰把那个绝对本质高高在上地悬于彼岸,而启蒙把这个彼岸的上帝拉回到人世间,这是一个必然的过程。这是绝对本质的绝对自身分裂的过程,但是,启蒙不知道这一点,对它来说,这完全是偶然的。它为什么要批判信仰?这也是偶然的,在它看来,我就不信那个东西,但是你为什么不信这个东西?或者说你为什么原来信这个东西,现在不信了?这个里头有一种逻辑在里头,但是启蒙没有意识到这一层。它只是当作两个人在吵架,你的观点和我的观点不同,那我就要反驳你,我采用了很多方式,最有效的方式就是用你自己的方式反驳你自己,但是它没有想到这个里头恰好表现了绝对本身的自我分离这样一种运动。或者说它是无意识地表现了绝对本质、绝对概念自身的运动,纯粹意识这种自我分离的运动。所以它是处于存在阶段,还没有进入到本质阶段。

　　——因此,纯粹明见在反对信仰时只有这样才是概念的**力量**,即它就是这一运动,就是它把这信仰意识中相互分散的环节联系起来的活动,在这一联系活动中，信仰各环节的矛盾就显露出来了。

"因此，纯粹明见在反对信仰时只有这样才是概念的**力量**"，它反对信仰时的概念的力量是什么？"力量"打了着重号，用的是 Macht，也可以翻译成"权力""威力"。"即它就是这一运动"，纯粹明见就是这一概念的运动，就是前面讲的思维的自身运动，用这一点来反驳信仰是最有力的，可惜启蒙还没有意识到这一点。但它实际上是靠这样一种概念的运动把信仰打败的，它最有力量的就在于这一点。这运动"就是它把这信仰意识中相互分散的环节联系起来的活动"，我们前面讲了，它不需要做什么别的，只需要把信仰意识中相互分散的环节联系在一起、摆在一起就行了，这样一种活动就体现了概念的运动。"在这一联系中，信仰各环节的矛盾就显露出来了"，这就是借力打力，最有力的就是这个。你就把信仰各环节的矛盾揭示出来，那就够了，那就足以摧毁信仰。但是它不是有意识的从概念出发的，它还是在存在论的层面上，把各种元素、各种环节，把它们搜集起来，聚拢在一起。这是用存在论的方式了，如果用本质论的方式，它首先要把这个概念搞清楚，那就不是聚拢了，那就是要发现概念本身的自相矛盾性、自我分离这样一种本质的倾向，然后把这些环节发展出来，那就是本质论的层次。但现在它不是，它只是把这些环节聚拢在一起，就把里面的矛盾揭露出来了，就把概念倒逼出来了。它不是从各环节的统一里面把概念发展出来，而是从它们的矛盾中把概念倒逼出来的。当然它这样做也已经不错了，毕竟概念出现了。

纯粹明见对信仰施加暴力的绝对**权利**就在这里；但是纯粹明见使这种暴力成为**现实性**，却恰好是因为信仰意识本身即是概念，因而本身就承认了明见带给它的那种对立。

"纯粹明见对信仰施加暴力的绝对**权利**就在这里"，这个权利 (Recht) 和前面那个力量或权力 (Macht) 不一样，现在讲的是，它有对信仰施加暴力的绝对权利，这种暴力是公正的。在存在论的层面，把信仰的各个环节聚拢在一起，是带有一种暴力性和外在性的。我们知道，在黑格

286

尔《逻辑学》的存在论里面,各个环节相互之间是"过渡";本质论里面的各个环节是相互"反映";概念论的一个个环节则是"发展"出来的。这个用词是完全不一样的。存在论里面是过渡,过渡就带有外在性、暴力性,因为中间隔着一个鸿沟嘛,所以你必须跳过去,你必须强行渡过去。所以它是对信仰施加暴力,把这些环节强行聚拢在一起。但是这样做有绝对的权利,它的权利不在这种外在性,而在它的内在性,有概念本身在后面暗中起作用。虽然启蒙还没意识到,它以为是存在的胜利,其实是概念的胜利,但是它的绝对权利就在这里。"但是纯粹明见使这种暴力成为**现实性**,却恰好是因为信仰意识本身即是概念",你能够使这种暴力成为现实性,你能够打败信仰,你能够摧毁信仰,恰好是因为信仰本身即是概念,因为概念就有这样一种自我否定的本性。所以你打败了信仰,不是你的力量多么大,而是信仰的概念本身的自我否定,是信仰自己打败了自己,这是一种不可抗拒的倾向。所以你是借这股力量打败了信仰。信仰本身就是概念,"因而本身就承认了明见带给它的那种对立",信仰本身就承认了明见在它之中揭示出来的那个对立。因为信仰本身就是概念了,它本身就不得不承认启蒙说得对,承认那种矛盾性就在信仰意识本身里面埋伏着。你现在把它揭示出来了,那就只好承认了,你揭示了它的本质嘛,它无法反驳。

　　纯粹明见之所以有权保持它对信仰意识的反对态度,是因为它使信仰意识本身所必要的东西和信仰意识在本身中所具有的东西在信仰意识那里成了有效准的。

　　"纯粹明见之所以有权保持它对信仰意识的反对态度",它有权,前面讲了,不是指它有权力,而是指它有权利,它有绝对的权利。它为什么有权保持对信仰意识的反对态度? "是因为它使信仰意识本身所必要的东西和信仰意识在本身中所具有的东西",一个是信仰意识本身所必要的东西,那就是绝对本质的纯粹意识,纯粹思想,这种纯粹意识是信仰意识本身所必要的,凡是信仰都必须在意识中超越感性事物而上升到纯粹思想的高度。再就是信仰意识在本身中所具有的东西，也就是信仰意识在本身中所具有的各个环节，像三位一体等等，我把它们分析出来，使它们聚拢起来，在信仰意识中成了有效准的东西。启蒙对待信仰就是这样的态度，你把你信仰里面所具有的东西实现出来看一看，让它们发挥一下效准，你不要在这个地方用一个环节，在那个地方就忘记了，就跳到另一个环节，你试着把它们变成一贯有效的。那你就会发现，它们是自相矛盾的，它们是自我冲突，自我取消的。启蒙通过这个方式战胜了信仰，通过使信仰意识本身的那些环节成为有效而战胜了信仰。比如你说面包和酒是基督的肉和血，这只是在做弥撒的时候这样说的，你平时并没有这样看。你在种小麦的时候，你在酿酒的时候，你并没有这么看。那么你在平常的时候还在以日常的眼光看这些东西，只是在做弥撒的时候，你把它提升到基督的肉和血这样一个高度，但是那个时候你就忘记了你是怎么酿出酒来，怎么种出麦子来的了，你就完全不一致了，失去普遍的校准了。如果要让校准一致的话，你必须把基督完全灌注到你的生活中，每一个事物，包括你种小麦，包括你工作劳动，万事万物里面都包含有基督；那就是泛神论了，那就是启蒙所能够承认的自然神论了。万物中都有神，斯宾诺莎说，神就是自然，神就是实体，那一切都是神，那就把信仰摧毁了。自然神论则认为万物都来自于神，在日常生活中都展示了神的力量。泛神论和自然神论把信仰摧毁了，它就成了一种启蒙。或者说，平时你看到面包和酒，并没有那些神圣的魔力，那就是些日常的东西，有用的东西，面包是可以吃的，酒是可以喝的，你把这种有用的东西贯彻到底，那你的上帝就没法神圣了，一切都归结到有用了，那也就是启蒙了。所以信仰本身所具有的这些环节，你如果把它当真的话，一旦贯彻到底，都会导致启蒙。这就是启蒙能够战胜信仰的秘密，就是因为它发展了信仰本身所具有的环节，虽然是不自觉的，虽然是为了论战的需要。它把信仰本身的环节变成是有效的，这就是"启蒙的正当权利"，这种正当权利就在于第一个小标题"思维的自身运动"。思维的自身运动不是外加的,就是作为思维的信仰自身发展出来的,一旦你把它当真,它就会自我消解。好,今天就讲到这里。

＊　　　　　＊　　　　　＊

[2.对信仰的诸论点的批判]

我们上次讲到信仰和启蒙。启蒙对信仰的批判,归结到一点,就是它能够取胜,它能够具有这样一种不可反驳的批判的力量,是因为它所批判的东西在信仰本身里面有自身矛盾,它是利用信仰自身的矛盾来摧毁信仰,这个是不可抗拒的。如果你从外在强加给它一种批判,那是表面的,那是打不倒信仰的,但是信仰本身有它的自身矛盾性。而启蒙的明见要摧毁信仰,非常简单,就把信仰本身矛盾的那些环节聚拢到一起,就可以把信仰解构了。也就是说信仰本身的各个环节,已经有一种相互冲突的关系,那么只要把它的各个环节发挥出来,让它们发生效力,那么信仰自己就不攻自破了,它采取的是这样一种策略。那么,今天要讲的是,阿拉伯数字的第 2 个小节,"对信仰的诸论点的批判"。前面是讲的大原则,这里就具体来看启蒙是如何反驳信仰的各种论点的。这里面讲了有四点,也可以说三点。

首先,启蒙固守于本身是意识行为的这个概念的环节;它针对着信仰而断言——信仰的绝对本质乃是信仰的作为一个自我的意识的本质,或者说绝对本质是由意识产生出来的。

"首先",就是说对信仰的诸论点的批判第一个论点是这样批判的,"启蒙固守于本身是**意识行为**的这个概念的环节"。也就是启蒙抓住的是信仰的这样一个环节,信仰它本身是意识的一种行为,我把这个意识行为的概念抓住来进行分析,来加以批判。首先批判的是这一点,就是信仰是一种意识的行为,那么我们看看这是一种什么样的意识的行为? 意

289

识的行为它是一个概念的环节。信仰本来不是概念，它是一种非理性、非概念的表象活动，信仰是一种表象嘛；但是作为意识行为它是一个概念环节，这个表象它本身也是一个概念的环节，当然它自己没有意识到这个概念，它只是一种行为，意识的行为。"它针对着信仰而断言——信仰的绝对本质乃是**信仰的**作为一个自我的意识的本质"，它要反对信仰，就断言说，信仰的绝对本质就是信仰的作为一个自我的意识的本质。信仰的绝对本质，也就是所信仰的绝对本质，那就是上帝了，这个上帝本身无非是信仰自己作为自我的那种意识的本质。当信仰意识到自己是一个自我时，这个意识的本质就被当作上帝了，或者说，信仰意识到自己的本质在上帝那里。这就是我们通常说的，上帝是人的本质的异化，上帝的本质就是人的本质。"或者说绝对本质是由意识**产生出来的**"，信仰的对象即绝对本质本身就是由信仰的意识自己产生出来的，信仰从自己的意识中产生出一个绝对本质，当作崇拜的对象，这与上面是一个意思，就是宗教是人的本质的异化。这就是启蒙对信仰的一种批判，是通过把信仰作为一种意识行为来进行概念分析，而揭示出信仰的那个绝对本质无非就是人自己的意识的本质，是由信仰的意识行为产生出来的。或者说，上帝是人造出来的，你信仰上帝，你整个宗教无非就是这种意识行为所产生出来的。这是启蒙对信仰的第一点批判，就是追溯到信仰作为意识的行为这样一个概念环节。作为意识的一种行为，从概念上来进行分析，它就不是非理性的，它也不只是表象了，它是一个概念的环节，可以进行理性的分析。

在信仰意识看来，它的绝对本质正如对它而言是**自在**那样，同时也不是一个什么异己之物，仿佛它是无人知道怎样和从何而来就**座落**在那里一样，毋宁是，对它的信赖正在于在绝对本质中**发现**它自己就是**这一个**人格意识，而对它的皈依和侍奉则在于通过它的**行为**使这人格意识作为**它的**绝对本质产生出来。

"在信仰意识看来，它的绝对本质正如对它而言是**自在**那样"，在信仰意识看来，绝对本质当然是自在的了，对它来说是客观存在的。上帝是自在自为的，它并不是我创造出来的，我意识到上帝，我受到上帝的启示，但是并不认为这个上帝是我创造出来的。然而，与此同时，正如上帝对它而言是自在的那样，在它看来，上帝"同时也不是一个什么异己之物"。上帝虽然是自在的，但是上帝不是异己的。"仿佛它是无人知道怎样和从何而来就**座落**在那里一样"，它不是这样的。也就是对信仰意识来说，上帝虽然是一个自在的东西，是一个在我之先的、在我之外的一个客观精神，但是，它也不是一个完全异己的东西，否则的话我怎么会信上帝呢？我之所以信上帝不是因为它对我完全是陌生的，不知从何而来就座落在那里，好像完全跟人没关系。就像古希腊的伊壁鸠鲁所讲的，神住在各个世界之间，在那里悠闲自在，跟人没关系，信仰意识不是这样的。这是信仰意识的两个方面，一方面，它承认上帝、绝对本质是自在的，另一方面，上帝、绝对本质又是和人的意识相关，它不是和人完全无关的，它不是异己之物。"毋宁是，对它的信赖正在于在绝对本质中**发现**它自己就是**这一个**人格意识"，这个上帝不是异己之物，那是什么呢？我们为什么要相信它？这里就解释了，我们之所以信赖它，正在于我们发现自己就是"这一个"人格意识，"发现"打了着重号，"这一个"也打了着重号。就是说，信仰意识之所以信上帝，就在于它在这个上帝中发现了自己。发现就是说，这个东西已经在那里，是它去发现的。但是发现自己是什么呢？发现自己就是这一个人格意识，就是这个唯一的人格意识。在绝对本质中，它发现了自己，发现自己就是这个特定的我，这一个。这一个是独一无二的，就是我的自我，我的自我的人格就是这一个。张三李四，每个人都在上帝那里发现了他自己的人格，本来是没有意识到的，但是由于有了上帝，每个人都在上帝那里具有了对自己的人格的自我意识。这个人格，在此岸是独一无二的，与任何别人不相掺合的，而在彼岸是普遍的、共同的，是作为共相的"这一个"。个体原来是昏昏沉沉的，它没有意识到这一点；但是上帝使它开了眼，它在上帝身上发现了自己的独立的人格性，发现了自己是这一个，发现了自己有一个独一无二的灵魂；而这个灵魂的归宿在上帝那里，因为它的独一无二的灵魂只有当它超越世俗生活时才被发现，而一旦超越世俗生活，这个灵魂就是普遍的圣灵，就是上帝。它在人世间其他的生活都是世俗的，都不能使它发现自己独特的这一个，因为每个人和别人在世俗生活中都差不多，和动物也差不多，人为财死鸟为食亡，显不出人的个别性来。但是由于皈依了上帝，它发现自己这一个灵魂是独一无二的，在现实中与别的灵魂相隔离，只在上帝那里才相通。"而对它的皈依和侍奉则在于通过它的**行为**使这人格意识作为**它的**绝对本质产生出来"，由于皈依了基督教并侍奉上帝，那么通过这种行为才使人格意识作为自己的绝对本质产生出来，"行为"打了着重号。人格意识不是头脑里面的空想，而是必须通过自己的行动把人的现实性和绝对本质联系起来，也就是投身于侍奉行为，才能产生出来。而这人格意识是"它的"绝对本质，绝对本质本来是上帝，但这个上帝是"它的"上帝，"它的"打了着重号。在上帝那里它看到的是它自己的人格，所以它对上帝的侍奉，它对上帝的皈依，实际上也就是完成自己的人格意识，或者说，它对上帝的侍奉其实就是它的自我人格性的产生，如果没有对上帝的侍奉，它自己的人格性就没有着落。因为人格性、个体的灵魂这个东西是看不见，摸不着的，只有提升到一个绝对本质的高度，你才能够把它表象出来。超越一切现实生活之上的一个上帝，这当然是一个表象了，但是个体把它看作是自己的绝对本质，那么在这样一个上帝身上，它才能够看到自己的绝对本质。因为人本质上应该是圣灵，应该是精神，应该是超越性的，它跟动物是不一样的，它超越动物之上、超越肉体之上。那么借助于上帝这个表象呢，人才看到了自己的绝对本质。我曾在一篇文章中讲到过，西方人为什么信一个上帝，就是因为他们建立起了独立人格的意识，在上帝那里看到自己的独立的人格，有这种需要。一个没有独立人格的民族是不需要上帝的，不需要一个超越于一切世俗之上的绝对本质来作为自己独立人格的寄托。伏尔泰不是讲，如果没有一个上帝,也要造一个出来。为什么要造一个出来呢?因为他既然已经有独立人格的意识,这个独立人格就需要有寄托,否则就免不了被感性物质的东西所侵蚀,不再独立了。这里讲的也是这样一个道理。

　　关于这一点,真正说来,启蒙只是对信仰提醒一下而已,因为信仰纯粹把绝对本质的**自在**说成是在意识**行为**的**彼岸**。

　　"关于这一点",就是在上帝中看到自己的人格这一点,启蒙把这一点点出来了。"真正说来,启蒙只是对信仰提醒一下而已",为什么要提醒一下?"因为信仰纯粹把绝对本质的**自在**说成是在意识**行为**的**彼岸**",信仰它还没有意识到这一点,没有意识到绝对本质实际上就是人的本质,是人的意识所产生出来的,如果没有上帝的话,人也会造一个出来。相反,信仰把绝对本质的自在纯粹看作是彼岸的东西,是先于人并且和人的意识无关东西,这就需要提醒一下了。信仰以为,既然上帝自在地存在于彼岸,那么我们人的侍奉行为不过是从此岸向彼岸的无穷无尽的跋涉,永远达不到彼岸。但启蒙告诉它,你之所以向着这个彼岸跋涉,只是因为你在它里面已经看到了自己的本质,你的意识已经把自己的本质设定在它里面了,所以你向彼岸的进发只不过是向自身本质的复归。所以,你的这个上帝本身实际上就是你的行为造出来的,真正说来并不在行为彼岸,而就在行为之中,你这个行为就是在创造出上帝,绝对本质就是你自己造成的,是你自己把它奉为了彼岸的上帝。但是信仰没有意识到这一点,它觉得,要是说在意识行为中就产生出了上帝,那这个上帝就不纯粹了,因为我的行为是世俗的,尽管我有上帝的观念,但我这个观念作为一种行为来说还是一种现实的行为,我只不过用这种行为去接近上帝而已,但只有死后,当一切现实性都消失了之后,才能达到上帝那里。但是启蒙提醒它,你的这种追求本身就创造出了上帝,世俗的东西、此岸的东西和彼岸的东西是不可分的,就在现实的此岸中,你就在创造彼岸,或者说,实际上并没有信仰所想象的那种自在的彼岸。

　　——但是由于启蒙虽然为信仰的片面性带来了一个与信仰在这里唯

一思维的环节、即与**存在**对立的信仰**行为**的环节，但它本身同样也没有把它这些思想聚拢起来，所以它就把**行为**这个纯粹环节孤立起来了，而把信仰的**自在说成仅仅是意识所产生出来的东西。**

"但是"，这反过来又批评启蒙了。前面启蒙批评信仰，说信仰的绝对本质实际上是它的意识自己造成的，信仰意识看不到这一点，所以启蒙要提醒它一下。但是，"由于启蒙虽然为信仰的片面性带来了一个与信仰在这里唯一思维的环节、即与**存在**对立的信仰**行为**环节"，启蒙为信仰的片面性带来了一个信仰行为环节，这个信仰行为环节是与信仰在这里唯一思维的环节即存在相对立的。就是说，在信仰这里只想到一个环节，就是上帝存在；但是启蒙为信仰的片面性带来了与此对立的另外一个环节，就是信仰的行为。不是存在，而是你这个信仰本身，它是一种行为，它才是存在之所以存在。存在和行为都打了着重号。一个是存在环节，但是它忘记了另一个，即行为环节，忘记了你在信仰，你在侍奉，你的皈依的行为本身造成了上帝，本身产生出来上帝。那么启蒙就提醒它，就为它的片面性带来另外一个环节，来补充它。就是说你的这种存在啊，与之相对立的，还有一个更深的、更本质的环节，那就是信仰行为的环节。你要看看信仰的行为，你的侍奉、你的皈依，这种行为就是产生出绝对本质的，没有这种行为，那绝对本质就产生不出来。信仰的片面性的观点把上帝看作是天上掉下来的，甚至于不掉下来，就待在天上，这个存在的环节是非常片面的，那么启蒙就为它带来了另外一个环节，就是信仰的行为。虽然如此，"但它本身同样也没有把它这些思想聚拢起来"，也就是启蒙本身并没有把这些环节聚拢起来，没有把存在和行为环节聚拢起来。它只是批判它的存在环节，然后就确立了一个行为环节，但是这两者还是对立的，各执一端，信仰执着于存在环节，那么启蒙执着于行动一端。它为信仰聚到一起了，因为信仰本来有存在的环节，你现在给它带来了行为环节，对信仰来说这就把两个环节聚到一起了；但是启蒙自己呢，并没有把双方聚到一起来，它只是抓住了另外一个环节。"所以它就把**行为**这个纯粹环节孤立起来了",行为这个环节,它后面再没有别的东西了。行为就是你的意识的主观行为,你造出一个上帝来了,仅此而已。可是你为什么要造出一个上帝? 这个不知道,反正你造出一个上帝,反正上帝就是你造出来的,本来是没有的。行为这个环节被孤立起来了,你把它当作纯粹的环节,其实行为也很复杂的,为什么有此行为,是要分析的。但启蒙呢,没有去细究,没有去分析,"而把信仰的**自在说成仅仅是意识所产生出来的东西**",把上帝说成仅仅是主观的产物,把自在看作只是意识产生的主观的东西。自在也就是存在了,上帝存在是信仰所思维的唯一环节,但在启蒙眼中,没什么自在,没什么彼岸,没什么上帝存在,一切都是人自己造成的,造出来以后你就说它是自在,那是你说的,它自己是不能独立存在的,它只是你的意识的附属品。这就是启蒙的片面性了,启蒙只抓住了人的有意识的行为这一点,把另外一端、把客观存在一端仅仅当作意识行为的一个副产品。

　　但这个孤立的、与**自在**相对立的行为是一种偶然的行为,而且它作 [102]
为一种表象性的行为就是产生虚构——产生那些并非**自在**存在着的表象;启蒙对信仰的内容就是这样看的。

　　就是启蒙抓住了这样一个孤立的环节,那么这个孤立的环节是怎么样的呢? "但这个孤立的、与**自在**相对立的行为是一种偶然的行为",人要造一个上帝出来,人为什么要造一个上帝? 这后面没有自在存在作根据,只是某些人的突发奇想,某些人的一个偶然的念头。或者他们想要骗人,想要得利,这个是非常偶然的。他看到有利可图,于是他就撒一个谎,说有上帝,让大家去信,聚敛财富,如果大家都不信,他也不会去做了。反正这种行为是一种偶然的行为,没有什么必然性,都是随机应变的。"而且它作为一种表象性的行为就是产生虚构",表象性的,也可以译作想象的,它不是概念的,它是通过表象、想象起作用的行为,或者说一种非理性的、不可以用概念分析的行为。这种行为就是产生虚构的行为,产生虚构的行为就是欺骗和谎言了,也就是"产生那些并非**自在**存在着的表象"。这些表象不是自在存在的，或者说是没有客观内容的，比如上帝啊，天使啊，圣灵啊，地狱啊，这些存在都是没有客观对象、没有自在存在的一些表象。"启蒙对信仰的内容就是这样看的"，就是把它看作是一派胡言，一种谎言或欺骗。

{308}　　　　——但是反过来，纯粹明见同样也说了相反的话。由于它坚持概念在信仰上具有的**他在**环节，所以它声称信仰的本质是一种与意识**无关的**、**在意识彼岸的**、为意识所不认识的异己的本质。

　　一方面，启蒙把上帝说成是某些人的故意的捏造，前面讲了，产生虚构，产生谎言，"但是反过来，纯粹明见同样也说了相反的话"。启蒙的纯粹明见一方面说宗教信仰是一种谎言，另一方面又说了相反的话，什么相反的话？"由于它坚持概念在信仰上具有的**他在**环节"，启蒙或纯粹明见仍然坚持说，信仰是概念所具有的他在的环节。就是说从个人的表象上来说，你可以说，所有的宗教信仰、上帝、彼岸都是你捏造出来的；但是在概念上来说，信仰所表达的是概念的他在环节。就是撇开上帝等等这些表象不谈，至少从概念上它还是承认那个最高的纯粹本质、纯粹思维是客观的他在，它先于我存在，有这么一个环节。"所以它声称信仰的本质是一种与意识**无关的**、在意识**彼岸的**、为意识所不认识的异己的本质"，纯粹明见声称这种他在是与意识无关的彼岸的不可知的东西，如洛克的实体，康德的自在之物，这种设定是他们在此岸运用明见来认识经验事物和现象的前提。正是基于这一点，启蒙对信仰不可能完全否定，而是在批评信仰的表象纯属捏造之外，又认为你所说的那个上帝有可能是实在的，但却和你没有任何关系，你不可能认识它，它高高在上，它远在彼岸。自在之物也好，上帝也好，在他们看来都是一种异己的本质，你不可能认识它。这是它说的相反的话，就是原来根本否定上帝的存在，认为纯属虚构，现在承认上帝和彼岸的存在，只是否认我们能够认识它。如果真是自己捏造出来的东西，当然无所谓不可认知，本来就是自己造出来的嘛；但又说你那个上帝是不可认识的，是与意识无关的，是在意识的彼岸的，可见它并非虚构，而是客观存在的，只是你不知道、无法把握而已。现在启蒙说，那个上帝根本不是你自己虚构出来的，而是与你异己的东西，是跟你的意识无关的，是在你的意识的彼岸的。上帝是一个他在的环节，完全和你没有关系，这是启蒙对于信仰批判的另一方面，这与前一方面是完全相反的。所以他这种批判是两面的，一方面说它注重于意识的行为，说这个意识的行为造就出了上帝，另一方面说，这个意识的行为和上帝没有关系。既然人造就出上帝，那就应该和上帝有关系了，上帝是意识的产物了；但它又说你的意识的行为跟上帝没有关系，上帝客观存在，但不是我们人类能够认识的。

对信仰来说，情况也是这样，一方面，信仰信赖这一本质，并在其中拥有**对它自身的确定性**，另一方面，在它看来，这本质的道路是不可探究的，其存在是不可达到的。①

"对信仰来说，情况也是这样"，就是说启蒙批判信仰，从两个方面来批判它，但这两个方面是相反的，自相矛盾的，这是因为信仰自身就有这样两个对立的环节。信仰本身具有这两个环节，所以它可能被启蒙所抓住，一方面从这个环节来批它，一方面又从那个环节来批它，而这两方面的矛盾也正是信仰本身这两个环节之间的矛盾。"一方面，信仰信赖这一本质，并在其中拥有**对它自身的确定性**"，信仰一方面依赖上帝，信赖上帝，因为它靠上帝来认识自己。古希腊人说认识你自己，怎么来认识？不能凭空认识啊。所以基督教就认为，相信上帝就是你认识自己的方式，你自己的确定性只有在上帝那里可以确定下来，而在世俗生活中确定不下来。在世俗生活中它总是被遮蔽的，总是掺杂了大量感性的东西，只有在上帝的纯思维那里，没有感性东西了，你自身的确定性才能确定下来，人的真正本质才确定下来，人的本质就是神的本质。当然我们今天讲，神的本质其实就是人的本质，说法一样，就是在上帝那里信仰才有对

---

① 参看《罗马人书》11,33：它的判断何其难测，它的道路何其难寻。"——丛书版编者

自身的确定性。我们在任何一个世俗的人那里，在皇帝那里，在圣人那里都看不到自己的本质，只有在上帝那里，我们才可以清清楚楚看到自己的本质，那才达到了对自身的确定性。这是一个方面，所以我要信赖它，信赖它就是信赖自己。"另一方面，在它看来，这本质的道路是不可探究的，其存在是不可达到的"，你要探讨这个本质，要达到这本质的存在，那是不可能的，它在彼岸哪，你在有生之年绝对不可以到达彼岸，所以上帝的本质是神秘的、不可知的。你不能够通过理性的分析或者设计，去规划一条达到彼岸的道路。这个要靠信仰，不可探究。这里德文版有个注，就是"参看《新约·罗马人书》第11章，第33节"，有一首诗："深哉！神丰富的智慧和知识！它的判断何其难测，它的道路何其难寻"。神的智慧太深了，你不能够达到它。以上是启蒙对信仰的第一点批判，就是在意识的行为这个环节上，从概念上来进行分析。这个批判本身分为两个方面，一个方面就是，既然信仰是意识的行为，所以它在神那里，在上帝那里，在绝对本质那里，所看到的是意识自身的绝对本质。换言之，上帝、绝对本质实际上是意识的产物，意识的行为为了确定它自身，所以就创造出、或者捏造出了一个绝对本质，一个上帝。那么反过来说，我们也能在上帝那里清清楚楚看到我们的意识本身，它的本质，它的确定性，这是一个方面。但是从另一方面来分析呢，意识的行为，它的道路，它的彼岸的存在，是不可探究、不可认识的，因为意识的行为毕竟是人的主观行为，你所看到的只是你自己而已，你要达到彼岸，达到客观的自在之物，作为意识的行为是做不到的。在你有意识的此生，你达不到你的彼岸，所以那个自在的、他在的环节，你也没有理由否认，你还必须把它悬置在那里，你不要自以为是，以为我可以证明它，或者可以证伪它，这都是不行的。这是从概念上对信仰意识进行分析所得出的两种完全相反的结论。但是从表象上来说，信仰自身并没有意识到这一点，由于缺乏概念，它没有意识到这两方面有什么冲突，它要么认为上帝就是自我的确证，要么认为上帝是神秘不可知的，不是任何东西的确证，它看不出这里面有什么矛盾。而启蒙意识到这两方面的矛盾了,因为启蒙注重概念分析嘛,但是它还没有把这两方面统一起来看,而是把这两方面孤立起来、对立起来,觉得利用这一矛盾从两个方面都可以很容易攻破信仰的堡垒。因为它是处在进攻的一方,所以它不考虑自己怎么能够自洽,它只考虑把对方攻破。它在批判的时候用不着考虑把两方面结合起来,只要分别指出信仰的两方面都不成立,那就够了,它就把信仰战胜了。这是启蒙对信仰的第一点批判。下面是第二点批判。

其次,启蒙在这里所坚持的、反对信仰意识的权利,如果启蒙把信仰意识所敬仰的对象看作石头和木头之类的一种有限的拟人的规定性的话,那是信仰意识自己也承认的。

这是第二点,是就信仰意识所崇敬的对象来看的。"其次,启蒙在这里所坚持的、反对信仰意识的权利,如果启蒙把信仰意识所敬仰的对象看作石头或木头之类的一种有限的拟人的规定性的话,那是信仰意识自己也承认的",信仰自己也承认启蒙有权反对自己,不过仅仅是在这种意义上,就是这个权利仅限于,它把信仰意识所敬仰的对象看作石头和木头之类的一种有限的拟人的规定性。当然这里是指基督教的信仰意识了,基督教是反对偶像崇拜的,如果有人把信仰的对象看作就是这些木头石头本身,那就是迷信,是基督教本身所反对的。在这一点上信仰和启蒙是一致的。但是,基督教信仰里面又容纳了这些木头和石头的偶像作为上帝的有限的拟人的规定性,作为一种方便法门。而与此同时,基督教又不陷于偶像崇拜,而是和启蒙思想家一样清楚地意识到这些东西的日常性、这些规定的有限性。你反对信仰意识反对得对,信仰意识也可以承认,信仰意识认为这样可以提高它的层次,使它避免陷入到迷信和狂热。基督教虽然自己有迷信的成分,但是它经常是反对迷信的。基督教在所有的宗教里面,是比较突出地反对迷信、反对狂热的,它的信仰是比较冷静的,沉思的。虽然也有狂热的时候,特别在早期,但是它自己经常批判和纠正这种狂热,批判这种偶像崇拜。这就是第二个方面,就是启蒙批判信仰的偶像崇拜,这一点是基督教信仰自己也承认的。当然基督教自己也很纠结,也很矛盾。我们知道基督教在历史上曾经有过偶像崇拜和反偶像崇拜的冲突,在中世纪就有过三次大规模的捣毁圣像运动,基督教徒冲进教堂,把耶稣的十字架烧了,把圣像烧了,把那些雕像都砸了。他们认为这些有形象的东西都不代表基督教的上帝,基督教上帝是无形无相的,怎么能够用一个画像来表达呢?伊斯兰教就依然坚持这样一种无形的上帝,伊斯兰教的教堂里面至今没有任何偶像。你进去看看,只有一些图案,几何图案,阿拉伯式的花纹,就是这样一种几何图像,它不许可有偶像的。基督教也有一段时间是这样,反对任何偶像崇拜,所以基督教的信仰里面有一种批判偶像崇拜的因素。但是最后为什么还是有形象呢?就是曾经教会召开过宗教会议,把所有的这些主教们,这些神学家们都聚拢起来,讨论这个问题,最后得出结论就是说,偶像还是要有,但是你不要信这些表面偶像,它们只是权宜之计。圣像还是有用的,广大贫苦大众他们没有知识,没有文化,不识字,不能够直接读圣经,那怎么办呢?你首先得把他引进门,要靠形象把他引进门,感动他,打动他。作为一种权宜之计,形象是可以保留的。所以基督教直到今天还保留着这些偶像,但从教义上,从理论上,它是反对偶像的。所以启蒙对于基督教的批判,这方面它是接受的,是承认的,甚至于认为这就是它的教义的一部分。它教义里面就有这一部分,反对偶像崇拜,只不过它容忍偶像崇拜,又有另外一番说辞,仅仅是为了扩大基督教的影响。他们认为教堂里没有偶像的话,那有很多群众就被排除在教堂外了。当然实际上也不一定,像今天的伊斯兰教,它仍然有那么多的信众。现在社会和古代社会大概也不太一样,那个时候民众可能水平更低一点,更加容易陷入到狂热,所以更加需要一种形象的东西。但基督教很清楚,当它把群众引进门以后,尤其是把儿童引进门以后,神父和教士们要担当起这个责任来,要跟他们讲道理,要告诉他们,把你们引进门的这些形象只是权宜之计,实际上还有更深的道理,帮助你认识上帝。所以基督教的神学家是最有理论修养的,讲道理讲得最多的。像伊斯兰教它没有偶像崇拜的危险,它也用不着解释,所以它们的教义比较简单,没那么复杂,它的神学,神学家的教义,包括宗教哲学,都没那么复杂,这个是有所不同的。而基督教为了要排除偶像崇拜的因素,就要讲好多道理,所以它的思辨性比较强。总而言之,信仰意识也会承认启蒙对它的这些批判,在这方面,我们甚至于把基督教也可以看作是一种启蒙,也有人这么说,基督教本身就是对民众的启蒙。

因为,既然信仰意识是这样一种分裂为二的意识,它既有一个**现实性**的**彼岸**,又有这个彼岸的一个纯粹的**此岸**,所以实际上在信仰意识中现成在手的**也**有对感性事物的这样的看法,根据这种看法,感性事物是**自在自为地有效准的**;

我们先看这半句。"因为,既然信仰意识是这样一种分裂为二的意识",为什么信仰意识也承认启蒙对它的批判呢?因为,既然它本身就是这样一种分裂为二的意识,分裂为二就有两方面,"它既有一个**现实性**的**彼岸**",也就是有一个在现实性那一边的彼岸,"又有这个彼岸的一个纯粹的**此岸**",也就是有一个在彼岸的这一边、不沾染彼岸的纯粹此岸。前者使它拥有彼岸的信仰,后者使它与迷信划清了界限。所以基督教在虔诚信仰之余,对此岸的现实生活仍然保持了某种日常的观点,对于世俗的生活,它都是很日常的,甚至是很理性的。基督教主流意识并不排斥理性,只是认为和信仰本身比起来,理性要低一个层次,但在不涉及信仰的范围内,还是尽力要为理性留下地盘的,这在正统托马斯主义中讲得最清楚。"所以实际上在信仰意识中现成在手的**也**有对感性事物的这样的看法,根据这种看法,感性事物是**自在自为地有效准的**","也"字打了着重号,说明信仰中也有合乎常识的方面。虽然是信仰意识,但也不否认日常的感性事物本身就是自在自为地有效准的,这就是常识了,就有经验论的要素了,甚至包含有对经验事物的科学探讨的萌芽了。近代自然科学能够从中世纪基督教的经院哲学或神学中发展出来，不能不说与它的这种经验论成分有密切的关系。其实《圣经》中就有这种划分，耶稣基督不是说嘛，让恺撒的归恺撒，让上帝的归上帝。恺撒的国和上帝的国具有两种不同的效准，感性世界的效准是恺撒的国，它有世俗的效准，有日常生活的效准，那么除此而外呢，在彼岸有另一方面的效准，精神的效准。

不过信仰意识并没有把对**自在自为存在着的东西的**这样两种思想，即有时认为是**纯粹本质**，而有时又认为是一个普通的**感性事物**，把这两种思想聚拢到一起。

信仰意识对彼岸上帝和此岸世俗生活有双重的看法，但是，它没有把这双重的看法聚拢到一起来，没有把它们联系起来看，没有把它们看作是一个统一体。他进教堂的时候是一种看法，他出教堂又是另外一种看法；他想到上帝的时候是一种看法，他没有想到上帝、他在享乐的时候又是另外一种看法，他并没有把这两种看法统一起来。"不过信仰意识并没有把对**自在自为存在着的东西的**这样两种思想，即有时认为是**纯粹本质**，而有时又认为是一个普通的**感性事物**，把这两种思想聚拢到一起"，纯粹本质和感性事物都打了着重号，它们都是有关"自在自为地存在着的东西"的思想，也就是有关客观存在的思想。这是两种不同的客观存在，一种是感性的自在自为的东西，一种是上帝或彼岸的纯粹本质。彼岸的纯粹本质也是自在自为的存在着东西，但是是超感性的。这两种思想，信仰意识没有把它们聚拢起来，放到一起来看待，更没有把它们一贯起来、统一起来。

——甚至连它的纯粹意识也受到了后一种意识看法的感染；因为它的超感性王国由于缺乏概念，这王国的那些区别就是一系列独立的**形态**，而它们的活动就是一种**事件**，就是说，它们都只存在于**表象**中，并且本身具有感性存在的方式。

这句话就很重要了。"甚至连它的纯粹意识也受到了后一种意识看法的感染"，"纯粹意识"，也就是前一句讲的，对于纯粹本质的意识，后一种意识就是对感性事物的意识，其中纯粹本质打了着重号，感性事物也打了着重号。那么对纯粹本质的意识也受到了后一种看法的影响，也就是受到了对普通的感性事物这种看法的影响。它本来是两方面，一方面是纯粹本质，一方面是感性事物，这两方面无法统一；而无法统一之余，前一种纯粹本质的理解也受到后一种感性事物的影响和感染（affizie-ren），或者受到了传染。就是说你对上帝的看法，本来和感性世界无关，跟感性世界格格不入，相互对峙；但是，它也受到感性事物眼光的影响，受到了感染，无形之中，你对上帝看法的眼光就受到了影响，你就会用看待感性事物的眼光来看待上帝。"因为它的超感性王国由于缺乏概念，这王国的那些区别就是一系列独立的**形态**，而它们的活动就是**一种事件**"，就是超感性的王国，上帝的王国，彼岸，由于缺乏概念，超感性的王国它只是一种表象，表象是很空洞的，它没有概念。如果有概念的话，那它就可以自己立起来了，超感性的王国就可以在概念中作出自我区别了，就像黑格尔的《逻辑学》那样，从一个概念到一个概念去推演，去发展，《逻辑学》就是黑格尔的上帝嘛。但是由于信仰的那个超感性的王国是缺乏概念的，只有表象，那它就只有通过表象来区别自己，这就是一系列独立的、互不相干的形态，而这些区别的运动也就只是一种事件，好像是单独偶然发生的。"形态"和"事件"都打了着重号，表明都是些看得见摸得着的东西。这个王国里面当然也有区别了，圣父、圣子、圣灵、天使，这些东西都是一些区别；但它们是如何区别开来的呢？就是像感性事物那样，凭借一系列独立的形态，而它们的活动就只是偶发事件。比如说，圣父、圣子、圣灵各有形态，圣父可以表象为一个白胡子老头，很老很老了；耶稣基督是个年轻人；那么圣灵呢，就是一只鸽子，飞来飞去。它没有概念，它只好用这些形象来表象。而偶发事件呢，比如说上帝创世，上帝什么时候创世的？中世纪的人相信，上帝是在4600年以前创造了这个世界。基督降生也是一个事件，好多宗教画都画的耶稣降生，三王来朝，东方来了三个圣人来看他，说伯利恒这个地方诞生了一个婴儿，他肯定是将来的救世主，这都是事件了。然后耶稣钉十字架，升天，这都是《圣经》里面有记载的。"就是说，它们都只存在于**表象**中，并且本身具有感性存在的方式"，表象打了着重号。这句是归总的，所有这些形态也好，事件也好，都是表象。我们对表象这个词经常把握不住，在这个地方讲得很明确了。为什么宗教就是用表象来反映绝对精神？只有哲学才是用概念认知绝对精神？这个是有明显的区别的。宗教它是用一种象征的方式、形象的方式来表象上帝，不可能用哲学的概念去表达。虽然不完全是感性存在，感性存在只是它们的象征，不同于日常的感性存在，它有象征意义，它是表象。表象这个词也可以翻译成想象，设想，所以它是除了这个感性存在的意义之外，它还要超出感性存在，要象征某种更高的东西。但是又说不出来，只能通过一种暗示的方式，一种打比方的方式，比如说圣灵是一只鸽子，圣灵你怎么表象？圣灵你没办法表象。圣父你表象为一个老头，你见过？圣子倒是实有其人，耶稣基督是具有实证性的，但也不尽然，他一半是神。这些里面其实都包含有概念，但你只能用表象的、象征的方式来表达它。所以信仰的纯粹意识也受到了这种感性事物的感染，它必须通过感性事物形成表象，才能够象征性地表达纯粹意识、绝对本质的那种真正的含义。它没有概念，只有通过表象去表达。

——而启蒙这一方也同样把**现实性**作为一种被精神遗弃了的本质孤立起来，把规定性作为一种固定不变的有限性孤立起来，仿佛这种有限性在本质的精神活动中本身不是一个**环节**似的，这环节既不是**虚无**，也不是一个自在自为**存在着的**某物，而是一种消逝着的东西。

[103]

前面讲的是信仰，它的两个方面，一方面是纯粹本质，一方面是感性事物，这两方面互不相干；虽然不相干，但还是要用表象的方式来表达绝对本质，所以它受到这种感染，绝对本质也带上了感性存在的方式。这是在信仰方面。"而启蒙这一方也同样把**现实性**作为一种被精神遗弃了的本质孤立起来"，启蒙肯定是这样的，它的现实性是一种被精神遗弃了

的本质，是孤立的，它跟精神是没关系的。特别是那些唯物主义者，他们
看待这个世界是没有任何精神的，是去精神化的。像拉美特利，无神论者、
机械论者，主张一切都是机器，动物也是机器，人也是机器，没有精神了，
都成了机器了。我们所看到的世界都是一堆物质，被精神遗弃了，所以
现实性就是一种孤立的现实性，一种机械的唯物论的现实性。"把规定
性作为一种固定不变的有限性孤立起来"，这就更进一层了，就是这个现
实性有很多很多规定，这些规定性是一些固定不变的有限性。机械唯物
论认为物质世界的所有的规定性都是固定不动的，是有限的，它的限度
就把它限死了，这个东西就是这个东西，永远不会变成别的东西，除非它
受到别的东西的碰撞，摧毁。"仿佛这种有限性在本质的精神活动中本
身不是一个**环节**似的，这环节既不是虚无，也不是一个自在自为**存在着
的**某物，而是一种消逝着的东西"，这个地方用的虚拟式。就是你把它当
作固定不动的有限性孤立起来了，那就会成一个什么样子呢？就好像这
种有限性在本质的精神活动中本身不是一个环节，"环节"打了着重号。
就是它和精神完全绝缘了嘛，所以启蒙的机械唯物论没有看到，在本质
的精神活动中，这种有限性将会构成一个环节。这是假设性的了，就是
如果启蒙不是那么片面的话，它将会看到这种有限的物质在精神活动中
只是一个环节。什么环节呢？这环节既不是虚无，当然不是虚无，精神
并不否认物质世界的存在，并不是虚无主义；也不是一个自在自为存在
着的某物，不是能够独立存在的东西，不是第一性的东西，而是一种"消
逝着的东西"（Verschwindende），即是说，是有无之间的运动的环节。感
性的物质世界只有作为本质的精神的一个运动着的、消逝着的环节才有
其现实性，而这是启蒙所未能看到的。整个上面这一段都是讲的第二个
方面，启蒙对信仰的批判，第一方面是讲信仰意识作为一种行为，到底是
任意捏造了一个上帝，还是设定了一个不可知的上帝，无法自圆其说；第
二方面就是说，信仰既要保留感性的东西作为绝对本质的表象，同时又
把它看作日常的东西或偶发事件，这也是自相矛盾的。对这第二方面的

批评，启蒙也是有其正当性的，只不过启蒙自身的立场仅限于机械唯物论的狭隘眼光，而没有能够把感性本身作为精神本质的一个消逝环节的意义阐明出来。

显而易见，在认知的根据方面，也有同样的情况。

这是启蒙对信仰意识批判的第三个方面，也就是"在**认知**的**根据**方面，也有同样的情况"。这方面也可以看作是启蒙对信仰批判的第二方面的一部分。因为从上一段的结尾部分已经显而易见地看出，信仰把自身中的感性的东西看作偶发事件，那么信仰的认知根据就站不住脚了。一种信仰如果靠偶然性而发生，它还有什么根据呢？这又是一个方面了，认知的根据也有与上面说的同样的情况，即也是站不住脚的。

信仰意识本身承认一种偶然的**认知**，因为它拥有与各种偶然性的关系，而且在它看来，绝对本质自身就是以一种表象出来的普通现实性的形式存在着的；

我们先看这半句。"信仰意识本身承认一种偶然的**认知**"，这个我们前面已经讲了，信仰意识受到感性确定性的感染，它所承认的是偶然的认知，这偶然的认知是一种事件，一种形态，一种表象，这些都带有偶然性。上帝创世带有偶然性，亚当夏娃犯罪带有偶然性，耶稣诞生也带有偶然性，等等。基督教的实证性就是通过这样一些神迹，圣迹，通过使徒行传这样一些历史上的考证，来为信仰提供认知根据。"因为它拥有与各种偶然性的关系"，信仰意识有各种偶然性的关系作为根据，它本身就是由偶然性引发的信仰。"而且在它看来，绝对本质自身就是以一种表象出来的普通现实性的形式存在着的"，上帝就是以这样一些偶然事件的形式存在着的，有事实为证。上帝看不见，摸不着，上帝在哪里？那么我有事实为证，上帝以一种表象出来的普通现实性的形式存在着。这种普通现实性的事实，每个人都可以认识，如果你在场的话，你就会信上帝了。如果你不在场，那么你的亲人在场，你的熟人在场，你所信赖的人在场,他们亲眼所见,亲耳所闻,那么你也可以相信。这都是普通现实性。

因此,信仰意识**也**是一种在自己本身中不具有真理性的确定性,而且它坦承自己作为这样一种非本质的意识而处在那自我确信并自我证实的精神的此岸。

"因此,信仰意识**也**是一种在自己本身中不具有真理性的确定性","也"字打了着重号,这是与前面讲"也有同样的情况"相照应的。就是说信仰意识也要靠这些偶然的事件、靠这样一些普通的现实性来支撑它,来证明它,来提供认知的根据。你说有上帝,何以为证? 那么我们历史上有记载,我们现在还有遗留下来的圣迹,有圣物,有耶稣被钉十字架的时候,从十字架上解下来的那一块麻布,现在还放在什么什么地方,你可以去看。然而这些东西在自己本身中并不具有真理性。一片麻布就是一片麻布,一个十字架就是那个木头钉的架子,有什么了不起? 它们本身很确定,这些感性事物很确定,但是并不具有真理。真理性在什么地方? 真理性在别的地方,感性只是起一种指示的作用,一种象征的作用。他说,"而且它坦承自己作为这样一种非本质的意识而处在那自我确信并自我证实的精神的此岸",信仰意识承认自己是一种非本质的意识,是一种不具有真理性的确定性,它顶多是自我确信和自我证实,但仅仅处于此岸,而达不到彼岸。感性确定性就是一种非本质的意识,作为一种非本质的意识处于此岸。信仰意识就处于这一层次,它也坦诚自己是处于此岸的一种非本质的意识。此岸的精神和彼岸不一样,此岸的精神自我确信并且自我证实,而不需要有超出此岸的感性确定性之外的根据,在此岸我有我的确定性,我有我的实证性,我证实着自己。基督教的实证性本身并不具有真理性,但它具有确定性,这种确定性是一种非本质的意识。

——但对这一环节,信仰意识却在自己关于绝对本质的直接的精神性认知中,把它忘掉了。

"但对这一环节",对这样一种感性确定性的偶然性的环节,"信仰意识却在自己关于绝对本质的直接的精神性认知中,把它忘掉了"。也就是说，这个环节只是把你引进门的，它本身是不具有真理性的，它只有确定性的，这些事情是明摆着的事实，你应该承认的。那么一步一步，它们就把你引进精神的殿堂了；但是引进精神的殿堂以后，你就应该把这些东西忘掉。这也是基督教所宣扬的，就是你们真正进了门以后，你要把引导你进门的那些东西忘掉，那些东西没有价值。哪怕《圣经》上记载的什么奇迹啊，你当然很期望了，耶稣基督可以用一个面包让 500 个人吃饱，那面包都没有少一点，那多好。如果那样，人类就不需要打仗了，不需要斗争了，就可以坐享其成了。但是引进门以后，神父就会告诉你，那些东西都是把你引进门的，你要把它忘掉，只有直接的精神性认知才是最重要的。你要凭你的内心、你的纯粹思维，来和绝对的本质、和上帝直接沟通，这才是真正的信仰。本来进门是一个间接的过程，要通过一个中介把你引进来，但是现在进了门以后，就要追求直接性了，你要把那些间接的东西把它忘掉。这是信仰的不一致之处，启蒙的批判是有道理的。

——而启蒙虽然记起了这个环节，却又再次只考虑到偶然认知而忘掉了他者，——启蒙只考虑到那通过一个**异己的**第三者所发生的中介过程，而没有考虑这样一个中介过程：在其中，直接的东西本身就是它自己借以与这个他者，亦即与**自己本身**发生中介的那个第三者。

前面是讲信仰把自己的敲门砖丢掉，把它忘掉了；这里讲启蒙对信仰的批评，也是另一种遗忘。"启蒙虽然记起了这个环节"，启蒙就牢牢记住了这个环节，你讲的这些感性确定性是不能丢掉的，这永远是我们认知的根据。你当初怎么进来的，你不能够把它忘掉，你处处都必须用你的感性确证上帝在哪里，当你这样确证的时候，你就会发现上帝根本没有根据。所以启蒙是从这个认知的角度提出来，认知的根据是不能够忘记的。但启蒙"却又再次只考虑到偶然认知而忘掉了他者"，它执着于偶然的认知、感性的认知，而忘掉了在感性认知之外还有一个他者。感性认知当然是你自己感觉到的，但是还有在感性认知后面，它所象征的那个东西，那个看不见摸不着的东西，那是一个他者，你把它忘掉了。信仰忘记了感性认知,而启蒙忘掉了他者,双方都有片面性。"启蒙只考虑到那通过一个**异己的**第三者所发生的中介过程","异己的"打了着重号。启蒙要求信仰要有根据,也就是要求信仰在意识和上帝之间要有一个第三者充当中介,但启蒙只想到一个"异己的第三者",也就是与纯粹思维完全不同的感性确定性,由它来发生中介,如果信仰意识承认这个中介是异己的、陌生的,那就说明信仰意识失败了,因为异己的东西是证明不了人和上帝的同一性关系的。这就是启蒙对信仰意识的批判。信仰意识当然不否认感性的东西是异己的,启蒙由此似乎把信仰意识逼到了死角,信仰意识将只好回到偶然认知的感性确定性,向启蒙投降。但启蒙自己在设想这一中介过程的时候,却没有想到中介还有另外一种完全不同的方式。它只考虑到通过一个异己的第三者所发生的中介过程,"而没有考虑这样一个中介过程:在其中,直接的东西本身就是它自己借以与他者,亦即与**自己本身**发生中介的那个第三者"。就是说,还有一种中介是直接的东西自己与自己发生的中介,是自己把自己变成他者、并通过这个自己的他者而与自己发生中介。这是启蒙压根儿就没有想到过的,也是机械论的思维方式所不可能理解的。机械论要获得对某个对象的证明,必须要借助于一个异己的第三者,而不能由直接的东西自己来证明自己。这三者,即证明的主体、证明的对象和证明的中介,都是外在地互相并列,像三块积木一样静止地摆在那里的东西,我们通常称为"机械反映论"。但是辩证的中介关系不是这样的,它是同一个东西通过自我否定而成为对象、并从这个本来就是自己的对象返回到自身的这样一个过程。在这里,直接的东西本身就是它自己借以与他者发生中介的第三者,而不是一个外来的异己的第三者。这里面没有三个东西,而只有同一个东西的三个阶段、三种形式或三个环节。因为直接的东西本身就是间接的东西,它不是静止地摆在那里的,而是不安分的,要离开原地、向相反的方面转化的。对上帝的直接认知正是通过它自身的间接性的中介而达到的,这种间接性的中介固然要引进感性的确定性,引进一些偶然的事件,引进一些奇迹等等，但是所有这些偶然的事件，这些感性确定性，这些奇迹，都是那个直接的精神性本身所外化出来的，而不是外来偶然的、完全掌握不到的一个异己的东西。感性确定性不是一个异己的东西，感性确定性虽然是偶然的，但是归根结底，它有它的必然性，它是直接的东西本身的一种必然外化，这一点是启蒙没有考虑到的。其实直接的东西本身就是第三者，它既是第一者，又是第二者，也是第三者。就是包括感性确定性在内这个异己的中介，其实都不是异己的，都是它自己的中介，就是对上帝的直接认知、对绝对精神的直接认知所外化出来的。而启蒙却只看到了偶然性，它记起了、提醒了偶然性，这是它的功劳；但是，忘掉了自身的异化，忘掉了这样一种直接的东西、这样一种直接的精神性的认知可以自我异化，可以把自己变成一种感性的东西再回到自身，把自己变成一个他者与自己本身发生联系或中介。这是反过来对启蒙加以批评了，一方面承认启蒙说得对，这跟前面也是一脉相承的，启蒙抓住了这样一种感性存在的方式，把它作为认知的根据；但是还有一种认知是直接的认知，它是一切根据的根据，那就是这种直接的东西，就是雅可比所谓的直接知识，是对绝对本质直接的精神性认知。这个直接的东西本身就是它自己的第三者，它不是偶然摆在那里的根据，而是直接的东西自己提供出来、外化出来的根据。它有偶然性，什么时候在哪里发生，这是有偶然性的，但是它一定是有根据的，偶然的东西后面一定是有根据的，那就是上帝作为第三者的自我中介。启蒙在认知的方面对于信仰意识的批判有它的道理，但是它跟信仰意识一样，也有它自己的片面性。信仰意识虽然它的根据是偶然性，但是它对上帝的认知最后把这个偶然性的东西忘掉了；那么启蒙就从它的这种认知中，对这个偶然性的东西加以提醒，使它记起来，你有这个偶然性的东西，你不能够把它忘掉，这就把信仰意识的根据解构了。这是启蒙对信仰的一种批判。但是启蒙忘记了这种偶然性的感性确定性背后实际上还是由直接的东西外化出来的，还是直接的东西自身中介的一种体现。在这一方面呢，信仰的意识反倒有它的道理,就是它诉诸直接知识。这是第三点,这第三点我们实际上也可以把它并到第二点里面一起来谈,当然也可以单独立为一点,这里有种两可的情况。我们先休息一下吧。

　　好,我们再看下面一点。下面是讲的是第四点,或者说是第三点,也是讲的启蒙对于信仰的批判。

　　<u>最后,就启蒙对信仰**行为**的看法来说,启蒙认为,抛弃享受和财产是</u>　　{309}
<u>既不公正也不合目的的。</u>

　　一般来说,黑格尔在用"最后"这个词和前面相呼应的时候,他是讲的第三点,所以尽管从内容上说前面已经有三点了,但在黑格尔心目中第二点、第三点可以合并为一点,真正的第三点是在这里。这是最后一点,"最后,就启蒙对信仰**行为**的看法来说"。前面我们讲第一点的时候,是"启蒙固守于作为意识行为的这个概念环节"来批评信仰意识,这已经是一种意识行为的概念了;那么这里又讲到了信仰行为,但是这个信仰的行为,它的层次是不一样的了。前面是讲信仰本身就是一种"意识行为",即意识把自己外化为一个他者,一个上帝,这就是它的行为;但这里讲的"信仰行为",是信仰在它的过程中所做出的现实行为,它不限于意识本身。例如,"启蒙认为,抛弃享受和财产是既不公正也不合目的的",信仰行为就是抛弃享受,抛弃财产,去侍奉上帝,把一切财产都献给上帝。基督教就讲,你要把你的全部财产都放弃,交给教会、交给上帝去支配,去救苦救难,去成立教会,去管理大众的精神生活,这样你才能进天堂。但启蒙认为,抛弃享受和财产这些做法,是既不公正也不合目的的。这是启蒙对信仰的又一个批判,就是批判信仰的这种侍奉上帝的行为,抛弃财产,抛弃享受,一个是不公正,一个是不合目的。下面就一个个来看了。

　　——<u>就不公正而言,那么启蒙和信仰意识在这一点上保持着一致,</u>
<u>即这不公正本身就承认了占有产权、保持产权和享受产权这样一种现</u>
<u>实性;</u>

311

我们先看这半句。前面讲了信仰行为是"既不公正也不合目的的"，首先，不公正在什么地方呢？"就不公正而言，那么启蒙和信仰意识在这一点上保持着一致，即这不公正本身就承认了占有产权、保持产权和享受产权这样一种现实性"，你的不公正的行为本身就承认了这样一种现实性，在现实中，人们都在实行私有制。只有用私有制的标准来衡量，抛弃财产才是不公正的，"占有产权、保持产权和享受产权"。这个产权 Eigentum 也可以译作财产，但它和前面的财产是两个字，前面财产是 Habe，Habe 就是拥有的东西，拥有的东西也可以理解为财产，它的日常的含义是财产。但 Eigentum 有法律意义，Habe 没有法律意义，Habe 就是你拥有的东西，Eigentum 有时候我们把它翻译成所有制，也可以翻译成财产，但是却是在所有制意义上的财产，所以我们把它翻译成产权。启蒙和信仰意识在一点上是一致的，即放弃产权是以现实的私有财产制度为前提的。放弃私有财产，你说它公正也好，不公正也好，你心里肯定有一个公正的标准，这种公正标准就是私有制。那么这样一种现实性是启蒙和信仰一致的，它们一致承认在现实中是有公正的，这个现实中的公正就是产权，就是所有制，它是符合法权的。那么启蒙和信仰都承认现实中是有公正标准的，在这一点上是一致的，但是信仰意识又要抛弃财产，那么就违背了现实的公正性。信仰意识为什么要违背现实的公正，当然它有自己的说法，信仰意识也可以承认，是啊，从现实的眼光来看，那就是不公正的，但是为了上帝，我还得要抛弃它，抛弃它是为了到彼岸去找回更高的公正。所以在这方面其实没什么可争论的，启蒙和信仰在不公正这一点上是一致的，一旦要抛弃财产，那就是不公正的，凭什么你要把你的财产给别人？但是信仰意识唯一可以辩护的就是说，在彼岸的意义上，在上帝的意义上，我抛弃财产，那就谈不上不公正了。因为这个时候你不能用现实的标准去衡量了，所以现实的公正标准就不起作用了。

信仰意识在维护产权时，态度越是决绝和顽强，在牺牲自己的享受时也就越是狠心，因为它**放弃**其所有和享受的这个宗教行为，是在这个现实性的彼岸作出的,替它换取的是那个彼岸的自由。

　　前面讲了,信仰意识和启蒙在现实的不公正问题上面是一致的。但是信仰主张放弃财产,承受这种不公正,为什么? 因为"信仰意识在维护产权时,态度越是决绝和顽强,在牺牲自己的享受时也就越是狠心"。信仰意识承认现实中有它的公正,它也要维护现实的产权,也不允许任意剥夺别人的财产;但是,它在维护产权时态度越是决绝,越是丝毫不退让,那么它在牺牲自己的享受时也就越是狠心。反过来,它的狠心也正好证明了它的决绝,它为什么要用这种极端的方式来证明自己的信仰,恰好说明它认为私有财产是不可轻易放弃的,也证明了它的那个目的的超乎寻常的崇高伟大。一个人,如果不在乎现实产权,那么他放弃现实产权就很容易了,就很轻松了,就算不得什么很大的奉献了。但是你如果尊重产权,在面对上帝让你放弃的时候,你就要下得了狠心,上帝说,人家打你的左脸,你要把右脸给他,人家要剥你的上衣,你要给他内衣,那就要下狠心。但是这样做并不是完全无报酬的,"因为它**放弃**其所有和享受的这个宗教行为,是在这个现实性的彼岸作出的,替它换取的是那个彼岸的自由"。就是说,它其实并不违背公正的原则,在现实生活中看起来违背了公正的原则,但是,作为宗教的行为,它不受这个现实的公正原则的束缚,而是把现实的公正和彼岸的公正联系起来权衡考虑了。在信仰意识那里,这仍然是一场公平交易,很划得来的。换取彼岸的自由,这个"换取"原文是 erkaufen,有换取的意思,也有贿赂、收买的意思,这就带有贬义了。就是说,信仰意识牺牲自己的财产,是为了换取彼岸更多的财产,其实并没有用世俗眼光来看的那种高尚精神,而是一桩更大的生意,是用世俗的公平交易和现实公正的标准就可以解释的,只不过它不局限于现实罢了。所以启蒙从这方面批判信仰意识也是很有力的,就是抓住信仰的公正标准仍然是现实中的世俗标准、私有制下的财产公平的标准,来揭示信仰骨子里的那种俗气,哪怕它表面上显得多么清高。

　　对自然冲动和享受的牺牲,这样一种侍奉,由于这种对立,实际上没有任何真理性；保存与牺牲是**伴随**而行的；这种牺牲只不过是一种**标志**，它只在一个很小的部分作出了现实的牺牲，因而实际上，它只不过被**表象**出来而已。

"对自然冲动和享受的牺牲，这样一种侍奉，由于这种对立，实际上没有任何真理性"，这是一种直接的批判了。宗教行为把放弃自然冲动和享受当作一种侍奉，为了上帝，我可以放弃世俗的一切享受，压抑一切自然冲动。这样一种侍奉，由于这种对立，也就是由于现实的公正和彼岸的自由是对立的，所以是没有真理性的。你要追求彼岸的自由，你就必须放弃现实的财产，但这样一来，你岂不是把彼岸自由等同于、等价于现实的财产了？这哪里有什么真理性呢？你把你在此岸现实中辛辛苦苦挣来的所有财富都交给一个漠不相干的彼岸，那是现实的不公正，我们甚至于可以说，教会剥夺了人，使人变成了穷人，这当然就是不公正了。但你以为现实的不公正可以换来彼岸的公正，这是没有道理的，因为这两者是完全对立的，彼岸世界的自由和现实生活中的公正是完全对立的。你要么是把彼岸的法则拉下来，拉到此岸现实中来理解，要么是把此岸的财产和一个根本不知道是什么的东西相交换，这样一种牺牲，这样一种侍奉，事实上没有任何真理性。没有真理性，也就是和你想要的对象没有任何符合性了，就不相符合了。你放弃多少财产才能得到自由？这个中间有没有一种量上的对等关系呢？如果根本就没有符合关系，那谈何真理性呢？"保存与牺牲是伴随而行的；这种牺牲只不过是一种**标志**，它只在一个很小的部分作出了现实的牺牲，因而实际上，它只不过被**表象**出来而已"，伴随、标志和表象都打了着重号。就是说，一边牺牲，一边还得伴随有保存，不可能完全牺牲掉，完全牺牲了你吃什么？所以这种牺牲只是一种在表象层次上的象征性的标志（Zeichen，标志、符号），不能认真分析和对待的。前面是讲两者不可能符合，没有任何真理性，这两者是对立的；那么第二个理由就是，保存与牺牲是伴随而行的，保存财产和牺牲财产，保持你的基本的必需、基本的欲望，和牺牲它，这是伴随而行的。你要有牺牲,你必须有所保存,你要放弃财富,你必须要先积累一定财富,你要发了财,你才能牺牲财富啊,保存是牺牲的前提。你要不保存,你就没有东西可牺牲。所以保存和牺牲是伴随而行的,你完全牺牲是不可能的,这种牺牲只不过是一种标志,它只在一个很小的部分作出了现实的牺牲。你要牺牲,你也得留出你生活的基本必需品,你到教堂里捐100元钱,或者捐一点点你多余的东西,只能是这样,除非你发了大财,你才能够把大头捐给教会,捐给教堂。但是一般来说呢,只在一个很小的部分里,作出了现实的牺牲。所以实际上这只不过是一种象征,一种表象。你捐一分钱也是捐,比不捐要好,所以不在乎你捐多捐少。我们今天也讲,功德箱,你到归元寺去,你捐一分钱,你捐一块钱也没有人笑你,总比不捐要好,聊表心意。你一毛不拔,那就有点问题了,但是你多多少少给一点,人家也就不会说你什么了。所以这只是一种表象,作出一种姿态,不在乎它实际的内容。这是讲到这个不公正的方面,实际上要用现实的标准衡量,当然就是不公正的。为什么你就捐一块钱,人家就捐了一百万? 你捐一块钱和人家捐一百万都是捐,按照宗教的眼光看,是没有区别的。甚至于他捐一元钱比你捐一百万更加表明他的诚心,因为他穷啊。一个叫花子捐一块钱比一个亿万富翁捐一百万更感人,因为叫花子一元钱就是他的全部,你亿万富翁捐一百万才是你的百分之一,所以叫花子比你更崇高。所以不能用这样一些定量化的现实标准去衡量,这只是一种表象而已。这个地方“表象”就是一种象征的意思,这种捐钱只是一种象征而已。只在一个很小的部分里,实际上只需要你作出一种象征的行为就行了,不在乎你捐多捐少。就公正而言呢,信仰意识的侍奉和它所要追求的彼岸的自由,相互之间是不对称的,甚至是完全对立的,没有一种符合关系,也没有任何真理性。所以信仰所以为的那种最终的公正仍然是不公正的。那么下面就讲不合目的性这一方面了。

就合目的性而言,启蒙认为抛弃一笔财产以便知道并证明自己摆脱

[104] **了财产本身**，拒绝一种享受以便知道并证明自己摆脱了享受**本身**，这是不明智的。

"**就合目的性**而言"，就是你牺牲自己财产、牺牲自己享受不止是不公正的，而且是不合目的的。就这方面而言，"启蒙认为抛弃一笔财产以便知道并证明自己摆脱了财产**本身**"，"一笔"和"本身"都打了着重号，以示对照。这个"本身"在德文中就是在"财产"前面加个带着重号的定冠词，表示"财产"这个概念本身，这个在汉语里面没法译，只能翻译成"**财产本身**"，或者译作"**一般的**财产"，也行。你放弃了一笔财产，你就以为放弃了财产本身。一笔财产是很具体的，那么你放弃了一笔财产，你就以为你把一般的财产全都放弃了，就没有任何财产了，这就是以偏概全了。后面也是，"拒绝一**种**享受以便知道并证明自己摆脱了享受**本身**"，你放弃了一种享受，你就以为凡是享受你都放弃了。显然，"这是不明智的"，不明智的也可以理解为不合目的的。你达不到你的目的，你这样干是蛮干。在合目的性方面，愚蠢的是以为抛弃了一笔财产或一种享受，就知道并证明自己摆脱了所有的财产或享受。"知道"是自己知道，"证明"是向别人证明。不管是自己知道还是向别人证明，总而言之是认为自己摆脱了一般的财产或享受，这当然是不明智、不聪明的，因为这是违背目的的。为什么违背目的，因为很明显，个别和一般、某一笔财产和财产本身不能够等同。

信仰意识本身把绝对的行为理解成一种**普遍的**行为；不仅对它的绝对本质亦即对它的对象所采取的行动在它看来是一种普遍的行动，就连个别的意识也应当证明自己完全而普遍地摆脱了自己的感性本质。

"信仰意识本身把绝对的行为理解成一种**普遍的**行为"，信仰意识的行为，前面讲了，就是侍奉嘛，牺牲啊，奉献财产啊等等，它们认为这些行为都是绝对的行为，因为是针对上帝的嘛。那么绝对的行为，它理解为一种普遍的行为，既然是绝对的，那就应该是无所不包的，所有的行为，一举一动，都应该面向上帝，面向彼岸。所以绝对的行为和普遍的行

为，一个针对彼岸，一个针对此岸，信仰意识本身把两者联系起来，认为
我用此岸的普遍的行为去实现对上帝的绝对行为，这两者是一回事。"不
仅对它的绝对本质亦即对它对象所采取的行动在它看来是一种普遍的行
动"，既然绝对的行为被理解为一种普遍的行为，那么，信仰意识对自己
的绝对本质或对象、也就是对上帝所采取的行动就应该是一种普遍的行
动。既然你是在侍奉上帝嘛，那么你对这个对象就要采取一种无所不在
的行动，一举一动都得是对绝对本质的行动。但是不仅如此，"就连个别
的意识也应当证明自己完全而普遍地摆脱了自己的感性本质"，你的行
动客观上是一种普遍的行动，而且你的主观意识也应当证明自己彻底摆
脱了自己的感性本质，这就更难了。我们说，一个人做点好事并不难，难
的是一辈子都做好事，不做坏事；但更难的是一辈子都没有坏念头，只有
好念头。你在每一次做出这种行动的时候，你都有一种个别的意识，这
行动是你的个别意识所支配的；那么你每一次的个别意识都应当证明自
己完全不是出于自己的感性本质，完全不是从现实的感性意图出发来采
取行动的，这个就太难了。虽然行动是在感性世界里进行，你的主观意
识却必须是完全超感性的，而且每一次都是这样的。信仰意识的理想状
态应该是这样，应该做这样一个不食人间烟火的圣徒、殉道者。

　　但是，对一项**个别**财产的抛弃或者对一种**个别**享受的放弃却并不是
这样的**普遍**行动；而且由于在行动中，**目的**作为一种普遍的东西和**实行**
作为一种个别的东西，在意识面前，从本质上总是必定会处在它们的不
相称之中，所以这种行动就证明自己是一种没有任何意识参与其中的行
动，因而这种行动真正说来表现得过于**天真**了，以至根本不能算是一种
行动；

　　我们先打住，这句比较长。"但是，对一项**个别**财产的抛弃或者对一
种**个别**享受的放弃却并不是这样的**普遍**行动"，"个别"和"普遍"都打了
着重号，以示对比。普遍行动必须有普遍性了，你一次放弃财产，你一次
放弃了享受，那算什么普遍性呢？普遍和个别应该是不一样的。个别的

财产和普遍的行动不是一回事,你要以偏概全,以个别的行动说明你放弃了所有的财产,这个就是一种欺骗了。"而且由于在行动中,**目的**作为一种普遍的东西和**实行**作为一种个别的东西,在意识面前,从本质上总是必定会处在它们的不相称之中",在行动中,人的行动是有目的的行动,但是既然这个目的是普遍的东西,那你的每一个行动都应该是普遍的、一刀切的。你要放弃财产,那么你所有的财产都要放弃,每一次享受,临到你面前了,你都要拒绝,但是你总得一次次来啊。所以,这种普遍的目的和那种个别的实行在意识面前总是会处在不相称之中。你每一次只是一次,你第二次就是第二次,但是不管你多少次,你都还不是普遍的,都还没有达到你的目的。因为你的目的是普遍的东西,它是和绝对的行为相关的,或者它就是绝对的东西,而你每一次的放弃都是相对的。你放弃了一次,你下一次能不能放弃呢? 这还未定。你不能说你放弃了这一次,就证明你所有的都放弃了。所以个别和普遍必定处在不相称之中,个别总是配不上普遍。"所以这种行动就证明自己是一种没有任何意识参与其中的行动",就是意识在面对这样一种不相称的时候,它是不作为的。在意识面前明明已经出现了这种不相称,它让这样一种不相称互相冲突,面对这种矛盾,意识没有参与其中,没有开动你的脑筋,开动你的思想,来把这样一种不相称加以解决,使它相称起来。"因而这种行动真正说来表现得过于**天真**了,以至根本不能算是一种行动",这种行动没有意识的参与,那么这种行动就是过于天真。它根本就不能算是一种行动,它只是被拨动了。上帝说要你放弃你的财产,你就放弃了,但是你面对你自己的这些矛盾,你没有积极开动你的意识去解决它,而是处于一种无所作为的状态,一种天真的状态。真正的行动就是要解决矛盾。

过于天真是为了证明自己摆脱了口腹之乐而进行的绝食,——过于天真是为了证明自己拒绝了其他**肉体的**快乐,而像奥里根①一样取消这

---

① 奥里根 (Origenes, 185—254),早期基督教教父,主张禁欲。——中译者

些肉体的快乐。

　　过于天真表现在两个方面。"过于天真是为了证明自己摆脱了口腹之乐而进行的绝食"，禅宗说，"酒肉穿肠过，佛性心中留"，但基督教没有这么滑头，它为了证明自己不受美食诱惑，干脆绝食。但是你绝食能绝几天？绝食到最后就会绝食而死，你要不死就还得吃东西，吃东西不是又有口腹之乐吗？所以你是太天真了，用绝食来证明自己摆脱了口腹之乐是证明不了的，它根本就不合目的。再一个，"过于天真是为了证明自己拒绝了其他**肉体的**快乐，而像奥里根一样取消这些肉体的快乐"，其他肉体快乐，例如性欲，我们讲"食色，性也"，人的天性除了食就是色。这里肉体快乐主要指性欲，干脆取消这些肉体的快乐，好像就能证明自己拒绝了这些肉体的快乐，就像奥里根一样。奥里根是早期基督教亚历山大里亚的神学家。他提出的奥里根主义，就是早期的基督教的禁欲主义，后来被宣布为异端。他这个教派不能算正统，他过于强调禁欲主义了。这两种天真都是不合目的的。

　　行动本身表明自己是一种外在的和个别的行为；但欲望则有内在的根源，是一种普遍的东西；欲望的快乐既不会随同行乐工具一起消失，也不会因为缺少了个别快乐而消失。

　　不合目的性就在这个地方。"行动本身表明自己是一种**外在的**和**个别的**行为"，行动是外在的和个别的，总是一次性的，是比较具体的。"但欲望则有**内在的**根源，是一种**普遍的**东西"，你要对抗欲望，只能抵制它的外部行动，而不能消除欲望本身，因为欲望植根于内在的东西，它是一种普遍的东西。你想要普遍地禁欲，那是做不到的。那些贪官，你只能做到使他们不能贪、不敢贪，但绝不可能让他们不想贪，即使这次不想贪，也不能保证下次甚至永远不想贪。靠个别行动来普遍地禁欲是做不到的，因为欲望是一种普遍内生的东西，人欲会不断地从心里面冒出来，这就是人性。"欲望的快乐既不会随同行乐工具一起消失，也不会因为缺少了个别快乐而消失"，欲望的快乐是不会消失的，即使你把那些寻乐的工具没收掉，即使你禁止了这一次的行乐，但这个快乐的欲望仍然在不断产生出来。这里用的"工具"一词(Werkzeug)，显然是与"目的"相对的，工具总是外在的，而目的则可以是内在的。失去工具只能抑制个别快乐，而禁止不了一切快乐。所以，个别行动克服不了普遍的欲望，而普遍的行动你又做不到，你所做的行动都是个别的，这就是一个矛盾了。

这前面是启蒙对不公正和不合目的性分别作了批判。下面这一段就是反过来看看启蒙了，启蒙对信仰意识作了这种批判，这种批判当然是很到位的，但也不是没有问题。

但是启蒙这一方面却在这里把内在的东西、非现实的东西孤立起来以与现实性相对立，正如它曾在信仰的直观和虔诚默想中抓住事物性的外在性而与信仰的内在性相对立一样。

"但是启蒙这一方面"，启蒙这一方面又有它的毛病了。它批判信仰意识，但是它自己这方面呢，"却在这里把**内在的东西、非现实的东西**孤立起来以与现实性相对立"。这个前面已经提到了。就是说，启蒙把内在的东西，非现实的东西孤立起来。你的目的是内在的东西，是非现实的东西，要作出面向彼岸的绝对的行为，要对上帝进行侍奉；但是你实际做的都是一些现实性的行为，与内在的东西无关。启蒙把内在的东西孤立起来和现实性相对立，而另一方面，"正如它曾在信仰的直观和虔诚默想中抓住事物性的外在性而与信仰的内在性相对立一样"。这是与前面曾经做的相对照，也就是我们前面讲到的，在信仰进行虔诚默祷时，启蒙曾经抓住事物性的外在性，就是那些木头、石头，那些偶像，抓住这些物质的东西，而与信仰的内在性相对立。在前面已经讲到了，启蒙对信仰的批判就是抓住事物的外在性来与信仰的内在性相对立。现在呢，我们是把这个信仰意识的内在的东西和现实的东西相对立，结构相同，方向相反。你在行动的时候，你内心抱有的那个普遍的目的，那是内在的东西。你的那个目的，你要合目的性，但是你又不能合目的性，所以你的内在的目的是孤立的，你和现实性是隔绝的，你那种普遍的行为是非现实的、做不到的，你的内在的目的只是停留在你的想象之中，在现实中根本无效。

它把本质的东西放到**意图**上、**思想**上，并因此省掉了从自然目的中解放出来的这一现实的实行过程；与此相反，这种内在性本身是形式的东西，它是在自然冲动中得到实现的，而自然冲动所以被认为是正当的，正因为它们都是内在的，正因为它们都属于**普遍的**存在，都属于自然。

"它把本质的东西放到**意图**上、**思想**上"，这是接着上一句，启蒙原来抓住事物的外在性，现在则抓住了信仰的内在性，而与其对方相对立。那么信仰的内在性就是内心的意图和思想，现在启蒙把本质的东西放在了意图和思想上，认为信仰的本质并不在于你做出来的行为，你做出来的那些行为是既不公正也不合目的的，但是信仰的重点呢，本质的东西呢，就是它的意图和思想，虽然没有做出来，但却是它向往的那样一种目的。"并因此省掉了从自然目的中解放出来的这一现实的实行过程"，如何从人的自然欲望和目的中解放出来，这样一个具体的实行过程被启蒙省略掉了，因为前面讲了，它把这两方面孤立起来、对立起来了。就是说启蒙对信仰的批判省掉了这样一个实行过程，也就是如何在现实中、就在自然目的中超越你的自然目的，超越你的欲望、本能、需求和快乐，这样一个把内在目的实现出来的过程被省掉了。信仰只剩下一个高高在上的抽象的本质意识，而不是它的侍奉的行为，那些行为本身是没有意义的，不能够代表信仰的本质，信仰的本质只是一种意图和思想，你不要想把它做出来。那么启蒙通过这种方式当然也是对信仰意识的批评，就是说你那一套虽然意图是好的，但不能实行，你想要实行只不过是自欺欺人。"与此相反，这种内在性本身是形式的东西"，与什么相反呢？就是与启蒙的这样一种观点相反。与启蒙所认为的相反，这种内在性本身是形式的东西，所谓形式的东西在黑格尔那里具有亚里士多德的"形式"的双重含义，就是一方面它是缺乏内容的，另一方面它又是能够实现自身的内容的，因而是能动的。所以接下来说，"它是在自然冲动中得到实现

321

的"，这种意图，这种思想，是在自然冲动中得到实现的，并且是能够在自然冲动中实现出来的。不是说要离开自然冲动而孤立地得到实现，而是就在自然冲动中得到实现的。"而自然冲动所以被认为是正当的，正是因为它们都是内在的"，自然冲动、欲望这些东西，正如前面讲的，它植根于内在的东西，是清除不掉的，信仰不能通过清除或摆脱自然冲动来实现自己的意图，而只能通过自然冲动本身来实现这些内在的意图，这就为自然冲动的正当性作了辩护。"正因为它们都属于**普遍的**存在，都属于自然"，自然冲动是普遍的人性，这也是前面讲了的，欲望有内在的根源，是普遍的东西。普遍性和个别性的对立就这样解决了，就是在这样一个实行过程中，自然冲动本身都是内在的，因为它们都属于普遍的存在，都属于人的自然本性，必须靠它们、通过它们来实现你的意图和思想，而不能离开它们而坚持自己的意图和思想。否则你的信仰意识就会变成不近人情的禁欲主义，架空了信仰的本质。这是黑格尔本人对信仰的非常现实主义的看法，是启蒙所没有看到的。就是启蒙只看到了这两者的对立，一个是内在的东西，一个是现实性；但是没有看到这个内在的东西和这个现实的自然冲动并不是互相孤立的，恰好相反，它们是相互渗透、辩证统一的。自然冲动之所以被认为是正当的，是合理而公正的，就是因为它们本身是内在的，它们有内在的根源，公正的原则就是它们内在的原则。

{310}　　　　[3. 信仰变为空无内容] 启蒙于是对信仰有了不可抗拒的支配力，这
[105]　是因为，在信仰意识本身中就可以找到一些使这种支配有效准的环节。

　　这是编者所加的第三个小标题了，"信仰变为空无内容"，也就是经过启蒙的多方面、多层次的批判，信仰的那些内容一个个都被质疑和解构了，信仰变得空无内容了，这是思维本身的一个运动过程。在这一过程中，"启蒙于是对信仰有了不可抗拒的支配力"，这是必然的，启蒙必然战胜信仰。"这是因为，在信仰意识本身中就可以找到一些使这种支配

有效准的环节",这是又一次重申,前面已经多次讲到的,启蒙之所以能够战胜信仰,就是因为在信仰本身就有这样一些环节,使启蒙可以有效地战胜自己。在信仰内部本身就有各种自相矛盾,所以启蒙有正当的权利可以支配它,这种力量不可阻挡、不可抗拒。

更切近地考察这种力的效果,那么这种力对信仰的反对态度好像把**信赖**与直接**确定性**的**完美的**统一都撕裂了,好像把信仰的**精神性的**意识用**感性**现实性的低级思想玷污了,好像把信仰在其服从中的**宁静**和**有保障的**心态用知性的、特有意志的和实行过程的**虚浮**破坏掉了。

"更切近地考察这种力的效果",启蒙对信仰意识有一种支配力,那么这种支配力的效果如何,我们要更切近地来考察一下。"那么这种力对信仰的反对态度好像",这"好像"后面有三个好像,第一个是"好像把**信赖**与直接**确定性**的**完美的**统一都撕裂了","信赖""确定性"和"完美"都打了着重号。就是说,原来信赖和确定性是直接完美地统一着的,现在经启蒙这样一种强力解构,完全把双方拆散、撕裂了。信赖就是一种亲密态度的直接的信仰,信赖上帝比信仰上帝更显得亲切;直接确定性就是现实生活中的那些表象,那些象征,不管是木头还是石头,它们的确定性体现在感性的事物、物质存在身上。这两者本来是完美的统一,特别是基督教艺术表现那些信仰的亲切感表现得如此美丽,我们一看到耶稣的画像或雕像,我们就想起基督的精神,本来是天衣无缝的美丽的统一。但是在启蒙的严格理性的考察面前,在这种支配力量面前,这种完美的统一被粉碎了。你的信赖是你的信赖,而现实的直接的感性确定性已经被剥夺了那种象征意义,完成了它的祛魅。第二个是,"好像把信仰的**精神性的**意识用**感性**现实性的低级思想玷污了",就是说本来这些圣像、圣物都代表精神性的意识,具有神圣的象征意义,但经过启蒙的还原,把它们还原到自己感性的物质存在,用日常的常识这样一些低级的思想把它的象征含义玷污了,也就是把它庸俗化了。第三个好像,"好像把信仰在其服从中的**宁静**和**有保障的**心态用知性的、特有意志的和实行过程

323

的**虚浮**破坏掉了"，信仰在服从上帝、侍奉上帝的时候，有一种宁静和有保障的心态，"宁静"和"有保障"都打了着重号。有种保险的心态，或者说感到安全的心态，相当于我们所说的，找到了安身立命之所，宗教信仰是用来安身立命的。由于有上帝的保佑，我就能够做到心灵的安宁了。但这一安宁却被启蒙用知性的、自身意志的和实行过程的虚浮破坏掉了，"虚浮"打了着重号。在拉摩的侄儿那里，我们看到这种分裂意识的虚浮使一切崇高的东西都被解构了，这种虚浮也被纯粹明见所继承，而摧毁了信仰借以安身立命的基石。这种摧毁一个是通过知性，也就是纯粹明见本身，人为自然立法，揭示了自然事物的本质；一个是通过特有意志，也就是意图或目的，一切都归结为有用性；再就是通过实行过程，即启蒙实行自身的正当权利，以人权反对神权。但所有这些反对信仰意识的态度在黑格尔看来其实都是虚浮的、表面的，因此虽然黑格尔承认启蒙有正当的理由和权利反对信仰，但每当提到启蒙反对信仰的一个观点时，黑格尔总忍不住要点明这种观点的虚浮之处，常常采取调侃和讥讽的口气。在这里也不例外，也就是上述这三个"好像"都是用的一种虚拟式，第一个好像导致了信仰失去了根据，信仰的失落，信仰的虚无化，第二个好像导致了信仰的庸俗化，第三个好像导致了信仰的功利化。虚无化、庸俗化和功利化，这就是启蒙的态度最初所导致的一种效果，但都只是表面"好像"的效果，即在信仰方面，一个是虚无主义，一个是庸俗化，一个是功利主义。但这些都是虚浮的，并没有表现出启蒙的真理性。"启蒙的真理性"是要到下面"b."节才展开的。

　　然而实际上启蒙所引进的毋宁说是对信仰中现成的那种无思想的或不如说无概念的分离状态的扬弃。

　　启蒙最初给人的印象、所造成的后果好像都是消极的，一种虚无主义，一种庸俗化，一种功利主义，好像是这样的。"然而实际上启蒙所引进的毋宁说是对信仰中现成的那种**无思想的**或不如说**无概念的分离状态**的扬弃"，就是说好像是一种消极的结果，但实际上呢，是对信仰意识的一种提升。表面上看好像摧毁了信仰意识，玷污了信仰意识，把信仰意识降低为一种虚无的、庸俗的、功利化的东西了，但是实际上是把信仰意识提高了。它是对信仰中那种无思想无概念的分离状态的扬弃，原来在信仰中这种分离状态是现成在手的，现在被扬弃了。当然，说这种分离状态是"无思想的"还不太好说，因为它还有表象，表象也可以看作是一种思想嘛；但是严格说来是"无概念的"，宗教只是以表象来反映上帝，只有哲学才是以概念来认知上帝，那就是绝对认知了。在信仰中，彼岸和此岸分离，绝对本质和现实性分离，而通过启蒙的这样一种批判，实际上是对这样一种分离状态的扬弃，并把这种扬弃引进到信仰中来了。宗教和信仰意识经过这种批判以后，它的层次就提高了。

信仰意识持有双重的尺度和砝码，它有两种眼睛、两种耳朵、两种口舌和语言，它使一切表象都双重化了，却并不把意义的这种双重性加以对照。

信仰意识它本来有这种毛病，所以才需要启蒙来对它敲打和提升。"信仰意识持有双重的尺度和砝码，它有两种眼睛、两种耳朵、两种口舌和语言"，它有双重标准，看到一个东西，它马上从两种不同的角度来看它。比如面包和酒，它就有双重眼光，一方面它看到它是可以吃的、可以喝的，但是另一方面呢，它又说这是基督的肉和血，用精神的眼光来看和用物质的眼光来看是完全不同的。"它使一切表象都双重化了，却并不把意义的这种双重性加以对照"，一切表象在它眼中都双重化了，它有时站在这一方来看，有时又跳到另一方来看，所得出的结论都是不同的；却并不把这种双重性意义加以比较和对照。这是信仰意识不自觉的地方，或该受到质疑的地方，也正是启蒙所做的工作，就是把这双重标准加以对照，加以质疑，逼迫它显露出其中的道理。

或者说，信仰是生活在两种不同的知觉中，一种是纯粹在无概念的思想中沉睡的知觉，另一种是纯粹生活于感性的现实性中的觉醒意识的知觉，而信仰在这两种知觉中分别掌管着各自的家务。

"或者说，信仰是生活在两种不同的知觉中"，这个"或者说"就是进一步解释前面的那一段，继续讲信仰本身的双重标准，这双重标准在信仰这里表现为双重知觉。"一种是纯粹在无概念的思想中**沉睡**的知觉"，在无概念的思想中沉睡，那就是在表象中沉睡了，这是一种知觉。对于概念来说，它还没有醒来，还是一种无概念的思想。表象已经是一种思想了，但这种思想没有概念，所以它还没有醒来。"另一种是纯粹生活于感性的现实性中的觉醒意识的知觉"，另一种知觉是觉醒意识的知觉，它是纯粹生活于感性的现实性中的。"而信仰在这两种知觉中分别掌管着各自的家务"，这两个领域，此岸和彼岸，现实和来世，它们各自有自己的家务，那么信仰在这两种知觉中分别掌管着它们各自的家务。"家务"当然是一种比喻的说法了，它们各有自己的世界，恺撒的和上帝的，这是两个不同的世界。

——启蒙以感性世界的表象来照亮那个天堂世界；并把这个世界的有限性向那个世界显示出来；这种有限性是信仰所无法否认的，因为信仰就是自我意识，因而是上述两种表象方式隶属于其下而不崩溃于其中的那个统一体；因为它们都隶属于信仰已过渡到的同一个不可分割的**单纯的**自我之下。

前面讲了，信仰它有双重标准，这是它的毛病了。那么启蒙呢？"启蒙以感性世界的表象来照亮那个天堂世界"，启蒙就抓住了感性世界，启蒙是一种觉醒的意识，它用感性世界的表象来照亮那个天堂世界，那个彼岸的世界。这个感性世界和那个天堂世界在信仰那里是完全对立的，完全不搭界的，是双重标准；那么启蒙就把这双重标准聚拢到一起来，放在一起加以对照，并将那个天堂的世界去魅，不再是显得神秘的了。"并把这个世界的有限性向那个世界显示出来"，把感性世界、表象世界的有限性向那个天堂世界显示出来。就是针对这个天堂世界显示出感性世界的有限性，表明你那个天堂世界也是有限的。而"这种有限性是信仰所无法否认的"，信仰抵挡不住它，因为它抓住的是信仰本身的一个环节，是它的双重标准中的一个。那么启蒙抓住了它的一个标准来吞并另外一个标准,这是信仰意识没有办法抗拒的。"因为信仰就是自我意识",信仰没办法否认了,因为信仰其实就是自我意识。前面讲,在纯粹意识中,自我意识和对象意识是不可分的,而信仰本身是立足于对象意识,但是它背后已经是自我意识了,只是它还没有意识到,但你向它揭示出来,它也无法否认。"因而是上述两种表象方式隶属于其下而不崩溃于其中的那个统一体",信仰本身它就是自我意识,因此它是一个统一体。它的双重标准固然是双重的,但是这两种表象是隶属于自我意识之下,而不崩溃于其中的。它本身就是一个自我意识的统一体,所以信仰无法否认启蒙对它的这种批判;当然它也用不着否认,因为启蒙的这种批判正好帮助信仰恢复到它作为自我意识的统一体。"因为它们都隶属于信仰所过渡到的同一个不可分割的**单纯的**自我之下。"它们这两个环节,这两种知觉,都隶属于同一个不可分割的单纯的自我之下,"单纯的"打了着重号。看起来一分为二,实际上归结为一个单纯的自我,双方在统一之中是不可分割的。那么,启蒙对信仰意识的批判恰好是立足于这一结构之上的,也恰好可以起到这样一种作用,就是把信仰意识的这样一种自我意识的统一性从不自觉的状态重新唤醒,从而提高信仰意识的层次。所以它并不是完全摧毁信仰意识,表面看起来启蒙好像对信仰意识只有消极的负面作用,使它虚无化了,使它庸俗化了,使它功利化了,但实际上是促使信仰意识回到了自己的根本。其实它本来就是自我意识,利用这一点,启蒙才能战胜这个阶段的信仰意识,为它以后在宗教意识中的复兴扫清道路。好,今天就讲到这里了。

*　　　　　　*　　　　　　*

好,我们上次讲到了启蒙对信仰的批评。启蒙对信仰的批评也就是指出,信仰其实是怀着双重的眼光,或者双重标准,来看待这个世界,看待现实,看待它的此岸和彼岸。不管是对此岸还是彼岸,它们都有两种眼睛、两种耳朵、两种语言，使一切表象都成为了双重化的。指出信仰的这种双重标准，并且把双方放到一起来加以对照，这本身就是对信仰的一种批判。但是这种批判呢，实际上是把信仰点醒了，让信仰自己意识到它自身的这样一种自相矛盾性，所以为后来这个信仰提升到一个更高的层次、恢复到它自身的统一，打下了基础。上面讲到这里呢，还有一段没讲完，我们来看接下来这一段。

　　这样一来，信仰就丧失了一度充实着它的元素的那种内容，并沉沦为精神在自身中进行的一种沉闷的编织活动。

　　启蒙把信仰的互相冲突的两方面并到一起，聚拢起来，并且向它提出问题，你到底站到哪一边？你要是站在彼岸那一边，坚持你原来的立场，那么此岸这一方面你就得放弃，你的信仰在此岸就是毫无根据的。"这样一来，信仰就丧失了一度充实着它的元素的那种内容"，信仰就丧失了现实的内容，而这现实的内容是它向来自认为掌握在手的，拥有实证性的。信仰一路来都是在用现实的内容去解释彼岸的上帝，解释纯粹的精神、纯粹的思维、绝对的本质。但是现在，经过启蒙的质疑，不得不把现实的东西从信仰上剥离开来，那你的信仰还剩下什么呢？所以信仰丧失了它的内容，"并且沉沦为精神在自身中进行的一种沉闷的编织活动"。如果你还坚持信仰的立场的话，那么你所剩下来的就只是精神在自身中所进行的一种沉闷的编织活动。编织活动，可能是取自格林童话《天鹅王子》，公主依丽莎为了救她被施了魔法变成天鹅的十一位哥哥，按照仙女的指引，采集荨麻为他们编织荨麻衣，但编织时不能开口说话，否则就会前功尽弃。由于不能开口，她受尽了人们的误解，都以为她是个哑巴，甚至巫女。这里形容信仰就像在那里进行抽象的编织，不能开口说话，谁也不知道你在干什么，你就在那里自己编自己的荨麻衣。启蒙运动对于中世纪经院哲学的批评就类似于这种，经院哲学就是这样一种纯粹的概念或表象的纠缠，从《圣经》上寻章摘句，玩弄一些神学术语，相互之间纠来纠去，跟现实不发生任何关系，不知所云，变成了精神在自身中进行的一种沉闷的编织活动。这种活动里面没有任何现实生活的内容,只是在那里进行抽象的思辨,玩弄一些抽象概念的游戏,繁琐而无意义。经院哲学我们也叫作繁琐哲学,就是跟现实没有任何关系的那些概念和表象不断地在纠缠来纠缠去,在自身内部打转转,出不来。

信仰已被排除出它自己的王国,或者说这个王国已被洗劫一空,因为觉醒的意识已把这个王国的一切区别和扩展都夺过来,将其各部分全都作为地上的产权,要求归还和送回到地上来。

"信仰已被排除出它自己的王国",就是说,本来信仰是认为地上的王国就是它自己的王国。它把地上的王国收归了天上的王国,把此岸的东西都奉献给彼岸,本来是这样的。但是经过启蒙以后,信仰已经被排除出它自己的王国。原来地上王国也是有信仰的,现在呢,信仰从地上的王国被排除出去了,也就是上帝被赶出了自然界。"或者说这个王国已被洗劫一空",这是从彼岸王国而言,它在彼岸王国曾经有过的内容,以表象方式表现出来的象征彼岸的内容,现在全部被夺走了,被洗劫一空了。这是两个不同的角度,从地上王国来说,上帝被排除出去了;从天上王国来说,上帝之国被洗劫一空了。"因为觉醒的意识已把这个王国的一切区别和扩展都夺过来",觉醒的意识我们前面、上一段提到过了,有两种意识,一是沉睡的意识的知觉,另外一种是觉醒意识的知觉。觉醒的意识就是在感性现实生活中的意识;沉睡的意识呢,就是在那种无概念的思想中、在抽象的表象之中的那种知觉。觉醒的意识是启蒙所坚持的。现在觉醒的意识已把这个天上王国的一切区别和扩展都夺过来,使它们回到现实的王国中来。"将其一切部分都作为地上的产权,要求归还和送回到地上来",把上帝之国的一切部分、一切内容、一切说法都作为地上的产权,都加以世俗的解释,都以世俗的眼光来阐发其中的意义。因为这本来就是现实生活的事情,你非要把它推到彼岸,说成是上帝的事情。现在呢,启蒙要求把它们归还和送回到地上来,启蒙所坚持的是这样一种现实的立场。

　　但是信仰之所以不感到满意，是因为经过这样的照亮之后，到处生发出来的都只是个别的本质，以至于同精神打交道的就只有无本质的现实性和远离精神的有限性了。

[106]

　　"但是信仰之所以不感到满意，是因为经过这样的照亮之后"，"照亮"这个词前面也出现过，Beleuchtung，说是启蒙以感性世界的表象来照亮天堂世界，上面一段也出现过了。启蒙本来的意思就包含有光照，Aufklärung就是澄清、澄明。那么，经过这样的启蒙、这样的照亮之后，"到处生发出来的都只是个别的本质"，到处生发出来的、到处产生出来的都只是个别的本质，那种普遍的绝对的本质已经消失不见了。我们只看到那些个别的本质，那些具体的对象、感性的对象的本质。"以至于同精神打交道的就只有无本质的现实性和远离精神的有限性了"，也就是与精神发生关系的只剩下那些低级的感性事物了。这是信仰所不满意的。就是你这样一搞，那一切都世俗化、庸俗化了，现实是蛮现实了，但是失去了本质。精神要跟这样的现实性打交道，那当然是不满足的，是不满意的。精神还是需要有一些超现实的、超越感性的对象，无本质的现实性和远离精神的有限事物，这个是不能够使信仰感到满足的。因为信仰它是立足于精神的立场，它总是从精神出发，去跟一切对象打交道。那么现在，与精神的打交道的地方、那些对象已经全部被归结到地上有限事物、无本质的现实性，那么它还能跟谁打交道呢？本来在信仰看来地上的一切事物都是神圣的，都具有神圣性的；现在去魅，去掉了神圣性。经过启蒙以后，所有的东西都去掉了神圣性，那么它就没有可以跟它打交道的相当的对象了，跟它打交道的对象都是不对等的。它要跟无限的东西打交道，结果它所遇到的都是有限的东西。

　　——由于信仰已没有内容，它又不能逗留在这种空虚之中，或者说，由于它超越那作为唯一内容的有限的东西而找到的只有空虚，所以它就是一种**纯粹的渴望**；它的真理就是一个再不可能为之找到任何适当内容的空虚的**彼岸**，因为一切都已另有用途了。

　　"由于信仰已没有内容"，前面讲了，信仰原来的那些内容都被启蒙剥夺了，只剩下一个空名。"它又不能逗留在这种空虚之中，或者说，由于它超越那作为唯一内容的有限的东西而找到的只有空虚"，它没有内容，但是它又不能够逗留在这种空虚之中。你把它的内容全部剥夺了，它到哪里安身呢？它不能在空虚中安身。离开了那些有限的东西、那些唯一的内容，它就什么也找不到了，或者说找到的只是空虚。"所以它就**是一种纯粹的渴望**"，就是说，身不能至而心向往之，这就只是一种渴望了，只是一种明知没有希望实现的纯粹的愿望了，它找到的只有空虚嘛，没有内容。没有内容它就只是一个纯粹的渴望，纯粹的渴望打了着重号。"它的真理就是一个再不可能为之找到任何适当内容的空虚的**彼岸**"，信仰的真理是什么？你再不可能为它找到任何适当内容了，它只是一个彼岸的空洞的真理，任何现实的内容都不适合于它。"因为一切都已另有用途"，一切都已被另作他用了，一切内容都已被用在信仰以外的用途上了，也就是一切能够抓的到的东西都已经被用在日常事务中，为启蒙所占用了，或者说，启蒙已经把它们都当作自己的东西来使用了，跟信仰没关系。

　　——这样，信仰实际上就变成了与启蒙同样的东西，即是说变成了与有关自在存在着的有限东西与那没有宾词、不被认识、也不可能被认识的绝对之间的联系的意识同样的东西；只不过，**启蒙**是**满足了的**启蒙，而信仰则是**没有满足的**启蒙。

　　"这样，信仰实际上就变成了与启蒙同样的东西"，就是信仰当它被启蒙指出来它的两方面不可调和，并且也意识到这种不可调和的时候，那它其实就是启蒙了。一种信仰如果自觉地把自己的此岸和彼岸割裂开来、分割开来，不要把它们混在一起，这就已经是启蒙了，就像那些自然神论者所做的那样，那种信仰实际上就变成了与启蒙同样的东西。启蒙要达到的效果就是这样，所谓启蒙就是启信仰之蒙，信仰经过启蒙以后，它本身就是启蒙了。信仰一旦经过启蒙，把此岸和彼岸分清了，那它就是启蒙，不一定要它去否定彼岸，只要它分清，上帝的归上帝，恺撒的归恺撒，此岸归此岸，彼岸归彼岸，它只要它达到这个意识，不要混淆，那它就是启蒙。"即是说变成了与有关自在存在着的有限东西与那没有宾词、不被认识、也不可能被认识的绝对之间的联系的意识同样的东西"，自在存在着的有限东西就是此岸的感性世界、现实世界，它现在是自在存在的、第一性的，它不需要一个上帝来创造它，它也不是为了一个上帝而存在，它就在那里，这些有限的东西都在那里，是现实的有限的东西。这个东西与绝对之间相联系的意识，这就是信仰所变成的东西，也就是启蒙。而绝对在这种情况下仍然是没有宾词的、不被认识也不可能被认识的，启蒙以这种方式把绝对架空了。自然神论的上帝就是这样一种被架空了的绝对，它没有宾词，不可描述，不可言说的，当然也不可能被认识。自在存在着的有限事物与这个绝对之间显然是对立的，但是当你把这两者划分开来的时候，你在这种绝对划分的情况下来意识到它们之间的某种联系，这个时候你就已经启蒙了。就像伊壁鸠鲁虽然不否认神，却把神置于世界和世界之间，设定了这样一种与我们的现实生活互不影响的联系，他因此被马克思称为"古代最伟大的启蒙思想家"。互不影响也是一种联系，除非你把一方消灭了，那就没有联系了。虽然有两个东西你说它们是绝对分裂的，那你就是意识到它们的这样一种联系了。而在这方面，启蒙和信仰就是一样的了，都已经意识到此岸和彼岸这两方面绝对没有关系，以这种方式意识到它们之间的联系了。"只不过，**启蒙是满足了的**启蒙，而信仰则是**没有满足的**启蒙"，这就说得更加直截了当了。它们其实都是启蒙，只是对启蒙的态度不同而已，一个是满足了的启蒙，启蒙本来就是要干这件事情的，要把信仰混为一谈的东西区分开来，现在它做到了，它对自己很满意。而信仰呢，则是没有满足的启蒙，信仰意识到这两者相互之间不可混淆，它就已经是启蒙了；但是信仰并不满足，因为它是被迫的，它从原先的立场出发，认为这是一种堕落。虽然这种堕落不可反驳，无可奈何，但它很伤心。你把信仰的财富都夺走了，洗劫一空,那么信仰还剩下什么呢?只剩下一个空名了。所以信仰是没有满足的启蒙,它已经知道这个信仰是站不住脚的,但是它的出发点就是信仰,它不能够放弃信仰,所以它就只能够守住那个空虚的信仰,那当然就不满足了。一个信仰变成了空洞无物的信仰,那还有什么满足呢?

　　<u>然而,启蒙是否能停留在自己的满足中,这一点也将在它身上显示出来;那种迷茫的渴望,那种为失掉了自己的精神世界而忧伤的精神的渴望潜伏在它背后。</u>

　　"然而,启蒙是否能够停留在自己的满足之中",这又从另一方面来说了。启蒙看起来好像满足了,它把彼岸的东西已经夺回来了,高不可攀的神圣的东西已经下降到地上,这已经满足了启蒙的要求,它已经是觉醒的意识了。神秘的东西其实并不神秘,把它拉回到地上就是了,这就很满足了。但是它自己是否能够永远停留在自己的满足中呢?是不是这样就可以了呢? "这一点也将在它身上显示出来",就是启蒙有一部分是满足了,另一部分,仍然不满足,所以启蒙就会走向分裂,这是下面的话题。"将在",这里用的将来时,那就是在下面"b.启蒙的真理性"一节中要讨论的问题。"那种迷茫的渴望,那种为失掉了自己的精神世界而忧伤的精神的渴望潜伏在它背后",就是虽然信仰经过启蒙,现在只剩下一种空虚的渴望,但它毕竟还有种迷茫的渴望;而启蒙呢,同样也不是说完全就没有渴望了。因为它把彼岸和此岸区分开来,仍然还意识到有一个彼岸在那里,只是它达不到。它放弃了达到彼岸的一切希望,但是放弃了一切希望它还是有一种渴望在那里,虽然很迷茫、很空虚,没有把柄,抓不到任何落实的东西。彼岸到底在哪里?找不着。但还是觉得应该去找,所以是一种为失掉了自己的精神世界而忧伤的精神渴望。按照启蒙的观点,精神世界既然什么内容都没有,那精神世界也就失去了,那就没有精神了。既然一切都是此岸,一切都成了唯物主义的物质,那精神又在哪里安身呢?这种渴望对于启蒙来说是带有忧伤的,虽然它主张唯物主义,主张现实世界的常识,主张一切都要按照科学规律来办,但是

精神世界在哪里安身的问题总还是令人忧伤的。这种渴望在启蒙那里是潜伏在背后的，它不会在表面上露出来。只有信仰还在表达这种忧伤，但是启蒙呢，虽然有忧伤，但不把它说出来。在它跟信仰作斗争的时候，它要把这种忧伤隐藏起来的。你先不管，知识就是力量，我们要做一个有力量的人，那就要放弃一切信仰，主张无神论，主张唯物主义。但是背后其实还是有种理想追求的，唯物主义也不等于腐化堕落，不等于大吃大喝，唯物主义也是有理想的，只不过这种理想它无从表达，没有根据。它为了跟信仰作斗争，它不表达这种背后的渴望，免得给信仰抓住把柄，但渴望潜伏在它的背后。

{311}　　　启蒙自己在本身就具有未得满足的渴望这一缺陷，这就是，——在启蒙的**空虚的**绝对本质那里作为**纯粹的对象**，——在走出启蒙的个别本质而向不充实的彼岸的**超越**中作为**行为和运动**，——在有用的东西的**无自我性**中则作为**充实了的对象**。

　　前面讲启蒙的这样一种渴望是潜伏着的，这里则讲到这种渴望的表现。"启蒙自己在本身就具有未得满足的渴望这一缺陷"，启蒙的这种渴望潜伏在背后，在启蒙身上显得是一种缺陷，这种缺陷体现在有三个方面的渴望没有得到满足，这就是由三个破折号所标明的。第一个渴望是，"在启蒙的**空虚的**绝对本质那里作为**纯粹的对象**"，启蒙像信仰一样，也要追求绝对本质，但是它在绝对本质跟此岸世界之间划了一道鸿沟，绝对本质成为空虚的了，所有的有实在的内容的东西都被剥夺了，都被归到此岸的现实生活了。绝对本质变成了空虚的纯粹对象了，所以它对这个纯粹对象的渴望是没有办法满足的，因为它没有内容。既然绝对本质是空虚的，那么你的对象就是"纯粹的对象"。什么是纯粹的对象？如他下面将要解释的，那就是剥除了一切感性的表面的东西以后的那个纯粹物质本身，也就是作为自在之物的认识对象。它没有任何不纯粹的东西，感性的啊、幻觉的啊、错觉的啊、知觉的啊，这些东西都是表面的东西，你把这些东西通通剥掉，剩下的那个事情本身，那个对象本身，那就

是纯粹的对象啦。但无法使人满足的是, 它是不可知的。洛克所谓实体
的"实在本质"就是一个纯粹的对象, 我们可以认识一个事物的"名义本
质", 但是这个事物的实在本质究竟是什么样的, 我们没办法知道。所
以, 空虚的绝对本质在启蒙那里呢, 不论它被理解为精神实体还是物质
实体、纯粹物质, 都是不可知的, 因而是不可满足的。再一个渴望, "在
走出启蒙的个别本质而向不充实的彼岸的**超越**中作为**行为和运动**", 启
蒙要走出它的个别本质而超越到那个空虚的、不充实的彼岸, 就必须要
有行动。不充实的彼岸可以理解为康德的"先验对象的表象", 它有待
于充实以经验性的材料而成为客观经验对象, 于是启蒙想通过认识主体
的自我意识对感性的统觉活动, 而在它上面造成这一对象, 建立起这一
对象。启蒙立足于个别性, 立足于人的自我意识; 但如何能够从自我意
识的自发的能动性而超越主观性、建立起客观的对象来? 虽然有人为自
然立法的行动, 但仍然只涉及现象, 而不涉及自在之物, 不涉及真正彼
岸的对象, 所以永远不能超越到这个彼岸, 使这个彼岸得到充实或满足。
unerfüllt, "不充实的", 亦可译作"未满足的"。这是第二个不能令人满
意的。最后第三个方面, "在有用的东西的**无自我性**中则是作为**充实了
的对象**", 前面讲了, 启蒙归结为有用性, 有用是启蒙的基本概念 [第 97
页]。但有用的东西虽然是围绕人自身的目的建立起来的世界, 但它本
身是无自我性 (Selbstlosigkeit) 的; 并且当所有的人都被归结为有用性
时, 人自身的这个核心也就消失在机械关系中了, 人就从目的变成了纯
粹的手段。所以在有用性中, 由于对象只限于此岸的或日常的事物, 所
以充实倒是充实了, 但却把自我性丢失了, 这仍然是不能令人满足的。
像拉美特利的"人是机器"这样的命题, 就在启蒙思想家里面也是很多
人都不满意的。以上就是启蒙的缺陷, 表现在这三个方面的渴望不能满
足, 一个是唯物主义的纯粹对象, 那是追求不到的, 只留下对它的不满
足的渴望。一个是要通过自己的行动超越自身个别性的自我, 向往达到
彼岸, 这样一种行动也是达不到目的的。再一个呢, 是有用的东西, 虽

然有充实的对象，但却失去了自我性，也是不能让人满足的。这三个都是不能令人满足的，都是启蒙的缺点。注意这里提出的启蒙的这三个方面的渴望，在下一标题"b.启蒙的真理性"中构成了整体上的框架，正是围绕这三个问题的解决，启蒙才扬弃了自身的缺陷，才呈现出了它的真理性。

　　启蒙将要扬弃这个缺陷；而更仔细地考察一下被启蒙视为真理的那种肯定性结果，就将会表明，这个缺陷自在地已经在其中被扬弃掉了。

　　这句话用的是将来时。"启蒙将要扬弃这个缺陷"，这就是后面要讲到的，整个下一节都是讲启蒙对这三方面的缺陷的扬弃。"而更仔细地考察一下被启蒙视为真理的那种肯定性的结果，就将会表明，这个缺点自在地已经在其中被扬弃掉了"，也就是我们下面要更进一步考察启蒙的真理何在，从启蒙的肯定性方面来看它的结果。启蒙对信仰的批判都是否定性的，你不应该这样，你不应该那样，抓住一个矛盾，拼命地攻击，当然同时也导致了自我否定。那么反过来就会问了，你老攻击人家，那你主张什么呢？你认为什么是真理？那么我们现在要更仔细地考察一下被启蒙视为真理的那种肯定性结果，不光是看它对信仰怎么批判的，而要看它怎么坚持自己的观点。而这将表明，这个缺点自在地已经在其中被扬弃掉了。我们在下面可以看到，上述三大不能满足的缺陷，在它的肯定性的结果里面已经被扬弃了，或者说启蒙在自己的进程中已经克服了这些缺点。

b. 启蒙的真理性

　　这就是我们的第二个标题了，"b.启蒙的真理性"。前面是"a.启蒙与迷信的斗争"[第81页]，首先我们谈启蒙和迷信的斗争，或者说，启蒙反对迷信，这是从它的否定性方面来看的。那么第二个启蒙的真理性，这是从它的肯定性方面来看的。你反对迷信，你与迷信作斗争，那么最后得出什么结果呢？那就是启蒙所认为是真理的东西。所以我们接下来就要讲启蒙的真理性。

　　于是精神的那种不再在自身中作出任何区别的沉闷的编织活动，就在意识的彼岸进入自己本身，这意识反过来澄清了自身。

　　"于是精神的那种不再在自身中作出任何区别的沉闷的编织活动"，也就是启蒙把此岸和彼岸严格划分开来以后，那彼岸就剩下了一个空虚的王国。这个王国已经被掏空了，已经被抢劫一空了，里面所有现实的东西、所有能够讲得出来的东西、所有能够做出区分的东西都被抢走了，空空如也。所以它不再在自身中做出任何区别，只剩下那种沉闷的编织活动。也就是说，当你被抢劫一空的时候，你就只能够坐在那里面对空虚，去进行一种纯概念的编织，没有任何实际的内容了。但是那个彼岸的架子还在，那个空架子还在那里，那你就去编那个空架子吧。上帝，圣灵，等等，这些抽象的概念还在那里，但是这些概念没有任何区别。上帝本来是三位一体，把它的具体内容抽掉以后，它就是一个上帝，它没有任何区别了。"就在意识的彼岸进入自己本身"，这种编织活动你在彼岸去搞，你不要把它搬到此岸来，此岸的问题不属于你。这种沉闷的编织活动于是就在意识的彼岸进入了自己本身，这个"进入自己本身"很重要，就是说，虽然它被排除到彼岸去了，但是恰好因为是这样，所以精神才进入了这种自我编织。也就是说，把精神和物质世界严格划分开来以后，精神才知道自己的纯粹的概念是怎么样的。不要掺杂任何表象，不要掺杂任何具体的形象，它自己本身就是纯粹概念。所以"这意识反过来澄清了自身"，这种意识就反过来变得很澄明了，没有任何东西遮挡了。如果此岸和彼岸的东西夹缠不清，那它就不透明了，就浑浊了。但是现在你把感性的东西和纯粹思想严格区分开来以后，意识就变得非常清澈、非常透明了，什么东西该当作日常事物来思考，什么东西只能作为彼岸的纯粹概念来思考，就清清楚楚了。所以，一方面呢，它是令人感到忧伤和不满足的，但另一方面呢，这是一种提高。人类第一次学会了在纯粹性中、在透明性中来思考，第一次把自己的思想提升到了纯粹性。这就为概念思维或者纯思、为后来的绝对认知打下了基础。启蒙的这样一种工作为后来的纯粹哲学、逻辑范畴的思辨推演打下了基础。你要能够逻辑地思考，那你就必须澄清自身的思想。你要使自己的意识、自己的思维变得非常的清澈，不为那些感性的、五花八门的现象所迷惑。你一下子就能够看到本质，因为你的思想是清澈的。我们经常看到很多人的思想是混乱的，它总是把一些表象的东西、感性的东西夹杂在自己的思想里面，把自己的思想扰乱了，他没有经过这个训练。而启蒙经过这个训练以后，它获得了一种清澈的思想。

——这种澄清的第一个环节，在其必然性和条件中是这样得到规定的，即：纯粹明见，或者说，其本身**自在地**即是概念的那种明见，把自己实现出来了；它这样做，是由于它把他在或把规定性建立在自身中。

"这种澄清的第一个环节"，我们说它获得了一种清澈的意识，说这种意识反过来澄清了自己。那么这种澄清呢，它的第一个环节"在其必然性和条件中是这样得到规定的"，也就是首先要规定它的必然性和条件。如何规定必然性和条件呢？用康德的话来说，先天综合判断如何可能呢？是这样来规定的，"即：纯粹明见，或者说，其本身**自在地**即是概念的那种明见，把自己实现出来了"。就是说，这种纯粹的明见，你不要以为它是纯粹的，它就是没有内容的，以为它的内容都在感性现实生活中。不要那样看。纯粹明见虽然没有感性的内容，但是它作为感性内容的必然性和条件，能够把自己实现出来，能够建立起自己的内容来，从而体现出它本身自在地就是概念。"自在地"打了着重号，表明纯粹明见实际上是不自觉地行使了概念的作用，还没有达到像费希特那样自觉地推演概念的意识。但毕竟，它靠自己把自己实现出来了，在康德那里是作为一切经验知识之所以可能的条件，作为先天综合判断的必然性条件，而以纯粹知性概念或范畴的方式来实现先验自我意识的纯粹明见功能的。"它这样做，是由于它把他在或把规定性建立在自身中"，范畴就是先验自我意识在自身中所建立起来的他在或规定性,十二范畴都是先验自我意识的各方面的功能,其任务就是把对象世界在这些方面完备地建立为一个客观的、有规律的世界。所以从纯粹方面来说,对象世界是由自我意识在自身中建立起来的,或者说,客观对象是由主观意识活动所建立起来的。当然,在感性的方面对象另有来源,这个先不管它,我们这里进行的是一种纯粹意识的编织活动。当你的意识达到了这样一种纯粹意识的清澈性的时候,你就会意识到,我可以在我自身里面建立起他在和规定性,我可以在自身里面建立起不是自身的东西。这个不是自身的东西不是感性的东西,而是概念的东西,但是是我自己建立起来,当作我的他在建立起来的,当作我的不是自身的东西建立起来的,以此来对自己进行规定。这就是在其必然性和条件中来规定自己,如果我自己把自己建立为一个他在,那么就有了必然性和条件:我就是这个他在的条件,我建立起这个他在是有我的必然性的,我必然要建立起我的他在,而这一切都是建立在自身中,在概念自身中。这个澄清的第一个环节就是这样来规定的,就是纯粹明见它把自己在自身中建立起来,或者说,自我意识在自身中把自己建立为对象意识。因为它自在地就是概念,所以它能够自己建立起自己的他在,能够在自己内部建立起自己的规定性,概念就具有这种作用。这是一种思想的提高,自在地来说,意识已经提高到概念了。当然这个时候还没有自觉,概念在康德那里还不是自己生长出来的,而是现成地从传统判断分类中提取出来的,这个时候还保留着表象的形态,所以纯粹明见作为概念还是自在的。康德还没有意识到自己的纯粹明见本身能够自我区别,能够能动地把自己的他在建立起来,然后对自身做出规定,能够在一个发展过程中使自己的概念变的越来越具体、越来越丰富。启蒙运动的时期人们都还没有意识到这一点,一直到康德都还没有意识到这一点。只有在康德以后,从费希特到黑格尔,才意识到概念是一个过程,概念是一种能动性、是一种运动。那么启蒙时代呢,它虽然自在地已经是概念了,已经能够把他在和规定性建立在自身中了,但是还没有明确意识到这一点。

[107] 　　以这种方式，它就是否定性的纯粹明见，也就是概念的否定；这种概念的否定同样是纯粹的；这样一来，就形成了**纯粹事物**、绝对本质，而这种东西在其他情况下是没有任何另外的规定的。

　　"以这种方式，它就是否定性的纯粹明见"，纯粹明见本来刚开始出现时，是无所谓否定和肯定的，它既可以否定也可以肯定，它就是纯粹明见么，就是一种洞见么。一种洞见可以是否定的，也可以是肯定的。那么在这里，在这样一种纯粹意识的层次上面呢，这种纯粹明见首先是否定性的，这个时候还谈不上肯定。在启蒙的这样一个层次上面，这个纯粹明见是以否定性的形式出现的。"也就是概念的否定"，这个时候的否定已经是在概念层次上进行的了，或者说立足于概念，否定那些非概念的东西，否定一切现实的感性的内容，也就是超越一切感性的内容，要对感性的内容加以否定，而显出概念来，这就是概念的否定。例如笛卡尔的怀疑一切就是起这个作用，最后只剩下一个无可怀疑的"我在怀疑"或"我思"，这就是最纯粹的概念了。"这种概念的否定，同样是纯粹的"，否定不是为了任何具体的目的，而纯粹是出于概念的纯粹性，即凡是让概念被遮蔽的东西，如感性的杂多，形态的变化，逻辑上的不能自洽，统统都在怀疑之列，都在否定之列。启蒙到了这一步，已经到了一种纯粹概念的明见，这个时候，它的那种沉闷的编织活动，对外就体现为一种纯粹的否定性。凡是干扰我的形而上学的沉思的，都要被否定和排除掉。"这样一来，就形成了**纯粹事物**、绝对本质"，这种纯粹的否定的结果就是形成了纯粹事物、绝对本质，"纯粹事物"打了着重号。现在绝对本质已经主要不是指上帝，而是指纯粹事物（das reine Ding），特别是唯物主义者所讲的抽象的物质实体。笛卡尔的"我思"当然不是物质实体，但他也是将它当作物质实体来规定的，例如说在大脑中的"松果腺"中给它找到了一个位置。斯宾诺莎的实体虽然号称"上帝"或"神"，其实等于整个自然界。这些都属于纯粹事物。当你彻底否定了那些感性的东西，所得出的就是纯粹事物，就是绝对本质。"而这种东西在其他情况下是没有任何另外的规定的"，这种纯粹事物、绝对本质，例如唯物主义者所讲的物质实体，你不能够像对一个感性事物那样对它加以规定。你说物质实体是红色的，物质实体是硬的、是热的、是冷的等等，这些东西都不足以规定物质实体。在别的情况下，你是不能够对它做任何另外的规定的，你只能够规定为它是纯粹的事物，只能作这样一种否定性的规定。你只能说它不是什么，你不能具体地描述出来它是什么。所以这种纯粹事物必然是不可认识的自在之物，物质实体就是自在之物，你不能够对它本身加以具体的描述，你只能抽象地规定，并且是一种概念的否定性的规定。例如唯物主义对物质的经典的规定是：物质就是"不"以人意识为转移的客观存在，这就是一个否定性的规定。这个有点像宗教里面的否定神学。上帝是什么？你不能说上帝是什么，你只能说上帝不是什么。信仰在经过启蒙以后，越来越倾向于一种否定神学了。唯物主义也是，你只能说物质实体不是什么，你不能说物质实体是怎么样的，有多大，是运动还是静止，或者是什么颜色的，有没有温度，可不可见，等等，这些东西都不能说。物质只能在与意识的关系中来定义，而且首先只能是否定性的定义。

　　如果更仔细地规定它，那么这规定作为绝对概念，就是对不再是任何区别的那些区别的一种区别活动，是对不再自我承担而只靠**整个运动**来支撑和区别自己的那些抽象或纯粹概念的一种区别活动。

　　"如果更仔细地规定它"，前面已经讲了，它的规定就是一种否定的规定，只能说它不是什么，不能说它是什么。但是，如果要更仔细地规定这种绝对本质或纯粹事物，这就是上述澄清的第二个环节了，"那么这规定作为绝对概念，就是对不再是任何区别的那些区别的一种区别活动"。这个话很拗口。简单说来，纯粹事物或绝对本质的规定是对别的东西的否定，但它自己的规定还是基于一个绝对概念的，这就是"区别活动"的概念；只不过这种区别不是对任何感性区别的区别，而是对"不再是任何

区别的那些区别"的区别。啥意思呢？就是它是绝对概念本身中的自我
区别的活动，也就是自我意识的自身区别活动。前面多次讲过，自我意
识就是自己把自己区别开来，同时又意识到这种区别没有区别。只有在
自我意识中，这种区别才可以不是区别，才具有这种概念的自身透明性；
在任何感性事物中，在任何表象中，区别就是区别，不可能又是没有区别。
但自我意识的区别之所以不再是区别，正是由于它的自我区别活动，它
在这种自我区别中才不再是区别。所以纯粹事物和绝对本质的规定就是
这种自我区别活动本身，也就是绝对概念，它在自我意识的结构中才明
确体现出来，但这时还只是作为一种区别活动，"是对不再自我承担而只
靠整个运动来支撑和区别自己的那些抽象或纯粹概念的一种区别活动"。
"整个运动"打了着重号，表明现在谈的这种区别活动还不是自我满足、
自我承担的，而是未完成的，它要靠整个运动的完成来支撑自己、区别自
己。在没有完成整个运动之前，它只能是与一切可知事物相区别的自在
之物。所以它是对那些抽象或纯粹概念的一种区别活动，只在抽象的纯
粹概念的层次上来进行区别。纯粹概念，你把所有的内容都抽掉了，它
就是一个抽象，它本来没有区别，但这种没有区别就是一种区别，它和一
切有区别的感性的东西是不同的，是相区别的。这就是这个启蒙要追求
那个绝对本质、那个纯粹事物，实际上它体现为整个运动，体现为一场自
我区别的运动，除了这个规定性以外，它没有任何别的感性的规定性，它
只有概念的自身规定性。这句的"如果更仔细地规定它"，是和上面的"这
种澄清的第一个环节"相应，并且有层次上的区别的，它相当于第二个环
节，也就是前面讲的启蒙的三大缺陷中的第二项。前面讲了，第一个无
法满足的渴望就是那个纯粹对象，它只是一个空虚的本质，好像无法规
定；现在这里讲，我们可以在概念的纯粹否定的层次上对它加以规定或
定义，在这个意义上它就不再空虚了。第二个无法满足的渴望就是永无
止境地向彼岸超越的行为和运动；而这里讲，我们不必盯着那个不可达
到的彼岸，我们可以就这个运动本身来形成绝对概念，以它为自己的对

象和纯粹本质。这样来理解，前面的两个缺陷就都被扬弃了，这就是启蒙自在地所显示出来的真理。至于第三个环节，即有用的东西的无我性，在这两段作为序言的话中都没有提到，但在后面正文中作为第三个小标题做了阐述。

这种对于无区别的东西的区别活动，恰好在于：绝对概念使自己本身成为自己的对象，并且相对于上述的那个运动，把自己建立为本质。

"这种对于无区别的东西的区别活动"，无区别的东西就是纯粹概念，它提升到一切有区别的东西之上，自身成了无区别的东西、共相。但是，它达到这种无区别本身是依靠不断和那些有区别的东西相区别，这是一种更高层次上的区别，即绝对本质是"最"无区别的东西，这就是它和一切其他东西的区别，而且这种区别不是由别的东西加给它的，而是它自己完成的，它就是像笛卡尔的怀疑那样一种否定活动，不断地自我区别的活动。而这样一种区别的活动"恰好在于：绝对概念使自己本身成为自己的对象"，它不断地把自身中那些有区别的东西清除出去，这时它就把自己也变成了自己的对象，它把自己的这个区别活动、把自己的运动本身也当作了对象，它想要追求一个绝对纯粹的概念，但到头来发现，真正绝对纯粹的概念不是别的，正是它这个不断追求本身。这样一来，绝对概念在自己的追求纯粹的过程中恰好使自己的追求活动本身变成了自己的对象，有了自己的内容，或者说，它把自己外化为对象，它把自己对象化了。"并且相对于上述那个运动，把自己建立为本质"，这个作为运动的对象就被建立为本质了。所谓绝对本质，无非就是这种绝对的自我区别的活动，那些纯粹概念就是靠这整个运动来支撑自己的，概念的自我区别运动是支撑概念的，那么支撑概念的东西当然就是它的本质了。或者说，概念的本质就是它的运动。什么是概念的本质？你不能够把它死死地定在某个地方，像形式逻辑那样，把一个概念区分出来，加以限定，把它划成一些格子，把意义分别填进某一个格子里面把它固定下来，这是形式逻辑的做法。但是，辩证法呢恰好就看出来，不是这样的。真正

343

的本质就是概念的自我否定的运动，是把自己在这个运动中展示出来的那样一个本质。

这本质于是就缺少那让诸抽象或诸区别在其中被**分辨出来**的方面，因而就成了作为**纯粹事物**的**纯粹思维**。

"这本质于是就缺少那让诸抽象或诸区别在其中**被分辨出来**的方面"，"被分辨出来"打了着重号。这样一个本质，作为一种运动的本质，它是澄清的，它是清澈的，绝不拖泥带水。我们刚才讲，它是透明的。那么它就缺少让各种抽象或各种区别在其中被分辨出来的方面，它把这些可以分辨出来的区别全都抽掉了。什么叫被分辨出来？就是分门别类，我们刚才讲了，你划出一个一个的格子，把每一种意义填进某一个格子里面把它固定下来，这就把它们分辨出来了。包括各种各样不同层次的抽象，各种各样不同性质的区别，你把它分辨出来，定在那里，这不是这个本质所做的事。这个本质缺少这一方面，它是一个运动的本质，就像一条昼夜不息的河流，人不能两次踏入同一条河流，当你想要把它分辨出来的时候，它已经流过去了，它不在那里了。所以，被分辨出来的方面，已经在里面被消融、被化解了。"因而就成了作为**纯粹事物**的**纯粹思维**"，这样一来，这个绝对本质就成了作为纯粹事物的纯粹思维，纯粹事物、纯粹思维都打了着重号。刚才讲绝对本质就是纯粹事物，纯粹事物就是自在之物了，就是纯粹对象了，就是唯物主义所讲的纯粹物质了。但这里进一步从概念的运动和行为的方面，把这种纯粹事物解释为纯粹思维。作为纯粹事物的自在之物实际上是一种纯粹思维，是纯粹思维对自己的行动所作的一种对象化的表达。黑格尔批评康德就是这样批评的：你那个自在之物不就是你的纯粹思维建立起来的吗？你的纯粹思维把自己对象化，就成了纯粹事物了。其实康德自己也把自在之物称为一种"理念"，即理性的概念，当然也可以作唯物主义的物质实体的理解，但本质上其实是纯粹思维，一种能动的区别活动。纯粹思维我们有时把它简化为"纯思"。这种解释就从对"纯粹事物"的唯物主义解释的方向偏离到唯心主义解释的方向去了，而在黑格尔看来，这正是对启蒙思想的一种提升。

　　——于是这纯思恰好就是信仰由于失掉了有区别的内容而堕落成的、精神在其自身中进行的那种沉闷而无意识的编织活动；——它同时也是纯粹自我意识的上述那种**运动**，对该运动来说，纯思据说是绝对异己的彼岸。

　　"于是这纯思恰好就是信仰由于失掉了有区别的内容而堕落成的、精神在其自身中进行的那种沉闷而无意识的编织活动"，这纯思恰好就是那沉闷而无意识的编织活动，这种编织活动是精神在自身中进行的，是由信仰在失去了一切有区别的内容以后堕落成的。就是说信仰由于失掉了有区别的内容，它就不再成为对上帝的信仰，而堕落成了一种沉闷而无意识的编织活动，原来留给上帝的位置，现在就被纯粹事物、物质实体所占据了；但由于这物质实体不具有任何具体内容和区别，所以它本身就是精神在其自身中所进行的一种沉闷而无意识的编织，实际上是纯粹思维。因此前面讲的纯粹事物或绝对本质虽然既可以理解为唯物主义者的物质实体，也可以理解为自然神论者信仰的上帝，但它们都是这种无意识的编织活动的产物，都是纯思的产物，这是唯物主义者也好、自然神论者也好都没有意识到的。前面讲到信仰和启蒙在这里是一个东西，是一个什么东西呢？就是纯思。对唯物主义来说，这样一个纯思就是纯粹事物，就是自在之物；而对于自然神论的信仰来说呢，他们的信仰也堕落成了纯思，不再具有神圣性了。这都是精神在其自身中进行的活动，跟现实世界无关，一旦被作为对象来看，就被看作自在之物，也就是被编织到彼岸世界之中，视为不可认识的对象。既然现实都是物质的，此岸都是物质的，那么精神就被推到了彼岸。"它同时也是纯粹自我意识的上述那种**运动**，对该运动来说，纯思据说是绝对异己的彼岸"，它，也就是纯思，同时也是纯粹自我意识的上述那种运动。前面讲，纯粹概念是由对无区别的东西的区别活动所支撑起来的，这种活动其实也就是纯粹自我意识的自我区别的运动，纯粹自我意识的运动是纯粹明见所抓住的

345

一个立足点。由于这一运动，纯粹概念把自己建立为对象和本质，这就是康德所谓纯粹统觉通过诸范畴而对于经验对象的综合统一活动。但纯思、先验自我意识虽然在运动的效果上可以看得很明显，它自身却同样是一个不可知的自在之物、自在之我，一种不能用任何有区别的内容来规定的纯粹自发性。在康德看来，由于它的这种清澈性、无规定性，纯思对于它所引发的统觉活动、认识活动而言，仍然处于绝对异己的彼岸，即处于一切现象之外的自在之物中。

因为这种纯粹自我意识，既然是在诸纯粹概念中、在那些不是任何区别的区别中的运动，那么纯粹自我意识实际上就塌陷到无意识的编织，即是说塌陷到纯粹的**感受**或者说纯粹的**事物性**中去了。

纯粹自我意识为什么要把这个纯思推到绝对异己的彼岸呢？"因为这种纯粹自我意识，既然是在诸纯粹概念中、在那些不是任何区别的区别中的运动"，纯粹自我意识是在诸范畴中的运动，这些范畴对它来说都表现为不是任何区别的区别，即没有任何感性区别的纯粹区别，因为范畴都是些纯粹概念嘛；既然如此，"那么纯粹自我意识实际上就塌陷到无意识的编织，即是说塌陷到了纯粹的**感受**或者说纯粹的**事物性**中去了"，纯粹自我意识既然就是纯粹概念的自我运动，那么它实际上就塌陷到无意识的编织中去了。为什么是无意识的编织？因为这些纯粹概念或范畴所进行的编织活动受制于自在之物对感官的刺激，它离不开经验性的材料，但又说不清这些材料是如何由自在之物无意识地刺激出来的，所自我意识在运用范畴对它们进行统摄和综合的时候，只能借无意识的偶然性来编织它们，于是就被纠缠进这种无意识的编织中，纠缠进纯粹的感受和纯粹的事物性中去了。"感受"和"事物性"都打了着重号，表明它们将纯粹自我意识拖下水了，虽然还是"纯粹的"感受和事物性，但毕竟降到了感性的层次。而这是"实际上"发生的情况，纯粹自我意识投身到了对纯粹感受和纯粹事物性的无意识的编织，它派定了就是干这些活的。但纯粹自我意识还未意识到这一点，它还自以为自己高高在上，在彼岸另有自己的归宿,享受着"自在之物"不受触动的地位。

　　——但是自身异化了的概念——因为它在这里还处于这一异化阶段——就没有认识到自我意识的运动和自我意识的绝对本质这两个方面的**同一个本质,**——没有认识到它们的**同一个本质**实际上就是它们的实体和持存。

　　我们把这一句话简化一下:"但是自身异化了的概念……没有认识到自我意识的运动和自我意识的绝对本质"是"**同一个本质**","没有认识到它们的**同一个本质**实际上就是它们的实体和持存"。就是说,自身异化了的概念没有意识到,自我意识的运动和自我意识的绝对本质是同一个本质,也就是前面所讲的那两个环节,一个是纯粹事物、绝对本质,另一个是纯粹自我意识的运动,其实出自同一个本质、同一个实体和持存。正是同一个本质、同一个实体对自身的两个不同方面的渴望得不到满足,才表现为启蒙的两种不同的缺陷。而这是由于启蒙还处于自身异化的状态所导致的。所以这两个破折号中间的插入语:"——因为它在这里还处于这一异化阶段——",就是解释启蒙的这两种困境的。这两种困境,一个把启蒙引向了唯物主义,却丧失了自我意识的运动;另一个把启蒙引向了自然神论,虽然避免了"无我性",却仍然达不到信仰原来那种超越性和崇高性。这是启蒙在精神的自我异化的最后阶段所遇到的困境,它已经拥有了纯粹概念,但由于这个概念的自我异化,它仍然把这个纯粹概念当作处于彼岸的异己的绝对本质或自在之物,而没有把它和自己的行为及运动联系起来考虑,以为这是两个完全隔绝的世界。它没有意识到自我意识的运动就是它自己的异化运动、它的对象化的运动,因此它的对象并不在遥不可及的彼岸,而就是它自身,就是这个运动自身。它总以为自己要追求的那个绝对本质是永远达不到的,而没有意识到当你去追求的时候,你实际上已经追求到了,这种追求的运动就你自身的实体和持存。上帝也好,物质实体也好,归根结底无非是纯粹思维,是纯粹思维的运动。康德所讲的自在之物是什么呢? 就是纯粹思维啊。

347

当你说自在之物可以思维而不可认知的时候，你其实已经认知到了，因为你已经通过纯粹思维而思维到了，你已经动用了你的纯粹思维，自在之物就是你的纯粹思维创造出来的，自在之物就存在于你对自在之物的纯粹思维之中。而一旦启蒙意识到自我意识的运动和自我意识的绝对本质就是同一个实体和持存，前面所遇到的那种缺陷的第一和第二个环节，即绝对本质的空虚性和自我意识行动的塌陷性，也就是虚无化和庸俗化的毛病，就都被扬弃了。自我意识的运动就是自我意识的实体，它不是塌陷于感性世界里，而是自上而下地推演出感性世界来；自我意识的绝对本质也不是被隔离和孤立于高高在上的彼岸的抽象，它就是这整个运动的主客统一过程。自我意识的实体是什么呢？自我意识的实体并不是一个躲在后面不露面的自在之物，它就是自我意识的运动过程和持存本身。笛卡尔早就说过，我思故我在，我是什么？我就是思想；我思考一天，我就存在一天，我到哪一天不思考了，我就不存在了。但他没有将这一原理贯穿于对整个世界的观点。只有费希特才首次在"全部知识学"的层次上展示了这一基本原理。所以我的实体和持存就是我的纯思，就是我的思维行动。只有以这种纯粹思维的能动的过程、以这种行动或运动的持存作为实体，纯粹概念才撑得起来。纯粹概念不再依赖那种在意识内部缺乏自我区别的沉闷的编织活动，而是被赋予了行动和运动的实体性的活力。

{312}
　　由于这概念没认识到这个统一体，所以在它看来本质只有在对象性的彼岸的形式中才有效准，而作出区别并以这种方式在自身以外拥有自在的那个意识，却被看作是一种有限的意识。

　　"由于这概念没认识到这个统一体"，也就是启蒙的这种自身异化了的概念没有认识到自我意识的运动和自我意识的绝对本质这两方面是同一个本质，没有认识到双方实际上是统一的，没有认识到我的追求和我追求的东西实际上是同一个本质。在日常生活中也是如此，当我拼命地去追求一个目标，而没有意识到我实际上追求的并不一定是那个目标，而是为达到那个目标而展示出来的我的丰富多彩的生命的运动,那么我的这种人生观还停留在很肤浅的层次。启蒙的概念也是如此,"所以在它看起来本质只有在对象性的彼岸的形式中才有效准"。我们前面讲了,它已经把本质推到彼岸去了,把这个彼岸的本质当成自己的对象,这就给自己设定了不可能达到的目标,由此而带来了自己的沮丧和忧伤。"而做出区别并以这种方式在自身以外拥有其自在的那个意识,却被看作是一种有限的意识",这就是康德的纯粹理性的意识,纯粹理性做出了此岸和彼岸的区别,并以这种方式在自身以外拥有自在之物,这个自在之物是它所思维出来的,并且是可以思维的,但康德却把它限定为可思维而不可认识,因此这种思维被看作是一种有限的意识。康德构思《纯粹理性批判》的重要目的,就是要检查纯粹理性的限度和边界,要将它的认识能力限定在现象界,而禁止它跨界到本体或理知世界中去。其实应该说,正是这种对自身做出区别并在自身以外拥有自在之物的意识,才是真正有活力的实体—主体性意识,是提升到概念的统一性层次的意识,它在费希特的"自我设定非我"命题中得到了肯定性的表达,而在康德这里却被轻轻放过了。康德尚未超出启蒙思想的边界,在他看来,有限的意识永远是有限的,有限的意识不能够通过自己的区分走向无限。这就是启蒙的缺陷,启蒙的毛病就在于没有意识到有限的意识通过自己的能动性可以变成无限,成为真无限。那种坏的无限性、恶的无限性呢,就只是遥遥无期的、可望而不可及的那种无限性,那种无限性实际上是一种有限思维的表现,是一种用有限去理解无限的无能的表现。休息一下吧。

好,我们再看下面这一段。前面我们讲了,自我意识的运动和自我意识的绝对本质在启蒙那里被绝对地区分开来,但又意识到它们相互之间不可分离;虽然意识到相互之间不可分离呢,却又没有意识到它们双方本质上是统一的。它们一个在此岸,一个在彼岸,在彼岸的那个是达不到的,虽然它是自我意识自己划分开来的,但是我们是过不去的。而我们这一边，在此岸的这样一个做出区别的意识，却只被看作一种有限的意识，被限定在有限性中。这是刚才我们读到的。

关于那个绝对本质，启蒙自己与自己陷入了它以前与信仰曾有过的争执，并把自己分成了两派。

"关于那个绝对本质，启蒙自己与自己陷入了它以前与信仰曾有过的争执"，也就是关于彼岸的那个绝对本质，在信仰那里就是上帝，那么在启蒙这里呢就是绝对本质，就是自在之物。那么在这个问题上面，启蒙自己与自己陷入了争执，就是这个绝对本质到底是什么？启蒙内部争起来了。它以前是跟信仰争绝对本质到底是什么，这个绝对本质在信仰那里是上帝，但是这个上帝跟人世间没有关系，要把它划分开来。不像信仰所讲的那样，上帝时时刻刻降临人世，来干预人世间的事物，应该把它推得远远的，推到彼岸去。这就是原来启蒙跟信仰关于绝对本质的问题的争论。那么现在呢，它自己与自己陷入了同一个争论，并且为此分成了两派。关于这个绝对本质的问题，关于这个信仰的对象的问题呢，启蒙自己分成了两派，我们知道，法国启蒙运动它本身就有两派，一派是自然神论，一派是唯物主义的无神论。自然神论像伏尔泰、卢梭、罗比耐等等，无神论像拉美特利、霍尔巴赫、爱尔维修、狄德罗这些人。在两派之中，无神论者更加显得贵族气，而自然神论者呢，显得平民化。卢梭就曾经埋怨，像狄德罗他们这些人好像瞧不起我们这些平民，因为卢梭他出生于平民，他相信老百姓必须要有一个上帝。伏尔泰也讲，就算没有一个上帝，我们也要造一个出来，也就是要为老百姓造一个出来。所以他们代表平民对上帝的一种情结。而无神论就非常坚决，无神论代表一种精神贵族。所以卢梭就埋怨这些人，就是说你们高高在上，你们不懂得老百姓的要求，你们只知道在那里发高论，你做一个无神论者当然很容易，但是你要考虑老百姓的需要。那么这两派的争执现在取代了启蒙和信仰的争执。

一个派别只有通过它又分裂成两派，才证明自己是**胜利的一派**；因为它由此表明它在自己本身中占据了它曾经反对过的原则，并借此扬弃了它从前出场时的那种片面性。

"一个派别"，他这里是一般讲的了，并不是讲启蒙其中的一派了，也跳开了启蒙和信仰的派别斗争。也就是任何派别，"只有通过它又分裂成两派，才证明自己是**胜利的一派**"。一个派别要证明自己是胜利的一派，必须在它本身里面又分成两派，一派是激进派，一派是温和派。这种断言看似不靠谱，其实是有道理的。一个党派太单纯了，这个党派是没有生命力的，那甚至不能叫作党派，只能叫作激进分子。一个能够取胜的党派必须包含一种内部张力，这样才能兵来将挡，水来土掩，左右逢源。毛泽东早就看出，"党内无派，千奇百怪"，但他并没有把这看作好事，而是想要努力消灭它。其实只有把对立派别的原则包含进来，这个党才是一个有生命力的党，这就需要党内既有激进派，也有温和派，互相制约。党内有派是好事，我们今天为什么提出来要搞党内民主化，就是这个道理。你老是清除污染，保持纯洁性，哪有那么纯洁的事情呢？水至清则无鱼，水太清了，就没有鱼了，就是一潭死水。"因为它由此表明它在自己本身中占据了它曾经所反对的原则"，由于它分成两派，所以在反对它的对方时，表明了在自己本身中也具有它曾经反对过的原则，只不过没有那么极端。这就是在两派中温和派的作用，它也反对对方，但并不是那么绝对和极端，而是顾及对方的某些道理，具有更宽广的胸怀。能否把对方的原则纳入自身里面来，这是说明一个派别强大有力的证明。如果你单纯只是排斥对方，你自己不能够吸收对方，那你就会变得虚弱。黑格尔辩证法之所以有力量也正在这里，它能够容纳反对它的东西。"并借此扬弃了它从前出场时的那种片面性"，一个派别初出道的时候肯定是带有它的片面性的，比较幼稚、比较稚嫩的，但是如果它能够把对立的原则纳入自身，这样一个派别就是成熟的、强有力的，是有生命力的，是能够战胜的。

曾在它和另一派之间分有的兴趣，现在完全落到了它这一派身上，　[108]

而被另一派忘记了，因为兴趣在这一派本身中发现了激发起兴趣的那种对立。

"曾在它和另一派之间分有的兴趣"，这个兴趣就是有限事物与绝对本质的联系。参看前面第 106 页："这样，信仰实际上就变成了与启蒙同样的东西，即是说变成了对存在着的有限东西与那没有宾词的、不被认识，也不可能被认识的绝对之间的联系的意识同样的东西；只不过，启蒙是**满足了**的启蒙，而信仰则是**没有满足**的启蒙。"它们都要探讨有限事物与绝对本质之间的联系，启蒙也好，信仰也好，它们都对这个问题有兴趣。而这种兴趣"现在完全落到了它这一派身上，而被另一派忘记了"，对于有限物与绝对本质的联系的兴趣现在完全由启蒙来承担了，而另一派即信仰一派，则由于在争论中落败，无心纠缠于这种理论问题，因而将这兴趣搁置不论甚至遗忘了。而由于启蒙分成两派，启蒙中的自然神论也是承认上帝的，所以原来启蒙和信仰所共有的那种兴趣，现在传递到了自然神论身上。"因为兴趣在这一派本身中发现了激发起兴趣的那种对立"，就是在启蒙的内部，仍然对此有强烈的兴趣，因为在启蒙内部，自然神论和无神论还在争论究竟有没有上帝，我们人类需不需要一个上帝。有神论和无神论、自然神论和唯物主义的这种对立，还在启蒙内部激发起对这个问题的强烈的兴趣。

但同时这种对立也被提升为更高的胜利的元素了，在这元素中，对立以纯化了的方式显现出来。以至于在一派中生发出来的这种分裂看起来似乎是一种不幸，其实证明是它的幸运。

"但同时这种对立也被提升为更高的胜利的元素了"，有神论和无神论的对立、自然神论和唯物论的对立，这种对立在启蒙的内部发生，它被提升成了更高的胜利的元素，这构成了它战胜信仰的优势。战胜信仰并不单纯就是它赢了，而是说它的层次提高了，它的层次已经不是非启蒙的、前启蒙的层次，而是启蒙以后的层次。在启蒙运动内部的对立提升到了一个更高的层次，它赢了也是赢在更高层次上。而这个战胜不是没有矛盾的,不是没有对立的,相反,"在这元素中,对立以纯化了的方式显现出来"。纯化了的方式也就是以纯粹理论上尖锐对立的方式,在启蒙和信仰的冲突之中,这样一个对立还不太纯化,夹杂着很多东西,夹杂着对于感性世界到底怎样看,这个面包和葡萄酒到底是基督的肉和血,还是日常的事物,等等,这样一些对立。这些表面的对立在启蒙的内部已经被扬弃了,大家都承认面包和酒是日常事物,它们讨论的对立已经不是这个层次上面的了,已经上升到更高的理论层面。"以至于在一派中生发出来的这种分裂看起来似乎是一种不幸,其实证明是它的幸运",因为它的层次提高了,所以在在启蒙中所发生的这种分裂,看起来好像是一种不幸。好像启蒙自身内部也分化了,好像分裂了,分裂了当然就是不幸了。其实倒证明是它的幸运,就是这种内部斗争把问题提升到了一个更纯粹化的层面。比起以前跟信仰之间的那种低层次的争论来说,我们现在的争论层次更高了,这当然是一种幸运。

[I.纯粹思维与纯粹物质]

下面我们就来看看在启蒙内部是如何争论的,因为它这个标题"b"是"启蒙的真理性",现在信仰已经被扬弃了,我们已经不谈信仰,我们现在谈启蒙内部的争论。这个争论,首先就是罗马数字的 I 这个标题,"纯粹思维与纯粹物质"。实际上自然神论和无神论之间的争论首先就是纯粹思维和纯粹物质的争论,而纯粹思维和纯粹物质是一个东西,我们前面已经看到了,自在之物实际上就是一种纯粹思维;虽然是一个东西,但是它们表现出两种不同的原则。这个标题下面讲的是对前面的启蒙三大缺陷的第一方面的扬弃过程,也就是如何通过纯粹思维与纯粹物质的同一性来扬弃绝对本质或纯粹对象的空虚性。后面几个标题也将依次讨论其他缺陷的扬弃问题,这些问题的讨论在第 106 页 a 节的结尾部分以及这里这个标题前面刚才讲的两段序论中已大致拟出了一个大纲,可以参照。

纯粹本质自己在本身中并没有任何区别，因此它是这样走到这一步的，即在意识面前弄出了这样两种纯粹本质，或者说，弄出了对纯粹本质的双重意识。

"纯粹本质自己在本身中并没有任何区别"，之所以是纯粹的本质，就是因为它本身是没有任何区别的，否则就不叫纯粹本质了。那么如何走到不但有区别，而且有对立面的争论这一步来的呢？"因此它是这样走到这一步的，即在意识面前弄出了这样两种纯粹本质"，就是同一个纯粹本质，本身固然没有区别，但在意识看来有两种不同的纯粹本质。"或者说，弄出了对纯粹本质的双重意识"，对纯粹本质的两种不同的意识，这是由意识弄出来的，而不是纯粹本质原来就有的。纯粹本质还是同一个，但是由于意识追求纯粹本质的方式不一样，所以就好像是有两种纯粹本质了。在不同的意识看起来，这个纯粹本质就不同。

——纯粹的绝对本质只存在于纯粹的思维中，或者不如说，它就是纯粹思维本身，因而完全处于有限的东西、**自我**意识的**彼岸**，并且只是否定性的本质。但以这种方式，它恰恰就是**存在**，就是自我意识的否定者。

"纯粹的绝对本质只存在于纯粹的思维中"，纯粹的绝对本质就是纯粹思维想出来的。康德的自在之物，绝对的自在之物，难道不就是纯粹理性思维出来的一个理念吗？"或者不如说，它就是纯粹思维本身"，纯粹的绝对本质就是纯粹思维本身，自在之物其实就是理念本身，上帝其实就是纯粹的思维本身。你在用纯粹思维思考上帝的时候，你已经代替上帝在思考了，或者说上帝在借助于你的思考在思考自身了。上帝借助于你的思考而存在，上帝就存在于你的纯粹思考之中。所以绝对的纯粹本质就是纯粹思维本身。"因而完全处于有限的东西、**自我**意识的**彼岸**"，纯粹思维处于有限的东西的彼岸，处于自我这个意识的彼岸。"自我"打了着重号，表示强调这个自我意识的个别有限性，纯粹思维本身肯定是处在这种自我意识的彼岸。"并且只是否定性的本质"，它既然处于彼岸，那么对于此岸来说，包括对此岸的自我意识来说，它当然就是否定性的。

你不能用任何此岸的事物来规定它,凡是这类规定都要被它否定,而彼岸则什么规定也没有,它是空虚的。所以它对于我的一切思维内容都具有一种否定作用,它只是一种否定性的本质。"但以这种方式,它恰恰就是**存在**,就是自我意识的否定者",这就是前面讲的,否定性不等于虚无、空虚,我们仍然可以把它规定为一个否定者,规定为对自我意识,乃至对整个此岸的一种否定性的行动,这样就可以把它理解为一种动态的存在。你如果把否定性理解为什么也没有,当然就会感到不能满足你的渴望了;但是如果你把它理解为对自我意识的否定的行动,它就是一种积极意义的否定性,你的不满足就被扬弃了。在这种意义上,纯粹思维就是存在,或者说思维就是存在,是一种最高的能动的存在。

作为自我意识的**否定者**,它**也**是与自我意识相联系的;它是**外在的存在**,这外在的存在,由于与那在其中作出各种区别和规定的自我意识相联系,而本身就获得了被尝到、被看到等等之类的区别;而这种关系,就是**感性的**确定性和知觉。

"作为自我意识的**否定者**,它**也**是与自我意识相联系的","也"打了着重号。为什么说"也"? 就是说,它作为对自我意识的否定者,一方面与自我意识处于对立的地位,但另一方面,正因为如此,它恰好又与自我意识相联系。所以这个"也"就是说,它有这两方面,一方面呢,它跟自我意识不同,它要否定自我意识,它不是这个我所想到的一切;另一方面,它也与自我意识相联系。怎么联系呢? "它是**外在的存在**",它是存在,但是这个存在对于我是外在的,是在这个自我意识的彼岸,在我之外,在我所想到的一切东西之外。"这外在的存在,由于与那在其中作出各种区别和规定的自我意识相联系,而本身就获得了被尝到、被看到等等之类的区别",这个外在的存在与自我意识相联系,而这个自我意识呢,在它里面进行着各种区别和规定,所有感性的经验都在它里面被分辨、被规定。于是通过自我意识,这外在的存在也就获得了各种感性的区别,被尝到、被看到等等区别就都被归之于这个外在的存在了,这个外在的存在，我们通常称之为"物质"或"客观存在"。这就是前面讲的，彼岸的纯粹思维"塌陷"或被纠缠进此岸的感性世界里面了。自我意识区别开两岸，但同时自我意识又联系起两岸，这是一种非常朴素的经验论观点，即我的各种区别和规定都是对某个非我的客观对象或物质实体的反映。"而这种关系，就是**感性的**确定性和知觉"，"感性的"打了着重号。这样一种关系，即客观存在、自在之物和我的视觉、听觉、味觉等等之间的这种联系，就是感性的确定性和知觉，这是一种感性的关系。感性确定性就是通过感官，我们看到了红色，尝到了滋味；这个本身是没有确定性的，只有一种办法能够把它确定下来，就是必须要设定它们是与一个自在之物、对象有关的，它们是客观实在的感觉，不是幻觉。感性得到确定性就是从这里得到的，有一个外在的自在之物让我的感官确确实实地感到了一种感觉。前面讲感性确定性和知觉时，都谈到了这一点，即凭借自己的感官的感觉来确定一个对象，只有确定了感觉与这个对象的联系，我们的感性才有确定性。这就是唯物主义感觉论的观点，是启蒙思想中的一大流派，他们的思路就是这样过来的。就是说，首先这样一个纯粹思维本身，你把它作为一个否定一切感性的东西推到彼岸去了，使它作为对象成为了一个自在之物。但这个自在之物呢，恰好就是存在，它否定自我意识，但是，它又跟自我意识有联系。怎么联系？它被说成是自我意识中一切区别和规定的源头，是我的感性确定性得以确定的外部标准。这就是启蒙运动中的唯物主义者，启蒙所迈出的第一步就是这样的。首先是建立一个纯粹思维，把它推到彼岸去变成自在之物；然后呢，再让它跟自我意识发生联系，设定为感官刺激的原因，这就建立起了感性确定性。

如果从上述否定性的彼岸必然要过渡到的这个**感性的**存在出发，但又抽掉与意识相联系的这些特定方式，那么所留下来的就只是纯粹**物质**，即那种在自己本身中进行的沉闷的编织和运动。

　　这是第二步了。"如果从上述否定性的彼岸必然要过渡到的这个**感性的**存在出发，但又抽掉与意识相联系的这些特定方式"，感性确定性的存在作为自在之物这样一种纯粹思维，我们已经确定了，但现在呢，我们从那里出发，同时又抽掉与意识相联系的这些特定方式，五官的方式，眼睛的看，手的触摸，鼻子的闻气味，舌头的尝味道，等等，把这些特定的方式抽掉，因为你要追求那个纯粹的对象嘛。"那么所留下来的就是纯**粹物质**"，"物质"打了着重号。就是从纯粹思维到纯粹物质是这样过渡过来的，纯粹物质是把纯粹思维的存在即自在之物刺激我们的感官而产生的那些感性的确定性的表象全部抽掉，以后剩下来的就是纯粹物质了。当然，包括这些感性的确定性在内，我们也可以把它们统称为物质，但是还不是纯粹物质。一般来说，唯物主义者讲的物质是感性的，是可以看、可以摸、可以触、可以闻的，但是那还不是纯粹物质。你要追求的是纯粹物质，纯粹思维所思考出来的应该是纯粹物质，没有这个纯粹物质的概念，那你这个看啊、听啊、摸啊、触啊这些东西都没有着落了。是什么东西在刺激你呢？是有一个东西在刺激你，那个东西它本身是纯粹的。所以必须要把那些感性的表象都抽象掉，所留下来的才是纯粹物质，"即那种在自己本身中进行的沉闷的编织和运动"。什么是纯粹物质？纯粹物质就是那种在自己本身中，在自己本身中也就是撇开了感性，撇开了感觉，在纯思中、在纯粹思维中进行的沉闷的编织和运动。纯粹物质唯一保留下来的性质就是运动，也就是机械运动，唯物主义者就用这种运动来编织物质世界的图景，这种编织是很无聊很沉闷的。马克思说，唯物主义在培根那里还以感性的光辉向人的全身心发出微笑，但在那以后，唯物主义变得机械了。像拉美特利的机械唯物主义，那是一个没有声音，没有气味，无嗅无色，只有单调的机械运动的世界，是沉闷的编织。

　　在这种情况下本质上要考察的一点是，**纯粹物质**只是当我们**抽掉了**视觉、触觉、味觉等等之后剩余下来的那种东西，即是说纯粹物质并不是所看见的、所尝到的、所触摸到的等等东西；被看见、被触摸、被品尝到了的并不是**物质**，而是颜色、一块石头、一粒盐等等；物质毋宁是**纯粹的抽象**；而这样一来，**思维的纯粹本质**，或者说，纯粹思维自身，就作为自身无区别、无规定、无宾词的绝对而现成在手了。

"在这种情况下本质上要考察的一点是，**纯粹的物质**只是当我们**抽掉**了视觉、触觉、味觉等等之后剩余下来的那种东西"，什么是纯粹物质？就是把这些感性的东西都抽象掉以后，所剩下的东西。"即是说纯粹物质并不是所看见的、所感到的、所触摸到的等等东西；被看见、被触摸、被品尝到的并不是物质，而是颜色、一块石头、一粒盐等等"，你能够看到的那已经不是纯粹物质了，那就是颜色，还有声音，还有气味等等，还有由颜色声音气味等等所组成的一块石头、一粒盐等等。谈到纯粹物质经常有人会搞混，什么是纯粹物质？那就是一块石头、一粒盐等等，这就是物质，可以举很多例子呀。但是洛克已经讲了，这些只是物质的"第二性的质"，而不是它的"第一性的质"。真正的物质是没有这些东西的，它只有数量和运动，它没有这些感性区别，只有它的机械运动在背后刺激我们的感官而起作用。他甚至认为数量和运动作为纯粹物质的规定都还不太纯粹，真正纯粹的物质就是所谓物质"实体"，它的"实在的本质"是不可知的，我们所认识的只是它的"名义本质"。后来康德就提出来"自在之物"是不可知的，这就是从洛克那里来的。"而这样一来，**思维的纯粹本质**，或者说，纯粹思维自身，就作为自身无区别、无规定、无宾词的绝对而现成在手了"，这是从上面引出来的，从纯粹物质而引出了，思维的纯粹本质也应当是如此。因为，既然纯粹物质毋宁说是纯粹的抽象，那就是你的纯粹思维这一抽象活动的结果，是思维本身所想出来的、所设定的纯粹本质，纯粹物质所表达的正是思维的纯粹本质。你设定有一个物质在那里，但是如何证明呢？你不能通过你感觉到了、你摸到了来证明，这些东西都不能够证明有那个东西；只有一点可以证明，就是你的纯粹思维从你的感觉、你的触摸等等底下，想出来有一个东西在那里。从纯粹思维的立场你不能不那样想，就如康德所说，设想一个现象而没有显现者，这是不合理的、自相矛盾的。而这样一来，思维的纯粹本质，或者说纯粹思维自身就现成在手了。也就是说，所谓的纯粹物质就是纯粹的抽象，而这些纯粹的抽象就是思维的纯粹本质，思维的纯粹本质就是纯粹思维自身：于是纯粹物质就是纯粹思维自身。而这个纯粹思维自身就作为自身无区别、无规定、无宾词的绝对而现成在手，这就是康德的自在之物了。拉美特利也好，洛克也好，他们的纯粹物质所表达的最终只能是康德的不可认识的自在之物，因为按照纯粹思维的要求，它本身应该是没有区别、没有规定、没有宾词的，也就是无法认识的。所以就连运动、数量这些区别和规定都应该从中清除出去，自在之物仅仅是一个绝对，无宾词的绝对，只有这样它才是现成在手的。启蒙通过纯粹物质这样一个概念，就把纯粹思维把握在手了，现成的纯粹思维就是纯粹物质。你相信唯物主义的纯粹物质，那么你手中就掌握了纯粹思维，那就是你的纯粹物质。

　　一派的启蒙把当初曾作为出发点的思维中处于现实意识的彼岸的那个无宾词的绝对称为绝对本质，——而另一派则称为**物质**。① 　[109]

　　"一派的启蒙把当初曾作为出发点的思维中处于现实意识的彼岸的那个无宾词的绝对称为绝对本质"，这是启蒙中的一派。这一派在干什么呢？把思维中处于现实意识彼岸的那个无宾词的绝对，称为绝对本质。而这思维是当初作为出发点的，也就是纯粹思维了，纯粹思维是启

---

① 参照《哲学史讲演录》中的说法，黑格尔在这里指的是法国启蒙运动的唯物主义和自然神论（参看《黑格尔全集》第 15 卷，第 507 页以下）。唯物主义最突出的代表是拉美特利和霍尔巴赫，自然神论认为上帝是不可认识的绝对，以罗比耐为代表。后者反对有关上帝的任何命名，因为所有的命名都是以有限存在的属性加给无限存在去承担，因而带有某种拟人主义的性质。关于上帝所能够知道的仅仅是，它是一切存在的必然的原因。参看罗比耐：《论自然》。按照拉美特利的理解，物质由自己而运动，而这个运动的本性正如物质的本性一样，也是我们不可认识的。参看拉美特利：《人是机器》、《自然的体系》等。——丛书版编者

蒙和信仰的共同的出发点，彼岸的那个无宾词的绝对就是纯粹思维想出来的，而且只有纯粹思维能够想得出来。现在，启蒙分成了两派，那么其中一派仍然把那个无宾词的绝对称作绝对本质，并且仍然将它寄托于彼岸，不作任何规定，没有任何宾词，只叫作绝对本质。在它眼中，现实意识都是不纯粹的，现实的本质都不是绝对的本质，它们都是通过不纯粹的思维来思考的；而纯粹的思维呢，它所思考的肯定是处于现实意识彼岸的那个无宾词的绝对，那个不可言说的绝对本质。启蒙的这一派就是自然神论。自然神论的这一派是承认绝对本质的，也就是承认一个彼岸的上帝的。上帝是绝对本质，之所以是绝对本质，就因为它是纯粹思维想出来的，没有上帝我们也要造一个出来，凭什么造一个出来？就是凭我们的纯粹思维，来设定一个彼岸的无宾词的绝对本质。这就是自然神论这一派所干的事情。它的出发点是纯粹思维，但它已经不是它所批评的信仰了，它通过纯粹思维的论证而推出一个处于现实意识的彼岸的上帝，却不对上帝作任何规定，而只是悬空在那里，失去了对现实世界的任何作用。"而另一派则称之为**物质**"，另一派就是唯物主义这一派了，它把这个无宾词的绝对称之为物质，"物质"打了着重号。这两派的出发点都是一样的，就是说上帝的绝对本质也好，物质也好，都是属于在纯粹思维中处于现实意识的彼岸的那个无宾词的绝对。一派叫作绝对本质、上帝，一派叫作物质，这两者都是同一个东西的不同称谓。这里有一个德文版的注，注明黑格尔在这个地方指的是法国启蒙运动的两派，即唯物主义和自然神论。唯物主义以拉美特利、霍尔巴赫等人为代表，自然神论以罗比耐等人为代表。罗比耐的自然神论讲得比较系统。其实像卢梭、伏尔泰这些人，还有德国的莱布尼兹、沃尔夫，英国的洛克、托兰德等等，都相信自然神论。这是两派，一派主张绝对本质是上帝，但它不可言说、不可认识；另一派反对讲上帝，认为既然不可认识，干脆去掉，那个绝对本质就是物质而已。

假如它们被作为**自然**而与精神或**上帝**区别开来，那么对于在自己本身中的无意识的编织来说,要成为自然的话,就会缺少拓展生活的丰富性;——而对于精神或上帝来说,就会缺少对其自身进行区别的意识。

　　"假如它们被作为**自然**而与精神或**上帝**区别开来",一方面是自然,另一方面是精神或者说上帝。"自然"和"上帝"打了着重号,这是两个相对立的概念。自然神论当然也承认自然,但是,还承认有个神,上帝是自然神。那么唯物论、无神论只讲自然,不讲上帝,不讲精神。像拉美特利,这是最典型的,没有什么精神,没有什么上帝,一切都是机械的自然。假如这双方被作为自然和 / 或上帝区别开来,我们就可以分别来评价一下。"那么对于在自己本身中的无意识的编织来说",它们都是在自己本身中的无意识的编织,因为自然物质也好,上帝也好,都成了自在之物,它们都是思维在作一种无意识的编织,因为它们的内容都被抽空了。自然的内容被抽掉了感性,上帝的内容被抽掉了此岸世界。那么一方面,"要成为自然的话,就会缺少拓展生活的丰富性"。因为作为一种思维在自己本身中进行的无意识的编织,你要把它称为自然的话,那就太抽象了,缺少拓展生活的丰富性。你把感性的东西都抽掉了,那就与自然的那种丰富多彩不相称了。这是对唯物论的评价。"而对于精神或上帝来说,就会缺少对其自身进行区别的意识",对于精神或者上帝来说,如果你是在自己本身中进行的无意识的编织,那种抽象的思辨,那么你要把它称为上帝呢,就会缺少对其自身进行区别的意识。也就是上帝的能动性就被架空了,一切有区别、能够分辨的东西都被排除了以后,却不能自行作出区别来,不具有对自己进行区别的能动性。这是对自然神论的评价。启蒙运动里的自然神论,它的上帝缺少自己区别自己、发展自己的能动性意识,只是一个空名。

　　这两者正如我们已经看到的那样,完全是同一个概念;它们的区别并不在这件事情,而纯粹只在于双方教养形成的出发点不同,以及每一方都在思维运动中停留于自己那一点上。　　{313}

　　"这两者正如我们已经看到的那样,完全是同一个概念",就是唯物论的物质也好，自然神论的上帝也好，从上面已经可以看出来，其实完全是同一个概念。它们在用来称谓绝对本质的时候，各有长短，各有利弊。对于物质来说，你要把它当作绝对本质，它就缺少拓展生活的丰富性；而对于上帝来说，你要把它当作绝对本质，它就缺少自身进行区别的意识，缺少能动性。只有把两者合起来，才能克服双方各自的缺陷，因为它们完全是同一个概念。"它们的区别并不在这件事情，而纯粹只在于双方教养形成的出发点不同"，同一个绝对本质，不是因为这个事情本身有什么不同，不在这个绝对本质上有什么区别，而只在于双方教养所形成的出发点不同。唯物主义一方更多地是从自然科学出发的，而自然神论则更多地立足于人文社会科学，如伦理道德、政治法律、文学艺术，等等。双方所受的教育、双方所采取的出发点不同，导致他们采取了不同的出发点。"以及每一方都在思维运动中停留于自己那一点上"，它们坚持于自己那一点，坚持于自己这个片面性，而反对另一方的出发点，反对另一方的片面性。

假如它们越出这一点，它们就会走到一起，并且认识到，那对一派被预定为一种残忍、而对另一派是一种愚蠢的东西，乃是同一个东西。

"假如它们越出这一点"，假如越出它们各自坚持的那个出发点。那么"它们就会走到一起"，就是说两派如果各自放弃自己固执己见的出发点，而看到对方的合理之处，它们就会走到一起，甚至合为一体，那就对了。那就是黑格尔的观点：纯粹精神、纯粹思维就是纯粹物质，或者说，思维和存在、精神和物质是同一的。"它们就会走到一起，并且认识到，那对一派被预定为一种残忍、而对另一派是一种愚蠢的东西，乃是同一个东西"，对一派被预定为一种残忍，就是说在自然神论者，比如说在卢梭、伏尔泰这些人看来，无神论者太残忍了，你把一切都还原为物质的一种机械的运动，人类的情感、同情心和人性都消失了，那不是太残忍了吗？而对另一派是一种愚蠢的东西，就是在唯物论者看起来，有神论者是愚蠢的，在近代自然科学的条件下，自然神论居然还保留了上帝的位置,那岂不是挺愚蠢的吗? 但是,如果他们各自超出自己的那一点,换一个视角,就会意识到它们所说的是同一个东西,是同一个纯粹思维、绝对本质。

因为对于一派来说,绝对本质是存在于它的纯粹思维之中,或者说是直接对纯粹意识而言的,是存在于有限意识以外的,是有限意识的**否定性**的彼岸。

"因为对于一派来说",这里先说一派,就是对于自然神论这一派来说,"绝对本质是存在于它的纯粹思维之中,或者说是直接对纯粹意识而言的,是存在于有限意识之外的"。就是说,在自然神论看起来,绝对本质应该是在它的纯粹思维之中,而不是像唯物者所讲的那样的一种物质的存在。也就是在思维和存在两者中,他们选择了立足于思维这一方来解释绝对本质的存在。绝对本质的存在是一种纯粹思维的存在,它是直接对纯粹意识而言,而不是对有限意识而言的。对有限意识而言,例如说对感性意识而言,这种纯粹思维的存在毋宁说是存在于它之外的,是一种客观精神的存在,因而"是有限意识的**否定性**的彼岸"。上帝作为客观精神,是对一切人类有限意识的否定,我们不能用任何人类的意识来比附它,或者说它对于我们的有限意识是不可认识的,它只是直接对我们的纯粹意识而言的,是超越的一切此岸世界中有区别的事物之上的。这就是自然神论者的观点。他们坚持绝对本质应该不是我们的有限意识能够把握的,它在我们的有限意识之外,你不要把它庸俗化,你不要把它变成仅仅是一种机械的关系。下面则对这一派作了一种批判了。

假如这一派作这样一种反思:一方面,思维的那种单纯的直接性并不是别的,只是**纯粹的存在**;另一方面,那对意识而言是**否定**的东西,同时也和意识发生着联系,并且否定判断中的系词"是"正是这样把分离的双方捆到一起来了,——那么这个彼岸在对一个**外在的存在者**的规定中就会与意识发生联系,因而这种联系与那被称为**纯粹物质**的东西就会成为同一个东西;那个**当下在场**所缺少的环节也就会到手了。

　　"假如这一派作这样一种反思"，就是说如果自然神论这一派愿意这样反思一下的话，这里和下面整个长句子都是虚拟式。怎么反思呢？有两个方面。"一方面，思维的那种单纯的直接性并不是别的，只是**纯粹的存在**"，你如果把思维纯化起来，从它的单纯的直接性来看的话，那么它不是别的，只是纯粹存在而已。你把它叫作"上帝"，把它叫得太高了，你把它放到彼岸，把它称为上帝、绝对本质，其实它就是一个纯粹的存在嘛。思维在这种直接性中就等于存在，所以笛卡尔说"我思，故我在"，没有人反对。你要把它叫作上帝，你就要加进很多东西，比如上帝的理智，全知、全能，等等，还有全善，那都是外加的。就思维的纯粹本质来说，它的单纯的直接性就是纯存在，没有别的了。它是一个极其空洞的东西，你不能够把很多东西人为地加到它身上，那它负担不起。这样一来，你就和你的对立面，即把存在当作出发点的唯物主义没有什么区别了。这是一方面。"另一方面，那对意识而言是**否定的**东西，同时也和意识发生着联系"，你说它对意识是否定的，对现实的有限的意识是否定性的，不错，它是否定性的，但是同时它也和意识发生着联系啊，它的这种否定性本身不就是一种联系吗？它也不是完全无意识，它否定一切有限意识，就与有限意识发生了联系，而且是一种实在的、行动的联系。"并且否定判断中系词'是'正是这样把分离的双方捆到一起来了"，并且这个否定判断，例如说："纯粹思维不是任何有限的意识"这样的判断，恰好把分离的双方捆绑到一起了。除非你不用这个"是"，你一用这个"是"，你就把分立的双方捆到一起来了。康德早就指出，这个"是"作为一个系词，它不光是一种联系，而且是一种综合，当你用这个"是"把判断的双方，不管是肯定判断还是否定判断，这个地方主要讲否定判断，联结起来时，你已经对双方进行了综合。你作一个否定判断，否定判断里面也要用一个"是"啊，不管你讲"不是"也好，还是讲"是"也好，你都要用到这个"是"。你一用这个"是"，你就把双方综合到一起来了。当我说纯粹思维存在，这时我对纯粹思维还什么都没有说，等于说："纯粹思维是"，是什么呢？

话没说完，说了半句。现在我说，"纯粹思维不是有限的意识"，这就是纯粹思维的一种确定的行动，一种综合行动，它把分离的双方捆到一起来了。这时纯粹意识就不光是直接的存在或"是"，而是"是"某种东西了，它相当于说，"纯粹思维是无限的意识"。总之，假如你作了这样一种反思，这种反思就有两个方面：一方面，这种纯思不过是纯存在，不过是"有思"而已，存在着思而已，再没有任何别的规定。没有规定，那它就是不可说也不可认知的，它就是虚无，你要把它称为上帝，这是远远不够的，你得加进很多别的东西。另一方面，说纯思是对有限意识的否定，其实正好说出了一个判断，就是对有限意识的综合，这种综合就不光是一个"是"，而且成为了"是什么"的行动，哪怕是否定的行动、"不是什么"的行动。"那么这个彼岸在对一个**外在的存在者**的规定中就会与意识发生联系"，这样一来，这个彼岸的纯思就会与意识发生一种联系，并且是在一个外的存在者的规定中发生这种联系。这个外在存在者就是彼岸存在者，它本来是在这个现实世界之外，跟世界之内的任何有限的东西都无关；现在对那个外在的存在者有了规定，哪怕是否定性的规定，它就与意识、与有限意识有了联系。"因而这种联系与那被称为**纯粹物质**的东西就会成为同一个东西"，一旦发生了这种联系，这种联系就会被拖进纯粹物质的东西里面来，成为一种纯粹物质的联系了，自然神论就和唯物论走到一起来了。不管你愿不愿意，你所设定的那个彼岸的纯思一旦和现实世界的有限意识发生联系，人家就会用纯粹物质的眼光来看待它，比如所谓上帝的"第一推动"，就被理解成了一种机械力学的作用，纯粹思维就成为了纯粹物质。只要你反思一下就会发现，在彼岸和此岸之间，在那个外在的规定、外在的东西和内在的意识之间，虽然它们绝对是不同的，但是它们有一种联系。那么这种联系呢，就是那种被称为纯粹物质的东西，虽然是否定性的。你说纯粹物质是绝对本质，它不是我所意识到的颜色啊、声音啊、味道啊、石头啊、盐啊，不是这些东西，那么它就已经有一种联系了，就是它是躲在这些东西背后、刺激我的感官，使我产生颜色、声音等等这些表象的那样一个东西，也就是所谓的自在之物。这样一种联系跟自然神论经过反思而产生出来、而建立起来的那种联系是同一个联系。就是说你的自然神论所涉及的那个上帝无非就是纯粹存在、纯粹思维，你不过是把它推到了彼岸，宣布它是不可认识、不能被意识到的，实际上是在意识的背后起作用的，那它就是纯粹物质，就是康德讲的自在之物。"那个**当下在场**所缺少的环节也就会到手了"，这是指启蒙所感到渴望而不得的那个缺陷，即绝对本质的空虚性、不在场性。自然神论缺什么呢？自然神论所缺的就是它的当下在场的环节，它的那个上帝是不在场的，上帝把这个世界推动起来以后，就不管它了，让它自生自灭。前面讲，对于精神或上帝来说，就会缺少对其自身进行区别的意识。对它自身进行区别的意识，就是这个当下在场的意识，而在这个地方呢，当它本身成为了纯粹物质以后呢，自然神论所缺的环节，也就是这个自身区别的意识也就被补上了。它本身是没有区别的，作为一个纯粹的存在，在彼岸的那个存在，它是空的；但在它和意识的这种联系中，当它被看作是自然后面起作用的自在之物，那么它就有了这样一个环节，它跟自然有关系，它作用于自然，它产生了自然的丰富多彩，但它又与这个感性的自然有区别，它在它自己和它对感性世界的作用之间作出了区别。这样一个自然神这样一来，实际上就等于自在之物，就是刺激我的感官、产生出这样一个丰富多彩的当下在场的世界的东西。绝对本质如何才能够当下在场，而不再是虚无缥缈的空名，这个问题在这里就解决了。下面再讲另一派。

——另一派的启蒙从感性存在出发，然后**抽除**味觉、视觉等等的感性联系，使之成为纯粹的**自在**，成为**绝对的物质**，成为既没有被触摸到也没被品尝到的那种东西；以这样一种方式，这种存在就变成了无宾词的单纯的东西，**纯粹意识**的本质；它是**自在地**存在着的纯粹概念，或**在自己本身中的纯粹思维**。

另一派就是无神论的唯物主义者。"另一派的启蒙从感性存在出发，然后**抽除**味觉、视觉等等的感性联系，使之成为纯粹的**自在**"，从感性存在出发，感性存在的东西，你把它的味觉、视觉等等感性的联系抽象掉，在洛克看来这些都属于第二性的质，把第二性的质抽掉。甚至于第一性的质，运动、数量、形状等等，也可以抽掉，使它成为纯粹的自在，也就是一个纯粹的自在之物。"成为绝对的物质，成为既没有被触摸到也没有被品尝到的那种东西"，就是你看不见、摸不着，躲在后面不可认知的那种东西。"以这样一种方式，这种存在就变成了无宾词的单纯的东西，**纯粹意识的本质**"，康德的自在之物就是一种无宾词的东西，无宾词就是不可描述的，不能用任何词来说它的单纯的东西，那就是纯粹意识的本质。"纯粹意识"打了着重号。这样一种自在之物作为一种纯粹的物质，就是纯粹的意识，用康德的话来说就是纯粹理念。"它是**自在地**存在着的纯粹概念，或**在自己本身中的纯粹思维**"，"在自己本身中的纯粹思维"都打了着重号。康德认为他所设定的自在之物是可以思维而不可认识的，它当然是思维所设定的，但它本身是被设定为在思维之外的，是自在的。思维必须要设定它，因为一个东西它刺激了我的感官，我就必须要设定它，否则的话，我说一个显现的东西没有显现者，就是自相矛盾的。但是，为了不自相矛盾而设定一个显现者，这并没有逃出纯粹思维之外，因为矛盾律本身就是思维规律，所以自在之物仍然只是一个纯粹概念，仍然是在自己本身之中的纯粹思维，它并没有走出纯粹思维之外。或者通俗地说，自在之物是想出来的，自在之物只是人的理性的一种思想物、一种理念。

　　这种明见在自己的意识里，没有从作为**纯粹**存在者的**存在者**向着与**纯粹**存在者是同一个东西的被思维的东西迈出相反的步伐，或者说，没[110]有从纯粹肯定的东西向纯粹否定的东西迈出相反的步伐；因为肯定的东西之所以是**纯粹的**，毕竟完全只是通过否定；而**纯粹**否定的东西作为纯粹的，它就是自身等同的，并且正好由于这一点而是肯定的。

　　"这种明见在自己的意识里，没有从作为**纯粹**存在者的**存在者**向着与**纯粹**存在者是同一个东西的被思维的东西迈出相反的步伐”，就是说，唯物论者的这样一种明见，就他自己的意识而言，他没有迈出相反方向的步伐。什么是相反方向的步伐？就是作为纯粹存在者的存在者向着被思维的东西迈出的步伐，这是一种反方向的步伐。也就是说，唯物论已经达到了纯粹存在者这样一个基点，但是它没有反过来想一下，这个纯粹存在者其实是一种被思维的东西，其实就是纯粹思维，这种纯粹思维其实和纯粹存在者是同一个东西。唯物论当然不会这样想，否则它就成了唯心论了。前面讲这个自然神论者没有进行两方面的反思，那么这里讲，唯物论者其实也没有进行一种反思，没有从纯粹存在者即物质存在中反思到被思维的东西，没有从自在之物反思到它其实就是纯粹思维，而不是什么不可认识的东西。“或者说，没有从纯粹肯定的东西向纯粹否定的东西迈出相反的步伐”，换句话说也一样，没有从纯粹肯定的东西向纯粹否定的东西反转。唯物论把物质存在当作纯粹肯定的东西，而没有反思一下它是如何得来的，没有想到它是通过纯粹否定的活动得来的，是对存在者的一切现实的、可知的、可以感觉到、可以把握到的规定加以抽象的结果。而这种抽象就是一种思维的活动，而且是不断使思维更加纯粹的活动。“因为肯定的东西之所以是**纯粹的**，毕竟完全只是通过否定”，这个“因为”就是说，为什么要迈出相反方向的步伐？这是因为，你讲的是纯粹肯定的东西，所谓自在之物是一个纯粹的存在、纯粹的物质，那么它之所以是纯粹的，毕竟完全只是通过否定。这就是我们刚才讲的，你是通过排除事物里面的一切可知的东西而得出了一个纯粹的肯定、自在之物。但是你忘记去反思它的这个得来的方法，这种肯定完全是通过否定、通过排除而建立起来的。“而**纯粹**否定的东西作为纯粹的，它就是自身等同的，并且正好由于这一点而是肯定的”，纯粹否定的东西是自身等同的，它不像纯粹肯定的东西需要别的东西来建立自身，否定才是更加本源的活动，它就是一种纯粹的排除、纯粹的否定，否定一切。它凭什么否定一切？凭它自己呀！否定一切正说明它是自身存在的，是自身有

效的，凡是不纯粹的东西都被它否定掉了，那么它自身就成了 A 等于 A，
它是自身等同的。并且正好由于这一点它就是肯定的，你就承认了有一
个 A 在那里，A 不等于 B，不等于 C，不等于一切，它就等于它自身。所
以纯粹否定的东西是第一原理，自否定是第一原理，它就是这样一种能
动的否定性；而这种能动的否定性呢，它就具有它自身的肯定性，它就是
一种思维的活动啦，它就是一种肯定啦。思维的自否定是第一个肯定，
它先于纯粹存在者的肯定，或者说，纯粹存在者的肯定是由思维的自否
定活动所造成的。

　　——或者说两派都没有达到笛卡尔形而上学的概念，即**存在**和**思维**
两者**自在地**即是同一个东西，①都没有达到这种思想，即**存在、纯存在**不
是一种**具体的现实的东西**，而是**纯粹抽象**；并且反过来说，纯粹的思维、
自身等同性或本质，一方面是对自我意识的**否定者**，因而是**存在**，另一方
面，作为直接的单纯性，同样也不是别的东西，而是**存在**；**思维**就是**物性**，
或者说**物性**就是**思维**。

　　这个是站在哲学形而上学的角度来分析，从思维和存在的关系上来
分析了。前面都是从具体观点来点出，自然神论和唯物论都没有反思到
自己的缺陷、自己的片面性；那么现在我们总结性地来概括一下。"或者
说两派都没有达到笛卡尔形而上学的概念，即**存在**和**思维**两者**自在地**即
是同一个东西"，它们两派都没有达到笛卡尔的"我思故我在"的层次。
我思故我在，思维和存在在"我"这样一个前提下面，它们是同一个东西，
或者说自在地就是同一个东西。所谓自在地就是同一个东西，就是说虽
然我没意识到，包括笛卡尔都还没意识到，但他已经说出来了，客观上已
经说出来这样一个道理，存在就是思维，所以我思故我在嘛。这个地方
德文版也有个注："指笛卡尔的命题我思故我在。"笛卡尔提出"我思故我
在"的时候其实已经说到了，思维和存在两者自在地就是同一个东西，已

──────────

① 指笛卡尔的命题："我思，故我在。"——丛书版编者

经说出来了，但是他没意识到，他还是想把思维和存在用一切办法区分开来。思维是我笛卡尔的思维，是我的灵魂，这灵魂是我的松果腺里面的一种运动；但又不是，而是上帝给的，又是什么什么。心灵和物质在笛卡尔那里是二元论，所以他没有自觉到这一点，但是他客观上说出来了，思维和存在是同一的。"都没有达到这种思想，即**存在**、**纯存在**不是一种**具体的现实的东西**，而是**纯粹抽象**"，存在这概念本来就够纯粹的了，Sein，它是最高的概念，在哲学里面是最高的概念，所谓本体论、存在论，都是讲的这个概念。存在论是哲学的核心，就是讨论存在问题的，讨论作为存在的存在，从亚里士多德以来就在讨论。所以存在本来就是最纯粹的概念，而这里还要强调一下，存在、纯存在，它不是一种具体的现实的东西，不是一个具体的存在。我们通常讲存在，往往忘记了存在是最高概念，而老是把这个存在等同于具体的存在者，具体的某个存在的东西。但这里讲到，它不是一种具体的现实的东西，而是纯粹的抽象。存在是一个最高的抽象，万物莫不存在。甚至说不存在也是存在的，非存在也是存在。比如我们说有个东西它"有"一个缺点，说某一个人是一个残疾人，他缺一条腿，我们也说它"有残疾"，这个残疾就是他的存在，这个缺乏也是存在。所以它是最纯粹的抽象。"并且反过来说，纯粹的思维、自身等同性或本质，一方面是对自我意识的**否定者**，因而是**存在**，另一方面，作为直接的单纯性，同样也不是别的东西，而是**存在**"，这是反过来说。前面是正过来说，就是存在和思维都是同一个东西，存在不是具体的一个现实的存在的东西，而是纯粹的抽象，纯粹抽象也就是纯粹思维了，所以正过来说，纯粹存在是纯粹思维；那么反过来说呢，纯粹思维也就是纯粹存在。我们从纯粹的抽象思维来看，纯粹的思维、自身等同性或本质，它在两方面都是存在。一方面，是作为对自我意识的否定者而存在，这个纯粹思维是纯粹的否定者，要否定一切有区别的东西，当然也是对自我意识的否定者。虽然纯粹思维本身是自我意识想出来的，但是它对自我意识仍然具有绝对的否定性，它作为一种纯粹的否定行动而存在。笛卡尔把这个纯粹思维推到彼岸去了,推给了上帝的思维。我之所以怀疑,我之所以会犯错误,是因为我是有限的思维,但是上帝是不会犯错误的,上帝使我意识到有一个上帝,所以上帝是对自我意识的否定者,笛卡尔由此推出了作为纯粹思维的上帝存在。另一方面,它作为直接的单纯性也同样是存在。前一方面就是说作为自我意识的否定者,它是存在的,上帝存在;另一方面呢,作为直接的单纯性,它也是存在。现在我们就不讲上帝了,作为直接的单纯性也无非是存在,就是说这样一个纯粹的思维作为一种直接的单纯性,它就是最直接的东西,那么最直接的东西是什么呢?存在。存在是最直接的单纯性,一切东西直接地就是存在着的。我们说一个东西"有没有",你要说了这个东西有,我们才能开始谈它,没有的东西就不能谈。所以这个有是任何一个东西的最直接的规定,是直接的单纯性。在《逻辑学》里面一开始就讲,存在、纯存在,没有任何进一步的规定。你不能说这个"有"到底是什么意思,它没有任何别的意思。它就是存在,它就是它自己。那么纯粹思维作为直接的单纯性,那就无非是存在。这两方面,一个是从它的否定性来讲的,一个是从它的肯定性来讲的。前一个方面是对自我意识的否定,因而是存在。它否定了自我意识,恰好证明它存在嘛;后一个方面,就是它自己的肯定性、直接的单纯性,同样无非是存在,它的含义就是存在,纯思它的意思就是纯存在。所以最后结论就是:"**思维**就是**物性**,或者说**物性**就是**思维**",物性,Dingheit,事物性,也可以说是存在,哪怕自在之物,虽然不是具体的事物,但也具有事物性,它和一切事物共享存在。所以这里讲思维即物性,物性即思维,也就是说,思维就是存在,存在就是思维。物性就是思维。要讲物(Ding),自在之物(Ding an sich)也是物,现在我不讲这个物了,我就讲这个物性,自在之物它的物性就是存在。所以思维就是物性可以理解为思维就是存在,物性就是思维可以理解为存在就是思维,这个物性它是从哪儿来的呢?它是想出来的,是我的思维所带来的。这种思想可以说是黑格尔的基本的思想。我们前面多次提到了,在这个头盖骨相学那里也讲到了，思想就是一块骨头，等等，那都是很低层次的。现在我们已经达到一个很高层次了，思维和存在的关系问题，应该这样来解决，思维和存在是同一的，思维就是存在，存在就是思维。具体的存在或者具体的思维它们都是不同一的，但是从最高层次上、从本质上来看，它们是同一的。这里充分表达了黑格尔的思维和存在的同一性的观点。这是今天讲的这一部分，今天就到这里吧。

＊　　　　　＊　　　　　＊

好，我们今天来读 110 页，上次读到了这个地方。上次读的这个小标题，在 108 页的这个"纯粹思维与纯粹物质"，我们上次把这一段读了。这一段的主题是什么？主题是讲纯粹思维与纯粹物质，在启蒙运动中是作为两派的主题。启蒙运动的两派中，每一派执着于一方，这两方总是不能调和。最后讲到这个两派都没有达到笛卡尔那样的形而上学的概念，就是思维和存在同一，我思故我在，思维就是存在，存在就是思维，没有达到这样一个观念。启蒙的真理性首先要从这样一个分裂讲起，就是前面讲的，启蒙在自己身上没有满足的渴望这一缺陷。启蒙本身有没有满足的期望，虽然它跟信仰相比，它是满足了的启蒙，但它自身呢，也是有没有满足的地方，其中就包括这样一种纯粹意识的分裂，分裂为纯粹思维与纯粹物质，思维和存在的不统一。它这个缺点后面讲了三点。第一点是［第 106 页］"在启蒙的**空虚的**绝对本质那里，是作为**纯粹的**对象"。纯粹思维和纯粹物质都是纯粹的，但是，都是空虚的，所以在这个地方呢，它是没有得到满足的。那么第二点就是，"在走出启蒙的个别本质而向不充实的彼岸的**超越**中作为**行为**和**运动**"；第三点则是，"在有用的东西的**无自我性**中则是作为**充实了的**对象"。接下来他马上讲到，启蒙在它的过程中会把这样的缺点扬弃掉。那么我们上一次讲的就是这三个缺点的第一个，纯粹思维与纯粹物质都是空虚的，如何扬弃？自然神论和唯物论各执一端，在那里进行沉闷的编织活动，它们的原则都是抽象无区

372

别的、空虚的；那么既然双方都是空虚的，所以实际上呢，它们两者是可以视为同一个实体。这个实体有两方面的存在，一个是自我意识的否定性的存在，一个是作为直接的单纯性的存在。而这就形成了双方的张力，不再是空虚的，而是把感性的物质世界都纳入进来，成为自身的环节了。第一个缺陷就这样解决了，或者说被满足了。当然启蒙还没有意识到这一点，还没有达到形而上学的思维和存在的同一性的概念。那么我们今天要读的呢，是第二个缺陷。

［**Ⅱ.本质的超越的行为和运动**］

这里原来标的是"功利世界"，不太恰当，没有理解到黑格尔在这里要解决前面讲的那三个缺陷。所以我们第二个小标题呢，一定要跟前面第二点对应起来，前面第二个缺点是，"在走出启蒙的个别本质而向不充实的彼岸的**超越**中作为**行为**和**运动**"，这里打了着重号的三个词要特别注意。实际上是讲，纯粹本质由于其空虚性而居于不充实的、没有内容的彼岸，个别本质只有经过不断的否定行动的运动超越自身，才能接近彼岸，但永远达不到彼岸。在不充实的彼岸没什么内容，所以你的超越行动永远得不到具体的规定，这就反映出启蒙的缺点的第二个方面。就是说，本质的超越行为和运动既然是超越的，它跟现实就脱离了关系，但彼岸的目的它又达不到，它就只有满足于行为和运动自身了。

在这里，本质才在自己身上有了一个这样的**分裂**，以至于它分属于两种不同的考察方式，一个是本质必须在自己本身中具有区别，另一个是，正因为这一点，这两种考察方式就联合为一了；因为这样一来，纯粹存在和否定的东西两者所赖以区别开来的那些抽象环节，就在这两种考察方式的那个对象中结合起来了。

"在这里，本质才在自己身上有了一个这样的**分裂**"，分裂打了着重号。就是说，本质在这里有了分裂，在哪里呢？就是在上面讲的这个纯粹思维和纯粹物质实际上已经达到的统一中。那么在这样一种情况之下,思维和物质是本质上同一的,反过来看,就是同一个本质自身分裂了。所以在这里,本质才在自己身上有了一个这样的分裂,分裂为思维和物质,或者思维和存在。"以至于它",也就是本质,"分属于两种不同的考察方式"。启蒙运动没有意识到两者的统一,所以这个本质就分属于两种不同的考察方式。哪两种考察方式? "一个是本质必须在自己本身中具有区别",本质在自身中应该有区别,同一个纯粹本质,虽然说思维就是存在。但是思维和存在毕竟是不同的,本质必须在自己本身中把两者区别开来。启蒙运动就是看到它们的区别,所以两派各执一端,互相争论。"另一个是,正因为这一点,这两种考察方式就联合为一了",正是因为这一点,因为哪一点呢? 因为本质必须在自身中具有区别。那么反过来,这种区别就是同一个本质中的自我区别。所以正因为这一点,两种考察方式就结合起来了。两种考察方式,一方面呢,看到了区别,另一方面呢,既看到双方的区别,又看到双方的统一,这两种考察方式就联合起来了。启蒙运动的两派一方执着于纯粹思维,另一方执着于纯粹物质,但它们都属于启蒙运动,都在探讨同一个纯粹本质;于是这两种考察方式就联合起来了,就形成了一种双方既对立又统一的考察方式。所以这个思维和存在在这里就具有了既相分裂又相统一的这样一种关系。它是同一个本质的两方面,两种考察方式,但是,又互相联合起来。它们各不相让,但是,又互为补充。"因为这样一来,纯粹存在和否定的东西两者所赖以区别开来的那些抽象环节,就在这两种考察方式的对象中结合起来了",纯粹存在和否定的东西,纯粹存在也就是纯粹物质啦,否定的东西就是纯粹思维,这两者所赖以区别的那些抽象环节,就是纯粹物质和纯粹思维,就在这两种考察方式的对象中结合起来了。因为这两者都是考察的同一个对象,你不管是纯粹思维也好纯粹物质也好,面对的都是同一个对象,即纯粹本质。你们都是启蒙运动,你们都要通过明见去洞察纯粹本质,在同一个纯粹本质的对象中,就把两种考察方式都结合起来了。这是为什么双方能够联合起来的根本之点。在面对同一个对象的时候呢,你把它叫作纯粹精神,或者叫作纯粹物质,这都无所谓。

　　——那共同的共相就是纯粹在自身中颤动或纯粹在自身中思维的抽象。这种单纯绕轴旋转的运动必须把自己抛撒开来,因为它自己只有通过把自己的各环节区别开来才是运动。　　　　　　　　　{314}

　　"那共同的共相",它们有一个共同的共相,就是那个纯粹本质,作为它们共同的纯粹对象。"就是纯粹在自身中颤动或纯粹在自身中思维的抽象",纯粹在自身中颤动,从纯粹物质来看,它是在自身中运动的,虽然它的效果是对整个自然界的"第一推动",但它本身却只是在自身中颤动。之所以只在自身中颤动,是因为它不需要别的东西来推动,也不是有意推动别的东西,它就是独一无二的纯粹物质,你只能够把它描写为自身颤动的。至于"纯粹在自身中思维"也是同样的道理,上帝就是纯粹在自身中思维,不思维任何具体的东西,它就只是纯粹思维。不管是纯粹自身颤动呢,还是纯粹自身思维,总而言之,它都是一个抽象,即抽掉了一切区别和内容的纯粹的本质,纯粹的对象,这是它们两者共同的共相。"这种单纯绕轴旋转的运动",不管是纯粹物质也好,还是纯粹思维也好,作为自身中颤动或者纯粹自身中的思维,我们都可以把它描述为一种单纯绕轴旋转的运动,绕着自己的轴心在旋转,自我旋转。它跟外界无关,纯粹物质或者是纯粹思维都是唯一的。所以它的那种运动呢只能够是自我旋转。然而,这种自我旋转的运动又"必须把自己抛撒开来,因为它自己只有通过把自己的各环节区别开来才是运动"。为什么必须把自己抛撒开来?它绕轴旋转,转来转去,物理学上必然产生出一种离心力,最后必然会把自己抛撒开来,把自己向四周围撒落开来。它本来是一个不可分的东西,它没有内部,它就是一切;但是这样一种旋转的运动,必须把自己抛撒开来,因为它只有通过把自己的各环节区别开来才是运动。如果永远保持这种自我旋转、绕轴旋转,如果不把自己抛散开来或者把自己区别开来、把自己抛到外面去、抛出去,那么它这种运动呢,有也等于无。斯宾诺莎在他的《伦理学》里面，花了很大的力气来证明运动其实都是虚假的，都是"样式"，实体本身其实并没有运动，他就是这样论证的。你可以设想，如果整个宇宙只有一个唯一的实体，它不断地在绕轴旋转，那就等于没有运动，因为它没有参照系啊！你凭什么来认定说，它现在转过去了？你必须有一个外在的参照系，才能够说，相对于这个参照系，它转过去了。绕轴旋转的运动如果是唯一的一个东西，没有它的对象作参照，那么有运动等于没有运动。斯宾诺莎就是这样论证的，当然还有其他论证，但这是其中重要的一条。所以这里说，绕轴旋转的运动必须把自己抛散开来，也就是把自己抛出自身之外，来形成一个参照系，我们才能说它是运动的。其实伽利略就已经提出了运动的相对性原理，只有相对于参照系才能谈运动。所以纯粹本质只有通过把自己的各环节区别开来才是运动，如果没有区别，没有互相参照，那就没有运动。哪怕你自认为在运动，但是实际上你不能确定，也不能说明自己是在运动的。

各环节的这种区别活动，让不动的东西，作为不再是现实的思维、不再是自己本身中的生命的那个纯粹**存在**的空壳，而留在后面；因为这种区别活动作为区别乃是一切内容。

"各环节的这种区别活动"，各个环节，也就是思维和存在，纯粹思维和纯粹物质，表现为启蒙的两派，自然神论和唯物论，各个环节都在互相区别互相对立。这样一种区别运动，"让不动的东西，作为不再是现实的思维、不再是自己本身中的生命的那个纯粹**存在**的空壳，而留在后面"。这种区别活动已经是运动了，它是同一个东西的自我运动，它把那种不动的东西作为不再是现实的思维抛在后面了，作为不再是自身有生命的东西抛在后面了，只剩下一个纯粹存在的空壳。自然神论和唯物论各方，当然它们都各有思维的环节，也各有存在的环节；但只有这种区别的运动才是现实的思维，而固守于自己一方的不动的存在则不再是现实的思维，而是僵化的思维，是没有生命力的存在的空壳。这个跟斯宾诺莎就完全相反了，斯宾诺莎认为运动才是不现实的东西。而这里讲，不动的东西就不再是现实的思维，而成了被遗弃的存在的空壳，纯粹思维在自身中自我区别的能动性才是从僵死的存在中脱颖而出的纯粹本质，才是这个纯粹本质中的真正的生命。作为不动的东西的那种思维是没有内容的，是空虚的，是不现实的，它是无生命的。它注定只能作为没有生命、没有内容的纯粹存在的空壳被抛到后面去。真正存在的是这种自我区别的运动，这才是实实在在的东西。这个时候，意识已经向前跨进一大步了，跟前面讲的这样一种纯粹思维和纯粹物质的单纯的对立已经大不一样了。纯粹思维和纯粹物质是同一个对象，它自我分裂出来、自我区分出来两个方面，而这种自我区分就是它的自我运动。"因为这种区别活动作为区别乃是一切内容"，这一句是关键的，它把困扰启蒙的上述第二大缺陷克服了。原来的纯粹思维也好，纯粹物质也好，都是处于彼岸的自在之物，没有内容的抽象，个别本质徒劳地想要超越到彼岸，但它的行为和运动永远达不到目的，无法获得自己追求的内容。但是如果你把这两者放在这样一种自我区别的运动中来考察，作为这同一个运动的两个环节，关注它们的运动本身，那么它们的这种运动就构成自身的内容了。这种区别运动作为区别，本身就是一切内容，这个内容就是作为区别的区别，或者作为运动的区别，所有的其他内容都是从这一内容中派生出来的。所以它是一切内容，当然这个内容还是非常抽象的，仅仅是在一种纯粹层面上来进行区别的，但它将会自行抛撒和扩展，发展出其他一切内容。

　　但是这种置身于上述统一之外的区别活动，因此就是自在存在、为他存在和自为存在这些环节的一种不向自身返回的交替；——而当它就是纯粹明见的现实意识的对象时，这种现实性就是——有用性。

　　"但是这种置身于上述**统一之外**的区别运动"，上述统一体之外，也就是把自己抛撒开来，抛出自身之外的那种运动。绕轴旋转的运动必须把自己抛撒开来，抛出那个统一体之外。本来一个静止不动的纯粹意识、纯粹本质,其中纯粹思维和纯粹物质是一个统一体;这个时候通过一种自我区别运动,各环节被抛出了自身之外,各自独立并且互相对立起来了。"因此就是**自在存在、为他存在**和**自为存在**这些环节的一种**不向自身返回的交替**",这运动就是这三个环节的互相交替,一个是自在存在,相当于前面第一个环节,就是纯粹本质的自在存在,它分裂为纯粹思维的自在存在和纯粹物质的自在存在,都是空虚无内容的自在之物。再一个是为他存在,相当于前面第二个环节,就是个别本质努力向不充实的彼岸超越的行为,它自己的存在仅仅是为他的,没有自己的内容。最后是自为存在,就是这种行为不是为了追求彼岸,而是为了自我区别,它以这种自我区别为内容,而把纯粹存在当作一种无用的空壳抛在身后了。所有这三个环节都是各自孤立的,它们形成了另外一个环节以后,它还是它自己,而另外一个环节还是另外一个环节。这些环节都处在一种外在的联系之中,处在不向自身返回的这样一种交替之中,形成一个互相交替的链条。三者交替出现,一个接一个,但都没有向自身返回,而是都把以前的环节抛在后面了。最后这一环节即自为存在有种自我反思,但也仅仅是在自身内部反思,而没有返回到前面的环节。"而当它就是纯粹明见的现实意识的对象时,这种现实性就是**有用性**",就是说,如果纯粹明见把最后这个环节,即自为存在的环节扩展为现实意识的对象,也就是抛撒到现实存在的层面,那就进入启蒙的前述第三个缺陷了,这就是"有用的东西的无自我性"。刚才从前面两个缺陷中总结出来的三个环节,也可以看作有用性的三个环节:所谓自在存在就是指有用性的那个对象,所谓为它存在就是指的那个手段,所谓自为存在呢,就是目的。有用性就是由这三个环节所构成的,在其中,对象、手段和目的这三个环节各自都过渡到另外一个环节,但是,并不向自身返回。有用性总是不断往前赶,用过就没用了,就扔下,再找下一个有用性,各环节不断交替,但从不回头。所以这三个环节是分裂的,是散漫的,是偶然聚到一起来的,没有一个东西把它们统起来,包括目的、自为存在,在这个时候都不是统起来的, 都是一种主观的外在目的, 都不是那种客观的目的。只有客观的目的才可以把三个环节统起来, 它既是存在, 又是为它存在, 又是自为存在, 但这是要到后面谈道德目的的时候才会达到的层次。[见后面第 127—128 页] 而这个时候呢, 还只是一种意图, 还只是一种主观功利的目的。这样一个置身于上述统一体之外的区别的运动是这三个环节的交替。它是这样一种抛撒运动, 把自己抛撒出去, 超越出去, 超越出去的东西跟原来的东西脱离关系, 存在就是存在, 为它存在就是为它存在, 最后呢, 回到自为存在, 自为存在也就是自为存在, 是主观的。各个环节都不向自身返回, 抛出去了就不回来。自为存在没有意识到自己还可以成为这个为它存在, 没有意识到自为和为它实际上是一回事, 它没有反思。对象、手段和目的这三个环节, 只有在更高的阶段上才不再是孤立的, 而是互相返回的, 也就是作为一种区别运动而向自身返回的, 这就是道德阶段。有用性还没有达到这个阶段, 它还只是主观目的性, 而做不到把三个环节统起来, 使它既是自在存在, 又是为它存在, 又是自为存在。在这个小标题里面讲到的本质的超越行为和运动, 还没有达到这样的自身返回, 而只是这样三个环节的不断交替, 当这样一种交替运动就是纯粹明见的现实意识的对象的时候, 它就是有用性。这就是启蒙的第三个缺陷。启蒙之所以不能满足这一点, 是因为它只是这样一种超越运动的三个分离的环节, 这三个环节都不向自身返回, 都没有意识到它自身就是对方, 它们只是互相交替, 这就显得特别功利和庸俗。当纯粹明见用现实的眼光来看待这种运动, 来把这种运动当作对象加以考察, 这个时候呢, 这种现实性就是有用性。这就过渡到了第三个小标题: "有用的对象", 这是前述三大缺点之第三项。前面已经讲了两个了, 这三个是层层递进的。

[**III. 有用的对象**]

这个小标题是我加的, 原文中德文编辑并没有加这个标题, 而是将下面这一大段和上面这一段全部归于上面这个标题"功利世界"之下，因此也就不能表达黑格尔的这三个层次的递进的逻辑关系。所以我把上面的标题改为"本质的行为和运动"，并在这里插入第三个标题"有用的对象"，这是按照黑格尔讲的启蒙三大缺陷在这里展开的先后顺序来安排的。这个地方已经进到了前述启蒙缺陷的第三个方面，也就是最根本的方面，启蒙的有用性，它是由启蒙的基本概念而来的。

[111]   <u>有用性，在信仰看来，或在情感看来，甚至在那自称思辨并让自己固执于**自在**之上的抽象看来，尽管是那么低劣，但它是让纯粹明见在其中完成自己的实在化过程、且自己就是自己的**对象**的东西，纯粹明见现在不再否认这对象了，对纯粹明见来说，这对象也不具有空洞无物或纯粹彼岸的价值了。</u>

前面引出了这个有用性，就是纯粹明见它如果不仅仅是停留在纯粹抽象的关系这样一个层面上，而是着眼于现实性，那么它就会把自己的这样一种运动作为现实的对象来看待，那就是有用性。"有用性，在信仰看来，或者在情感看来，甚至在那种自称思辨并让自己固执于**自在**之上的抽象看来，尽管是那么低劣"，这就是启蒙对有用性不满意的地方，就是还是觉得它太庸俗、太低劣了，这种功利主义不但在信仰看来会觉得是丧失理想，在情感上也很难让人接受，甚至就连自称思辨并执着于自己的自在的抽象看来，尽管提出了"宗教是最有用的"这一辩护，也仍然掩盖不了这种利益挂帅的庸俗性。什么东西都只讲有用，都要讲这个东西有没有用，这是启蒙的必经阶段，也是启蒙自己所不满意的。我们今天就是这样，什么东西都要看它有没有用。同学会问老师，你讲的这些东西有没有用？对我今后找工作有没有帮助？我说我今天讲的都是没用的东西，那你就可以不学了。要学有用的东西，你可以去学一门技术，甚至学会损人利己，做"精致的利己主义"，马上来钱，那是很低劣的。尽管如此，"但它是让纯粹明见在其中完成自己的实在化过程、且自己就是自己的**对象**的东西"，它是这么一个东西，它能够让纯粹明见在其中完成自己的实在化过程。纯粹明见不能老待在虚无缥缈的天空啊，你得实现出来啊。你必须要从抽象意识下降到现实生活中来。那么在现实生活中，就看它有没有用了，所以你还不能够一概把有用的东西否定掉。它能够让纯粹明见完成自己的实现过程，使纯粹明见自己成为自己的对象。有用的东西就是纯粹明见自己的对象，它不再高高在上，空洞无物，而是把有用当作对象。所以它虽然不能满足启蒙的第三个渴望，但毕竟满足了启蒙的第一个和第二个渴望。"纯粹明见现在不再否认这对象了"，因为纯粹明见要靠它来完成自己嘛，来实现自己，所以纯粹明见现在不再否认这对象了，这是第一个渴望。"对纯粹明见来说，这对象也不具有空洞无物或纯粹彼岸的价值了"，这是第二个渴望，这个对象也不再是纯粹彼岸的，不再具有空洞无物或纯粹彼岸的价值。有用的东西，实用的东西，当然它是言之有物的，它很具体。你想要什么，说出来，它就能说出来。它不是纯粹彼岸的价值，它就是现实的价值，在现实生活中有用。对纯粹明见来说，前面的纯粹思维也好，纯粹物质也好，都是空洞无物的，而且是纯粹彼岸的，都不能满足启蒙的要求。而有用性的对象，它不再是空虚的了，它现在已经具有了此岸的价值了。

　　因为纯粹明见正如我们看到的，就是存在着的概念自身，或者说就是自我等同的纯粹人格性，它在自身中这样把自己区别开来，以至于每一个被区别开来的东西本身都是纯粹概念，就是说，直接地都是没有区别的；它是单纯的纯粹自我意识，这种自我意识不仅**自为地**，而且**自在地**存在于一个直接的统一体中。①

　　纯粹明见现在已经不再是否认这个对象了，而且不把这个对象看作是像以前那样只具有彼岸的价值。"因为纯粹明见正如我们看到的，就

_____

① 参看前面第 354—355 页。——丛书版编者 ［按：考证版第 291—292 页，贺、王中译本下卷第 78—79 页］

是存在着的概念自身",因为纯粹明见就是存在着的概念自身,纯粹明见不是不存在的,不是虚无缥缈的,它就是存在着的概念,或者说它就是现实的概念。"正如我们看到的",正如我们在哪里看到的?下面整个这一句有一个德文编者注,让我们参看前面"自我异化了的精神的世界"最后两段,即在进入"2、启蒙"这个标题之前的两段。那里讲的是纯粹明见的合理性,其实已是启蒙的出发点了。所以这里讲纯粹明见"就是存在着的概念自身",在前面早已有说明:"于是它就着手扬弃一切对自我意识来说是**另外的**独立性,不论是现实东西的或是自在存在东西的独立性,并使之成为**概念**。"[第77—78页]纯粹明见使现实的东西、自在存在的东西成为了概念,它本身当然也就是存在着的概念了,这一点正是在有用性上得到了证明。纯粹明见在有用性中就是存在着的概念自身,我们通过有用性看到,存在就是思维,思维就是存在。"或者说就是自我等同的纯粹人格性,它在自身中这样把自己区别开来,以至于每一个被区别开来的东西本身都是纯粹概念,就是说,直接地都是没有区别的",这一点也在前面有所阐明:"它不仅是自我意识到的理性的确定性,确信自己即是一切真理;而且它**知道**它就是这种确定性",以及:"它所拥有的**意图**仅仅是使纯粹明见成为**普遍的**,即是说,使一切现实存在着的东西都成为概念,并且成为在一切自我意识中的同一个概念。"[第78页]还有:"在这种**单纯的**精神实体中,自我意识在一切对象里都同样为自己提供和保持了对它自己的**这一个个别性**或**行为**的意识,正如反过来,它的个体性在一切对象里是**自身同一的**、是普遍的一样。"[第79页]显然,纯粹明见在有用性中正好证明了,它就是自我等同的纯粹的人格性,因为一切现实的东西都被我看作我所用的,都是有用性概念的存在,凡存在的也就是我所思的,而我的所思也必定有其存在。所以这种纯粹明见就是自我等同的纯粹的人格性,它自我等同,我思和我在组成了我的独立人格性,我思的内容就是我在。这就达到了笛卡尔的形而上学的起点。纯粹的人格性就是不可分的,就是统一的、自我等同的,它既是存在着的概念自身,又是自我等同的纯粹的人格性,那么这个人格性就有一种能动性来维持自己的统一性。所以它在自身中把自己区别开来,以至于每个被区别开来的东西本身都是纯粹概念,直接地都是没有区别的。这种纯粹的人格性把自己区别开来,区别为有用性的各个环节,如上面讲的,区别为自在的对象、为他的手段以及自为的意图,它们每个都是纯粹概念,都是同一个有用性,是以我为中心的纯粹人格性。有用性一旦被人格性纳入为自身的一个环节,它就是纯粹概念了,它不光是现实性了。它本来是现实对象,或者现实手段,但是被人格性纳入进来以后,它就成了一个纯粹概念,直接地都是没有区别的。它是单纯的纯粹自我意识,它里面的那些区别,自在、为他和自为,直接地说其实并没有区别,凡是有用的东西,既是有用的对象,也是有用的手段,又是有用的意图,三者是互相透明、互相映照的纯粹概念,统一于自我意识的纯粹人格性中。"它是单纯的纯粹自我意识,这种自我意识不仅**自为地**,而且**自在地**存在于一个直接的统一体中",前面也讲过,纯粹明见就是单纯的自我意识,它是以自我意识为基点的,这与信仰以对象意识为基点恰好是对立的。而在由自我意识所建立起来的纯粹明见"这个没有限制的概念中,直接包含着两个方面,一个方面是,一切对象性的东西都将只有**自为存在**、自我意识的含义,另一个方面是,这种自为存在、自我意识将有一种**共相**的含义,即,纯粹明见将成为一切自我意识的财产。"[第 78 页] 以至于,"在那里,凡是对于我来说是他者的东西,都只是我本身。" [第 79 页] 所以这里也说,这种人格性是单纯的纯粹自我意识,单纯的纯粹,也就是强调它的没有区别性,有区别的东西在它这里头都成了没有区别的了。有用的东西作为现实的事物当然是有区别的,但是当它们被人格性纳入自身作为有用性的各环节,当它们被纯粹明见洞见到它们的本质就是为我所用的东西,那么它们就没有区别了,它们不妨碍这人格性成为一种单纯的纯粹自我意识,成为普遍的自我意识,而是恰好促成了这种纯粹自我意识在现实中的普遍的实在化。所以这种自我意识不仅自为地、主观地,而且是自在地、客观地存在于一个直接的统一体中，成了思维和存在的统一。注意这里的"自为地"和"自在地"，以及上一句中的"对象"都打了着重号，这都是一些关键词，有用性把前面的这些环节都做了一个整合。

因此，它的**自在存在**不是保持不变的**存在**，相反，它直接地不再在它的区别中就是某物；但是这样一种干脆没有任何停留的存在，就不是**自在的**，相反，它从本质上说是**为一个他者的**，而这个他者就是吞掉它的那股力量。

"因此，它的**自在存在**不是保持不变的**存在**"，自在存在打了着重号，存在也打了着重号，说明此存在非彼存在，此对象非彼对象，有用的对象已经不再是那个对象本身，而是自我意识或人格性中的一个自在存在环节了。自在存在在这种情况之下就不是那种保持不变的存在。"相反，它直接地不再在它的区别中就是某物"，它不再是那个与其他的东西相区别的某物，而直接地就是有用的某物，比如说，这些石头不再是石头，而是"石料"，木头不再是木头，而是"木料"。而它们是不是"料"，要看我的意图是什么，我的意图一变，它们就可能不再是"料"，不再存在；只有合乎我的意图的才是"料"，才是我的意图的自在存在。笛卡尔讲到"我思故我在"时说，我什么时候存在呢？我什么时候思维，什么时候就存在；我什么时候不思维了，我也就不存在了。这里的关系也是如此，我的意图相当于我思，这个意图的"料"则相当于我在，它们的关系是同一个概念即有用性概念中的关系。"但是这样一种干脆没有任何停留的存在，就不是**自在的**，相反，它从本质上说是**为一个他者的**"，它不是与其他某物有固定区别的某物，也不是不变的存在，它是随着自为存在而不断变化的，没有任何停留。那么这样一个自在存在既然没有任何停留，而要依自为存在而转移，那它就不是自在的了，而是从本质上说，就是为一个他者的。所以它现在是为他存在，而不再是自在存在了，或者说，它就从自在存在转化成为他存在了。"而这个他者就是吞掉它的那股力量"，这种从自在存在转化成为他存在并不是由它自己导致的，而是因为它作为自我意识或人格性中的一个环节，也就是由这个"他者"、这个人格性本身安排的，所以它不能不服从这个他者，而这个他者、这个纯粹的人格性或纯粹自我意识就是吞掉它的那股力量。吞掉，absorbieren，就是把它吸掉了，把它吸干了。这个他者把它吸干了，把它完全吸收了。自在的对象不再是一个固定的某物，而是被吸收进了为他存在这样一个运动里面。

但是这个与第一环节亦即自在存在相对立的第二环节，也正像第一环节一样直接消失了；或者不如说，它作为仅仅为他存在就是消失本身，而这就是那返回自身的东西，即建立起自为存在的东西。

这句话很关键了，可以说做了一个总结。"但是这个与第一环节亦即**自在**存在相对立的第二环节"，这个环节是第二个环节，也就是自我意识的超越行为、运动的环节，它是与第一个环节、即纯粹对象的环节相对立的。这里还是按照前面启蒙的三大缺陷、三个环节来划分的。第一环节是自在存在，但是这个自在存在呢，由于是有用性的一个环节，所以被"用掉"了，它没有任何停留，它不能够保持不变，所以它本质上是一个为他存在，这就进入与它对立的第二环节了。本来是对立的，自在的对象和使用它的行动是对立的，但这个对象在使用中作为"料子"而被用掉了，被使用的行动所吞并了，它就不再是自在的，而是为他的了。但是这个作为使用行为的第二环节，"也正像第一环节一样直接消失了"，第二环节是为他的行动，前面讲了，这样一种超越自身而追求一个另外的目的的行动是永无止境的，但在有用性中，这种无限追求也直接消失了。有用性的眼光很现实，它只求当下有用，只求一次性的成功，所以它使当下在场性归还给了启蒙。它自知掌握不了整个有用性链条，但它对于看得见摸得着的用处很有信心，就像一个人一辈子在做一件有用的事情，他的生命都消磨在这件工作上。"或者不如说，它作为**仅仅为他存在就是消失本身**"，不但他所用掉的材料消失了，而且他的生命本身也消失了。他的生命就是为他存在，现在这个为他存在本身就是一个消失过程，他的生命被他用作一个手段，这个手段正如对象、材料一样，也是要被消耗掉的。只有在消耗过程或被消耗掉的过程中，它才是为他的。如果它不被消耗掉，它就不能为他，它就没有用。一个手段如果不被消耗掉，那它就是没有用的，它必须被消耗掉。所以仅仅为他的存在就是消失本身。"而这就是那**返回**自身的东西，即**建立起自为存在的东西**"，消失本身，从对象、自在存在看，以及从行动、为他存在看，都是否定和自我否定了的东西，但是如果你把这种消失或自我否定本身当作现实的对象来看，也就是对这种自我否定加以反思，这就建立起了第三种存在方式，这就是自为存在。自在存在和为他存在正是在自为存在中被当作自身的两个环节而消失的，它们成全了自为存在。既然为他存在就是消失本身，那么你返回自身来看，你就会发现，你之所以要为他，你之所以要消失，都是你自愿的，是你自己安排的。你辛苦了一辈子，操劳了一辈子，那是你自己的选择。或者说，消失就是你的存在的前提，消失就是你存在的方式，你就是要消失自己，要通过消失自己让自己是自己，让自己发挥自己的作用，以免"等闲白了少年头，空悲切"。那么你反过来想，这岂不是建立起了自为存在嘛。所以自为存在本身就是为他存在的一种自我返回，现在就从这个为他存在提升到了自为存在。一个自在，一个为他，然后是自为，构成了有用性的三个存在环节。自在就是对象，为他就是手段，自为就是目的，这三个环节是不可分的，一个套一个，一个消失了，成全了另一个，另一个又消失了，成全了第三个。

　　可是这种单纯的自为存在，作为自我等同性，毋宁是**一种存在**，或者因此是**为一个他者的**存在。——纯粹明见在**展开其诸环节**时的这种本性，或者它作为**对象**，就表现为有用的东西。

　　"可是这种单纯的自为存在，作为自我等同性，毋宁是**一种存在**，或者因此是**为一个他者的**存在"，这里又反过来考察这个自为存在了。就是说，单单来看这种自为存在的话，把它孤立起来看，作为自我等同性，它其实还只是"一种存在"，还是各种存在中的一种，还没有脱离"存在"的水平。正因为如此，它自身也是为一个他者的存在，凡是处于存在水平的东西,其实都还是为他的,是受他者制约的。也就是说,自为存在到了这样一个阶段,它又是一个存在,或者因此是为一个他者的存在,就是它又倒回去了,形成了一个循环交替的圆圈。现在它又从头开始。某个自为存在一旦建立起来,由于它也是一个存在,它就又成了另一个有用性的材料和手段,又为另一个有用的目的服务,如此循环往复,构成一个有用性的无穷链条。你的目的是为你自己的,但是,作为一种存在也是为他的,这种关系在劳动的本质结构中就可以看出来,你本来是为自己劳动,养家糊口,但是一旦这个劳动实行了,做出了产品,它就是一种客观存在的东西,那么客观上就对他人有用,成为了他人劳动的对象或手段。所以你的劳动既是自为存在,也是为他的存在,各个环节互相交替,但并不返回,而是一直传递下去。在有用性中就是这样,在有用性中本来就是这各个环节在互相交替,而并不返回。"纯粹明见在**展开其诸环节**时的这种本性,或者它作为**对象**,就表现为有用的东西","展开其诸环节"和"对象"都打了着重号。纯粹明见原来是没有对象的,纯粹明见么,高高在上,没有对象,当然你可以把纯粹思维和纯粹物质设定为对象,但它是空的,它是虚无缥缈的。那么这个时候作为纯粹明见的对象表现出来呢,那就是有用的东西。纯粹明见出于自身的本性而展开自己的诸环节,即自在存在、为他存在、自为存在三个环节,这都是作为对象,即作为存在而展开的,也就是说,纯粹明见的本性在对象的现实性中就表现为有用的东西。纯粹明见尽管可以在纯粹思维中进行抽象的沉闷的编织,但一旦投身于现实性,作为对象展示其本性,它就是有用性。这个不单是自在存在和为他存在是如此,就连自为存在,看起来好像有种自我反思,其实也是如此,它也没有超出存在或现实对象的层次,也是有用性的、功利性的。所以,尽管自我意识、纯粹人格性在有用性中起到了关键性的作用,是它设计了每一次的有用性,但总的来看,有用性仍然是"无自我性"的,仍然处于较低劣的或者是庸俗的层次,这是由纯粹明见的本性所决定的。人们在现实生活中总是互相利用,有时候自以为得计,利用了别人，但归根结底仍然被别人所利用了，所谓"聪明反被聪明误"。纯粹明见在现实中的体现就是这种工具性的为他存在，也就是通常讲的"工具理性"，并不是说里面就没有目的，而是说这些目的本身最终都成了工具，貌似自为存在的，其实都是为他存在。

有用的东西是一种**自在的**持存的东西或事物，这种自在存在同时又只是纯粹的环节；它因而是绝对**为一个他者的**，但只有当它是自在的时，它才是为一个他者的；这两个相对立的环节，就返回到了自为存在的不可分割的统一性中。

"有用的东西是一种**自在的**持存的东西或事物"，有用的东西是一种自在存在，是一个客观对象。有用的东西首先必须有一个客观的对象，没有客观对象，你老是在脑子里面去幻想，那是没有用的。你必须实实在在有个东西在这里，你可以用它，我们叫作资源，国土资源，矿产资源。"这种自在存在同时又只是纯粹的环节"，这种自在存在固然是客观存在的，它是一个物质对象，是一个资源，但是，同时又是别的东西的纯粹环节。就是所有这一类东西都是为我所用的，它本身并不抵抗我的使用，它是供我使用的。所以在被使用这个意义上面，它是纯粹的环节，这个由我决定。"它因而是绝对**为一个他者的**"，它是为使用者而存在的，没有人来用它，它就不存在，有等于无。在这种意义上它是纯粹的环节，没有使用者，它就毫无意义，没有价值。"但只有当它是自在的时，它才是为一个他者的"，就是说，虽然这样，但是它首先还要在那里，你才能用它。当它稀缺的时候，当它用完了的时候，就不能为我所用了，所以它也有它独立的方面，不能只知道用它，不知道珍惜它、保护它。"这两个相对立的环节，就返回到了自为存在的不可分割的统一性中"，这两个相对立的环节，一个是自在的，一个是为他的，现在呢，就返回到了自为存在的不可分割的统一性中。它们看起来是对立的，实际上呢，是不可分割的。是谁使它们不可分割呢？就是第三环节，即自为存在，也就是使用的行动本身。这两个环节本来是相对立的，而由于自为存在的行动，它们就返回到了不可分割的统一性,就是自为存在把这两方面统一起来了。一方面,要承认对象的自在存在;另一方面,这个自在存在的唯一的意义就在于为我所用,就在于它的为他存在。所以自为存在本身就有这两个不可分割的环节的统一性。我们今天讲发展经济,既要利用资源,也要保护资源,就是意识到这个自在存在是我们自为存在的前提,是它能够为我所用的前提,我们要保护它,以便能够可持续地发展。这就是两方面的统一,它是由自为存在来统一的,也就是由目的性来统一的。一个是存在的对象,一个是手段,存在的对象和为我所用的手段这两者都是由自为存在来统一的。

　　但即使有用的东西很好地表达了纯粹明见的概念,它却并非作为纯粹明见而存在,相反,它只是作为**表象**或作为纯粹明见的**对象**而存在的;它只是那些环节的不停的交替,这些环节中的一个,虽然本身就是已经返回于自身的存在,但也只是作为**自为存在**,也就是作为一种抽象地站在一方而反对其他环节的环节。

[112]

　　"但即便有用的东西很好地表达了纯粹明见的概念",有用的东西很好地表达了纯粹明见的概念,这就是前面讲到的,启蒙的基本概念就是有用性,而纯粹明见在涉及现实性的时候它就是有用性,有用的东西表达了纯粹明见各环节的本性。但即使如此,"它却并非作为纯粹明见而存在,相反,它只是作为**表象**和作为纯粹明见的**对象**而存在的",虽然它表达了纯粹明见的概念,应该说它很高了,已经能够表达概念了。但是实际上呢,它是以一种表象的方式来表达这个概念的,也就是以一个感性事物的对象的方式表达这个概念的。它说得有道理,有用的东西确实是纯粹明见的概念;但是概念在黑格尔那里是一个非常灵活的东西,不是那么死板固定的。然而有用的东西却并非作为纯粹明见而存在,它表达了纯粹明见的概念,但它自己呢,还是一个对象性的东西。它不是纯粹明见,也不是纯粹明见的概念;相反,它是作为表象和对象而存在的,"表象"、"对象"都打了着重号。这就是它的庸俗之处了,纯粹明见在这个世界上的确只看到了有用的东西,但是这个有用的东西还不等于就是纯粹明见本身,它只是纯粹明见的对象。纯粹明见是拿它作为对象,才达到了概念层次,但这个对象本身呢,还只是一种表象,还不是概念。它不是作为纯粹明见本身而存在的。"它只是那些环节的不停的交替",这就是前面讲的"Wechsel"的来由了,它只是上述那些环节,自在存在呀,为它存在呀,自为存在呀,这些环节不停地转来转去,不停地交替,但并不是返回,而是在其中不断前行,把后面的都替换掉,都弃之不顾。"这些环节中的一个,虽然本身就是已经返回于自身的存在,但也仅只是作为**自为存在**,也就是说,作为一种抽象地站在一方而反对其他环节的环节",就是说就连自为存在这个环节也不例外,虽然自为存在本身是经过反思的,它把手段本身当成了目的,把自我意识的行动本身作为它追求的存在,但它并没有把其他环节变成自身的返回,而是对这些环节加以不断的,把它们作为不断往上攀登的临时借用的梯子。它是不断地从一个跳到另外一个,从另外一个又跳到另外一个,但是,它没有主心骨,实际上是一开始就被决定了的,后来则是机会主义的。如前面 [第 106 页] 讲的,有用性的确是作为充实了的对象,有了丰富的内容,但是它失去了自我性,没有了主心骨,它没有它的自我主体,而听凭环境和命运的拨弄。手段达到目的,目的又成为其他目的的手段,一切事物都互相为用,互相交替,不断地成为目的和手段,但是没有绝对的目的。目的和手段是一个无限的链条,通过手段达到什么目的,又通过什么目的达到另外的目的,这是一个无限的链条,那么有用性就是这样一个不断地互相的链条。每一个自为存在都只是站在一方而反对其他环节,与天奋斗、与地奋斗、与人奋斗,其乐无穷,自以为是为所欲为了,到头来发现自已被别人所利用。它顶多就是站在自身的抽象的立场上面看待其他存在,而没有从一个整体的、超越性的、宏观的视角来看待自身。虽然它本身就是已经返回于自身的存在,但是,仅仅作为自为存在的一个环节,而与其他环节脱钩。这就是有用的东西,它所成就的这样一种有局限的反思。

有用的东西本身并不是这样一种否定性的本质，即把这些环节在其互相对立中同时**不加分割地以同一个考虑**来拥有，或者把它们当作一种自在的**思维**来拥有，就像它们作为纯粹明见而存在那样；**自为存在**的环节虽然存在于有用的东西那里，但并不是这样存在，即它并不**蔓延**到别的环节，并不**蔓延**到**自在**和**为他存在**，仿佛它就是**自我**似的。{315}

"有用的东西本身并不是这样一种否定性的本质"，有用的东西就它本身来说，并不是这样一种否定性的本质。什么样一种否定性的本质呢？"即把这些环节在其互相对立中同时**不加分割地以同一个考虑**来拥有"，把这些环节，目的、手段、对象，在其互相对立中，同时不加分割地以同一个考虑来拥有，"不加分割地以同一个考虑"都打了着重号。前面讲到有用的东西是无自我性的，它是没有一个统一的主心骨的。所以它并不是像这样一种否定性的本质，即能够把这些环节统一在一个整体中，使它们凝聚于同一个核心。否定性在这个地方就是它具有一种主动性，主动地把所有这些东西都加以规定，有用性当然已经有这种主动性了，但它并没有把这些环节在其互相对立中同时不加分割地以同一个考虑来拥有。就是能不能不要把它们分割开来，自在存在也好，为他存在也好，自为存在也好，这些环节哪怕有种对立关系，你能不能把它们同时不加分割地置于同一个考虑之下？有用性显然还不是这样，它没有同一个考虑，也不是同时考虑这些环节，而是在时间中从一个转向另一个，像猴子掰苞谷，掰一个扔一个。有用的东西总是这样机会主义的见机行事，而不关心把这些环节在其互相对立中同时不加分割地以同一个考虑来拥有。我们面对现实的时候，我们考虑它的有用性的时候，都是非常投机的，有奶就是娘的。"或者把它们当作一种自在的**思维**来拥有，就像它们作为纯粹明见而存在那样"，"思维"打了着重号。就是说所有这些存在的资源，这些手段，这些自为的活动，我们都没有把它们当作一种纯粹思维，按照它们作为纯粹明见而存在的那样来拥有，而是当作现实存在的东西来拥有的。现实存在的东西总是一个个孤立的、分离的，而不像自在的思维，不像纯粹明见本身那样，互相之间有种联系或关系，有种纯粹概念的透明性。我们把它们当作死的东西来拥有，用完了就完了，消耗掉了就消耗掉了，吃掉了就吃掉了，一点事都没有，在它们身上不会有什么思维产生出来。启蒙的观点就是这样的，唯物主义的观点就是这样的，机械论的观点就是这样的。对象，有用性的东西，它本身并没有思维，也看不出有什么纯粹明见在里面。一个傻瓜也可以是一个有福之人，不需要他有纯粹明见。但是你既然提升到有用性这样一个阶段、这样一个层次上面来了，你就不能够再把它当作没有思维的东西了，你就必须向更高的层次进发。但是现在还没有做到这一点，就有用性本身来说，它的确是把所有的万物都拿来为我所用，对大自然不存敬畏，大自然反正是没有思维的，它就是个死心眼。不管你说这个东西马上要灭绝了，是珍稀动物、珍稀植物，他照吃不误，觉得可以吃的东西无非就是让我来吃的。如果像它们作为纯粹明见而存在那样，那就应该把所有这些环节都包括进来，整个大自然、整个对象世界、整个为我所用的那些手段都应该有纯粹明见的通盘考虑，纯粹明见本身应该是透明的，它的那些环节应该是完全无区别的。对象就是我，我也是对象。手段就是目的，目的也就是手段，所有这些东西都应该是没有区别的。但是有用的东西不是这样看，它把这些使用的对象都看得很死。"**自为存在**的环节虽然存在于有用的东西那里，但并不是这样存在，即它并不**蔓延到**别的环节，并不蔓延到**自在和为它存在**，仿佛它就是**自我**似的"，自为存在的环节存在于有用的东西那里，甚至有用的东西就是由自为存在建立起来的，到了自为存在就返回到自身了。就是说这个消耗材料和手段的过程本身是一个自为的过程，我把对象和手段消耗了，为我所用了，那么我这个自为存在还在，凡是有用的东西里面都有自为存在。虽然如此，但自为存在并不是这样存在的，即它并不蔓延到别的环节，蔓延到自在和为它存在身上，每个环节都到自身为止，各顾各的，不管其他环节。因此它也不把其他环节看作仿佛就是自我似的，仿佛它们都是自己的自我的本质环节，相反，它与这些环节的关系只是萍水相逢，偶然相聚。自为存在环节在有用的东西那里并不是像一个自我意识那样的统摄自己的其他环节，并没有统一于自己之下，直到把整个自然界看作就是我的无机的身体，有用的东西恰好不具有这样一种视野，这样一种境界，这样一种胸襟。黑格尔在别的地方提到过，整个自然界是人的无机的身体。所以你要保护自然界，保护自然界就是保护你自己的身体呀。但是你从有用性的角度来看，绝对没有达到这样一个境界，而是肆意地破坏自然界，好像是破坏别的东西，好像完全是不属于我的东西，不拿白不拿，不用白不用，用完了拉倒，用完了再说。所以在有用性里面缺乏的是自我的环节，这就是刚才讲的，为什么这是启蒙的一个缺陷啊。启蒙在有用性这个本质概念中，它的致命缺陷就是无自我性，虽然是作为充实了的对象，但所有这些充实了的对象里面没有自我性，也就是把自然、天地万物这些东西都看作是麻木不仁的。我们中国人讲民胞物与，天地万物都是与我有血缘关系相通的，但是有用性就没有这个观点，有用就是有用，非常机械的，拿来用就是了，它对待自然界是麻木不仁的。老子讲，"天地不仁，以万物为刍狗"，而在启蒙看来，人不仁，以天地为刍狗，以天地为自己使用的对象。这是启蒙的这种有用性的观点，在它的有用性里面缺乏自我性。并不是说它缺乏自私自利，自私自利里面当然也有我，但是它这个我是不连贯的，它这个我是分裂的，是破碎的，是随机应变、机会主义的，所以它没有一个统一的自我。

因此，纯粹明见在有用的东西这里，就把在其诸**纯粹**环节中它自己的概念当成**对象**；它是对这种**形而上学**的意识，但还不是对这种形而上学的概念的把握；它还没有达到**存在**与**概念**本身的**统一性**。

这是一个总结了。"因此，纯粹明见在有用的东西这里，就把在其诸**纯粹**环节中它自己的概念当成**对象**"，"纯粹"和"对象"都打了着重号，以示对照。就是在有用的东西这里，纯粹明见把它的各个纯粹环节所体现出来的它自己的概念当成了对象。本来纯粹明见在有用的东西这里已经拥有了自己的概念，这就是其中的各个纯粹环节，自在存在、为他存在、自为存在，这些环节就自身来看是纯粹的，是形成纯粹明见的有用性概念的环节。但现在，纯粹明见为了追求自己的现实性，而把这些环节都当成了对象，一个一个地固定在对象中，把它们孤立起来、分离开来。这样做的后果是什么呢？就是接下来讲的："它是对这种**形而上学**的意识，但还不是对这种形而上学的概念把握"，纯粹明见已经对自己的诸环节有形而上学的意识了，它已经意识到自己的概念与对象是同一的，这就具有形而上学的层次了，但还没有达到对这种形而上学的概念把握。前面讲到了笛卡尔的形而上学，第 110 页上面第四行，启蒙的"两派都没有达到笛卡尔形而上学的概念，即**存在**和**思维**两者**自在地**即是同一个东西。"而现在，在有用性中，它已经达到了这样一个形而上学的意识，就是把诸环节中自己的概念已经当作对象，对象和概念，或者存在和思维已经同一了。在有用的东西里面，概念和对象已经统一了。但问题是，对于这种统一，它还是只从对象一方来把握，不是把对象提升到概念，而是把概念拉下来，下降到对象，下降为一个一个孤立的、分离的对象。所以它还没有达到对这种形而上学的概念把握，而是把这个统一割裂开来，一个一个地加以把握。只有概念的把握才能真正把握到双方的统一，也就是在思维和存在、概念和对象的关系中，只有用思维去统一存在，用概念去统一对象，才能真正达到思维和存在、概念和对象的统一。但有用性还没有达到这种概念的统一，在概念和对象、思维和存在之间，它还是从对象、存在来理解概念、思维，所以它是以一种表象的方式，而不是以概念的方式表达了这种关系。以表象的方式，也就是把它们当作对象，把概念和对象统一于对象。一个对象，我拿来用，那么我的概念和这个对象就统一了，但是这样一种理解是一种表象的理解。在有用性这个层次上，还不是对这样一种思维和存在的关系的概念把握，只是一种表象把握，"它还没有达到**存在**与**概念**本身的**统一性**"。就是说，它还没有把概念当作概念本身来和存在相统一。它把概念当作对象，而不是当作概念本身，所以它是把概念降到了存在。如果达到了存在和概念本身的统一性，那就是把存在提升到概念本身，把存在和概念统一于概念，这才达到了对这种形而上学的概念的把握。存在就是概念，你所面对的那个对象它就是概念本身，你要这样来理解。但是我们现在呢，把那个有用的对象只是当作对象本身来理解，然后它也带有概念，但这些概念本质上无非是对象。

　　因为有用的东西仍然具有纯粹明见之对象这一形式，所以纯粹明见拥有一个虽然不再自在自为地存在着的、但毕竟还是把它与自己区别开来了的**世界**。

　　"因为有用的东西仍然具有纯粹明见之对象这一形式"，这就是我们刚才讲的，你在表象的层面上面来理解的话，有用的东西它仅仅是纯粹明见的对象。它本身不是概念，它是概念的对象，具有对象的形式，在形式上你仍然是思维和存在的对立，而不是思维和存在的统一。"所以纯粹明见拥有一个虽然不再自在自为地存在着的、但毕竟还是把它与自己区别开来了的**世界**"，纯粹明见拥有一个不再自在自为地存在着的世界，这个世界对于它不再自在自为地存在着，也就是不再是完全客观的存在，而是一个有用的世界。纯粹明见所拥有的世界不再是与它绝缘的客观世界了，而是为我所用的世界，有用性已经打破了世界的自在自为性，在有用性面前，世界已经失去了它的独立性，世界跟人已经融为一体了。但虽然如此，这个世界毕竟还是与纯粹明见有所区别的，或者说，这个世界毕竟还是把纯粹明见和自己区别开来了。这个世界已经完全成了一个功利的世界，一个有用的世界，但归根结底又是一个茫然无目的的世界，其中每个对象根据当下每一个有用的机会而处于盲目的碰撞中，它们的本质纯粹明见已经无法洞察、无法把握了，虽然在具体问题上还可以局部有效，但整体上却完全失效了。我们今天的自然保护，有的还停留在这种局部有用性的观点上，特别是刚刚开始宣传动物保护的时候，我们在电视里看到动物保护的宣传片，说要保护白鳍豚，因为"白鳍豚全身是宝"，中华鲟呢，"味道鲜美"，"营养价值高"，怎么怎么的。不知道这是在号召大家去保护它呢，还是引诱大家去猎杀它？现在的动物保护、环境保护观念已经比那时候层次高点了，但还远远不够，在我们的眼中，自然界毕竟还是与我们自己有区别的世界，而不是与我们一体的世界，不是作为我们自己的身体和手足的世界。

<u>不过，由于这些对立都已登上了概念的顶峰，接下来的阶段将发生的是这些对立的崩塌，而启蒙将经验到自己行为的种种果实。</u>

"不过，由于这些对立都已登上了概念的顶峰"，尽管如此，但是，已经有新的苗头了，这就开始向下面的阶段过渡。这些对立，这些手段呐，目的呀，这个自在存在啊，为他存在啊，自为存在啊，它们的对立都已登上了概念的顶峰，现在已经被放到概念的层次上来加以考虑了，已经是有用性概念的各环节了。当然它们本身还没有得到概念的把握，还是被把握在对象的表象中，但是，它们的层次已经提升到了概念的顶峰，在这个台阶上面我们来考虑这些问题了。"接下来的阶段将发生的是这些对立的崩塌，而启蒙将经验到自己行为的种种果实"，这些各个独立的环节，它们的对立将会崩塌，各自向对立方面渗透和转化。启蒙将在它的有用性的发展进程中，经验到自己行为的种种果实。也就是说，在概念的层面上，对立将被扬弃，而原先高高在上的那些纯粹的概念将会降临到人间，将会实现为地上的现实性，启蒙将经验到自己行为的种种后果。这就是下面这个小标题所要讲的，也就是第四个小标题，这是我自己加上的，原来没有，德文编者和贺、王译本都没有这个第四标题。我加了一个标题："IV.纯粹明见的三个世界"。我们刚才强调了这个"世界"，现在是一个"有用的世界"，那么我们在这个世界上面来做文章，这个世界究竟是一个什么世界？在纯粹明见看来，这个世界已经是一个有用的世界，一个功利的世界，一切都有用。那么这样一个世界是一个什么世界？它与前面的世界是何关系？

我们先休息一下。

[IV. 纯粹明见的三个世界]

好，我们再来看最后这一段。最后这一段是一大段，比较长。小标题第四，纯粹明见的三个世界。我们这一段呢，实际上是向这个下面一节过渡了。下面是一个大标题："3.绝对自由与恐怖"。前面的两个大标题，"1.异化了的精神世界"，它属于精神第六章的第二节的第1个标题，其中包含有教化及其现实王国、信仰与纯粹明见两小节，这个我们已经走过来了；然后是"2.启蒙"，包含有启蒙与迷信的斗争、启蒙的真理性两小节；然后是"3.绝对自由与恐怖"。1、2、3讲完了以后，这整个第二大节，即"二、自身异化的精神；教化"就讲完了，再下来就要讲道德了。而现在这些都还属于精神的异化亦即教化的过程，包括狭义的教化及其现实王国，也包括信仰和明见，也包括启蒙。所以，在进入"3.绝对自由与恐怖"之前，必须要有一段总结。我们这个第四个小标题呢，实际上就是对所有前面的1、2标题的一个总结，所以这一个小标题是有必要的，它是有特殊意义的。但是它又是从前面引出来的，是从启蒙的纯粹明见里面引出来的。纯粹明见现在把这个世界看作是一个有用的世界，但是它的意义跟前面是有关的，它是对前面的一个总结，这个总结携带着前面所有的环节，而在后面造成了种种结果。这种结果首先是绝对自由，人在启蒙中战胜了信仰以后，在这个有用的世界里面看到了一种绝对自由，人可以改天换地，人可以主宰世界、为所欲为。当然首先主宰的是人类社会自身，这就是法国大革命，最后走向恐怖。现在这一节就起这样一种过渡的作用。

联系着这整个范围来考察一下所达到的这一对象，那么现实的教化世界曾把自己归结为自我意识的**虚浮性**，——归结为仍以教化世界的混乱为自己的内容的**自为存在**，这自为存在仍然是**个别**概念，还不是自为的**普遍**概念。

"联系着这整个范围来考察一下所达到的这一对象"，所达到的这一对象,这一对象是什么呢? 应该就是上面所得出的有用性的世界。那么联系着整个范围来考察一下这样一个自为存在,会是什么样的呢? 这里所谓"整个范围",是指前面从大标题"二、自身异化的精神;教化"开始直到目前的这整个范围,也就是联系到前面的"1.自我异化了的精神世界"和"2.启蒙"的内容的范围,现在我们联系着这样一个大范围来考察一下上述有用的世界,看它是如何走过来的。"那么现实的教化世界曾把自己归结为自我意识的**虚浮性**",这就是在前面已经讲到了的、第 42 页的这个标题:"a. 教化及其现实性王国",它的最后一个环节就是我加的小标题"分裂意识的虚浮性"[第 69 页],这种虚浮性就是在那个阶段上的自为存在,它体现为拉摩的侄儿那种不着边际、天马行空的独来独往。"归结为仍以教化世界的混乱为自己的内容的**自为存在**,这自为存在仍然是**个别概念**,还不是自为的**普遍概念**",这是对自为存在在那个阶段上的一种批评,即它的内容很混乱,它的概念还限于个别概念,而不是普遍概念。但它至少提供了一种过渡,从中发展出纯粹明见和信仰。后面整个这一大段其实都是围绕着这个自为存在来讨论的,因为从自为存在的方式可以看出它所属的那个世界的特点。所以这个小标题本来也可以定为:"IV. 自为存在的作用",从这里向后面的绝对自由部分过渡,看自为存在是如何蜕变为绝对自由的。但考虑到与前面的关系,我还是标为"纯粹明见的三个世界"。

　　但这种个别概念在返回自身时就是**纯粹明见**, ——就是作为纯粹**自我**或否定性的那种纯粹意识,正如信仰就是作为**纯粹思维**或肯定性的那种纯粹意识一样。

　　这就是第二个阶段了。前面是在"教化及其现实性王国"中自为存在的情况。第二个阶段呢,我们看第 70 页的标题:"b. 信仰与纯粹明见",这时的自为存在是怎样的呢? 这里就讲到了:"但是这种个别概念在返回自身时就是纯粹明见",这种个别的概念,也就是上面讲的自为存在,它仍然是个别概念而不是普遍概念,这样一种个别的自为存在体现在纯粹明见身上。它"就是作为纯粹**自我**或否定性的那种纯粹意识"，纯粹明见就是一种否定性的纯粹意识，是纯粹自我，这就是这一阶段上自为存在的表现形式。"正如信仰就是作为**纯粹思维**或肯定性的那种纯粹意识一样"，这是与自为存在伴生的，信仰在这里相当于自在存在，或对象意识，表现为肯定性的纯粹意识，它是和纯粹明见的自为存在那种否定性的纯粹意识、即纯粹自我意识相辅相成、互相补充的。一方面有纯粹明见，另一方面有信仰；既然有纯粹明见，那么就有信仰。为什么呢？因为纯粹明见是一种纯粹的自我或否定性，那么这个否定性背后就一定有一个肯定性与它相抗衡。信仰也是纯粹意识，那种纯粹明见也是纯粹意识，一个肯定，一个否定，这两个纯粹意识实际上是同一个东西的两面，信仰立足于纯粹对象意识，纯粹明见则立足于纯粹自我意识。这个前面我们已经讲到了。而自为存在在这里是体现于纯粹明见的自我意识这一方的。

信仰在那个自我中拥有使它趋于完备的环节；但是当由于这一补充导致了沉沦时，现在纯粹明见的情况是，我们看到这两个环节中，那作为绝对本质的环节是纯粹**被思维出来的**，或者说，是否定性的环节，——而那作为**物质**的环节则是肯定性地**存在着的东西**。

"信仰在那个自我中拥有使它趋于完备的环节"，在那个自我中，那个自我就是纯粹明见的自我，就是作为自为存在的否定性的那种纯粹自我意识。那么信仰在纯粹明见的那个自为存在中、在那个纯粹自我中，拥有使自己趋于完备的环节，也就是信仰可以利用纯粹明见中的自为存在的自我来补充自己，使自己达到完备。信仰要达到完备，就必须要有一个纯粹自我和纯粹的否定，那就要借重于纯粹明见，特别是它的自为存在、它的能动的否定性。这也是信仰无法抗拒纯粹明见的地方，真正完备的信仰就是借助于纯粹明见而建立起来的否定神学，就是意识到上帝什么也不是，你要说上帝是这个，上帝是那个，那你的信仰就不完备，你就变成了偶像崇拜。这个我们前面也讲到了。一切宗教要想提升到超越偶像崇拜之上,提升到超越拜物教之上,区别于迷信,就必须依靠纯粹明见的自我的否定性,唯独有一个不能否定,就是这个否定者、自我,也就是纯粹明见的自为存在。"但是当由于这一补充导致了沉沦时",由于这一补充,使得信仰完备起来了,但是与此同时呢,又导致了信仰的沉沦,导致了信仰的失落。当你一旦意识到上帝无非就是自我意识的时候,那就是启蒙了。而这就进入了启蒙和信仰的斗争,并且深入了启蒙本身内部两派的斗争。所以,"现在纯粹明见的情况是,我们看到这两个环节中,那作为绝对本质的环节是**纯粹被思维出来的**,或者说,是否定性的环节,——而那作为**物质**的环节则是肯定性地**存在着的东西**",启蒙和信仰的斗争,以及在启蒙中自然神论和唯物主义的斗争,就构成了纯粹明见现在所处的情况。就是这里有两个环节,一个是绝对本质的环节,它是被纯粹思维出来的,是否定性的环节;另一个是绝对物质的环节,它是自在存在着的东西,是肯定性的环节。前者体现了自为存在,后者则体现了自在存在;而自在存在被自为存在所吞并,存在被思维所吞并。启蒙里面的唯物论就强调物质的自在性,物质就是肯定性的,但是这种物质在其纯粹性中其实也成了否定性的,就是说你的所有可以规定的东西其实都不是物质本身,物质本身只是纯粹思维所想出来的一个自在之物,还是纯粹明见的自为存在的产物。

[113]　　——这种完备性还缺乏的是自我意识的那种属于**虚浮**意识的**现实性**,——即思维曾从中把自己提升出来成为思维的那个世界。

"这种完备性",这种完备性就是上面所说的,信仰从纯粹明见那里取得自为存在而获得的完备性,虽然作为纯粹意识是完备了,但是"还缺乏的是自我意识的那种属于**虚浮**意识的**现实性**"。信仰成为完备的以后,它就变成了自然神论,但自然神论的问题就是缺乏自我意识的现实性,也就是缺乏自为存在的现实性,而这种现实性在虚浮意识那里倒是不缺少的,例如拉摩的侄儿就很有现实感。所以启蒙的唯物主义者狄德罗要写一部《拉摩的侄儿》的书,借这种虚浮意识来宣扬唯物主义的现实性。而对于自然神论来说,唯物主义的这种现实性确实是一种补充,而且纯粹思维也是从这种现实性中把自己提升上来的,自然神论者其实都是"羞羞答答的"唯物主义者。所以它缺乏的就是这种现实性,即缺乏"思维曾从中把自己提升出来成为思维的那个世界",而唯物主义则正好给它弥补上了这个缺陷。但唯物主义作为一种纯粹明见,所做的还不止于此,它一直通向了启蒙的最本质的概念,就是有用性概念。这就使纯粹明见的自为存在取得了一个比以前更完备的形式。

　　而这种缺乏在有用性中则已经由于纯粹明见在其中达到了肯定的对象性而被补上了,纯粹明见因此就是一种现实的自身满足的意识。

　　"而这种缺乏",这种缺乏指对现实对象的缺乏,这是从启蒙一开始就出现了的。这个前面都是回顾,前面讲了这么多都是回顾走过的历程,从教化世界的那种虚浮性,以及信仰和纯粹明见之间的那种纠缠关系,启蒙和信仰的斗争,以及启蒙自身的内部分化,虽然都靠自为存在走出困境,但都面临这个缺乏现实性的问题。最后呢,我们发现启蒙的分化双方都缺乏一种现实性,都是在那里谈一个抽象的问题。而这种缺乏"在有用性中则已经由于纯粹明见在其中达到了肯定的对象性而被补上了",这种缺乏现在已经被补上了,在有用性中已经不缺乏了。以前在拉摩的侄儿的眼睛里面虽然有现实性,但是没有规律,一切都是混乱的、虚浮的;而现在呢,有用性已经有规律了,已经由纯粹明见来安排了。在有用性中纯粹明见达到了肯定的对象性,纯粹明见看透了这个世界,就是为我所用,这就是肯定的对象性,不再虚浮,纯粹明见由此补上了它所缺乏的现实性。"纯粹明见因此就是一种现实的自身满足的意识",启蒙在这里终于满足了,它的纯粹明见在有用性中获得了一种现实的自身满足的意识。前面讲启蒙的缺陷,就是说它在满足中仍然还有不满足,我们回到106页中间:"然而,启蒙是否能停留在自己的满足中,这一点也将在它身上显示出来;那种迷茫的渴望,那种为失掉了自己的精神世界而忧伤的精神的渴望潜伏在它背后,启蒙在自己本身就有未得满足的渴望这一缺陷",然后谈到三个方面的不满足。那么启蒙怎样才能得到满足呢？最后就是在有用性上面得到了满足，因为在这里，启蒙获得了它自己的世界，不再为此而忧伤。前面也提到过有用性，有用性是启蒙的基本概念，第 97 页的小标题就是"有用是启蒙的基本概念"。启蒙达到了它的基本概念有用性，那么在这个概念上面呢，它终于满足了。

这种对象性现在就构成着纯粹明见的世界；这个世界已成为了上面所说的整个世界的、不论是观念的（ideelle）世界还是实有的（reelle）世界的真理。

"这种对象性"，也就是有用性作为纯粹明见的现实对象，这样一种对象性，"现在就构成着纯粹明见的**世界**"。我们把有用性当作一个对象来看，那么这个对象并不限于一个个别对象，它是一个世界，就是万物莫不有用，万物都是有用的，万物都是为我所用的。这就构成纯粹明见的世界了，这就是一个世界观了。"这个世界已成为了上面所说的整个世界的、不论是观念的世界还是实有的世界的真理"，这个世界成了前面两个世界的真理，这个世界把前面两个世界统一起来了，观念世界也好，实有世界也好，都被统一在有用的世界中了。观念的世界就是纯粹思维和纯粹物质，实有的世界，即实在的世界，本来是没有规律的世界，是拉摩的侄儿所看到的那样一个虚浮的世界。纯粹的世界、观念的世界是本质性的，那是不虚浮的；而现实的世界是虚浮的，是分裂的"样子货"；现在有用性的世界成为了观念世界和实在世界两者的真理，它既有观念性，同时又有实在性，而观念与实在相符合，这就成为上面所说的整个世界的真理。现在有三个世界摆在这里了，一个是观念的世界，一个是实有的世界，还有一个是有用性的世界，它是纯粹明见的真正的世界、真理的世界，因为它是纯粹明见和现实对象之间的符合。那么这三个世界它们的关系如何？

精神的第一个世界，是由精神的分散着的定在以及它自身的个别确定性扩展开来的王国；这正如自然将自己的生命分散为无限多样的形态

那样，这些形态的**类**不会是现成在手的。

　　首先讲第一个世界，它有实在性而无观念性。"精神的第一个世界，是精神的分散着的定在以及它自身的个别**确定性**扩展开来的王国"，这就是拉摩的侄儿眼睛里所看到的那个现实世界。精神的分散着的定在，这里一个定在，那里一个定在，精神到处都找到自己的定在，但却是散漫的。这只是由精神自身的个别确定性扩展开来的王国，每一个个别的定在都很确定，都讲得很有道理；但是你把它扩展开来，整个世界、整个王国都是混乱的、都是无规律的，各行其是的，所以总体来看是虚浮的。拉摩的侄儿之所以强大，就在于他可以站在每一个人的角度扮演每一个人，他可以理解每一个人，但是所有这些人都是相互冲突的、相互矛盾的。这是分散着的定在以及它自身的个别确定性，每一个人都有确定性，这样一个世界充斥着这样一些具有个别确定性的个别特定的存在。"这正如自然将自己的生命分散为无限多样的形态那样，这些形态的**类**不会是现成在手的"，这里打了个比方，自然界把自己的生命分散为无限多样的形态，各种各样的动物、植物，反正是分散的、多种多样的形态；但这些形态的类不会是现成在手的。前面讲自我意识的产生的时候，也提到了"类"的概念，类的概念是人类的概念。自然界动植物也有类的划分，但那是人给它划分的。动物界的这些种类是分散的、无限多样化的形态，它本身没有类的意识，也不具备类的形态，只有人才具有类的意识和类的形态。所以在自然界里面，这些形态的类不会是现成在手的，类不会是作为一种现成的形态而出现的，你一眼看去整个自然界就是五花八门的，很难归类。这是第一个世界，就是拉摩的侄儿所看到的那个社会，相当于自然界的这样一个分散的、无限多样的、尚未归类的形态。自然界中类还没有出现，类的出现是伴随着人的出现而产生的，伴随着自我意识的产生而产生的，有了自我意识才会有现成在手的类。当然动物也有类，但是那个类不是现成在手的，是需要人去给它总结的。

　　第二个世界包含着类，它是**自在存在**的王国，或者说是与上述确定性相对立的**真理性**的王国。

"第二个世界包含着**类**"，因为它属于观念的世界，里面有信仰，有纯粹明见，这些都是纯粹意识和绝对本质，类或共相都是由它们建立起来的。在第一个世界中，在拉摩的侄儿那里，纯粹意识是躲在后面的，不露面。所以你看《拉摩的侄儿》，你就会觉得他是人格分裂的，他好像没有一个自我意识，他没有自己的主见，没有自己的定见，一切都是胡来的。那么第二个世界呢，它就已经有类了，也就是有自我意识了，自我意识已经出场了。自我意识尽量把自己所有的东西都统摄为一个类，统摄为一个共相。"它是**自在存在**的王国，或者说是与上述确定性相对立的**真理性**的王国"，"自在存在"打了着重号，"真理性"也打了着重号。它是自在存在的王国，也就不再是虚浮的了，这里涉及的是纯粹本质和纯粹对象，它们都是自在存在。第一个世界虽然有确定性，但是没有真理性，虽然它是现实性，但是这些现实的东西都是表面的、变来变去的，各自为政，没有根基，因而是虚浮的。而第二个世界呢，它包含有类了，它是自在存在的王国，它是纯粹本质的王国，所有其他东西都是建立在它之上的，都必须符合于它，所以它有自在的真理性。但却没有确定性，只是一个被抽掉了一切内容和一切区别的彼岸的空虚，无法对它加以规定。因此它最终归结为一种否定性的行动，却得不出什么肯定性的成果。

但第三个世界，即有用的东西，它是那本身同样也是自身**确定性**的**真理性**。

"但第三个世界，即有用的东西"，"有用的东西"打了着重号。第三世界就是有用的东西的世界了，"它是那本身同样也是自身**确定性**的**真理性**"，"确定性"、"真理性"都打了着重号，它是确定性和真理性两者的统一。第一世界是有确定性的，这个确定性是那种个别确定性，每一个人都可以确定自己，每一个人都坚持己见，但是都没有真理，都是虚浮的，所以确定性没有真理性。在第二世界里面有真理性，但是又没有确定性。真理性高高在上，虚无缥缈，看不见摸不着，你怎么来确定它呢？只有凭信仰，你相信一个上帝。信仰虽然有一个真理性的王国，有一个自在的王国，但是确定不下来。既然确定不下来，所以就被纯粹明见攻破了，就被启蒙战胜了。你没有确定性吗，你那个真理实际上是空的，你证明不了，这是第二世界的软肋。而第三世界包含的是有用的东西，它既有自身确定性，同时也有真理性。一方面它跟第一世界一样，也是自身确定性的，但不是因为固执己见，而是由于为我所用。每一个个别的人都知道什么东西是对我有用的，这是非常确定的。另一方面，它和第二世界一样，也有真理性。因为它这个自身确定性不像第一世界那样虚浮，那样飘乎不定，而是有纯粹明见在里面支持它的，是一以贯之的原则，它是一种形而上的完整的世界观，已经自在地达到了思维和存在的同一性。除了有用性以外，这个世界上再没有别的东西了，所以我可以拿到手的就是真理，有用就是真理。这和第二世界一样有真理性，但却不是那种遥远彼岸的真理性，而是实实在在到手的真理性，所以它既是确定的，既有确定性，同时又有真理性。第一世界有确定性，但只是个别确定性，它没有真理性；第二世界有真理性，但是它与确定性是相对立的，它没有确定性，所以它有缺陷嘛；那么这个第三世界，在有用的东西上面既有真理性又有确定性，于是双方的缺点都被克服了。

信仰的真理性王国缺少的是**现实性**原则，或者说缺少信仰本身作为这一个**个别者**的确定性。但是，现实性，或者说，个别者本身作为这一个个别者的确定性，则又缺少**自在**。在纯粹明见的对象中，这两个世界就结合起来了。

"**信仰**的真理性王国缺少的是**现实性**原则"，这是第二个世界的王国，我们已经讲了，第二个王国的真理性全靠信仰来支撑，但它没有任何区别或规定，当然也就没有现实性了。这种没有不是偶然的缺少，而是没有现实性的原则；不光是说没有现实的东西来作证明，否定和排斥了一切现实的证明，而是说，它缺乏现实的个别性原则。信仰、绝对本质、上帝，这都是属于纯粹普遍性的东西。所以他讲，"或者说缺少信仰本身作为这一个**个别者**的确定性"。信仰本身作为这一个个别者的信仰，这个个别的人的信仰是没有确定性的，确定不了。信仰高高在上，信仰是对彼岸的普遍真理的眺望，而个别人的定在只是此岸的，信仰本身在这一个个别的人这里是找不到它的确定性的。每一个人虽然信仰上帝，但是他不能凭自己个人的信仰就够确切地知道上帝是否确实如他所想的那样。所以第二个王国跟第三个王国相比，它缺乏的是确定性。"但是，现实性，或者说，个别者本身作为这一个个别者的确定性，则又缺少**自在**"，但是，现实性这一方，或者说个别者本身，作为这一个个别者固然有确定性，却又缺少自在，"自在"打了着重号。这是讲第一王国了，第一王国有现实性，也有个别的确定性。拉摩的侄儿的眼光是非常现实的，他面对整个现实世界，他的每一句有针对性的话都是十分确定的。但是这种现实性呢，作为"这一个"个别者当下的确定性，下一瞬间就会失去，而成为不确定性，而与它相反的东西则成了确定性。所以这种确定性是暂时的、虚浮的，而不是自在的确定性。所以和第三世界的那种与自在存在相符合的确定性相比，它缺乏的正是自在的存在的根据，它只在表层上滑来滑去、变来变去，但是后面那个东西、支配它的那个东西，它还意识不到。信仰的王国属于第二个王国；而现实性呢，属于第一个王国，它们各有自己的弊端和缺陷。"在纯粹明见的对象中，这两个世界就结合起来了"，也就是在现在这个纯粹明见的世界中，纯粹明见的这个第三世界中，前面两个世界就结合起来了，各自补充了它们的不足。

　　有用的东西就是对象，因为自我意识看透了对象，并且在对象中拥

{316}　　有它自身的**个别确定性**，拥有自己的享受（它的**自为存在**）；

　　先看这半句。"有用的东西就是对象，因为自我意识看透了对象"，前面讲纯粹明见的对象，那么有用的东西它本身就是对象。这个对象呢，就不光是那种纯粹物质了，它是有用的东西。有用的东西本身成了对象，而它之所以是对象，只是因为自我意识看透了对象。并不是先有一个对象，然后给它加上了有用性；而是因为自我意识看穿了对象的本质就是

有用性，所以在自我意识看来，有用性才是真正的对象，没有用的东西根本不是对象。这个对象和以前的对象就不一样了，前面也说了那么多对象，物质也是对象，纯粹本质也是对象，甚至上帝也可以看作对象。现在由于自我意识看透了对象，才把这个对象本质上看作是有用的东西。对象以前跟自我意识是对立的，而现在呢，是互相渗透的，对象是什么，取决于自我意识的眼光。自我意识看到对象里面去了，已经看透了这个东西是为我所用的，是服从我的，所以我看到了它的本质，它展示在我面前，随便我怎么利用它，所以自我意识看透了对象。"并且在对象中拥有它自身的**个别确定性**，拥有自己的享受（它的**自为存在**）"，自我意识在它的对象中，在有用的对象中，拥有自己的个别确定性，个别确定性打了着重号。在有用的东西中自我意识已经拥有了自己的个别确定性了，每个人都知道这个对象对我有什么用，并且同时也就知道我需要什么样的对象，我被什么样的对象所确定，所以在有用的对象里面我获得了自己的自我意识的个别确定性。"拥有自己的享受（它的**自为存在**）"，这个说得更具体了。拥有个别确定性，就是说它是对我有用的；对我有用意味着什么呢？我可以拿它来享受啊！这是非常确定、也非常现实的。括号中，它的自为存在，"自为存在"打了着重号，为什么要打着重号？就是这一段一开始就说明了，我们要联系整个范围来考察一下这个有用的世界，这种考察特别是着眼于其中的自为存在环节的变迁。前面一直都在梳理这个自为存在从分裂意识的虚浮性以来的各种体现，直到有用性、有用的东西，以此来划分三个不同层次的世界。自我意识现在看透了，对象的本质就在于它能够供我享受，我能够在它里面拥有自己的享受，拥有自我意识的自为存在。我的自为存在是在一个对象里面拥有的，我的自为存在现在不再是自己想当然的，而是在一个有用的对象里面获得的，我的目的性在它里面实现了，在对象身上实现了。我要为我自己做点什么，那么我在一个有用的对象里面就实现了我的目的，这就是它的自为存在，也就是自我意识的自为存在。自我意识在它的对象里面呢，看到了、拥有了自己的享受和自己的自为存在。这种自为存在就把前面那些形态的缺陷弥补上了，它既有自在的环节，也有为他的环节，它已经自在地就是概念和对象、思维和存在的同一性了。当然它还没有意识到这种同一性，还没有从概念上来把握这种同一性，这是上面（第 111—112 页）所表明的。

自我意识以这种方式洞见了对象，而这种洞见或者明见包含着对象的真正本质；（这是一种被看透了的东西，或者说是为一个他者而存在的）；因此，这种明见本身就是真正认知，而自我意识在这样一种关系中，因而在把真理性以及在场和现实性同样都结合起来的这种关系中，同样直接拥有对它自己的普遍确定性，拥有对它自己的纯粹意识。

"自我意识以这种方式**洞见**了对象，而这种洞见包含着对象的**真正本质**"，这个"洞见"用的是"明见"的动词形式 einsehen，凡是动词我都译成洞见，变成名词 Einsicht 以后，我就译成明见。自我意识以这种方式洞见对象，就是说，对象到底是什么？对象的本质到底是什么？对象的本质是自我意识看出来的。不是说它本来就在那里，然后我通过一种旁观就发现了它的本质，不是的。是在拿来为我所用的时候，我看透了它，它的本质就是我的工具，是服从于我的，它就是为我所用的，是对我有用的东西。我以这种方式洞见了对象，以这种方式才能洞见对象的本质，所以他讲，这种洞见才包含有对象的真正本质，"真正"打了着重号。对象的真正本质是离不开我的作用的，也是离不开自我意识的洞见的，它是自我意识自己建立起来的。"（这是一种被看透了的东西，或者说是**为一个他者**而存在的）"，括号里面是补充说明，"为一个他者"打了着重号，表明现在有用性这种自为存在里面包含有为他存在的环节。有用的对象它的真正本质是为一个他者而存在的，也就是说为我而存在的，对象的本质是为我存在的，自然界的本质是为人存在的。自然界自身没有什么本质，它的本质就是为人存在的。我在利用它的时候，我在改变它、改造它的时候，我就发现了它的本质。黑格尔在《小逻辑》的"开讲

辞"中最后一句话说:"宇宙的隐不露的本质在自身没有任何能够抵抗
勇敢的认识者的力量,它必定会在他面前开放,把它的财富和它的奥妙
摆在他眼前,让他享用。"① 我们今天也讲,实践出真知,人在改造自然的
过程中,人在把自然界当作对自己有用的东西加以改造、加以利用的时
候,才发现了自然界的本质。自然界和人不是对立的,自然界就是人的
为我存在,对自然界来说就是为他存在。整个自然界是有目的的,目的
的顶端、最终的目的就是人,这就是自然界的真正本质。这里为什么要
说真正本质,"真正"还打了着重号? 一般来说,自然科学、物理学都认
为自己把握到了自然的本质,但是那还不是它的真正的本质。我们今天
的科学哲学就只看到这样一种本质,而没有看到自然界的真正的本质,
它是跟人分不开的。所以自然界的真正的本质就是人化的本质,就是渗
透了自我意识的、为人所用,与人交相用这样一个本质。只有通过这样
一种用,我们才真正地认知了对象,才真正地把握到了对象的本质。"因
此,这种明见本身就是**真正认知**","真正认知"打了着重号。既然这种
明见所把握到的是对象的真正本质,那它自己当然就是对于对象的真正
认知了。"而自我意识在这样一种关系中,因而在把**真理性**以及在场和
现实性同样都结合起来的这种关系中,同样直接拥有对它自己的普遍确
定性,拥有对它自己的**纯粹意识**",自我意识在这样一种真正的认知关
系中,也就是在把真理性和在场的现实性都结合起来的这种关系中,拥
有了自己的确定性。真正的认知就是这样一种关系,一方面是真理性,
"真理性"打了着重号;另一方面,在场和现实性,"现实性"打了着重号。
在场,Gegenwart,也可以理解为确定性,在场的东西,"这一个",就是感
性确定性,当然是确定的了。还有一个现实性,也相当于更高的确定性,
不仅是在场的确定性,而且是实现着的确定性。把真理性以及在场和现

---

① [德] 黑格尔:《哲学全书·第一部分·逻辑学》,梁志学译,人民出版社 2002 年版,
第 29 页。

实性同样都结合起来的这种关系，这个就跟信仰的真理性不同了，信仰只有真理性，而没有确定性，因为没有在场，也没有现实性。同时又跟教化的现实性也不一样，教化的现实性只有现实性，只有确定性，而没有真理性。它只是一种教化过程，你不要当真，它是在训练你，使你能够提升你的思维层次，所以教化的现实性都带有虚浮性，而没有真理性。那么现在呢，自我意识在这样一种有用性的关系中，把真理性和在场、和现实性同样都结合起来了，所以它的真理性就直接拥有了对它自己的普遍确定性，不光是在教化中那种个别的确定性、主观的确定性，而且是客观普遍的确定性，是整个世界的确定性。大家有目共睹，这个世界是可用的，大家都可以去利用它。我的这种确定性、个别的确定性同时又是普遍的确定性，而这也就是对它自己的纯粹意识。它是现实性，但是，它又是纯粹意识，每个自我意识都会意识到它自己最纯粹的本质就是这种对万物有用性的普遍确定性，也就是这种实践、这种使大自然为我所用的必然可用性。

[114] <u>两个世界就得到了和解，天国降临到了人间。</u>

两个世界，就是前面讲的第一世界和第二世界，也就是现实定在的世界和彼岸真理的世界，它们在第三世界中，在有用性这个确定性和真理性相统一的世界中，达到了和解。形象地说，就是天国降临到了人间。或者说，一个是抽象的、真理性的世界，一个是个别确定性的世界；一个是信仰的王国，一个是世俗的王国；一个高高在上，一个沉沦在底层。那么这两个世界在有用性里面得到了和解，天国就降临到了人间，也就是这个纯粹的意识、纯粹的真理性、纯粹的本质，现在在现实生活中找到了土壤，或者说它现在移植到了地上的王国。纯粹意识本来高高在上，体现为彼岸的信仰，或者体现为启蒙的纯粹思维和纯粹物质，这些东西都是跟现实不搭界的。那么现在呢，它们跟现实性结合起来了，于是这两个世界就得到了和解。天国降临到人间，由此而进入了下面一个阶段，所谓绝对自由与恐怖，就是要把天国的原则切实地在地上实现出来，而这必将导致恐怖。因为任何一个绝对的原则想要一刀切地在现实中付诸实行，都必然会导致恐怖，不论这个绝对原则听起来是多么美好。比如说绝对自由，当人们意识到自己有绝对自由、并且想将它在地上完全实现出来的时候，那就必然会导致恐怖，这就是法国大革命带给全人类的历史教训，是下一次我们要讲的。今天就讲到这里。

＊　　　　　＊　　　　　＊

我们上次讲到了最后这一部分，启蒙的真理性，启蒙的真理性最后落实到有用性，这个其实前面已经讲到了，有用性是启蒙的基本概念。那么有用性为什么是启蒙的真理？启蒙的两个方面，或者两头，一个是彼岸的信仰，是观念的世界；另外一个是现实的对象，是实在的世界，这两端在有用性中结合为一体，两个世界结合为一个有用的世界。这是有用性在启蒙中所占的地位。实际上是一个归结点的地位。从近代以来培根讲"知识就是力量"，力量是什么？力量是有用性。那么我们在万物中所看到的东西都是可以为我所用的，所以归根结底是立足于人本身。这样一来，两个世界得到和解，天上的世界和地上的世界不再具有一个不可跨越的鸿沟。我们也经常讲实践是主客观的统一，观念世界和现实世界，通过人的满足自己需要的活动、有用性的活动，而达到了统一。这是前面讲的启蒙，启蒙的归结点就是有用性。

C. 绝对自由与恐怖

那么今天讲的是"C. 绝对自由与恐怖"。前面是"A. 自我异化了的精神世界"；"B. 启蒙"；加上"C. 绝对自由与恐怖"，这是三个环节。它们都归于"二、自我异化了的精神；教化"这个标题之下。所有这三个环节都属于自身异化了的精神，在广义上也属于教化。狭义上的教化属于上述第一个环节下面的"a. 教化及其现实王国"，广义的教化也包括 B、C 两个环节，既包括启蒙，也包括绝对自由和恐怖。绝对自由和恐怖主

411

要是讲法国大革命。法国大革命这样的一个刚刚在法国所发生的事件，是黑格尔自己亲历的，黑格尔写《精神现象学》的时候，刚刚经过法国大革命，所以他要对这一段历史做个总结，这个是很了不起的。他能够在当场对于发生的事情做出总结，而且一直到今天他的观点还有价值。我们要理解法国大革命的本质，我们还得参考黑格尔的观点，当然我们今天更多地参考托克维尔，或者一些历史学家，但是在哲学家里面，仍然绕不开黑格尔。当然康德也包括在内，但是康德没有具体地像黑格尔这样来分析。所以马克思讲"德国古典哲学是法国革命的德国理论"。法国革命催生了德国的理论，反过来德国古典哲学对法国革命的这种分析是最值得认真对待的。法国革命怎么来的，显然前面有一个长期的准备工作，有一个理论准备阶段，一个文化、教化的准备阶段。而这个准备阶段落实到有用性，也可以说是功利性。上帝已经远离了，整个客观世界已经不再神秘了，已经被我们看透了，它对我们人来说没有任何阻力了，没有任何东西可以束缚人了，人就是绝对自由的了。那么这个时候启蒙的精神就进入绝对自由，而通过对绝对自由的推行就引出了恐怖。这恐怖怎么来的，我们一步一步分析。开始的时候是很美好的，人终于解放了，法国革命攻打巴士底狱，人性的解放，大家都处于狂欢之中，就像过节一样。最开始是这样的。那么为什么最后演变成自相残杀？演变成一场大屠杀？这个里头有深刻的历史教训。首先我们来分析绝对自由。

[**Ⅰ.绝对自由**] 意识在有用性中找到了自己的概念。但是这个概念一方面还是**对象**，另一方面，正因为如此，它还是一个**目的**，意识还没有直接处于对它的占有中。

"意识在有用性中找到了自己的概念"，前面讲了，有用性是启蒙的基本概念，而"纯粹明见在有用的东西这里，就把在其诸**纯粹**环节中它自己的概念当成**对象**"[第112页]。所以，意识在有用性中找到了自己的概念，意思是说，意识把纯粹明见的概念寄托在有用的对象中。所谓"找到了"，而不是发展出来了，说明这种寄托还是外在的关系，还没有达到对象的存在和概念的统一性，没有从概念来把握这对象和概念的统一，这也是前面第 112 页所分析过的，这个有用性概念的局限。"但是这个概念一方面还是**对象**，另一方面，正因为如此，它还是一个**目的**，意识还没有直接处于对它的占有中"，就是这个概念呢，它还有未消化的地方，因为有用性的概念一方面还只是对象，意识把这个对象看作是与自己有区别的；但另一方面呢，它又还只是一个目的，这个目的还没有直接占有它的对象。所以这个概念和对象还没有完全合一，当你把有用性看作对象时，它还只是在主观概念中的对象，这就是所谓的目的。目的中的对象还没有直接占有客观对象，而只是设想中的客观对象。而一旦目的实现出来，成为了真正客观的对象，它就与自己的目的有了区别，同样也不再为意识所直接占有。意识虽然在有用性中找到了自己的概念，但是还没有直接占有对象。这都是讲的启蒙，从启蒙到这个绝对自由还有一个过程，整个这第一段都讲怎么从启蒙过渡到绝对自由。那么从启蒙讲起，启蒙还是有它不满足的地方。我们前面讲到的，虽然它在不断地扬弃它的缺点，但是这个扬弃最后还是留下一个有用性，而有用性里面缺乏自我性。有用性还缺乏对象和目的的直接统一，当我把我的目的实现出来成为对象时，这个对象就不再是我的了，不是我占有了它，而是它占有了我，我的自我性就丧失了。

　　有用性仍然是对象的宾词，还不是主词自身，或者还不是主体的直接和唯一的现实性。

　　"有用性仍然是对象的宾词，还不是主词自身"，这个东西有用，那么我们把有用性加给这个对象，它还只是对象的一种属性，但还不是主词自身。比如说"这对象是有用的"，有用性还没有在对象里面占主导地位，它还要服从对象，它只是对象一方面的属性而已，这个对象除了有用以外可能还有一些没用的东西，但是这一方面是有用的，我就用这一方面。它还不是主词自身，"或者还不是主体的直接和唯一的**现实性**"，主词和主体这里是一个词"Subjekt"，在西文里面，这个词很不好译，有逻辑学、本体论和认识论三个方面的意义,分别要译作主词、主体、主观。"Objekt"也是如此,可以翻译为宾词,也可以翻译为客体、客观。逻辑学、本体论和认识论这三个方面的意思都有。这里相应于宾词,我们只能把 Subjekt 翻译成主词;但是和现实性相对应,又只能翻译成主体。有用性在逻辑判断中只能作宾词而不能作主词,而在本体论上它并不是主体的直接和唯一的现实性,"现实性"打了着重号。有用性并不是一个对象本身直接的唯一的现实性,对象还有其他方面也是很现实的,但却不一定都有用。任何有用的对象都是如此,对一个意图有用的,对另一个意图或者另一个人的意图却不见得有用,在使用前有用的,在用过以后也可能就没用了。所以说有用性在具体场合中,并不是某个对象或某个主体的对象的直接唯一的现实性。不是直接的现实性,因为对象和有用性并不现实地直接同一;不是唯一的现实性,因为对象还有其他属性。

这和以前曾经出现过的情况是一样的,即**自为存在**还没有证明自己就是其余各环节的实体,以便让有用的东西仅仅直接作为意识的自我而存在,而意识也由此占有了有用的东西。

"这和以前曾经出现过的情况是一样的",这里的"以前"仍然可参考第 112 页,上面第 4 行:"**自为存在**的环节虽然存在于有用的东西那里,但并不是这样存在,即它并不**蔓延**到别的环节,并不蔓延到**自在和为它存在**,仿佛它就是**自我**似的",自为存在的东西虽然存在于有用的东西那里,但是没有覆盖住别的环节,没有把它们纳入到统一的自我中来,有用性的自为存在在有用的东西里面没有占统治地位,没有成为自我。例如自为存在对前两个环节,即对象和手段,只是为我所用地利用它们可利用的方面或属性,利用完了,没有利用价值了,就抛弃了。同样,这里也说:"**自为存在**还没有证明自己就是其余各环节的实体,以便让有用的东西仅仅直接作为意识的自我而存在,而意识也由此来占有了有用的东西"。前面讲到启蒙的缺点,最后一个就是有用性的无自我性,它是缺乏自我的,它不是一个主体。这种无自我性就是由于自为存在的这种仅仅充当宾词的有限功能所导致的。所以功利主义强调有用，看起来很强大，知识就是力量，我可以统治整个世界，可以宰制整个宇宙，但是实际上是很被动的。你还得依赖客观对象，那些客观对象的有用性是很偶然的，你必须看准机会，你只有服从自然界你才能掌握自然界，在这一点上你还不是绝对自由的。斯宾诺莎对自由的定义是，"自由是对必然的认识"，恩格斯讲我们对必然认识之后就可以掌控自然，改造自然。所有的这些自由都不是绝对的自由。对于启蒙来说，它的有用性作为自为存在实际上还有没到位的地方，它必须首先要服从自然，然后才能在一定范围内掌控自然，而不能直接将自然据为己有。有用性本身有被动的因素在里面，启蒙最后发现，虽然处处注重有用性，好像已经可以掌握整个世界，天国已经降临到人间，已经可以按照我们自己的理想去创造整个世界了。但最后发现，它还没有到位，它不能为所欲为，这是启蒙最后留下的遗憾。

　　——但是这种撤销有用的东西的对象性形式的事**自在地**已经发生了，而且从这种内在的颠覆中，那对现实性的现实颠覆、那新的意识形态即**绝对自由**就脱颖而出了。

　　但是接下来一转，从这里直接就提出了绝对自由。这个启蒙还不是绝对自由，但是启蒙已经给绝对自由提供了前提。首先你要归结到有用性，然后从有用性里面生长出绝对自由。如何生长出绝对自由，主要就是要把有用东西的对象性形式撤销。有用的东西是不是一定要是对象性的形式呢？一般来说都是这样的，凡是有用的总是要拿个对象来使用，它合适呢，我们才把它叫作有用的，不合适，我们说它没用，而这就使有用性的自我受到了对象的局限。"但是这种撤销有用东西的对象性形式的事**自在地**已经发生了"，客观上、实际上已经发生了。当你在有用性的东西里面转来转去的时候，实际上你已经体会到了绝对自由，自在地已经体会到了，你没有意识到，但是里头已经有绝对自由了。在启蒙里面其实已经蕴含着、隐藏着绝对自由，一旦体现出来，就是有用的东西失去了它的对象性形式，有用的东西不再依赖于对象，或者说所有的对象都变成了自我的一个环节，都已经被自我为所欲为地使用，失去对象性了。它的对象性的环节已经脱落，已经被扬弃，这是已经自在地发生的事。"而且从这种内在的颠覆中，那对现实性的现实颠覆、那新的意识形态即**绝对自由**就脱颖而出了"，所谓内在的颠覆，就是说对象性的形式现在失去了它的对象性，它本来是客观的，现在成了纯粹主观的，这是一种内在的颠覆。我已经不把它看作对象了，我已经把它看作就是我，就是我自己，就是自我意识。为什么会有这种内在的颠覆，按照后面的解释，是因为对象虽然不是我这个特定的自我性所能支配的，但从普遍自我意识或纯粹自为存在的角度来看，任何对象都是对普遍的自我有用的，不是对我这个自我有用，就是对其他自我有用。换言之，对我没有用的对象，对他人的我或普遍的我仍然是有用的；不为"这一个"我所占有的对象，仍然为一般的我所占有。从形而上学的层次来看，自我意识和对象的关系也就是思维和存在的关系，内在地说，我们在有用性中已经自在地把存在的对象当作受自我占有和支配的一个环节来对待了，不是我受制于对象，而是对象受制于我。这样一种内在的颠覆一旦被自为存在所意识到，它就会造成对现实性的现实的颠覆，也就是不相信现实具有绝对的现实性，认为它其实可以由我来任意支配和任意改造。而这就产生出了一种绝对自由的意识形态。所以这种为所欲为的绝对自由其实已经隐含在启蒙的原理里面，这个时候呢，它就脱颖而出了。但这一句只是摆出了这个意识形态，还没有追溯它的原因，这就是下面一段要做的。

　　这是因为实际上现成在手的只不过是一个将自我意识与其占有物分离开来的对象性的空洞假象。

　　前面讲这种颠覆已经自在地发生了，如何发生的呢？就是这样发生的。"这是因为实际上现成在手的只不过是一个将自我意识和其占有物分离开来的对象性的空洞假象"，在启蒙里面已经是这样了，你有一个对象性，但是这个对象性呢，只不过是将其自我意识与它的占有物分隔开来的空洞假象。自我意识和其占有物是不能分割的,没有占有物的自我意识不叫自我意识,青年黑格尔派的麦克斯·施蒂纳写过一本书《唯一者及其所有物》,就是讲的黑格尔这个道理。本来在启蒙的纯粹明见中你已经看透对象的本质了,没有什么东西可以在你的明见之下隐藏起来,你在对象中看到的无非是你自己的本质。但是这个本质作为纯粹明见的现实性,仍然采取了对象性的形式,也就是把自我意识与它的占有物分离开来的形式,似乎只有这样,这个纯粹明见才拥有了现成在手的对象性,才能够克服自己过于空虚和抽象的缺陷而获得现实性。其实这同时就把纯粹明见的层次下降了,因为虽然就某一次具体的利用对象的活动来说的确是这样,自我意识可以说只能在对象已有的现成条件下才能占有某个对象来为己所用;但从更高的层次来看、从形而上学的层次来看这只是一种空洞的假象。立足于思维和存在的同一性,应该说根本上是思维决定存在,自我意识决定对象,而不是相反。在前面的分析中,有用性其实已经达到了这个形而上学的层次,只不过它还没有清楚地意识到而已。它急于克服自身缺乏现实性的缺陷,而采取了一个与自我意识相对立的对象的对象性形式。

　　因为一方面,一般说来,组织起现实世界和被信仰的世界的那些特定肢节的一切持存与效准,全都返回到了这个单纯的规定,返回到了这个世界的根据与精神;而另一方面,这种单纯规定却不再为自己拥有什么特有的东西,它毋宁说是纯粹的形而上学,是自我意识的纯粹概念或认知。

　　为什么在启蒙里面这个与自我分离的对象只不过是一个空洞的对象性假象呢? "因为一方面,一般说来,组织起现实世界和被信仰的世界的那些特定肢节的一切持存与效准,全都返回到了这个单纯的规定,返回到了这个世界的根据与精神",这是一方面。从广度上说,组织起现实世界和被信仰的世界的那些特定肢节,肢节 Glieder 也可以翻译为环节,这些环节本来是使这个现实的世界和被信仰的彼岸世界共处于一个有机的组织结构中,虽然有启蒙和信仰的斗争、唯物论和自然神论的斗争,但却斗而不破，谁也离不了谁；但现在，这些肢节的一切持存和效准都返回到了这样一个单纯的规定。什么单纯的规定？就是有用性。前面我们已经看到了，天国降临到人间，为什么能够降临到人间，因为它们全都返回到了一个单纯的规定，这个单纯规定就是有用性。现实世界和彼岸世界被有用性的概念统一起来了，被第三个世界统一起来了，它们的那些环节或肢节的持存和效准都要取决于这个有用性的概念了。所以有用性现在成了这整个世界的根据与精神，精神就是纯粹意识本身了。各个环节都要返回到纯粹意识本身才有它们的持存和效准，这就包括，对象性、现实性也只有返回到纯粹意识本身才有其持存和效准。"而另一方面，这种单纯规定却不再为自己拥有什么特有的东西，它毋宁说是纯粹的形而上学，是自我意识的纯粹概念或认知"，这是另一方面。也就是从深度上来看，既然有用性是世界的根据、是精神，那么有用性就是一个单纯的概念，这个单纯的概念去掉了对象性的形式以后，不再为自己拥有什么特别的东西，它就不再是特指某个对象上的有用，而是指有用性本身。它已经没有什么具体内容了，它高高在上，成了一种精神，一种为我所用的精神，一种纯粹的自为存在。但是为我所用又是为了什么呢？没有为什么了，为我所用就到底了。所以它自己再没有什么规定了，它毋宁说成了纯粹的形而上学，是自我意识的纯粹概念或认知。有用性当然要以对象为前提，但是有用性本身，作为有用性的有用性，它就是纯粹的概念和认知，它就不再为别的东西所规定，不再拥有什么特有的东西，它就是一个出发的点，一种纯粹的形而上学。所谓"知识就是力量"，这本身也是一种知识，把那些具体的内容都扬弃了之后，你来认识有用性本身，这就是一种纯粹的形而上学。这里没有说出来的是，如果说通常的有用性只是相对的自由，那么有用性本身就是绝对的自由了。

因为对于作为对象的有用东西的**自在自为的存在**，意识认识到，**其自在存在**本质上是**为他存在**；这自在存在作为**无自我的东西**在真理性中是被动的东西，或者是为另一个自我而存在的东西。

[115]

　　这里是第二个"因为"了，前一个"因为"是说它的对象已经返回到了精神，而这个精神本身不再有什么特殊的规定，而是一种纯粹的形而上学，所以从广度上和深度上都可以说它已经扬弃了对象性，撤销了对象性。现在这第二个因为是更具体地解释。"因为对于作为对象的有用东西的**自在自为的存在**"，"自在自为的存在"打了着重号，有用的东西原来是被当作自在自为的存在的对象的，一个是自在的，自在的就是它是对象，有个对象在那里，你才可以拿它来用；但是它又是自为的，就是说它在那里可以发挥它的作用。当然它的自为存在实际上是我赋予它的，是我的自为存在。对这样一个自在自为的存在，"意识认识到，**其自在存在本质上是为他存在**"，那个对象的自在存在或者自在自为的存在实际上是为他存在，就是说那个对象并不是为它自己，它是为我。对它来说就是为他，就是它并不是独立存在，而是被纳入了我的有用性里面，它为我服务，为我所用，不能抗拒我。它一方面是自在的，另一方面呢，看起来又是自为的，好像它自己在成就一个东西，但是这个自为本质上是为他，也就是为我，对象的自为本质上是为我、为这个使用它的人。"**这自在存在作为无自我的东西**在真理性中是被动的东西"，这个自在存在就是这个有用的东西，我们说它自在存在，但是它是无自我的，前面我们已经讲到了有用东西的"无自我性"[第106页]。有用的东西作为无自我的东西，在其真理性中，也就是真正说来，它是被动的东西。它无自我，无自我就可以由另外一个自我来支配它，所以它"**或者是为另一个自我而存在的东西**"。既然它是无自我的，那么它就是为了一个外在于它的我而存在的东西。这样一来，有用性就从一种个别的自为存在又成了对他人的自在存在，以至于又成了为他存在，意识到这一点，这个自我就不再只是投身于这个有用的东西里面的自为存在，而是提升自己为一个普遍的自我意识或纯粹的自为存在了。

　　但这对象对意识而言，是以**纯粹自在存在**这样一种抽象形式而存在，因为这意识是纯粹的**洞见**，它的那些区别都具有概念的纯粹形式。　{317}

419

"但这对象对意识而言，是以**纯粹自在存在**这样一种抽象形式而存在"，这有用的对象对意识而言，对我而言，是以纯粹自在存在这样一种抽象形式而存在，"纯粹自在存在"打了着重号，为的是与下面一句中的"自为存在"相对照。就是说，虽然这个自在存在是为我的，或者说对它来说是为他存在的，但是它是以抽象形式而存在的，并不是这个感性的对象。意识已经把这个对象看作纯粹自在存在，而不是某个具体的感性事物，所以意识不但在自我意识的理解上提高到了纯粹普遍性的层次，而且在对于对象的理解上也提高到了纯粹普遍性层次，这就是从两个方面都提升到了上面讲的纯粹形而上学的层次。这个对象作为自在存在，从抽象形式来看，它是纯粹的自在存在，并不是我把它看作是为我所用的就没有自在了。当然它的有用性就是因为它是自在的，所以我才能拿来有用；但不能局限于这个我的这一次有用的对象，而要放开来从形式上抽象地看它。"因为这意识是纯粹的**洞见**，它的那些区别都具有概念的纯粹形式"，洞见，Einsehen，是明见的动词形式的名词化，和 Einsicht 是一个意思，但更强调其动态性。这是纯粹明见所洞察到的区别，这些区别，包括自在存在、为他存在这样的区别，都具有概念的纯粹形式。所以在这个意义上我们仍然可以说，这个有用性的对象有一种纯粹的自在存在，但是你不要理解为就是现实的自在存在，在现实中它已经没有自在存在了，变成为他存在了，但是在概念中它还有。纯粹明见是从概念上来看问题的，所以它还可以容忍有用的对象作为一种纯粹的自在存在这样一种抽象的形式而存在。也就是作为概念的抽象的形式，我还可以承认它是自在存在的，但这没有关系，因为它这个自在存在就是我的概念。我的那些区别都具有概念的纯粹形式，概念和概念之间没有什么不可以相容的，这个不涉及现实对象，不涉及客观上互不相容的现实事物，不是说它的无自我性原来是那么一个非我的客体。现在已经超越了那个阶段，我们现在可以承认它有它的自在性，但是这个自在性已经是在纯粹概念这样的形式之下的。这是讲自在存在这一方面，它成了纯粹概念。

——但是**自为存在**,即为他存在返回于其中的那种自为存在,亦即自我,并不是一个与我不同的特有的自我,不是那被称为对象的东西的自我;

先看这半句。前面是讲的对象自在存在,自在存在于启蒙的最后阶段发现,它其实已经暗中把这种现实对象性的假象扬弃了,也就是它所讲的这种自在存在只是一种抽象的形式,仅仅是概念的纯粹形式,它不具有能够抗拒我的这样一种特点,它在我面前完全是透明的,因为它已经是概念了,这是客观的方面。那么主观的方面呢? "但是**自为存在**,即为他存在返回于其中的那种自为存在,亦即自我",刚才讲了,有用的对象的自在存在实际上是为他存在,而为他存在是为谁呢? 实际上就是为我,所以为他存在就返回到了我的自为存在。但是这个自为存在、这个自我却"并不是一个与我不同的**特有的**自我",这里"自我"用的是Selbst,"我"用的是Ich,它比Selbst要更具体,是特指的某个我。所以现在这个"自我"已经不是与某个特定的"我"不同的另外一个特定的"我",比如他是张三,我是李四,不能这样来理解自我,它已经"不是那被称为对象的东西的自我"了。因为这时自我已被提高了,已经成为纯粹概念了,它是普遍的自我意识,就像自在存在也成了纯粹的自在存在一样。这时这两个环节即自在存在和自为存在就都在纯粹概念的平台上发生互补关系,来展示思维和存在统一于思维本身这一形而上学结构了。

因为意识作为纯粹明见并不是**个别的**自我,仿佛对象同样作为**特有的**自我而与之相对立似的,相反,它是纯粹概念,是自我对自我的观看,是绝对的**自己对自己**的双重的看;它的确定性是普遍的主体,而它的认知着的概念是一切现实性的本质。

这个"自我"并不是"我"、并不是特定的"自我"。"因为意识作为纯粹明见并不是**个别的**自我",纯粹明见已经就不是个别的自我了,不是张三李四的自我了。"仿佛对象同样作为特有的自我而与之相对立似的",这是虚拟式。就是说,如果是个别的自我的话,那么对象也就会是作为另外一个特有的自我而与自己这个自我相对立了，也就是对象就会代表另一个自我的有用性，是我所不能利用的了。但这是不会发生的，因为这个阶段的自我已经超越了个别自我，超越了特定自我的阶段。"相反，它是纯粹概念"，现在纯粹明见的"自我"是纯粹概念，是怎样的纯粹概念呢？"是自我对自我的观看，是绝对的**自己对自己**的双重的看"，纯粹自我意识概念就是自我看自己，不是自我对另外一个人的观看，而是自己对自己双重的看，也就是自己把自己当对象看，同时又把对象当自己看，这样的看是绝对的、不依赖任何外在条件的，这样形成的自我意识是更高层次的。这个道理在康德那里已经讲到了，先验的自我意识和经验的自我意识是不一样的，先验的自我意识是绝对的，每个人都有，而且每个人都一样，它是一切可能认识的最高条件。经验的自我意识就不一样了，这种自我意识是一个感性的、经验的对象，各人都不一样的。所以绝对的自我意识，"它的确定性是普遍的主体，而它的认知着的概念是一切现实性的本质"，这也是康德那里来的。这个绝对自我、这个纯粹的明见，它的确定性就是普遍的主体，就是所谓自我意识的统觉的、本源的综合统一，这是每个人都有的普遍的主体；它的认知着的概念是一切现实性的本质，就是康德所谓知性的纯粹概念、范畴，它是一切现实性的本质。一切现实对象都是由统觉运用这些范畴为自然立法而建立起来的。这个自我意识在这样的情况下就成了一个普遍的主体，它已经不是个别的自我，而是普遍的自我了。

　　因此如果说有用的东西曾经只是诸环节的那种不向它特有的**统一性**返回的交替，因而对于认知来说还是对象的话，那它已经不再是这样的东西了，因为认知本身就是那些抽象环节的运动，它就是普遍的自我，既是它自己的自我，也是对象的自我，而且作为普遍的东西，它就是这种运动向自身返回的统一性。

　　"因此如果说有用的东西曾经只是诸环节的那种不向它特有的**统一性**返回的交替，因而对于认知来说还是对象的话"，这里用的过去时，有用的东西曾经，就是在前面讲到的，曾经只是诸环节的不向统一性返回的交替，自在存在、为他存在、自为存在这样一些环节不断地交替，不断地倒换，却不向它们的统一性返回。我们可以参看第 110 页倒数第 6 行，讲到有用性各环节的绕轴旋转运动时，他说"这种置身于上述**统一之外**的区别活动，因此就是**自在存在**、**为他存在**和**自为存在**这些环节的一种**不向自身返回**的交替"。有用的东西是一种什么样的情况呢？它的三个环节，自在存在，为他存在，自为存在不断地交替，自在存在就是对象，为他存在就是手段，自为存在就是目的。对象、手段和目的不断地倒来倒去。但是始终进入不到统一性，而是不向它特有的统一性返回的交替，曾经是这样的。因而有用的东西对于认知来说就还是对象，对于认知来说，这种有用性始终是一个对象，而不是自我，不能够被完全把握住。实际上哪怕你看透了它，但是它总是捉摸不定，你把它在这个环节抓住了，它又转到另外一个环节了，所以它仍旧是一个把握不了的对象。但是如果是这样的话，那么现在，"它已经不再是这样的东西了"。现在它的对象性已经被扬弃，它已经不再是这样的东西，它已经有了统一性了。前面是不向它的统一性返回，现在它已经复归到它特有的统一性，它最初就是从那种统一性来的，只是为了获得自身的现实性对象，而把自己分化为几个环节了。"因为认知本身就是那些抽象环节的运动，它就是普遍的自我，既是它自己的自我，也是对象的自我，而且作为普遍的东西，它就是这种运动向自身返回的统一性"，现在的认知本身就是那些抽象环节的运动，不再是反复折腾，不再是交替，而是同一个自我的各个抽象环节的运动，那些环节是在一个统一性之下的运动。认知本身就是这个运动，它就是普遍的自我，原先在有用性那里是无自我的，它只好从这个环节转到那个环节，不断地倒腾，没有一个普遍的自我把它们贯穿起来；而现在它就是普遍的自我，既是它自己的自我，也是对象的自我。这就是一个社会性的自我了，它就把自在的对象和自为的自我统一起来了，自在就是自为，而自为在普遍的意义上也就是自在。对象已经被扬弃了，它就是普遍自我本身的自在自为，而且作为普遍的东西，它就是这种向自己的统一性返回的运动。认知本身现在已经把整个过程都掌握住，都统一起来，这个时候当然是超越到更高的层次了，作为普遍的东西，作为概念，在这个形而上学层面上，普遍自我意识已经实现了各个环节的最终的统一。整个一段都是说明，从启蒙的有用性是如何过渡到绝对自由的。启蒙的有用性本来是无自我的，但是在这个过程中它把自己的无自我的对象性扬弃了，这种无自我的对象性是假象，从它里面的东西脱颖而出的就是绝对自由。

借此精神就作为**绝对自由**而现成在手了；它就是那把握到自身的自我意识，它把握到它对它自己的确定性就是实在世界以及超感官世界的一切精神聚合体的本质，或者反过来说，本质和现实性就是意识对**自身**的认知。

"借此精神就作为**绝对自由**而现成在手了"，前面是脱颖而出了，这里讲现成在手了，一个意思。这样精神就作为绝对自由而现成在手，自身异化了的精神就进入到绝对自由了，现在它已经把对象吃掉了，剩下唯一的就是它了，它可以为所欲为了，没有东西可以阻拦它。"它就是那把握到自身的自我意识"，这个精神、这个绝对自由就是把握到自身的自我意识，没有一个对象站在它的对立面了。它把握到自身，如何把握的呢？"它把握到它对它自己的确定性就是实在世界以及超感官世界的一切精神聚合体的本质"，它把握到的是，它对它自己的确定性，就是确定了它的自我意识就是实在世界和超感官世界的一切精神聚合体的本质。实在世界就是现实世界，超感官世界也就是信仰的世界，它们分属于此岸世界和彼岸世界；一切精神聚合体，包括此岸的财富和国家权力、善和恶，彼岸的上帝和纯粹本质，纯粹思维和纯粹物质，所有这一切本质上其实都是自我意识。前面讲，经过启蒙，最后天国降临到了人间，那么降临到了人间是个什么情况呢？就是自我意识把这两个世界全都统一起来

了,自我意识自身的确定性就是实在世界以及超感官世界的一切精神聚
合体的本质。"或者反过来说,本质和现实性就是意识对**自身**的认知",
所谓反过来说,就是前面讲自我意识是本质,这里讲本质和现实性是自
我意识。自我意识就是意识对自身的认知,本质也好,现实性也好,超感
官世界也好,实在世界也好,都无非是意识对它自己的认识。自我意识
把所有这一切统起来了,那它当然可以为所欲为,天上地下无所不能,无
所不包,那就是绝对自由了。

　　——这种意识所意识到的,是自己的纯粹人格性以及其中的一切精
神实在性,而一切实在性都只是精神性的东西;对它而言这个世界完全
是它的意志,而它的意志就是普遍的意志。

　　"这种意识所意识到的,是自己的纯粹人格性以及其中的一切精神
实在性,而一切实在性都只是精神性的东西",所谓纯粹人格性就是普遍
自我意识和有限性的关系,它既是精神性的,同时又与现实性发生关系,
因而是"一切精神实在性"。但这种关系是把一切实在性都统一于精神
性之中的关系。在前面第 111 页第 4 行也曾讲到过纯粹人格性,"纯粹明
见……就是存在着的概念自身,或者说就是自我等同的纯粹人格性,……
它是单纯的纯粹自我意识,这种自我意识不仅**自为地**,而且**自在地**存在
于一个直接的统一体中",即纯粹人格性就是纯粹自我意识的自为和自
在的直接统一性。在《法哲学原理》中,黑格尔对人格性的定义是:"人
格性 (Persönlichkeit) 是只有在主体不仅仅是对自己作为具体的、以某种
方式被规定下来的东西而具有一般的自我意识,而且是对自己作为完全
抽象的自我、使自己的一切具体的局限性和有效性都完全消除并失效了
的自我,而拥有某种自我意识的时候,才开始的",或者说,人格性在于
"我在有限性中知道自己是某种**无限的**、**普遍的**和**自由的**东西。"① 这些说

---

① 　参看 [德] 黑格尔:《法哲学原理》,范扬、张企泰译,商务印书馆 1961 年版,第 45 页,
　　译文据德文版《黑格尔全集》第 7 卷,有改动。

法都是一个意思，即纯粹人格性首先必须是在我的有限性中所看到的，它与我的实在性或自在存在相关；其次它在这个有限性中被意识到自己是无限的、普遍的和自由的东西，在个别自我中意识到自己的普遍性，因而意识到自己本质上的精神性；第三，它必须是这两个方面的单纯的纯粹的统一性，双方不可分割，呈现出康德所说的"号数上的同一性"（《纯粹理性批判》A361）。人格性是统一的，它有种种活动，包括有用性，包括对象的实在性，但都是它的精神活动，因而一切实在性都只是精神性的东西，凡是有实在性的东西对它来说都是精神性的东西，不再具有一种不以人的意志为转移的对象性了，那种对象性已经是假象，已经被扬弃了。"对它而言这个世界完全是它的意志，而它的意志就是普遍的意志"，这个世界完全被它吃透了，所以是完全由它的意志所支配的；而它的意志也不是张三李四个人的意志，而是普遍的意志。只有普遍的意志才能达到这种境界，才能把整个世界全部吃掉，你必须把你的意志提升到普遍"自我"这样一个高度，你才能达到这样的境界，把所有天上地下的东西全都包括在你自身之内，由你来支配。普遍的意志这里稍后有一个德文编者注，下面再讲。这里贺、王中译本也加入一个译者注，引用了黑格尔《历史哲学》中的话："感觉，感官性、冲动也是内在生活用来实现它自己的方式，但……它们是意志的不稳定的内容。至于公平和道德是……普遍的意志。……只有当意志不欲望任何别的，而只欲望它自己时，……意志才是自由的。绝对的意志，就是欲望成为自由的意志。自己欲望自由意志，乃是一切权利和义务的基础。"这是在《历史哲学》中讲的。其实在《法哲学原理》的导言里面也讲得很多，对意志的意志，对自由的自由才是真正的自由意志；这个时候讲到，普遍的意志可以理解为对意志的意志，就是说不再是对这个那个东西的意志，不再是这个东西那个东西的有用性，已经从有用性的感性的冲动和感性需要这样一些低层次的东西超越出来，这样一种普遍意志就是一切权利和义务的基础。为什么是权利和义务的基础？就是说对自然界来说只要有意志就可以支配了，但是对意志的意志只有在社会生活中、在权利和义务关系中才用得上，因为你涉及人与人之间的关系。你有意志，人家也有意志，你必须要对自己的意志加以控制，你必须要对自己的意志施加意志，来处理好人与人的关系，这样你的意志才得以实现。这种普遍意志我们可以联系到卢梭的公意理论，我们知道卢梭的《社会契约论》里面区分了公共意志和大众意志，公意和众意，公意其实就是黑格尔讲的普遍意志。但黑格尔在《法哲学原理》里面却批判卢梭的公意，说卢梭的公意还不是真正的普遍意志，而只是全体人民的最大众意。但他这个理解我觉得好像不太对，卢梭的公意不单纯是从人数上说的，而且主要是从性质上说的，否则根本不可能有所谓"公意"，即每个人都同意，至少不可能成为卢梭建立社会契约的基础。在正常情况下，我们不可能指望一项政策或一场普选能够得到全国人民 100% 的自由投票赞成，能有 90% 以上赞成就相当不错了，而且很少见。卢梭不会愚蠢到把社会契约建立在这样小概率的事情上。

　　<u>更确切地说，普遍的意志并不是那种建立在默许或被代表的赞同之中的、关于意志的空洞思想，而是实有的普遍意志，是一切**个别人**本身的意志。</u>① 　　[116]

　　前面提出了普遍意志，那我们现在要解释普遍意志。"更确切地说，普遍的意志并不是那种建立在默许或被代表的赞同之中的、关于意志的空洞思想"，什么是普遍意志，是不是大家都认可，默许，大家不作声，你不反对那我就可以代表你，是不是可以这样？那只是被代表的赞同之中的那种关于意志的空洞思想。我们经常讲人民的意志，什么是人民的

---

① 　此处黑格尔明显引用了法国大革命宪法学家西耶斯（Emmanuel Sieyès，1748—1836）的说法，参看德译本《西耶斯政治著作全集》第 1 卷，1796 年，第 207 页："为了共同的需要，一个共同的意志是必须的。这个共同意志当然应该是一切个别人的意志的普遍的总和；而结合在一个政治团体中的全体人们将会有的共同意志，毫无疑问恰好就是一切个别人的意志的总和。"又参看黑格尔：《黑格尔全集》第 8 卷，第 259 页。——丛书版编者

意志？人民的意志是不是人民不作声，你就可以代表他，默许你去为所欲为，那你就可以说我代表人民的意志？你看人民没作声啊，没有反对，我就代表人民，代表人民的赞同。像有的人大代表，当了几十年代表，都没有提过反对意见，对任何提案都不投反对票，说是要"爱国"。这只是作为意志的空洞思想，我们经常把它偷换成人民意志。真正的普遍意志不是这样的，"而是实有的普遍意志，是一切**个别人**本身的意志"。这里有个德文编者的注，说此处黑格尔明显引用了法国大革命的宪法学家西耶斯的说法。西耶斯写了一本书叫作《论特权：什么是第三等级》，他是当时很著名的人物，法国大革命时期的很多东西都是以他的宪法学思想为基础建立起来的，法兰西共和国的宪法，法律，包括后来他受排挤，后来跟拿破仑还有另外一个人构成三头政治，最后拿破仑脱颖而出，把他打入冷宫，再后来到复辟时期，路易·波拿巴又把他起用了。但我倒是觉得这个地方恐怕还有卢梭的思想来源，就是实有的普遍意志不是那种空洞的思想，而是实实在在的普遍的意志，一切个别人本身的意志，所有人都同意的。西耶斯把卢梭的公意表述为"一切个别人意志的普遍的总和"，其实是不准确的，这也许是黑格尔把卢梭的公意理解为最大的众意的源头。公意不是什么"总和"，而是一切人意志中去掉不同的部分剩下来的共同部分，有没有这样的公意呢？我们通常认为这是不可能的，上面也谈到，怎么可能有一个东西是全体人民都同意、没有任何例外都同意的呢？我们认为只要大多数人同意就可以代表公共意志了，比如说百分之九十的人民大众都同意的，那就可以代表人民了。但是卢梭并不是这个意思，卢梭认为哪怕百分之九十的多数都只是众意，还不是公意；只有当投票之前，确定投票结果必须少数服从多数这个游戏规则，这才是公意，因为相信没有人原则上会反对少数服从多数、而主张多数服从少数的。我们也可以为此先投一次票，确定是按照过半多数还是三分之二多数，但是少数服从多数还是多数服从少数，这个不用投票也知道了，肯定是全体通过多数原则。除非特殊情况下，比如战争中大家都要服从统帅，但统帅也是多数人选出来的。所以像全体人民都同意多数原则，无一例外，这个多数原则就是公意。这是哪怕那些在选举中失败的人也会同意的，你总不能说哪个票越少哪个就上吧。没有人会说哪个票数越少哪个就上，只能说谁得票越多谁就上。这个是公意，在这个基础之上，才有选举。当然卢梭的表述没有说得这么清楚，说得很含糊，但是卢梭有一点说得很清楚什么是公意。公意就是所有人的意志中把他各不相同的意志排除以后，剩下的共同部分，剩下的部分大家都同意，那就是公意。我们不妨搞一次全民公决，就是说将来的选举是多数上，还是少数上，我相信每一个人都会填多数上，不会填少数上。这种公决如果真的举行，甚至会显得很滑稽、很愚蠢。还有一些原则，比如说一个国家要不要法律？投一次票看看，那肯定都要啊，谁愿意兵荒马乱呢？至于这个法律怎么定，那就是众意了，那要服从多数。但是这个服从多数的原则、或要有法律的规定，肯定是一切人都同意的，是在公意的基础上同意的。甚至伏尔泰的那句名言也可以看作是公意："我坚决反对你的观点，但是我誓死捍卫你发表你观点的权利。"这也是公意，因为你如果不同意这点的话，你自己的发言权就被剥夺了。你今天剥夺别人的权利，明天你自己的权利也就被剥夺了，凡是有理性的人只要一想，他就会同意。除非那些没脑子的人，被人卖了还帮着数钱的人，或者是有利益瓜葛、别有用心的人之外；一般健全的人，把他摆到一个没有利害瓜葛的位置上，都会同意这点的。其实就算那些既得利益者，那些故意搞阴谋诡计的，那些人其实内心也是同意的，像王立军以黑打黑，但是他被抓了的时候，他也是希望有律师来为他辩护的。还有一位以骂娘著称的教授，最近据说在起诉一个人，说他在一本书中对自己耍流氓。这些人实际上骨子里头还是有公意的，只是为了某种利益而临时把公意遮蔽了。公意应该是每个人都能赞同的，为什么赞同？不是偶然碰巧全体公民就都同意了，而是有道理的，只要是人必然会从心里同意。黑格尔以为卢梭的公意仅仅是全体的意见，这不是他个人的误解，而是当时一般人、包括西耶斯对卢梭的误解。但是黑格尔对普遍意志的解释倒是对的，而这种解释恰好是符合卢梭的公意思想的，只不过卢梭的思想由于表述不清楚，而被大多数人误解了。

因为意志自在地就是人格性的意识，或者说每一个人的意识，并且它作为这样一种真正现实的意志，应该是作为一切人格性和每个人格性**自我**意识到的本质而存在的，以至于每一个人所采取的永远都是全体一致的行为，而凡是那作为整体行为而出场的就是**每一个人**直接而有意识的行为。

"因为意志自在地就是人格性的意识，或者说每一个人的意识"，意志自在就是人格性的意识，每一个人的意志都是个别的，它自在地体现着个别的人格性。这是意志自在的本性，凡是意志决定的事，都不能推给别人，都得行动者自己负责。"并且它作为这样一种真正现实的意志，应该是作为一切人格性和每个人格性**自我**意识到的本质而存在的"，就是说意志虽然是每个个人的意识，但真正现实的意志并不是局限于个别人的特殊性中的，而应该是普遍的，是每个个人的自我所意识到的自己的本质，这个本质对于一切人格性都是一样的。每一个人在自己的自我意识中都会意识到这种普遍本质，他的人格由于立足于这一本质而在一切非本质面前保持独立，并在其他一切人的人格面前享有平等，这就是卢梭的公意原则的理论基础，这是你用你的理性想一想就能认知到的。问题是有一些人不用头脑、不要理性，他只凭自己的利益，甚至歪曲自己的良心，出卖自己的人格。所以人们往往没有意识到这一层，尽干些违背自己的本质的事情。但这个本质自在地就在人心中，哪怕你没有意识到，你自在地客观上的就是人格性的。因此这样一种建立在人格性上的意志才是真正现实的意志，其他的意志不一定是现实的，有可能是虚假的，或自以为现实的。或者说人格性本身就是普遍的，你不尊重他人的人格就是不尊重你自己的人格；而建立在这种普遍人格上的意志就是普遍意志、公意。"以至于每一个人所采取的永远都是全体一致的行为，而凡是那作为整体行为而出场的就是**每一个人**直接而有意识的行为",这是双面的,一方面,每一个人采取的永远都是全体一致的行为,每个人都相信人同此心,心同此理,别人想的也就是自己所想到的,所以在这一点上全体的行动都是一致的。另一方面,凡是那作为整体行为而出场的,也就是每一个人直接而有意识的行为,每个人都不是受到胁迫而采取行动,而是自发地出于公意,而加入到社会整体行为中去。在这种双重的一致性的情况下,每一个人采取的行为永远都是全体一致的行为,而全体的行为也就是每一个人直接而有意识的行为。在这种意义上我们说"人民的意志"是有效的,人民意志不是一句空话,而是每一个人以公意的名义、以自由平等的名义而行动。所谓普遍意志实际上就是每一个人的人格性的体现,人民的意志就是普遍意志,这就是法国大革命提出的一套公意理论。当然实际上这只是一种理念,或者说是一种理想,按照卢梭的观点,每一个人都是生来自由的,然而,人生来自由,但又无往而不在枷锁之中。为什么在枷锁之中?难道仅仅是因为思想不开窍?卢梭就是这样认为的,所以他写《社会契约论》,要大声疾呼,要启蒙,要大家意识到每一个人自己的真正的人格、真正的权利、真正的本质所在。他设想中的一个自由平等的公民社会、一个民主法制社会,在当时还只是一种应然的理想,只有一个抽象的原则,而没有估计到一些具体操作中的问题,也没有设计出一套真正具有现实意义的制度来。但这一理想在启蒙时代理性至上的时代精神看来,具有极其强大的逻辑说服力,一下子就把知识阶层和广大群众、特别是中产阶级征服了。在他们看来,立足于这套理论之上的绝对自由是天经地义的。

　　绝对自由的这种整全的实体登上了世界的宝座,没有任何一种力量可以与它相抗衡。

　　"绝对自由的这种整全的实体登上了世界的宝座",绝对自由在这里是作为不可分割的实体而出场的,它以"公意"和全体人民的名义登上了世界历史的宝座。而经过了启蒙和有用性概念的洗礼，这一意识形态当时确实具有摧枯拉朽的力量，"没有任何一种力量可以与它相抗衡"。据说1789年法国革命爆发，黑格尔和他在大学中的好友谢林和荷尔德林一起去郊外种植了一株"自由树"，以示庆祝。而在1807年，拿破仑攻占黑格尔居住的耶拿城，黑格尔仓皇出逃前曾站在窗前目睹拿破仑骑着白马进城，把他称作"马背上的世界精神"。黑格尔深感这股精神力量无人可挡，即使拿破仑结束了民主共和国，建立了帝制，也仍然挟法国大革命的基本原则之飓风而横扫整个欧洲大陆，使各国封建势力闻风丧胆。

因为既然在真理中，意识是诸精神本质或精神力量从中拥有其实体的唯一元素，那么一旦个别意识这样来把握对象，认为这对象拥有的本质无非是自我意识本身，或者说对象绝对就是概念，则精神力量当初通过划分各种聚合体而组织起来并保持下来的整个体系就倒塌了。

为什么说绝对自由的这种实体没有任何力量能与它抗衡呢？"因为既然在真理中，意识是诸精神本质或精神力量从中拥有其实体的唯一元素"，就是精神的各种本质、各种力量，唯一只在意识中才拥有其实体，这一点已经是公认的真理了。凡是我没有意识到的，就不可能是实体，一切归结为意识，归结为自我意识的统一性。前面已经讲了，启蒙运动中原来是各个环节交替，现在复归于统一了，统一于自我意识之下了。绝对自由是一种没有分割的实体，为什么呢？就是因为它的实体性是从意识中来的，而且唯一地就是从意识中来的。既然如此，"那么一旦个别意识这样来把握对象，认为这对象拥有的本质无非是自我意识本身，或者说对象绝对就是概念"，就是说一旦每个人的意识都认为对象的本质无非是自我意识本身，对象的本质应该是向我的自我意识、向我的自由意志开放的，或者说对象说到底就是概念，本质上就是自由平等的概念。一旦人人都这样认为的时候，"则精神力量当初通过划分各种聚合体而组织起来并保持下来的整个体系就倒塌了"，精神力量通过划分为各种聚合体而组织起来，这个前面已经多次提到了，各种聚合体，包括家庭和国家、财富和权力，包括阶级、等级，包括行业、行会等等，这样一些聚合体都是由精神的力量组织起来并保持下来的，也就是一整套复杂的社会等级体系，这时就全都崩溃了。法国大革命是第三等级发动起来的，它使这个等级社会以往所组织起来并保持下来的整个体系倒塌了，被摧毁了。没有任何一种力量能够阻挡它，与它抗衡，因为它就是当初组织起那些聚合精神力量本身的运动。它通过什么来摧毁这些聚合体的呢？仍然是通过精神的力量，通过意识和自我意识，通过其概念的力量。就是在普遍的自我意识和纯粹的人格性面前，没有等级，人人平等。每一个人都有一个自我意识，所以每个公民一律平等，那些等级和贵族的头衔一时间都成了粪土。这种精神力量是了不起的，它不承认它当初在现实对象中世世代代所建立起来的各种规范和区分，整个传统等级系统都崩溃了。

那当初使概念成为存在着的**对象**的东西，曾经是把概念区别为一些孤立的**持存着的**聚合体的活动；但现在由于对象变成了概念，在它那里就再也没有持存性的东西了；否定性已经渗透了它的一切环节。

"那当初使概念成为存在着的**对象**的东西"，当初，也就是在自身异化了的精神教化的最初阶段，就已经讲到了精神使概念成为存在着的对象，也就是划分为各种聚合体、各个等级、各个集团，并把它们固化起来。这些聚合体互相孤立，互相对立，各有自己持存不变的立场。这是由精神的这种区别活动所导致的，其实背后都是概念本身的自我区别。前面的"对象"打了着重号，这里的"持存着的"的打了着重号，就是说概念最开始必须要分解自己，要变成一种对象的东西，变成一种持存性的东西。"但现在由于对象变成了概念，在它那里就再也没有持存性的东西了"，现在跟当初的情况不同了，经过启蒙运动以后，自我已经把它的对象吞并了，对象本质上已经变成了概念，那么在它那里就再也没有什么持存性的东西了，再也没有什么可以用来抵抗这个概念的威力的力量了。"否定性已经渗透了它的一切环节"，对象成了概念以后，这种概念现在就对于各种仍然以对象性出现的这样一些聚合体具有否定性，具有摧毁性。渗透了它的一切环节，就是说这种摧毁不是从外部摧毁，而是从内部渗透、侵蚀，使这些由概念分化出来的东西，正由于它自身内部的概念运动而陷于崩溃。绝对自由一旦为自我意识所认同，它就渗透了一切持存性的东西，使它们分崩离析。

{318} 概念这样进入到实存，以至于每个个别的意识都从自己曾经被分配到的那个领域里把自己提升起来，不再在这些特殊的聚合体中寻求自己的本质和自己的事业，而是把它的自我当作意志的**概念**来把握，把一切聚合体都当作这个意志的本质来把握，因而也只能在一种本身是整体劳动的劳动中实现自身。

"概念这样进入到实存"，实存 Existenz，也可以翻译成生存，就是活生生的活动。概念进入到这样一种活生生的活动，它已经不再把自己划分为持存性的固定的对象了，已经进入到这样一种实存运动了。"以至于每个个别的意识都从自己曾经被分配到的那个领域里把自己提升起来"，原先是概念沉没在对象中，现在是概念把个别意识从对象的聚合体中提升出来。比如你被分配到某个等级，你被分配到某个行业，在这个行业中，这个是资本家，那个是工人，他们都是一个行业的概念必须要分化出来的，而这个行业又是一个社会劳动的概念所必须分化出来的。现在这些都不管了，各行各业，各个阶级，每个个别的意识，都从自己曾经被分配其中的那个领域里把自己提升起来，为着一个共同的理想，在这个方面大家是一致的。"不再在这些特殊的聚合体中寻求自己的本质和自己的事业"，不再是为了自己本行业、本阶级、本等级的利益，来寻求自己的本质和事业，"而是把它的自我当作意志的**概念**来把握"，概念打了着重号。每一个人都有自己的自我，尽管我身处于某种社会等级中，但我不是从这种特定的社会地位来给自己定位，而是把自己当作意志的概念，也就是按照公意、普遍意志来定位。这个自我是一个普遍的自我，这个我的意志是一个公意，我把我的自我放大到超出我的行业和身份、超出我的阶级、等级之上，而着眼于我里面最为本质的普遍概念。"把一切聚合体都当作这个意志的本质来把握"，所有的聚合体现在都是以这个意志为自己的本质了，因为这个本质就是人的本质，就是人性的本质。所有的阶级、所有的等级它们本质上是人的意志，首先要是人，然后才是各阶级、各等级，才是各行各业的成员。"因而也只能在一种本身是整体劳动的劳动中实现自身"，各行各业的劳动都是人类社会整体劳动的一个方面，一个分支。每个人虽然分属于不同的劳动行当，但所从事的都是作为整体劳动的劳动，因为各行各业的劳动都是息息相关的，都是同一个社会劳动的概念分化出来的，都是同一个人性的不同方面。黑格尔是很重视劳动的，而这个时候的劳动是整体劳动或者说普遍的劳动，大家都是做事的人，不管资本家也好、农民也好，工人也好，管理者也好，都是从一种整体劳动的劳动中实现自己。而那些不劳而获的贵族、国王，那些镇压人民的人，按照这个整体劳动的概念是没有存在的价值的，他们是些寄生虫，他们违背了人的本质。所以各个等级在这个时候应当联合起来，要求自由，要求平等，推翻那些绝对自由的压制者。这就是当时法国大革命的情况。

于是在这种绝对自由中，由整体划分而成的那一切作为精神本质而存在的社会等级都被铲除了；当初曾隶属于一个这样的部门并且在其中愿望着和实现着的那种个别的意识，就扬弃了它的局限性：它的目的是普遍的目的，它的语言是普遍的法律，它的事业是普遍的事业。

这个是对法国大革命的一种描述。"于是在这种绝对自由中，由整体划分而成的那一切作为精神本质而存在的社会等级都被铲除了"，上面讲的整体的劳动，这里也讲，那些作为精神本质而存在的社会等级也是由整体划分而成的，他们自认为代表精神的本质，比如贵族和国王。但它们在这种绝对自由中被铲除了，很多人直接上了断头台。社会等级本来是一种劳动分工，一种有用性的分工，但是代表精神本质的那些等级把自己置于整个劳动之外，或者说凌驾于整个社会之上，这个时候它们都被消灭了。特别是贵族等级，贵族就是因为自己在精神上高于所有的一般人，他们觉得贵族和国王都应该高人一等，否则一个国家就没有精神了，这种划分是一种精神上的等级划分。但在绝对自由看来，一切人在精神上没有什么等级，在物质劳动上当然有等级、有分工，分工是不能消灭的，有资本家，有工人，资本家和工人各有各的作用，各自都付出了劳动；但是他们不是作为一种精神等级，在精神上我们是平等的。于是精神上的等级在这个时候就被铲除了。"当初曾隶属于一个这样的部门并且在其中愿望着和实现着的那种个别的意识，就扬弃了它的局限性"，个别意识从自己的等级里面提升起来了，我们为社会的普遍正义而奋斗，我们都是被压迫的，我们要求追求一切人的自由平等。而在此之前，它们是隶属于精神上的更高等级之下，并且在里面讨生活的，现在则摆脱了那种局限性，而觉醒到自己是一个人，和其他任何人在精神上是平等的。所以"它的目的是普遍的目的，它的语言是普遍的法律，它的事业是普遍的事业"，个别意识现在成了普遍意识，个别的目的就是普遍的目的；个别的语言在追求自由平等的时候就成了共同的语言，这就是法律的语言；而个别人的事业现在就成了普遍的事业。事业，Werk，前面多译为"作品"，下面也多次出现，译作事业，相当于行为业绩 (Tat)。他们攻打巴士底狱，把国王送上断头台，处死那些保皇党，每个人都是为自己的本质而奋斗，同时又是在从事他们共同的事业。最后都是为了实现一个人人都自由的社会，绝对自由的社会，不能有人压迫人的现象。这就是法国大革命的理想。休息一下。

[117]　　对象和**区别**在这里丧失了那曾经是一切实在存在之宾词的**有用性**含义；意识所据以开始它的运动的对象，不是它曾经从其中返回它自身去的**一个异己的东西**，相反，在它看来，对象就是意识自身；

　　"对象和**区别**"，前面讲了，自在存在当然还在，但是它是以概念、以抽象形式而扬弃了它的区别，被自我意识所吞并、所容纳。自在存在也就是对象，在对象中要作出一些区别，要划分出一些聚合体。现在，它"在这里丧失了那曾经是一切实在存在之宾词的**有用性**含义"，有用性被扬弃了，本来纯粹明见把有用性看作对象，并且以有用性来区别对象，没有用的就不是实在存在的对象，而只是自在存在的概念。"意识所据以开始它的运动的对象"，这是讲它现在的情况，现在我们的意识要从一个对象开始它的运动。而现在那个意识的对象不再是那个异己的东西，"不是它曾经从其中返回它自身去的**一个异己的东西**"，"一个异己的东西"打了个着重号，也就是前面讲的有用的对象。这个有用的对象当然我已经看透了它，但它仍然是一个异己的东西，它还是一个对象，它不完全是我，不完全是主体。因为它身上还有一些是没有用的东西，并且作为自在存在，它并不完全由我支配，而是要有偶然的机会才适合于为我所用，用完以后就被当作无用的废物而抛弃了。那个异己的东西，我曾经是从它那里返回到自身的，我在那个有用的对象中看到了我自己的需要，于是我就在为我所用的态度中回到了自己。那么现在我的对象就不再是那样一个异己的对象了，现在意识据以开始运动的对象已经不是那个东西了。"相反，在它看来，对象就是意识自身"，现在意识要开始运动也得有个对象，而这个对象现在就是意识自身，意识从自己开始进入到自己的运动。

　　因此这种对立唯一在于个别的意识和普遍的意识的区别；但是个别的意识自己直接就是那曾经只具有对立假象的那种东西，它就是普遍的意识和意志。

　　"因此这种对立唯一在于**个别的**意识和**普遍的**意识的区别"，本来是意识和它的对象的对立，是意识和一个异己的东西的对立，而现在既然对象就是意识自身，那么这种对立就不再是以前的那种对立。所以现在的对立就只存在于个别的意识和普遍的意识的区别中，也就是个别的和普遍的这两种不同意识的对立。原来是意识和对象的矛盾，现在成了意识和自身的矛盾、自己和自己相对立，也就是个别的意识和普遍的意识相区别。我们前面讲到个别意识的时候，就讲到它跟对象的对立是一种假象，如第 114 页讲："实际上现成在手的只不过是一个将自我意识和其占有物分离开来的对象性的空洞假象"。因为对象其实就是概念，所以意识和对象的对立只是一种对立的假象。所以这里讲，"但是个别的意识自己直接就是那曾经只具有对立**假象**的那种东西，它就是普遍的意识和意志"。前面已经提到个别意识与对象的对立本身是一个假象，所以它跟对象的对立实际上是它自己跟自己的对立，而自己跟自己对立就是个别意识和普遍意识的区别，也就是把自己提升到了普遍的意识和意志。"假象"打了着重号，曾经只具有对立的假象，而现在连这个对立的假象都被扬弃了。个别的意识现在就是普遍的意识和意志，它就是公意。这个"意识"后面带起一个"意志"，是因为纯粹明见经过了有用性的阶段，它的意识都带上了意志。所以普遍的意识就是普遍的意志。个别的意识已经提升到了普遍的意识，它不是张三李四的意识，而是普遍的意识和普遍的意志。

　　<u>它的这种现实性的**彼岸**，飘荡在实在的存在或被信仰的存在那种消逝了的独立性的尸体之上，只是作为空虚的 Etre suprême ［最高存在］① 散发出来的一股腐烂的气息。</u>

　　"它的这种现实性的**彼岸**"，"彼岸"打了着重号，它现在已经是现实性，是普遍的意识和意志，它是要去做事的。而它的彼岸呢，"飘荡在实在的存在或被信仰的存在那种消逝了的独立性的尸体之上"，"实在的存在"（des realen Seins）也就是前面讲的现实世界，"被信仰的存在"也就是彼岸世界。现实世界和彼岸世界这两个世界在有用性中就已经被第三个世界超越了，其中实在的存在和被信仰的存在的那种独立性已经消逝了，已经不再独立了。前面讲了三个世界，前面两个世界的独立性已经不再，已成了只是一具尸体。而现在的个别意识作为普遍意识和意

_____

① 贺、王译本所根据的荷夫迈斯特 1952 年版上此处为 être suprême，而我所依据的丛书版（1988 年考订版）上则为 Etre suprême，头一个字母大写，意为"上帝"。——中译者

志，它的现实性如果还有一个彼岸的话，这个彼岸就飘荡在这具尸体之上，"只是作为空虚的 Etre suprême [最高存在] 散发出来的一股腐烂的气息"，就是说，这两个世界的独立性已经消失了，它们的独立性已经成了尸体、已经死了。现实世界的自在之物通过有用性已经没有独立性了，彼岸世界的上帝通过有用性也没有独立性了。现在，在个别意识的现实性之外、之上的那个彼岸的东西，只是飘荡在这种独立性的尸体之上，只是它所发出的臭味。一方面自在之物死了，一方面上帝也死了；虽然它们死了，但是它们的尸体还在发臭、还在腐烂。这里的"最高存在"是个法语词，这个词头一个字母大写的话，它的意思就是"上帝"，在1988年的德文版中，这个词的第一个字母就是大写的，而在其他两个版本中是小写的，所以这里还翻译成"最高存在"，但是也可以理解成上帝。但是这个彼岸只是作为空虚的"最高存在"散发出来的一股腐烂的气息，上帝已死，但是上帝的尸体还在散发着腐烂的气息。它并不是完全被排除了，它还发出一点气息，但这个气息是陈腐的，是令人厌恶的。这是法国革命所呈现出来的一种状况：上帝在这个时候已经不起作用了，当时的人们都陷入到绝对自由的狂热之中，一切都以普遍意志、公意作裁断，没有任何别的东西可以束缚他们。下一段有一个拉松版编者加的小标题"II. 恐怖"，但这个部分并没有讲恐怖，它还是讲绝对自由，所以我把这个小标题去掉。后面第120页第三个小标题"III. 自由主体的觉醒"，这个地方讲的才是恐怖，讲恐怖的原理、为什么会导致恐怖，所以我在后面把第三个小标题改成："II. 恐怖与绝对意志的认知"。"绝对自由与恐怖"这一部分只有两个小标题，一个是绝对自由，一个是恐怖，没有第三个小标题。

于是，在区别开来的那些精神聚合体被扬弃了之后，在诸个体的局限的生活被扬弃了之后，以及在这生活的两个世界都被扬弃了之后，那现成在手的就只有普遍的自我意识在自己本身中的运动了，这是作为具有**普遍性**形式的自我意识与**人格性**意识之间的一种交互作用；普遍意志

反省到自身，它就是一个有普遍的法律和事业与之对立的**个别的**意志。

这是直接从上面引出来的一段原理。"于是，在区别开来的那些精神聚合体被扬弃了之后"，就是说，现在那些被区别开来的精神聚合体被扬弃了，各种等级划分，各行各业，高低贵贱，财富和权力，所有这样一些划分都被扬弃了。"在诸个体的局限的生活被扬弃了之后"，每个个体局限于自己的那个行业、职业、等级，局限于一个阶层的利益，这种局限的生活也被普遍的目标、普遍的理想扬弃了。"以及在这生活的两个世界都被扬弃了之后"，这是上面一段最后一句话讲到的，这生活的两个世界，一个是实在的存在，一个是信仰的存在，都被扬弃了。在此之后，"那现成在手的就只有普遍的自我意识在自己本身中的运动了"，所有那些区别都被扬弃了，那么现在剩下来唯一在我们手里的，就只有普遍的自我意识在自己本身中的运动，即从个别意识自行提升到普遍意识、又由普遍意识落实为个别意识的行动的运动，它已经不受外界的任何束缚了，它可以创造一切了。这种运动"是作为具有**普遍性**形式的自我意识与**人格性**意识之间的一种交互作用"，"普遍性"打了着重号，"人格性"也打了着重号，以示对照。人格性，persönlich，本来日常的意思是个人的、私人的、亲自的、人身的，但考虑到与前面讲的"人格性"（Persönlichkeit）相呼应，这里还是根据字面上译作"人格性的"。普遍自我和个别自我在这个普遍的自我意识的自身运动中交互作用，普遍自我要体现为个体人格，而个人的自我又献身于普遍意识、代表着普遍意志。"普遍的意志反省**到自身**，它就是一个有普遍的法律和事业与之相对立的**个别的**意志"，普遍的意志就是个别的意志，但是要经过一个反省的过程，不是直接等同；因此这里面就有对立。在个别的意志的对面，有普遍的法律和事业与之相对立，普遍的法律和事业本来就是个别意志的事业，但却是站在它的对立面，当然已经是概念中的对立面，跟原来那个有用性那种对立不同，已经是自身内部的对立。

但是这个**个别的**意识直接意识到它自己同样是一个普遍的意志；它

意识到它的对象就是它自己所立的法律和它自己所完成的事业; 因此,
它在转变成活动性并创造出对象性时, 所造成的不是什么个别的东西,
而只是一些法律和政治行为。

　　"但是这个**个别的**意识, 直接意识到它自己同样是一个普遍的意
志", 前面讲, 普遍的意志其实就是个别的意志。但是注意一下, 这里是
"个别的意识", 不是"个别的意志", 说明这两个概念在这里实际上是非
常接近的, 是可以换着用的。所谓"同样", 就是说前面讲普遍的意志就
是个别的意志; 那么反过来, 个别的意志同样也是普遍的意志。如何意
识到自己是一个普遍的意志呢? "它意识到它的对象就是它自己所立的
法律和它自己所完成的事业", 这个我们前面已经讲了: 与个别意志对立
的法律和事业。个别意识的对象就是它自己所立的法律和它自己所完
成的事业, 它把它自己的个别性实现为对象, 就是它的立法和它的业绩。
从它自己的法律和它自己的事业与它对立来看, 我们可以把它看作是个
别的; 但是从这些对象都是它自己亲手完成的这一点来看, 我们也可以
把它看作同时是普遍的。一方面, 我们可以把它看作是个别的; 另一方
面, 它同时也是普遍的: 它建立了法律和普遍的事业, 这个个别的意志难
道不就是普遍的意志吗? "因此, 它在转变成活动性并创造出对象性时,
所造成的不是什么个别的东西, 而只是一些法律和政治行为", "政治行
为", Staataktionen, 由"政府"(Staat) 和"行动"(Aktion) 两个词组合而
成, 也就是政治行为。法国大革命中的那些人都成了"政治人"了, 他们
的生命都成了"政治生命"。个别意识或个别意志在变成活动发生效力
时, 所造成的是带有普遍性的法律和政治措施, 是所有的人都得遵守的,
所以它造成的不是什么个别的东西, 不是私人的事情, 而是公共的事情。
法国大革命就是一件最大的政治行为, 它不是私人的事, 而是国家政治
上的大事, 是在国家政治层面上所采取的一件行动。法律也是这样, 法
律不是某个私人所定的, 那不叫法律。个别意志当然也可以是个别的东
西, 比如说, 在有用性的阶段, 个别的意志完成的就是它自己想要的, 是

它自己个别的追求对象。但是在绝对自由这样一个层面上，个别的意志造成的只是一些公共事件、政治事件，他做的是这样一些事情。法兰西第一共和国把国王送上了断头台，这是一个大事件，当然是一些个别的人凭借他们个别的意志所完成的，但是所完成的是公共事件，对任何的个人并没有什么直接的好处——你把国王杀了，对你有什么好处？看不到任何好处。但是他们认为对国家有好处，对全体人民有好处，这是全体人民的意志。所以这个个别意志意识到自己同样是一个普遍的意志，就是人民的意志，在这样一种绝对自由的活动之中，他们有一种人民意志的自我意识。

这种运动因而是意识与它自己本身的交互作用，在其中，意识并没有释放出任何具有一种自由地与它相对立的对象形态的东西。

我们刚才讲了，普遍自我意识在自己本身中的运动，是个别意识和普遍意识、或者说个别意志和普遍意志之间的一种交互作用。普遍的意志反省到自身，它就是个别意志；个别意志干出事情来，就代表普遍的意志。"这种运动因而是意识与它自己本身的交互作用"，也就是这种从个别到普遍、又从普遍到个别的运动。"在其中，意识并没有释放出任何具有一种**自由地**与它相对立的**对象**形态的东西"，"自由地"和"对象"都打了着重号。就是说，在意识内部的自我交互作用中，意识并没有把一种对象形态的东西释放出来，它决不允许有一个对象形态的东西与它自由地对立着，它绝不承认有一个在这样一种交互作用之外的一个自由存在的对象。在这样一种双向的运动中，它是没有任何宽容的，不是说让你置身事外，你可以保持你的自由，可以当逍遥派，绝对没有，这是全民卷入性质的。在我国的"文化大革命"中，有些人在一些空隙中钻个空子，当个逍遥派，但一般来说实际上是不允许逍遥派的，非左即右，势不两立，所谓中间派、骑墙派是要遭到批判的。绝对自由只是在这个自我意识的内部，在个别意志和普遍意志之间循环往复，你要置身于这个运动之外是不可能的。法国大革命把所有的法国人都卷进去了，你不站在这边就站在那边，你要么成为自由的敌人，要么成为自由的参与者和拥护者。

由此导致的是，意识并不能达成任何肯定性的事业，不论是语言上的普遍事业，还是现实性上的普遍事业，不论是**有意识的**自由的法律和普遍制度，还是**有意志的**自由的行为业绩和事业。

这样一种循环往复的运动体现在，意识稍微有点肯定性的事业，又被个别意志所推翻了，不断地在内部进行交互作用。"由此导致的是，意识并不能达成任何肯定性的事业"，这种肯定性的事业分为两个方面。一个方面是"语言上的普遍事业"，这就是"**有意识的**自由的法律和普遍制度"，这是要通过语言上的普遍规范来建立的。另一方面则是"现实性上的普遍事业"，这就是"**意志的**自由的行为业绩和事业"，这里的"意志的"和前面的"有意识的"都打了着重号，以示对照。就是你做的事情，你凭借你的自由意志所采取的行动，如攻打巴士底狱，处死国王，杀掉贵族等等，都是具有破坏性的，在意志的这些自由的行为业绩和事业上都没有达成肯定性的事业。语言上的普遍事业就是有意识的自由的法律和普遍制度，现实性上的普遍事业是意志的自由的行为业绩和事业，这两方面都没有停步的时候，而是陷入到"不断革命"、日益升级的循环之中。在这里，有意识的自由偏重于语言上的事业，是理论上的，着眼于规则的制定；有意志的自由则是实践上的，偏向于行动。但两方面都没有达成积极的成果，这就导致没有建立起一种可以放在那里作为对象、但同时又是自由的原则。比如说，你建立起一个法律，那个法律就成了对象，你就不能随意改动它了。但是在法国革命中，一会儿立一个法，又废掉一个法，一派上台就公布新法，废除旧法。再就是不断地起义，夺权，内斗，把自己最优秀的领袖一个一个送上断头台。所以它在这两方面都没有达到肯定的结果，一切结果都随时被否定，不论是语言上的普遍事业，还是现实性上的普遍事业，都没有一种肯定性的成果能够保留下来。正如吉伦特派领袖罗兰夫人在临刑前所说的："自由，自由，多少罪恶假汝之名而行之!"绝对自由无法在固定的制度和行动上体现出来,反而体现为对这些制度和行为业绩的不断否定、不断破坏。

——**意识给自己提供的这种自由,假如能够使自己成为事业的话,这个事业的内容就会是:自由作为普遍的实体,将使自己成为对象和保持不变的存在。**

"意识给自己提供的这种自由,假如能够使自己成为某种事业的话",刚才讲了,意识的绝对自由没有使任何肯定性的事业保存下来,没有释放出来任何肯定性的东西。但是假如它能够使自己成为某种事业的话,那么这个事业的内容会是什么样的呢? 这里用了虚拟式。这是一种合理的设想,虽然并没有实现出来,但按道理将会是这样:"自由作为**普遍的**实体,将会使自己成为**对象和保持不变的存在**","对象"打了着重号,"保持不变的存在"也打了着重号。绝对自由假定有现实的成效的话,它就应该是一种普遍实体,而且将使自己成为对象,成为保持不变的存在。当然这是一种很天真的设想,如果自由真的变成一个对象和不变的存在,那就是自由的丧失。而现在什么都没有保持下来,什么肯定的东西都没有,其实倒是绝对自由的常态,黑格尔后来在《法哲学原理·导言》中把法国革命的自由称之为"抽象的自由"或"否定的自由",也就是能够说"不"的自由,什么东西都被否定掉了,毫无成效。但这恰好是抽象自由的体现,如果一定要让它固定在某件事情、某个对象上,它倒是成为不自由了。所以这里用的是虚拟式。

这种他在,就会是自由本身之中的区别,据此,自由将会把自己分割
[118] **为一些持存的精神聚合体和不同的权力部门;**

先看这半句。"这种他在,就会是自由本身之中的区别",自由要造出一些东西放在那里,要有积极的成果,那么可以设想一下,将要怎么做。既然是绝对自由,不服从任何外来的束缚,那唯一的办法就是从自己本身作出区别,让它们互相制约。这里也是用的虚拟式,就是说,如果要使自由真正成为一项事业的话,只有一个办法,就是必须让它自我分化。

在它之外已经没有东西可以限制它了，但是在自由本身之中应该有某种自我区别和自我限制的东西，从而使它成为某种相对固定的东西。"据此，自由将会把自己分割为一些持存的精神聚合体和不同的权力部门"，这就是分权的思想了。洛克和孟德斯鸠提出三权分立的思想，认为分权才是自由的保障，虽然看起来部分地限制了每个部门为所欲为的自由，但由于权力的互相制约，所以给了人民以最大可能的自由。这相当于给一场游戏制定游戏规则，没有游戏规则就会乱来，游戏就玩不成了。既当运动员又当裁判员必将导致极权，这样谁都得不到自由。但黑格尔其实并不赞成这种理论，这在下面的论述中可以看出来。

　　一方面，这些聚合体就会是立法、司法、行政各种分立的**权力**的**思想物**，① 但另一方面，那些在实在的教化世界中所产生的**实在本质**，假如普遍行为的内容得到更详细的考察的话，就会是进一步被作为更加专门的**社会等级**区别开来的那些劳动活动的特殊聚合体。 {319}

　　"一方面，这些聚合体就会是立法、司法、行政各种分立的**权力**的**思想物**"，这里有个德文版编者注，说这个地方是影射孟德斯鸠的三权分立的学说。三权分立，立法、司法和行政三权都是思想物，前面讲了，这都属于语言上的普遍事业，用今天的话来说叫作"形式正义"的原则，就是在国家宪法上规定下来的国家组织形式。从语言上的普遍事业这方面来说就是三权分立的思想物——就是一些法律和制度，三权分立的制度、宪政的制度。而从另一方面、就是从现实的方面，则另有一些聚合体："但另一方面，那些在实在的教化世界中所产生的**实在本质**，假如普遍行为的内容得到更详细的考察的话，就会是进一步被作为更加专门的**社会等级**区别开来的那些劳动活动的特殊聚合体"。前面讲了绝对自由在思想的方面没有留下什么普遍事业，在现实性上也没有留下什么普遍事业；但这并不等于说法国革命没有提出这样一些方案，例如 1791 年宪法中

---

① 　黑格尔此处影射的是孟德斯鸠的三权分立，参看《法的精神》。——丛书版编者

就已规定了三权分立，只是还没有来得及实行，就不断被革命形势推向前进，一直走到了最后的军事独裁。所以这里全都是用的虚拟式，就是说，本来想稳定下来成为制度，却由于激烈的斗争形势而未能实行。正如前面"思想物"打了着重号，这里"实在本质"也打了着重号，这是相对应的。教化世界通过劳动、分工产生出来的实在本质，如果我们对这些普遍行为的内容作更详细地考察，就会把它们作为更加专门的社会等级区别开来，形成一些劳动活动的特殊的聚合体。也就是说，不仅仅从政治上笼统地把全体国民划分为教士、贵族和第三等级，而是按照劳动关系在第三等级中划分出更具体的等级，使它们定型为有组织的聚合体。在现实中已经尝试这样做了，比如说，在国民公会里实际上也将第三等级划分出代表大资产阶级的、代表小资产阶级的、代表贫苦市民、农民或无产阶级的各派势力，相互竞争，主要是雅各宾派和吉伦特派竞争。但不久就从吉伦特派专权到雅各宾专政，手段越来越极端、越来越恐怖，离绝对自由越来越远。所以这里用的都是虚拟式，就是说，即便绝对自由真的实现了它的稳固的业绩和成果，那也会无可避免地走向自由的丧失，从绝对自由变成绝对恐怖。

——普遍的自由，假如它以这种方式分解为自己的各部门，并且正因此而使自己成为**存在着的**实体，那它就会由此而摆脱个体的个别性，并且把**大批的个体**在它的不同部门之间加以划分。

这里继续使用虚拟式。"普遍的自由，假如它以这种方式分解为自己的各部门"，比如说三权分立。黑格尔是反对三权分立的，他认为三权分立完全是一种假象，他对于法国革命的一个批评就在于法国革命不该搞三权分立，他认为孟德斯鸠的理论本身就是错误的，把社会分成三权，互相制衡，好像是一种机械关系，好像国家是一部机器。其实在黑格尔看来，国家应该是一个有机体，怎么可能分成三个相互制约的部门呢？如果有三个权力的话，那么这三个权力之间的关系应该是有机体内部的关系，而不是互相制衡的机械关系。所以在黑格尔看来，这种想法完全是虚假的。"并且正因此而使自己成为**存在着的**实体"，"存在着的"打了着重号，也就是以这种存在着的实体的方式把自由实现出来。绝对自由能够实现出来吗？能够成为存在着的实体吗？原则上是不可能的。但是你如果想使它成为存在着的实体，"那它就会由此而摆脱个体的个别性，并且把**大批的个体**在它的不同部门之间加以划分"，"大批的个体"打了着重号。这也是用的虚拟式。大批的个体特别体现在议会里的党派划分、等级划分中，每一群人代表他的那个等级，分配名额，这个党有多少名额，那个党有多少名额，在议会里竞争，各自为政。个体的个别性必须服从代表自身利益党派，社会由此而遭到割裂，国家的整体理念将荡然无存。

但这样一来，人格性的行为和存在就会觉得自己被限制于整体的一个分支，被限制于行动和存在的一种方式；人格性被置入到了**存在**元素中，它就会保持一种**特定的**人格性的含义；它就会不再处于普遍自我意识的真理中了。

这里都是用的虚拟式，这一句开始批评分权思想了。本来人格性是不可分的，人格性完全是绝对的个体性，应该是单纯的。"但这样一来，人格性的行为和存在就会觉得自己被限制于整体的一个分支"，在分权和党派互相制衡中，个体的人格性就被划分成了某个集体的一个螺丝钉、一个工具。"被限制于行动和存在的一种方式"，也就是说，你只能这样行动，你必须服从于阶级的利益或党派的意志。"人格性被置入到了**存在**元素中"，就是说当人格性被存在所限制，那么它就被置入到了这种存在中，成为一种可以操控、可以利用甚至可以玩弄的元素了，那还有什么自由可言？"它就会保持一种**特定的**人格性的含义"，"特定的"打了着重号，也就是说，你的人格性就只能这样了，已经被定性或定型了，就是一个模子出来的产品了，你被限定为某个党派固定的模式了。"它就会不再处于普遍自我意识的真理中了"，它就不再是普遍自我意识了，而是被限定在一个特定的阶级利益、等级、党派中，既没有自己个人的自由，也不能和其他聚合体的个人相通，它的自我意识的普遍性就被限定在特殊之中。人格性一旦划分开来、固定下来，它就不自由了；自我意识一旦服从于某种现实的存在元素，它的普遍性就是虚假的了。我们以前常讲，没有普遍的人性，只有阶级的人性，这种说法如果推向极端，就是没有人性，只有阶级性和斗争性，人与人之间就永远斗争下去，没有共识了。黑格尔对分权制的批判来自于卢梭，卢梭不赞成孟德斯鸠和洛克的三权分立，认为国家主权不可分，就像一个人的肉体和灵魂不可分一样。最高权力是立法权，这相当于人的头脑或灵魂；行政权和司法权则相当于人的肢体，它们之间不是监督和制约的关系，而是和谐一致的关系，所以一旦三权分立，就相当于一个人的身体有疾患了。黑格尔的国家理念和卢梭一样，都是有机论的，而三权分立则带有机械论或知性的色彩，黑格尔对分权思想的批判就是对知性思维方式的批判。前面都是用的虚拟式，下面开始不用虚拟式了。

但普遍的自我意识却没有让自己上当受骗，既没有通过对它曾经参与过的那些**自我立法**所作出的服从的**表象**、也没有通过在立法和作出普遍行为时它的**代表性资格**，来偷换这种**现实性**，——这种现实性，就是**亲自**去立法，不是去完成个别的事业，而是**亲自**去实现共相；因为，凡是在自我只是被代表和被**表象**出来的地方，它就不是**现实的**；它在哪里被**代表**，它就不在哪里。

这就是普遍自我意识实际上做的。"但普遍的自我意识却没有让自己上当受骗"，前面那些都是骗人的，人格性一旦被划分，实际上就已经没有自由了，分权也好，党派政治也好，都不能够带来真正的自由。普遍的自我意识在现实中并没有受到这些没有效果、没有自己的普遍事业和业绩的方案的诱惑。它紧紧抓住现实性，而不受这样两种欺骗，"既没有通过对它曾经参与过的那些**自我立法**所作出的服从的**表象**、也没有通过在立法和作出普遍行为时它的**代表性资格**，来偷换这种**现实性**"，一种是它参与了自我立法，于是必须服从自己立的法，这只是一种欺骗性的表象；另一种是它在立法和行政中具有代表资格，可以代表人民，这也是虚幻的。普遍自我意识没有上当受骗,它没有用这样一些东西去偷换普遍自我意识和普遍意志的现实性。那么这种现实性是什么呢? "这种现实性,就是**亲自**去立法,不是去完成个别的事业,而是**亲自**去实现共相",两个"亲自"(selbst)都打了着重号,也可以翻译成"自己",但是这里强调亲自动手,不用别人代表,也不代表别人,而是直接实现共相。也就是说,这种现实性就是雅各宾专政,罗伯斯庇尔当选为"法兰西第一共和国独裁官"。虽然他主持制定了保障人权的新宪法,但并没有时间和机会去实施,而是义无反顾地走上了个人专权的道路。绝对自由在它的实现过程中,如果要保持它的现实感的话,必然会走向独裁,也就是走向它自己的反面。在这种独裁中,一个人就是全体,个别就是普遍;而所谓代表性,所谓议会的斗争、所谓服从自己所立的法律,这些都已经导致失去了最初的自由,都已经不是绝对自由了。或者说,绝对自由是没有结果、没有现实性的,而一旦它有了现实性,那就是独裁。"因为,凡是在自我只是被**代表**和被**表象**出来的地方,它就不是**现实的**;它在哪里被**代表**,它就不在哪里",这是作结论了,自我不能被代表,不能被替换,不能被表象,因为它不是一个事物,而是一种精神。绝对自由是要由自我去实现的,但它不能以这种间接的方式实现,因为那样实现出来的东西已经变味,不再是自由了。而真正的自我和真正的自由就只能是个别人格性的亲自行动,这才有现实性,但它同时也就是绝对自由的异化,成为了独裁者。黑格尔认为这种异化是必然的,也是现实的,而那种分权制衡的思想则完全是空想。当然,黑格尔也不赞成独裁,他认为真正自由的实现不能以这种抽象的"绝对自由"为基础,而必须将自由的理念提升到更高的层次,这种更高的自由既不分裂为对立的"三权",但同时又不是独裁,而是能够将三权有机地统一起来。他后来在《法哲学原理》中设计了一个理想中的国家政治体制,虽然也有立法、行政和王权这"三权",但三权不是分立的,不是互相监督的,而是分工合作,是有机和谐的。三种权力被他归结到普遍性、特殊性、个别性三个范畴,它们互相渗透,辩证相关,形成一个有机整体。比如立法机关不是为人民说话，而只是一个政府机构，是向人民宣读政府文件的地方；行政权则一方面效忠国家，另方面教育人民和搜集民间意见，是上传下达的工具。王权则由血统世袭，长子继承，是国家的象征。这些观点都遭到马克思在《黑格尔法哲学批判》中的强烈批评，认为黑格尔这里还保留了封建体制的残余幻想。的确如此，黑格尔的有机论看起来似乎比机械论高明，但在国家问题上，它实际上还未超出封建时代法制不健全、崇尚"以德治国"的"君父"观念的思维模式。三权和谐的前提是假定了世袭制的合法性，是自然的有机论而不是社会政治的有机论；而在现代国家中则是预设了人民的温顺服从，缺乏参政意识和权利意识。它看起来借鉴了英国君主立宪的政治框架，却抽掉了里面权力制衡的灵魂，反映了德国当时政治生态落后的状况。所以从现代国家的发展前景看，这种有机论并不代表先进的政治理念，反而是种过时的、不切实际的幻想。尽管如此，黑格尔对绝对自由在实现过程中必然走向自己的反面的这个分析是深刻的。为什么绝对自由的实现必然导致独裁，这里既有学理上的分析，也有现实的验证。绝对自由只是一种理想，如果要把它实现出来，那就是独裁，当初理想中的那种每个人的绝对自由是不存在、不现实的。所以要想建立自由的国家，必须设计出新型的自由理念。黑格尔后来在《法哲学原理》中提出，真实的自由理念不是抽象的、单层的绝对自由，而是经过反思的对意志的意志、对自由的自由，或者说是追求自由的自由，这就是法，或者权利（Recht）。也就是对自己的自由要有所限制，只不过这种限制仍然出于自己的自由意志，所以仍然是自由的。什么限制？就是以不侵害别人相同的自由权利为限。这样一种复杂的自由理念才有可能获得相应的现实性，但却是法国革命时期所未能达到的意识层次。所以当时的绝对自由只能体现为一种绝对的否定性，即凡是不符合绝对自由理念的一概遭到否定，尤其是对个人权利、基本人权的否定，最后只剩下白茫茫一片大地真干净，为拿破仑的军事独裁扫清了道路。

正如个别的自我意识并不发生在作为定在着的实体的绝对自由的这件**普遍的事业**中，同样，它也不发生在绝对自由意志的那些独特的**行为业绩**和**个别的**行动中。

"正如个别的自我意识并不发生在作为定在着的实体的绝对自由的这件**普遍的事业**中"，个别和普遍在"定在着的实体"这个意义上是不相容的。"定在着的"就是现实的、客观存在的，实体则是保持不变的存在。法国大革命整个来说是一桩普遍的事业，是绝对自由表现为定在着的实体的普遍的事业。在这样一种普遍事业中，已经没有个别自由了，已经没有个别自我意识了，大家都是群体意识，或者说，至少是阶级意识、等级意识。虽然已经超越了每个人的狭隘的私利，已经是为了理想而斗争，但它的个别自我意识已经被扬弃了，或者说被取消了。所以法国革命的一个最突出的问题就是不注意保障个人起码的人权，只要是反对革命的、甚至仅仅是有反革命嫌疑的人，一律处死。"同样，它也不发生在绝对自由意志的那些独特的行为业绩和**个别的**行动中"，就是说，一方面，它不发生在普遍的事业中；另一方面，它在实现绝对自由的那种独特的行为和个别行动中同样不被考虑。换言之，正因为个别自我意识在法国革命争取绝对自由的普遍事业中没有地位，所以它在这个革命进程的顶峰即罗伯斯庇尔的个人独裁中也根本得不到保障，凡与他的个人意见相违背的人都得上断头台。这是由这场革命的性质可以推出来的逻辑上一贯的结果。

共相要想做成一件行为业绩，它就必须把自己集结为个体性的那种一，并且将一个个别的自我意识置于顶端；因为普遍的意志只有在一个本身是一的自我中，才是**现实的**意志。

"共相要想做成一件行为业绩"，普遍的意识高高在上，它怎样才能实现出来？"它就必须把自己集结为个体性的那种一，并且将一个个别的自我意识置于顶端"。我们前面讲了，共相直接实现出来是不可能的，共相要想实现出来，它就必须把自己凝聚为个体性、凝聚为一个个体人格,我们前面讲是独裁。你要想把共相实现出来,你就必须统一意志,你自己处于顶端、成为领袖。所以领袖不是单凭为所欲为、特立独行就能够当得上的,而必须要掌握共相;而一旦掌握了共相,并且把它凝聚于自己的个体性的意志中,就能够使自己置身于群众意志的顶端,一呼百应。"因为普遍的意志只有在一个本身是一的自我中,才是**现实的**意志",也就是说,普遍的意志只有在一个本身是一的自我中,在一个具有坚强意志的个体中,才能实现出来。越是普遍的意志,越是要交给一个强有力的人去实现、去执行,一帮群龙无首的乌合之众是无法实现普遍意志的。必须要有纪律,纪律的顶端是一个一,是唯一的自我意识,由它来决策,来贯彻纪律,来组织起上下一致的行动,这才能使普遍意志具有现实性,否则就会是一场空。

但这样一来,一切其他个别者就都被排除于这个行为业绩**整体**之外了,它们对这个行为业绩就只有局部的参与,以致这个行为业绩就不会是**现实的普遍**自我意识的行为业绩了。

"但这样一来,**一切其他个别者**就都被排除于这个行为业绩**整体**之外了",由一个人来决策,那么一切其他个别者——其他人也是个别者——就都被排除了,那就成了一个人的事业了。我们讲的独裁就是这样一种状况,其他的个别者都被排除了。或者说其他的个别者都被当成了工具,他们都不是作为个别者而加入整体之中,而只是作为参与者,放弃了自己的个别性,而投身于整体,由整体来支配自己。"它们对这个行为业绩就只有局部的参与,以致这个行为业绩就不会是**现实的普遍**自我意识的行为业绩了",也就是说,其他人只能在其中的某一个阶段参与进这项事业,随后就被排除了,甚至被处决了。这样一来,这个行为业绩就不会是现实的普遍自我意识的行为业绩,而只是某一派人、甚至某一个人的行为业绩。"现实的普遍"打了着重号,从现实性上来说,他只是个人,只是一个领袖;但是如果没有他,普遍自我意识这个事情就根本不可能实现。当然从观念上说,他之所以成为领袖,还是因为大家公认他代表普遍的自我意识;但正如前面讲的,"凡是在自我只是被**代表**和被**表象**出来的地方,它就不是**现实的**;它在哪里被**代表**,它就不在哪里"。这种代表权是随时可以被收回,他不要以为自己真正代表普遍自我意识,他真正能够代表的只有他自己。他的行为业绩到头来只是他自己个人所为,所以迟早会被普遍自我意识所否定和抛弃。

——所以,普遍的自由,既不产生任何肯定性的事业,也不做出任何行为业绩;留给它做的只是**否定性的行为**;它只是毁灭性的**复仇**。①　　[119]

"所以,普遍的自由,既不产生任何肯定性事业,也不做出任何行为业绩",这个就是对这场革命的总结了。前面已经讲了,普遍的自由,或者说绝对的自由,它是没有任何肯定性的事业和成果的;或者说一旦它有什么成果,那就是对绝对的否定,就走向自由的反面即独裁。"留给它做的只是**否定性的行为**",既然没有任何肯定性的业绩,那么能够体现绝对自由的行为就只剩下否定了。所以黑格尔在《法哲学原理·导言》中把法国革命的那种绝对自由、抽象的自由又称为"否定的自由",就是说,这种自由只体现在能够说"不"上面。凡是有什么肯定性的事业产生出来,我的自由就表现在能够推翻它,能够摧毁它,人民只有在推翻一件现成的事业的时候才最为兴高采烈。我们说哪里有压迫,哪里就有反抗,反抗、打倒、推翻一个旧世界是最为畅快的。但是反抗之后又怎么样呢?否定了以后又怎么样呢? 1949 年中国人民"站起来了",站起来以后要干什么呢? "扬眉吐气"了之后,再去睡大觉吗? "它只是毁灭性的**复仇**",复仇这个字,Furie,是罗马神话中的复仇女神,从它里面又引申出了狂暴、激烈这样一些意思。这种力量是很大的,是否定性的,哪个在台上,哪个就是这种否定行动的靶子,谁建立了业绩,谁就遭到否定。因为人们鼓吹的是绝对自由、是人民的意志,凡是上台的都不代表人民的意志,你一上台,你就已经不代表人民的意志了,你已经成了人民自由的压

---

① 复仇,原文为 Furie,即罗马神话中的复仇女神。——中译者

制者，那么你的下场就是被否定。所以"不断革命论"在中国是很有市场的，因为中国人对自由的理解和当时的法国人类似，虽然没有法国人那么执着，但在砸碎旧世界时，法国人的狂欢和中国人的扬眉吐气是一样的性质，都是复仇的快感。但是法国人后来慢慢提升了，中国人却还停留在原处，直到现在还在盼望七八年再来一次"文革"。所以法国大革命要反省的话，当然有很多要反省的地方，但是如果要在哲学上来反省的话，就是要像黑格尔这样，分析它为什么会产生出独裁，跟人们的社会心理有什么样的关系，跟哲学有什么样的关系。你提出一个绝对自由的概念，它本身是一个哲学概念，它不是一种心理上的需要，而是一个哲学上天赋人权、生来自由的概念，因而是一个做人的根本原则。西方思想经过启蒙以后已经达到了这样的层次，要求绝对自由，但是却得到了独裁，这里面的原理何在？黑格尔在这里把其中的原理做了一番检讨，这种检讨是很深刻的。后面一直都在讲这个原理，为什么绝对自由这么美好的理念会导致恐怖？这部分是很重要的。

*　　　　　*　　　　　*

我们继续讲绝对自由。绝对自由实现出来就是纯粹的否定，或者说，这种自由在现实中就是能够对一切说不，谁上台，谁就被作为靶子。所以在法国革命中，那些上台的相继落马，领导人像走马灯一样不断地换，都是由于"人民"不满意：上来一个不能满足他们的要求，然后又上来一个，还是不能满足他们的要求，越来越激进。我们上次讲到，普遍的自由作为一种绝对的自由只能是否定。"既不能产生任何肯定性的事物，也不能做出任何肯定性的行为业绩；留给它做的只是**否定性的行为**；它只是毁灭性的复仇"，最终是一种复仇的狂热在支配一切。当然在现实中人们也做了很多的努力，比如制宪，三权分立，等级议会，各派别竞争，等等，想通过这些把绝对自由表达出来，但是最后发现这种表达是失败的。真正能够实现出来可以看作普遍自由、绝对自由的就是否定，就是能够说"不"。所以法国革命的自由就是说"不"的自由——人民终于有了表达不满的自由，不论是由谁来代表他们，他们都觉得不满意，于是就要推翻他。今天讲的部分是继续这个话题。

但是，最高的、与普遍自由最相对立的现实性，或者不如说，那对于普遍自由仍然形成着的唯一对象，就是现实自我意识本身的自由和个别性。

前面讲个别性在这场运动中已经被排除了，而这里的意思一转，"但是，最高的、与普遍自由最相对立的现实性，或者不如说，那对于普遍自由仍然形成着的唯一对象，就是现实自我意识本身的自由和个别性"。法国革命中的那些领袖人物，应该说个个都是大公无私的，都是具有献身于革命事业的崇高理想的，他们心中所装着的只有普遍自由；但这并不等于说他们就不表现出自己的个性或个别自我意识的能动性。恰好相反，他们越是自认为自己在无私地为人民的利益着想，就越是力图将自己的个别性突出于他人之上，认为这才是对人民利益最有好处的；而谁要是反对他们，那就不仅仅是反对他们个人，而是反对革命，反对普遍自由。所以，绝对自由在现实中已经完全是否定的，没有任何肯定的意义，唯一能够具有肯定意义的就是体现在个别领袖人物身上的现实的自由行动。因此最高的、与普遍自由最相对立的现实性，就是现实个人的自我意识的自由和个别性，它是普遍自由在现实中尽管没有任何肯定的成果、却仍然形成着的唯一对象。现实的自我意识本身只能以个别性的方式体现出来，而由于这种个别性是普遍自由所形成起来的，所以它就是这场革命中起现实作用的那些领袖人物。而这些人物恰好是与普遍自由最相对立的最高现实性，普遍自由从自身中产生出了它自己的对立面。在现实的运动中，普遍自由是空的，个别自由则是很实在的，这两者处于一种对立的状态：一方面普遍自由必须体现为、实现为个别自由，另一方面一旦实现为个别自由，个别自由就是否定普遍自由的，就变成了独裁。

因为，不让自己走向有机体被肢解的实在性、而以保持自己不被分

割的连续性为目的的那种普遍性，同时也在其本身中区别着自己，因为它就是运动或意识一般。

这句话是对上面那句话的解释。"因为，不让自己走向有机体被肢解的实在性、而以保持自己不被分割的连续性为目的的那种普遍性"，那种普遍性，也就是普遍自由，普遍自由是一个有机体，它不让自己的有机体为了成为实在性而遭到肢解，而是以保持自己的统一性和连续性为目的。前面已经讲了，不论是三权分立，还是党派纷争，这都是把一个有机体分割开来。一旦实行三权分立，那就是把有机体肢解了。上次已经把这个道理讲过了。普遍自由要保持自己不被分割的连续性，一旦被分割开来、没有连续性，普遍自由就解体了，就被否定掉了。但是尽管如此，它"同时也在其本身中区别着自己"，就是前面讲的，普遍自由与自己最相对立的最高现实性就是个别自由，就是那种以它的名义形成起来的唯一对象，也就是那些极有个性的领袖人物。上面所讲的普遍自由和个别自由的对立实际上是普遍自由自身的一种区别，"因为它就是运动或意识一般"，一般意识，或者说一般运动，就必须表现为一种自我区别。普遍自由不是一个静止的抽象概念摆在那里，它是要运动的，而一运动，就会与自身相区别，这种区别就是普遍自由把自身区别为与自己相对立的现实的个别自由，或者说把自己实现为个别自由。没有这种个别性，它根本运动不起来，也意识不到自身。普遍自由就是在个别性的运动中，在把自己区别为意识和对象的这种意识一般中，才保持着自己的有机性和连续性的。这是由普遍自由的本性所决定的，它的本性就是运动或意识一般。这种自身区别与那种分权或者党派划分是不一样的，它是一种在运动中的自我区别，或者由于自我区别而导致的运动，而不是对一个概念的外在的分割。而分权理论则把普遍自由只是看作一个静止不动的抽象概念，那样一来，人们就可以任意拆解和划分它，使它变成一堆机械拼凑的零件，它就被肢解掉了；但是正因为它其实是在本身中区别着自己，它是运动或意识一般，所以它才能够保持自己的有机体的活力。

　　确切地说，它由于自己特有的抽象作用的缘故，而把自己分裂成同样抽象的两端：分裂成单纯的、不会拐弯的、冷酷的普遍性，以及现实自我意识的那种分立的、绝对的僵硬脆性和顽固的点截性。

　　"确切地说，它由于自己特有的抽象作用的缘故，而把自己分裂成同样抽象的两端"，普遍自由本身具有一种抽象作用，这种抽象作用是动态的，是一种动作，也就是在抽象层面上有一种运动。这种运动就是上面讲的自我区别的运动，它把自己分裂成两个同样抽象的对立面，即两端。一端是"分裂成单纯的、不会拐弯的、冷酷的普遍性"，也就是一种僵硬的普遍原则。普遍自由作为一种普遍原则、作为一种大道理，它是单纯的，它就是它，它不会拐弯，你不能扭曲它，它是直来直去的，它是冷酷的、铁面无情的，是不会因你个别的特殊性而改变和退让的。这是普遍原则性的这一端。另一端是现实的一端："以及现实自我意识的那种分立的、绝对的僵硬脆性和顽固的点截性"，这一端可以理解为另一种原则性，即个别性的原则性，它也是不可退让的，就像不可入的原子。原子就是分立的，每一个原子都是绝对的、僵硬的脆性。脆性 Sprödigkeit，就是进不去的、碰不得的，就像玻璃一样，很脆的。顽固的点截性，点截性 Punktualität，我们前面已经遇到过这个词，翻译成点截性。就是说，现实自我意识的个别性是一点一点、一个一个的，像原子一样，它跟其他东西没有联系，它是孤立的，在它的抽象的个别性上它也是同样顽固的。由于普遍意识特有的抽象作用，它把自己分裂成同样抽象的两端，一方面是普遍性的一端，另一方面是个别性的一端；而它们如此不可调和的对立正是由于双方都是抽象的，都是在抽象的层次上发生的对立，因此都没有让步的余地。个别性的这一端虽然是现实的自我意识的点截性，但与前一端同样，也是抽象的。法国大革命中的那些风云人物通常都是一些极有个性的人，为了坚持自己的原则，真的是威武不屈，视死如归，没有半点妥协的余地。只有这样一些强有力的个别性，才能把普遍自由的原则推动起来，走完它的历程。下面就是讲这种个别原则的情况。

{320}　　　在这种点截性已将那实在的组织铲除干净、现在自为地持存了以后，这个现实的自我意识就是它唯一的对象；——这个对象不再拥有任何别的内容、别的占有物、别的定在和外在广延，相反，这内容只是这种对自己作为绝对纯粹、绝对自由的个别自我的认知。这内容如何才能得到把握，只有靠这对象的**抽象的**一般定在。

　　"在这种点截性已将那实在的组织铲除干净、现在自为地持存了以后，这个现实的自我意识就是它唯一的对象"，这种点截性就是个别自我意识的不可分的原子，当它把那种实在的组织、就是那种分化成三权分立以及各党派竞争的组织铲除干净，大权独揽，走向独裁以后，它就是它自己，只对自己负责，不再对国民大会、委员会等负责，它自为地持存着。这个时候，这个现实的自我意识就是它唯一的对象，或者说它唯一的对象就是它自己的现实性。它手中有了实权，它考虑的就只是如何用这个权力把自己个人所坚持的原则实现出来，使自己的自我意识的点截性变成现实。"这个对象不再拥有任何别的内容、别的占有物、别的定在和外在广延"，像罗伯斯庇尔这样一位独裁者，他的对象不再拥有任何别的内容，只有它自己的个人的意志。他现在已经不是为了任何别的内容而行使自己的内容，而成了为掌权而掌权，他手中有权力，他就要保持这个权力。他左右开弓，凡是威胁到他的地位的，他都把他们送上断头台。至于要拿这个权力干什么，这时候已经不考虑了，他考虑的首先是保持权力，维持稳定，没有这个，其他一切都谈不上。"相反，这内容只是这种对自己作为绝对纯粹、绝对自由的个别自我的认知"，他现在考虑的内容只有这一点，就是认识到他自己才是一个绝对纯粹绝对自由的个别自我，一切外在的内容、另外的占有物和定在都不在话下了，他的眼里只有他自己作为个别自我的绝对自由。他理想中的绝对自由在哪里？现在他在他自己的现实的个别性中看到了，在他自己独揽大权的行动中看到了，而在别的方面，绝对自由只是一个空无内容的抽象理念。罗伯斯庇尔所实行的雅各宾专政表明，他的专政是一个人的专政、一个人的独裁，专政就是独裁。毛泽东说，人民民主专政就是人民民主独裁，说得不错，只是当时没有人能够认识到这一点。这是经过革命的整个过程才能显露出来的对绝对自由的现实形态的认知。"这内容如何才能得到把握，只有靠这对象的**抽象的**一般定在"，这内容就是它自己的个别性、它自己的绝对自由的意志。要把握这个内容，根据什么来把握呢？只有靠这个对象的抽象的定在一般，"抽象的"打了着重号。就是我们只有把个别自我所做的具体事情都抽象掉，只着眼于这是他的定在，这是他意志的实现，至于这种定在的实现是为了什么，本身又有何意义，现在都不能考虑了。唯一能够把握它的内容的就是它的抽象的定在一般，也就是看谁掌权，就可以把他做的事归之于他的自由意志，而没有掌权的人，所做的事都不能算在他名下。绝对自由现在只限于一点，它被逼到了绝路、死路。

——因此，这两端由于都是不可分的绝对自为存在的，因而没有任何部分可以插入中间来连接两者，所以它们的关系乃是一种完全**无中介的**纯粹否定；确切地说，是作为**存在者**的个别的东西在普遍的东西中的否定。

"因此，这两端由于都是不可分的绝对自为存在的，因而没有任何部分可以插入中间来连接两者"，这两端，前面也讲了，一个是普遍自由的原则，一个是个别的自我、个别的自由。由于普遍自由的抽象性，它把自己划分为对立的两端，这两端也就只能是抽象的。从普遍原则这一端来看，它是绝对不可分的，普遍自由一旦被肢解就不再是普遍自由了；从个别自由一端来看也是这样，它的权力不可分享，它必须大权独揽，走向独裁。所以双方都是绝对自为、绝对不可分的，但又是绝对对立的。"因而没有任何部分可以插入中间来连接两者"，普遍自由的原则和个别自由的独裁，这两者是无法用一个东西插入到它们中间来作连接的，没有一种体制或机能能使普遍自由的原则和个别的自由之间达成一种中介。虽然在此之前，罗伯斯庇尔也是由民选而执政的，但上台以后却没有任何制度上的制约，靠滔滔雄辩来推行自己的政策，靠直接号召人民起义来改变现有的政治力量对比,在主持公安委员会期间滥杀无辜,最后在"热月政变"中被以非正常手段逮捕并送上断头台。这一切都说明,法国革命政府在普遍自由的抽象原则和个别行动者的个人意志之间还没有能够建立起一套现实可行的互动机制,而主要靠道德和个人威望来进行操作。"所以它们的关系乃是一种完全**无中介的**纯粹否定","无中介的"打了着重号。就是说个别的东西和普遍的原则之间没有任何中介,一旦出现裂痕,只有全盘否定,不是独裁者否定普遍自由原则,就是人民以普遍自由的名义发动起义或政变清除独裁者,而不是遵照一个更高的可操作的程序正义的规程来罢免那些超越权限的领导人。虽然有三权分立的制度设计,但形同虚设,一切政治活动仍然是凭借个人的人望和实力来进行。所以,普遍和个别之间的对立关系纯粹成了一种互相否定的关系,"确切地说,是作为**存在者**的个别的东西在普遍的东西中的否定","存在者"打了着重号,说明这种否定主要是个别人凭借自己的偶然存在的条件而以普遍自由的名义进行的否定。这种存在者是现实的掌权者,他"在普遍的东西中的"进行否定,也可以理解成"以普遍的东西来否定""以普遍的名义来否定"。因为个别的东西在普遍的东西中占据了一个存在者的位置,他可以宣称自己就代表人民的意志、代表普遍的自由,因而可以否定一切。他就是在个人的自由和普遍的自由之间的无中介的纯粹否定的关系中的主动者和发动者,最终否定了、葬送了普遍的自由。

所以普遍自由的唯一事业和行为业绩就是**死亡**,而且是一种没有任何内涵和内在充实性的**死亡**,因为凡是被否定的东西都是绝对自由的自我的不充实的点;它因而是最冷酷、最平淡的死亡,比劈开一棵菜头或吞下一口凉水并没有任何更多意义。

他所做的事情都是否定,而不是建设,在建设方面,他可能没有什么能耐,但他否定起来是很有能耐的。他建立断头台,对谁不满意就以革命的名义把谁送上断头台,总是会有跟他意见不合的,所以他总是可以说"不"。"所以普遍自由的唯一事业和行为业绩就是**死亡**,",普遍的自由没有什么肯定性的事业和业绩，它的唯一事业和行为业绩就是死亡，就是杀人，断头台就是法国革命的绝对自由的象征。这就很恐怖了。绝对自由无可避免地走向了恐怖，它不能不这样，因为它不能停留于空谈，必须要对现实有所改变。靠谁来改变呢？当然是靠个别的东西，靠个别自由意志、个别坚强人格来实现，最后是靠独裁者来实现。独裁者代表普遍的自由所唯一做的事情，就是杀人，就是镇压"反革命"。我们看不出罗伯斯庇尔做了什么事情，他制定的很多政策和法律都没有来得及见效，唯一立竿见影的行动就是镇压"反革命"，而这些"反革命"中有很多都不是真正的反革命，而是他的同志，包括他自己所在的雅各宾派里面跟他意见不同的人，他都把他们送上了断头台。"而且是一种没有任何内涵和内在充实性的**死亡**"，这种杀人是没有任何意义的，为什么要把他们杀掉，这没有任何内涵、没有任何根据。当然也是没有办法，不这样，他自己就会被杀掉，而且他确实也被杀掉了，这不是他个人的问题，也不是革命的策略是否明智的问题，而是因为整个革命的绝对自由理念本身还处于幼稚阶段。"因为凡是被否定的东西都是绝对自由的自我的不充实的点"，每一个被否定的东西、每一个被杀掉的人都是绝对自由的自我的不充实的点。就是说每一个个人都不代表人民，只有独裁者代表人民。独裁者为什么要把你杀掉？因为你不代表人民，你是一小撮，杀死的只是毫无价值的个人。当然你也有你的自由，但是你的自由太渺小了、太不充实了，你太不能代表人民了。绝对自由和普遍自由是要代表人民的，所以代表人民的独裁者杀死你跟捏死一只蚂蚁一样。"它因而是最冷酷、最平淡的死亡，比劈开一棵菜头或吞下一口凉水并没有任何更多意义"，就是非常随便地杀人。自从法国大革命以来，我们看到的任何一次革命几乎都是这样：毫无理由地杀人，把人命不当回事，甚至有意要"杀人立威"。为什么呢？因为每个人都不是人民，就是杀了再多的人，也只是一小撮，所以即使杀错了也没有关系，最多给你平反一下，或者给你改正一下，死了就死了，反正又不涉及人民。所以每个人的生命在这个关系中是没有任何意义的，因为它面前有一个强大的对照，那就是人民意志。凡是涉及"人民"两个字的，都是很恐怖的，都是树立在你面前的让你根本不敢仰视的一个巨大的东西，在人民的对照之下，每一个个人的生命都是没有意义的。

政府的智慧、即普遍意志实行自身的那种知性，就在于这种单音节的平淡。政府本身无非是那自身确立的点，或普遍意志的个体性而已。

"政府的智慧、即普遍意志实行自身的那种知性，就在于这种单音节的平淡"，政府的智慧就在于这种"单音节的平淡"，就是说由一个人的意志来决定一切，凡是与他不合调的，一刀切，一律杀掉，杀掉一个人就像劈开一棵菜头或吞下一口凉水一样，是非常平淡、非常冷酷的。说这就是政府的"智慧"，带有某种讽刺的意味。就是说，政府其实根本不需要什么智慧，在这种单音节的平淡之中，一个傻瓜都能干，反正就是杀人嘛，有了权力，杀人谁不会。普遍意志实行自身的那种知性，所谓知性即Verstand，在黑格尔那里层次是不高的，实际上这种政府所谓的智慧也就仅仅是知性而已，知性就只是停留在计算这个层面上。比如说，一次运动来了，这次运动要杀掉多少人，百分之几，算一下，定一个指标，你那个地方杀人杀得不多，还没有完成指标。这种按照指标来杀人的方式是非常低层次的知性，只要有简单的算术就可以，甚至只要有自己的十个手指头就足够应付了。在这种单音节的平淡中，不需要很高的智慧。"政府本身无非是那自身确立的点，或普遍意志的个体性而已"，政府不需要什么智慧，因为它无非是那自身确立的点，它有这点智慧就够了，它能够保住自己的权力就够了。能够一直保持自己生杀予夺的权力，它就具有普遍意志的个体性，它这个个体性就仍然代表普遍意志。为什么政府不需要什么智慧呢？因为它就是一个人，他一个人为所欲为、颐指气使，他只要知道紧紧抓住自己的权力，不被架空就够了。在这方面他不需要有什么智慧，他只要有一种计算的理智就够了。

政府，作为从一个点出发的一种愿望和实行，它同时也意愿并实行着一种确定的策划和行动。

这里所说的政府实际上是一个人,一个独裁者。"政府,作为从一个点出发的一种愿望和实行",这种政府是从一个点出发的,是从一己之意愿出发的,除了愿望,还有实行,你要把你的愿望实现出来,这就是政府。政府有意愿、有意志,同时还要实行。"它同时也意愿并实行着一种确定的策划和行动",一方面在策划,把你的意愿策划出来——干什么? 怎么干? 把你的方案拿出来,然后将它付诸行动,这就是政府所做的事情,但是它是从一个点、一个意志出发的,是一个独裁政府。

它于是一方面把其他的个体排除出它自己的行为业绩之外,另一方面,借此把自己建构成为这样一种政府:它本身是一个确定的意志,因而与普遍意志相对立;因此,它完全不能有别的表现,而只能把自己表现为一个**派别**。 [120]

既然这样,政府就是一个人,实际上就没有什么政府、没有什么机制了,它就是一个人,还有一些助手,一些拥护他的、为他干活的人。"它于是一方面把其他的个体排除出它自己的行为业绩之外",如果有一个跟它一样的个体的话,那么它就要排除它,排除出它自己的行为业绩之外,这就叫专政。什么叫专政呢? 专政就是只能有一个个体,而把其他的个体排除出它自己的行为业绩之外。一切行为都出自一把手的意志,一切功劳都是一把手的功劳。它本来是代表普遍意志的,但是它把别的意志都排除在外,还怎么代表普遍意志呢? 专政的排他性使它与普遍意志相对立,它听不得不同的意见,凡是有不同的意见,它就要把它压制下去。所以,"另一方面,借此把自己建构成为这样一种政府:它本身是一个确定的意志,因而与普遍意志相对立",它号称是普遍意志,但是它的做法已经与普遍意志相对立了。"因此,它完全不能有别的表现,而只能把自己表现为一个**派别**","派别"(Faktion)打了着重号,也可以译为"小集团"。你把别的个别性都排除在外,但是又要打着"普遍意志"的旗号,而不能单枪匹马,那就没有别的办法,只有拉一些人来成立一个小集团,并且把其他人也打成小集团，那你只能是一个派别。各派之间的斗争我们现在叫作路线斗争，无产阶级革命派和走资派、保皇派的斗争，实际上都是派系斗争。

所谓的政府只是那**胜利了的**派别，而正是由于它是一个派别，这就直接包含着它的颠覆的必然性；而且，它既是一个政府，这就反过来使它成为一个派别，使它有罪过。

政府就是派别的政府、派系的政府，比如吉伦特派的政府、雅各宾派的政府。中国的文化大革命就是向法国的 1871 年巴黎公社学习，巴黎公社就是向法国大革命学习，这是一脉相承的，是从罗伯斯庇尔一脉相承过来的。"所谓的政府只是那**胜利了的**派别"，文化大革命的中共九大是一个"团结的大会、胜利的大会"，左派胜利了，胜利了的派别就是政府，而这个政府也就成了派别。"而正是由于它是一个派别，这就直接包含着它的覆灭的必然性"，既然它只是一个派别，而并非真正的普遍意志，那就必然会在派系斗争中被别的派别所颠覆，所以"四人帮"是注定要被粉碎的，迟早会被作为一个小集团而清除。"而且，它既是一个政府，这就反过来使它成为一个派别，使它有罪过"，为什么它作为一个派别，肯定是有罪过的？因为它只是一派，并不能代表普遍意志，反而因为镇压了另一派而破坏了普遍意志，那就不光是对另一派犯罪，而且是对普遍意志犯罪了，这就犯了众怒了，天怒人怨了。假如它不是一个政府，而仅仅是一个派别，那还不至于犯罪，只是不同政见而已；而一旦掌权，成为政府，代表普遍意志行使权力，就导致犯罪。我们现在反过来看看，那些镇压其他派别的行为实际上都是犯罪。这些行为体现了派系斗争在政治斗争中的残酷性：断头台在那里肆虐，按照比例来杀人，这不都是在犯罪吗？当然，法国革命和中国的文革本质上还是不同的，一个是资产阶级革命，有历史的进步意义，一个是封建意识的复辟，是反动倒退的；但两者所打的旗号，以及政治斗争、派系斗争的程序，都有惊人的一致性。

如果说，普遍意志立足于政府的现实行动，也就是立足于政府对普遍意志所犯的罪行，那么相反，政府却没有任何确定的东西和外在的东西可以用来表现与政府对立的意志的罪过；因为与政府这个**现实的**普遍意志相对立的只是非现实的纯粹意志，只是**意图**。

　　"如果说，普遍意志立足于政府的现实行动，也就是立足于政府对普遍意志所犯的罪行"，前面讲了，普遍意志只有靠政府的现实行动才不会流于空谈，但政府作为一个派别的行动却恰好是对普遍意志的犯罪。政府可以说是公开地犯罪，它在镇压异己派别的时候实际上是在公开地犯罪，因为它没有制约，只有与普遍意志直接的、无中介的关系：我就代表普遍意志、人民意志，而我如何代表普遍意志、人民意志，这中间是没有中介的，既没有验证程序，也没有监督程序。所以它在代表人民意志去镇压其他派别的时候就是在犯罪，就是无法无天，因为它实际上是破坏了普遍意志。普遍意志要立足于政府的行动才是现实的，而政府的行动又是对它的犯罪，这是自相矛盾的：你代表着人民，但你以人民的名义来对人民犯罪、对普遍意志犯罪。所以罗兰夫人临死之前的那句名言："自由，自由，有多少罪恶假汝之名以行之！"是法国大革命留下来的惨痛的经验教训，就是自由是可以被人借来犯罪、借来践踏人的自由的。但政府的犯罪至少有迹可循，因为它所做的那些事情是明摆着的，"那么相反，政府却没有任何确定的东西和外在的东西可以用来表现与政府对立的意志的罪过"，政府在判它的对立面有罪的时候，它却没有任何确定的证据和外在的证物，可以用来表现对方的罪行。当然也可以看作是它的对手因为不掌权，还来不及犯罪，或者还不具有把犯罪的意图像政府那样实现出来的能力。罗伯斯庇尔主持的公安委员会杀了差不多30万"反革命"，包括罗兰夫人、丹东那些人都杀了，那么他用什么罪名？没有任何可以抓得住的罪名。"因为与政府这个**现实的**普遍意志相对立的只是非现实的纯粹意志，只是**意图**"，"现实的"和"意图"都打了着重号，以示对照。政府的意志是现实的，而与之相对立"反革命"却只是意图，它没有任何现实性，它只是非现实的纯粹意志，也就是思想罪。被罗伯斯庇尔送上断头台的那些人很大一部分都没有任何抓得住的罪名，都是思想犯罪或者嫌疑犯，无非是说这些人图谋不轨、企图颠覆革命政权，只是这样一种意图，但是一个意图就可以把他们送上断头台。在这样一个政府之下判定那些人有罪，只须立足于他们的意图、他们的思想。

因此，有嫌疑就代替了**有罪**；或者说，有嫌疑就具有了有罪的含义和效果，而且针对这种包藏于单纯内心意图中的现实性的外在反应行动，就在于干脆把这种存在着的自我消灭掉，这种自我除了它的存在本身而外，没有任何别的东西可以夺得走。

"**因此，有嫌疑**就代替了**有罪**"，这就很恐怖了。不需要任何审判程序，当然也做一下样子，也有审判，审判就是说，你有嫌疑，这就是有罪。我们中国人叫"诛心"，你有意图，那就足以判你死刑了。"或者说，有嫌疑就具有了有罪的含义和效果，而且针对这种包藏于单纯内心意图中的现实性的外在反应行动，就在于干脆把这种存在着的自我消灭掉"，公安委员会的原则就是从快、从简、从重，只要你有嫌疑，怀疑你有颠覆或者煽动颠覆政权的意图，就可以认定你有罪，就可以针对你意图中的这种现实性采取外在的反应或反制，这就是干脆把这种存在着的自我消灭掉，也就是把你从肉体上消灭掉。因为你的自我、你的思想离不开你的肉体，把你的肉体消灭掉了，你的思想也就不存在了。但"这种自我除了它的存在本身而外，没有任何别的东西可以夺得走"，你可以消灭他的身体，但他的思想你是无法夺走的。诛心之论，看起来好像只是进行一场思想上的斗争，但是实际上是很可怕的，它要落实到肉体消灭。诛心并不是仅仅进行一种思想的争论、讨论、辩论，诛心之论就是要通过消灭他的肉体而诛心，消灭他的肉体就是为了消灭他的心。而消灭他的心没有别的办法，通过讨论、争论，你说不服他，甚至他要沉默不言你也没办法，所以干脆把他杀掉。因为他跟你一样，也是一个自由的个体，你无法夺走他的思想，只有把他杀掉，这就是一种从肉体上把他消灭的办法，从法国革命开始就成了惯例。

　　以上是"绝对自由与恐怖"这一部分第一个小标题"I. 绝对自由"，这一部分描述了绝对自由的内在的矛盾性：绝对自由作为普遍自由，和个别自由之间的一种矛盾关系，它是怎样运动和发展的，它为什么从最开始的自由、平等这种听起来非常美好的口号、非常诱人的旗帜一步一步地走向了独裁，走向了专政，最后走向了犯罪，走向了自己的反面。这是绝对自由的内在的逻辑，这种分析是非常深刻的。对法国大革命的反思有很多，但是黑格尔的反思从哲学上对绝对自由意志的逻辑分析，是最深刻的。下面这第三个小标题应该改成第二个小标题了，原来拉松版标为"Ⅲ. 自由主体性的觉醒"，我改成："Ⅱ. 恐怖与对纯粹意志的认知"。

[Ⅱ. 恐怖与对纯粹意志的认知]

　　上一个小标题讲绝对自由，这个小标题讲恐怖，以及它导致的结果，即纯粹意志的认知，这就已经开始向后面的道德世界观过渡了。恐怖是从绝对自由引出来的，我们刚才涉及的诛心之论这些思想和政治行为，都是非常恐怖的，所以这个小标题所谈的主题就是恐怖。但是从恐怖里，最后要得出对纯粹意志的认知。我们认知到了纯粹意志的时候，我们就可以开始谈论真正的道德了。怎样从恐怖向道德过渡，也就是怎样从对死亡的意识过渡到一种纯粹的道德，因为所谓恐怖也就是对死亡的恐怖，对死亡的恐怖也就激发起对纯粹意志的认知。前面讲自我意识章的时候，讲到对死亡的意识是形成自我意识的自由的一个必经的阶段。所以原来这个标题"自由主体性的觉醒"，也有一定的道理：经过了恐怖以后，才开始有了自由的主体性的觉醒，在这个基础上才能有真正的、纯粹的道德，也就是以康德为代表的道德学说。但在此之前，有一个经历恐怖的过程，我们来看看他对恐怖的分析。

　　<u>绝对自由在它这样一种独特的**事业**中对自己成了对象，而自我意识经验到了这绝对自由**是**个什么东西。</u>

467

　　"绝对自由在它这样一种独特的**事业**中对自己成了对象"，"事业"打了着重号。绝对自由不是一个空的口号，也不是一种想想而已的幻想，而是要实现为一种独特的事业，要变成现实性，要成为自己的作品，要做出来。我们就可以在这个事业中，把绝对自由当作一个对象来加以考察、加以观察、加以分析。绝对自由仅仅停留在口头上、喊一喊口号是没有用的，得做一做试试看。法国革命就是把绝对自由做出来了，我们就可以把它所干的事情拿来加以分析。绝对自由不是一个抽象的口号，而是一件事业。绝对自由在哪里？在法国，1789 年，绝对自由发生了。"而自我意识经验到了这种绝对自由**是**个什么东西"，"是"字打了着重号，就是说绝对自由已经作为"存在"而成了自我意识的经验了。绝对自由本来只是一个抽象概念，现在你把它做出来了，使它成为了存在，使它"是"起来了，自我意识就经验到了它是怎样的，可以对它加以分析：它已经存在了，那它是作为一个什么东西而存在的呢？

　　绝对自由**自在地**恰好就是那清除了自身中一切区别和一切有区别者的持存的**抽象自我意识。**

　　"绝对自由**自在地**恰好就是那清除了自身中一切区别和一切有区别者的持存的**抽象自我意识**"，它既然是存在的，那么我们先看看它自在地是什么。它自在地恰好是抽象的自我意识，这种抽象自我意识清除了自身中的一切区别和一切有区别者的持存。当自我意识成为纯粹的抽象，抽掉了自身的一切区别和一切有区别者的持存，那它就是绝对自由，因为在这样一个完全没有对立面的抽象层面，自我意识的确就可以为所欲为了，就达到一种绝对自由的境界了。庄子认为绝对自由就是"独与天地精神往来"，这里则是独与自己的精神往来。那就是这样一种抽象自我意识。

{321}　　作为抽象的自我意识，绝对自由是它自己的对象；死亡的**恐怖**就是对绝对自由的这种否定性本质的直观。

　　"作为抽象的自我意识，绝对自由是它自己的对象"，刚才讲了，绝对自由无非是抽象的自我意识，那么这个抽象的自我意识以什么为自己的对象呢？它抽象掉了自身的一切内容和区别，但它也不可能没有任何内容，所以它的内容、它的对象就只可能是这种纯粹的抽象自由，就是"我就是我""我愿意是我"、我是我的唯一对象，而不愿意有其他任何内容了。那就是绝对自由，没有任何其他东西束缚的自由。所以这种绝对自由是没有任何可以抓得到的东西的自由，是绝对否定性的自由，但这种不可把握的自由却在人心中有种可以感受到的直观，这就是对死亡的恐怖。"死亡的**恐怖**就是对绝对自由的这种否定性本质的直观"，"恐怖"打了着重号。前面都是讲绝对自由，这里开始讲恐怖，恐怖是从绝对自由来的，前面讲绝对自由的最后的部分已经涉及了。恐怖在这里正式提出来了。绝对自由的这种否定性、这种说"不"的本质，最直观的是什么呢？就是"不活了"，就是死亡，就是最极端的恐怖。哈姆莱特说，活还是不活，这是个问题。这是个终极的问题，在这个问题之后，再没有问题了。说"不"好像很轻松，一个"不"字，一颗脑袋就掉了。这种直观体现在哪里呢？体现在断头台上。你可以直观到，绝对自由的否定性本身就在那里，它就是断头台。成千上万的人在那里围观、欢呼，欢呼着他们的绝对自由，他们可以随意地把一个人杀掉，只要认为这个人是妨碍我们的绝对自由的，我们就要以人民的名义处死他。所以每一次杀人，从路易十六到罗伯斯庇尔，底下都有成千上万的人在欢呼，他们认为他们直观地观看到了绝对自由的否定性本质。当然，他们之所以欢呼，是因为没有轮到他们上断头台，更因为他们的自我意识还没有上升到普遍自我意识，还停留于个别自我意识。但总有一天，当杀人太多、杀人没有理由的时候，他们会意识到死亡的恐怖正在走近自己。因为绝对自由否定一切，这个一切也就包括自己的生命；当你追求绝对自由到极致，你就会发现前方的目标就是死亡。什么是死亡？死亡就是"什么都没有了"；而对于一个有生命的自我意识来说，这个"什么都没有"在直观中就等于最极端的恐怖，因为在生命的直观中，死亡本身就是恐怖。尽管处死别人的时候是狂欢，但当自己要面对死亡的时候是恐怖。

但是，<u>绝对自由的自我意识发现，它的这种实在性与绝对自由当初对其自己所抱有的概念，是完全不同的，即是说，这概念认为，普遍意志只是人格性的**肯定性**本质，人格性知道自己在普遍意志中只是肯定的或被保持着的。</u>

"但是，绝对自由的自我意识发现，它的这种实在性与绝对自由当初对其自己所抱有的概念，是完全不同的"，绝对自由的自我意识反思一下就会发现，它的这种实在性，也就是直观到的实在性，这种血淋淋的杀人，跟绝对自由最初的那个概念是完全不同的。被送上断头台的那些人当初不就是他们的领袖吗？难道不是他们自己把那些人推为领袖，现在又把这些人送上断头台吗？当初这些领袖教给他们、而他们心悦诚服抱有的概念，难道就是这样的吗？被杀掉的那些人，很多都有着非常高尚的人格，比如罗兰夫人、丹东，以至罗伯斯庇尔等等，他们都是非常了不起的革命者，是绝对自由的理念的模范代表，他们的人格性具有示范作用。"即是说，这概念认为，普遍意志只是人格性的**肯定性**本质，人格性知道自己在普遍意志中只是肯定的或被保持着的"，当初这个概念认为，普遍意志应该是人格性的保障，因为普遍意志是人格性的肯定性本质。普遍意志的初衷就是要建立这样一个社会：在这个社会中，每个人都应该有他的不可侵犯的自由，有他的自由的权利。在这个普遍意志中，每个人的人格性都应该是肯定的或被保持着的。所以最开始普遍意志、绝对自由是非常正面的肯定的概念——自由、平等、博爱，而现在自我意识发现，这个绝对自由在现实中却成了纯粹否定性的、负面的概念。

<u>而在这里，绝对自由的自我意识作为纯粹明见，而把自己的肯定本质和否定本质完全分割开来——把无宾词的绝对作为纯粹**思维**和纯粹**物质**完全分割开来，——对它来说，现成在手的乃是在其现实性中从一个</u>[121]<u>本质向另一个本质的绝对**过渡**。</u>

"而在这里，绝对自由的自我意识作为纯粹明见，而把自己的肯定本

470

质和否定本质完全分割开来——把无宾词的绝对作为纯粹**思维**和纯粹**物质**完全分割开来", 前面讲了, 绝对自由的概念、普遍意志最初是肯定性的, 它提出来的时候是人格性的、肯定性的本质; 而现在发展到这样一个恐怖的地步, 绝对自由的自我意识作为一种纯粹明见, 发现它把自己的肯定本质和否定本质完全分割开来了。也就是说, 普遍意志还是肯定的本质, 但它的否定的本质完全与它分割开来了, 它的否定性、它的断头台、它的死亡的恐怖这一方面与肯定的方面完全分割开来了。当然, 死亡的恐怖是对敌人的, 而不是对人民的, 普遍意志以人民的名义把这些人送上了断头台。所以这样一种绝对自由的自我意识, 它的肯定的本质是被作为一面旗帜, 而与否定的本质完全分割开来: 杀人归杀人, 这并不妨碍我们坚持绝对自由的最初的概念, 也就是人民的意志。人民的意志是肯定的本质, 杀人、镇压反革命是否定的本质, 这两方面不是一回事。一方面是纯粹的思维, 纯粹的思维就是我们的理想、我们的人民意志、我们的口号; 另一方面是纯粹的物质、现实的肉体, 它是毫无意义的, 把这些肉体消灭掉, 死不足惜, 与我们的纯粹思维完全没有关系。"无宾词的绝对", 就是一个抽象的绝对, 抽象的人民意志。抽象的人民意志到底是什么? 两个部分, 一个是纯粹思维, 在纯粹思维里面, 我们保持着绝对自由的概念; 一个是纯粹物质, 就是那些人的肉体, 他们反对纯粹思维, 所以要消灭掉。那个绝对自由是无宾词的, 它只是一个主词, 只是一个口号, 没有具体的规定性, 没有体制来保障, 只是抽象的绝对自由。所以绝对自由肯定的是纯粹思维, 否定的是纯粹物质, 也就是肉体。谁是人民意志? 谁是绝对自由的? 谁也不是, 所以他们的肉体都是可以牺牲掉的, 无所谓。"对它来说, 现成在手的乃是在其现实性中从一个本质向另一个本质的绝对**过渡**", "过渡"打了着重号。为什么"过渡"要打着重号? 因为前面讲到, 这种绝对自由**是**个什么东西, "是"打了着重号。"是"个什么东西, 我们刚才解释, 就是从存在论的层面上来讨论绝对自由究竟是什么。绝对自由是什么? 是死亡。绝对自由本来是肯定的——"是"什么,但它变成了否定的,"是"变成了"不是",存在变成了非存在。纯粹思维是存在,直接"过渡"到了它的否定、它的非存在,即否定它的肉体,这是一种过渡。我们前面也谈到过,在黑格尔那里,"过渡"是用在《逻辑学》中"存在论"阶段上的关键词,在"本质论"里用的是反映、反思,在概念论里用的是发展。这个过程越来越具体,越来越连贯,但在存在论里是不连贯的,它是过渡。过渡就意味着中间有一个鸿沟,从这边跳到那边去,中间没有中介。现在就是这样的情况。绝对自由停留在"是什么"这样一个存在论的层面上,它只是从一个本质向另一个本质的绝对过渡,从人民的意志向断头台的绝对的过渡,这是跳过去的,不讲道理的,说不清是怎么过渡的。为什么你就代表人民的意志,而人家就不代表人民的意志,就该被杀掉?这是没有道理可讲的,它只是从一个本质向另一个本质的绝对过渡、绝对跳跃。什么是人民的意志?人民的意志没有任何具体的规定,张三也不能代表人民,李四也不能代表人民。那什么时候代表人民呢?就是当处死张三或者处死李四的时候就代表人民了。因为存在本身没有任何进一步的规定,无规定就是它的规定,说"不"就是它的规定,所以从绝对自由向纯粹物质、从肯定的本质向否定的本质的过渡是一种存在论层面上的跳跃。政府的智慧就停留在存在论的知性水平上。

——**普遍意志,作为绝对肯定的**、现实的自我意识,由于它就是这种**已提升为纯粹**思维或**抽象**物质的、自我意识到的现实性,于是就翻转为**否定的**本质,并证明自己同样也是对**自我思维**或自我意识的**扬弃**。

"普遍意志,作为绝对**肯定的**、现实的自我意识",普遍意志,也就是人民的意志、公意。上次讲到卢梭的公意,也是这个意思,它作为绝对肯定的、现实的自我意识,也就是人民的意志要在政府中现实地实现出来。"由于它就是这种**已提升为纯粹**思维或**抽象**物质的、自我意识到的现实性",它一方面要成为肯定的和现实的,但另方面它又不是一般的现实性,尽管它体现在政府上,但是这个政府不是一般的政府,它是一个有理想的政府,它是一个在纯粹思维的层次上自称为代表人民的政府,它在自我意识中把自己看作是一种由纯粹思维而建立起来的抽象物质的政府。以前的政府，不管是路易十四还是路易十六，他们都没有宣称自己代表人民，但是法国革命的政府宣称自己是代表人民的。所以它是"已提升为纯粹思维或抽象物质的"，就是说，它把那些具体的东西都抽掉了，它是在一个纯粹抽象的层面上来谈论思维和物质的关系的。或者说，它打着普遍意志的抽象旗号，去镇压那些持有不同政见者的肉体；而在镇压这些人的肉体的时候，它也是抽象的，它镇压的不是一个一个人，它镇压的是阶级敌人、反革命，它把对方的肉体抽象为反革命来加以镇压。而它自己的旗号是纯粹思维、普遍意志、人民的意志、绝对自由。这个政府是有现实性的，但是它在采取实际行动时意识到自己代表着普遍意志，它不像以往的国王那样，那些人只是为了保住自己的利益而行动。但是正由于这个政府所立足的理想太高、太抽象，"于是就翻转为**否定的本质**"，"否定的"打了着重号，前面"提升""纯粹""抽象"打了着重号，这些字眼都是有联系的。就是说，它的否定的本质是来自于它的提升、它的纯粹、它的抽象，它提到了一个很高的、理想化的层面。法国革命是具有理想色彩、理想精神的；但是既然它高高在上，它有一个理想，那么现实的东西它就都可以否定，或者说，它唯一能够否定的就是现实的东西：现实的人的生命、人的肉体，这些都可以否定。所以它就翻转为否定的本质了，虽然它是现实的自我意识，但是它恰好又是在现实中进行自我否定的，它肯定的只是自己的理想，否定的是自己任何一个实现这理想的现实的人。它本来是肯定的现实的自我意识，但由于它的理想太高了，所以它没有妥协，它容不得任何不理想的东西。绝对自由容不下任何不绝对的自由，或者说相对的自由，或者说妥协。吉伦特派曾经想要妥协，觉得这样就可以了，不要再闹了，但底下的那些平民不干，非要把他们推翻，拥护罗伯斯庇尔，把这些人清除掉。罗伯斯庇尔上台，进一步清除雅各宾派内部的右派。所以它一路否定下去，这就是资产阶级专政下的不断革命论，不断地否定自己的现实性。"并证明自己同样也是对**自我思**

维或自我意识的**扬弃**"，就是说不要思维了，不要讲道理了，本来是一个很好的道理，但是在否定的过程中，就不要讲道理了。"自我思维""扬弃"打了着重号。普遍意志本来是要作为现实的自我意识实现出来，但最后实现出来时，自我意识的理想性和现实性分裂了，不再有统一的自我意识了，变成了对自我意识的扬弃。没有自我意识就陷入到狂热了，或者说，陷入到对死亡的恐惧。最后一切都不是思想的问题，而是生和死的问题，我们之间是生和死的搏斗，不再是思想的搏斗，我的思想一点都不比你差，所以我们之间不是争斗思想，而是哪个活哪个必须死。所以罗伯斯庇尔在最后关头，当他的拥护者把他从国民公会的监牢里营救出来，请他签署起义的命令时，他也犹豫了，签了一个"Rob…"就停了下来，喃喃自语："以什么名义？"终于没有签，接下来再次被捕，被送上了断头台。历史学家没有人敢否定他人格的伟大，但很少有人能说清楚他失败的根源。

　　所以，绝对自由，作为普遍意志的**纯粹**自身等同性，本身所拥有的是**否定**，但因此也就拥有一般**区别**，并且将这种区别又再作为**现实的**区别发展出来。

　　"所以，绝对自由，作为普遍意志的**纯粹**自身等同性，本身所拥有的是**否定**"，这是重复前面所讲的，纯粹的绝对自由其实就是否定，绝对自由的纯粹本质就是否定。这点在断头台上已经直观地看出来了。如果以纯粹的人民意志来实行绝对自由的话，那么它本身所拥有的是否定，"否定"打了着重号。"但因此也就拥有一般**区别**"，"区别"也打了着重号。拥有否定就会拥有区别，也就是说，这种否定不是抽象的否定，它是现实的否定，现实的否定就是区别，首先就是纯粹自由和现实自由、普遍意志和个别意志的区别。"并且将这种区别又再作为**现实的**区别发展出来"，区别了理想和现实之后，又在现实中进行区别，即代表理想的现实和不代表理想的现实的区别。这就是区别在现实中的进一步发展。

　　因为，纯粹的**否定性**，在自身等同的普遍意志那里，拥有它自己的诸环节所由以实现的那种**持存元素**或**实体**；

　　先看这半句。"因为，纯粹的**否定性**"，"否定性"打了着重号。普遍意志是有它的纯粹否定性的，但是它"在自身等同的普遍意志那里，拥有它自己的诸环节所由以实现的那种**持存元素**或**实体**"，也就是纯粹否定性实现出来，还必须借助于普遍意志、即人民意志或者说绝对自由，从它们那里获得自己的各环节实现出来所必不可少的持存元素或实体。也就是说，纯粹否定性要变成现实的否定行为，必须由普遍意志授权，才能够一步步实现出来。所以普遍意志虽然很抽象，但它是这些否定环节背后的实体或持存元素，是否定行动所依据的根本原则。我们由此可以理解，为什么罗伯斯庇尔在最后的生死关头，还要考虑"以什么名义"来拯救自己的问题，这个人的伟大在于他自始至终从自己信奉的原则出发，决不放弃原则而苟且偷生。

　　这实体拥有的是它能够应用到自己的规定性中去的那种物质；而一旦这实体表明了自己对个别意识是否定的东西，那么各种精神聚合体的组织就重新形成起来，而大批个体意识就被分配在这些聚合体之下。

　　"这实体拥有的是它能够应用到自己的规定性中去的那种物质"，这实体，也就是普遍意志或绝对自由，所拥有的是能够与自己相吻合的物质，能够代表自己的规定性的物质，至于其他的物质，就不考虑了。"而一旦这实体表明了自己对个别意识是否定的东西"，普遍意志表明它是要否定个别意识的，是要让个别意志为自己服务和做牺牲的，一旦表明了这点，"那么各种精神聚合体的组织就重新形成起来，而大批个体意识就被分配在这些聚合体之下"，既然个别意识要被否定，那么他们就集结起来的、组织起来，为了一个共同的绝对自由的目标而形成了各个党派。最开始没有明确的划分，笼而统之就是第三等级，大家都是为了争自由争民主而投身于这场革命运动，自觉地使个别意识服从于普遍意志；但由于各自阶级地位的不同，而对绝对自由和普遍意志存在着不同的理解，于是分为各个党派来参与运动,这就打破了原来的一、二、三等级的划分,从而形成了君主立宪派、吉伦特派、雅各宾派、忿激派、"无套裤汉",各自代表不同的阶级利益。而大批个体意识就按照自己的个别情况从属于自己的党派之下,以这种形式展开阶级斗争。法国革命可以从阶级斗争的角度来分析它的那些派别,吉伦特派代表着工商业资产阶级,雅各宾派代表中小资产阶级,雅各宾派里面又分化出右派和忿激派,忿激派代表无产阶级和贫苦农民。

<u>这些个体意识在感觉到他们的绝对主人即死亡的可怕的时候,就重新忍受着这种否定和区别,使自己隶属于那些聚合体,并返回到一种被分割、被限制的事业上来,但由此也就返回到了他们的实体性的现实性。</u>

"这些个体意识在感觉到他们的绝对主人即死亡的可怕的时候,就重新忍受着这种否定和区别,使自己隶属于那些聚合体",这些个体意识纷纷投奔到他们的阶级、他们的集团、他们的聚合体之下,因为每一个人都面临着死亡的威胁,与其单个人反抗而被毫无声息地灭掉,不如组织起来与压迫者对抗。但这样一来,他们就必须重新忍受否定和区别,也就是使自己隶属于那些聚合体,受到这个组织的制约。这个组织对他们同样有种否定和区别,但他们宁可忍受并认同于这一组织,"并返回到一种被分割的、被限制的事业上来"。我们不再作为单个的人来反抗,我们回到我们的团体,服从集体、党派的利益,我们作为团体中的一分子,不再作为个人去跟政府相对抗。"但由此也就返回到了他们的实体性的现实性",以这种党派的方式,他们返回到了他们实体性的现实性,也就是他们既在进行现实的斗争,同时这斗争又是具有实体性的,是以那个普遍意志的名义进行的斗争,而不再是以单个人的名义的反抗。这种有组织的斗争显然更有力量、更具现实性。这时,他们就在新的层次上回到了前面所讲的伦理实体,包括家庭和国家的关系,每个政党都相当于一个家庭,但家庭和家庭之间是被分割、被限制的。每个人在走出小家庭之后,又进入到了一个"革命的大家庭",就是组织,这是一种实体性的现实性。

法国革命的实体性的现实性，就是这一派那一派代表各自的阶级而进行的斗争。在这种斗争的背后，是对绝对主人即死亡的恐惧。在经受了死亡的恐怖之后，他们就能够对于否定和区别具有更大的忍受力，使自己隶属于那些聚合体。因为正如在家庭中有亲人来埋葬死者，在党内也会有人纪念那些为党而牺牲的人。不同的是，这毕竟表明他们对个人的绝对自由已经开始有了某种认知。正如前面自我意识一章中，经过生死斗争和主奴关系而进入到斯多葛派的自由意识和道德意识一样，这里也经过对死亡的恐怖而把绝对自由作为这些事业背后的持存的元素或实体来认知，从而为超越现实的限制向道德境界提升做了准备。休息一下。

刚才讲了，法国革命中的个体在死亡恐怖面前返回到了像伦理实体那样一种集体主义的聚合体，但不同的是，经过死亡恐怖，人们已经对一种超越现实的道德有了某种认知，它作为背后起作用的持存元素或实体，使现实世界的斗争具有了完全不同的意义，也就是把人的精神提升到了一个更高的道德境界。

精神也许会从这种混乱中被抛回到它的出发点，被抛回到伦理的和实在的教化世界，这个教化世界通过那重新进入到内心的对主人的恐惧只会变得活力充沛，青春焕发。

"精神也许会"，这里用的是虚拟式，"从这种混乱中被抛回到它的出发点，被抛回到伦理的和实在的教化世界"，"这种混乱"就是前面讲的党争或阶级斗争，互相斗来斗去，每一批个别意识都被分配在某一个聚合体之下，结成一个集团，出于对死亡的恐惧而互斗，这就陷入一种社会的动荡骚乱了，乃至于陷入到无政府主义了。罗伯斯庇尔的后期就几乎陷入一种无政府主义了。雅各宾党里的右派后来觉得罗伯斯庇尔这样搞太恐怖了，必须要除掉他，于是结成了热月党人，搞了一场热月政变，把罗伯斯庇尔送上了断头台，建立了所谓三头政治，即督政府。这里说返回到它的出发点，也就是返回到那种没有绝对自由的伦理实体状态。精神是从伦理的和实在的教化世界开始的，作为"精神"一章的起点，一开始就是伦理世界，然后是教化，那都是没有绝对自由的。现在绝对自由在现实中破产了，那就有可能被抛回到它的出发点，走回头路，回到以前的那种专制和教化。"这个教化世界通过那重新进入到内心的对主人的恐惧只会变得活力充沛，青春焕发"，"对主人的恐惧"，也就是对死亡的恐怖。这跟以往的教化世界又不太一样，以往虽然压制自由精神，但还有一丝温情，并不是处处靠对死亡的恐怖来推行教化。所以精神如果被抛回到它的出发点，那么完全回到出发点是不可能的。我们现在已经经过了绝对自由和对死亡的恐怖，由这个因素重新进入到内心来，就使教化世界在更高层次上得到了更新，变得活力充沛、青春焕发了。这个"重新"是指前面在自我意识章中已经有过一次，是通过生死斗争、主奴关系而对真正的主人、也就是对死亡的恐怖，在自我意识中建立起一种超越的自由意识。在现在这个教化世界的最后阶段，这种死亡恐怖重新进入到内心中，这就将教化提升到最高阶段了，或者说，教化就此而完成了。这个动乱的世界好像也是一个生死斗争的世界，自我意识经过这种生死斗争，使这个教化世界焕发了青春。原来的伦理世界和教化世界是一个稳定的、传统的社会，不管是古希腊的那种伦理世界，还是在法国革命之前的欧洲社会，王权专制社会，每个人虽然都受奴役，虽然都隶属于一个既定的体制身份之下，没有绝对自由，但是也没有生死斗争的恐惧，每个人都有自己的身份，都有自己的位置。而在法国革命的骚乱中，这一切都被打乱了，旧的纽带已经解体了，每个人都各自面对死亡，这是他最高的主人。现在我们再回到过去，回到伦理世界和教化世界，这种对死亡的恐惧就会使这个世界变得活力充沛，青春焕发。当然这是一种假设，但是这种假设实际上预示着拿破仑上台，返回专制；而这种专制并不是返回到原点，而是有个人的积极性在里面起作用的。拿破仑当皇帝跟以往的法国国王是大不一样的，他是群众选出来的一个皇帝，是大家都拥戴的一个皇帝。这样一种伦理世界、教化世界就会变得活力充沛、青春焕发。

精神也许会不得不重新历经并总是重复这个必然性的圆圈，假如结果只是自我意识与实体两者完全渗透的话，——假如结果是这样一种渗透：在其中，那经验到自己的普遍本质对自己的否定之力的自我意识，不想把自己当作这个特殊的东西、而只想当作普遍的东西来认知和发现，并因此也能够忍受普遍精神的那种把它当作特殊物加以排斥的对象性的现实性的话。

　　这里更具体地分析这种返回原点的假设。"精神也许会不得不重新历经并总是重复这个必然性的圆圈"，就是说，假设精神从这里重新被抛回到以前的出发点，要返回到伦理实体，必须有一个条件，这就是："假如结果只是自我意识与实体两者完全渗透的话"。自我意识与实体完全渗透，这是法国革命前的精神状态，每个人在伦理实体中都有自己的身份意识，违背自己的身份就是违反自己的自我意识，而不存在对绝对自由的理想的追求。那就是返回到以前的那种伦理世界，自我意识完全寄托在实体身上。"假如结果是这样一种渗透：在其中，那经验到自己的普遍本质对自己的否定之力的自我意识，不想把自己当作这个特殊的东西、而只想当作普遍的东西来认知和发现"，当然，事实上自我意识要回到以前已经做不到了，它已经经验到了自己的普遍本质对自己的否定的力量，普遍和个别已经分裂，对于个别自我意识来说，普遍本质作为人民的意志变得十分恐怖，这个我们在前面已经讲到了。但如果自我意识仍然不想把自己当作这个特殊的自我，而只想把自己当作普遍的东西来认知和发现，那就和革命前的那种情况有种相似性，也就是把个体自我融化在普遍实体中。然而，现在的普遍实体已经不是过去那种伦理实体了，而是人民意志，是绝对自由的理想，个体仍然把它看作自己的普遍本质，哪怕它实际上呈现了对自己的个别性的否定，甚至以恐怖的主人形式凌驾于个别性之上，却仍然不愿放弃自我意识与这个理想互相渗透和认同的一面。如果是这样，"并因此也能够忍受普遍精神的那种把它当作特殊物加以排斥的对象性的现实性的话"。如果人们由于理想未泯而甘愿忍受普遍精神对自己的个别性的否定的话，如果自我意识甘愿面对死亡的恐怖而为自由牺牲的话，如果它甘愿为理想而牺牲自己个别的现实性的话，在这种情况下，伦理实体的那种意识形态就会卷土重来，而帝制就有可能重新复辟了。这里详细剖析了拿破仑上台称帝的群众心理基础，就是经过了法国革命一系列惊心动魄、风起云涌的斗争历程，在最后的恐怖中，绝对自由的理想在现实中的实现已经看不到什么希望了，但这种理想在每个人心中并没有消退，而是已然成为了每个人自我意识中的本质结构。于是人民放弃了通过党派斗争来争取绝对自由的做法，而满足于由一个具有自由理想的君王来领导他们，代表他们的自由理念去和自由的敌人作斗争。为此他们不惜承担死亡的恐怖，继续为自己的普遍本质、自己的理想而勇往直前，流血牺牲。

　　——但是，在绝对自由中，无论是已沉沦为各种各样的定在的或固着于自己的特定的目的和思想的那个意识，还是一个**外在的**有效准的世界，无论这世界是现实性的或思维的，都已经不处于相互的交互作用之中了；

{322}
[122]

　　"但是，在绝对自由中"，这个"但是"就是说，尽管还在追求绝对自由，但情况却已经不同了。这一整句都是用的过去时。有什么不同呢？"无论是已沉沦为各种各样的定在的或固着于自己的特定的目的和思想的那个意识，还是一个**外在的**有效准的世界"，绝对自由在前面的实现过程中，一方面沉沦为各种定在，就是每个人都坚持说自己代表绝对自由，其实他们只不过是固着于自己的特定的目的和思想的那种意识，他们都把绝对自由降到了自己的个人理解的水平；另一方面，它在这种实现或外化过程中形成了自己的事业和业绩，这就是一个外在的有效准的世界，这个世界也许是权力平衡的产物，也许是个人独裁的结果，总之是能够发生效力的既成事实。这两方面一个是主观意识方面，一个是客观存在方面。同样，"无论这世界是现实性的或思维的"，这和上面是同一个意思，就是无论绝对自由中的世界是现实的还是思维的，是客观的还是主观的。"都已经不处于相互的交互作用之中了"，也就是这两方面，思维和现实存在，主观目的和外部世界，现在都已经不再发生交互作用了。每个个人的意识都自认为代表着绝对自由，尤其是那些掌权者，他们都把自己特定的目的和思维看作就是绝对自由和普遍意志的现实表现；而外在的那个有效准的现实世界却不以他们的意识为转移，他们力图要控制这个世界，和这个世界发生不断的交互作用，但却失败了。到了罗伯斯庇尔，这两方面就彻底脱离了关系，自认为代表普遍意志的独裁者，却完全控制不了局面，不再能够和外部世界发生良性互动，而是单向地被形势和命运推向了绝路。拿破仑的军事独裁则更是这种交互作用的消失，普遍意志变成了个人野心。这时，现实世界和思维的世界不处于相互的交互作用之中，现实世界是现实世界，理想归理想，人们不再有信心把理想直接在现实世界中实现出来，或者说用理想来改造现实世界了。

　　<u>相反，这个完全处于意识的这种作为普遍意志的形式中的世界，正如那个自我意识一样，已从一切有广延的定在或各种各样的目的和判断中凝聚为单纯的自我了。</u>

　　"相反，这个完全处于意识的这种作为普遍意志的形式中的世界"，也就是说，这个世界完全处于这样一种意识的形式中，即处于普遍意志的形式中，这个世界完全代表着普遍意志，它是由普遍意志所决定的。"正如那个自我意识一样"，正如前面所说"那经验到自己的普遍本质对自己的否定之力的自我意识"一样，那个自我意识已经由于把自己的个别性彻底否定而认同于普遍本质了，它是一个没有内容的抽象自我意识。而这个普遍意志也如同那个抽象自我意识一样，"已从一切有广延的定在或各种各样的目的和判断中凝聚为单纯的自我了"。单纯的自我也就是单一的自我，这个世界已从一切有广延的定在和各种目的和判断中，凝聚（zusammengezogen）为单纯的唯一自我了。这里仍然是用的过去时，都是描述前面已经完成的历程。一方面是普遍意志的世界，绝对自由所支配的世界，这个世界一片混乱，每个人都宣称自己代表绝对自由，代表

人民意志，互相处在交互作用和混战中；但是现在已经超越那种混乱状态了，一切最终是"政归司马氏"，由各个处于外部定在中的人的目的和判断凝聚为了一个单一的自我，从这个一团混乱的世界中集结起来，凝聚起来，由一个单一的自我来代表。这个自我代表你们大家，你们各有己见，人多嘴杂，意见分歧，现在我来代表你们大家，代表你们共同的意志。而另一方面呢，是其他人的自我意识，这时也正好由于经验到自己的普遍本质对自己的否定之力，而放弃了自己的个别性，认同于这个普遍意志。于是双方一拍即合。大家都心甘情愿地由一个独裁者来代表自己，这个乱糟糟的七嘴八舌分崩离析的世界，最后凝聚为一个人的天下，这是一个必然趋势。这个单纯的自我不是通过一种党派斗争交互作用的胜出来占据统治地位的，而是直接地从一切广大人民群众的目的和判断中凝聚出来的。这里面的原理，前面已经讲过了，为什么会走向独裁，它的必然性已经摆明了，这里是重申。它不是通过一种交互作用，而是通过一种默认和默许，而成为了人民的代表，这必然会凝聚为一个人的独裁。前面第115—116页讲，"普遍意志并不是那种建立在默许或被代表的赞同之中的、关于意志的空洞思想，而是实在的普遍意志，是一切**个别人本身的意志**"，但那是西耶斯的观点，拿破仑上台以后，西耶斯就靠边站了。

　　自我意识与上述普遍本质在交互作用中所达到的教化，因而就是最高的和最后的教化，这种教化看到了自我意识的纯粹单纯现实性的直接消失，和过渡到空虚的无。

　　虽然那个唯一单纯的自我并不是由交互作用中产生出来的，而是直接从有广延的定在集结起来、凝聚出来的，但前述交互作用并不是白费了，而是完成了它最后的教化作用。"自我意识与上述普遍本质在交互作用中所达到的教化，因而就是最高的和最后的教化"，在交互作用中所达成的教化既是最高的、又是最后的教化。比如说罗伯斯庇尔的那种教化，就还是通过一种交互作用进行的，当他在自己的自我意识中自命为人民的意志的代表，他就必须和国民公会、革命政府的整个机构打交道，控制它们、操纵它们，使它们服从自己的意志。但普遍意志是否因此就真的听他的话，服从他个人的意志，那还要看他的努力，看双方的互动。但他最后的失败和被处死则是最后一次互动的结果，它达到了最高和最后的教化。什么教化呢？"这种教化看到了自我意识的纯粹单纯现实性的直接消失，和过渡到空虚的无"，也就是通过罗伯斯庇尔的死，让人们看到了自我意识的那种纯粹单纯现实性是注定要消失的，那种天真的理想主义是注定不能在现实中成功实现的，它所怀抱的那种绝对自由不过是一个空虚的无。这就将精神一下子提升到了一个新的层次，即不再指望绝对自由真地在现实生活中由某个真诚的理想主义者实现出来，而是把它保留在思想中，作为一个理想的标准从道德上来衡量现实生活。这是现实世界对人的精神的教化作用的最后一步，人们开始拥有了一个完全内心的精神世界，这就是道德世界，对人的教化就最后完成了。由此就走出了教化阶段，而向后面一个精神环节即道德环节过渡了。西方人的道德是由长期教化形成的，而在这里是最后一站，整个异化了的精神的教化在这个地方、在罗伯斯庇尔那里达到了它的最高点。当然这还是属于教化世界，最后一次教化也是属于一种教化，与前面现实王国中国家权力和财富以及语言等等的狭义的教化不同，它是属于广义的教化。

在教化世界本身中，自我意识做不到以这种纯粹抽象的形式直观到自己的否定或异化；相反，它的否定是内容充实的否定，不是荣誉就是财富，它们都是自身异化了的自我所换得的；——或者说，是分裂意识所达到的精神的和明见的语言；再或者，这种否定是信仰的天国或启蒙的有用性。

这是回顾前面的教化历程了。"在教化世界本身中，自我意识做不到以这种纯粹抽象的形式直观到自己的否定或异化"，所有前面所讲的教化都达不到这里讲的最后一次教化的内容，即自我意识以这种纯粹抽象的形式直观到自己的否定或异化。在断头台前，自我意识直观到自己被彻底否定了，被异化成了自己的反面，绝对自由变成了恐怖。"纯粹抽象的形式"，就是说，绝对的空虚，绝对的无。就是说，你凭什么把他们送上断头台，这个理由是没有的，甚至是莫须有的罪名，是一种纯粹抽象的形式，它其实就是意志和意志的较量，就是一个独裁者要把反对他的人除掉，所以要把他们送上断头台。在以往的教化世界中，还做不到这一点。以往也有否定，但这种否定都是有具体内容的，不是这样一种纯粹抽象的形式，不是以"人民的意志"这种完全抽象的形式，而是以一些有具体内容的形式。所以下面讲，"相反，它的否定是内容充实的否定，不是荣誉就是财富，它们都是自身异化了的自我所换得的"，以前的否定或异化都是有内容的，都是有理由的，不是荣誉就是财富，争荣誉、争财富、争地位。"它们都是自身异化了的自我所换得的"，它们都是由自我意识的自身异化所换得的，换来财富、名和利、权，这些都是内容充实的，都是有具体理由的。不必以人民意志的名义说那些大话，你无非就是要争名利、争财富、争地位、争土地，无非是这些嘛。那么通过你自身的异化，你在教化世界里面是有所得的，这些好处是通过自身异化所换得的。"或者说，是分裂意识所达到的精神的和明见的语言"，前面讲的是国家和财富，接下来讲的是语言的异化和分裂的意识。分裂的意识也有内容，它要达到精神的和明见的语言，至少在语言上，它获得了实实在在的现实内容。语言也是一种现实，它不像人民的意志那样那么抽象，那么虚无缥缈。"再或者，这种否定是信仰的天国或启蒙的有用性"，"信仰的天国"，你可以说它是抽象的，但是它不是一种概念的抽象，它是一种表象，它给人民以安慰，那种安慰也是实实在在的，有内容的；启蒙的有用性更不用说，启蒙获得的是有用性。这是回顾了整个教化世界中所经历的教化，而罗伯斯庇尔是最后的、最高的一次教化。在以往的教化世界本身中，自我意识还做不到以这种纯粹抽象的形式直观自己的否定和异化，相反，它们的异化都是有内容的。而最后这一次教化，则是以一种纯粹抽象形式来直观自己的否定和异化的。

　　所有这些规定,都通过自我在绝对自由中所经验到的损失而失去了;它的否定是毫无意义的死亡,是那本身不具有任何肯定性的东西、不具有任何充实内容的否定东西的纯粹恐怖。

　　"所有这些规定",不管是荣誉也好,财富也好,还是语言也好,还是天国,或者是有用性,所有这些等等的规定,"都通过自我在绝对自由中所经验到的损失而失去了"。罗伯斯庇尔诉诸绝对自由,那么随着这种绝对自由在现实中的破产,前面所有这些内容都由此而失去了。自我意识的否定在绝对自由中经验到的,是自我意识的否定本身也失去了,因为"它的否定是毫无意义的死亡,是那本身不具有任何肯定性的东西、不具有任何充实内容的否定东西的纯粹恐怖"。这种否定在面临死亡时已经毫无意义,把你从肉体上消灭,你就什么都没有了,不仅失去了荣誉、财产、信仰、有用性这些东西,而且连绝对自由对现实的否定作用都失去了。这也是一种经验,绝对自由的经验就是一种对损失的经验,而这种损失是根本性的损失,是最后的经验。以往的死亡,还可以说是为什么而死,为财产,为荣誉,为了有用性,为了天国,或者为了别的什么;但现在,为绝对自由而死就是为虚无而死,为不是任何东西而死,因此它变得毫无意义了。这种死亡本身不具有任何肯定性的东西,也不具有任何充实的内容,所以它就是纯粹恐怖,是面对死亡意识到自己死得毫无价值的恐怖。罗伯斯庇尔的恐怖所带来的死亡是没有任何价值的。

　　——但同时,这种否定在其现实性中并不是一种**异己的东西**;它既不是位于彼岸的、伦理世界沉沦于其中的那种普遍的**必然性**,也不是分裂意识认为自己所依赖的、私有财产的或对占有者的嬉笑怒骂的个别偶然性,——相反,它是**普遍的意志**,这普遍意志在自己这种最后的抽象中不具有任何肯定性东西,因而不能从牺牲中得到任何回报;

　　"但同时,这种否定在其现实性中并不是一种**异己的东西**",这种否定,这种恐怖,这种毫无意义的死亡,在其现实性中却并不是异己的东西,"异己的东西"打了着重号。它不是外来强加的东西,这种自我对自身的否定实际上是自己内部自生的、具有必然性的否定。"它既不是位于彼岸的、伦理世界沉沦于其中的那种普遍的**必然性**",也就是所谓命运,所谓神的法则,那种普遍的必然性,那是位于彼岸的,伦理世界不得不服从它的这种命运。而在法国大革命中,当人们走上断头台,没有人把它当作一种命运,人们清楚地知道,这是自己所造成的,是自己当初拼命鼓吹的东西,现在自食其果。这件事不能怪别人,不能怪命运,要怪自己。"也不是分裂意识认为自己所依赖的、私有财产的或对占有者的嬉笑怒骂的个别偶然性",既不是命运的普遍必然性,也不是像分裂意识所依赖的那种个别的偶然性。前面讲分裂意识时说:"财富直接面临着这样一种最内在的深渊,在这个无底深渊中一切支撑物和一切实体都消逝了;它在这个无底深渊中看到的只是一种卑鄙下流的事物,一种嬉笑怒骂的游戏,一种随心所欲的偶然发作"［第63页］,分裂的语言那种对私有财产和占有者的否定完全是依赖于偶然性的。而这里的这种自我否定,既不是来自于自己的必然命运,也不是来自于任意的偶然性,而是很崇高的。"相反,它是**普遍的意志**,这普遍意志在自己这种最后的抽象中不具有任何肯定性东西,因而不能从牺牲中得到任何回报","普遍的意志"打了着重号,即所谓的公意。卢梭的公意在他那里是最高抽象,社会契约论就是终极地建立在公意之上的,而不是建立在众意之上的。但它也是最后的抽象,里面没有任何肯定的东西,而只有否定的东西。公意就是人民意志,但每个人都不是人民意志,人民意志不能靠任何个人得到体现,因此,任何人都不能通过自己为此而牺牲来取得任何回报,他从中所得到的只是纯粹的恐怖。但这种公意和它带来的恐怖确实又不是外来异己的,而正是每个自我意识本质中固有的,所以他们每个人走上断头台的时候,内心都有一个真诚的愿望,就是希望自己的死能够给法兰西共和国带来稳定。他们如此从容地服从法庭的判决,表现出如同苏格拉底赴死时一样的平静和超然。我们甚至可以说,他们的死是他们的自由选择,既不能怪命运,也不是为了任何外在的偶然目的,不管是财富,还是荣誉,还是有用性，还是天国，所有这些东西它都不指望，它就是自我意识中的普遍意志、人民意志，这些人已把自己完全献身于公意了。

　　——但唯其如此，它与自我意识直接就是一个东西，或者说，它是纯粹肯定的东西，是因为它是纯粹否定的东西；而那种毫无意义的死亡，即自我的那种不充实的否定性，就在内在的概念中翻转为绝对的肯定性。

　　"但唯其如此，它与自我意识直接就是一个东西"，就是说正因为普遍的意志不具有任何肯定性的东西，它已经远远地超越于现实的存在之上，所以普遍意志就是抽象的自我意识。每一个人的自我意识里面都有公意，或者说，公意就是每一个人的普遍自我意识。卢梭所谓的公意就是每个人都会同意的东西，它跟普遍自我意识是同一的。"或者说，它是纯粹肯定的东西，是因为它是纯粹否定的东西"，就是说，正因为它否定了一切，它把一切看得见摸得着的东西都否定掉了，那么这种否定行动就是它的事业，就是它没有内容的内容，它由此而成为最高的肯定的东西；而它作为肯定的东西也就是最纯粹的。它的肯定是最纯粹的，它就是纯粹的自我意识，就是纯粹的意志、普遍的意志。正因为它是纯粹否定的东西，所以它是纯粹肯定的东西，它否定了现实的一切，正好借此确立了超现实的原则。前面一直在讲它的否定性、它的恐怖，它消灭人的肉体，消灭一切反对意见，消灭一切个别性，等等；但正因为如此，它就是真正高高在上的自我意识，它把一切具体的东西都否定掉了以后，它就是那个否定本身，那个否定本身就是纯粹的肯定。"而那种毫无意义的死亡，即自我的那种不充实的否定性，就在内在的概念中翻转为绝对的肯定性"，自我因为不充实而遭到否定，因为作为人民的意志来说，每一个人都是不充实的，谁能够代表人民意志？我们经常说为人民服务，但不是为你服务，因为你不是人民，你只是人民中的一分子，每一个人主观上想代表人民，客观上这种代表都是不充实的，所以都要被否定。而那种毫无意义的死亡，那种不充实的否定性，却在内在的概念中反而成为了绝对的肯定性。这是在内在的概念中的翻转，一旦我们从外在现实转向内在概念，我们就获得了一种绝对的肯定性，它本身是不能实现的，但正因为如此它才是崇高的，它是一切道德评价的标准，它不是"事实如此"，但却是"应当如此"。这就为建立一个纯粹的道德世界观留下了位置。可见从法国革命转向康德的伦理学有种内在的逻辑必然性。

对于意识来说，自我与普遍意志的直接统一，自我想把自己作为普遍意志中的这个确定的点来认知的要求，就都转化为完全相反的经验。

"对于意识来说，自我与普遍意志的直接统一"，在意识面前，自我代表普遍意志，它与普遍意志是直接统一的。"自我想把自己作为普遍意志中的这个确定的点来认知的要求"，自我代表普遍意志，自我本身就是普遍意志中的一个确定的点，它要把自己当作普遍意志中一个确定的点来认知：我就是代表绝对自由的，我就是代表公意的。这样一种认知的要求，对意识来说，"就都转化为完全相反的经验"。就是原来那种用自我来代表普遍意志的直接公意，我就是替天行道，我是代表普遍意志来行使我的权力，这样一种经验，在意识面前被颠覆了，都转化为完全相反的经验了。什么相反的经验，下面就说了。

在这种经验中，凡是对意识消逝了的东西，都是抽象的**存在**，或无实 [123] 体的点的直接性，并且这种消逝了的直接性乃是普遍意志本身，而意识现在就把自己当作那个普遍意志来认知，因为它是**扬弃了的直接性**，因为它是纯粹认知或纯粹意志。

"在这种经验中，凡是对意识消逝了的东西，都是抽象的**存在**"，凡是意识所否定了的东西，都仅仅是抽象的存在，"存在"打了着重号。在黑格尔的用语中，抽象存在就是感性存在，是没有什么概念内涵的存在。也就是说，前面所经历过的一切，都是在把意识中的抽象存在、感性存在一个个排除出去，直到排除干净了之后，只剩下对死亡的恐惧，剩下非存在、虚无。"或无实体的点的直接性"，也就是说，那些抽象存在都是些没有实体的点，这些点只有直接性。就是这样一种个别的存在，这些个别的存在在现实中是消逝着的点的直接性，就像感性确定性中的"这一个"，注定是要消逝、要被否定的。"并且这种消逝了的直接性乃是普遍意志本身，而意识现在就把自己当作那个普遍意志来认知，因为它是**扬弃了的直接性**，因为它是纯粹认知或纯粹意志"，但是在现实中这种消逝了点的直接性，在更高的层次上又可以看作是没有消逝的，意识在这个层次上把自己看作就是普遍意志本身。普遍意志本身是扬弃了的直接性，因为它作为意志，不再是静止的直接存在，而是以自身为中介的活动，也就是纯粹认知和纯粹意志的活动。这个"纯粹"就表明，它是扬弃了那些不纯粹的感性存在和直接存在的，它只有纯粹的认知和意志，只在纯粹的抽象王国中探讨认知和意志的纯粹关系。意识现在认知到了，它自己就是那个普遍意志，所以它对于这些现实的直接性有一种超然的态度；同时它又是纯粹认知，就是说，它的纯粹意志同时又是纯粹认知，它有一种超然的态度嘛，它知道自己的纯粹意志只是在认知层面的活动，而不是介入到现实中的行动，一旦涉及现实偶然的事物，它就不能认知，也不能按照意志有成功的行动了。纯粹认知是在一个抽象层面上的认知，把那些利害、权力、财富等等都扬弃了，那么它同时就是一种纯粹意志。

　　这样一来，意识把这种纯粹意志作为自己本身、把自己作为本质来认知，但并不把自己作为**直接存在着的**本质来认知，既不把纯粹意志作为革命政府或作为力图建立无政府状态的无政府状态来认知，也不把自己作为这一派别及其对立派别的中心点来认知，相反，**普遍意志**就是意识的**纯粹的认知和纯粹意愿**，并且它就是作为这种纯粹认知和意愿的普遍意志。 {323}

　　这一段对于什么样的纯粹认知说得比较明确了。"这样一来，意识把这种纯粹意志作为自己本身、把自己作为本质来认知"，意识在一个抽象的层面上把纯粹意志作为自己的本质来认知，这种认知就不再是一般的认知，而是纯粹的道德认知，它跟现实的那些权力斗争、派别斗争已经脱离了瓜葛，它扬弃了那种直接性。"但并不把自己作为**直接存在着的**本质来认知"，"直接存在着的"打了着重号，它已经把直接性扬弃掉了，已经从存在提升到本质了。"既不把纯粹意志作为革命政府或作为力图建立无政府状态的无政府状态来认知，也不把自己作为这一派别及其对立派别的中心点来认知"，就是说，它的纯粹意志是在一个抽象层面上来认知的；但是在具体的层面，在直接存在着的层面，它既不把纯粹意志看作革命政府或力图建立无政府状态的无政府状态，也不看作各派别的中心点或调和者。所谓力图建立无政府状态的无政府状态，其实就是当时革命政府的常态，这个革命政府把自己的目标定在绝对自由，那在现实中就是无政府状态，虽然没能真正建立无政府状态，但它的一切努力就导致了无政府状态，这种状态当然是纯粹意志或普遍意志所不能认可的。同时它也不是在各派别的斗争中搞调和，或者保持中立，这些斗争在它看来都太世俗了，它自己则是远远超出这些纠葛之上的。"相反，**普遍意志就是意识的纯粹的认知和纯粹意愿**，并且它就是作为这种纯粹认知和意愿的普遍意志"，上面那些认知都是纯粹意志所不屑关注的，相反，它本身就是纯粹认知、纯粹意愿，"普遍意志"打了着重号，"纯粹的认知"和"纯粹意愿"也打了着重号，就是说，普遍意志、公意只有作为纯粹认知和纯粹意愿才能够成立，只有在抽象的层面上才能够成立，而不能陷入到那些具体的矛盾斗争中。作为这样一种普遍意志，它已经超凡脱俗了，已经摆脱了一切经验的偶然性，已经成为了康德所谓的意志自律。卢梭的公意脱除感性经验的外衣，从道德世界观的眼光来看，就直接转化为康德的道德原则，即意志自律。

　　<u>在这里它并没有失掉**自己本身**，因为纯粹的认知和意愿不如说就是它这个原子式的意识点。所以，它就是纯粹认知与其自身的交互作用；纯粹**认知**，作为**本质**，是普遍意志；但这种**本质**完全只是纯粹认知。</u>

　　"在这里它并没有失掉**自己本身**"，"它"指的是意识，意识在这里失掉了一切世俗的内容，但并没有失掉它自己本身，"自己本身"打了着重号。并不是说，意识把纯粹的普遍意志从一切现实存在中提升起来，使之成为纯粹认知和纯粹意愿，它就什么都没有了，就失掉自己本身了，并

非如此。"因为纯粹的认知和意愿不如说就是它这个原子式的意识点"，这个原子式的意识点指的就是自由意志的出发点，它是原子式的，它是独特的、不可入的，不受外部规范的。"所以，它就是纯粹认知与其自身的交互作用；纯粹**认知**，作为**本质**，是普遍意志"，纯粹认知在这个原子式的点上只具有一种关系，就是与自身的交互作用，也就是自己与自己的关系，而这种关系的本质就是普遍意志。康德的定言命令是：要这样行动，使你的行动的准则成为一条普遍的法则。也就是要使你行为的意愿成为普遍意志，这只能够是意志自律，就是意志自己对自己构成规律，意志给自己立法。"但这种**本质**完全只是纯粹认知"，真正的纯粹认知就是对自由立法的知识，也就是道德知识，这是康德自己也承认的。康德虽然认为只有科学知识才是知识，道德法则与经验无关，已经不是科学知识了，但他自己也有"道德知识"这样的说法，而且认为这才真正是纯粹理性的知识，而科学认识只是知性的知识。从费希特以后，知识和道德的两分法就被取消了，纯粹的认知就是纯粹的意志，它本身就处在道德的语境中了。而在黑格尔看来，绝对自由的普遍意志跟外界已经没有什么交互作用了，但是它跟自己有交互作用，它就是纯粹认知与其自己的交互作用，它自己把握自己。认知和意志，一个是理论的观点，一个是实践的观点，但在它们的最高点上是一个观点；而在两者之中，纯粹认知比纯粹意志更具有根本性，这种普遍意志完全是在纯粹认知的层面上来看的，跟现实的这些东西都没有关系了。它跟现实不发生关系，它只跟自己发生关系，它只对自己负责，自己把握自己，所以它是超现实的，是超越于具体的事物之上的一种纯粹认知。纯粹认知在这里表明了一种层次，一种超感官世界的层次，在这种超感官的层次来行使普遍意志，这就是最高层次的纯粹认知。黑格尔在这里表达了他的唯智主义的立场，即在理论和实践、知识和道德的统一中，最终是实践、道德被统一在理论和知识中，而不是相反。所以道德实践只是向最后的绝对认知前进的一个阶段，而不是归宿。当然，还有一个更高的阶段是宗教，从那里才能直接通往绝对认知。

　　<u>因此，自我意识就是对作为纯粹认知的那个本质的纯粹认知。</u>

　　"因此，自我意识是对作为纯粹认知的那个本质的纯粹认知"，作为纯粹认知的那个本质，照上面说的也就是纯粹意志，也就是，自我意识是对纯粹意志的纯粹认知；而纯粹意志就是纯粹认知的本质，所以自我意识就是对纯粹认知的本质的纯粹认知。这颠来倒去的就是要说明，纯粹意志在这样一个自我意识的层次上，它是完全放在一个纯粹性的层次上来看的，在这个层次上，自我意识、纯粹认知和纯粹意志本质上就是一回事。为什么特别强调纯粹性，这是有用意的，它这里强调意志和认知都提升到了纯粹性的层面，也就是从存在提升到了本质的层面，这已经预示了对后面康德的《纯粹理性批判》和《实践理性批判》，都要从纯粹的本质层面上来看待。

　　<u>此外，自我意识作为**个别的自我**，仅仅是被它当作**形式**来认知的那种主体或现实行为的形式；而**对象性的**现实性、**存在**，对它来说，同样也是完全无自我的形式；因为，这种形式也许会是未被认知的东西；但这样一种认知却是把认知作为本质来认知的。</u>

　　前面是讲自我意识在纯粹认知的纯粹层面上来看待纯粹意志，那么不光是要强调纯粹性，而且要强调这不是形式上的，而是本质的。"此外，自我意识作为**个别的自我**，仅仅是被它当作**形式**来认知的那种主体或现实行为的形式"，"个别的自我"和"形式"打了着重号。自我意识作为一个个别的自我，仅仅是形式上的，也就是被自我意识当作形式来认知的，它只是主体或现实行为的形式。这也是自我意识为什么要超越这种现实行为的主体之上而把自己认同于普遍意志和纯粹认知的原因。个别自我总是有局限的，罗伯斯庇尔也好，拿破仑也好，都只能被自我意识当作形式来认知，而不是当作自己的本质来认知。"而**对象性的**现实性、**存在**，对它来说，同样也是完全无自我的形式"，个别自我是形式，而个别自我的对象或存在呢，对自我意识来说也是形式，而且是无自我的形式。所

以法国大革命中那些风云人物在与周围的现实作斗争时,其实只是一场
形式对形式的斗争,并不就是事情的内容和本质。个别自我和它所面对
的现实性都是形式,都是世界历史的工具。"因为,这种形式也许会是未
被认知的东西;但这样一种认知却是把认知作为本质来认知的",为什么
自我意识在个别自我中只是形式呢?为什么与这种形式对立的对象或存
在也只是形式呢?是因为这种形式也许会是未被认知的东西,就是说,
有可能它底下的内容是不可知的自在之物。康德的形式主义伦理学就是
这样,他把个别自我意识、自由的任意提升到普遍自我意识、意志自律,
但种提升只是形式上的提升,对底下的内容丝毫也不涉及,而是一概推
到彼岸的自在之物身上,它的最大毛病就是形式主义和主观主义。但在
黑格尔看来,对纯粹意志的这种纯粹认知是直达本质的。"但这样一种
认知却是把认知作为本质来认知的",道德知识,即建立在绝对自由、普
遍意志上的纯粹知识,它是把认知作为本质来认知的,而不仅仅是作为
一种主观形式来认知的。康德的道德律的形式主义和主观主义还停留于
存在的阶段,停留于知性的思维阶段,必须提高到本质阶段,才能把认知
和意志、理论和实践统一起来,形成对自身具有确定性的精神,也就是道
德。而这就是下一个标题"三、对其自身具有确定性的精神;道德"所标
明的。

　　　　　　　＊　　　　　　＊　　　　　　＊

　　接着上次讲到的,最后我们还有一小段。大体的方向我们已经知道
了——从教化向道德过渡,从自身异化了的精神、教化向对自身具有确
定性的精神、道德过渡。最后这一段就是明确点出这一点。通过分析这
样一个在他眼前所发生的历史事件,通过对法国大革命的思考,来进入
到当时的德国哲学,我们讲德国古典哲学是法国革命的德国理论,这正
是黑格尔的观点。他说,德国人在自己家里,戴着睡帽、躺在床上,脑子
里面掀起了激烈的思想风暴;而法国人是在现实政治生活里进行一场划

493

时代的革命。当然这场革命我们可以说它是失败的，但同时也可以说它是成功的：它在外面失败了，但是它在里面成功了；它在法国现实中失败了，但它的胜利转到德国思辨中来了。通过法国启蒙运动所造成的法国大革命，把法国人的素质、人性提高到了一个新的层次，而这个层次在德国哲学家那里得到了哲学上的固化和表达。这就不难理解当时的法国在欧洲那样的敌人环伺的情况下所向无敌，法国的军队横扫整个欧洲大陆。因为民众的素质提高了，他们已经上升到了一个新的层次。所以法国大革命最后虽然失败了，而且搞得很惨，死了那么多人，是血腥的，但它换来的是精神上的升华。从此以后法国人民就再也退不回去了，你把他打败了，你仍然要学习他。所以法国当时在精神上成为整个西方欧洲精神的领头羊，那个时代大家都时兴学法语，特别是俄国那些贵族，个个都说法语，对法兰西文化羡慕得不得了。法国人素质就是不一样。不光体现在语言上，还体现在风度上、人格上，这是非常了不起的。黑格尔通过对法国大革命的批判和反省，追溯到它在德国理论中的表现，就是法国大革命的德国理论究竟是怎样从法国大革命中升华出来的？下面这一小段把这个主题点出来了。

因此绝对自由已经以它自身调和了普遍意志和个别意志的对立；自身异化了的精神被推向了自己对立的顶峰，在此，纯粹意愿和纯粹的意愿者还是有区别的，而自身异化的精神把这种对立降低为一种透明的形式，并在其中发现了自己本身。

经过了恐怖以后，"因此绝对自由已经以它自身调和了普遍意志和个别意志的对立"。也就是说，普遍意志也好，个别意志也好，它们都是绝对自由。就像康德讲的，要使你的个别意志的准则成为普遍意志的法则，这就必须预设绝对自由。所以绝对自由调和了普遍意志和个别意志的对立，看起来好像是对立的，每一次个别意志被否定、被送上断头台，都是以普遍意志的名义、以人民意志的名义。但是仔细想一想，其实每一个被送上断头台的人都是力图要实现普遍意志的，这种对立在现实存在中是不可调和的，但在每个人内心却已经通过纯粹自我的绝对自由而完成了。"自身异化了的精神被推向了自己对立的顶峰"，就是普遍意志和个别意志既在超经验的纯粹自我意识上完成了统一，树立了自己的道德人格，在现实中却又是完全对立的，被推到了一种对立的顶峰，推到了一种恐怖的状态。"在此，纯粹意愿和纯粹的意愿者还是有区别的"，在这个对立的顶峰上，纯粹的意愿是普遍意志，纯粹的意愿者就是个别意志，这两者是有区别的。纯粹的意愿者是个别人，但他的纯粹意愿正是纯粹意志。"而自身异化的精神把这种对立降低为一种透明的形式，并在其中发现了自己本身"，什么叫降低为一种透明的形式？就是说你把那些现实的、感性的、具体的那些历史事件存而不论，那些东西都是遮蔽性的，你要从概念的纯粹性上来把握，而这是自身异化的精神所做到的。通过把个别意志异化为纯粹概念的形式，你就会发现，这种存在的对立实际上是一种外部的形式，而在内部，双方是透明的。当罗伯斯庇尔把他的对手送上断头台的时候，他也知道这些人在个人人格上、道德上是无可非议的，他们的理想主义跟自己一样。我们都是理想主义者，但是没有办法，为了理想，要把你们杀掉。如果把这些人的互相残杀这样一些血淋淋的事实存而不论，或者说当历史已经远去了以后，你站在一定的距离来观看它的时候，这种对立就降低为一种透明的形式了，就挡不住它的本质从里面显现出来。你就会发现它们实际上并不是对立的，这种对立只是一种外在的、表面的对立，而在内心里面其实是相通的，谁也挡不住谁，它们都贯彻着一种普遍意志的原则。这样一来，自身异化的精神就在这种透明的形式里发现了自己本身。发现了自己本身就是扬弃了异化，现在你在这种异化精神的对立中发现了自己本身，那就把异化扬弃掉了，于是自身异化的精神在这里走完了它的最后一个阶段。我们前面已经讲到，到罗伯斯庇尔为止，精神经历了最后一次教化，最高的教化，用来教化人的外部世界的对立现在已经降低为概念的透明的形式，降低为一种思想的形式，外在的现实已经被扬弃了。单纯从思想来看，个别意志也好、普遍意志也好，它们都是相通的、转化的，个别意志就是为了实现普遍意志，普遍意志就是靠这些个别意志得以展现。

　　——正如现实世界的王国之过渡到信仰和明见的王国那样，绝对自由也走出这个世界的自我摧毁着的现实性，而过渡到另一个自我意识到的精神之国，在其中，绝对自由在这种非现实性中被看作真实的东西，

　　"正如现实世界的王国之过渡到信仰和明见的王国那样"，这是前面讲的，在自身异化的精神、教化阶段，精神从现实的教化进到了信仰、进到了明见，从现实世界的王国过渡到了信仰和明见的王国。现在我们可以跟前一个圆圈做个比较，现在我们又回到了原点、起点，开始了新一轮循环。但这里循环的基础显然已经不同了，已经更高了。前面曾经从现实世界的王国中，把现实的东西加以扬弃，提升到更高的精神，提升到纯粹思想，现在也是这样。"绝对自由也走出这个世界的自我摧毁着的现实性，而过渡到另一个自我意识到的精神之国"，这一次，绝对自由也从这个世界正在自我摧毁着的一片混乱的现实性中走出来，而过渡到另一个纯粹自我意识的精神之国。法国大革命由绝对自由而起，但绝对自由却因为法国大革命而在现实中遭到了摧毁，走向了自己的反面，走向了恐怖和独裁；但是在另外一个自我意识的精神之国，它又复活了。现实中的失败导致了精神上的新天地的开辟，这就是德国哲学展示出来的法国革命的德国理论，特别是康德的道德理论。德国古典哲学是处在这么一个位置，它展示了法国革命从现实性王国过渡到了另一个自我意识到的精神之国。"在其中，绝对自由在这种非现实性中被看作真实的东西"，在这个精神之国这里，绝对自由在这种非现实性中倒是成了真实的。我们已经从现实性中走出来了，我们已经扬弃了现实性而走进了非现实的精神的王国；虽然这个精神王国是非现实的，但是绝对自由在那里却被看作是真实的东西，它是理想化的，但是它是真实的理想，而且是唯一真实的理想，而外面的现实王国反而是虚假的。外部世界的争斗和混乱都是过眼烟云，而真正永恒的东西是绝对自由。那么这种绝对自由就不再

是政治了,不再是要在现实生活中马上实现出来的原则。那它是什么呢？那就是道德。从法国革命的政治的现实性过渡到德国哲学的道德的现实性,这种道德现实性在法国革命的政治现实性中是不现实的,它的确像黑格尔所描述的：躺在床上,戴着睡帽,在脑子里卷起了革命的风暴。我们以往总是嘲笑德国人,说他们的革命是在头脑里进行的。但头脑里的革命有时候比现实中的革命更重要,现实的革命如果没有头脑的革命,首先它不会发生,其次发生了,它也留不下成果。其实法国革命也不完全是现实中的,启蒙运动作为它的革命基础,也是在头脑里发生的革命。而德国的革命更多地发生在头脑里,它把法国革命的原则原原本本保留下并来加以发展,形成了人类思想的宝贵财富。所以它能够被看作真实的东西。

　　而精神则靠这种真实东西的思想而使自己恢复了元气,因为精神就**是**并且继续是**思想**,而且它把这种封闭在自我意识中的存在当作完全的和完满的本质来认知。这就生发出了**道德精神**这种新的形态。

　　"而精神则靠这种真实东西的思想而使自己恢复了元气,因为精神就**是**并且继续是**思想**",绝对自由在这种非现实性中被看作真实的东西,而精神呢,则正是靠这种东西的思想而恢复了生气。法国革命大伤了精神的元气,而绝对自由现在成了思想了,不再是政治、不再是现实的行动,而是思想。但因为精神历来就是思想,它的存在和持存就是思想,所以只有把绝对自由提升到思想的层次上来,才能让精神恢复元气。法国革命想要在现实中通过政治的手段把绝对自由实现出来,结果遭受了重创,导致了恐怖和独裁。但是在思想中,这种绝对自由仍然是真实的东西,精神由此而使自己恢复了元气,而且生气勃勃,开辟了一个道德的新天地。精神一直就是思想,所以现在回到了思想里面,实际上是回到了它的老家,回到老家去恢复它的伤口。"而且它把这种封闭在自我意识中的存在当作完全的和完满的本质来认知",这是另一种认知,就是在自我意识的封闭性中的主观存在当作完满的本质来认知。这也就是在自我意

识的主观范围内去建构起一个完满自洽的精神王国。它致力于在思想的
内部打造它的新天地，在这里，它是自给自足的。精神在目前这个阶段
所达到的认知，也就是从政治过渡到了道德。例如康德的道德形而上学
就是封闭在自我意识中，是自己自满自足的，自我意识的本质就是道德，
并且它知道这就是它的本质。"这就生发出了**道德精神**这种新的形态"，
一种新的意识形态诞生了，一种新的内在经验出现在意识的经验科学的
道路上了，这就是道德精神。

德汉术语索引

(所标页码均为德文《黑格尔全集》考订版第 9 卷页码，即本书边码中大括号里的数字；凡有两种译法的词均以"/"号隔开，并以此分段隔开页码；原文中出现太多的词不标页码，只将字体加粗)

汉德词汇对照表

（按照汉语拼音字母顺序排列；凡有两个译名的分别在两处重现并带上另一译名。）

A

奥里根 Origenes

B

本性 Natur
本质 Wesen
本质性 Wesenheit
彼岸 jenseitig
必然性 Notwendigkeit
编织 Weben
辩证法，辩证的 Dialektik dialektisch
变化 Veränderung
表象 Vorstellung
表现 Ausdruck
宾词 Prädikat
不安息 Unruhe

不公正 / 不正当 unglücklich
不同一性 Ungleichheit
不幸的 Unrecht

C

才能 Talent
才具 Fähigkeit
财产 Eigentum
财产 Habe
财富 Reichtum
差异性 Verschiedenheit
超感官世界 übersinnliche Welt
承认 Anerkennen
诚实的 ehrlich
持存 Bestehen
尺度 Maß
冲动 Trieb, treiben

抽象 Abstraktion
传染 Ansteckung
出场 Auftreten
此岸 Diesseitige
存在 Sein
存在者 Seiende

D

大小 Größe
单纯，单纯性 einfach, Einfachheit
单一性／统一性 Einheit
当下在场 Gegenwart
道德 Moralität
德行 Tugend
笛卡尔的 Catersisch
颠倒 Verkehrte
点截性 Punktualität
定在 Dasein
洞见 Einsehen
动物王国 Tierreich
斗争 Kampf
独立性 Selbststädigkeit
独特性 Eeigenheit
端 Extreme
对象 Gegenstand
对象性，对象性的 Gegenständlichkeit.ge
  genstänlich

E

恶 Böse

F

法律 Gesetz
反思 Reflexion
范畴 Kategorie
犯傻 töricht
非理性 Unvernunft
分裂状态，分裂性 Zerrissenheit
分裂为二 Entzwei
分神 entrücken
否定 Negation, negativ
复仇 Furie

G

概念 Begriff
感觉 Empfinden
感情 Gefühl
感染 empfänglich
感性的 sinnlich
高贵的 edel
革命的 revolutionär
个别 Einzeln
个体 Individuum
根据 Grund
共相 Allgeneine
关系 Verhältnis
孤独的 Abgeschieden
观念的 Ideell
规定性 Bestimmtheit
规律 Gesetz
国家 Staat

H

含义 Bedeutung
和解 Versöhnung
合目的性 Zweckmäßigkeit
怀疑主义 Skeptizismus
环节 Moment
诙谐 Witz
活动性 Tätigkeit

J

机智风趣的 geistreich
家庭 Familie
价值 Wert
激活 begeisten
假象 Schein
见证 Zeugnis
建立 setzen
交互作用 Wechselwiukung
交替 Wechsel, Abwechseln
教养，教化 Bilden
经验 Erfahrung
精神 Geist
聚合体 Masse
聚拢 zusammenbringen
具体的 konkret
绝对 Absolute

K

肯定的 Positiv

空间 Raum
空虚 / 空洞 Leere
恐怖 Schreck
恐惧 Furcht
快乐 Lust

L

劳动 Arbeit
类 Gattung
理性 Vernunft
力 Kraft
力度 Energie
力量 Macht
立法 Gesetzgeben
历史 Geschichte
历史的 historisch
联系 Beziehung
连续性 Kontinuität
灵魂 Seele
伦理，伦理的 Sittlichkeit, sittlich

M

满足 Befriedigung
矛盾 Widerspruch
媒介 Medium
迷信 Aberglaube
民族 Volk
明见 Einsicht
漠不相干 gleichgültig
默想 Andacht

目的 Zweck

N

内容 Inhalt
内在的东西 Inneres
能动性 Tätigkeit
拟人化 anthropomorphosieren

O

偶然性 Zufälligkeit

P

派别 Faktion
判断 Urteilen
评判 Beurteilen
普遍，普遍性 Allgemein, Allgemeinheit

Q

欺骗 Betrug
启蒙 Aufklärung
强制力 Gewalt
巧言善辩 Räsonieren
情感 Empfinden
区别 Unterschied
确定性 Gewißheit
全体 Ganze
权力 Macht
权利 Recht

缺陷 Makel

R

人 Mensch
人格，人格性 Person, Persönlichkeit
认识 Erkennen
认知 Wissen
任意 Willkür
荣誉 Ehre
肉体的 leiblich

S

善 Gute
上帝 Gott
神圣的 göttlich
审核 Prüfen
生发 entstehen
生命 / 生活 Leben
时间 Zeit
实存 Existenz
实践 Praktische
实体 Substanz
实体性的 substantiell
实有的 reell
实在性 Realität
侍奉 Dienst
事件 Geschehen
事物 Ding
事物性 Dingheit
事业 Werk

思辨的 spekulativ

思维 Denken

思想 Gedanke

斯多葛主义 Stoizismus

死亡 Tod/tot

所有物 Eigentum

T

他在 Anderssein

他者 Anderes

泰然自若 unbefangen

特殊 Besondere

体系 System

天才 Genialität

同一性 Gleichheit, gleich

统握 auffassen

统一性 Einheit

透明的 durchsichtig

团契 Gemeinde

脱罪 absolvieren

W

外化 Äußerung

外在的东西 Äußere

为他的，为他者 für anderes

唯心主义 Idealismus

我 / 自我 Ich

无概念的 begrifflos

无限 Unendliche

无限性 Unendlichkeit

无自我性 Selbstlosigkeit

物，物性 Dingheit

物质 Materie

X

牺牲 Aufopferen

嬉笑怒骂 Laune

现成的，在手的 vorhanden

现实的，现实性 wirklich, Wirklichkeit

享受 Genuss

信赖 Vertrauen

信仰 Glauben

幸运 Glück

兴趣 Interesse

形而上学 Metaphysik

形式 Form

形态 Gestalt

性状 Beschaffenheit

行动 Handlung

行为 Tun

行为业绩 Tat

虚浮 Eitelkeit

虚假 falsch

虚无 Nichts

Y

扬弃 Aufheben

样子货 Espèce

"一" Eins

意识 Bewußtsein

意谓 Meinung

意图 Absicht

意义 Sinn

意愿，意愿者 Wollen,Wollende

意志 Wille

异化 Entfremdung

永恒 Ewige

有机的 organisch

有限性 Endlichkeit

有效准的 geltend

有用性，有用 Nützlichkeit, nützlich

语言 Sprechen

欲望 Begierde

元素 Element

原始的 ursprünglich

原则 Prinzip

原子 Atom

圆圈 Kreis

运动 Bewegung

Z

占有 Besitz

战斗 Kampf

这一个 Dieses

真空 Vakuum

真实的东西，真实 Wahre

真理 Wahrheit

政府 Regierung

政治行为 Staatsaktion

整体 Ganze

正当的东西 Rechte

知觉 Wahrnehmung

知识 Erkenntnis

知性 Verstand

肢节 Glieder

智慧 Weisheit

直观 Anschauung

直接性 直接的 Unmittelbarkeit unmitelbar

中介 Vermittelung

中心点 Mittelpunkt

主人 Herr

主体 / 主词 Subjekt

专制暴政 Despotismus

自然 Natur

自为 für sich

自我 Selbst

自我等同性 / 自我同一性
　　Sichselbstgleichheit

自我意识 Selbstbewußtsein

自由，自由的 Freiheit, freie

自在 an sich

自主性 Selbststädigkeit

综合的 synthetisch

宗教 Religion

组织 Organisation

最高存在 Etre suprême

罪过 Schuld

罪行 Verbrechen

作品 Werk

后 记

　　本卷包括信仰与纯粹明见、启蒙的内在矛盾以及法国大革命的绝对自由与恐怖这三个主题。这三个主题与中国当代的思想和社会都有密切的关联。就信仰与纯粹明见的关系而言，中国当代的信仰缺失已是不争的事实，很多人都在呼吁重建道德信仰，却很少有人思考我们需要建立什么样的信仰，更不以为信仰的重建与理性的明见有什么关系。黑格尔在这里实际上讨论的是信仰和理性的关系这个古老的问题，然而通过对信仰和启蒙的相互斗争而又相互依赖的分析，他将这一问题带到了一个新的层次。启蒙把信仰当迷信来攻击，但当启蒙对信仰的批判达到纯粹思维层次的时候，发现它批判的恰好是自己立足的根基，这就是纯粹意志和绝对自由。在法国大革命中，启蒙思想将绝对自由的理念在现实政治生活中进行了一番大胆的实验，力图在地上建立人间天堂，但最后归于失败。然而法国革命的原则并未失效，而是以纯粹的形态在德国哲学中特别是在康德伦理学中得到了确立。康德伦理学的最大贡献就在于把一切道德原理都最终建立在普遍意志和绝对自由的基点上，没有这个基点，一切道德宣教都是虚假的。黑格尔对法国革命失败的原因的分析是我见到的最为深刻，它不仅仅适合于法国革命，在某种程度上也适合于一切想在地上建立天国的革命，我甚至以为，这些段落简直就是一般革命的教科书。按照历史的正常程序，这种革命的一般归宿是通往道德的，是提升人性的精神层次和道德境界的，真正的道德只有在超越了现实政

512

治目标、上升到抽象的"良心"层次，才能显示出自身的纯粹原则来。尽管后面黑格尔对这种康德式的良心或"优美灵魂"极尽嘲讽之能事（将在第八卷中涉及），但却不否认这是一个必经的阶段，它是我们从启蒙的"有用性"即功利原则、包括法国革命的政治功利原则提升到宗教的纯粹信仰的前提。对中国当代信仰问题来说，我们同样不能简单地通过恢复过去曾经有过的"信仰"来抵制当前盛行的功利主义和拜金主义，也不能把信仰当作一项政治功利主义的国家政策来推行，而必须从纯粹精神的层次上对人性和人心作更深刻的反思，否则的话，一切复兴旧道德的新方案都将遭到民众的无视，被当作无用的宣传而弃之如敝屣。在这方面，我们从黑格尔的这些论述中可以汲取大量的思想财富。可惜由于篇幅的限制，我在本卷中无法展开全面的分析和论述，只能在某些地方略作提示。但黑格尔思想中埋藏着一个巨大的思想富矿，我相信这一点已经揭示出来了。

本卷在译名的选择上颇费斟酌，几个重要的关键词都在这次整理时作了修改，与口头讲解时不同了。如"识见"（Einsicht）改成"明见"，"标尺"（Masse）改成"聚合体"，"社团"（Gemeinde）改成"团契"等。内容上的调整和修订更是处处都有，有的地方甚至全面改写了。如原来讲拿破仑的篇幅很多，但考虑到黑格尔撰写本书时（1807 年完稿），拿破仑正处于上升时期，从 1799 年雾月政变到 1804 年称帝，好像和罗伯斯庇尔的独裁并没有什么根本的区别，所以把这部分削减或并入罗伯斯庇尔一起讲了。

本卷整理完稿的时候，正值国际上朝鲜威胁要搞自杀式核爆炸，美国大选希拉里和特朗普（又译"川普"——典型的语音中心主义）正在较劲，南海海域各方都在"搞事"。国内年轻人正在娱乐和起哄中度过他们前途渺茫的青春时代，老一代则为未来养老金的落实而忧心忡忡。而我这些年来几乎完全足不出户，连电话都不怎么接，埋头于自己的"工程"，想想也是够脱离时代和大众的了。但是我以为，我们这个时代能够容得下我这般一心构造自己的精神家园的怪物，本身就是时代的巨大进步。想到这点，我更应该珍惜我所生活的时代赠予我的这种千年难得的机会，抓紧时间多做点有实质性意义的事情。

本卷的录音整理者是：史洪飞（4 讲）、鲍华杰、王运豪、王新宇（各 2 讲）、朱会晖（2 讲），对于他们的无私奉献，我在此深表感谢！

邓晓芒

2016 年 3 月 16 日

于武汉华中科技大学喻园